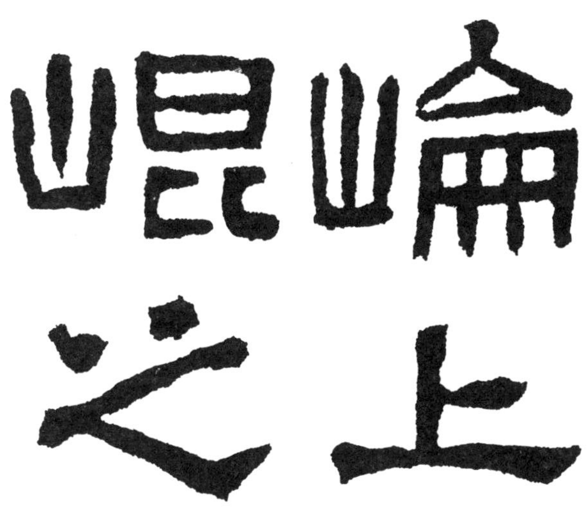

汉代升仙信仰体系的图像考古

上册

王煜　著

文物出版社

图书在版编目（CIP）数据

昆仑之上：汉代升仙信仰体系的图像考古 / 王煜著
. -- 北京：文物出版社，2023.12（2024.4 重印）
ISBN 978-7-5010-8253-7

Ⅰ.①昆… Ⅱ.①王… Ⅲ.①文物—考古—研究—中国—汉代②神—信仰—研究—中国—汉代 Ⅳ.
① K871.414 ② B933

中国国家版本馆 CIP 数据核字 (2023) 第 214655 号

崐崘之上
汉代升仙信仰体系的图像考古

著　　者　王　煜

责任编辑　马晨旭
封面设计　程星涛
责任印制　张　丽

出版发行　文物出版社
社　　址　北京市东城区东直门内北小街 2 号楼
邮　　编　100007
网　　址　http://www.wenwu.com
经　　销　新华书店
印　　刷　文物出版社印刷厂有限公司
开　　本　787mm × 1092mm　1/16
印　　张　46
字　　数　881,000
版　　次　2023 年 12 月第 1 版
印　　次　2024 年 4 月第 2 次印刷
书　　号　ISBN 978-7-5010-8253-7
定　　价　680.00 元（全二册）

序一　汉代信仰世界的折射

汉代社会信仰世界的变迁处在中国古代思想史上一个极为重要的历史阶段。关于汉代社会的信仰世界，其内容十分丰富，层面也十分复杂。从纵向上看，汉代对于春秋战国以来诸子百家的思想多有继承和发展；从横向上看，从西域传入的佛教、本土兴起的道教几乎同时对这一社会交互产生影响，注入了许多新的因素。就其内部结构来看，如同余英时所指出的那样，还可以将汉代社会的思想分为“高层次（或正式的）思想”和“低层次（或民间的）思想”[①]，或如葛兆光所说的“精英和经典”以及“近乎平均值的知识、思想与信仰”[②]。

在汉代信仰世界之中，一个最为引人瞩目的话题，是人们如何看待生与死，如何想象死后的世界。人能够长生不死吗？如果不能，那么死后灵魂是否有知？如果灵魂有知，它的去向又该如何？肉体和灵魂会是相互分离，还是合为一体？生者与死者之间应当如何处理这些关系？各种方术、服食以及修炼能否有助于长生不死或死后升仙？这一系列问题是汉代上至帝王将相、下至普罗大众都普遍关心的话题。

对于这个历史悠久、体系庞杂的信仰世界，学术界所展开的研究有着深厚的

① ［美］余英时著，侯旭东等译：《东汉生死观》，上海古籍出版社，2005 年，第 3 页。

② 葛兆光：《中国思想史》第一卷《七世纪前中国的知识、思想与信仰世界》，上海：复旦大学出版社，1998 年，第 9 ~ 13 页。

积淀。古今中外，学者们各自切入的角度、关注的重点、利用的材料、提出的观点都浩如烟海，难以一一赘述。但是，将历史与考古、文献与图像相互结合起来进行综合研究，则是现代学术兴起之后的科学实践之一。以笔者有限的阅读经历而论，给我留下较为深刻印象的，首先会列举到日本学者林巳奈夫的《汉代鬼神的世界》这篇论文。在这篇论文中，林氏所采用的基本研究方法，就是将考古材料如汉武梁祠、沂南汉画像石墓、汉代铜镜等所出现的图案和纹饰，结合《山海经》《淮南子》等古籍文献，对其中的西王母、东王公、伏羲、女娲、天帝、风、雷、雨、电诸神逐一加以比定，然后再观察分析其可能存在的内在联系、排列组合以及所表现的寓意等问题[①]。此外，日本学者曾布川宽所著的《向着昆仑的升仙》（《昆崙山への升仙》）一书，大致的研究径路也是如此，只是进一步将目光聚焦到了汉代的昆仑神话这个系统[②]。

中国学者从神话考古、美术考古的视野出发，对于汉代信仰世界考古遗存的研究成果更是极其丰硕，在接下来我将推荐的王煜这部著作中，他做过很好的综述，可以提供给有兴趣做进一步研究的学者必要的知识背景。

王煜的这部名为《昆仑之上：汉代升仙信仰体系的图像考古》的新著，是在他十年前完成的博士论文基础上修改而来的。与既往的研究成果相比较，我个人认为其中一个最大的特点，是形成了他自己的认知逻辑和叙事体系，将过去零乱、分散、单一的汉代考古图像考证（他称之为“图像考古”）进行了精心的梳理和整合，对以昆仑神话为中心的汉代升仙信仰体系从不同的角度、不同的层理、不同的面向展开了精彩的论证，将过去许多看似关联度不高的考古现象加以了联系和阐释，在前人研究基础上提出了许多独创性的见解。他在广泛联系相关文献材料和考古图像的相互比对之后，逐渐建立起一个以昆仑、天门、西王母和天神为中心的信仰体系，如他所论，这也是一个关于“升天成仙的信仰体系”。大体而言，他认为西北方的昆仑一方面是天地最接近之处，另一方面又是时人认定的“天地之中心”“天之中柱”，也是登天最为重要的天梯；昆仑之门在西汉前期的楚地还只是“始升天之门”，求仙者从这里开始升天的旅程，而到了西汉中晚期尤其是东汉时期以来，昆仑之门即是天门，成为天界的入口。西汉中晚期至新莽时期

① 林巳奈夫：《漢代鬼神の世界》，《東方學報》第46册，1974年，第223～306页。

② 曾布川寬：《昆崙山への升仙：古代中國人が描いた死後の世界》，東京：中央公論社，1981年。

以来，原本拥有不死之药的西王母也加入这一信仰体系中，凡夫俗子要想进入天门，升入天界，还需在西王母那里获得仙药和仙籍。西王母的地位由此得到极大的提升和肯定。

接下来他重点讨论了“天界”，这是正对昆仑之上的北极星太一（天皇大帝）所统领的地方，人们虽不敢奢望能得拜太一、甚至太一能遣天马、象舆来迎，但还可以通过太一之下的司命，天衢的引导者——手托日、月的伏羲、女娲，天关、天梁的管理者——牵牛、织女以及在风雨雷电诸神的护卫之下，顺利地、风光地升天成仙，在“天堂”过上永远快乐的日子。而以上一切的前提，首先就是要达到昆仑、西王母之地。因此，汉代墓葬中大量关于墓主进发昆仑进而与各种神仙遨游天界的图像，便与之密切相关。墓主人或升仙之人在持节仙人的引导和扈从下，可以前往昆仑，向西王母索取仙药和仙籍，进入天门，升往太一统领的天界。

王煜在书中得出的一个结论性的论述在于：汉代昆仑升天信仰中有升天成仙的理论背景，即以昆仑为天地中心，天之中柱，其上为“太帝之居”；有升仙成仙的基本过程，在西王母处获得仙药和仙籍，进入天门；又有天界的主神太一及其从属、伏羲女娲及北斗司命等，俨然已经形成一个系统——或可称其为“昆仑神话系统”。基于这一认识，他进而对汉代考古资料中出现的其他一些图像和昆仑神话系统之间的关系展开了更深一层的探索。

例如，他认为汉代凿通西域之后，出于时人对于西域地理、人文等各方面知识的进一步认识，开始将目光从传统的中土延伸到域外，由此在昆仑神话体系中出现了各种新的事物。众所周知，汉代是中西文化交流的第一个高潮时期，正如《汉书·西域传》中所谓汉武帝时：

遭值文、景玄默，养民五世，天下殷富，财力有余，士马强盛。故能睹犀布、瑇瑁则建珠崖七郡，感枸酱、竹杖则开牂柯、越巂，闻天马、蒲陶则通大宛、安息。自是之后，明珠、文甲、通犀、翠羽之珍盈于后宫，蒲梢、龙文、鱼目、汗血之马充于黄门，钜象、师子、猛犬、大雀之群食于外囿。殊方异物，四面而至。

关于文中提及的“天马”，笔者过去曾经从中外文化交流中有翼神兽西来的角度进行过讨论[①]。但王煜却进一步注意到这样一个历史事实，天马也同西王母一样，似乎有个“西移”的过程。

他依据文献详细地考证，《汉书 · 武帝纪》载元鼎四年（公元前 113 年）：“秋，马生渥洼水中。作宝鼎、天马之歌。”颜注引李斐云：“南阳新野有暴利长，当武帝时遭刑，屯田敦煌界，数于此水旁见群野马中有奇者，与凡马异，来饮此水。利长先作土人，持勒靽于水旁。后马玩习，久之代土人持勒靽收得其马，献之。欲神异此马，云从水中出。”可见此“天马”出于敦煌。不过，《礼乐志》又载第一首天马歌为“元狩三年马生渥洼水中作”，将此事系在元狩三年（公元前120年）。《武帝纪》又载：“（太初）四年春，贰师将军李广利斩大宛王首，获汗血马来，作西极天马之歌。”此即《礼乐志》中的第二首天马歌，志云“太初四年诛宛王获宛马作”。太初四年为公元前 101 年。《汉书 · 张骞传》又载：“初，天子发书易，曰‘神马当从西北来’。得乌孙马好，名曰‘天马’。及得宛汗血马，益壮，更名乌孙马曰‘西极马’，宛马曰‘天马’云。”可见，除敦煌、大宛的“天马”外，乌孙马也曾被称作“天马”。王煜推测，上述《西极天马之歌》应该是合乌孙马（改为“西极马”）和大宛马（“天马”）而言的。汉武帝得乌孙马应在张骞第二次出使西域归来之后的元封年间（公元前 110 ~ 前 106 年），因《汉书 · 西域传》载：“乌孙以马千匹聘。汉元封中，遣江都王建女细君为公主，以妻焉。”

经过此番周密的考订，再结合汉武帝认为“天马”可以托载升仙，进入到昆仑、天门等文献记载，不仅“天马”和西王母之间的关系可以进一步明晰起来，从两者在同一时期出现“西移”的现象，也折射出随着汉代丝绸之路的开通，传统的西王母信仰和外来的“天马”之类的有翼神兽图像在汉代社会开始流行，是如何在新的历史背景之下相互融合的这一暗藏在图像之中的时代余光。

又如，对于以四川地区为中心，在汉代考古中多见的钱树，既往的研究者虽然做过大量的研究，但却很少关注到钱树的整体性意义，尤其是忽略了对钱树枝叶的细致观察。王煜在研究中注意到，由于西汉中晚期以来，以昆仑、天门、西王母为代表的西方升仙信仰被人们广为接受，又由于张骞“凿空”以来，人们了解到西方尚有广大而神奇的国度，所以西域的许多奇闻异事便有机会与西方升仙理想结合起来，西域传来的杂技和魔术就被时人认为是眩术或幻术，并与仙术密

① 霍巍：《神兽西来：丝绸之路上的天马和翼兽》，《广西师范大学学报》2020 年第 1 期。

切相关。在汉代钱树的枝叶上，多出现以西王母为中心，两旁紧密地排列各种杂技和魔术图像，与西王母构成一个固定的组合。从图像考订可见，其中杂技有跳丸、叠案（安息五案）、都卢寻橦（含走索、高絙）、导弄孔雀，魔术有植瓜、种树。另有一持巾腾跃的图像尚不能确定，他认为“或许与盘舞同类（属于杂技）”。这些已确定的杂技和魔术基本上都是在汉代由西域传来或受到西域的影响，只有“都卢寻橦”来自南海，而内容最完整细致的一类枝叶上的杂技和魔术则全部与西域有关。《史记·大宛列传》载：“条枝在安息西数千里，临西海。……国善眩。安息长老传闻条枝有弱水、西王母。”《汉书·张骞传》载武帝时：“而大宛诸国发使随汉使来，观汉广大，以大鸟卵及犛靬眩人献于汉。”颜注：“眩读与幻同。即今吞刀吐火，植瓜种树，屠人截马之术皆是也。本从西域来。”《后汉书·西南夷列传》载：“永宁元年，掸国王雍由调复遣使者诣阙朝贺，献乐及幻人，能变化吐火，自支解，易牛马头。又善跳丸，数乃至千。自言我海西人。海西即大秦也。”这些文献记载为汉代钱树上这类图像的出现提供了很好的注脚。王煜在研究结论中指出：可见，摇钱树枝叶上具有典型意义的最主要的图像为“西王母—眩人”和“西王母—天门”。而其陶质和石质树座，其中不少为昆仑的象征。昆仑、天门、西王母构筑起关于西方升仙信仰的主体，而由树座（神山、神兽）、铜树（建木、天柱）、枝叶（西王母—眩人、西王母—天门）、顶枝（凤鸟、西王母—天门）及其他仙人、神兽、神仙意味的佛像组成的摇钱树正是这种信仰的体现。虽然也附加了墓葬图像中流行的其他一些内容和愿望，但它的主体内容和基本组合无疑属于昆仑神话这一升仙体系。正由于它是西方升仙体系的表现，所以其上才出现了大量的西方因素，如西王母、眩人、佛像、胡人、西域动物、有翼神兽等。笔者认为，这无疑将前人的研究又向前推进了一大步。

再如，对于汉代考古中多见的胡人形象，王煜在这部著作中也提出了一些看法，他认为其中有一种出现在车马出行之前的胡人图像可分为“胡人导引”和“胡汉交战”两类。《史记·大宛列传》中记载“安息长老传闻条枝有弱水、西王母”，去往昆仑、西王母之地自然需要这些西胡的引导。另一方面，“非我族类，其心必异”，西胡也可能是这段旅程上的阻碍者，要去往昆仑、西王母之地有时也需要打败阻路的胡人。所以他认为，汉代的“车马出行—胡人”（分为“胡人导引”和“胡汉交战”两类）图像，车马出行队伍前端的胡人可能与墓主的西方升仙之旅有关，分别表达着跟随西域胡人的引导和打败西域胡人的阻碍，而顺利向西方昆仑、西王母进发。他推测："此种程式化的西域胡人形象，在墓葬中的意义可能还有许多与西方升仙有关。一些胡人甚至被表现为仙人（羽人）的形象，但他们的地位较低，应该也是协助墓主升仙的导引和侍从。"当然，汉代"胡人"图像的出现及其在社会生活中的实际运用，其历史背景显然更为宏阔、也更为复杂，其所折射出的时代余光更是多变。但王煜提出的这些观点颇具启发意义，也是值得加以深入探讨的。类似这样的例子，在书中还有不少，读者可以自己去体味，恕不一一赘述。

这部著作的另一个特点，在笔者看来，是对一些涉及汉代社会信仰世界的重大问题，作者也有更深层次的思考，为进一步地研究预设了方向。事实上，王煜已经意识到，从昆仑升仙，这仅仅是汉代社会信仰世界中的一种观念意识。时人对于死后去向的看法，最好的去处是"升天成仙"，但同时也还有与之相对应的"入地为鬼"，这从东汉的一些陶瓶朱书文字可以得知，所谓"生人属西长安，死人属东泰山"，泰山既为众鬼所居，即由"泰山府君"管辖。对应少数隐居在世上的高人，少数有可能成为名山大川之中飘忽不定的散仙，要是能升天成仙，则"神仙之录在北极，相连昆仑"，但朱书镇墓文字中也有"黄神生（主？）五岳，主死人录，召魂召魄，主死人籍"的字句，虽然也是源出于对高山的崇拜，但却不只限于昆仑，而是将"五岳"皆认作可去之途。

此外，如同蒲慕州注意到的那样，与泰山经常并提的还有"蒿里"，在传世文献和出土的镇墓文或地券中也常见，他认为"比较确定的是，东汉中晚期时蒿里已成为地府的代称之一""既然人死后埋入土中，汉人对于死后世界概称'地下'，就是很合常情的一种观念"。[①] 基于这些观念，汉代社会信仰世界中很显然还存在着与升天、升仙相对应的一种地下、地界的"社会结构"，这种地下世界的结构是以世间的政治体系为模型而建立，出现了不少仿照世间官吏而设立的阴间各级地下官吏。余英时也指出，据《太平经》所载，这种地下世界也称为"黄泉"，这一观念起源甚早，"结合文献和考古发现的证据，可以得出如下观点：佛教传入中国以前，有关天堂和阴间的信仰，是和魂魄二元论的唯物观念紧密相连的。人死了，魂和魄被认为是朝不同的方向离去的，前者上天，后者入地。当佛教传

① 蒲慕州：《墓葬与生死：中国古代宗教之省思》，北京：中华书局，2008年，第204～208页。

入后，来世天堂和地狱相对立的观念才得以在中国思想里充分发挥”。[①]

正因为存在着这样一个地下世界，另一个问题也就无可回避，那就是考古材料中的镇墓、解注等与早期道教的关系。王煜一方面对张勋燎、白彬提出的早期道教以“解注”为主要方式施行法术表示赞同，但同时也提出更多的思考：“然而，即便如此，解注的内容和一些特别的称谓是否必然是早期道教所特有，并非完全没有疑问。而且，解注只涉及‘鬼道’方面，重在断绝人鬼，辟邪除病，神仙信仰和求仙实践当然也是早期道教信仰的题中之意。这一方面在考古材料中有什么反映？与本书中讨论的升仙信仰有什么区别？与解注等劾鬼信仰和实践又有什么关系（地域、阶层、死因等）？处于何种系统之中？”他虽然并未在书中予以更多的回应，但思路发展到此，接下来的研究理路也就不言自明了。

最后，我还想谈到，面对这样一个如此庞杂、多元的信仰世界，王煜能够清楚地认识到，他的这部著作不过仅仅是揭开了深潜于大海之下的冰山一角而已。用他自己的话来说：“这本书虽然也是关于信仰系统的讨论，但重在形成，而略演变；强调全社会的趋同，而忽视地域、阶层的特点；着力梁柱架构，而搁置基石、瓦顶；所论者仙，所避者鬼，所忽者人”。此可谓如人饮水，冷暖自知。所以，我们可以期许，即使他本人可能因为研究目标和重心的转换而在学术研究上另有阶段性的安排，但他和他所指导的学生、四川大学历史时期考古这个团队中的同人，是一定会有贤者能够在前人研究的基础上继往开来，把这个具有重要学术价值和历史意义的题目做下去，并不断取得新的进展。一代代人的薪火相传，希望总是会有的。

霍　巍
2023 年国庆写于雅安海子山云顶樱里
改定于四川大学江安花园

① ［美］余英时著，侯旭东等译：《东汉生死观》，上海古籍出版社，2005 年，第 146 页。

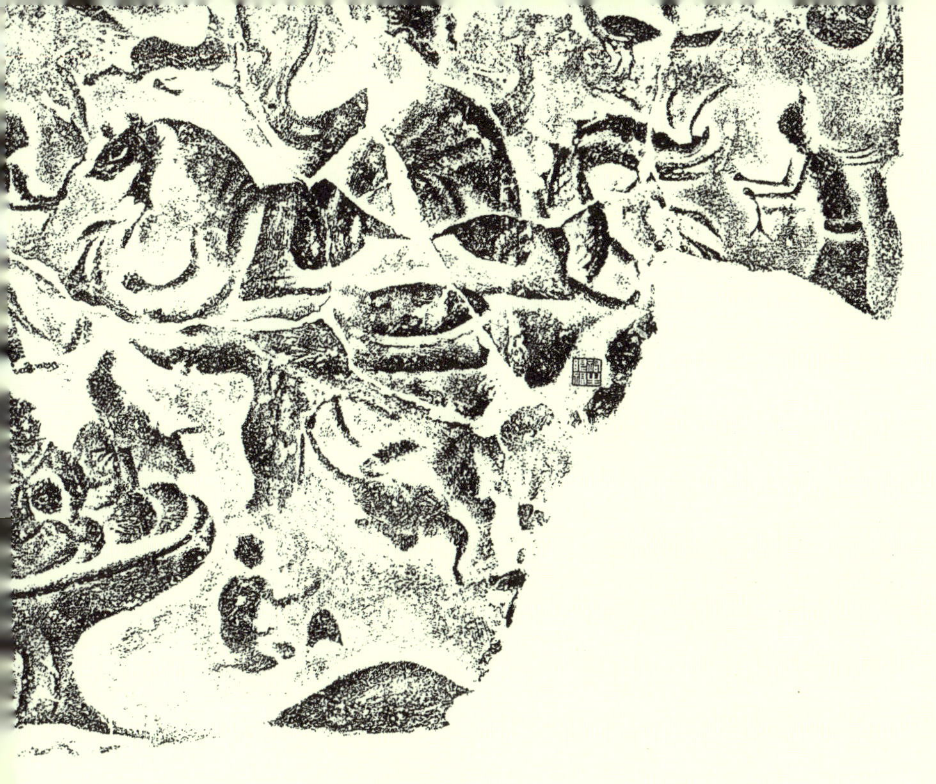

序二 考古学与美术史的交融

近几十年来美术文物大量出土，不仅为考古学、美术史研究提供了新的资源，注入了新的活力，极大拓展了两个学科的视域和格局，丰富了两个学科的书写，同时也为思想史、宗教史、社会史、政治史、文化史研究提供了学术支持。田野考古出土的图像和物质遗存在历史研究中的价值和意义日益凸显，成为认识中国文明内涵，了解中国文明成就的重要依据。

随着美术史学科自身的发展，及其与其他人文学科的交流互动，美术史在人文学科的影响力日益扩大，越来越多来自不同领域的年轻学者关注或加入到美术史研究中，尝试一种跨学科的探索，王煜教授即是其中一位颇有建树且成就突出的青年才俊。

王煜本、硕、博皆就读于四川大学历史文化学院考古学专业，作为85后的他几年前已经是四川大学历史文化学院教授、博士生导师，是为学术骨干和中坚力量。其师从霍巍教授主攻汉唐考古，霍老师是考古领域中特别重视美术史的一位学者，他长期倡导和推动考古学与美术史的融合，提出守戒与破界，说守戒就是要守住考古学的底线，比如类型学、地层学等科学方法，但不能仅停留于此，若是停留于此，眼中就只有物质性，而没有社会性、精神性。所以还需要破界，向美术史等相关人文学科学习并从中吸取养分，在方法论上推进一步，使考古学研究既见物又见人。王煜近十年来一直在践行霍巍教授关于学科发展和学术研究的宗旨和理念，可谓得导师真传。

王煜 2013 年完成博士学位论文《昆仑、天门、西王母与天神——汉晋升仙信仰体系的考古学综合研究》，相继在《中国社会科学》《考古》《考古学报》《文史哲》《美术研究》等核心刊物发表多篇学术论文，如《汉代太一信仰的图像考古》《昆仑、天门、西王母与天帝——试论汉代的“西方信仰”》《知识、传说与制作——陕西靖边渠树壕东汉壁画墓星象图的几个问题》等。他还主持多项国家级和省部级科研课题，并获多项学术奖励和荣誉。从其科研课题和学术成果可知，近十年来他的研究范围集中在汉代，讨论的核心议题为升仙思想与信仰。

生死是人类思想史上的永恒主题，延年益寿乃至长生不死是人类的本能诉求，承认大限但又试图超越之则是一种美好的理想和愿望，升仙信仰正是这一诉求和愿望在汉代思想与信仰中的特殊表达。升仙信仰是汉代思想与信仰的重要组成部分，风行于社会各阶层，上至帝王贵族，下至普通民众无不崇信，已然成为一种主流信仰。升仙本是一种现世追求，稍后延伸到死后世界，成为汉代墓葬文化的核心内容和墓葬艺术的重要母题，汉代工匠以丰富的视觉想象力表达了这一时代信仰。

王煜新著《昆仑之上：汉代升仙信仰体系的图像考古》是在其博士论文基础上，融入近年思考研究心得修改完善而成的，可以说是他近十年来就相关议题研究的集成之作。全书在系统梳理和检视学术史基础上，从考古出土的大量图像材料和物质遗存入手，参照经史诸子和诗赋等文献，综合考古学和美术史的视角和方法，以问题引领，统合不同材料，紧扣昆仑、天门、西王母、天帝等几个核心概念，就汉代升仙思想与信仰的形成背景、形成过程、表现形式、外来因素及其思想史意义和影响进行了全面深入的讨论，从而构建了一个关于汉代升仙信仰的知识体系。

通观全书，作者都是从一个或一组图像引发出一个议题，每个议题既独立成章，又相互关联，构成一个有机整体。作者首先讨论了昆仑的视觉材料，追溯了这一图像的渊源、表现方式及其与西王母、神树的组合，揭示了昆仑作为“天柱”连接天地的观念，突出了昆仑在升仙信仰中的核心地位。接着，他梳理了天门和天仓的视觉材料，讨论了昆仑与天门的结合、西王母信仰的演变及其与昆仑的结合，认为升仙与升天不存在本质区别，天门和西王母均属昆仑信仰的关键内容。其后，作者重点分析了天帝太一图像，并兼及托举日月的人首龙身神、牵牛织女、风雨雷电等天界诸神，认为太一是昆仑升仙信仰体系中的最高神，并描述了昆仑升仙的神奇旅程。最后，作者讨论了胡人、大象、狮子以及杂技、魔术等图像，将其与昆仑、西王母升仙信仰联系起来，认为在汉通西域背景下，域外文化因素被引入并附会于本土信仰中。作者由图入史，从点到面，揭示了相关概念和图像发生、发展、演变的时空轨迹和内在逻辑，最终建构出一个较为系统的汉代升仙信仰知识体系。

本书的特点和学术贡献主要体现在以下几个方面：第一，作者就相关考古材料的收集可谓包罗万象，就学术史的梳理周全翔实，研究基础稳固牢靠。第二，作者以六个具体议题为个案，并融会贯通之，旨在构建一个宏大的信仰知识体系。该体系或许还是初步的，有待完善，但基本架构将为后续相关研究提供参照借鉴和有力支撑。第三，作者提出并讨论了诸如国家与民间信仰、精英与世俗信仰以及升仙信仰的地域性与统一性、升仙信仰与外来佛教和早期道教的关系等一系列重要问题。认为汉代升仙信仰具有跨地域、跨阶层、跨文化、跨宗教的特质，并认同葛兆光先生的观点，即“在精英和经典的思想与普遍的社会和生活之间，还有一个‘一般知识、思想与信仰的世界’”。而升仙信仰正是这种一般的思想与信仰世界，从而成为当时的主流信仰，并构成当时社会思想结构的一部分，结论非常明确。第四，在研究方法上，作者充分肯定了考古类型学对物质形态的客观认知和把握，但也认识到了它的局限性，尝试结合美术史等相关人文学科的方法展开综合研究。书中既能看到考古学梳理材料时批量处理和分类归纳的思维习惯，又能看到美术史擅长的图像结构、程序、空间、语境的读图方法，还能看到历史学的文献考证及文本分析手法。第五，作者依据考古出土的视觉图像和物质遗存并结合文献记载，旨在提取和揭示潜藏于这些材料背后的思想文化信息，最终讨论了一个思想史、宗教史的问题，从而体现出学科融合背景下“大历史”的关怀和建构。

本书是近年来汉代美术考古研究的一部学术力作，体现出作者扎实的考古学和文献学功底、开阔的学术视野和格局以及把控处理图像材料的能力。考古学者的这项成果，也反映了近年来美术史学科新的研究取向和学术关怀，即以多元方法、多维视角将视觉图像和物质遗存作为史料，建立美术文物与大历史的连接，重构古人的视觉和历史经验，进而融入“大历史”的建构和书写。王煜教授这项成果是“跨界”研究的范例，具有建设性，希望他在探索的道路上继续前行，取得更大成就。

贺西林

2023.11.19

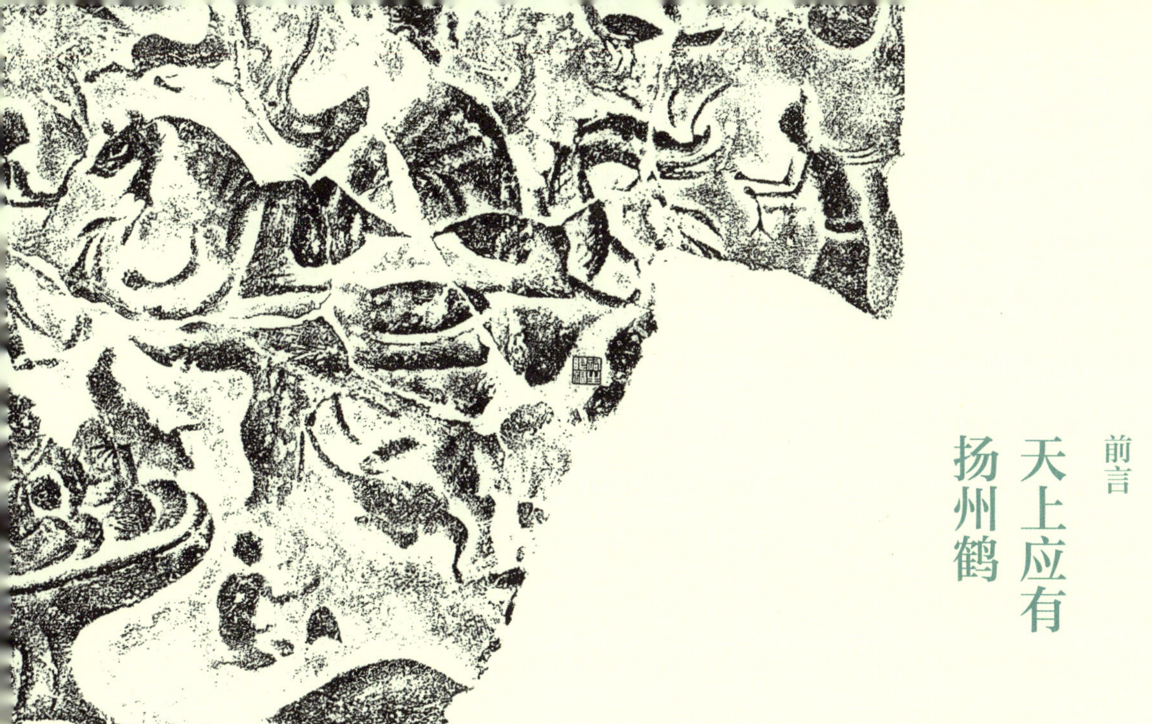

前言 天上应有扬州鹤

《殷芸小说·吴蜀人》中记：

> 有客相从，各言所志，或愿为扬州刺史，或愿多赀财，或愿骑鹤上升。其一人曰："腰缠十万贯，骑鹤上扬州。"欲兼三者。①

对于中国古代墓葬形制、图像、随葬品的理解，"事死如生"一词似乎是一把万能钥匙，随处可见，随处可用。它来源于儒家的丧葬观，《中庸》中已见其文②。经常被学者引述的是《荀子·礼论》中的一段话："丧礼者，以生者饰死者也，大象其生以送其死也。故事死如生，事亡如存，终始一也。"③对死后世界的想象和安排，自然须得从现实出发，人的各种现实需求，自然也需延续到死后。从这个意义上来说，"事死如生"或"大象其生"确实是丧葬文化的基础，尤其对于实用主义倾向强烈的中国人来说。不过，儒家并不是就这个意义来说的。他们是要极力为各种繁缛的礼（包括丧礼）找到应该继续践行的理论依据和现实依据，所以特别强调"事死如生"的层面。其实，就在《荀子·礼论》的这段话后面，

---

① （梁）殷芸撰，魏代富补证：《殷芸小说补证》卷六《吴蜀人》，济南：山东人民出版社，2018年，第217页。

② 《礼记正义》卷六十《中庸》，上海古籍出版社，2008年，下册，第2010页。

③ （清）王先谦撰，沈啸寰、王星贤点校：《荀子集解》卷十三《礼论》，北京：中华书局，2013年，下册，第433页。原文"如死如生，如亡如存"有误，见注。

不仅指出丧礼中“象生”的内容，还承认其中的“反生”的部分。即便如学者们经常举到的饭含，一方面确实是“缘生以事死，不忍虚其口”[①]，但另一方面所用的生米、骨贝、玉石等显然并非生前所食。《礼记·檀弓下》解释说：“饭用米、贝，弗忍虚也。不以食道，用美尔焉。”[②]后一句说得就颇含混。《荀子·礼论》中便说：“饭以生稻，含以槁骨，反生术也。”紧接着叙述了一大段“反生术”的例子，与叙述“象生术”的例子一样。所以王先谦注释到：“前说象其生也，此已下，说反于生之法也。”[③]看来，清代学者尚有全面的认识，不知从何时开始，学界往往只强调其中“大象其生”的一面了。

确实，死者毕竟不同于生者，墓葬毕竟不同于居室。这不仅仅是由于其属性、形制、功能的差异，最重要的差别还在于，死亡作为一种终极性（或者是中止性）的消解，不仅消解了生前的所有，还消解了生前的所无。换句话说，消解了生前的各种局限，开辟出人们追求“幸福”的一片“新天地”。例如，上引《殷芸小说》中的“腰缠十万贯，骑鹤上扬州”，对于生人来说恐怕只能是一句玩笑了。既然要去做扬州刺史，又如何能同时骑鹤飞升呢？扬州刺史并不能在天上做呀（后来倒是有个包拯，日判阳，夜判阴，人鬼通吃）。若说是骑鹤到扬州去做刺史，那只是旅途的神奇，不是终极超越的实现。但是，死后的官，就可以在天上做了，既是逍遥无待的神仙，又是紫袍玉带的大人。本书中会讨论到天仓的问题，汉墓题刻中就有“上食天仓”和“上食大（太）仓”两种说法，但说的其实是一回事儿。墓葬的愿望，至少从汉代以来，本质上应该是对死者、生者各种美好愿望（排场、安全、富贵、健康、繁衍、神仙等等）的综合。最流行的丧葬文化及其表现形式，必定是对这些愿望的聚合乃至整合。

《殷芸小说》中的这一段，记在题目《吴蜀人》之下，其中记的确实皆为吴、蜀人物之事，恐怕这一谈资说的也是吴、蜀之人吧。这让人想到了蜀地汉墓中的摇钱树。树座、枝叶图像的主体是昆仑、西王母、天门等，枝叶下挂满钱币，有的钱币上写着“利后”，巧妙地将神仙、富贵和繁衍、生人福祉的愿望整合在一起，当然整体来看，主体还是神仙。吴地的魂瓶恐怕也有异曲同工之妙（粮仓、田池、

① 《春秋公羊传注疏》卷十三《文公五年》何休注，上海古籍出版社，2014年，上册，第530页。

② 《礼记正义》卷十二《檀弓下》，上册，第362页。

③ （清）王先谦撰，沈啸寰、王星贤点校：《荀子集解》卷十三《礼论》，下册，第434页。

楼宇、神仙等）。其实，墓葬图像流行的各大地区无不如此。只是将这几种主要愿望完美整合在一种器物上的[①]，还得是说出“腰缠十万贯，骑鹤上扬州”的“吴蜀人”。

读者想必已经了解到，我们对于墓葬文化，具体到本书主要是汉墓图像，是持一种多元性、综合性的态度，反对那种仅仅把它们归结到一个层面、某个核心的观点，不论是生前映射、死后继续，还是成神成仙，或是经义道德。不仅是多元，甚至不排除矛盾。例如，汉武帝一方面极力寻求神仙、不死药，同时又营造了规模宏大的陵墓。张衡在《西京赋》中铺排了武帝求仙的盛况后，转头就质问到：“若历世而长存，何遽营乎陵墓？”[②]墓葬中追求的愿望，内容是理想主义的，但态度是机会主义、实用主义的。所以我们在讨论至少汉代以来的墓葬文化时，例如哪里属“死”、哪里属“生”，哪里属“魄”、哪里属“魂”，什么是“藏”、什么是“现”，什么是“祭”、什么是“奠”，这样的概念问题，尽量少纠结，终究是剪不断、理还乱。读者试看本书中所引用的提到魂、魄的文献，除了那些本身就要一本正经地区别二者的（其实也有它们另一个实用的目的），其他的就语气、音韵、习惯上的选择，实在要比二者本身的区别来得重要。

墓葬文化本身是多元的、矛盾的，但现代学术研究显然必须以一个个合乎理性的问题为中心，方能成立，方可深入。而且做文章也须得有主旨，始终围绕，才不堕平庸。所谓“凡作一文，皆须有宗有趣，终始关键”[③]。本书即是针对其中神仙的问题（一个方面的问题），而且是内容较成系统的升仙思想和信仰的问题（合乎理性）。且神仙信仰是秦汉时期思想观念中的一个主要问题，更是当时墓葬文化中的核心之一，甚至浸染到国家陵墓典礼中。汉乐府中现存一篇《上陵》古辞（上陵何美美），属鼓吹曲辞，郭茂倩《题解》认为即与东汉上陵礼有关，并注意到其“古辞大略言神仙事”。如“芝为车，龙为马，览遨游，四海外。甘露初二年，

① 汉代铜镜铭文也往往是各种流行愿望的集合，如江苏东海尹湾汉墓出土一枚博局镜铭：“汉有善铜出丹阳，卒（淬）以银锡清而明，刻治六博中絫方，左龙右虎治四彭，朱爵（雀）玄武顺阴阳，八子九孙居中英（央），常葆父母利弟兄，应随四时合五行，法象天地日月光，昭（照）神明镜相侯王，众妻美好如玉英，千秋万世长乐未央兮。”（连云港市博物馆：《江苏东海县尹湾汉墓群发掘简报》，《文物》1996 年第 8 期）但主要是文字上的聚合，图像上似难整体表现这些愿望。

② 费振刚、胡双宝、宗明华辑校：《全汉赋》，北京大学出版社，1993 年，第 415 页。

③ （宋）黄庭坚：《答洪驹父书》，见刘琳、李勇先、王蓉贵点校《黄庭坚全集·正集》卷十八《书》，北京：中华书局，2021 年，第 2 册，第 424 页。

芝生铜池中，仙人下来饮，延寿千万岁。”[①] 神仙信仰当然是理解汉代墓葬文化的一个关键抓手。

左思《蜀都赋》中说：“一经神怪，一纬人理。”[②] 蜀人以神怪为经，人理为纬。所谓“人理”，魏晋时的语境我不清楚，大概是人情物理的泛称。在宋代蜀学的语境中，则更强调“人情”。我，蜀人也。在以初入殿堂的博士论文修订而成的第一部集腋成裘的著述上[③]，以神仙问题为主旨，而所谓的系统问题，其实皆本自人理、人情（读者自见），也算遥契古人吧。

最后，开头的那则小说成了诗词中的典故。蜀人苏轼说：

> 可使食无肉，不可使居无竹。无肉令人瘦，无竹令人俗。人瘦尚可肥，士俗不可医。旁人笑此言，似高还似痴。若对此君仍大嚼，世间那有扬州鹤？[④]

看来东坡先生的观点和我一致，在“世间”是不能兼得扬州刺史和骑鹤飞升的。孟子说：“鱼，我所欲也。熊掌，亦我所欲也。二者不可得兼，舍鱼而取熊掌者也。”[⑤] 鱼与熊掌，字面上看还都是“肉”，东坡先生则要放弃他钟情的东坡肉，选择一个精神上的“竹”（当然孟子的熊掌也是精神上的“义”）。竹是空虚的、清高的、冷峻的，但他认为可以免俗。本书也放弃了那么多所谓事死如生的现实的内容，选择了这么一个虚无的、高渺的、奇幻的主题，既然世间没有“扬州鹤”，不妨去天上寻寻呢？两位天上的谪仙人[⑥]，两位蜀人，李白和苏轼，应该会心莞尔吧（李白出生地仍有争议，但他实实在在生长蜀地二十年，度过了整个成长时期，

---

① （宋）郭茂倩编：《乐府诗集》卷十六《鼓吹曲辞一》，北京：中华书局，2017 年，第 2 册，第 330 页。

② （梁）萧统编，（唐）李善注：《文选》卷四《蜀都赋》，上海古籍出版社，2019 年，第 1 册，第 194 页。

③ 博士论文《昆仑、天门、西王母与天神——汉晋升仙信仰体系的考古学综合研究》于 2013 年 5 月完成答辩，成文急促，舛误不少。十年之中，主要章节多单独修改成文发表，每有新见，辄附记于旁。此次以博士论文为底稿，参照单篇论文及附记修改，疑虑者删去，新见者加入，犹豫者改定，亦颇费一番整理功夫。

④ （清）王文诰辑注，孔凡礼点校：《苏轼诗集》卷九《於潜僧绿筠轩》，北京：中华书局，1982 年，第 2 册，第 448 页。

⑤ （清）焦循撰，沈文倬点校：《孟子正义》卷二十三《告子上》，北京：中华书局，1987 年，下册，第 783 页。

⑥ “谪仙”原指东方朔，后来泛称诗赋文章圣手，专指则为李白，苏轼亦获此称。

青年出川入楚，称为蜀人应无不妥）。

话到此处，前言的内容本已说尽，但这个话题之题外，不知怎的又使我心有戚戚焉。东坡先生说“扬州鹤”之弦外，扬州刺史不言自明，鹤还不是升仙，而是如同神仙一般的自由和超脱。“肉”和“竹”的选择，虽然他自己说“旁人笑此言”，但至少在表明立场上，士大夫应该颇能一致。但是，在扬州刺史与骑鹤飞升之间，他选择哪一个呢？俯仰圣贤之书，周旋营苟之务，士大夫的所谓“出处”心理是特别矛盾的。笔者虽非贤士大夫，也无彭泽之任，尚心有悸悸然。至少在黄州时期，他这样写道：

时夜将半，四顾寂寥，适有孤鹤，横江东来，翅如车轮，玄裳缟衣，戛然长鸣，掠予舟而西也。须臾客去，予亦就睡，梦一道士，羽衣蹁跹，过临皋之下，揖予而言曰：“赤壁之游乐乎？”问其姓名，俯而不答。呜呼噫嘻，我知之矣，畴昔之夜，飞鸣而过我者，非子也耶？道士顾笑，予亦惊寤。开户视之，不见其处。[①]

① 孔凡礼点校：《苏轼文集》卷一《后赤壁赋》，北京：中华书局，1986年，第1册，第8页。

目 录

图表目录

绪论

西汉初年贾谊《惜誓》[1]云：

惜余年老而日衰兮，岁忽忽而不反。登苍天而高举兮，历众山而日远。观江河之纡曲兮，离四海之霑濡。登北极而一息兮，吸沆瀣以充虚。飞朱鸟使先驱兮，驾太一之象舆。苍龙蚴虬于左骖兮，白虎骋而为右騑。建日月以为盖兮，载玉女于后车。驰骛于杳冥之中兮，休息乎昆仑之墟。[2]

西汉中期王褒《九怀》云：

乘虬兮登阳，载象兮上行。朝发兮葱岭，夕至兮明光。北饮兮飞泉，南采兮芝英。宣游兮列宿，顺极兮仿佯。红采兮骍衣，翠缥兮为裳。舒佩兮红𬘘缅，竦余剑兮干将。腾蛇兮后从，飞駏兮步旁。微观兮玄圃，览察兮瑶光。……径岱土兮魏阙，历九曲兮牵牛。聊假日兮相佯，遗光燿兮周流。望太一兮淹息，纡余辔兮自休。[3]

西汉末年刘向《九叹》云：

悲余性之不可改兮，屡惩艾而不迻。服觉晧以殊俗兮，貌揭揭以巍巍。譬若王侨之乘云兮，载赤霄而凌太清。欲与天地参寿兮，与日月而比荣。登昆仑而北首兮，悉灵圉而来谒。选鬼神于太阴兮，登阊阖于玄阙。回朕车俾西引兮，褰虹旗于玉门。驰六龙于三危兮，朝西灵于九滨。[4]

众所周知，汉代诗赋中此种夸张的游仙描写，延续自屈原的《离骚》。但仔

---

① 《惜誓》作者，东汉王逸已不能确定，贾谊仅为一说。不过其为讽喻楚怀王之作，且王逸将之列在屈原或景差所作《大招》之后、汉初淮南王门客所作《招隐士》之前，其为战国末至汉初的作品则是可信的。

② （宋）洪兴祖撰，白化文等点校：《楚辞补注》卷十一《惜誓》，北京：中华书局，1983 年，第 227～228 页。

③ （宋）洪兴祖撰，白化文等点校：《楚辞补注》卷十五《九怀》，第 270～272 页。

④ （宋）洪兴祖撰，白化文等点校：《楚辞补注》卷十六《九叹》，第 309～310 页。

细对比一下战国晚期、西汉初、西汉中、西汉末的这些同类描述，虽然都是遨游天地、驰骋四海，但其中心是不尽相同的，这明显体现在昆仑（玄圃、悬圃，后详）的地位上。我们看到，昆仑的地位逐渐突出，并与北极、太一、阊阖、魏阙（高大的阙）、玄阙等联系在一起。东汉王逸在为《九叹》作注时便说："言已得道轻举，登昆仑之上，北向天门。……与俱登于天门，入玄阙，拜天皇，受勑诲也。"①更将昆仑、天门、天皇安排成一个程序了。上面三段西汉时期的赋中尚未提到西王母，然而不论从考古材料还是文献材料上看，东汉以来昆仑与西王母已经紧密结合在一起，更有许多考古材料表现出此时西王母与天门的结合。此种结合到底仅仅是一种文学和图像的铺陈和构想，还是背后已有一个系统的观念？本研究即试图从考古材料入手，结合文献材料来综合探讨这一问题。梳理和研究汉代与昆仑、天门、西王母以及天神等相关的考古材料（主要是图像材料），讨论其是否能形成一个信仰体系，何时形成，怎样形成，其形成的背景如何，及其表现、意义、影响等问题。

之所以从考古材料入手，因为对于这一问题，文献材料中的相关内容往往零散破碎，且多为个人意识强烈的文学作品（其实程式化也很突出）。而考古材料中相关内容大量、反复地在不同材质、不同形式的遗存上出现，更多为社会一般意识的产物。且在特定的遗存和环境中，其系统性更容易观察。考古材料虽然直接，但往往并不自明，尤其是在关于意识观念的问题上。不可否认，我们与古人之间是有很深的"代沟"的。这"代沟"无法逾越，但可以理解，理解的依据自然要从当时人观念的直接记录——也就是文献材料上来。因此，对这一问题必须采取综合研究的态度和方式。

意大利学者莫米利亚诺（Arnaldo Momigliano）在评论 19 世纪西方历史学与古物学的关系时指出，"这（结合二者）意味着两个难点：一方面要不断压制哲学历史学家（笔者按：以宏大叙事和历史逻辑为目标的学者）的归纳做法中固有的先验态度，另一方面要避免古物学思维对分类和无关细节的钟爱"，作者还补充到，"无论是业余爱好者还是教授，他（古物学家）活着都是为了分类。在某些例子中，他从与自己密切相关的学科中获得的方法加强了这种思维习惯"②。笔者目前

① （宋）洪兴祖撰，白化文等点校：《楚辞补注》卷十六《九叹》，第 309、310 页。

② ［意］阿纳尔多·莫米利亚诺著，王晨译：《历史学研究》，北京大学出版社，2020 年，第 26 页。

对 19 世纪的西方古物学可以说一无所知，因此无法完全理解上述评论的真正意义。由于学科背景和学术训练的缘故，笔者也不会对分类的方法抱有任何偏见。事实上，要系统梳理考古材料包括图像材料，适当的分类仍然是必要和必然的，也只有系统、详细地梳理材料，才能尽量避免所谓的“先验态度”。不过，笔者的分类梳理必须为着本研究中的问题而设，其具体做法和程度也必须向着问题而行，而非为着方法自身，这样才能回应所谓“哲学历史学家”的关怀，也才能回答本研究提出的问题。

一、问题的提出

众所周知，神仙信仰是战国秦汉时期社会思想和精神文化中特别重要又颇具特色的部分。燕、齐诸侯，秦皇、汉武等统治者的大规模求仙活动，京师贵戚、郡县豪家，乃至缙绅士人、市井细民的痴心妄想，成为《史记》《汉书》《新论》《论衡》等著述专门讽刺和批判的对象。此点前人所述备矣，笔者这里希望更进一步强调，神仙信仰在汉代实际上已然成为社会思想结构的一部分，并且处于较高的层面，并非仅仅可以用愚昧、迷信、虚幻等词语一笔带过。

张衡在其名赋《七辩》中，按照七体赋的程式，企图从七个方面激发“先生”的情志。在极力铺陈“宫室”“滋味”“音乐”“女色”“舆服”之后，这位先生竟毫不所动。于是作者继续道：“若夫赤松王乔，羡门安期。嘘吸沆瀣，饮醴茹芝。驾应龙，戴行云，桴弱水，越炎氛，览八极，度天垠。上游紫宫，下栖昆仑。此神仙之丽也，子盍行而求之？”以升仙游仙的乐趣来刺激，这位先生果然起了兴趣：“先生乃兴而言曰：‘吁美哉！吾子之诲，穆如清风。启乃嘉猷，寔慰我心。’矫然仰首，邪睨玄圃。轩臂矫翼，将飞未举。”[①] 充分说明了在当时的思想结构中，神仙之乐是比上述五种物质之乐更能激动人心的层面。当然，作为儒生的张衡将最后一辩设置为“讲礼习乐，仪则彬彬”[②] 的儒家礼乐文化，符合其身份和写作目的，但未必能涵盖当时社会的一般观念。光武帝在讨论死亡时表现出较为理性的态度，

① 费振刚、胡双宝、宗明华辑校：《全汉赋》，第 491 页。笔者对标点有部分调整。

② 费振刚、胡双宝、宗明华辑校：《全汉赋》，第 491 页。

其云："周公、孔子犹不得存，安得松、乔与之而共游乎！"[①] 虽然持否定语气，但也正好反映出社会一般观念中，神仙（以赤松子、王子乔为代表）恐怕是比圣人（以周公、孔子为代表）更能令人钦羡追求的一层。

汉赋尤其是大赋是当时文化的集中表现，其中就有司马相如《大人赋》、扬雄《太玄赋》、桓谭《仙赋》、班彪《览海赋》、冯衍《显志赋》、张衡《思玄赋》、黄香《九宫赋》等，几乎全篇铺陈神仙之乐。如众所知，诗歌中的神仙、游仙主题也作为一个结构、层次成熟于战国秦汉时期。一般来说有两种类型，一是在人间不得志而寄托天上，与神仙周游，以屈原《离骚》及其众多后继者为典型；一是以秦王政三十六年（公元前 211 年），"使博士为《仙真人诗》，及行所游天下，传令乐人歌弦之"[②] 为代表，被认为是更为纯粹的神仙之乐的表达，汉乐府中现今尚存的《上陵》《艳歌》《长歌行》《王子乔》《董逃行》《善哉行》《陇西行》《步出夏门行》等及汉末魏初曹氏父子的《气出唱》《精列》《秋胡行》《陌上桑》《平陵东》《升天行》《五游》《远游篇》《仙人篇》《游仙》等多属此类[③]。如《艳歌》一开篇即说："今日乐上乐，相从步云衢。"[④]《陇西行》最后从天上回望人间时说道："顾视世间人，为乐甚独殊。"[⑤]《善哉行》中也说："今日相乐，皆当喜欢。经历名山，芝草翩翩。仙人王乔，奉药一丸。……参驾六龙，游戏云端。"[⑥] 神仙、升仙之乐也是被作为一个更高层次的享受和愿望，用诗中的话说就是"乐上乐""独殊"之乐。除文学外，此点在此时期的音乐、百戏、建筑文化等方面都有突出反映，本书大量涉及的美术方面更是如此，更不用说宗教文化和墓葬文化方面了。

墓葬文化是人们生死观念的直接产物和集中反映，神仙信仰自然是汉代墓葬文化中的核心之一，或许也应是其反映出的思想结构中的较高一层。关于这一层的具体内容，前人所述纷纭，笔者在本书中更为关心的是它的体系问题。汉代文

---

① （汉）刘珍等撰，吴树平校注：《东观汉记校注》卷一《世祖光武皇帝》，北京：中华书局，2008 年，上册，第 12、13 页。

② 《史记》卷六《秦始皇本纪》，北京：中华书局，1959 年，第 1 册，第 259 页。

③ 按：曹植的某些游仙诗究其深意可能是特殊政治处境下的某种发泄之作，但从其字面表达的意思来说，仍然在比较纯粹地描写游仙之乐，自然可以当作对当时神仙观念的一种描述。

④ 逯钦立辑校：《先秦汉魏晋南北朝诗》，北京：中华书局，1983 年，上册，第 289 页。

⑤ 逯钦立辑校：《先秦汉魏晋南北朝诗》，上册，第 267 页。

⑥ （宋）郭茂倩编：《乐府诗集》卷三十六《相和歌辞十一》，第 3 册，第 782 页。

化的特色是宏伟而系统，囊括宇宙并运行有度[①]。不论是董仲舒在政治哲学上的“得一端而多连之，见一空（孔）而博贯之，则天下尽矣”[②]，还是司马迁在史学上的“究天人之际，通古今之变，成一家之言”[③]，抑或是司马相如在文学上的“苞括宇宙，总览人物”[④]，在集权国家和官僚体系完全确立的社会背景下，在上述宏伟而系统的思想文化背景下，神仙信仰是否也已形成了一个类似太史公称述其著作结构时所说的“二十八宿环北辰，三十辐共一毂，运行无穷”[⑤]的系统？这不仅是神仙信仰，而且是整个汉代信仰研究中的一个核心问题。

汉代的信仰乃至宗教问题，一向是历史学、宗教学、考古学、美术史、思想史、文学史乃至民俗学等相关学科关注的热点。一方面由于此时向来被认为是中国古代信仰和宗教的最为重要的“转型期”之一。在这一时期，外来宗教——佛教开始进入中国并逐渐传播，对中国文化开始发生持续、深远的影响，这也是历来被作为中国信仰和宗教“转型”的一个最主要的原因。本土宗教——道教也开始从一般信仰和民间宗教中“脱颖而出”，形成教团，并登上了历史重大事件的舞台，这也被作为“转型”的另一个重要原因。然而，这种“转型”是延续和演变，还是断裂和革变？是中国传统信仰和宗教发展的自身逻辑，还是西来信仰和宗教冲击影响下的改弦易辙？不论怎样，我们首先要厘清此时传统信仰的背景和面貌，看看一般意义上的传统信仰是否已经具有了较成系统的内容，该系统的发展程度和发展方向，以及与这些外来和新兴宗教的关系。

历史文献是史家具有系统意识编撰而成的，最易于观察问题的系统性，文献史学确实也为我们展示了秦汉时期信仰和宗教的系统。这就是以官方祭祀为核心的一套国家层面的宗教体系，这一体系既包括各种天神地祇、日月星辰、山川河岳，也包括历代先王圣人，甚至于神怪巫觋。而且对应着此时国家体系的成熟，这一信仰的体系性也是显而易见的，甚至往古圣王和至尊天帝之间也要排出座次（如武帝的甘泉祭祀）。如果从这个信仰和宗教的体系来看，那么它与魏晋以后的一

---

① 袁行霈主编：《中国文学史》第一卷，北京：高等教育出版社，2014 年，第 138 页。

② （清）苏舆撰，钟哲点校：《春秋繁露义证》卷五《精华》，北京：中华书局，1992 年，第 97 页。

③ （梁）萧统编，（唐）李善注：《文选》卷四十一《报任少卿书》，第 5 册，第 1898 页。

④ 王根林校点：《西京杂记》卷二，见《汉魏六朝笔记小说大观》，上海古籍出版社，1999 年，第 89 页。

⑤ 《史记》卷一百三十《太史公自序》，第 10 册，第 3319 页。

般的信仰和宗教确实是天壤之别，这个“转型”就是毫无疑问的了。但是，如果我们仔细思索，不要将魏晋以后的信仰和宗教简单等同于佛教和道教的话，就会发现，在魏晋以后同类历史著作中的同等部分，对于国家祭祀体系的记载，实际上是没有多大区别的，一如秦汉时期，只是此时我们说到信仰和宗教时，往往不再偏重这一部分而已。那么，同样的道理，在秦汉时期，除了这个能从这类文献的同等部分中轻易看到的国家信仰体系外，在社会上是否还存在一个类似后来佛教、道教那样的更为一般、普遍的信仰体系？对于这样的问题，仅凭历史文献就无法系统地揭示了。

这一时期是作为具有完整宗教形态的佛教、道教，传入、产生、发展的重要时期，也颇为此二教的研究所看重。从后来这种具有成熟体系的宗教向前追溯，当然是可以从零星材料中看出其间的关联乃至系统的。作为外来宗教的佛教，它本身的信仰体系有其明显的特色，以此观中国传统信仰之体系，恐怕是不太切合的。不过，其在初入时，与中国传统信仰之“附合”，从考古材料和文献材料上已有许多讨论。然而，要深入理解这种“附合”，首先也要了解此时传统信仰的系统和面貌，才能对二者的关系有更进一步的领会，才能对诸如“佛教征服中国”等命题有准确的判断，才能对佛教后来在中国社会的扩张、发展提供一个更为完整、深入的背景。道教是土生土长的宗教，早期道教本身就以这个传统信仰为背景，对于追溯传统信仰的系统性具有得天独厚的条件，成果也颇为丰富。然而，戴着道教研究的眼镜看，这个问题便与道教史的问题天然合而为一，追溯出的系统自然而然地成了早期道教的系统。这样早期道教被凸显出来，而它的背景被凹隐下去，道教对传统信仰的吸收、发展及二者相互关系等重要问题反而得不到彰显，似乎真是“有物混成，先天地生”。看来，对这一问题的探讨需要具有宗教史的视野，但又得超脱于一般意义上的宗教史。

使汉代一般信仰和宗教的内容显现得丰富多彩起来的，是考古和美术史研究的发展。汉代墓葬中出土的大量器物、图像和文字成为学者探索当时一般信仰的最为直接、形象的材料，哪怕是纯粹文献史学背景的学者，在这一问题上也绝不会无视这些材料的重要性，相关的研究也在各个方面和各种层次迅速增加。然而，由于考古材料的片段性和零散性，尤其是考古学研究长期以史前考古为范式，往往对材料分门别类地进行整理研究，类别的划分又往往在于质地和器物形态，系统性地提取这些器物、图像、文字所承载着的信仰内容的工作，至今仍然是为数不多的[①]。这方面近年来美术史研究的发展产生了一些可喜的成果，并开始对历史学、考古学研究产生冲击和影响。实际上这样的美术史也非传统的美术史研究，而试图与考古学、历史学相结合，所以也无须明辨泾渭了，只是学者们的知识背景、学术训练、表述方式和习惯取向不同而已。不过，由于这一领域的研究，需要较为全面地驾驭考古材料和历史研究，成果虽然十分丰富，但系统而深入者，至今仍然凤毛麟角[②]。

考古学和美术史研究中，现有的一些关于汉代一般信仰的体系性的探讨，往往集中在静态而宏观的所谓宇宙模式的观察上，其深度显然还远远不够。当时人在墓葬营建中最为关心的问题之一——关于死后世界和升天成仙的问题，经过至少战国秦汉的发展，伴随着世俗社会体系的完全成熟，是否也已经形成了较成系统的信仰？图像、器物和文字中表现出的各种升仙信仰内容之间是否已经形成了内在的有机联系与结构？其总体面貌和图景究竟如何？这种一般信仰是否可以游离于国家宗教之外，而与之全然无涉，作为所谓政府与民间，或者精英与世俗之间的对立？这种一般信仰与开始进入和兴起的佛教、道教之间有着怎样的生动历史？这些问题，据目前的材料和认识，只要打破原来机械地分门别类的研究习惯，全面而系统地提取考古材料之中、之间、背后的信息，紧密整合历史文献，并且与宗教史、美术史研究相发明，应该是可以有所建构和解答的。

通过这些考古材料的综合考察，已经能为我们勾画出一幅至迟成熟于西汉晚期至新莽时期的，以关于西方的昆仑、天门、西王母及昆仑之上的天帝为中心的升仙信仰体系。该体系中有升天成仙的“理论基础”，有具体的“技术路线”，有神仙世界最高的统治者及其从属，也有升仙的具体管理者、引导者等，并非一般的仙境或神仙崇拜可以概括。

本书试图通过对汉代墓葬中出土的有关昆仑、天门、西王母以及天神等材料及其相互关系的整理和研究入手，厘清其各自及相互关系的发展，梳理出其发展、演变、结合的时空轨迹；并综合历史文献的研究，解释这种发展、演变、结合的逻辑轨迹，从而建构起一个较成系统的升仙信仰体系。以一些综合和专题的研究形式，

---

① 这里的“至今”最晚指的是到博士论文写作完成的2013年，今天（2022年）当然已经有了不少改观。不过，一方面为呈现问题提出的背景，另一方面虽然有所改观，但距离应有的改变还很遥远，该表述仍不为过时。

② 同上。

考察这一信仰体系中的升仙过程、途径和内容；显现出汉代墓葬中尤其是表现信仰的内容中，大量出现西方文化因素的本土背景；并凸显出佛、道教迅速传播和兴起的信仰背景及这一信仰对这些继之以兴的宗教所产生的深远影响。总之，最终的目标是企图在以往研究的基础上，全面而系统地梳理和阐释相关的考古材料，并以考古材料和文献材料的整合研究在汉代升仙信仰的问题上成一家之言。

本研究的意义至少有以下三点：

第一，以往考古学的研究，尤其是诸如博士学位论文这样具有一定分量，严肃而深入的研究[①]，往往以某一时代某一地区的某一类考古材料的整理和研究为主，而这种分类主要集中于器类、考古学文化类型、地域文化等层面上。这种经典的模式易于对材料的把握，建立坚实的研究基础，但容易割裂历史问题，并与历史问题的研究相游离（尤其是在历史时期）。在考古学和相关学科已有很大发展的今天，在以往的基础研究之上，有必要进行一些以历史问题为中心的综合性的考古学研究，有利于学科和学术领域自身的深入发展及与其他相关学科的结合和对话。本研究就试图进行这样的尝试，在以往为数不多的综合研究（尤其是精神层面）的基础上，继续筚路蓝缕之努力。

第二，对于汉代墓葬中涉及信仰的考古材料的研究，虽然已经可以说是洋洋大观了，关于昆仑、天门、西王母和各种天神的相关论文更是在各种学科、各种层次中层出不穷、目不暇接。但绝大多数都是就其各自的情况来看，材料零散，问题也零散。本研究试图系统地来讨论这一问题，重点考察的是以昆仑、天门、西王母为中心的升仙信仰是如何发展成为一个体系的，它们在这一体系中的位置、功能与相互关系，及这个体系所包罗的问题与其所产生的影响，希望能使对于这一问题的研究更上一个台阶。虽然就考古材料而言，恐怕永远只能是管窥，但只要所窥的不局限于豹之一爪一牙，并站在更高的层次，多管整合，庶几可以窥见全豹。

第三，这一信仰体系的建立，虽然只是初步的立柱构梁的工作，但作为一种解释系统，只要具有相当的合理性和可靠性，便在一定范围内具有较为普遍的解释性，可以为解释其他一些和今后发现的相关材料提供理论可能，深化相关的考

① 由于在2011年春的博士论文开题中，受到严重的质疑和批评，此段原是针对当时博士论文设计问题的自我辩解，现在出为专著，已不存在该问题，本应该删去。但笔者仍有不舍，或有所寄望，特予保留。游离主旨之处，请读者见谅。

古学、历史学和美术史研究。对汉代墓葬中诸如西方文化因素等问题的理解也提供了除文化交流外的另一个信仰上的背景。

二、研究综述

由于本书是以问题为中心，并以一个个专题构建起来的综合性研究，并非以固定一类材料作为考察对象。而相关学科和相关问题的研究成果可谓洋洋大观并且鱼龙混杂，实事求是地说，无法也无力进行全面总结。限于篇幅，这里只就那些对本书研究问题的提出和展开，具有重要启发意义而成为本书基础的相关成果进行初步评述[①]。一些具体问题的意见和讨论，留待相关章节的论述中再行研讨。为了叙述方便，下面根据其侧重点分成几个中心问题来评述，但这样显然割裂了不少研究的整体性，也是不得已而为之。

（一）一般信仰与宗教

汉代文献中对当时的信仰和宗教大致有两种表述：一种集中在颇成系统的正史的《封禅书》《郊祀志》《祭祀志》及一些帝王的传记中，主要表现的是官方祭祀各类天神地祇、日月星辰、山川河岳，乃至神怪巫灵，从其祭祀时间、地点、人物及仪式中可以看出，如同当时的现实政治一样，这是一个体系俨然的信仰世界；另一种主要散见于各种子、杂、神话之书，诗赋及小说之言（其实在正史中亦有不少片段），主要表现的是各种神话和仙话，升仙和游仙之情景，以蓬莱诸岛、昆仑、西王母等最受关注，略晚的文献中亦有泰山阴司的“鬼话”，大多只是一些片段，从文献中很难看出体系。此时还出现了一些有关佛、道教的早期文献，但除带有一些本身特点外，其杂而多端多与后一种类似，或不需另立。这就容易使人们产生当时的信仰世界有两类的印象。

荷兰汉学家高延（Jan Jakob Maria de Groot）先生在考察中国古代的信仰和宗教

① 需要说明的是，博士论文的研究综述完成于2013年初，距离此次修改出版已有9年。原来的综述本来就不在于全面介绍相关研究，而是对本课题的提出具有重要启发者进行评述。但这毕竟是2022年以后的出版物，这9年中所见的一些特别相关又比较重要的研究（包括新出版的和之前未见到的），自然也不能视而不见。于是笔者择要补入，一方面可能挂一漏万，另一方面补入的内容与原来行文逻辑未必能很好弥合，读者自见，先致歉意。

时指出："官方宗教，它是先秦三代被朝廷信奉并令举国遵行一组官方的仪式和典礼，在古籍中频频出现。它是一种具有相当人为性质的宗教，有别于大部分中国人所信奉的宗教。"[①]笔者理解，这里的核心指的应该是"礼"和"俗"的问题。非唯先秦，秦汉及以后也有这一问题。即便从礼、俗的角度，将"官方宗教"与"大部分中国人所信奉的宗教"断然分开，恐怕也是不太准确的。余英时先生在《东汉生死观》一书中，一开篇就将当时的生死观念分为"'高'层次，或正式的思想"和"'低'层次，或民间思想"两类，并分述社会上层的养生求仙思想和民间的神仙观念[②]。不过，余先生的这一划分还不完全是根据上述两类文献而来，主要强调的是士人与民间、精英与世俗的区别，应该主要还是集中在后一类文献中，可能受到西方思想史、宗教史研究传统的影响（后详）。蒲慕州先生继踵其后，在《追寻一己之福——中国古代的信仰世界》一书中便明确将当时的信仰和宗教划分为"帝国之官方宗教"和民间信仰两部分，循着余先生的踪迹，又将后者细分为知识分子和民间两类[③]。汪小洋先生也认为汉代的宗教结构中有国家宗教和民间宗教的分别，在汉末又形成早期道教、佛教与国家宗教并存的面貌[④]。

这样的划分固然适应上述两类文献的区别，而且从二者的面貌上看，似乎确实全然不同，然而仔细阅读，二者在不少方面也有相当的关涉。如汉武帝的许多祭祀，既作为国家的宗教，同时又含有求仙的内容，国家宗教中的最高神，同样可以作为其求仙活动的最高神。我们虽然可以将武帝称为一个特例（实际上这个"特例"是特别例外，还是特别突出，仍然值得思考），但至少说明，二者在当时的观念中，可能并不是那样泾渭分明。而且我们也无法理解在国家形态发展到如此成熟程度、国家事务和力量已经无处不在、国家观念完全深入人心的汉代，还有一个能够在观念上独立于国家信仰和宗教而自成体系的所谓民间信仰和宗教。如果这个国家宗教是在短时间内直接输入的舶来品还有可能，但汉代的所谓国家宗教和民间信仰，无疑都是从自己的土壤中长期发展起来的。其实更有可能的情况是，所谓国家宗教和民间信仰都属于一个大的体系，只是在这个体系中占据了不同的

① ［荷兰］高延著，林艾岑译，马小鹤审校：《中国的宗教系统及其古代形式、变迁、历史及现状》第一卷，广州：花城出版社，2018年，前言第8页。

② ［美］余英时著，侯旭东译：《东汉生死观》，上海古籍出版社，2005年，第3页。

③ 蒲慕州：《追寻一己之福——中国古代的信仰世界》，上海古籍出版社，2007年，第2～4页。

④ 汪小洋：《汉墓绘画宗教思想研究》，上海大学出版社，2010年，第16～26页。

位置；它们拥有共同的信仰背景，只是在这个背景上凸显了不同的色块；还要考虑承载它们的文献的性质、目的及系统性等问题。

余、蒲二先生其实也注意到二者的联系问题，所以在“分”的思维下，又设置了一些“合”的关联，如论述养生成仙向死后升仙的转变等等。然而“天人本无分，何必言合”，这一点已为近年来的思想史研究者所注意。葛兆光先生在反思了上述这种二元的思维后，进一步提出此二者应当有一个共同的背景，既是民间信仰的来源，也是精英思想赖以产生、发展、超越的土壤。“在人们生活的实际的世界中，还有一种近乎平均值的知识、思想与信仰，作为底色或基石而存在，这种一般的知识、思想与信仰真正地在人们判断、解释、处理面前世界中起着作用，因此，似乎在精英和经典的思想与普通的社会和生活之间，还有一个‘一般知识、思想与信仰的世界’。”[①]本书要建构的便是这样一个“一般信仰与宗教”，这也是一般情况下考古材料最能切实反映出的部分。

另外，钟敬文先生在讨论古代民俗时也指出：“人类进入历史社会后，已有上、下层文化的区别，历史考古学的发掘就有了阶级层次的区别，比如：马王堆的出土文物中，有许多殉葬品为上层阶级所有，但里面还有帛画，帛画上有神话，就是老百姓的下层文化。”[②]钟先生虽然强调了社会上层的墓葬中也有下层文化的因素，但帛画在马王堆汉墓中意义重大，显然也是作为丧葬仪式的一部分设置的，上面表现的所谓“老百姓的下层文化”更应该是当时社会所共有的文化。侯旭东先生也反思了西方学界宗教研究中流行的“大传统（Great Tradition）”“小传统（Little Tradition）”“民间宗教（Popular Religion）”等概念，认为“共同宗教（Common Religion）”的概念虽有利于矫正以往研究中过分夸大阶层信仰差异的弊病，但仍不适合深入分析有关中国古代民众信仰的问题[③]。笔者对于概念问题向来缺乏敏感，更无建设能力，上述葛兆光先生关于社会一般信仰的表述最适合本书讨论的问题，故而行用之。

---

① 葛兆光：《中国思想史·导论：思想史的写法》，上海：复旦大学出版社，2005年，第13页。

② 钟敬文：《中国民俗史与民俗学史》，见钟敬文、萧放主编，郭必恒等著《中国民俗史（汉魏卷）》，北京：人民出版社，2008年，总序第6页。

③ 侯旭东：《五六世纪北方民众佛教信仰——以造像记为中心的考察（增订本）》，北京：社会科学文献出版社，2015年，第23、24页。

（二）昆仑

昆仑是本研究的一个中心。对于昆仑的探索自古代帝王、学者至今依然兴趣盎然。在近代学术兴起之前（包括近代学术兴起后的部分研究），主要集中于有关昆仑地望的讨论。昆仑在战国秦汉人的观念中是西方、西北方的一座巨大的神山，这是毫无疑问的（至晋又偶有东南昆仑之说，或出于不同系统，但无法与西方昆仑的传统观念相比），但这昆仑究竟在哪里，古往今来却是聚讼不已。汉武帝根据张骞在西域找到的新“河源”将其定为于阗南山[①]，前凉张骏根据酒泉太守马岌的提议将其定为酒泉南山[②]，古来又有不少意见定其为冈底斯山[③]，清魏源则考其为葱岭[④]，近人蒙文通先生又考其为川西北之岷山[⑤]，其他异说，不胜枚举。我们知道，记载昆仑的早期文献要不就太过简单而无法考定（如《禹贡》），要不就是充满神话色彩而无法实定（如《山海经》），所以这样的争论恐怕会继续下去。若说其实有，实有的事物流入神话中，恐无法论其实；若说其虚无，虚无的事物比定于现实中，又恐难判其虚。这或许是一个不是问题的问题，却打了两千多年的官司。

现代神话之学兴起后，学者纷纷转以神话的眼光来看待昆仑。在面对以往对昆仑言之凿凿的指认和考定时，又希望将此种文献进行合理安排，便纷纷抛出“神话之昆仑”与“实际之昆仑”的“两个昆仑说”，以神话的眼光看待带有神话传说性质的文献中的昆仑，而以历史地理的眼光看待经史类文献中所言的昆仑。再有，此时许多学者看到“昆仑”二字，“一望即知非中文，而为外国文字的音译”[⑥]。此种未经任何考证的“一望”，不知如何一下深入人心，于是竞相以牵连西方神话、地理、语音为事。苏雪林先生的《昆仑之谜》一书便是此种态度的代表，将“神

① 《史记》卷一百二十三《大宛列传》，北京：中华书局，1959年，第10册，第3173页。

② 《晋书》卷八十六《张轨传》，北京：中华书局，1974年，第7册，第2240页。

③ 参见饶宗颐：《论释氏之昆仑说》，见氏著《梵学集》，上海古籍出版社，1993年，第290～292页。

④ （清）魏源：《海国图志》卷七十四《释昆仑》，长沙：岳麓书社，1998年，下册，第1852～1863页。

⑤ 蒙文通：《略论〈山海经〉的写作时代及其产生地域》，见氏著《蒙文通文集第一卷·古学甄微》，成都：巴蜀书社，1987年，第48页。

⑥ 凌纯声：《昆仑丘与西王母》，《民族学研究所集刊》第22期，1966年，第215页。

话之昆仑”与巴比伦神话中关于“世界之山”的内容进行比附，认为“中国之昆仑，希腊之奥林匹斯，印度之苏迷卢，天方之天园，亦为此山之翻版”，并用此眼光对昆仑神话中的重要内容一一做出解释，乃至认为“昆仑一词，不唯此山而已，亦可用以指两河流域之帝都焉”[①]。凌纯声、杜而未先生紧接着这种思路而有所发展，前者将昆仑解释为人工土台而比附于两河流域的古代塔庙，并以之论中国古代明堂太室之来源[②]；后者则将昆仑放入世界性的月亮崇拜中，认为昆仑本为月山，并试图以月亮神话解释昆仑神话中的一切[③]。这些还是比较综合性的讨论，其他径直以西方语音（也有用羌语、蒙古语等少数民族语言的[④]）转昆仑之音以为说者，更不胜枚举。这些学说都毫无疑问地认定昆仑神话必为西方传来，但很少仔细地论证这一点。“昆仑”一词是否真的“一望可知非中文”？要“太华”“嵩高”“昆吾”才能“一望”可知为中文？难道“坤”（大地）、“混沦”（天地中轴如伞柄的旋转貌）这些与“昆仑”音义相近的语词也“一望可知非中文”？再者，昆仑神话确实是关于西方的神话，然而内容是关于西方，就一定要产生于西方？难道中国人就万不能自己产生以西方为内容的神话信仰？即便昆仑真是来源于西方，那么，为何中国人会如此信仰一个西方的神话？这些问题都是这种思路应该回答而没有清楚回答的。或许当时学者的心灵深处正信仰着一个“西方神话”。

从历史文献上研究昆仑神话，笔者目前读到的史料最为丰富、论证最为严密、态度最为平实的，应数顾颉刚先生的《昆仑传说与羌戎文化》一文的后半部分。顾先生以昆仑为中心，将早期比较杂芜神奇的相关神话传说放入“昆仑区”来进行考察，并对各种文献的时代进行梳理，爬梳出昆仑神话及其中主要内容的发展、演变和昆仑的“实定”过程[⑤]，连横合纵而为大手笔。受了上述观念的影响，仍然认为此种关于西方的神话信仰就来源于中国西方的民族，但对此也没有进行充分论证。实际上文章的前（羌戎）后（昆仑）两部分并没有多大关联，后来也是分开发表的，将二者牵合在一起，也有一些迎合当时“世界学术”之意，此点观后

① 苏雪林：《昆仑之谜》，台北：“中央”文物供应社，1956年，第54页。

② 凌纯声：《昆仑丘与西王母》，《民族学研究所集刊》第22期，1966年，第215～255页。

③ 杜而未：《昆仑文化与不死观念》，《宗教丛书6》，台北学生书局，1978年，第1～89页。

④ 丁山：《论炎帝大岳与昆仑山》，《说文月刊》1944年第4卷合刊本；卫聚贤：《昆仑与陆浑》，《说文月刊》1939年第1卷第9期。

⑤ 顾颉刚：《昆仑传说与羌戎文化》，《顾颉刚古史论文集》卷六，北京：中华书局，2011年，第193～447页。

记便可知道。

上面主要是就历史文献进行的研究，由于汉代墓葬中关于昆仑的图像材料并不像西王母那样突出，所以专门的关注相对也不算多。日本学者曾布川宽先生在《昆仑山与升仙图》一文中就专门考论了汉代墓葬中的一些昆仑山图像，确认包括马王堆汉墓棺画、金雀山汉墓帛画、砂子塘汉墓棺画属于西汉早期的三山形的昆仑图像，并比较正确地论证了昆仑与天帝、升仙的关系[①]。在另一篇关于汉代升仙图像的文章中，曾氏又补入了一些东汉时期的关于昆仑或蓬莱的三山图像，并论证了升仙图中的有关昆仑、西王母、天门的一些问题，认为昆仑山的大门既是天门，又是"西王母世界的入口"[②]。那岂非"西王母世界"便是天界了，又置天帝于何处？因为牵涉到较多西王母的材料，使其在前一篇文章中比较正确地揭示出的昆仑与天帝的问题又混淆起来。

信立祥先生看到这种矛盾性，在总结和批评曾氏的研究的基础上，将天帝的天界与仙人世界的昆仑一分为二，认为汉代还没有升天的观念。根据《楚辞・招魂》所描述的天界之恐怖，认为当时人是不敢有升天的想法的，死后的理想归宿应当是昆仑的仙人世界，将升天与升仙严格区分开来[③]。然而，招魂是在人刚死之时希望招回人的魂魄，在招魂失败后才确认其死亡而开始丧葬程序。所以，《招魂》中恐吓死者不要去天上，显然是由其性质决定的，并非真不可去，如果真按《招魂》所述，岂止是天上，灵魂哪里都不能去，升仙同样讲不通。同是屈原及其后继者所作的《楚辞》，其中绝大多数的篇章都在着力描绘作者升天遨游的场面（后详），这又如何解释呢？而且从汉墓中出土的不少"天门"的材料来看，天门当然不是目的，目的很显然是门后的天界，看来升天与升仙、昆仑仙界与天界恐怕并非那样泾渭分明。而且在此时的观念中是否存在一个与天地相鼎足的"仙界"也是值得疑问的。

霍巍先生在研究汉代天马图像时就注意到其与昆仑、天门、天帝的联系，提示出三者之间的密切关系，并将之统一到昆仑神话中[④]。信立祥先生和巫鸿先生又

① 曾布川寛：《崑崙山と昇仙図》，《東方学報》第51冊，1979年，第83～185页。

② 曾布川寛：《漢代画像石における昇仙図の系譜》，《東方学報》第65冊，1993年，第23～221页。

③ 信立祥：《汉代画像石综合研究》，北京：文物出版社，2000年，第61、62页。

④ 霍巍：《天马、神龙与昆仑神话》，见霍巍、赵德云著《战国秦汉时期中国西南的对外文化交流》，成都：巴蜀书社，2007年，第197～226页。

都注意到昆仑和西王母在东汉时期图像中的融合[①]。那么昆仑、西王母与天门、天帝、天界究竟是怎样一种关系？升仙与升天究竟有无区别，又有何种区别？恐怕还需要进一步的说明。

另外，日本学者林巳奈夫先生在研究汉镜所反映的宇宙模式时，提到铜镜中心的镜纽或许是昆仑的象征[②]。林氏虽然是偶然提及，也没有作什么论证，但汉镜具有宇宙天地的象征已是学界共识，那么其上最为突出的镜纽是否也具有象征的意义，确实是很好的一个提醒[③]。贺西林先生在讨论马王堆汉墓出土帛画时，认为帛画上墓主人所站的“T”形平台为昆仑悬圃的表现[④]。这种平台在东汉时期的墓葬图像中往往与西王母相组合，不少著录中就直接描述为昆仑。这大大增加和丰富了昆仑的图像材料，全面的梳理应该会获得更多的信息。日本学者长谷川道隆先生在讨论吴晋时期的青瓷魂瓶时，认为其上部堆塑的建筑为仙人栖息的昆仑山宫殿楼阁的象征，反映了死者升仙的意图[⑤]。关于魂瓶的整体意义，争论尚多，且其综合杂糅的特征比较突出，到底是不是昆仑的因素，或哪些是昆仑因素等问题，笔者拟专门讨论[⑥]，本书中不再涉及。

（三）天门

天门也是本研究的一个中心。“天门”在战国秦汉时期的神仙传说和游仙文学中是经常出现的一个词，显然在当时的神仙信仰中具有十分关键的位置，但以往的文献研究中还少见对其进行专门、系统的关注。汉代是壁画和画像等墓葬装

① ［美］巫鸿著，柳扬、岑河译：《武梁祠——中国古代画像艺术的思想性》，北京：生活·读书·新知三联书店，2006 年，第 135 ～ 142 页。

② 林巳奈夫 :《漢鏡の図柄二，三について》，《東方学報》第 44 册，1973 年，第 9 ～ 11 页。

③ 此点笔者在博士论文中本有专门的章节讨论，后来也形成论文发表（王煜：《象天法地：先秦至汉晋铜镜图像寓意概说》，《南方文物》2017 年第 1 期）。但考虑全书章节安排及与主旨的关系，此次修改时删去这一部分，拟移入将要出版的关于汉代宇宙观与天文的图像考古的专著中。

④ 贺西林：《从长沙楚墓帛画到马王堆一号汉墓漆棺与帛画——早期中国墓葬绘画的图像理路》，《艺术史研究》第 5 辑，广州：中山大学出版社，2003 年，第 156 页。

⑤ 長谷川道隆：《吳·晋（西晋）墓出土の神亭壺——系譜および類型を中心に》，《考古学雑誌》1986 年第 3 期。

⑥ 笔者在中央美术学院人文学院 2020 年 10 月 31 日～ 11 月 1 日召开的“汉唐陵墓视觉文化学术研讨会”上，以《汉晋墓葬中的“超级器物”：以摇钱树和魂瓶为例》为题目的报告中已做了初步说明。

饰艺术空前发达的时期，其中有大量神仙信仰的内容，天门在其中亦有突出的位置。

1957年发现的洛阳烧沟61号西汉壁画墓[①]中，主室以隔梁分为前后两室，隔梁上镶嵌雕刻花纹砖，面向后室的一面上刻有一微开的带有铺首的双扇大门，门上横列五璧，两侧各有一人骑龙面向大门，郭沫若先生即认为此图像表现的为天门、阊阖[②]，但这一图像和观点似乎并未引起学界的注意。学界开始较多地关注到天门图像是由于长沙马王堆一号墓[③]帛画的出土，"T"形帛画宽出的上部明显地描绘了天界的情况，而天界的下端入口处有两根柱状物夹立，中有二人拱手相迎。安志敏、孙作云等先生认为两根柱状物表现的是双阙，将其考定为"天门""天阙"[④]。相继出土的三号墓[⑤]帛画上也有相同的内容。这些讨论较为一致地确认了天门图像，而且指出其与双阙的关系，不过由于研究者所关心的是整个帛画图像的考释，并未针对天门、双阙图像做出进一步的探讨。

阙的形象在汉墓中最为常见（少数为单阙[⑥]，绝大多数为双阙），墓地中有石阙、土阙[⑦]，墓内画像石、画像砖、壁画上更有大量的表现。对于墓葬中阙的意义，早期的研究者，如冯汉骥、陈明达先生认为是墓主人官阶和地位的象征[⑧]。冯先生更明确为"在汉代，官阶至'二千石'以上者墓前方可立阙，……画像砖上的阙，当然是代表墓主在生前门前所立的阙观"[⑨]。这种观点的影响一直持续到20世纪

---

① 河南省文化局文物工作队：《洛阳西汉壁画墓发掘报告》，《考古学报》1964年第2期。

② 郭沫若：《洛阳汉墓壁画试探》，《考古学报》1964年第2期。

③ 湖南省博物馆、中国科学院考古研究所、文物编辑委员会:《长沙马王堆一号汉墓发掘简报》，北京：文物出版社，1972年；湖南省博物馆、中国科学院考古研究所:《长沙马王堆一号汉墓》，北京：文物出版社，1973年。

④ 安志敏：《长沙新发现的西汉帛画试探》，《考古》1973年第1期；孙作云：《长沙马王堆一号汉墓出土画幡考释》，《考古》1973年第1期；湖南省博物馆、中国科学院考古研究所：《长沙马王堆一号汉墓》，第41页。另俞伟超先生在长沙马王堆一号汉墓座谈会上也联系关于天门的文献释读该图像，见《文物》1972年第9期。

⑤ 湖南省博物馆、中国科学院考古研究所：《长沙马王堆二、三号汉墓发掘简报》，《文物》1974年第7期；湖南省博物馆、湖南省文物考古研究所:《长沙马王堆二、三号汉墓》，北京：文物出版社，2004年。

⑥ 其实阙是标示大门的建筑，应该以一对为定制。许多画像砖上只有单阙，有可能还有相对的另一砖，组合构成双阙，由于画像砖材料多被拆散，故而成为"单阙"。这应该是常规情况，当然也不排除图像制作时的减省、错置等情况。

⑦ 河西地区现保留的所谓"土阙"（如安西县博物馆、甘肃省文物考古研究所：《安西县踏实一号大墓发掘简报》，《陇右文博》2005年第1期），有可能原来就是阙，只是上面木构的部分已经朽坏，只保留了主体部分的土坯。

⑧ 陈明达：《汉代的石阙》，《文物》1961年第12期。

⑨ 冯汉骥：《四川的画像砖墓及画像砖》，《文物》1961年第11期。

80年代末[①]。唐长寿先生对现存墓阙中身份明确的阙主进行统计，发现“官秩远不及二千石的县令、长，县功曹，甚至庶民，墓上也可立阙，并且双体阙、重楼阙都照用不误”，修正了原来墓葬中石阙、双阙图像仅为代表身份的观点，认为处于不同位置的阙有不同的意义，其中特别提到四川画像石棺上的门阙应该是天门的象征[②]。唐先生的研究应该说相对于前人又进了一步，认为汉墓中的门阙形象具有不同的意义也是比较中肯的，但仅仅以门阙所处的位置来分别其意义恐怕并不完全准确，要确定天门图像应该还要参考更多的因素。

80年代后期四川（包括今重庆）地区陆续发现的一批新材料对于天门与双阙的研究具有重大的意义。重庆巫山陆续出土一批铜棺饰，其上主要刻画有双阙、神吏、西王母等图像，许多双阙上自铭为“天门”。四川简阳鬼头山发现一具汉代画像石棺，其上刻画有丰富的神仙信仰内容，尤其可贵的是画像旁边往往带有榜题，明确了画像的性质，而其中的一处双阙上便自题为“天门”[③]。赵殿增、袁曙光先生依据这些材料撰写了《天门考——兼论四川汉画像砖（石）的组合与主题》，认为墓葬画像中的双阙为天门，并以天门为关键对四川汉画像作出了系统的解释。双阙为进入天国的大门，与天门紧密联系的西王母为天国的主神，画像中的神仙、车马行进乃至生活场面皆是进入天国和天国生活的表现[④]。二先生后来又发表《“天门”续考》，补充了一些摇钱树、画像砖上的材料，追述了四川天门信仰与三星堆神树、古蜀人天门观念的关系，并简略谈到天门信仰对道教、佛教的影响[⑤]。这些研究尤其是前文产生了较大的影响，根据新出材料确定了画像中双阙与天门的关系，并突出了天门在整个神仙信仰中的关键地位，对墓葬中画像的整体理解也有不少创见。但是否能依据这些材料就认为墓葬画像中的双阙都是天门？西王母是否能作为天国的主神？仍是值得怀疑的问题。实际上天门图像并不仅仅存在于

---

① 丁祖春：《四川汉晋石阙》，《考古与文物》1987年第6期。

② 唐长寿：《汉代墓葬门阙考辨》，《中原文物》1991年第3期。

③ 雷建金：《简阳县鬼头山发现榜题画像石棺》，《四川文物》1988年第6期。

④ 赵殿增、袁曙光：《天门考——兼论四川汉画像砖（石）的组合与主题》，《四川文物》1990年第6期。

⑤ 赵殿增、袁曙光：《“天门”续考》，见中国汉画学会、北京大学汉画研究所编《中国汉画研究》第一卷，桂林：广西师范大学出版社，2004年，第27～34页。近来又发表《“天门”是汉画神仙思想的集中体现》一文（见中国汉画学会、四川博物院编《中国汉画学会第十二届年会论文集》，澳门：中国国际文化出版社，2010年），在前两文的基础上没有太大发展，兹不赘述。

四川汉墓中，其他地区的汉墓也有大量出现，其出现的时间比四川要早（后详）。四川汉墓画像虽然有一些地域特点，但与全国的汉画像一样是当时同一观念背景下的产物，论其与三星堆、古蜀人的关系并没有太多的依据。

其后，丛德新、罗志洪先生整理公布了重庆巫山出土的这批铜牌饰并附有较为深入的研究，使学界了解到更为丰富的内容，将其时代定为东汉晚期前后[①]。文中将西王母指为仙境的主神比起天国的主神要稳妥多了。那么，仙境的主神西王母为何会与天国的大门——天门紧密结合在一起呢？天国与仙境是否真如有学者认为的那样泾渭分明[②]？西王母是否真如学者们往往认为的那样是升仙者的最终目的地？甚至到底是否存在一个以西王母为中心的独立仙境？值得进一步思考。

张勋燎先生注意到这些材料上天门与西王母的紧密关系，联系道书文献，认为这些“西王母天门”图像是早期道教的实物材料，西王母为掌管仙籍之神祇，成仙之人首先要进入天门、拜见王母，取得仙籍后才能升天成仙、拜见天帝[③]。令人信服地说明了天门、西王母的真正地位和关系，它们是升天成仙的关键，而非目的。不过，是否直接属于早期道教还值得考虑，道书文献成书偏晚，而且早期道教的许多内容本来也是在汉代神仙信仰中发展起来的，也有可能是道教承袭和发展了原来的神仙信仰。

后来，罗二虎先生又辨认出长宁七个洞崖墓上的天门铭刻和图像材料以及其上的一些富有内涵的符号，丰富了天门图像的内容[④]。除了双阙外，学者们还注意到其他一些图像可能与天门具有的关系。如上述郭沫若先生即认为洛阳烧沟61号墓中的微开门图像为天门。四川汉墓中也有许多半开门的图像（往往称为“妇人启门”），其中不少与西王母结合在一起，并显示出与求仙的关系，所以往往也认为是天门的表现[⑤]。邢义田先生认为，陕西旬邑百子村壁画墓后室后壁中央的

---

① 重庆巫山县文物管理所、中国社会科学院考古研究所三峡工作队：《重庆巫山县东汉鎏金铜牌饰的发现与研究》，《考古》1998年第12期。

② 信立祥：《汉代画像石综合研究》，第60～62页。

③ 张勋燎：《重庆、甘肃和四川东汉墓出土的几种西王母天门图像材料与道教》，见张勋燎、白彬著《中国道教考古》，北京：线装书局，2006年，第3册，第755～803页。

④ 罗二虎：《长宁七个洞崖墓群汉画像研究》，《考古学报》2005年第3期。原报告中作“云门”，罗说为是。

⑤ 张勋燎：《重庆、甘肃和四川东汉墓出土的几种西王母天门图像材料与道教》，见张勋燎、白彬著《中国道教考古》，第3册，第755～803页；赵殿增、袁曙光：《“天门”是汉画神仙思想的集中体现》，见中国汉画学会、四川博物院编《中国汉画学会第十二届年会论文集》，第19页。

“工”形方框乃至其他画像中的一些类似材料均为天门[①]。许多明确的天门的图像中间都有玉璧的形象，使学者注意到玉璧与天门的关系，并作出了较为可信的解释[②]。使我们认识到天门除了有形象性的表现，还有着用神物或符号来表示的象征性表现。其实这种象征性的表现形式还有很多类型，而对这一问题学界目前尚无论述，值得提出来讨论。

另外，曾布川宽先生在研究汉代升仙图像时也注意到天门的问题，认为天门为昆仑山的大门或天帝的宫门[③]。曾氏的研究是可靠的，但在汉代人的观念中昆仑山的大门与天帝的宫门的关系又涉及前面所谓的体系性问题。詹玛（Kim I. N. Dramer）撰写的《生死之间——汉代石刻墓门》一文，以墓门为观察点考察汉墓的意义，认为墓门为阴阳的分界点，为冥界的入口[④]。墓门及其画像在汉墓中相当突出，这样的研究很有意义。不过我们注意到陕西、山西画像石墓的墓门两侧经常对称出现西王母、东王公及日、月，进入墓门是进入冥界，还是天界？恐怕还要进行具体分析，不能一概而论。

此外，孙机先生近来撰文认为汉墓中的“天门”题记，不过是偶尔出现的对于门阙的美称，并非天界之门[⑤]。然而，一方面目前所见带有题记的，及可与其对比而确认的天门图像已经十分丰富，并非偶然的特例；另一方面，这些天门图像往往还组合以其他十分明确的天界事物，如日月、星象、天神等，详见本书第二章的论述，该观点恐难成立。

总之，学界以往对于天门图像及相关问题的探讨取得了丰富的成果，但尚存在不少问题。其一，到底哪些材料属于天门图像？哪些是天门的形象表现，哪些是其象征表现？即天门图像的认定及其表现形式等问题，仍需要作综合性的研

---

① 邢义田：《陕西旬邑百子村壁画墓的墓主、时代与“天门”问题》，见氏著《画为心声：画像石、画像砖与壁画》，北京：中华书局，2011年，第646～652页。

② 陈江风：《汉画像中的玉璧及丧葬观念》，《中原文物》1994年第4期；［日］佐竹靖彦：《汉代坟墓祭祀画像中的亭门、亭阙和车马行列》，见中国汉画学会、北京大学汉画研究所编《中国汉画研究》第一卷，第64页。

③ 曾布川寛：《漢代画像石における昇仙図の系譜》，《東方学報》第65册，1993年，第84～92页。

④ Dramer, Kim Irene Nedra. *Between the living and the dead: Han dynasty stone carved tomb doors (China)*, PhDdiss, Columbia University. Ann Arbor, ML: University Microfilms International, 2002.

⑤ 孙机：《仙凡幽冥之间——汉画像石与“大象其生”》，《中国国家博物馆馆刊》2013年第9期。

究[①]。其二，在上述研究的基础上，天门在汉代神仙信仰中的地位和意义仍需要作更为准确的评估。其三，天门与西王母、昆仑及天帝的关系仍需要作出更为系统的解释。

（四）西王母

西王母也是本研究的另一个中心。同昆仑一样，自神话之学兴起以来，对于西王母的研究也可谓蔚为大观。早期主要是从文献材料来考察，比较重要的贡献就是注意到了西王母故事的演化和西王母形象从凶猛厉神向美丽女神的转化，及其配偶东王公的出现[②]。另一方面，如同昆仑一样，当时十分流行将西王母联系于西方神话、地理、语音的研究。民国时期的不少学者都曾将《穆天子传》中的西王母之邦考定在西域某国，如丁谦先生定其为“亚西里亚（Assyria）国”（亚述），刘师培先生定其为“亚西里亚国都之尼尼微（Nineveh or Ninua）”，顾实先生将其考定在“波斯之第希兰（Teheran）[③]。但此种考定不是从那些并不可靠的地理里数臆推，就是用地名读音与西方某种语言之读音对转，或是比附其地的奇特物产，并无多少确凿证据。张星烺先生评价到，“本书（《穆天子传》）古地名，多已不可考，丁谦之书多武断，顾实之说亦浮夸，皆不能使吾人满足也”[④]，可谓中肯。岑仲勉先生也从方法的角度批驳了顾实先生的论述，但又在无任何说明的情况下，径直以古突厥语、粟特语转西王母之音[⑤]。音转之法不是不可用，但恐怕只能作为辅助证据之一，必须与其他证据尤其是主证配合，而且尚未说明“西王母”一词是否是外来语言之音译便去对转，恐怕不妥。

由于西王母的图像在汉墓中尤其是东汉时期的画像中大量发现，此后大多数

① 近来见到进行了综合性研究的还有李清泉和霍巍先生等。参见李清泉：《“天门”寻踪》，见［美］巫鸿、朱青生、郑岩主编《古代墓葬美术研究》第3辑，长沙：湖南美术出版社，2015年，第27～48页；霍巍：《阙分幽冥：再论汉代画像中的门阙与“天门”》，见［美］巫鸿、朱青生、郑岩主编《古代墓葬美术研究》第4辑，长沙：湖南美术出版社，2017年，第78～90页等。

② 如谭正璧编：《中国小说发达史》第二章第四节“西王母故事的演化与东王公”，1935年。

③ 顾实：《穆天子传西征讲疏》卷二，见《民国丛书》第三编，上海人民出版社，1989年，第63册，第130、142、143页。

④ 张星烺：《中西交通史料汇篇》，北京：中华书局，2003年，第1册，第67页。

⑤ 岑仲勉：《〈穆天子传〉西征地理概测》，见氏著《中外史地考证》，北京：中华书局，2004年，上册，第29页。

的研究都是综合这些考古材料来进行的。英国学者鲁惟一（Michael Loewe）先生在结合考古材料讨论汉代的升仙信仰时，专章论述了关于西王母的问题。不仅从文献上排列了西王母神话的演变情况，还结合西王母图像讨论了东汉时期关于西王母的信仰，尤其注意到西王母图像中的其他一些元素[①]。日本学者小南一郎先生的《西王母与七夕文化传承》结合文献和图像对西王母神话进行了比较深入全面的论述，主要从阴阳交合的宇宙生成和循环的观点，讨论西王母神话的来源。认为西王母即宇宙中阴性力量的代表，并讨论了她与昆仑神话结合等问题[②]。从阴阳的观念，以阴性、月亮、大地等视角来看待西王母神话是学界尤其是西方学界的老生常谈，这种观念显然来源于她的女性属性、“西”在阴阳五行中的象征，及其与东王公的配对。在汉代无处不在的阴阳五行的流行观念下，西王母身上具有此种阴性内涵应当是没有疑问的，但以此观察其本质的属性和来源，恐怕仍需要谨慎。因为在早期文献中，并不强调她的这种内涵，而其在东汉中晚期与东王公配对的流行[③]，也显示出恐怕是后来才迎合了阴阳的观念。西王母在此时的根本属性显然属于不死与升仙信仰，而且求仙者显然不分男女，将其作为宇宙中阴气的化身，为女仙的总管而与东王公相对，这是在后来的道教中才成熟起来的。

另一方面，日本学者森雅子先生从神话内容和图像两个方面，继续发展了上述西王母与西方神话关系的研究。对照了其与西布莉（Cybele）、阿娜塔（Anata）、伊南娜（Inanna）等女神的相似因素，认为西王母来源于西方和中亚神话中广泛崇拜的大地母神[④]。从图像上论证西王母与西方女神关系的研究一直有学者关注，但大多做得不够深入细致，资料也很受局限。近来克劳尔（Elfriede R. Knauer）的论文《西王母——关于西方原型影响道教神像的研究》将汉代西王母图像与西方和中亚石刻和钱币上的女神库巴巴（Kubaba）、库柏勒（Kybele、Matar Kubileya、Mother Kubileya）等进行了广泛的对比，在资料上取得了可喜的进展。但由于作者

---

① Michael Loewe, *Ways to Paradise: The Chinese Quest for Immortality,* George Allen & Unwin, London, 1979, pp.86–126.

② ［日］小南一郎著，孙昌武译：《西王母与七夕文化传承》，见氏著《中国的神话传说与古小说》，北京：中华书局，1993 年，第 1 ~ 128 页。

③ 根据海昏侯墓新出材料，西王母与东王公对偶组合的出现可以前推至西汉中晚期，不过一般墓葬中西汉晚期至东汉早期大量流行的仍然是单独出现的西王母。就目前的材料看，西王母与东王公对偶形式在全社会的流行仍然要到东汉中期以后，详见第三章第一节。

④ 森雅子:《西王母の原像——中国古代神話における地母神の研究》,《史學》第 56 卷第 3 号，1986 年，第 61 ~ 93 页。

对西王母的性质与背景认识得不够深入，以至于将西王母夸大为汉代信仰中的主神，甚至称其为宇宙的根据，并将汉代的西王母直接等同于道教，而以其论道教图像之西来①，便谬之远矣。

巫鸿先生对于西王母图像的研究也有比较重要的贡献，在《武梁祠》一书中，先论述了西王母与"阴"的关系问题，如前所述这也是西方学界对于西王母的一种共识；其后从图像上考察了西王母与昆仑的结合，已如前述；其最有意义的研究是从图像的角度，发现自西汉晚期以来到东汉，西王母图像有一个从侧面向正面的转变，并由此论佛教图像对西王母图像的影响及西王母崇拜在西汉以后的发展②。言西汉以后的西王母图像受到佛像的影响，证据尚不充分，但这种以正面形象的出现而论西王母宗教崇拜的产生和发展，无疑对学界产生了较大的影响。武梁祠上的西王母和东王公画像处于山墙之上，巫鸿先生的研究有意将山墙与顶部分开，认为山墙画像为以西王母（东王公）为代表的仙境，为人死后的理想归宿，而顶部则是天界及天之征兆。这样又回到了那个老问题，西王母与天界到底是怎样一种关系？是这样一种泾渭分明的静态体系，还是一个动态的过程？西王母在这个系统中处于怎样的位置，具有什么作用？这是深入地认识昆仑、西王母及整个信仰体系必须回答的问题。

西方学者中实际上已有人认识到这一问题，詹姆斯（Jean M. James）在研究西王母图像时提出死者的灵魂先到西王母处，然后再进入太一统领的天国的升仙模式，这样西王母便只是升仙过程中的一站，昆仑、西王母也只是神仙信仰体系中的一环。认识到其上还有天帝太一，应该说超越了大多数关注这一问题的西方研究者（实际上这是一个很容易理解的问题，试想，在秦汉这样已经形成了中央集权、皇帝独裁的国家体系的时代，怎么可能以一个西王母为神仙世界乃至宇宙的主神？神仙世界、神仙信仰中怎么可能没有一定的体系性）。但尚未说明西王母在这个系统中的真正位置和作用，即为何入天界前要先见王母？由于受西方流行的关于西王母为阴性象征、宇宙主神的观念的影响，詹姆斯还是把这两种内容列入文章，不顾矛盾地把它们并列起来，认为西王母在汉代有上述三种属性，而这三种属性

① Elfriede R. Knauer, The Queen Mother of the West: A Study of the Influence of Western Prototypes on the Iconography of the Taoist Deity, Mair 2006: V. H. Mair, *Contact and Exchange in the Ancient World*, University of Hawaii Press, Honolulu, 2006, pp. 62–115.

② ［美］巫鸿著，柳扬、岑河译：《武梁祠——中国古代画像艺术的思想性》，第 128 ~ 157 页。

在墓葬图像中又都分别有所反映 。①

目前对西王母图像进行了最为全面地考察的是李凇先生的《论汉代艺术中的西王母图像》一书，除了对西王母在升仙中的位置和作用，即升仙的体系性的考察外，几乎涵盖了上述各种内容。从文献材料中梳理西王母神话的演变，从考古材料中梳理西王母图像的发展，对西王母图像主要元素即所谓“图像志”的整理，对西王母图像时代和地域性的考察，探讨了西王母与昆仑的关系，及西王母与西方女神图像的关系等②。不过可能是由于书的篇幅有限，很多问题并没有得到充分和深入地展开，在此基础上进行进一步深入研究，尤其是对升仙体系性的考察显得很有必要。

霍巍先生在研究西南地区出土的西王母图像时特别注意其与昆仑、天门之间的关系③。在讨论摇钱树的意义时，提出应将其放入西王母神话和昆仑神话中来理解，并在前述张勋燎先生对西王母与天门关系研究的基础上，提示汉代信仰中存在一个“西王母——天门——天帝”的崇拜系统④，已经开始注意到它们之间的体系性。这无疑是本研究继续前进的重要基础。

（五）天帝、太一、天神及其他

如同现实社会中有一个最高统治者——帝王一样，汉代人的观念中，天上也应该有一个神仙世界甚至全宇宙的最高统治者，即是最高天帝，又称上帝、太帝、皇天上帝、天皇大帝、昊天上帝。当然，这几个名称在一些持门户之见的儒士那里还未必等同，但在一般的观念中恐怕也不会有多大区别，郑玄这样的通儒就认为其是一致的（后详）。这个最高天帝被比附为北极星，往往称为太一（泰一、大一）。晋以后太一的地位逐渐衰落，不复最高天帝的地位，这个问题已非本书所论的范围了。

① Jean M. James, An Iconographic Study of Xiwangmu During the Han Dynasty, *Artibus Asiae Vollv*, 1/2, 1995, pp.17–41.

② 李凇：《论汉代艺术中的西王母图像》，长沙：湖南教育出版社，2000 年。

③ 霍巍：《胡人俑、有翼神兽、西王母图像的考察》，见霍巍、赵德云著《战国秦汉时期中国西南的对外文化交流》，第 174 ~ 196 页。

④ 霍巍：《四川汉代神话图像中的象征意义——浅析陶摇钱树座与陶灯台》，《华夏考古》2005 年第 2 期。

由于中国古代的天帝往往是上古神话传说和古史中的英雄人物，而中国古代的神话传说与古史又往往混为一谈，再加上统治者和儒士们常常根据自己的理论和需要对这些古代帝王和天帝进行“整理”，使得这个问题特别复杂难辨。20世纪初期的学者们，纷纷以神话传说来解构三皇五帝的历史体系。蒙文通先生指出“五帝本神祇，三皇亦本神祇，初谓神不谓人也”，并认为在先秦时期，五帝之上已经又有一个最高的上帝了[①]。但童书业先生认为此种观念应该是在汉代才有的[②]。钱宝琮先生的《太一考》指出，太一本是先秦时期的一个哲学概念，在汉代才与北极星崇拜结合在一起而成为当时的最高天帝[③]。其后顾颉刚、杨向奎先生在其名作《三皇考》中，系统地梳理了关于三皇五帝和天帝的文献材料，分析其源流演变，用力甚深，影响重大。在讨论汉代天帝的问题时，观点基本与钱宝琮先生相同，认为太一只是在汉武帝时才被推崇为最高天帝并与北极星相比附的[④]。

如果仅从文献材料上来考察，那么上述诸先生做得已经十分细致完备了，后来虽还有一些讨论，但大都不出顾氏《三皇考》的藩篱。不过，随着相关考古材料的逐渐增多，一些善于综合考古材料和文献材料的学者提出了新的看法。葛兆光先生认为，作为最高天帝的太一并非是在汉代才由作为道的太一发展而来的，北极、太一、道和太极这些天文、宗教和哲学概念都有一个共同的来源，即中国先民以北极为中心的天象观察。那么，以极星为最高天帝太一便是渊源自古的了[⑤]。其后，李零先生梳理了其认为与太一有关的考古材料，包括“兵避太岁”戈、包山楚简中的相关文字、马王堆帛书“避兵图”（报告中称为“神祇图”）、东汉陶瓶朱符及敦煌星图，认为“太一在先秦时代就已经是一种兼有星、神和终极物三重含义的概念”[⑥]，也肯定了太一作为天神的地位并非自汉武帝时才开始。笔者赞同葛、李二先生的说法，相信太一崇拜由来已久，不过《史记》中确实言之凿凿是汉武帝听从方士的建议才将太一位列五帝之上的，

---

① 蒙文通：《古史甄微》，成都：巴蜀书社，1999年，第15～18页。

② 童书业：《三皇考》序，见顾颉刚著《顾颉刚古史论文集》卷二，第4、5页。

③ 钱宝琮：《太一考》，《燕京学报》1932年第12期，见氏著《钱宝琮科学论文选集》，北京：科学出版社，1983年，第207～264页。

④ 顾颉刚、杨向奎：《三皇考》，见顾颉刚著《顾颉刚古史论文集》卷二，第20～248页。

⑤ 葛兆光：《众妙之门——北极与太一、道、太极》，《中国文化》第3期，1990年，第46～65页。

⑥ 李零：《“太一”崇拜的考古学研究》，见氏著《中国方术续考》，北京：东方出版社，2001年，第237页。

司马迁作为事件的亲历者，其记述显然不可轻废。这说明太一崇拜虽然早已存在，但并不属于官方或儒家的内容，而是追求长生升仙的方士们的信仰，其在战国和汉初的地域性也值得注意。太一被尊为最高天帝是方士和神仙家的胜利，是地域信仰的扩散，是武帝求仙的结果，也是汉代升仙信仰系统建构中的一环，其意义还值得进一步发掘。

从图像上注意到汉代天帝，可能开始于清代对武氏诸祠的再发现。虽然武氏祠的画像在宋代已见著录，但当时学者主要注意的是其上的古代圣王忠臣、孝子烈女。清代冯云鹏、冯云鹓的《金石索·石索》中著录了现代认为是前石室天井前坡的一幅画像，其上一位尊神端坐于北斗七星之中发号施令，其旁有神人协侍。并根据《史记·天官书》中“斗为帝车”的记载，将其比定为天帝①，其后的学者大多也持同样意见。不过也有不同意见，日本学者林巳奈夫先生就曾认为此画像表现的应为北斗君②。这幅画像的具体性质留待后文相关章节中再予讨论，这里要特别指出的是，许多学者尤其是历史学者在使用这幅画像时，往往采用的是《金石索》中的刻印本，而该印本在刻版时显然带入了制作者的理解而有失原貌。与现在考古调查制作的清晰拓片和线图比较，不仅比例严重失调，而且十分关键的是，原作中斗魁之前放置的一颗人头，在刻本中改作一朵云气，这对画像性质的判断有着至关重要的作用（详见第四章第二节）。

马王堆汉墓帛画的出土对研究西汉前期死后信仰具有重大意义，其上表现天界的图像中心描绘有一位人首蛇身的尊神，对其名称存在许多不同的意见，有学者认为就是天帝太一③。虽然有不同的认定，但大多数学者认为其表现的应该是当时当地信仰中的天界主神，也就说具有最高天帝的神性，只有鲁惟一（Michael Loewe）等少数学者认为是墓主人升往天上的灵魂④。帛画上已经有公认为墓主人像的表现，与此神人完全无法类比。而且神人处于天界中心、日月之间、诸神之上，

① （清）冯云鹏、冯云鹓：《金石索·石索三》，杭州：浙江人民出版社，2018年，第5册，第1466页。

② 林巳奈夫：《漢代鬼神の世界》，《漢代の神神》，京都：臨川書店，1989年，第161页。

③ 罗世平：《关于汉画中的太一图像》，《美术》1998年第4期；石川三佐男：《太一信仰の考古学的検討から見た『楚辞』の篇名問題－「東皇太一」》，郭店楚簡研究会編《楚地出土資料と中國古代文化》，東京：汲古書院，2002年，第237～190页；贺西林：《从长沙楚墓帛画到马王堆一号汉墓漆棺与帛画——早期中国墓葬绘画的图像理路》，见中山大学艺术史研究中心编《艺术史研究》第5辑，第160页。

④ Michael Loewe, *Ways to Paradise: the Chinese Quest for Immortality*, George Allen & Unwin, London, 1979, p. 59.

鲁氏的说法恐怕难以服人。

从内容丰富的汉画像来辨认天帝太一的形象自然是学者们孜孜以求的，但除了上述武氏祠中的所谓“北斗帝车”及几例相关材料，长期以来一直很难寻觅到天帝的确切图像。汉画像中有一类呈“大”字形正面直立的怪神，一般头戴三锋状冠，面目狰狞，利齿外露，手拥人首蛇身的伏羲、女娲，学界以往一般认其为盘古神或高禖神[①]。但美国学者包华石（Marin J. Powers）认为此神手拥代表阴阳的伏羲、女娲，应该就是凌驾于阴阳之上的天帝太一[②]。其后刘屹先生较为系统地搜集和梳理此类怪神图像，结合对太一相关文献的梳理辨析，也认为此类神像即是太一，并讨论了其形象的人形化、地位的逐渐下降及地域性等的问题，最后否认了其与早期道教的关系[③]。该文以翔实的材料尤其是对文献材料的梳理为后来的研究者奠定了很好的基础，而对考古材料的梳理仍有一些空间。如果说此种怪神就是天帝太一，为何在人类文明达到如此程度和帝国意识完全成熟的西汉中期以后，人们心目中宇宙的最高天帝还会是一个面目狰狞的怪兽？如果说其不是，那么此怪神为何有分合阴阳的力量？这些问题还需进一步辩证[④]。

1988 年 7 月，河南南阳市西郊麒麟岗发现一座汉代画像石墓，其前室墓顶上有一幅巨大的天象画像，南北斗、日月、四象中心端坐着一位头戴三锋状冠的尊神，就其所在的位置而言，其崇高的地位是不言而喻的。韩玉祥、牛天伟先生认为是最高天帝太一[⑤]，但后来的发掘报告中又认定为黄帝[⑥]。太一与黄帝都是天帝，但在汉代地位有所不同，黄帝等五帝位在太一之下。从该画像极为严整的布局来看，其中心所表现的自然应该是最高天帝。而且其画像内容丰富、布局严密，意义重大，现有的讨论深度、广度尚嫌不够，尤其是其与升仙信仰系统的关系问题，十分值

---

① 信立祥：《汉代画像石综合研究》，第 149 页。

② Martin J. Powers, An Archaic bas-relief and the Chinese Moral Cosmos in the First Century A. D. *Ars Orientalis*, 1981, pp. 24-40.

③ 刘屹：《象泰一之威神——汉代太一信仰的文本与图像表现》，见氏著《神格与地域——汉唐间道教信仰世界研究》，上海人民出版社，2011 年，第 25 ~ 51 页。

④ 博士论文中原有相关章节讨论这一问题。后来庞政先生发表了相关研究，笔者认为其说有理而在本书修改出版时删去了相关部分。参见庞政：《汉代太一手拥伏羲、女娲图像及相关问题》，《南方文物》2020 年第 1 期。

⑤ 韩玉祥、牛天伟：《麒麟岗汉画像石墓前室墓顶画像考释》，见韩玉祥主编《南阳汉代天文画像石研究》，北京：民族出版社，1995 年，第 23 ~ 25 页。

⑥ 黄雅峰、陈长山：《南阳麒麟岗汉画像石墓》，西安：三秦出版社，2008 年，第 74 页。

得注意。

随着陕西定边郝滩东汉壁画墓材料的公布，邢义田先生注意到了其上题记有“大一坐”的帏帐图像，并对比确认了靖边杨桥畔壁画墓华盖图像的意义，都是对天帝太一的表现，还讨论了与马王堆汉墓出土帛画“神祇图”及郭店楚简“太一生水”等材料的联系。邢先生从构图的角度认为太一、西王母与星象图共同构成了一个天上的神仙世界，同时认为汉代图像中神仙世界与天界有时分处不同空间，有时界限不明，甚至合而为一。不过作者并不着眼于二者关系的讨论，而认为此处太一的意义为宇宙和生命源头的象征①。

汉魏时期的铜镜上也表现有丰富的神仙内容，而且还显示出一定的布局。一类被学界称为“三段式神仙镜”的镜背内区图像分为上、中、下三段，上段为华盖、尊神等，中段为西王母、东王公，下段为连理神树及仙人、人物。林巳奈夫先生认为上段图像中华盖之侧的尊神即为天皇大帝②。霍巍先生则根据四川绵阳何家山崖墓所出该类铜镜上的铭文认为尊神应该是帝舜，也就是帝俊，为南方神话系统中的最高天帝③。陈长虹先生则根据其女性形象认为是九子母和高禖神④。虽然不同的意见还有不少，但将上段图像认为是天界的表现为大多数学者所认可，那么其中的尊神即便不是天皇大帝、最高天帝，也绝不能等闲视为一般的神仙。最为重要的是，图像自分为三段，天神之下为西王母、东王公，再下为神树、仙人、人物，其中似乎存在一定联系，如果真如林氏所言，镜纽象征昆仑，那么其中似乎存在着一个较为完整的信仰体系。重列式神兽镜上的神仙图像更为丰富，而且镜铭中基本都有“五帝天皇”的题刻。在当时的一般信仰中，“天皇”自然是五帝之上的天皇大帝太一，也就是说镜铭中明确表明了其上有最高天帝的图像。不过，由于此类铜镜上的神仙颇多，形象也差别不大，并不太容易辨认出五帝和最高天帝。林氏认为此类铜镜的图像是按照上南下北式平面天图设计的，因此最下面的一位尊神便是北极星代表的天皇大帝，而最上面的一位是南极老人星之神⑤。然而，此

---

① 邢义田：《“太一生水”、“太一出行”与“太一坐”：读郭店简、马王堆帛画和定边、靖边汉墓壁画的联想》，《美术史研究集刊》第30期，台北：台湾大学艺术史研究所，2011年。

② 林巳奈夫：《漢鏡の図柄二，三について》，《東方学報》第44册，1973年，第1～65页。

③ 霍巍：《四川何家山崖墓出土神兽镜及相关问题研究》，《考古》2000年第5期。

④ 陈长虹：《汉魏六朝列女图像研究》，北京：科学出版社，2016年，第191～195页。

⑤ 林巳奈夫：《漢鏡の図柄二，三について》，《東方学報》第44册，1973年，第1～65页。

类铜镜上最显目、最突出的神像往往是最上面尊神，其拱手端坐、相貌威严，而最下面的神像则往往形象较小，身位倾侧。不论从当时的天文学还是宗教信仰来看，南极老人的地位与北极太一相去甚远，为何其神像反而如此庄重、突出？而且，除“五帝天皇”外，镜铭中还往往提到“白牙单琴”（伯牙弹琴），这里的伯牙、子期显然被作为仙人，有时还提到西王母、东王公。林氏虽在图像上对其也有所比定，但当时人仅仅是随意将五帝、天皇大帝、西王母、东王公、伯牙、子期等天帝、神仙按照平面顺序摆设在一起，还是他们之间应该有一个系统？这个系统是否能在这些考古材料中观察出来[①]？

虽然在汉代图像中寻找天帝的影像并不那么容易，但东汉时期出土的朱书陶瓶和印章上却屡屡出现“天帝使者”和“天帝神师”的称谓，对其性质和意义学者们有着不同的见解，主要分歧在其是人还是神。张勋燎先生认为这两个称谓都是早期道士在进行解注法事中的自称，并以之讨论早期天师道的问题[②]，王育成先生也持类似见解[③]。林巳奈夫先生则认为沂南汉画像石墓中那个手持五兵的神怪即是“天帝使者”[④]，法国学者索安（Anna K. Seidel）先生在其基础上将其考定为战神蚩尤[⑤]。近来，刘屹先生调和其说，认为“天帝使者”为汉画像中手持五兵的神怪，而“天帝神师”为民间巫师[⑥]。先不论其性质问题上的分歧，从这两个名称中很明显地能看到当时对天帝的崇拜，所以上述不少研究在讨论这些材料时都提到“天帝教”的问题，只是其是早期道教还是民间宗教还有争议。笔者认为，不论是早期道教还是民间宗教，其背后都应该有一个共同的一般信仰，早期道教得以在这个土壤中萌发，民间宗教也得以在这个土壤中蔓延。既然能称其为“教”（虽然未必是严格意义上的宗教），就必然要有一定的体系性，那么这个以天帝为最

---

① 还有学者论及神兽镜上的太一出行图和“边则太一”的铭文（王纲怀：《东汉神兽镜太一出行图与铭刍议》，《中国收藏》2015 年第 4 期）。然而，所论的铜镜皆是收藏品，大多还为私人收藏，尚无考古出土者相佐证，本书暂不采用。

② 张勋燎：《东汉墓葬出土解注器和天师道的起源》，见张勋燎、白彬著《中国道教考古》，第 1 册，第 266 ~ 278 页。

③ 王育成：《东汉天帝使者类道人与道教起源》，《道家文化研究》第 16 辑，北京：生活 · 读书 · 新知三联书店，1999 年，第 181 ~ 203 页。

④ 林巳奈夫：《漢代鬼神の世界》，《漢代の神神》，京都：臨川書店，1989 年，第 129 ~ 132 页。

⑤ ［法］索安著，赵宏勃译：《从墓葬的葬仪文书看汉代的宗教轨迹》，《法国汉学》第 7 辑，北京：中华书局，2002 年，第 118 ~ 148 页。

⑥ 刘屹：《敬天与崇道——中古经教道教形成的思想史背景》，北京：中华书局，2005 年，第 199 ~ 266 页。

高崇拜的一般信仰有着怎样的体系呢?

除天帝外，汉代墓葬中还有许多天神的表现，如最为常见的伏羲、女娲（也有意见认为是羲和、常羲），还有不少墓顶出现了星象和星官的天象图。限于篇幅，关于这些材料的研究，此处不再一一评述，留待后文中专题讨论时再作议论。这里要提出的问题是，这些天神图像刻画在墓葬之中，是否也与墓主的升仙信仰有关呢？如果答案是肯定的，那么，其具体意义及其与整个升仙信仰体系的关系又当如何?

汪小洋先生尝试通过汉墓图像探讨较为系统的汉代宗教思想，对汉墓壁画和画像石的阶层性及西王母、女娲等神祇进行了讨论，侧重于她们与长生信仰的关系。汪先生还特别讨论了汉墓壁画中的“升仙图”，并强调了天门在升仙中的作用。认为升仙图像从西汉晚期到东汉有一个衰落的过程，但并不是升仙思想的衰落，而是日常生活图像充当了升仙图像①。

曾蓝莹（Lillian Lan-ying Tseng）先生以早期中国的天界图像为对象（当然绝大多数为汉代图像），探讨了其中关于宇宙观、政治表达和升天信仰的内容，后者与本书的研究主题密切相关。曾先生实际上已经从图像上注意到了天门、西王母乃至昆仑的紧密联系，并以升天信仰为中心，进而将许多天界图像涵盖其中，如日月、银河及与之关联的天神，认为汉墓中天界图像的升天意义要胜过对于天的表现②。这些研究和观点都很有价值，并且初步形成了一个解释体系。不过，这个体系主要还只是以比较宽泛的升天信仰为中心，以对图像观察的直接联想为手段，而对这一历史学问题缺乏历史学式的深入讨论，使得上述问题之间的内在逻辑和具体图景还相对模糊。回答了笔者上述的第一个问题，而对第二个问题的回答，尚有很大的空间。

综上所述，不论昆仑、天门、西王母还是天帝、天神，要在以往研究的基础上做进一步的讨论，一方面要在性质、功能和细节上做更深入的探讨，更重要

---

① 汪小洋：《汉墓绘画宗教思想研究》，第 185 ～ 200 页。

② Lillian Lan-ying Tseng, *Picturing Heaven in Early China*, Harvard University Press, 2011.（2013 年 5 月与四川大学博物馆陈长虹先生一同进行博士论文答辩，彼时她刚从哈佛大学访学归来不久，席间告知，曾蓝莹先生的博士论文已经出版，与我的研究有很多共同点，建议找来看看。恍惚多年，一直未能从命。直到准备集中修改出版之前，才托复旦大学哲学学院吴虹先生自海外购得，仔细阅读后果然对本书修改有很多帮助，修改部分均见正文，这里要特别感谢陈长虹、吴虹二先生。）

的是要注意它们之间的体系性，即整个升仙信仰的系统，这就是本书重点考察的问题。另外，如果这一体系建立起来，与之相关的一系列问题便可提出来进行进一步讨论了。例如，去往这一升仙中心的路径问题，这既有壁画和画像材料中表现出来的想象中的升仙之行，也有丧葬仪式中进行的模拟程序，还包括时人生前践行的各种神仙方术。可以想象，这其中的问题绝非一本书能够解决的。在本书中，笔者尽量从考古材料的角度来发现并结合文献材料来讨论其中的一些重要问题，能解决多少，略尽自己的努力而已。再如，昆仑、天门、西王母的这一升仙体系方位显然在西方，而我们知道汉墓中有大量的关于西方文化因素的内容，这已经被研究中西文化交流的学者广泛关注。更进一步讲，这些西方文化因素出现在墓葬中，是否与关于西方的信仰有关呢？对于这个问题，其实郑岩和邢义田先生在关于汉代胡人画像的研究中已经有一点提示[①]，但还不够明确和深入。如果建立起这一关于西方的信仰体系，那么类似的问题便可以说是琳琅满目了。又如，如果这一信仰体系能够成立，那么作为一个有系统的信仰，它与早期佛教、道教之间必然有着深刻的联系和影响，这里面的问题更多，而且难度极大，在考古材料上的反映也不少，本研究只能视目前的能力和时间、精力而行取舍了。

此外，近年来也出版了主要通过图像材料来构建汉代信仰体系的研究，主要以《真诰》等后世道书文献为依据，讨论了汉代老君、炎帝等神祇，并把以往认为的忠臣孝子等历史人物图像纳入神仙系统，且排列谱系，阐发了汉墓中关于尸解成仙和太阴炼形的体系[②]。该体系中虽也包括以往讨论较多和本书准备系统讨论的昆仑、天门、西王母、天神等，某些观点也有新颖可取之处，但其核心是以后世道教信仰体系来解释汉墓材料。其实，信立祥先生早在内地汉画像信仰研究广泛兴起之前，就提醒过使用后世道教观念阐释画像的危险性，指出“用《真诰》中的诸神信仰说教去解释汉代的画像显然有欠稳妥”[③]。当然，总体方法是一方面，对于具体问题还是要从材料使用、逻辑运用和具体观点去讨论。其中的某些问题，

---

① 郑岩:《汉代艺术中的胡人图像》,见中山大学艺术史研究中心编《艺术史研究》第1辑,广州:中山大学出版社，1999年，第137页；邢义田:《汉代画像胡汉战争图的构成、类型与意义》,《美术史研究集刊》第19期，台北：台湾大学艺术史研究所，2005年，第63～132页。

② 参见姜生：《汉帝国的遗产：汉鬼考》，北京：科学出版社，2016年。

③ 信立祥：《汉代画像石综合研究》，第181页。

笔者已经做过一定程度的讨论[①]，兹不赘述。

三、必要说明

（一）标题

需要说明的是，原博士论文的标题为《昆仑、天门、西王母与天神——汉晋升仙信仰体系的考古学综合研究》。2013 年夏，笔者将其中涉及太一的部分修改投往《中国社会科学》，标题为《汉代太一图像与信仰》，后蒙编辑先生修改为《汉代太一信仰的图像考古》。“图像考古”一词，在笔者当时的阅读范围之内不曾见到，本来有些不安。适值中国社会科学院考古研究所王仁湘先生来四川大学做“图像考古讲例”的讲座，正好由我接待，期间就该问题请教了王先生，又征求了霍巍先生的意见，都认为妥当，才得安心。后来愈味此题，愈觉得改得巧妙，故也沿用在此书的题目中。只是觉得这个名称简洁干脆，贴切内容，丝毫没有领域、方向的意思。笔者对什么是图像的问题尚无兴趣，也无力回答，更别说去讨论一个关于图像考古的领域、方向了。

再有，关于太一的部分涉及帛画、壁画、画像石、画像砖和铜镜纹饰等材料，虽然笔者不懂图像一词准确的内涵和外延，但一般来说放入图像的范围，不大可能产生异议。本书所研究的绝大部分也是这些通常以图像涵盖的材料。不过，部分章节中还涉及一些摇钱树插座、墓前石雕等通常归入雕塑的材料，也以图像涵盖，恐怕就会有异议了。一方面，如上所述，本书中研究的考古材料，绝大部分可以图像称之，就其主体而作书名，并不是要以之覆盖所有。另一方面，若不用图像这个名称，退回去用更为宽泛的“考古学研究”，反而不能体现本书在材料使用和学术研究上的特色。在美术史界，针对这一问题也有使用“视觉形象”“视觉艺术”等概念的，但这些词语仍然宽泛，也不适合笔者的学术背景和习惯。再一方面，上述摇钱树插座、墓前石雕的主题，在本书的其他图像材料中也都存在，是一个统一的问题，系结于图像研究中，也无不可。另外，虽然这些材料，笔者在近些年频繁的学术考察中，很多都亲自目验过，也发现了一些只有观摩原物才

① 王煜：《新瓶还是旧酒：汉墓中的蝉蜕成仙之道》，《文汇报》2018 年 11 月 23 日第 W14 版。

能发现的细节，但主要的研究活动毕竟还是针对它们的图像来开展的，不过这样来说就有点像在狡辩了。此外，除壁画外，包括画像石、画像砖、摇钱树、铜镜上通过雕刻、铸造等工艺做出的形象，到底算画，还是算雕塑？有学者使用“汉画”一词，笔者也能接受。因为笔者实在对纯概念问题没有兴趣，也没有在其上立论成家的欲望，只要可以比较清楚地理解它所要指代的内容就足够了。

此外，在这里似乎还需简要说明一下通过图像讨论汉代观念和信仰的问题。俞伟超先生较早就对这一方面抱有很大寄望：“汉画像中隐藏的精神世界，这可能是最难寻找的，但这恰恰是汉画像的灵魂。”① 目前也已经成为汉代图像研究中最重要的方面之一。因此，笔者这里不再正面阐述，仅就一些可能的整体性的疑问，做出回答。

第一种疑问恐怕在于，这些图像分布于墓葬及其附属设施、丧葬器物，甚至有不少是日用器物上，主要是一种装饰，是否能反映较为系统的观念和信仰？诚然，除一些较为特殊的器物和图像，如覆盖于内棺上的帛画、专为丧葬制作的摇钱树、墓地祠堂正壁的祠主图像等外，即便是墓葬中的壁画和画像，其根本上是一种装饰。笔者并不同意某些意见，认为墓葬中所有的图像都要发挥宗教、仪式上的功能。笔者也认为，即使在墓葬和丧葬器物上，也有很多是不具有任何意义的，仅仅是为了美观而刻画的装饰。但这并不能否认许多较为丰富、完整，甚至具有整体设计性的图像，是特定的观念、信仰和愿望的表达。装饰不仅仅只有美观的作用，很多也可以是表意的。我们通过这些图像是可以去讨论关于观念、信仰的问题的。

第二种疑问可能来自于，这些图像被反复制作和大量使用，那么，这个过程中的制作者和使用者是否关心我们讨论的这些意义？很容易理解，这是两个层面的问题。制作和使用者关心什么样的问题，制作和使用的过程与意义转化等，当然也可以讨论，近来也颇有方兴未艾之势，并不妨碍去讨论这些图像原本的意义及其广泛流行的背景。正如劳费（B. Lanfer）所说：“这些画像的目的并不在于唤起某种特殊的兴趣。它们并不表现新主题，而只是重复或改良人所熟知的画面。这一现象证明汉代石匠是根据一些定型的模式工作。他们的作品因此趋于典型化而少有个性表现。我们的问题是这些典型或原型是何时出现的以及它们出现的原

① 信立祥：《汉代画像石综合研究》俞伟超序，第 3 页。

因。”[1] 笔者理解的“出现的原因”即是其原本的意义和流行的背景。

第三种疑问可能是态度上的，也就是上述俞伟超先生所说的“难”，即“天道远，人道迩”，于是乎“敬鬼神而远之”。确实，精神层面的研究，从“考证”的角度来说，往往比物质、技术、制度层面要难；而从“发挥”的角度来说，又往往比较容易。因此，也容易成为鱼龙混杂的领域，呈现杂说纷呈的局面。但俞先生也强调其为“灵魂”所系，当然不必因噎废食。笔者认为，关键在于运用可靠的方法，我们是有可能逐渐接近其灵魂所在的。不同的问题，可能会有不同的具体方法。但总的方法应该是从图像材料本身的系统梳理和认真总结入手，而不是以其他任何地方得来的某些观念为出发点。诚然，学术研究中先入为主的观点是无法完全避免的，但恰恰可以通过材料的全面收集和梳理去尽力矫正。

（二）时代

书名中将原来的“汉晋”改为“汉代”。从涉及的考古材料来看，主要在两汉，朝前会零星提及战国时期的一些材料，但显然不必定入题目时限。朝后则需要说明，类似的材料在部分地区主体上可下延至三国西晋时期。众所周知，由于佛教的传播和道教的兴起，中国的一般信仰在东晋以来出现了一次深刻的变化，这种变化也导致本文所论的信仰系统在总体上的消解和变迁。由于三国西晋时期，此类材料在总体上的延续，主要是对汉代墓葬文化和部分器物制作文化的延续。如四川地区蜀汉时期的画像砖墓和铜镜、长江中下游地区东吴时期的铜镜、河西地区魏晋时期的壁画墓，虽与东汉晚期相比，已经出现了一些新的和地域的因素，但仍可视作汉代传统的延伸和发展。而且，这部分内容在全书中所占比例十分微小，因此也不必在书题上特别标明。

（三）地域

本书讨论的既然是汉代社会的一般信仰，因此不能是对某一区域而是对全部区域的考察。当然这只是理想中的，实际上用以考察该问题的图像材料，并不是

① ［美］巫鸿：《国外百年汉画像研究之回顾》，《中原文物》1994 年第 1 期。

在各个区域都在流行，甚至都有分布。其中，壁画墓主要分布在北方地区，可能受保存的限制，材料不是特别多。画像砖墓主要分布于河南和四川、重庆地区，墓葬大多破坏，砖的绝对数量则比较丰富，不过重复很多。画像石墓主要分布于山东、江苏、安徽、河南、陕西、山西和四川、重庆地区，材料特别丰富。帛画、棺画保存下来的材料很少，与本书相关的集中在湖南长沙和山东临沂地区。三段式神仙镜和重列式神兽镜主要出土于陕西、四川和长江中下游地区。摇钱树主要分布于西南地区，也偶见于陕西、甘肃、宁夏地区。鎏金铜棺饰集中在三峡地区，也偶见于甘肃地区。其他材料则散见各地。以上已经在很大程度上覆盖了当时汉文化的主要区域。虽然，以上各类材料的流行情况不一，而且即便同一类材料中也能看到一些明显的地域性，但上述材料尤其是同一时期的材料在主要图像题材、组合和表现方面又有着高度的一致性，且在各种载体上大量、反复出现，当然是我们探讨社会一般观念和信仰的绝好依据。

高延先生在讨论中国宗教的地域性时指出："在整个帝国境内，社会和宗教领域的风俗习惯在一些重要的方面是高度一致的，这一点很明显。因此，在这个国家，任何地方都可以被视为整个帝国的缩影，成为研究这个国家的可靠样本。地方性的偏差不会严重降低由此类样本所勾勒出来的整体图卷的精确性。"[①] 当然，一方面他讨论的是帝国晚期的情况，在统一帝国建立不久的汉代，恐怕还不敢仅以一个地区的面貌推广全国。另一方面也不排除有早期汉学家"他者"视角的因素。但是，当笔者完成全书的讨论后，竟然发现，至少在本书所讨论的问题上，对西汉晚期以后的情况，高延先生的这一观点并没有太大偏差（详见结论部分）。也就是说，在统一帝国刚建立一段时间后，如此广袤的土地上，如此众多的人口中，社会一般观念和信仰已然高度统一，这不得不令人惊讶。不过这一问题已经超出本书范围，恕不多议。

（四）概念："升仙"与"升天"

笔者在本书中采取的是一种综合性的态度。如上所述，笔者对于概念问题，

① ［荷兰］高延著，林艾岑译，马小鹤审校：《中国的宗教系统及其古代形式、变迁、历史及现状》第一卷，前言第 3 页。

实无兴趣，亦无欲求，只要不影响本领域研究者的理解皆可。而且个人认为，在历史取向的所有人文学科研究中，都应该尽量避免特殊概念和特殊词汇的设置，用充实的证据和人类共有的理性逻辑开展即可。所以，本书中不特意定义和设立任何概念和方法，反之包括考古学研究基本方法在内的任何方法，只要合理、有效都可以使用，一切叙述、论证以理性逻辑和实在证据为准。不过，这里有个问题确实有必要进行一些说明，那就是关于“升仙”和“升天”这两个概念。

在研究综述中，笔者已经讨论过，以往那种认为汉代人没有升天观念，只有升仙观念的看法是不正确的。实际上汉代文献中本身就有不少关于升天的材料，既有写作于西汉的，也有写作于东汉的。如《淮南子·齐俗训》云：“今夫王乔、赤诵子，吹呕呼吸，吐故纳新，遗形去智，抱素反真，以游玄眇，上通云天。”[①]《史记·封禅书》中所记武帝封禅泰山的目的，也正是希望效法“黄帝仙登于天”“已仙上天”，从而“上封则能仙登天矣”[②]。《汉书·礼乐志》注引应劭云：“《易》曰：‘时乘六龙以御天。’武帝愿乘六龙，仙而升天。”[③]《礼乐志》中所载的武帝时所作的《天马》《天门》两篇诗歌，内容即是乘骑天马飞升天门[④]。《说文·匕部》云：“真，仙人变形而登天也。”[⑤]《论衡·道虚篇》云：“（淮南）王遂得道，举家升天。畜产皆仙，犬吠于天上，鸡鸣于云中。此言仙药有余，犬鸡食之，并随王而升天也。好道学仙之人，皆谓之然。”[⑥]《楚辞·远游》王逸注：“得遇仙人，讬与俱游，周历万方，升天乘云。”[⑦]《招隐士》王逸注也说屈原，“其文升天乘云，役使百神，似若仙者”[⑧]。《九思》注云：“复欲升天，求仙人也。”[⑨]《昌言》云：“得道者生六翮之臂，长毛羽于腹，飞无阶之苍天，度无穷之世俗。”[⑩]

---

① 何宁撰：《淮南子集释》卷十一《齐俗训》，北京：中华书局，1998年，中册，第797页。

② 《史记》卷二十八《封禅书》，第4册，第1393、1396页。

③ 《汉书》卷二十二《礼乐志》，北京：中华书局，1962年，第4册，第1060页。

④ 《汉书》卷二十二《礼乐志》，第4册，第1060页。

⑤ （汉）许慎撰，（清）段玉裁注：《说文解字注》，上海古籍出版社，1981年，第384页。

⑥ 黄晖撰，刘盼遂集解：《论衡校释》卷七《道虚篇》，北京：中华书局，1990年，第2册，第317、318页。

⑦ （宋）洪兴祖撰，白化文等点校：《楚辞补注》卷五《远游》，第172页。

⑧ （宋）洪兴祖撰，白化文等点校：《楚辞补注》卷十二《招隐士》，第232页。

⑨ （宋）洪兴祖撰，白化文等点校：《楚辞补注》卷十七《九思》，第326页。

⑩ （汉）仲长统撰，孙启治校注：《昌言校注》，北京：中华书局，2012年，第428页。

《列仙传》记鲤鱼对子英说："我来迎接汝，汝上背，与汝俱升天。"[1]《太平经》亦云："故得道者，则当飞上天。"[2]汉诗《艳歌》中描写到："今日乐上乐，相从步云衢。天公出美酒，河伯出鲤鱼。青龙前铺席，白虎持榼壶。南斗工鼓瑟，北斗吹笙竽。姮娥垂明珰，织女奉瑛琚。苍霞扬东讴，清风流西歈。垂露成帏幄，奔星扶轮舆。"[3]《艳歌》从来被认为是汉代游仙诗歌的代表，将升天后的场景想象得"乐上乐"。无独有偶，汉乐府《陇西行》中也描述到："邪径过空庐，好人常独居。卒得神仙道，上与天相扶。过谒王父母，乃在太山隅。离天四五里，道逢赤松俱。揽辔为我御，将吾天上游。天上何所有，历历种白榆。桂树夹道生，青龙对伏趺。凤凰鸣啾啾，一母将九雏。顾视世间人，为乐甚独殊。"[4]《王子乔》中说："王子乔，参驾白鹿云中遨。参驾白鹿云中遨，下游来，王子乔。参驾白鹿上至云，戏游遨。……结仙宫，过谒三台。"[5]"三台"是天界星象，在这里显然也被作为"仙宫"之类了。传为淮南王所作的《八公操》中说："公将与余，生毛羽兮。超腾青云，蹈梁甫兮。观见瑶光，过北斗兮。"[6]传为汉武帝所作的《思奉车子侯歌》中也说："皇天兮无慧，至人逝兮仙乡。天路远兮无期，不觉涕下兮沾裳。"[7]汉末曹操《秋胡行》说："我居昆仑山，所谓者真人。道深有可得，名山历观，遨游八极，枕石漱流饮泉。沉吟不决，遂上升天。"[8]《陌上桑》说："驾虹霓，乘赤云，登彼九疑历玉门。济天汉，至昆仑，见西王母谒东君。交赤松，及羡门，受要秘道爱精神。"[9]曹植《仙人篇》也说："韩终与王乔，要我于天衢。万里不足步，轻举陵太虚。飞腾逾景云，高风吹我躯。回驾过紫微，与帝合灵符。

---

① 王叔岷撰：《列仙传校笺》卷下《子英》，北京：中华书局，2007年，第134页。

② 王明编：《太平经合校》卷九十八，北京：中华书局，1960年，下册，第450页。

③ 逯钦立辑校：《先秦汉魏晋南北朝诗》，上册，第289页。

④ 逯钦立辑校：《先秦汉魏晋南北朝诗》，上册，第267页。"太"字在原书诗的正文中作"人"，今参照诗正文前的按语及其他版本的同类诗歌修改。

⑤ （宋）郭茂倩编：《乐府诗集》卷二十九《相和歌辞四》，第2册，第640页。

⑥ （宋）郭茂倩编：《乐府诗集》卷五十九《琴曲歌辞二》，第4册，第1228页。按：《八公操》传为淮南王刘安所作，东晋干宝《搜神记》中称为《淮南操》，逯钦立先生认为此诗应出自《论衡·道虚篇》中提到的《八公传》，虽不能确定，但为汉代作品应无太大疑问。见逯钦立辑校：《先秦汉魏晋南北朝诗》，上册，第99页"逯案"。

⑦ 逯钦立辑校：《先秦汉魏晋南北朝诗》，上册，第96页。

⑧ （汉）曹操：《曹操集》，北京：中华书局，2018年，第7页。

⑨ （汉）曹操：《曹操集》，第5页。

阊阖正嵯峨，双阙万丈余。……徘徊九天上，与尔长相须。”[①]《平陵东》说：“阊阖开，天衢通，被我羽衣乘飞龙。乘飞龙，与仙期，东上蓬莱采灵芝。”[②]《游仙》说：“人生不满百，岁岁少欢娱。意欲奋六翮，排雾陵紫虚。蝉蜕同松乔，翻迹登鼎湖。翱翔九天上，骋辔远行游。”[③]而曹植有两首游仙诗本身就题名为《升天行》[④]。

除传世文献外，汉代碑刻中也有关于升天的表达。如桓帝和平元年（公元150年）《张公神碑》云：“乘輗轺兮驾蜚（飞）龙，骖白鹿兮从仙僮，游北岳兮与天通。”[⑤]作为墓碑的《李翊夫人碑》云：“精魂奄昏，飞神天庭，收刑（形）玄都。”又云：“陟四极兮升天庭。”[⑥]现存于西安碑林博物馆的东汉《仙人唐公房碑》，讲述了一个与上述《论衡》中淮南王“一人得道，鸡犬升天”几乎一致的故事[⑦]，说明其甚至已经作为一种故事类型在东汉时期流行。

从上举两汉文献中“仙登于天”“能仙登天”“仙而升天”、仙人登天、真人升天这些表述，关于淮南王全家服用仙药后“举家升天”“畜产皆仙”、鸡犬升天，以及遇到仙人而升天，仙童随从而升天，仙者升天和“得道”“得神仙道”而升天的记述来看，笔者实在看不出当时人观念中“升天”与“升仙”有什么重要区别[⑧]。其实，不独汉代，《庄子·天地》中已说：“千岁厌世，去而上仙；乘彼白云，至于帝乡。”这里的帝乡当然指天帝所在。唐代成玄英疏云：“精灵上升，与太一而冥合。”[⑨]不过这里的天帝应该指黄帝，前文中就有黄帝“登乎昆仑之丘”的内容，太一是汉武帝以来才上升至黄帝之上的（详见第四章第一节）。不论如何，

---

① （三国魏）曹植著，赵幼文校注：《曹植集校注》卷二《仙人篇》，北京：中华书局，2016年，下册，第390页。

② （三国魏）曹植著，赵幼文校注：《曹植集校注》卷三《平陵东》，下册，第597页。

③ （三国魏）曹植著，赵幼文校注：《曹植集校注》卷二《游仙》，下册，第393、394页。

④ （三国魏）曹植著，赵幼文校注：《曹植集校注》卷二《升天行》，下册，第395、396页。

⑤ （宋）洪适撰：《隶释》卷三《张公神碑》，见《隶释·隶续》，北京：中华书局，1986年，第42页。

⑥ （宋）洪适撰：《隶释》卷十二《李翊夫人碑》，见《隶释·隶续》，第143、144页。

⑦ （宋）洪适撰：《隶释》卷三《仙人唐公房碑》，见《隶释·隶续》，第40、41页。

⑧ 按《续汉书·五行志》载：“王莽末，天水童谣曰：‘出吴门，望缇群。见一蹇人，言欲上天。令天可上，地上安得民！’时隗嚣初起兵于天水，后意稍广，欲为天子，遂破灭。嚣少病蹇。吴门，冀郭门名也。缇群，山名也。”（见《后汉书》第11册，第3281页）这里说天不可上，具有讽刺隗嚣称帝的实用目的。而且就观念上讲，童谣中说如果天可以上，地上就没有百姓了，是就现实来说凡人不可上天，与神仙升天的信仰观念无关。

⑨ （清）郭庆藩撰，王孝鱼点校：《庄子集释》卷五《天地》，北京：中华书局，2012年，第426、427页。

《庄子》中显然就已经有了成仙升天的观念。

若要说区别，理论上讲当然还是有的。比如，恐怕在当时一般观念中，长生不死者皆可为仙，社会上可能也会有某处的山洞里居住着一位长生不死的仙人此类传闻。东晋葛洪《抱朴子·论仙》所引的《仙经》中将仙人分成三个层次："上士举形升虚，谓之天仙；中士游于名山，谓之地仙；下士先死后蜕，谓之尸解仙。"[①]所谓"举形升虚"者，即是上引文献中表述的"仙而升天"；"游于名山"者类似于上述那样的传闻；"先死后蜕""尸解"者，即是受到动物尤其是昆虫在地下休眠、蜕变出翅膀而飞升的自然现象的启发，从而出现的一种特殊升仙观念[②]。不过，这只是就过程而言，蜕化后的最佳目的地，恐怕还是飞升天上。例如，至迟在东汉人的观念中，李少君即是此种"先死后蜕"的"尸解仙"。《史记·孝武本纪》载："李少君病死，天子以为化去不死也。"[③]《论衡·道虚篇》云："世学道之人，无少君之寿，年未至百，与众俱死，愚夫无知之人，尚谓之尸解而去。"[④]明确说明东汉人认为李少君的"化去"即是"尸解"。《孝武本纪》正义引《汉书起居》云："李少君将去，武帝梦与同登嵩高山，半道，有使乘龙从云中云'太一请少君'，帝谓左右'将舍我去矣'。数月而少君病死。又发棺看，唯衣冠在也。"[⑤]既然是被太一请去了，自然是升天（详见第四章第一节）。也就是说，虽然成仙的范围要比升天大，不过其中的白日飞升和"先死后蜕"主要还是升天。而且"游于名山"的散仙，一方面恐怕在社会一般观念中期待度未必高，更不可能成为墓葬图像的愿望表达，另一方面恐怕也不能称之为"升"。因此，从这个意义上说，"升天"与"升仙"也不会有主体上的区别。

因此，笔者认为就目前的材料而言，"升天"与"升仙"在这一时期的一般观念中并没有什么本质区别，也可以连起来称为"升天成仙"，本书中对这三个词语的使用主要考虑习惯和文气，而不在区别其意义。

上面讨论的升天、升仙，都是以整个人为主体的。当然，白日飞升是人们观

---

① 王明：《抱朴子内篇校释（增订本）》卷二《论仙》，北京：中华书局，1980年，第20页。

② 参见 Roel Sterckx, *The Animal and Daemon in Early China*, State University of New York Press, 2002；王煜：《新瓶还是旧酒：汉墓中的蝉蜕成仙之道》，《文汇报》2018年11月23日第W14版。

③ 《史记》卷十二《孝武本纪》，第2册，第455页。

④ 黄晖撰，刘盼遂集解：《论衡校释》卷七《道虚篇》，第2册，第331页。

⑤ 《史记》卷十二《孝武本纪》，第2册，第455页。

念中最理想的方式，不过具体到每个人身上，无论生前采取了何种神仙方术，显然均没有得到实现。于是，自然将这种愿望延伸到死后。这一方面可以考虑上面已提到的尸解成仙。关于汉墓中的尸解观念，以往学界已有不少讨论，主要是从对尸体的重视和保护来着手①。这些研究主要涉及葬玉、石棺、石构墓葬及仿玉器的图像，对墓葬图像涉及不多。近来有意见试图依据后世道教中“太阴炼形”等特殊观念，将墓葬图像的主要内容都纳入有关尸解升仙的体系②。对此笔者已有评述③。由于笔者认为，墓葬图像尤其是大量壁画和画像中，明确与尸体有关的内容很少，因此本书中对于升天、升仙主体的问题搁置不论，这里只做一点必要说明。其实，除了上述以整个人体为升天、升仙主体外，还有死后灵魂升天、升仙的观念，而且同样在两汉文献中都有较多表现。笔者不排除尸解的观念，尤其是在一些特别注重保存尸体，如大量填金敛玉的墓葬中④。但它毕竟还是一种较为特殊的观念。在当时社会的一般信仰中，在一般墓葬中，升天、升仙的主体恐怕还是灵魂。因为，汉墓题记中表述对死者的期望时，往往都指灵魂而言。如山东苍山（现改称“兰陵”，后不赘）⑤元嘉元年画像石墓题记云：“立郭（椁）毕成，以送贵亲。魂灵有知，怜哀子孙。”⑥

当然，灵魂的种类，即魂、魄的分合又是一个争论较多的问题，这里不展开讨论。但笔者怀疑，至少到了汉代，在一般人的观念中，是否需要比较严格的区分。如山西出土灵帝熹平二年（公元173年）朱书陶瓶云：“黄神生五岳，主生人录；召魂召魄，主死人籍。”⑦如按传统的理解，“魄”是留在尸体而入藏地下的，何来“召魄”的说法？这里恐怕完全是灵魂的同义词。《楚辞·招魂》招的是“魂兮归来”，

---

① 参见笔者对该问题的研究综述。王煜：《新瓶还是旧酒：汉墓中的蝉蜕成仙之道》，《文汇报》2018年11月23日第W14版。

② 姜生：《汉帝国的遗产：汉鬼考》，北京：科学出版社，2016年。

③ 王煜：《新瓶还是旧酒：汉墓中的蝉蜕成仙之道》，《文汇报》2018年11月23日第W14版。

④ 王煜：《汉代镶玉漆棺及相关问题讨论》，《考古》2017年第11期。

⑤ 今改为“兰陵”。由于在各种研究中已经习用“苍山元嘉元年画像石墓”的称呼，这里依然沿用。近些年，各地尤其是县、区改名较多，一方面未必能及时得知，另一方面学界已沿用成习，不再一一查改。

⑥ 山东省博物馆、苍山县文化馆：《山东苍山元嘉元年画象石墓》，《考古》1975年第2期；方鹏钧、张勋燎：《山东苍山元嘉元年画象石题记的时代和有关问题的讨论》，《考古》1980年第3期；李发林：《山东汉画像石研究》，济南：齐鲁书社，1982年，第95～101页。

⑦ 张勋燎：《东汉墓葬出土解注器和天师道的起源》，见张勋燎、白彬著《中国道教考古》，第1册，第160页。

但《大招》中招的既有“魂乎归来”，又有“魂魄归来”[①]，恐怕也只是表达而已。汉武帝《悼李夫人赋》云：“忽迁化而不反兮，魄放逸以飞扬。何灵魂之纷纷兮，哀裴回以踌躇。”[②]这里的“魄”显然又是某些文献中飞扬的魂。《楚辞·远游》已云：“载营魄而登霞兮，掩浮云而上征。”王逸注：“抱我灵魂而上升也。”[③]东汉王逸就直接理解为灵魂。汉乐府《蒿里》云：“蒿里谁家地，聚敛魂魄无贤愚。鬼伯一何相催促，人命不得少踟蹰。”[④]《乌生八九子》又云：“一丸即发中乌身，乌死魂魄飞扬上天。”[⑤]同云“魂魄”，一则聚集墓地，一则飞扬上天，这些看上去更为民间的表达，毫无区分二者的愿望。直到今天中国人的传统语言和迷信里，需要区分的时候，即按需要分为三魂七魄，不需要的时候则统指灵魂。即便是按各种依据（时间、位置、器官等的阴阳五行）区分以后，仍然不清楚它们之间究竟有什么差别，仍然可以用灵魂一词涵盖。中国人关于灵魂的这种实用主义态度恐怕是源远流长的。

在西汉和东汉时期写作的文献中，也都能举出关于死后灵魂升天的说法。如《淮南子·精神训》云：“是故精神天之有也，而骨骸者地之有也；精神入其门，而骨骸反其根。”高诱注：“精神无形，故能入天门；骨骸有形，故反其根，归土也。”[⑥]《论衡·论死》云：“人死精神升天，骸骨归土。”[⑦]《汉书·杨王孙传》云：“精神者天之有也，形骸者地之有也。精神离形，各归其真。”[⑧]《后汉书·崔瑗传》亦云：“夫人禀天地之气以生，及其终也，归精于天，还骨于地。”[⑨]《楚辞·招魂》王逸注：“魂者，身之精也。……故作《招魂》，欲以复其精神。”[⑩]而上引文献中的“精神”都是与“骨骸”相对，当然是指灵魂而言。上引王逸注《远游》时也说：“抱我灵魂而上升也。”直接说灵魂升天。前引《李翊夫人碑》云：“精

① （宋）洪兴祖撰，白化文等点校：《楚辞补注》卷十《大招》，第 216 页。
② 费振刚、胡双宝、宗明华辑校：《全汉赋》，第 126 页。
③ （宋）洪兴祖撰，白化文等点校：《楚辞补注》卷五《远游》，第 168 页。
④ 逯钦立辑校：《先秦汉魏晋南北朝诗》，上册，第 257 页。
⑤ 逯钦立辑校：《先秦汉魏晋南北朝诗》，上册，第 258 页。
⑥ 何宁撰：《淮南子集释》卷七《精神训》，中册，第 504 页。
⑦ 黄晖撰，刘盼遂集解：《论衡校释》卷二十《论死篇》，第 3 册，第 871 页。
⑧ 《汉书》卷六十七《杨王孙传》，第 9 册，第 2908 页。
⑨ 《后汉书》卷五十二《崔瑗传》，第 6 册，第 1724 页，北京：中华书局，1965 年。
⑩ （宋）洪兴祖撰，白化文等点校：《楚辞补注》卷九《招魂》，第 197 页。

魂奄昏，飞神天庭，收刑（形）玄都。”[①] 与上述传世文献正好参证，且直接道出灵魂飞升天庭。这也再次充分说明了当时存在升天的观念，升天与升仙在一般观念中应无本质区别。

如研究综述中所示，以往关于汉代图像与信仰的研究中，强调区分“升天”与“升仙”的观点，主要依据的是屈原及其后继者的《楚辞·招魂》《大招》中对天界的恐怖描述，认为当时不存在升天观念。《招魂》《大招》将天上、地下和四方都描写得恐怖至极，显然是为了招回魂魄的实际目的，同样是实用主义的灵魂态度，并非是这些地方真不可去，真没有乐土。同样出自屈原及其后继者的楚辞中，本身就有大量升天游仙的内容，而且才真正是大量楚辞铺陈的主要内容之一[②]。而与楚辞关系密切的汉赋中，这部分又是主要内容之一。材料繁多，内容铺陈，文字古僻，本不烦列举，但由于上述观点对后来的相关研究影响颇大，有必要予以澄清，于是笔者各列为一表，供读者查阅而已（见表 0–1，表 0–2）。对于表中具体字句，读者可能存在不同理解。但要将笔者对这些内容表现升天观念的理解全部推翻，恐为智者所不取。

① （宋）洪适撰：《隶释》卷十二《李翊夫人碑》，见《隶释·隶续》，第 143 页。

② 关于此点略可提及的是，孙作云先生首先作为楚辞研究的专家，对于战国楚辞的主要篇章包括《招魂》《大招》都有专门的研究。孙先生在讨论马王堆帛画、洛阳烧沟 61 号墓壁画、卜千秋墓壁画、密县打虎亭汉墓壁画、营城子汉墓壁画、沂南汉墓画像时，往往都讨论到升天成仙的信仰。也可见不能根据某些特殊内容，而全面否认楚辞中总体上具有的升天观念（可参见孙作云文集《美术考古与民俗研究》中相关文章，郑州：河南大学出版社，2003 年）。

表 0-1 《楚辞》及东汉王逸注中有关升天游仙、升天遨游的内容

篇名	作者	原文	王逸注文
离骚	屈原	驷玉虬以椉鹥兮，溘埃风余上征。朝发轫于苍梧兮，夕余至乎县圃。欲少留此灵琐兮，日忽忽其将暮。吾令羲和弭节兮，望崦嵫而勿迫。路曼曼其修远兮，吾将上下而求索。饮余马于咸池兮，总余辔乎扶桑。折若木以拂日兮，聊逍遥以相羊。前望舒使先驱兮，后飞廉使奔属。鸾皇为余先戒兮，雷师告余以未具。吾令凤鸟飞腾兮，继之以日夜。飘风屯其相离兮，帅云霓而来御。纷总总其离合兮，斑陆离其上下。吾令帝阍开关兮，倚阊阖而望予。……览相观于四极兮，周流乎天余乃下。……为余驾飞龙兮，杂瑶象以为车。……邅吾道夫昆仑兮，路修远以周流。扬云霓之晻蔼兮，鸣玉鸾之啾啾。朝发轫于天津兮，夕余至乎西极。凤皇翼其承旂兮，高翱翔之翼翼。忽吾行此流沙兮，遵赤水而容与。麾蛟龙使梁津兮，诏西皇使涉予。路修远以多艰兮，腾众车使径待。路不周以左转兮，指西海以为期。屯余车其千乘兮，齐玉轪而并驰。驾八龙之婉婉兮，载云旗之委蛇。抑志而弭节兮，神高驰之邈邈。奏《九歌》而舞《韶》兮，聊假日以媮乐。	笔者按：由于王逸将《离骚》视作“经”，其注释大多注重文本外的道德含义，但至少字面上升天遨游的描绘是很突出的。
涉江	屈原	驾青虬兮骖白螭，吾与重华游兮瑶之圃。	
悲回风	屈原	上高岩之峭岸兮，处雌蜺之标颠。	托乘风气，游天际也。
		据青冥而摅虹兮，遂儵忽而扪天。	所至高眇，不可逮也。
		吸湛露之浮凉兮，漱凝霜之雰雰。	言己虽升青冥，犹能食霜露之精，以自洁也。
远游	屈原?	悲时俗之迫阨兮，愿轻举而远游。	高翔避世，求道真也。
		质菲薄而无因兮，焉托乘而上浮。	将何引援而升云也。
		闻赤松之清尘兮，愿承风乎遗则。贵真人之休德兮，美往世之登仙。与化去而不见兮，名声著而日延。奇傅说之托辰星兮，羡韩众之得一。	贤圣虽终，精著天也。傅说，武丁之相。辰星、房星，东方之宿，苍龙之体也。傅说死后，其精著于房尾也。
		因气变而遂曾举兮，忽神奔而鬼怪。	乘风蹈雾，升皇庭也。往来奄忽，出杳冥也。

续表

篇名	作者	原文	王逸注文
		绝氛埃而淑尤兮，终不反其故都。免众患而不惧兮，世莫知其所如。	去背旧都，遂登仙也。奋翼高举，升天衢也。
		恐天时之代序兮，耀灵晔而西征。	托乘雷电，以驰骛也。
		顺凯风以从游兮，至南巢而壹息。	乘风戏荡，观八区也。
		载营魄而登霞兮，掩浮云而上征。	抱我灵魂而上升也。
		命天阍其开关兮，排阊阖而望予。	告帝卫臣启禁门也。立排天门而须我也。
		召丰隆使先导兮，问大微之所居。	呼语云师，使清路也。博访天庭在何处也。
		集重阳入帝宫兮，造旬始而观清都。	得升五帝之寺舍也。遂至天皇之所居也。
		朝发轫于太仪兮，夕始临乎于微闾。	旦早趋驾于天庭也。太仪，天帝之庭，习威仪之处也。
		屯余车之万乘兮，纷溶与而并驰。驾八龙之婉婉兮，载云旗之逶蛇。建雄虹之采旄兮，五色杂而炫耀。服偃蹇以低昂兮，骖连蜷以骄骜。骑胶葛以杂乱兮，斑漫衍而方行。撰余辔而正策兮，吾将过乎句芒。历太皓以右转兮，前飞廉以启路。阳杲杲其未光兮，凌天地以径度。风伯为余先驱兮，氛埃辟而清凉。凤皇翼其承旗兮，遇蓐收乎西皇。揽彗星以为旍兮，举斗柄以为麾。叛陆离其上下兮，游惊雾之流波。时暧曃其曭莽兮，召玄武而奔属。	百神侍从，无不有也。车骑笼茸而竞驱也。缤纷容裔，以并升也。
		后文昌使掌行兮，选署众神以并毂。	顾命中宫，敕百官也。天有三宫，谓紫宫、太微、文昌也。故言中宫。紫宫，一作紫微。召使群灵皆侍从也。
		路曼曼其修远兮，徐弭节而高厉。左雨师使径侍兮，右雷公以为卫。欲度世以忘归兮，意恣睢以担挢。内欣欣而自美兮，聊偷娱以自乐。涉青云以泛滥游兮，忽临睨夫旧乡。	
		仆夫怀余心悲兮，边马顾而不行。思旧故以想像兮，长太息而掩涕。	屈原谓修身念道，得遇仙人，讬与俱游，周历万方，升天乘云，役使百神，而非所乐，犹思楚国，念故旧，欲竭忠信，以宁国家。

续表

篇名	作者	原文	王逸注文
		指炎神而直驰兮，吾将往乎南疑。览方外之荒忽兮，沛罔象而自浮。祝融戒而还衡兮，腾告鸾鸟迎宓妃。	
		玄螭虫象并出进兮，形蟉虬而逶蛇。雌蜺便娟以增挠兮，鸾鸟轩翥而翔飞。音乐博衍无终极兮，焉乃逝以俳佪。舒并节以驰骛兮，逴绝垠乎寒门。历玄冥以邪径兮，乘间维以反顾。召黔嬴而见之兮，为余先乎平路。	
		经营四荒兮，周流六漠。上至列缺兮，降望大壑。下峥嵘而无地兮，上寥廓而无天。	周遍八极。旋天一匝。窥天间隙。视海广狭。
		超无为以至清兮，与泰初而为邻。	登天庭也。与道并也。
九辩	宋玉	原赐不肖之躯而别离兮，放游志乎云中。乘精气之抟抟兮，骛诸神之湛湛。	托载日月之光耀也。
		骖白霓之习习兮，历群灵之丰丰。左朱雀之茇茇兮，右苍龙之躣躣。属雷师之阗阗兮，通飞廉之衙衙。前轾辌之锵锵兮，后辎乘之从从。载云旗之委蛇兮，扈屯骑之容容。	
		计专专之不可化兮，原遂推而为臧。赖皇天之厚德兮，还及君之无恙。	言己虽升云远游，随从百神，志犹念君，而不能忘也。
惜誓	贾谊?	惜余年老而日衰兮，岁忽忽而不反。登苍天而高举兮，历众山而日远。	言己想得道真，上升苍天。
		观江河之纡曲兮，离四海之沾濡。攀北极而一息兮，吸沆瀣以充虚。	言己周流行求道真，冀得上攀北极之星，且中休息，吸清和之气，以充空虚，疗饥渴也。
		飞朱鸟使先驱兮，驾太一之象舆。	言己吸天元气，得其道真。即朱雀神鸟为我先导，遂乘太一神象之舆，而游戏也。
		苍龙蚴虬于左骖兮，白虎骋而为右騑。建日月以为盖兮，载玉女于后车。驰骛于杳冥之中兮，休息乎昆仑之墟。	
		黄鹄之一举兮，知山川之纡曲。再举兮，睹天地之圜方。	
招隐士	淮南王刘安门客		其文升天乘云，役使百神，似若仙者。

续表

篇名	作者	原文	王逸注文
七谏	东方朔	借浮云以送予兮，载雌霓而为旌。驾青龙以驰骛兮，班衍衍之冥冥。忽容容其安之兮，超慌忽其焉如。苦众人之难信兮，愿离群而远举。登峦山而远望兮，好桂树之冬荣。观天火之炎炀兮，听大壑之波声。引八维以自道兮，含沆瀣以长生。	天有八维，以为纲纪也。
九怀	王褒	乘日月兮上征，顾游心兮鄗酆。	想托神明，升天庭也。
		乘虬兮登阳，载象兮上行。	意欲驾龙而升云也。遂骑神兽，用登天也。神象白身赤头，有翼能飞也。
		宣游兮列宿，顺极兮仿佯。	遍历六合，视众星也。周绕北辰，观天庭也。
		微观兮玄圃，览察兮瑶光。	上睨帝圃，见天园也。观视斗柄与玉衡也。
		径岱土兮魏阙，历九曲兮牵牛。	行出北荒，山高桀也。过观列宿，九天际也。
		望太一兮淹息，纡余辔兮自休。	观天贵将止沈滞也。
		晞白日兮皎皎，弥远路兮悠悠。顾列孛兮缥缥，观幽云兮陈浮。	天精光明而照察也。周望八极，究地外也。邪视彗星，光瞥瞥也。
		乘龙兮偃蹇，高回翔兮上臻。	骖驾神兽，挐纷纭也。行戏遨游，遂至天也。
		登羊角兮扶舆，浮云漠兮自娱。	升彼高山，徐顾睨也。乘云歌吟而游戏也。或曰：浮云汉。汉，天河也。
		使祝融兮先行，令昭明兮开门。	俾南方神开轨辙也。炎神前驱，关梁发也。
		驰六蛟兮上征，竦余驾兮入冥。	乘龙直驱，升阊阖也。遂驰我车，上寥廓也。
		登九灵兮游神，静女歌兮微晨。	想登九天，放精神也。
		驾玄螭兮北征，向吾路兮葱岭。连五宿兮建旄，扬氛气兮为旌。	系续列星，为旗旐也。
		登华盖兮乘阳，聊逍遥兮播光。	上攀北斗，蹑房星也。
		驾八龙兮连蜷，建虹旌兮威夷。观中宇兮浩浩，纷翼翼兮上跻。	盛气振迅，升天衢也。

续表

篇名	作者	原文	王逸注文
		屯余车兮索友，睹皇公兮问师。	住我之驾，求松、乔也。遂见天帝，谘秘要也。
		乘虹骖蜺兮，载云变化。	托驾神气而远征也。
九叹	刘向	佩苍龙之蚴虬兮，带隐虹之逶蛇。曳彗星之皓旰兮，抚朱爵与鵕鸃。游清灵之飒戾兮，服云衣之披披。杖玉华与朱旗兮，垂明月之玄珠。举霓旌之墆翳兮，建黄纁之总旄。	乃上游清冥清凉之庭，被服云气而通神明也。
		譬若王侨之乘云兮，载赤霄而凌太清。	言己志意高大，上切于天，譬若仙人王侨乘浮云载赤霄，上凌太清，游天庭也。
		登昆仑而北首兮，悉灵圉而来谒。	言己设得道轻举，登昆仑之上，北向天门，众神尽来谒见，尊有德也。
		选鬼神于太阴兮，登阊阖于玄阙。	言己乃选择众鬼神之中行忠正者，与俱登于天门，入玄阙，拜天皇，受敕诲也。
		征九神于回极兮，建虹采以招指。	谓会北辰之星于天之中也。
		驾鸾凤以上游兮，从玄鹤与鷦明。	
		排帝宫与罗囿兮，升县圃以眩灭。	罗囿，天苑。言遂排开天帝之宫，入其罗囿，出升县圃之山而望。
		凌惊雷以轶骇电兮，缀鬼谷于北辰。鞭风伯使先驱兮，囚灵玄于虞渊。溯高风以低佪兮，览周流于朔方。就颛顼而陈词兮，考玄冥于空桑。	
		譬彼蛟龙，乘云浮兮。泛淫澒溶，纷若雾兮。潺湲轇轕，雷动电发，馺高举兮。升虚凌冥，沛浊浮清，入帝宫兮。摇翘奋羽，驰风骋雨，游无穷兮。	
九思	王逸	纷载驱兮高驰，将咨询兮皇羲。遵河皋兮周流，路变易兮时乖。沥沧海兮东游，沐盥浴兮天池。	（《九思》为王逸所作，其注或说为“其子延寿之徒为之尔”。）
		载青云兮上升，适昭明兮所处。	终无所舒情，故欲乘云升天，就日处矣。

续表

篇名	作者	原文	王逸注文
		蹑天衢兮长驱，踵九阳兮戏荡。越云汉兮南济，秣余马兮河鼓。云霓纷兮晻翳，参辰回兮颠倒。逢流星兮问路，顾我指兮从左。俓娵觜兮直驰，御者迷兮失轨。	
		攀天阶兮下视，见鄢郢兮旧宇。	
		缘天梯兮北上，登太一兮玉台。	太一，天帝所在，以玉为台也。
		乘六蛟兮蜿蝉，遂驰骋兮升云。扬彗光兮为旗，秉电策兮为鞭。	复欲升天，求仙人也。
		历九宫兮遍观，睹秘藏兮宝珍。	九宫，天之宫也。
		随真人兮翱翔，食元气兮长存。	真，仙人也。元气，天气。
		望太微兮穆穆，睨三阶兮炳分。	太微，天之中宫。
		相辅政兮成化，建烈业兮垂勋。	当与众仙共辅天帝，成化而建功也。

（注：皆依《楚辞补注》，北京：中华书局，1983 年。）

表 0–2　汉赋中与升天游仙、升天遨游有关的辞句

篇名	作者	相关辞句
大人赋	司马相如	乘绛幡之素蜺兮，载云气而上浮。建格泽之修竿兮，总光耀之采旄。垂旬始以为幓兮，曳彗星而为髾。掉指桥以偃蹇兮，又猗抳以招摇。揽搀枪以为旌兮，靡屈虹而为绸。红杳眇以玄㵿兮，猋风涌而云浮。驾应龙象舆之蠖略委丽兮，骖赤螭青虬之蚴蟉宛蜒。
		使五帝先导兮，反大壹而从陵阳。左玄冥而右黔雷兮，前长离而后矞皇。
		西望昆仑之轧沕荒忽兮，直径驰乎三危。排阊阖而入帝宫兮，载玉女而与之归。
太玄赋	扬雄	升昆仑以散发兮，踞弱水而濯足。朝发轫于流沙兮，夕翱翔于碣石。忽万里而一顿兮，过列仙以托宿。……排阊阖以窥天庭兮，骑骍騩以踟蹰。载羡门与俪游兮，永览周乎八极。
遂初赋	刘歆	躔三台而上征兮，入北辰之紫宫。备列宿于钩陈兮，拥大常之枢极。总六龙于驷房兮，奉华盖于帝侧。
甘泉宫赋	刘歆	回天门而凤举，蹑黄帝之明庭。冠高山而为居，乘昆仑而为宫。案轩辕之旧处，居北辰之闳中。

续表

篇名	作者	相关辞句
仙赋	桓谭	仙道既成，神灵攸迎。乃骖驾青龙赤腾，……以沧川而升天门，驰白鹿而从麒麟。
览海赋	班彪	骋飞龙之骖驾，历八极而迴周。遂竦节而响应，忽轻举以神浮。遵霓雾之掩荡，登云途以凌厉。乘虚风而体景，超太清以增逝。麾天阍以启路，阊阖而望余。通王谒于紫宫，拜太一而受符。
思玄赋	张衡	涉清霄而升遐兮，浮蔑蒙而上征。纷翼翼以徐戾兮，焱回回其扬灵。叫帝阍使辟扉兮，觌天皇于琼宫。
		出紫宫之肃肃兮，集太微之阆阆。命王良掌策驷兮，逾高阁之锵锵。建罔车之幕幕兮，猎青林之芒芒。弯威弧之拨剌兮，射嶓冢之封狼。观壁垒于北落兮，伐河鼓之磅硠。乘天潢之泛泛兮，浮云汉之汤汤。
		廓荡荡其无涯兮，乃今穷乎天外。
		出阊阖兮降天涂，乘飙忽兮驰虚无。云霏霏兮绕余轮，风眇眇兮震余旗。
七辩	张衡	若夫赤松王乔，羡门安期。嘘吸沆瀣，饮醴茹芝。驾应龙，戴行云。桴弱水，越炎氛。览八极，度天垠。上游紫宫，下栖昆仑。此神仙之丽也。
九宫赋	黄香	乘根车而驾神马，骖驒騊而侠穷奇，使织女骖乘王良为之御。三台执兵而奉引，轩辕乘駏驉而先驱，招摇丰隆骑师子而侠毂，各先后以为云车。左青龙而右觜觿，前七星而腾蛇。征太一而聚群神，趣荧惑而叱太白。
		登嶕峣之台，窥天门而闪帝宫。

（注：皆依费振刚、胡双宝、宗明华辑校：《全汉赋》，北京大学出版社，1993 年）

（五）逻辑

由于本书是对于以前往往被分为不同材质、不同内容的材料进行梳理，以建构其中的系统性的工作。这种工作的危险性和主观性确实是令人担忧的，所以必须持有充足的材料和运用严密的逻辑，才能具有说服力。本书在逻辑上拟先逐一梳理关于汉代昆仑、天门、西王母和天神的考古材料（主要是图像材料，其中西王母画像有学者做过系统的梳理工作，笔者拟在其基础上重点从其他一些角度予以梳理），梳理工作一方面就具有资料搜集和整理的基础意义，另一方面笔者会带着整体的视角，以材料为基础和出发点，逐步地建立起它们之间的关联性和系统性，揭示出汉代升仙信仰已经形成的一个体系。

在对昆仑材料的梳理和研究中，揭示汉代昆仑图像的普遍性和众多性，并揭示出其核心特征和主要形式及其流变，结合文献材料，建立起以昆仑为中心的升仙信仰。在对天门材料的梳理和研究中，确认并考察汉代天门图像的主要形式和普遍性及其与昆仑的关系，结合文献材料，讨论天门信仰与昆仑信仰的结合和演变。在对西王母材料的研究中，考察西王母成为汉代一般信仰中重要内容的社会背景和信仰背景，重点考察其与昆仑、天门的结合，及其结合后在以昆仑为中心的升仙信仰中的性质和地位，论证其与天门一样是升仙中的关键点而非目的地。在对天神材料的梳理和研究中，重点考察与昆仑信仰有关的太一，黄帝，伏羲、女娲及与升天信仰有关的一些星宿和较低级神祇的问题，从而建立起一个以昆仑为中心，以天门和西王母为关键，以天界为归宿，并以最高天帝太一为主神的升仙体系，其中还有一些与升天成仙有关的天神。这是本书的主线。

既然有这样一个升仙中心和体系，那么自然有朝向它的升仙之路。这在考古材料中也有许多反映，但方法既非一种，途径亦非一条，材料也非一类。于是，笔者拟以专题的形式，将相关材料以类相从，以考察当时的升仙途径。以辅助升仙中心和体系建构。另外，这个升仙中心和体系既在西方，西方的“神奇”因素自然或多或少要被附会其中。这在考古材料中可以说俯拾即是，只是以往缺少这样一个系统作为理解背景，对其研究虽多，但缺乏深入。至于其与早期道教、佛教的关系，实在关系重大，问题众多，限于时间、精力和水平，暂时不拟作深入、全面的讨论，就作为本书的余论。

第一章

西北与中央：汉代昆仑图像与升仙信仰

昆仑县（悬）圃，其尻（居）安在？

昆仑，山名也，在西北，元气所出。其巅曰县圃，乃上通于天也。

增城九重，其高几里？

《淮南》言昆仑之山九重，其高万二千里也。二或作五。

四方之门，其谁从焉？

言天四方各有一门，其谁从之上下？一云谁其从焉。

西北辟启，何气通焉？

言天西北之门，每常开启，岂元气之所通？辟一作开。

日安不到，烛龙何照？

言天之西北，有幽冥无日之国，有龙衔烛而照之也。[①]

这是屈原《天问》中对于昆仑的发问，每一问下面有东汉王逸的注解和试作的回答。根据王逸的说法，屈原是面对楚国祠堂中绘画的天地山川神灵进行的提问，所谓“屈原放逐，……见楚有先王之庙及公卿祠堂，图画天地山川神灵，琦玮僪佹，及古贤圣怪物行事。周流疲倦，休息其下，仰见图画，因书其壁，呵而问之”[②]。如果此说可信，那么早在战国时楚地就已经有了关于昆仑的图像[③]。而“（王）逸与屈原同土共国”[④]，作为“楚地遗民”，他的意见还是很值得重视的[⑤]。我们看到，

① （宋）洪兴祖撰，白化文等点校：《楚辞补注》卷三《天问》，第 92、93 页。

② （宋）洪兴祖撰，白化文等点校：《楚辞补注》卷三《天问》，第 85 页。

③ 按：此次校稿时又阅读了缪哲先生新著，故将所涉及的问题，补充一些在注释之中。缪先生认为东汉祠堂画像来源于东汉初的皇家和诸王寝、庙，而这些寝、庙中的内容是王莽意识形态建设的结果。因此不但否认东汉祠堂受到西汉以来祠庙影响的陈说，也认为王逸关于战国末楚地公卿祠堂有相关壁画的说法为虚构（参见缪哲：《从灵光殿到武梁祠：两汉之交帝国艺术的遗影》，北京：生活·读书·新知三联书店，2021 年，第 389 页）。王逸的说法自然属于后世追述，固然可以不必采信。但屈原《天问》《离骚》等确确实实具有了宇宙形态、天帝地祇、山川神灵、历史传说、升天游仙等内容，似乎还有一定结构性。若说战国末已有类似的祠堂图像难以确认，但类似的观念已在用文字进行铺陈则无疑问。

④ （宋）洪兴祖撰，白化文等点校：《楚辞补注》卷十七《九思》，第 314 页。

⑤ 白化文、李鼎霞：《楚辞补注》“重印出版说明”，第 1 页。

以上问题中并没有对昆仑形状的提问，或许屈原确实是见到了昆仑图像的。屈原看到的昆仑图像到底是什么样子的，目前没有同时代的考古材料可供解答。但目前被公认为最早的昆仑图像确实出现于楚地，时代在西汉初期，墓葬形制和随葬品还很大程度上延续着楚文化的传统，屈原所见的昆仑形象或许正与这些图像类似吧。

第一节
“三成为昆仑丘”：汉晋文献中的昆仑形象

要分辨汉代的昆仑图像，必须先要了解当时人心目中昆仑的形象，这只能依赖于当时的文献记载。其中有些文献延续到魏晋时期，但是就其内容上看明显具有一脉相承的关系，我们也一并讨论，作为补充和参照。

最早记载昆仑的文献如《山海经》《楚辞》等都没有给我们描绘昆仑的形象，《山海经》原本有图相配，《楚辞·天问》据说也是“看图说话”，这或许是它们对昆仑形象不加描述的一个原因。

《尔雅·释丘》云：“三成为昆仑丘。”郭璞注：“成，犹重也。……昆仑山三重，故以名云。”[①]《淮南子·地形训》云：“昆仑之丘，或上倍之，是谓凉风之山……或上倍之，是谓悬圃……或上倍之，乃维上天。”又云：“县圃、凉风、樊桐在昆仑阊阖之中。”高诱注：“阊阖，昆仑虚（墟）门名也。县圃、凉风、樊桐，皆昆仑之山名也。”[②]昆仑虚（墟）即昆仑山。西汉庄忌《哀时命》云：“愿至昆仑之悬圃兮，采钟山之玉英。揽瑶木之橝枝兮，望阆风之板桐。”王逸注：“愿避世远去，上昆仑山，游于悬圃。……板桐，山名也，在阆风之上。言己既登昆仑，复欲引玉树之枝，上望阆风、板桐之山，遂陟天庭而游戏也。”[③]虽然辞赋的文学性很强，内容叠沓杂陈，但结合王逸的注释来看，昆仑之上有悬圃、阆风、板桐，

① 《尔雅注疏》卷七《释丘》，上海古籍出版社，2010年，第339、340页。
② 何宁撰：《淮南子集释》卷四《墬形训》，上册，第325～328页。
③ （宋）洪兴祖撰，白化文等点校：《楚辞补注》卷十四《哀时命》，第260页。

再上就是天庭了。《水经注·河水》引《昆仑说》云：“昆仑之山三级，下曰樊桐，一名板桐；二曰玄圃，一名阆风；上曰层城，一名天庭，是为太帝之居。”[①]《广雅·释山》亦云：“昆仑虚有三山，阆风，板桐，玄圃。”王念孙疏：“县圃，与‘元圃’同。阆风，或作‘凉风’。板桐，或作‘樊桐’。”[②]《十洲记》又云：“昆仑山三角。其一角正北，干星辰之辉，名曰阆风巅；其一角正西，名曰玄圃台；其一角正东，名曰昆仑宫。”[③]

从上引文献中大概可以知道汉晋时期人们心中昆仑的一个概括的形象，即昆仑有“三重”“三级”“三山”或“三角”。在昆仑有三部分这方面诸书所说尽同，唯有前引王逸在注释《天问》“增城九重，其高几里”一句时说：“《淮南》言昆仑之山九重。”但查今本《淮南子》并无此种说法，其中说到“九重”说的是昆仑“中有增城九重”[④]，与《天问》所问一致，并非言昆仑九重，显然是王逸作注时混淆了“昆仑”与昆仑之上的“增城”两个概念，《淮南子》中所言的昆仑正如上引文献，十分明确为三个部分。三国时李奇《汉书注》云：“昆仑九成，上有县圃。”[⑤]应该也是同样问题。另外，题名为东晋方士王嘉所撰的《拾遗记》中说：“昆仑山有昆陵之地，其高出日月之上。山有九层，每层相去万里。”[⑥]笔者注意到，《拾遗记》中关于昆仑的记述已经掺入了不少后世杂说，如说“昆仑山者，西方曰须弥山”[⑦]，就绝不可能是汉晋时期的传统观念，其昆仑九层的说法或许是延续了对增城九重的误解，或许是掺入了其他杂说。

虽然都说是三个部分，但仔细分辨还是有些不同，“三重”“三级”大概是一种垂直的三个层次的形象，而“三山”“三角”则更偏向于横向的三个山峰。所以日本学者曾布川宽先生认为关于昆仑的形象，有由垂直的三重向横向的三

---

① （北魏）郦道元著，陈桥驿校证：《水经注校证》卷一《河水》，北京：中华书局，2007年，第1页。

② （清）王念孙撰，张靖伟、樊波成、马涛等点校：《广雅疏证》卷九下《释山》，上海古籍出版社，2016年，第4册，第1507、1508页。

③ 王根林校点：《海内十洲记》，见《汉魏六朝笔记小说大观》，上海古籍出版社，1999年，第70页。

④ 何宁撰：《淮南子集释》卷四《墬形训》，上册，第323页。

⑤ 《汉书》卷二十五《郊祀志》注引，第4册，第1261页。

⑥ （晋）王嘉撰，（梁）萧绮录，齐治平校注：《拾遗记校注》卷十《昆仑山》，北京：中华书局，1981年，第221页。

⑦ （晋）王嘉撰，（梁）萧绮录，齐治平校注：《拾遗记校注》卷十《昆仑山》，第221页。

峰演变的过程[①]。如果从上引文献的时代关系来看，这种看法无疑是无法辩驳的。但应该注意的是，对于人们心目中山峦的形象而言，三重与三峰未必有本质的区别，现实生活中雄伟的大山也需是一座座的山峰逐渐到达最高的顶峰，这里垂直与横向关系并非是对立的，而是统一的。上引文献中《淮南子》的时代算是最早者之一，其并未明说昆仑是垂直三重还是横向三峰，只说是逐步而上的三个层次。即便早期智识阶层心目中的昆仑形象应该是垂直的三重，但很难排除在画师或工匠手下这种三重的图像仍可以用三峰来表现的可能性，而且会显得更加容易理解。事实上早期昆仑作山峰状的图像中正有垂直三重、三重与三峰结合及三峰三种表现形式（后详），这是图像与文字之间又即又离的微妙关系。

至于这三重或三峰各自的具体名称，由于上述文献也有不同说法，所以还不敢遽定。《淮南子・地形训》中大概是以昆仑丘为最开始一级，上一级是凉风，上为悬圃，再上就是天界，不是山体了，可见其以悬圃（县圃、玄圃）为昆仑山体的最高处。王逸注《天问》时就说："昆仑，……其巅曰县圃，乃上通于天也。"[②]注《离骚》时也说："县圃，神山，在昆仑之上。《淮南子》曰：'昆仑悬圃，维绝，乃通天。'"[③]李奇《汉书注》亦云："县圃之上即阊阖天门。"[④]《水经注・河水》引《昆仑说》中的三级为樊桐（板桐）、玄圃（阆风）、层城（即"增城"，天庭），但层城（天庭）显然不能算作山体本身之一级，与其自身所说的"昆仑之山三级"就矛盾了。问题显然出在其把玄圃与阆风等同起来，共同作为一级。对比《淮南子》，"阆风"应该就是"凉风"，"玄圃"应该就是"悬圃"，在凉风（阆风）之上，这样正合三级之数，而仍以玄圃（悬圃）为最高。《广雅・释丘》中为阆风、板桐、玄圃，虽然其所说的是三山，而非三级，但如果这三山仍有高下（结合图像，确实有高下，后详），对比上述判断，仍可能以最后者玄圃为最高。

悬圃（玄圃）又名"疏圃"。《淮南子・览冥训》中云："过昆仑之疏圃。"

① 曾布川寛：《崑崙山と昇仙図》，《東方学報》第51册，1979年，第83～185页。
② （宋）洪兴祖撰，白化文等点校：《楚辞补注》卷三《天问》，第92页。
③ （宋）洪兴祖撰，白化文等点校：《楚辞补注》卷一《离骚》，第26页。
④ 《汉书》卷二十五《郊祀志》注引，第4册，第1261页。

高诱注："疏圃在昆仑之上。"[①]《说文·㐬部》云："疏，通也。"[②]《玉篇·㐬部》云："疏，阔也。"[③]《说文·囗部》云："圃，种菜曰圃。"[④]《周礼·天官·大宰》云："园圃，毓草木。"郑玄注："树果瓜曰圃。"[⑤]《国语·周语中》韦昭注："圃，大也。"[⑥]《文选·东都赋》李善注引薛君云："圃，博也。有博大茂草也。"[⑦]

可见，悬圃（玄圃）、疏圃即悬于空中的大型园圃，其为昆仑三重中的最高一重，其上即是天庭、天门和天上的"增城九重"，故王逸云"其巅曰悬圃，乃上通于天也"；也是昆仑三峰中最突出的一峰，故西晋成公绥《天地赋》中说"悬圃隆崇而特起"[⑧]。因此，悬圃（玄圃）是昆仑山最为重要的一重，甚至可为昆仑登天信仰的代表。屈原在《天问》中对昆仑发问时就直问"昆仑悬圃"。东汉班固说："昆仑悬圃，非经义所载。"[⑨]虽然从这句话来看，班固可能持否定态度，但也将昆仑、悬圃连称。西汉严忌《哀时命》中也说："愿至昆仑之悬圃兮，采钟山之玉英。"王逸注："愿避世远去，上昆仑山，游于悬圃……遂陟天庭而游戏也。"[⑩]汉代文献中就常以悬圃直接指代昆仑，如《列仙传》中说赤松子"往往至昆仑山上"，而其赞曰"纵身长风，俄翼玄圃"[⑪]，这在文学作品中更为常见，多不烦举。以悬圃代表昆仑的观念在下述平台形昆仑图像中有十分突出的体现（后详）。

另外，在汉晋时期人们心目中以昆仑为代表的神山、仙山，往往有一种上大下小的奇怪形态，上面有一个宽阔的平台。如张衡《南都赋》中说："若夫天封大狐，

---

① 何宁撰：《淮南子集释》卷六《览冥训》，上册，第470页。

② （汉）许慎撰，（清）段玉裁注：《说文解字注》，第744页。

③ （梁）顾野王撰：《玉篇》，北京：中国书店，1983年，第529页。

④ （汉）许慎撰，（清）段玉裁注：《说文解字注》，第278页。

⑤ 《周礼注疏》卷二《天官冢宰·大宰》，上海古籍出版社，2010年，上册，第46、47页。

⑥ 上海师范大学古籍整理组校点：《国语》卷二《周语中》，上海古籍出版社，1978年，第70页。

⑦ （梁）萧统编，（唐）李善注：《文选》卷一《两都赋》，上海古籍出版社，2019年，第1册，第33页。

⑧ （清）严可均辑：《全上古三代秦汉三国六朝文》，北京：中华书局，1958年，第2册，第1794页。

⑨ （南朝梁）刘勰著，（清）黄叔琳注，（清）李详补注，杨明照补注拾遗：《文心雕龙》卷一《辨骚》引，北京：中华书局，2021年，上册，第54页。

⑩ （宋）洪兴祖撰，白化文等点校：《楚辞补注》卷十四《哀时命》，第260页。

⑪ 王叔岷撰：《列仙传校笺》，第1、173页。

列仙之陬，上平衍而旷荡，下蒙笼而崎岖……昆仑无以奓，阆风不能逾。”[①]《十洲记》云：“（昆仑山）广万里，形似偃盆，下狭上广。”[②]这可能也影响到了上面为平台的昆仑图像的出现。

可见，从当时的文献来看，昆仑在人们心目中的形象为三重的山体，至于这三重是完全垂直的，还是横向的，并不一定。这三重中以悬圃（玄圃）最为重要，悬圃即悬于空中的巨大的平圃，其为昆仑的最高一重，其上即可登天，所以可以作为昆仑登天信仰的代表。从下述西汉前期的考古材料中，我们完全可以看到这些观念在当时图像中的表现。此时的昆仑图像已经形成了山峰和平台两种形式，山峰形中似乎还可以细分出垂直三重、三重与三峰结合和三峰三种形象，可以与上述文献大致对应。

第二节
“至昆仑之悬圃”：西汉前期的昆仑图像

在系统梳理汉代昆仑图像之前，这里先单独对西汉前期的昆仑图像及其图像组合、图像程序进行一番考察。原因有以下几点：第一，此时的墓葬主要还是传统的竖穴土坑木椁墓，昆仑图像皆出现于漆棺、帛画之上，与后来主要出现在横穴砖石墓中的壁画、画像石、画像砖上的图像还有较大区别；而此时漆棺、帛画图像之间又有许多共同之处，便于进行联系和对比研究。第二，此时是目前所见材料中，昆仑图像开始出现和初步流行的时期，对其单独进行较为深入的考察有利于之后对昆仑图像及其表现形式等问题的把握，也有利于理解出现昆仑图像的文化背景。第三，更为重要的是，这些漆棺、帛画材料上的图像都具有完整性，一个漆棺和一幅帛画，虽然其图像空间有所不同，但都能以符合自身形式的方式将人们的观念整体性地表现在其上，这比后世的画像材料（尤其是画像砖），在讨论图像的系统、程序上具有得天独厚的条件。

① 费振刚、胡双宝、宗明华辑校：《全汉赋》，第 458 页。

② 王根林校点：《海内十洲记》，见《汉魏六朝笔记小说大观》，第 70 页。

一、湖南长沙砂子塘一号墓外棺

自日本学者曾布川宽先生将砂子塘一号墓外棺侧板中央的图像认定为昆仑[①]，至今罕见异议，绝大多数学者皆沿用其说法加以发挥，相关研究不胜枚举。笔者在认可曾氏的判断和部分研究的基础上，欲对这一昆仑图像，尤其是其与整个漆棺上其他图像的关系等问题作出进一步的理解。

长沙砂子塘一号墓[②]发掘于 1961 年，为一座带有斜坡墓道的土坑木椁墓，早年遭到盗掘，根据墓葬形制和残留随葬品，其时代应当在西汉早期，发掘者进一步推断为文帝时期下葬的长沙靖王吴著之墓，年代在公元前 157 年左右。墓中棺椁四重：外椁、内椁、外棺和内棺。其中只有外棺上绘有漆画，而且漆画满布于外棺四周和盖板（包括盖板内侧）。

外棺两侧的画面一致（图 1–1），中央是十分抽象的山峰状图像拔地而起，笔

图 1–1　长沙砂子塘一号墓外棺侧板漆画摹本

（采自李正光编绘：《汉代漆器图案集》，北京：文物出版社，2002 年，第 126、127 页）

挺地直插侧板上缘，顶端收为三角形。发掘者虽然还没有直接认定其为昆仑，但也将其认作山峰。山峰脚下两侧有两只斑豹引颈回顾，似乎作为守卫。山峰上有两组形状奇特的凸起将其分为上、中、下三截，上一组凸起之上还各绘有一株树木，

① 曾布川寛：《崑崙山と昇仙図》，《東方学報》第 51 册，1979 年，第 83 ~ 185 页。

② 湖南省博物馆：《长沙砂子塘西汉墓发掘简报》，《文物》1963 年第 2 期。

图 1–2　砂子塘一号墓漆棺昆仑图像线摹
（采自信立祥：《汉代画像石综合研究》，北京：文物出版社，2000 年，第 145 页）

说明这一抽象的山峰状图像表现的确实是山峰，发掘者认为应为垂杨，曾氏则认为是昆仑上的沙棠。仔细观察，这两组凸起与山体自然连为一体，作者并无意用线条或色彩将其与山体分开，似乎将其看作山体本身的结构较为合理（在有的线图中描摹者以线条将之与山体分开，似乎不合原图，图 1–2）。山峰两侧是大致对称的以云气为主体的图案，而且制作者似乎有意以云气向两边的回卷来配合和突出山峰拔地直挺、独一无二的气势。云气中各有两条飞龙，形态略有不同，发掘者将其分为“伸舌戴角的夔龙”和“无角张口的蛟螭”。整个图案上有一条黑色带状的对角线，上装饰有一般所谓的“柿蒂纹”，整个图案的两侧还各有一个较大的变形“柿蒂纹”。

挺立在云气缭绕、飞龙盘旋的环境中央，斑豹守护的这个极其抽象的山峰图像，如前所述，目前学界比较一致地认定为昆仑。而且其山体结构自身分为三重，正符合上述西汉早期文献如《尔雅》中对昆仑形象的描述。为何制作者要将分别三重山体的凸出部分描绘为此种奇怪的形式，一方面由于图像过于抽象，另一方面文献无征，恐怕很难说得清楚了。有些细节问题固然重要，但更为重要的是该昆仑图像与漆棺上其他图像之间的关系及整体意义。

该漆棺上除上述两个侧板外，其他几面（除底板）都绘有图案，就如同各棺板不能独立构成棺体一样，笔者认为这些图案之间应该也是一个整体，以前的解释往往缺乏这种整体性，使得对昆仑图像的理解也不够深入全面。

漆棺的头挡正中绘有一个深黄色的巨璧，两只凤鸟相对立，颈部穿过璧孔和璧上似云气的纹饰，凤鸟皆头戴冕，口衔一对磬（珩）（图 1–3–1）。棺盖正中也绘有一谷纹璧，两端还各有半个，中间有呈菱形的线条相连，这种图案一般被称作联璧纹，但其处于棺盖中心，并作为棺盖上的主体图案，将其仅仅视为一种纹饰显然是远远不够的。璧两侧的菱形中间对称分布有两个“柿蒂纹”图像（其中一侧的图像已被损毁），前面已经提到侧板上也有此种图案，看来对其确实不能

1. 头挡

2. 足挡

图 1–3　砂子塘一号墓外棺头、足挡漆画摹本
（采自李正光编绘：《汉代漆器图案集》，第 122、123 页。书中将头挡与足挡图像标反，根据原报告更正）

图 1–4　砂子塘一号墓外棺棺盖漆画摹本
（采自李正光编绘：《汉代漆器图案集》，第 124、125 页）

等闲视之（图 1–4）。棺盖下面绘有盘旋飞舞的一龙一凤，可惜侵蚀和残损严重，细节不明。漆棺足挡正中绘有一个悬挂着的巨磬，磬下又悬挂一钟，磬上两边各有一位肩生羽翼的神仙骑在斑豹之上（图 1–3–2）。

从上面的叙述可以看到，漆棺上与昆仑图像组合在一起的主要是璧、磬、钟、“柿蒂纹”和云气、仙人、神兽。其中以璧的图像最为突出，两度出现在最为重要的位置——棺盖中心和头挡中心，这样的情况在后面将要叙述的材料中比比皆是，可见其与昆仑图像有最为密切的关系，应当予以专门的深入关注。至于“柿蒂纹”图像的问题，待后文再予讨论。

璧在汉墓的图像中是经常出现的一个主题，以前往往当作一种装饰，从图像的表现和组合来看，其中有不少恐怕确实仅仅是一种流行的装饰，但在砂子塘一号墓漆棺上其占据如此重要的地位，任何研究者都不会等闲视之。曾布川宽引申林巳奈夫的观点，认为这里的璧象征着生命的再生[①]，但对应图像并不能得到印证。可喜的是，近来的研究已经更多地注意到了玉璧图像在汉墓中的深刻意义。陈江风先生开始注意到玉璧与天门在观念中的联系[②]，具有创见，不过还需要进一步深入和细致讨论。巫鸿先生近来也注意到汉墓中玉璧的问题，并论及砂子塘漆棺和马王堆漆棺与帛画，认为具有引魂升天的意义[③]。笔者认为其说可从，不过这里璧的意义似乎还可以进一步落实，其与昆仑图像的关系似乎还可以进一步明确。

众所周知，汉武帝修造的建章宫，具有浓厚的求仙意味，所谓“建章、甘泉，馆御列仙”[④]“实列仙之攸馆”[⑤]。《三辅黄图·汉宫》云：“（建章）宫之正门曰阊阖，高二十五丈，亦曰璧门。”[⑥]班固《西都赋》亦云：“设璧门之凤阙，上觚棱而栖金雀。”[⑦]《淮南子·原道训》高诱注：“阊阖，始升天之门也。”[⑧]《楚辞·离骚》王逸注：“阊阖，天门也。”[⑨]《说文·门部》亦云“阊阖，天门也。”[⑩]建章宫正门称为“璧门”又称“阊阖”，而“阊阖”即是“天门”“始升天之门”，显然是以璧门来象征升天之门。现实中建章宫的璧门可能是以璧作为主要装饰。如《汉武帝故事》中说：“（建章宫）南有璧门三层，高三十余丈，中殿十二间，

① 曾布川寛：《崑崙山と昇仙図》，《東方学報》第 51 冊，1979 年，第 83 ~ 185 页。

② 陈江风：《汉画中的玉璧与丧葬观念》，《中原文物》1994 年第 4 期。

③ ［美］巫鸿：《引魂灵璧》，见［美］巫鸿、郑岩主编《古代墓葬美术研究》第 1 辑，北京：文物出版社，2011 年，第 58 页。

④ （汉）班固：《东都赋》，见费振刚、胡双宝、宗明华辑校：《全汉赋》，第 331 页。

⑤ （汉）班固：《西都赋》，见费振刚、胡双宝、宗明华辑校：《全汉赋》，第 315 页。

⑥ 何清谷撰：《三辅黄图校释》卷二《汉宫》，北京：中华书局，2005 年，第 123 页。

⑦ 费振刚、胡双宝、宗明华辑校：《全汉赋》，第 314 页。

⑧ 何宁撰：《淮南子集释》卷一《原道训》，上册，第 16 页。

⑨ （宋）洪兴祖撰，白化文等点校：《楚辞补注》卷一《离骚》，第 29 页。

⑩ （汉）许慎撰，（清）段玉裁注：《说文解字注》，第 587 页。

阶陛咸以玉为之，铸铜凤五丈，饰以黄金，楼屋上椽首，薄以玉璧，因曰璧玉门也。”[①]璧为礼天之器，圆以象天。如《周礼·春官·大宗伯》云：“以苍璧礼天。”郑玄注：“璧圜，象天。”[②]《白虎通·辟雍》也说：“辟者，璧也。象璧圆，以法天也。”[③]其中的圆孔或可象征通天之通道。而璧既象天，以之装饰的门则象征阊阖、天门，这是容易理解的。汉武帝作璧门，以象征阊阖、天门，符合其毕生追求的升天成仙的愿望。关于某些十分突出的璧的图像与阊阖、天门图像之间的关系，后文还会多次提到和专门讨论，并有大量材料印证，应该是可以成立的。可见，漆棺上处在关键位置的璧的图像即可象征阊阖、天门。

需要指出的是，璧确实也是一种宫殿装饰传统。如班固《西都赋》在铺排宫室之瑰丽时就说：“随侯明月，错落其间。金釭衔璧，是为列钱。翡翠火齐，流耀含英。悬黎垂棘，夜光在焉。”[④]并作为一种文学传统，影响后世。如王勃《临高台》云：“紫阁丹楼纷照耀，璧房锦殿相玲珑。”[⑤]我们当然不能将建筑上的璧一概视为具有特定的意义，但恐怕也不能认为武帝沉迷求仙时建造的被称为阊阖的建章宫璧门仅仅是一种装饰。笔者当然不能同意将所有汉墓图像中的璧解以深意，但如此突出、关键的璧的图像，恐怕确实需要特别重视。

这里有必要将“阊阖”与“天门”作一个简要的辨证。仔细阅读文献材料可以发现，将“天门”等同于“阊阖”皆出于东汉时期的文献，如上引《楚辞·离骚》王逸注、《说文·门部》等，说明在东汉时期人们的观念中阊阖与天门确实是可以完全等同的（考古材料中也可印证，后详）。但在屈原所作的《离骚》和《九歌·大司命》中二者分别出现，还看不出是否有对等关系。西汉前期作于楚地的《淮南子·原道训》中云：“经纪山川，倒腾昆仑，排阊阖，沦天门。”将阊阖与天门并提，说明此时二者都是天之门户，但在短语中排比出现，恐怕还不能完全等同。高诱作注时就注意到这个问题，解释说“阊阖，始升天之门也。天门，上帝所居紫微宫门也”[⑥]，将二者分别开来，从递进的角度来看似乎确实更符合《淮南子》原意。

① （北魏）郦道元著，陈桥驿校证：《水经注校证》卷十九《渭水》引，第451页。

② 《周礼注疏》卷二十《春官宗伯》，中册，第687页。

③ （清）陈立撰，吴则虞点校：《白虎通疏证》卷六《辟雍》，北京：中华书局，1994年，上册，第259页。

④ 费振刚、胡双宝、宗明华辑校：《全汉赋》，第313、314页。

⑤ （宋）郭茂倩编：《乐府诗集》卷十八《鼓吹歌辞三》，第2册，第381页。

⑥ 何宁撰：《淮南子集释》卷一《原道训》，上册，第16页。

可见，在西汉前期楚地的观念中，阊阖与天门虽然都是升天之门户，但二者可能还不完全等同，阊阖可能只是“始升天之门”，是升天的第一步，而天门是天帝的宫门，更为递进并更为确指，正如同“经纪山川”与“倒腾昆仑”的关系。

阊阖、天门与昆仑的关系那就再明确不过了。《淮南子·地形训》云：“倾宫、旋室、县圃、凉风、樊桐在昆仑阊阖之中。”将阊阖与昆仑联系在一起。高诱注：“阊阖，昆仑虚门名也。”[①]则阊阖就是昆仑之门。《地形训》又云：“昆仑之丘，或上倍之，是谓凉风之山，登之而不死。或上倍之，是谓悬圃，登之乃灵，能使风雨。或上倍之，乃维上天，登之乃神，是谓太帝之居。”[②]可见，昆仑是登天之神山，其上为天帝所在，如此，昆仑之上即是天门。这样看来，在西汉初期楚地的智识阶层的观念中阊阖和天门确实可能有所不同，阊阖是昆仑之门，昆仑是登天之山，所以阊阖即可作为“始升天之门”，而昆仑之上就是天帝统治的天界，则从昆仑顶峰即可入天门而进入天界，即“阊阖—昆仑—天门—天界（天帝）”的升天程序。

无论阊阖与天门在此时智识阶层的观念中是否一致，它们都与昆仑有着密切的关系，在此时画师和工匠的手下都可能有同样的表现形式，那就是璧门，用通天玉璧来表现，后文中的许多材料和讨论都可以参证这一点。因此，砂子塘一号墓漆棺头挡和盖顶的玉璧图像与侧板上的昆仑图像或许就是一个完整的组合，即阊阖、天门与昆仑的组合。如果想将此组合梳理得更加细致和落实得更加具体，可以作这样的推测：图像的程序可能从头挡开始，墓主从这里开始了升天之旅，这里的玉璧象征着阊阖即昆仑之门也即“始升天之门”，接下来是两侧板中心的昆仑图像，昆仑图像的顶峰正好上对着盖板正中的玉璧，而这里的玉璧则象征着天门，这样便构成一个细致而完整的“阊阖—昆仑—天门”的升天程序。不过，笔者担心，过于细致的解释和过于具体的落实反而容易落下遗憾。但可以肯定的是，这个漆棺上的图像绝不会只是单个的装饰，应该有一个组合，这就是阊阖、天门与昆仑的组合，具体程序是否如上所述，可以再参看下文对同时同地其他材料的探讨。

另外，漆棺头挡上的玉璧被两只凤鸟引颈穿过，凤鸟头戴冕。曾布川宽先生

---

① 何宁撰：《淮南子集释》卷四《墬形训》，上册，第 325 页。

② 何宁撰：《淮南子集释》卷四《墬形训》，上册，第 328 页。

把这对凤鸟解释为天帝的使者[①]，显然是具有说服力的。凤凰在楚人神话中本身就是天帝的使者。《诗·商颂·玄鸟》中说："天命玄鸟，降而生商。"[②]说玄鸟是天的使者。而同一个传说在《楚辞·离骚》中表述为："望瑶台之偃蹇兮，见有娀之佚女。……凤皇既受诒兮，恐高辛之我先。"[③]将凤凰作为天帝的使者。何况漆棺上的这对凤鸟还戴着冠冕。而它们引颈穿璧，正说明这里的璧有用于穿越的意义，天帝的使者凤凰是否在引导墓主穿越璧门（阊阖）开始升天之旅呢？

最后，漆棺上就只剩下足挡上的骑豹仙人与钟、磬的图像了，头挡的那对凤鸟口中也衔有磬，而后文将要论述的马王堆帛画中玉璧（阊阖）图像下也悬挂一磬，说明这里的钟、磬可能也与升天有关，是否是用来传达升天的讯息或作为一种神圣的配音，这只是一个没有多少根据的猜测。不过，从后文将要讨论到的马王堆漆棺来看，头、足挡图像具有紧密的联系。如果该漆棺图像也具有类似的配置原则，那么这里的钟、磬显然也应该与阊阖（璧门）升天的理想有关。陕西定边郝滩新莽至东汉早期壁画墓中，太一座、西王母、昆仑图像中正好有神兽演奏的编钟、编磬各一架[④]（见图 1–43）。《汉书·王莽传》引《紫阁图》曰："太一、黄帝皆仙上天，张乐昆仑。"[⑤]说明昆仑升天传说中确实也有奏乐的内容。而两个骑豹的仙人正如曾布川宽先生所言，也可作为天帝的使者。根据前述的图像程序，从头挡、侧挡到盖板，墓主的灵魂从阊阖（璧门）上昆仑，然后入天门，整个过程可能在神圣的奏乐声中。天帝的使者出现在作为关键点的阊阖（璧门）及与之相对的位置上，说明天帝的存在，但以天帝之尊贵，显然没有亲自到图像上来迎接墓主，这个漆棺的整个图像算是在前人的基础上有一个系统的阐释了吧。

二、湖南长沙马王堆一号墓第三重漆棺

垂直三重形象的昆仑图像从目前的材料来看，只有上述长沙砂子塘漆棺上的一例。作山峰形状的昆仑图像中更多的是描绘为三重与三峰结合或横向三峰的形

---

① 曾布川寛：《崑崙山と昇仙図》，《東方学報》第 51 册，1979 年，第 83 ~ 185 页。

② 《毛诗注疏》卷二十之三《商颂·玄鸟》，上海古籍出版社，2013 年，下册，第 2125 页。

③ （宋）洪兴祖撰，白化文等点校：《楚辞补注》卷一《离骚》，第 32 ~ 34 页。

④ 陕西省考古研究院：《壁上丹青——陕西出土壁画集》，北京：科学出版社，2009 年，第 76 页。

⑤ 《汉书》卷九十九《王莽传》，第 12 册，第 4154 页。

式。如前所述，这种昆仑的形象如果从文献上来看，出现得比较晚，但马王堆一号墓中第三重漆棺上的图像使我们看到在西汉前期已经出现了这样的昆仑图像。

马王堆一号墓位于湖南长沙市东郊，发掘于 1972 年，为一座带有斜坡墓道的有四级台阶的长方形土坑木椁墓。根据后续对出土有身份标识和下葬年代的二、三号墓的发掘，该墓墓主为汉初第一代长沙国相轪侯利苍的妻子，下葬年代略晚于三号墓（其子的墓葬），即略晚于文帝十二年（公元前 168 年），也就是说年代与上述同处长沙的砂子塘一号墓十分接近。该墓在井椁中有套棺四重，正如巫鸿先生所说，内棺上的装饰与尸体一致而异于其他三重棺，并用平行的带子进行捆扎，说明其与尸体为一个整体，应与三重外棺区别开来①。从外而内，第一重外棺满髹黑漆，并无任何装饰，这说明在它里面其他棺上的图像并不是为生人而绘的装饰，而是对其中的墓主发挥意义。第二重棺也以黑色为底，但其上满饰云气纹，云气之间有各种神怪动物形象，一般认为是墓主的保护者。第三重棺以鲜明的红色为底色，以显示与以上两重棺的区别（图 1–5），而里面装着上述与墓主尸体作

图 1–5　马王堆一号墓第三重漆棺

（采自陈建明、聂菲主编：《马王堆汉墓漆器整理与研究》，北京：中华书局，2019 年，彩图 1.1.1.3–1）

① ［美］巫鸿著，陈星灿译：《礼仪中的美术：马王堆再思》，见氏著《礼仪中的美术——巫鸿中国古代美术史文编》，北京：生活·读书·新知三联书店，2005 年，上册，第 104 ～ 107 页。

为一个整体的内棺，其棺盖下就是那幅著名的帛画，可见其在墓葬中的地位和意义是十分特殊而重要的，而昆仑图像正出现在这具漆棺上。对于马王堆汉墓漆棺图像系统的解读，学界已有不少探索，而且越来越注重四重（三重）套棺图像的整体性[①]。笔者认为这些研究皆多有启发，不过其中的每一重棺上的图像应该还有独立的系统性，尤其是位置格外突出和图像特别丰富的第三重棺，对它更为细致和系统的解读有利于对整个图像程序和丧葬观念的理解。

该漆棺的头挡正中是一座十分抽象的山峰图像，该山峰略略表现出有横向的三座三峰，即主峰腰部左右还各有一座侧峰，但侧峰表现得相当细微，其势仍与主峰为一体。在山体内有由云气组成的略似山峰的图像向上升腾，从底部算起共有三重（图 1–6）。要更好地理解这幅图像，应该对比该棺左侧板上的图像。其上

1. 照片　　2. 摹本

图 1–6　马王堆一号墓第三重棺头挡漆画

（采自陈建明、聂菲主编：《马王堆汉墓漆器整理与研究》，彩图 1.1.1.3–2）

正中仍描绘出一座山峰，该山峰尤其是底部乍看起来有些复杂，但仔细分析，描绘者的原意还是十分清楚的。该山峰实际上就是三重横向的三峰叠置在一起，主峰最为突出，两个侧峰则相对细小，最里面也就是最下面一重，由于画面空间的影响，主峰不能表现得像上（外）两重那样突出，对两侧峰的优势没有那么明显，

① ［美］巫鸿著，陈星灿译：《礼仪中的美术：马王堆再思》，见氏著《礼仪中的美术——巫鸿中国古代美术史文编》，第 111 ～ 115 页；贺西林：《从长沙楚墓帛画到马王堆一号汉墓漆棺与帛画——早期中国墓葬绘画的图像理路》，见中山大学艺术史研究中心编《艺术史研究》第 5 辑，第 146 ～ 151 页；汪悦进：《入地如何再升天？——马王堆美术时空论》，《文艺研究》2015 年第 12 期；姜生：《汉帝国的遗产：汉鬼考》，第 341 ～ 363 页。

1. 照片

2. 摹本

图 1-7 马王堆一号墓第三重棺左侧板漆画

（采自陈建明、聂菲主编：《马王堆汉墓漆器整理与研究》，彩图 1.1.1.3-5）

却最容易揭示图像的构成（图 1-7）。这样我们就容易理解头挡上山峰内三重云气状山峰的意义了，它们就是要表现昆仑的三重，仔细观察该图像的山体的线条也是有三重的，与侧板中央的内外三重三峰的表现一致，只是更加抽象和紧密。将这两幅山峰图像认作昆仑并非笔者首创，而几乎已经是学界共识，在此基础上，笔者更为关注的是漆棺上昆仑与其他图像的关系和意义。

头挡的昆仑图像两侧各有一只白鹿在云气中飞跃，似有登山之势。白鹿在汉代人的观念中除了是一种祥瑞外，还是仙人乘骑飞升的坐骑。汉乐府《长歌行》中就说："仙人骑白鹿，发短耳何长。"[①] 众所周知，鹿是一种善于攀岩的动物，而传说中昆仑山的山岩是十分险峻的，一般人难以攀登。如《山海经·海内西经》云："昆仑之虚，方八百里，高万仞……非仁羿莫能上冈之岩。"[②] 除了人（神）之勇者后羿能攀爬上去，善于攀岩的神鹿显然也是可以的，这里的神鹿即可承载墓主

① （宋）郭茂倩编：《乐府诗集》卷三十《相和歌辞五·长歌行》，第 2 册，第 646 页。

② 袁珂校注：《山海经校注》（增补修订本），成都：巴蜀书社，1993 年，第 344、345 页。

登上昆仑。左侧板中央昆仑图像的两侧各有一条巨龙，云气之中还有有翼的天马、虎、凤鸟、羽人等神人神兽。《史记·大宛列传》索引引《括地图》云："昆仑弱水，非乘龙不至。"[①] 当然也不一定非得是龙，天马、凤鸟、神虎、羽人都可作为去往昆仑的乘骑、护卫和向导或天帝派下迎接升天者的使者。

1. 照片

2. 摹本

图 1–8　马王堆一号墓第三重棺足挡漆画

（采自陈建明、聂菲主编：《马王堆汉墓漆器整理与研究》，彩图 1.1.1.3–3）

漆棺的足挡中间悬挂一巨璧，双龙相对穿过其间，与前述砂子塘一号墓头挡上的图像十分相似，只是砂子塘是双凤，而这里是双龙（图 1–8）。是龙还是凤应该不是问题的关键，这两幅巨璧图像的意义当然是一致的，如前所论应该是昆仑之门——阊阖（璧门）的象征，穿璧则有穿越阊阖（璧门）达到昆仑的意义。而与其相邻和相对的头挡和左侧板图像上正是昆仑，这可以作为图像结构上旁证。马王堆漆棺的右侧板上除云气外没有其他图像，而砂子塘漆棺的左右侧板都为昆仑，这里的云气是否与其相对的昆仑图像有关，还可以进一步讨论。稍作提及的是，在洛阳金谷园新莽壁画墓[②] 后室顶部，日、月之间，也绘有两幅双龙穿璧和神兽穿璧的图像，就位置、组合来说，其表现的为天界内容毋庸置疑（见图 2–27）。不过由于此时阊阖与天门已经完全等同，金谷园壁画墓中双龙穿璧的意义应当象征

① 《史记》卷一百二十三《大宛列传》，第 10 册，第 3164 页。

② 洛阳博物馆：《洛阳金谷园新莽时期壁画墓》，见文物编辑委员会编《文物资料丛刊 9》，北京：文物出版社，1985 年，第 163 ~ 173 页。

1. 照片

2. 摹本

图 1-9　马王堆一号墓第三重棺盖漆画

（采自陈建明、聂菲主编：《马王堆汉墓漆器整理与研究》，彩图 1.1.1.3-3）

图 1-10　四川郫县出土石棺盖顶画像拓片

（采自龚廷万、龚玉、戴嘉陵编著：《巴蜀汉代画像集》，北京：文物出版社，1998 年，图 289）

天门，此点容后文中讨论天门图像时再来详述。

盖顶上是对称的两对龙、虎相戏及云气缭绕的图像（图 1-9）。盖顶上用龙、虎来表现天界广泛见于东汉晚期四川地区的画像石棺上[①]（图 1-10），由于时代、

① 参见罗二虎：《汉代画像石棺》，成都：巴蜀书社，2002 年。

地域相隔较远，是否可以直接用来理解这里漆棺盖顶的龙虎图像仍然具有疑问，不过出于结构上的考虑，以棺盖盖顶表现天界是容易让人引起的联想。值得一提的是，巫鸿先生特别注意到此漆棺内，内棺头部放置一枚漆璧（实为玳瑁璧），认为这枚璧在墓中具有引魂升天的意义[①]。我们知道，漆棺的头挡上正绘有昆仑山峰直插顶部，如果透过挡板，昆仑的山峰便插向内棺头部的玳瑁璧，而与之同时同地的上述砂子塘漆棺上昆仑图像的顶端正是璧，象征天门。因此，虽然马王堆一号墓第三重漆棺昆仑图像的上方没有目前可直接确认为天界的图像，也没有像砂子塘漆棺那样出现象征天门的璧，但对比二者的相似性及考虑到内、外棺上图像的联系，笔者有理由认为该漆棺昆仑图像之上仍然要表现天界。

如果继续细致解释和落实（当然危险性也相应增加），该漆棺的图像程序可以表述如下：图像从足挡开始，双龙穿璧象征着墓主的灵魂穿越了“始升天之门”的阊阖（璧门）也即昆仑之门，开始了升天之旅，然后借助龙、凤和白鹿等神兽登上侧板和头挡上的昆仑，然后进入天界，而内棺头部与该漆棺头挡上昆仑图像相对的那枚玳瑁璧很可能即是天门的象征。如果这样解释，那么，为何这枚璧不放置在该漆棺头部，而要放在漆棺内的内棺上？其实，现代研究者总是习惯于由内而外的图像程序，而正如巫鸿先生所言马王堆一号墓中的图像程序可能是由外而内的[②]，这从那幅绘有丰富的天界内容的帛画覆盖在最里面的内棺上的情况也可以窥见端倪。以往的研究者对于该漆棺的图像也有过整体的考虑，也指出其表现的是以昆仑为中心的升天信仰[③]，笔者将阊阖（璧门）的图像纳入进来，使之更成体系，而这一体系在上述砂子塘漆棺和下述马王堆帛画中皆可以看到。

另外，郑岩和贺西林先生都注意到河南永城柿园西汉梁王墓（约当武帝时期）[④]中的壁画与马王堆汉墓漆棺上的图像有许多相似之处，皆以神兽、仙山、云气为

① ［美］巫鸿：《引魂灵璧》，见［美］巫鸿、郑岩主编《古代墓葬美术研究》第1辑，第58页。

② ［美］巫鸿著，陈星灿译：《礼仪中的美术：马王堆再思》，见氏著《礼仪中的美术——巫鸿中国古代美术史文编》，第101～122页。

③ Lillian Lan-ying Tseng, *Picturing Heaven in Early China*, Harvard University Press, 2011, pp. 189-193.

④ 河南省商丘市文物管理委员会、河南省文物考古研究所、河南省永城市文物管理委员会：《芒砀山西汉梁王墓地》，北京：文物出版社，2001年。

1. 照片

2. 摹本

图 1-11 河南永城柿园西汉梁王墓主室顶部壁画

（采自河南省商丘市文物管理委员会、河南省文物考古研究所、河南省永城市文物管理委员会：《芒砀山西汉梁王墓地》，北京：文物出版社，2001 年，第 116 页，图四九，彩版一）

主体[①]（图 1-11）。由于前者是目前所见最早的墓葬壁画，因此早期墓葬壁画及其背后观念的来源令人遐想。不过，由于柿园汉墓壁画除顶部的一幅外，已大量残损，其中仙山的形象也缺乏更为明确的特征，是否也是昆仑，是否也具有系统性，目前尚无法讨论。

三、湖南长沙马王堆一、三号墓帛画

关于马王堆帛画的内容和意义，学界以往已经形成了较为丰富的研究成果，这些讨论主要是针对一号墓中的帛画，后出的三号墓帛画大多认为与之基本相同，只是由于墓主性别的差异，其上的主人形象被表现为男性而已（图 1-12、1-13）。自帛画出土以后，学界对其的研究虽多，但很少有学者认识到上面的昆仑图像。贺西林先生较早注意到帛画上老妇人脚下的那个平台，认为该平台的下部呈倾斜状，这个平台正是昆仑倾宫、悬圃的表现[②]，这是一个重要的创见。不过，三号墓出土帛画平台的下部就不呈倾斜状，所以倾宫的说法还需要再作考虑，但昆仑悬圃的说法笔者是认同的。

① 郑岩：《关于墓葬壁画起源问题的思考——以河南永城柿园汉墓为中心》，《故宫博物院院刊》2005 年第 3 期；贺西林、李清泉：《永生之维：中国墓室壁画史》，北京：高等教育出版社，2009 年，第 12 页。

② 贺西林：《从长沙楚墓帛画到马王堆一号汉墓漆棺与帛画——早期中国墓葬绘画的图像理路》，见中山大学艺术史研究中心编《艺术史研究》第 5 辑，第 156 页。

1. 照片

2. 摹本

图 1-12　长沙马王堆一号墓出土帛画

（采自湖南省博物馆、中国科学院考古研究所：《长沙马王堆一号汉墓》，北京：文物出版社，1973 年，第 40 页，图三八，图版七一）

1. 照片

2. 摹本

图 1-13　长沙马王堆三号墓出土帛画

（采自湖南省博物馆、湖南省文物考古研究所：《长沙马王堆二、三号汉墓》，北京：文物出版社，2004 年，第 104 页，图三一，彩版二〇）

如前所述，“悬圃”意即悬于空中的大型园圃，与只有一根较细的立柱支持的平台状图像相应。以之表达昆仑的意义甚至替代昆仑图像，一方面可能由于其为昆仑的最高一级，其上“乃为上天”，最能体现昆仑登天的观念；另一方面可能由于其为平圃，上面可以再增加图像因素，使图像意义更为完整、丰富，如帛画中的墓主人像，和后来画像中的西王母图像（后详）。

将昆仑描绘为这种平台状，从后来大量的壁画和画像材料中是可以确认的，这些材料我们将在下一节中看到，并可以作为昆仑图像的一种十分流行的格套，由于其上往往端坐着西王母，所以将它们确认为昆仑是比较可信的[①]。更为“凑巧”的是这个平台下方连接着一个巨璧，双龙穿璧而上。这样的图像我们已经在上述装殓着帛画和内棺的第三重漆棺的足挡上见过了，与之连接和相对的左侧板和头挡上的图像正是昆仑。如前所述，笔者认为这是璧门（象征阊阖，此时为昆仑之门、始升天之门）与昆仑关系的表现。值得一提的是，巫鸿先生在最近的一个研究中使用“超细读”的观察方法，指出这里的璧并非被双龙所穿越，而是被它们打结固定在画幅的中间[②]。这个观察有一定道理，不过漆棺足挡上的同类图像上就没有打结固定的形式，双龙只是穿过，当然也可以说它们虽未打结，也是通过穿过璧孔而将璧固定在中间。笔者认为，无论这里的龙是穿璧还是固定璧，皆不影响上述讨论，穿璧则可强调穿越一个关键点的意义，而固定璧也是把这个璧固定或升起在一个关键的位置，同样显示了它的特殊性和关键性。

这样的表现在这两幅帛画上由于图像的连贯，显得更为直接紧密。双龙穿璧（或结璧）而上，寓示墓主的灵魂已经穿过作为昆仑之门的阊阖（璧门），开始了升天的旅程，此时她已经登上昆仑，站在昆仑顶端的悬圃之上，其前方有人作迎接状。再上面是一对立柱状物，学界公认为天门[③]，天门之上便是图像十分丰富的天界。前述砂子塘漆棺足挡上的钟、磬图像，在帛画上可能也有类似内容。天门之上的正中悬挂一钟铎，而巨璧（阊阖）之下似悬挂着一磬。不过，帛画中的钟铎由神兽牵引，并非撞击，或许内部有舌，牵引摇动以振声，所以学者认为应该是铎。《周

① ［美］巫鸿著，柳扬、岑河译：《武梁祠——中国古代画像艺术的思想性》，第 135 ～ 138 页。

② ［美］巫鸿：《马王堆一号汉墓中的龙、璧图像》，《文物》2015 年第 1 期。

③ 安志敏：《长沙新发现的西汉帛画试探》，《考古》1973 年第 1 期；孙作云：《长沙马王堆一号汉墓出土画幡考释》，《考古》1973 年第 1 期；湖南省博物馆、中国科学院考古研究所：《长沙马王堆一号汉墓》，上册，第 41 页。另俞伟超先生在长沙马王堆一号汉墓座谈会上也联系关于天门的文献释读该图像，见《文物》1972 年第 9 期。

礼·天官·小宰》郑玄注：“古者将有新令，必奋木铎以警众，使明听也。木铎，木舌也。文事奋木铎，武事奋金铎。”[①] 可见铎是用来传达帝王命令的，天界之铎，当然传达的是天帝的命令，这个命令或许与墓主的升天有关。天界中央还出现了天帝的形象，相关问题笔者在第四章第一节中再做讨论。这样的图像程序，正是前述西汉前期楚地文献中表现出的“阊阖—昆仑—天门—天界（天帝）”升天模式的完美表达。双龙穿越阊阖（璧门）上升的竖幅形式，更有利于表达这一升天模式的直观感受。正如西汉王褒《九怀》所云：“驰六蛟兮上征，竦余驾兮入冥。”王逸注：“乘龙直驱，升阊阖也。”[②]

稍可旁及的是，自帛画发现以来，就有一种观点认为自下而上穿璧交绕的双龙正好组成一个壶形，而传说中蓬莱诸岛正是壶形，因此帛画表现的是有关东海求仙信仰[③]。不过后来昆仑说更占上风，近来又有意见结合蓬莱和昆仑两种观点，认为帛画体现了这两大神仙信仰的融合和消长[④]。除蓬莱外，对于这一壶形空间尚有其他解释，比较重要的是日本学者小南一郎先生提出的“壶型宇宙”说，作者引用大量历史和考古资料讨论了古代观念中对宇宙呈壶形的想象[⑤]。不过其中具有说服力的资料的时代总体上都比较晚，是否可以用来类比西汉初期马王堆帛画，尚有一些疑问。近来又有意见认为这里的壶形具有某些炼化的意义[⑥]。然而，此壶形图像实际上是由双龙穿璧构成，此种图像还见于上述同墓所出第三重漆棺足挡(见图1–8)，但并不呈壶形。上述砂子塘汉墓所出漆棺头挡为双凤穿璧（见图1–3–1），当然也不作壶形，但它的意义显然与马王堆汉墓中的双龙穿璧是一致的。双龙穿璧在东汉画像上更是有大量表现，也不作壶形。这里的壶形到底是双龙穿璧图像受到竖幅画面的限制而形成的，还是有意为之的，目前还没有其他可以参照的材料。因此，笔

---

① 《周礼注疏》卷三《天官冢宰·小宰》，上册，第88页。

② （宋）洪兴祖撰，白化文等点校：《楚辞补注》卷十四《九怀》，第274页。

③ 如商志(香覃)：《马王堆一号汉墓“非衣”试释》，《文物》1972年第9期；彭景元：《马王堆一号汉墓帛画新释》，《江汉考古》1987年第1期；Michael Loewe, *Ways to Paradise: the Chinese Quest for Immortality*, p. 37.

④ 庞政：《秦汉时期蓬莱神仙信仰的考古学综合研究》，四川大学博士学位论文，2020年，第308页。

⑤ 小南一郎：《壶型の宇宙》，《東方学報》第61册，1989年。

⑥ 姜生：《马王堆帛画与汉初“道者”信仰》，《中国社会科学》2014年第12期；汪悦进：《入地如何再升天？——马王堆美术时空论》，《文艺研究》2015年第12期；朱磊：《马王堆帛画中双龙构成的“壶形空间”考》，见陈晓露主编《芳林新叶——历史考古青年论集》第2辑，上海古籍出版社，2019年，第72～81页。

者还是将讨论建立在有其他大量汉代图像参证的双龙穿璧、“T”形平台和天门之上。即使帛画上确实是要表现壶形（其形象也确实接近，而且有底有盖），笔者也倾向于同意小南一郎先生的观点，其为宇宙形态的象征。那么，墓主灵魂越阊阖（璧门）、登昆仑，准备超越这一世界，再升入天门，进入另一个终极的世界。

1. 照片

2. 摹本

图 1–14　临沂金雀山九号墓出土帛画

（采自 1. 中国古代书画鉴定组：《中国绘画全集 1・战国—唐》，北京：文物出版社，1997 年，第 11 页，图一六；2. 临沂金雀山汉墓发掘组：《临沂金雀山九号汉墓发掘简报》，《文物》1977 年第 11 期）

四、山东临沂金雀山九号墓出土帛画

目前所见西汉前期山峰形的昆仑图像材料较少，以上垂直三重、三重与三峰结合两种形式都仅有二例，作横向三峰者此时也仅见于山东临沂金雀山九号墓出土的帛画上，而且对其性质也还存在争议。

金雀山九号墓[①]发掘于 1976 年，为一座长方形竖穴木椁墓，发掘者将其时代判断为西汉前期，研究者一般都根据相邻的银雀山一、二号墓，将其定在汉武帝时期[②]。葬具有一棺一椁，帛画即覆盖于棺盖之上。帛画出土时已严重漫漶，很多图像都难以辨识，我们能够对其进行细致观察和讨论，要特别感谢临摹者的贡献。但另一方面要指出的是，该帛画上的图像不少已难辨识，而当时出土和出版的可资对比的材料也不丰富，有些地方临摹者的判断未必准确，这是我们在使用摹本时要注意的问题（图 1–14）。

① 临沂金雀山汉墓发掘组：《临沂金雀山九号汉墓发掘简报》，《文物》1977 年第 11 期。

② 信立祥：《汉代画像石综合研究》，第 143 页。

帛画的顶部有三座横向山峰，山峰中绘有曲线斑纹，主峰稍比两侧峰为高，但优势并不突出。主峰耸立于日、月之间，日中有金乌，月中有蟾蜍和玉兔（？）。对这组三峰图像目前有蓬莱三山[①]和昆仑三峰[②]两种解释，如果仅看帛画的上半部分，笔者甚至觉得也可能就是现实山峦的表现（因为帛画上的现实意味比较浓厚，后详）。但看到帛画下部有二龙腾升的图像，如果承认整个帛画的图像具有整体性，那么这下端的图像与上端的图像应该存在着呼应关系，对比前述昆仑图像及其组合，笔者目前倾向于三峰为昆仑的意见。当然，由于缺少如上述马王堆帛画中的"T"形平台这样的指向性元素，笔者的这一倾向性意见仅仅处于推测层面。

三峰以下完全是一派人世活动的景象。首先是一座厅堂，其中有墓主（女性）正在接受侍女侍奉的图像。其下是乐舞，见有弹琴、吹笙及长袖舞者，这组乐舞图像似乎也是上面墓主享受的一部分。其下有四名衣冠楚楚的男子作为一组，正与其前面的一名拄杖男子互相拱手行礼。这使我们联想起稍后很流行的孔子见老子图像，拄杖者一般是老子，孔子则带领弟子（数目不一）前来会见。其下左边的图像更具后来孔子见老子图像的因素，左侧（以观者为准，后同）人物拱手行礼，右侧人物拄杖而立，中间临摹者画得不知所云的形象或许可以联系到孔子见老子图像中间的小孩项橐[③]（图 1–15、1–16）。该图像右侧即临摹者认为的纺织图像，中有一部纺车（？），右侧有一人左手高举一物似欲砸向纺车（？），左侧有二人似相劝阻，纺车（？）下有一小孩，这很容易使人联想到孟母断机的故事，该故事在西汉末刘向所编的《列女传》中已见记载[④]（当然，仅观其表现形式，也有可能类似东汉画像中造车轮的题材，由于上述摹本问题，不敢遽定）。其下有文质彬彬的士人和剑拔弩张的两个武士，临摹者认为是角抵表演，但稍后的壁画和画像石上表现有关古代武士的故事也十分丰富，联系其上的图像，笔者更偏向于是一幅表现某个武勇或侠义的故事（如二桃杀三士）。

这样看来这幅帛画的中间部分其实更像后来墓地祠堂和墓室壁上的图像（尤其流行在东汉时期的山东地区画像石上），更多的是表现墓主的享乐生活和古代

---

① 刘家骥、刘炳森：《金雀山西汉帛画临摹后感》，《文物》1977 年第 11 期。

② 曾布川寛：《崑崙山と昇仙図》，《東方学報》第 51 册，1979 年，第 83 ~ 185 页；信立祥：《汉代画像石综合研究》，第 144 页。

③ 参见邢义田：《画外之意——汉代孔子见老子画像研究》，台北：三民书局，2018 年。

④ （清）王照圆著，虞思征点校：《列女传补注》卷一《母仪传·邹孟轲母》，上海：华东师范大学出版社，2012 年，第 34 页。

1. 洛阳烧沟西汉墓 M61

2. 内蒙古和林格尔东汉壁画墓

图 1-15　汉代孔子见老子壁画摹本

（采自 1. 王绣、霍宏伟：《洛阳两汉彩画》，北京：文物出版社，2015 年，第 76 页，图 1-81；2. 内蒙古自治区文物考古研究所、日本幼学会、内蒙古博物院：《和林格尔汉墓壁画孝子传图摹写图辑录》，北京：文物出版社，2015 年，第 12 页）

图 1-16　山东嘉祥宋山出土祠堂画像石上的孔子见老子画像拓片

（采自中国画像石全集编辑委员会：《中国画像石全集 2 · 山东汉画像石》，郑州：河南美术出版社，济南：山东美术出版社，2000 年，第 92 页，图九九）

圣贤列士的教鉴故事。研究者往往注意到帛画和昆仑图像的出现是受到楚地文化的影响，这一点笔者当然赞同。但同时还要注意到中原文化尤其是本地鲁文化传统对其的影响，重现实，重礼乐，敬仰古代圣贤，并以之为榜样，都是鲁地儒家文化传统的题中之义。这幅帛画应该是结合了楚、鲁两地文化传统的产物，楚文化传统表现在对昆仑（？）及乘龙升天的理想上。但应该说，这两种传统在这幅帛画上的结合并不是成功的，三峰和升龙之间生硬地放上墓主享乐和古代圣贤的图像，这样破坏了上述和后面还会论及的楚地已经形成的一套升天体系，使得图像程序混乱。但这种结合确实在本地之后的画像石中成功了，当然这应该是后话了。

五、小结

根据上述材料和初步的研究，可以得到以下几点认识：

第一，目前所见的昆仑图像最早出现于西汉文帝时期，主要是在楚地的湖南长沙地区（当然这还要考虑有机物保存的条件）。鲁南临沂地区也见有一例（虽然存疑，但受到楚地的影响是肯定的），时代略晚，但其上更多地表现了本地鲁文化的因素，是楚、鲁两种文化传统的结合。然而这种结合在此时还显得生硬，可能的背景是此时汉帝国刚刚形成，汉文化尚在整合，而大规模的分封诸侯实际上还延续着东周以来的局面，地域文化传统还相当强大，尚未形成武帝以后那种国家和文化更加统一的趋势。

第二，此时的昆仑图像皆出现于竖穴木椁墓中的漆棺和帛画上，已经具有不同的表现形式。说明此时应该不是昆仑图像的起源时期，结合文献记载，昆仑图像的出现最迟可以上推到战国晚期的楚地，考古材料和文献材料以及以往的相关研究都更偏向于楚地是昆仑神话和昆仑图像的摇篮。

第三，昆仑在汉代人的心目中是最为重要的一座神圣之山，故其刻画形式不同于对一般山峦的表现，又由于昆仑是传说中的神山，谁也没有一睹其真容，故从本质上说，对其的表现都是抽象性、象征性的。这样的昆仑图像可分为山峰形和平台形两大类。山峰形昆仑图像或可以分为三重、三重与三峰结合和横向三峰三种形式，这样的形式被后来的图像制作所继承，但为数不多，且难确认。平台形昆仑图像此时还只见于马王堆帛画的两例，但在后来的图像中其与西王母相结合成为昆仑图像最为主要的形式。此时的平台形昆仑还只有独一平台一种形式，它在后来的图像中的分化和发展将更为丰富（后详）。

第四，由于山峰形昆仑和平台形昆仑同见于马王堆一号墓中，所以目前还无法判定二者出现时间的早晚，只能认为是同时出现。曾布川宽先生认为昆仑图像（他所言者为山峰形昆仑）有一个从垂直三重向横向三峰发展的过程，所以他将砂子塘一号墓的时代排在最早（文帝时期），而将马王堆一号墓的时代放置在武帝时期，之所以这样做是为了符合前述记载智识阶层心目中昆仑形象的文献材料的时代关系①。马王堆一号墓由于与二、三号墓的关系明确，三号墓又有文帝十二年（公元前 168 年）的下葬记录，一号墓虽晚于三号墓，但作为三号墓主的母亲，根据两墓墓主的死亡年龄推算，其晚不过数年时间，仍不出文帝时期，目前没有任何可靠证据表明其年代晚于砂子塘一号墓，所以曾氏之说恐难成立。本节一开始笔者就思考过文献材料与图像材料的这种又即又离的关系，认为垂直三重和横向三峰在画师和工匠的观念中未必是完全不同的，三重可以用高低不同的三峰来表现，也可以结合在一起表现，自然界中的大山本来亦是如此，这里不必太拘泥文献，甚至用之来排列图像。

第五，笔者与之前研究者（主要是曾氏）的最大不同在于，笔者更加注意这些昆仑图像与漆棺、帛画上其他图像之间的关系，重点在于理解这些整体性器物上图像的整体性和图像的程序。通过结合当时文献（主要是西汉前期的楚地文献），笔者认为这些漆棺和帛画图像已经以昆仑为中心，形成了一个完整的图像程序，至少已经形成了一个图像系统，即“阊阖—昆仑—天门—天界（天帝）”的升天系统。墓葬中完整的图像系统的出现，说明了其背后已经形成了一个较为成熟的系统性的观念，即以昆仑、天门为中心的升天信仰。但从考古材料上来看，此时这个信仰的地域和阶层还比较局限。地域主要在楚地，临沂金雀山出土的帛画如前所述还形不成这种图像系统；阶层主要是贵族，上列的考古材料都是出现在列侯以上的墓葬中的。当然这可能由考古材料本身的局限性造成，如楚地适合对这些绘有图像的有机物的保存和贵族墓葬中才可能有这样精美的绘画。但所见如此，也只好这样来总结，日后如有新的发现，可以对这些认识进行修正。关于这个信仰体系的形成、变化及相关问题是本书的核心，后文中还会继续讨论和发展。

需要自白的是，由于材料的限制，笔者对这部分西汉前期的讨论仍颇存担心。

---

① 曾布川寛：《崑崙山と昇仙図》，《東方学報》第 51 册，1979 年，第 83 ~ 185 页。

材料单一，数量较少，缺环较大，想象成分不免增多，考古学研究中系统梳理的优势也得不到发挥。还好接下来西汉中晚期以后，尤其进入东汉时期，就有种类、数量和内容都十分丰富的材料来讨论该问题了。

第三节
“微观兮玄圃”：昆仑图像的基本形式与格套

说起汉代的昆仑图像，最容易让人想起的便是此时的壁画和画像砖、石，实际上当时人对于昆仑的表现还远不止这些（见本章四、五节）。然而，这几者确实都是以平面的刻画来表现人、物，故其形式往往是相同的，可以放到一起来观察。由于汉代延续较长，地域较广，各地壁画和画像材料众多，关于昆仑的图像自然存在一个基本形式和格套的问题。

“格套”是邢义田先生在研究汉代画像时经常使用的一个概念，表示一些经常反复出现的较为固定的画像内容、形式和组合，表现固定的题材而且拥有共同的内涵。格套是大致稳定的，因而是可辨识的；但也不是一成不变，常有省略、增饰和改换等情况，不过往往不会影响判断[①]。当然也存在一些格套之间的混用和拼接，这往往会造成认识上的困难[②]。格套的稳定传播及其变化往往与一定的制作、使用群体有关，但很多时候其变化又是无序的。临时的偷工减料、画蛇添足或张冠李戴，甚至有意的“创意”往往既不可预料，也不具意义，但可能每次制作都在发生。因此它与我们考古学中经常使用的“类型”既有相似之处，又不尽相同，可能更适合对于图像材料的梳理。一方面，图像因为有题材、内涵、传统、习俗、甚至技术、粉本等因素，故也存在格套；另一方面，图像制作的随意性、主观性和特殊性比起实用器物来要大得多，故其格套应比实用器物的类型灵活宽泛。一些昆仑图像显然是具有较为稳定的格套甚至是全国性的基本格套的，说明该题材

---

① 如邢义田：《格套、榜题、文献与画像解释——以一个失传的“七女为父报仇”汉画故事为例》，见氏著《画为心声：画像石、画像砖与壁画》，第 92 ~ 137 页。

② 如王煜、庞政：《得象忘意与得意忘象：汉代故事画像中的“错误”》，《美术研究》2021 年第 4 期。

及其代表的观念在全国的广泛流行。而一些比较简单的图像，其形式的稳定性，内涵的明确性都要弱得多，判断的可靠性也相应较弱，但似乎仍存在一些基本形式，供我们产生有益的联系。

如前所述，目前所见的漆画、帛画、壁画、画像等平面刻画材料中昆仑的形象可以分为山峰形和平台形两个大类，其下还可以有更为细致的划分。

一、山峰形昆仑图像

昆仑本是山，如前所述，以山峰形来表现昆仑的图像也在西汉前期就出现在了漆棺和帛画上。然而在西汉晚期以来墓葬图像大量兴起的情况下，这一表现形式似乎并没有得到发展。我们反而很难找到明确为山峰形的昆仑图像，更不存在较为稳定的格套。因此，这部分的讨论几乎都只能在推测的层面进行，这是首先要提醒笔者和读者注意的。紧接前两节的认识，笔者仍然将其分为三重、三重与三峰结合、三峰三种形式来讨论。

（一）三重

此种形式的昆仑图像目前只见有湖南长沙砂子塘一号墓外棺侧板漆画两例（两侧板上各有完全相同的一例，见图 1–1）。昆仑图像位于侧板中央，作十分抽象的独立山峰形，其拔地而起，直插顶部，山峰两侧有上下两对凸起将其分为上、中、下三个部分。详细情况上一节已经介绍，兹不赘述。

（二）三重与三峰结合

1. 湖南长沙马王堆一号墓第三重漆棺

此种形式的昆仑图像最早见于上述马王堆一号墓第三重漆棺上，共两例，即漆棺头挡和左侧板上各一例（见图 1–6、1–7）。上一节中笔者已经作了详细介绍和分析，此种昆仑图像实际上是一方面将昆仑绘画为抽象的三峰状的山峰，另一方面又在其内（下）再进行重叠而表现昆仑的三重。汉字的“山”本来就是个三峰状山的象形，可见在古人心目中，抽象的山最容易理解的方式就是用三峰来表示，

昆仑也是山，所以制作者也容易想到用三峰来表现。又因为昆仑三重的观念深入人心，所以用这种三重结合三峰的形式来表现是很容易理解的。

需要强调的是，鉴于砂子塘汉墓和马王堆汉墓都为贵族墓葬，前者可能是长沙国王、后者为长沙国相的级别，后者中又有大量书籍图画出土，这些制作者恐怕不会是民间画师，其受到智识阶层观念的影响也不会令人觉得奇怪。

2. 河南南阳邓县出土画像砖①

上述砂子塘一号墓漆棺与马王堆一号墓漆棺上的昆仑图像，虽然具体形象上有所不同，但二者时代、地域、等级都十分相近，又都是棺具上的漆画，自然相似和可以对比之处较多。相比而言，这里南阳邓县画像砖上的山形图像虽然与马王堆漆棺上的图像有类似的表现形式，但由于载体、地域、时代等因素的相异，二者的联系性和可比性较差，其可靠性也就相对降低。我们在这里梳理相关图像，自然要按照其形象和组合以类相从，便于收集整理。这一点在材料较少的山峰形图像中还看不出来，但在后面梳理材料较多的平台形昆仑图像时就会显示出它的作用了。

该砖为模印有画像的大型空心砖，时代约为西汉中晚期，很遗憾的是与其他画像砖的组合关系已经无法知晓了。

砖的正中是一列竖直向上的山峰，从上到下分为六段，每段的图像完全相同，应该是用同一个印模印制出来的。每一段图像中有三重横向的三峰垂直重叠在一起，每一重三峰的主峰都格外突出，两侧的侧峰相对细小。每段图像的最下端还有一峰，似乎应该是四重山峰，但只是独立的一个小峰，并无三峰结构，或许只是为了补足空间而用？每段图像的最上端，主峰两侧各有一个圆点，对比前面叙述的山东临沂金雀山汉墓出土帛画，应该是日、月的表现。这一列山峰两侧皆有双龙交绕上升，其外侧则为装饰纹样（图 1–17）。

虽然这方画像砖上的山峰严格地讲有四重，但其主体无疑是其上呈三峰状的三重，再加上顶部的日、月，两侧的交龙，皆是上述漆棺和帛画昆仑图像上的一些关键元素。因此，结合形象和组合来看，笔者目前倾向于将其识别为昆仑图像。然而，该画像砖上的图像明显具有图案化的装饰意味，即便使用了昆仑的元素，未必寄予了多少内涵。

---

① 南阳文物研究所：《南阳汉代画像砖》，北京：文物出版社，1990 年，图 208。

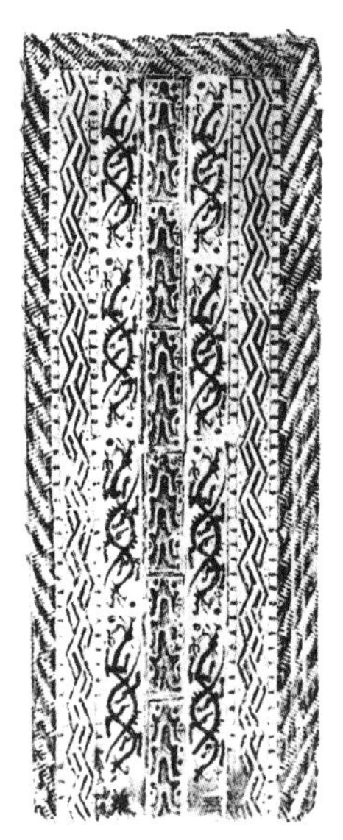

图 1-17 河南南阳邓县出土画像砖拓片

（采自南阳文物研究所：《南阳汉代画像砖》，北京：文物出版社，1990 年，图 208）

图 1-18 河南淅川高庄出土画像砖拓片

（采自南阳文物研究所：《南阳汉代画像砖》，图 78）

类似的图像在南阳出土的空心砖上还有一些，如淅川高庄出土的画像砖[①]。其中央也有重叠的三峰状山峰，不过只有两重，其顶部有一对虎相对而立，一足撑向顶峰，仰头张口而啸，使得此山峰似乎具有一些神圣性，也让笔者联想到砂子塘和马王堆漆棺昆仑山两侧对称的龙、鹿和豹。而其下方还有以类似逗号的图形表示波浪的河流，也让人联想起昆仑之下有弱水围绕的传说。如《山海经·大荒西经》中说："昆仑之丘，……其下有弱水之渊环之。"[②]扬雄《太玄赋》中说："升昆仑以散发兮，踞弱水而濯足。"[③]张衡《思玄赋》中也说："瞻昆仑之巍巍兮，临萦河之洋洋。"[④]"萦河"或即萦绕昆仑的弱水。在人们心目中昆仑与弱水已经成了固定的组合。如果说该画像砖的主体是表现昆仑和弱水，然而两旁持戟而立的守卫上面题有"亭长"的字样，又显示出其现实性（图 1-18）。虽然"梁甫亦有馆，蒿里亦有亭"[⑤]，东汉时期的一些墓葬文字中还出现有"魂门亭长"的

① 南阳文物研究所：《南阳汉代画像砖》，图 78。
② 袁珂校注：《山海经校注》（增补修订本），第 466 页。
③ 费振刚、胡双宝、宗明华辑校：《全汉赋》，第 209 页。
④ 费振刚、胡双宝、宗明华辑校：《全汉赋》，第 397 页。
⑤ （宋）郭茂倩编：《乐府诗集》卷四十一《相和歌辞十六·泰山吟》，第 3 册，第 880 页。

名称[①]，亭长在汉墓图像中往往作为门吏、侍卫和迎送者，它的出现并不一定说明其为现实世界，但由于图像上能判断其是昆仑神山的因素过少，又缺乏可资对比的材料，谨慎起见，笔者只是提供其与昆仑图像联系的可能性，不作肯定性判断。

3. 湖北襄樊永泉马家洲出土画像砖

从形制、题材、风格来看，该砖应为东汉前期的大型空心画像砖，共两件，基本构图一致，细节刻画则有所差别。其上主体用单峰波浪线和双峰波浪线上下交替形成重叠的山峰，单峰者三重，双峰者两重。从构图来看应该是由上面一重单峰和下面一重双峰形成一个三峰的山形。这样的山形完整的有上下两重，最下面尚有一个单峰。总体上看也是三重和三峰结合的造型，只是并不完整，推测是由两种波浪线交替而形成的。中心山峰两侧有一对突出的阙，中心位置有人物坐于房屋（楼阁）中接受拜谒，屋顶有击打建鼓[②]的图像，一件砖上还在下重山峰两侧刻画了一对虎。其他图像则用较细的线条刻画，不甚清晰，大致有车马过桥和一些人物、动物、植物（图 1–19）。这两件砖上的人物图像总体来看偏于现实，

图 1–19　湖北襄樊永泉马家洲汉墓出土画像砖

（襄阳市文物考古研究所龚祥炜先生提供）

① 如张勋燎：《东汉墓葬出土解注器和天师道的起源》，见张勋燎、白彬著《中国道教考古》，第 1 册，第 160 页。

② 《仪礼·大射》："建鼓在阼阶西。"郑玄注："建，犹树也，以木贯而载之，树之跗也。"贾公彦疏："《明堂位》云'殷楹鼓，周县鼓'，注云'楹为之柱，贯中上出也。县，县之于簨虡也'，此云'以木贯而载之'，则'为之柱，贯中上出'一也。"（《仪礼注疏》卷十六《大射》，上海古籍出版社，2008 年，中册，第 472 ～ 473 页。）

但其处于更为突出的山峰背景中，是其他画像所罕见的。将一对双阙突出地表现在整体呈三重的三峰核心，目前可联系的材料皆是昆仑与天门图像（具体见第二章第二节），因此笔者也倾向于考虑其与昆仑的联系。不过，如前所述，这两件砖上的其他图像现实色彩浓厚，目前又是特例，仍需谨慎对待。

4. 山东安丘董家庄画像石墓①后室西间西壁画像

该墓为东汉晚期的大型画像石墓，在后室西间西壁上（也就是整个墓葬最西的一个墙壁）有一幅场面壮观的画像。其中心为一座三峰形的山峰，三峰之间有云气缭绕，三峰之下还有山峦起伏，加上上面的主峰似乎也是三重。但下面两重山峦的形象与上面的三峰并不相同，与前述图像具有差别，不过总体上看起来或许也是三峰与三重结合的造型（图 1–20）。

1. 拓片

2. 线摹

图 1–20　山东安丘董家庄画像石墓后室西间西壁画像局部

（采自安丘县文化局、安丘县博物馆：《安丘董家庄汉画像石墓》，济南出版社，1992 年，第 29、42 页）

① 安丘县文化局、安丘县博物馆：《安丘董家庄汉画像石墓》，济南出版社，1992 年。

山峰之下，正当中处有一对鹿相向匍匐于地，正面朝向观者。这里的鹿正当入口处，或可以看作守卫，但鹿为性情温顺而胆小的动物，解释为守卫似有不妥。而前述马王堆漆棺上有一对攀登昆仑的白鹿，根据其动物特性，作为攀登神山的乘骑似乎更为合理，它们匍匐在山下入口处似乎在等待墓主乘骑。山体中还有许多动物和人物的形象，可辨认龙、凤鸟、鹿、羽人等。值得注意的是，山体右下角还有一个人首鸟身的神人（兽），说明这绝不是一般山峦的表现。山峰左侧是数量众多的动物和人物图像，其中最显目的是紧接山峰的一位手持芝草的羽人和一只翼虎，但山峰右侧又是常见的狩猎图像。该画像以下是一列神兽和羽人。

从上面的描述来看，该山峰符合汉代昆仑的基本表现形式，只是略显具象，山峰上和周围主要是神兽、羽人等表现神话仙境的图像，再考虑其处于西壁正中的位置，笔者也倾向于认为属于昆仑图像。不过其右侧又结合了该地区常见的山峦狩猎图像，目前只能认为是制作者对这两种图像的混用和借用了，与上述襄樊出土的画像砖似有类似之处。

正如上述，山东、江苏、河南地区的画像上还有不少表现山峦的图像，但上面不见有神山仙境的因素，而主要是山区狩猎题材，当然要与之区分开来。

（三）三峰

1. 山东临沂金雀山九号墓帛画[①]

如前所论，如果该图像确实可以认定为昆仑，那么这是目前所见最早的直接以人们心目中关于抽象的山最容易想到的三峰的形象来表现昆仑的图像，此时文献上所言的昆仑的三重可以不是帛画表现的重点。不过如前所述，山峰的三重自然也可以用高低不同的三峰来表现。制作者的传统具体来自哪里，他们又是如何盘算的？恐怕永远无法知晓。笔者只知道该墓葬仅具一棺一椁，等级较低，随葬品也很少，其制作者能够受到智识阶层影响的程度恐怕要比砂子塘和马王堆墓低得多。三峰图像处于帛画顶端，主峰位于日月之间，帛画下部有升龙直上，虽然上面圣贤故事的鲁文化因素更多，但这里的三峰仍然具有登天的意味（见图 1–14）。

① 临沂金雀山汉墓发掘组：《临沂金雀山九号汉墓发掘简报》，《文物》1977 年第 11 期。

2. 四川梓潼出土画像砖[①]

该地区出土一批具有特色的画像砖，其时代对比临近的大邑董场乡出土的类似风格的画像砖[②]，应该在东汉末期至蜀汉时期。

其中一方中央有较为抽象的三峰并列，三峰的下方皆向内凹曲，这是不见于其他图像的一大特点。三峰的顶端及山体左右两侧还各有一根直立向上的物体，左侧一根上作箭头状，应该是树木的表现。山峰右侧有一位持节羽人，左侧也有一羽人手拽一绳状物，该绳似乎为云气而牵系着山峰左侧的圆形物体，当为日或月。日（月）两侧有题记，似乎是"天山"二字（图 1–21–2）。另一方画像与之基本一致，人物更加抽象，题记位于山体右侧，尚能见"天"字（图 1–21–1）。

1

2

图 1–21　四川梓潼出土"天山"画像砖

（1. 作者摄于绵阳博物馆；2. 采自龚廷万、龚玉、戴嘉陵编著：《巴蜀汉代画像集》，图 234）

汉代文献中所言的"天山"多指祁连山，如《史记·李将军列传》中所云"天汉二年秋，贰师将军李广利将三万骑击匈奴右贤王于祁连天山"[③]。但祁连山是汉

① 龚廷万、龚玉、戴嘉陵编著：《巴蜀汉代画像集》，北京：文物出版社，1998 年，图 234。

② 大邑县文化局：《大邑县董场乡三国画像砖墓》，见四川省文物考古研究所编《四川考古报告集》，北京：文物出版社，1998 年，383 ~ 398 页。

③ 《史记》卷一百九《李将军列传》，第 9 册，第 2877 页。

代与匈奴多次作战之地，汉代人实际上到达并管辖过那里，对其并无多少神话的理解。而该画像砖上全是神话的因素，加上这里“天山”的三峰造型，及与日（月）的组合，笔者认为其应该是神山的表现。昆仑在汉代人观念中最主要的性质是登天之山，“天山”二字是否有就其意义而题刻的可能性？不过这完全属于猜测，笔者自然不敢因此将其判断为昆仑，只是因为目前山峰形昆仑图像的缺乏而不得已将可能有关的材料做一梳理。实际上，有学者也否定了其为现实中天山的可能性，但又根据其下面类似波涛的弧线，推测其为海中三神山①。这就可看到，该图像应该不是现实的天山，然而是神化了的天山，还是其他与三山、三峰有关的神山，目前只能存疑。

此种画像砖的图像组合也不可知，但可能与其同出的一批画像砖中有一种比较突出。其中间有一棵树状物，两旁有二人跪立面向此树，左侧一人似作常见的捧物迎接状。树两旁刻有“木连”（或为木连理）和“神木”两个名称，“神木”右上似有二字，下一字或为“王”或“主”（图 1–22）。笔者较为全面地梳理过

1

2

图 1–22　四川梓潼出土“神木”画像砖

（1. 作者摄于绵阳博物馆；2. 采自龚廷万、龚玉、戴嘉陵编著：《巴蜀汉代画像集》，图 234）

① 庞政：《秦汉时期蓬莱神仙信仰的考古学综合研究》，第 19 页。

汉代关于连理树（木连理）的图像，发现四川地区的连理树主要不是祥瑞观念的表达，而往往与昆仑、西王母相联系，更多具有升仙的意义[①]。如果组合起来看，那么上述图像为昆仑或类似意义的神山的可能性较大。

3. 重庆巫山磷肥厂出土“柿蒂形”铜棺饰[②]

重庆巫山地区出土许多铜棺饰，主要为圆形，根据出土情况推测为棺头挡正中的饰件[③]，许多上面刻画有天门图像和题刻着“天门”榜题，时代在东汉晚期至蜀汉，是本研究中十分重要的材料（详见第二章第二节）。

其中有一件作所谓的“柿蒂形”，也就是四瓣花形，花瓣上主要是按方位刻画的四象，中心作璧形。在有朱雀的一瓣顶部刻有西王母坐于龙虎座上（龙虎座的一端已残），在接近中心璧形处有三峰，三峰间有一条作矩尺形的道路状图像，主峰上有一日或月（图1–23）。

图1–23　重庆巫山出土“柿蒂形”铜棺饰摹本

（采自重庆巫山县文物管理所、中国社会科学院考古研究所三峡工作队：《重庆巫山县东汉鎏金铜牌饰的发现与研究》，《考古》1998年第12期，第83页，图七）

李零先生在近来的一篇文章中根据两枚铜镜的铭文，认为此种所谓的“柿蒂纹”应该为“方花纹”，象征着四方[④]。这与该铜棺饰四瓣花上各有四象的情况是吻合的，四象代表着天的四方，这个四象中心的璧和三峰自然不可等闲视之。

如前所述，西汉前期楚地的

① 王煜、彭慧：《由圣入俗：汉代连理树图像研究》，见华东师范大学艺术研究所编《中国美术研究》第34辑，上海书画出版社，2020年，第48～56页。

② 重庆巫山县文物管理所、中国社会科学院考古研究所三峡工作队：《重庆巫山县东汉鎏金铜牌饰的发现与研究》，《考古》1998年第12期。

③ 赵殿增、袁曙光：《天门考——兼论四川汉画像砖（石）的组合与主题》，《四川文物》1990年第6期。

④ 李零：《“方华蔓长，此名曰昌”——为“柿蒂纹”正名》，《中国国家博物馆馆刊》2012年第7期。

昆仑图像中，都有以璧（璧门）象征阊阖、天门，阊阖为昆仑之门即“始升天之门”，而天门为天帝所领天界之门，这与西汉前期的楚地文献（《淮南子·原道训》）恰好相应。而东汉时期的文献中，阊阖与天门不再有任何区别，直接等同为一体，如《楚辞·离骚》王逸注：“阊阖，天门也。”[①]《说文·门部》也说：“阊阖，天门也。”[②]重庆巫山出土的这批铜棺饰中，在题刻有“天门”的双阙中间正有一璧形物（见图2–3、2–4），从考古材料上证明了此时天门与阊阖（璧门）的等同。作为这批材料中的一件，该棺饰上四象中心的璧当然也应该是天门的象征，而三峰自然应该是登天的昆仑，且昆仑本来就是处于天地中心（详见本章第五节）。三峰之间的道路状图像直达天门，可能正象征昆仑的登天之路。

值得注意的是，在这个以昆仑、天门为中心的铜棺饰上出现了西王母，在这批铜棺饰上还见有将天门与西王母结合在一起的图像（见图2–3–2）。西王母是否属于昆仑、天门登天的信仰？又是何时、如何加入到这一信仰中的？这是后面要探讨的问题（详见第三章第二节），兹不赘述。另外，在这批铜棺饰中还有一件作圆形者，上面主要刻画一连理树，树上栓系着一只张牙舞爪的怪兽（图1–24）。对比前述四川梓潼出土的同时期画像砖，神山图像也与“木连理”“神木”有联系，可见当时蜀人的神山登天信仰中可能确实还有神树的因素[③]，这在后文要谈到的主要出于四川、重庆地区的摇钱树上有更加系统、完整的表现（详见本章第四节）。

图1–24　重庆巫山出土神树怪兽铜棺饰摹本

（采自重庆巫山县文物管理所、中国社会科学院考古研究所三峡工作队：《重庆巫山县东汉鎏金铜牌饰的发现与研究》，《考古》1998年第12期，第80页，图三，2）

综上所述，目前所见的山峰形昆仑图像的相关材料并不多，而且能确

① （宋）洪兴祖补注、白化文等点校：《楚辞补注》卷一《离骚》，第29页。

② （汉）许慎撰，（清）段玉裁注：《说文解字注》，第587页。

③ 最近有学者认为是月中桂树和蟾蜍的表现，可备一说。参见苏奎：《东汉鎏金银璧形铜棺饰的图像与信仰》，《四川文物》2021年第5期。

认的更少，其最早见于西汉初期楚地较高等级的墓葬中。这虽然可能与材料的保存情况有关，但联系文献材料，楚地确实是昆仑登天信仰兴起和流行的主要地区。西汉初期楚地山峰形昆仑图像的形式有三重、三重与三峰结合两种，都比较强调文献中所谓的昆仑三重。这可能是这些墓葬的等级较高，其制作者较有可能受到智识阶层观念影响的缘故，或许并非如曾布川宽先生所言有一个从三重演变到三峰的历史，因为仅从目前的材料来建构进化线条是极其危险的。在稍后一点的武帝时期，受楚文化影响下的鲁南地区出现了三峰形式的昆仑图像，这可能与墓葬的等级，地域的变迁，文化影响的授受、理解等因素有关。这里的制作者摆脱了文献记载反映出的昆仑三重观念的制约，直接以人们观念中抽象的山的形式来表现昆仑；抑或是这里的制作者受智识阶层影响较浅，更能灵活地用三峰的图像来表现昆仑的三重？在后来的墓葬图像中，只有都有三峰因素的后两者被继承下来，分布范围已经不限于楚和鲁南两地。但因为数量较少且难以确定，图像的组合情况也不充分，所以其时代、地域和图像系统等问题目前尚不好展开，但四川、重庆地区的材料中昆仑或者神山图像与西王母、天门和神树结合的情况颇引人注目。需要说明的是，从下文将要梳理的材料丰富的平台形昆仑来看，其与西王母、天门、神树的结合也并非四川地区独有。

二、平台形昆仑图像

目前所见的平台形昆仑图像，如前所述，最早出现于马王堆一、三号汉墓出土的帛画上，形象为一个“T”形平台，处于璧门之上、天门之下，其上站立墓主人像及其侍者。这种平台形的昆仑形象在西汉中晚期墓葬壁画、画像兴起以来尤为流行，形成明显的格套。因其题材和意义相对明确，也早已被学界所认识[①]。但尚缺乏系统的梳理，对其形式的形成、变化和分布情况等缺乏全面把握，使得其价值和意义难以进一步发挥。这种格套最基本的就是西王母端坐于平台状物体上；平台的形象总体较为一致，具体则多有不同；其下有的还有山峦和山峰；以独一平台和三平台最多，也有个别作二平台或多平台的。以下笔者就按时代和地域，分别将此四种形式的图像材料进行梳理。

① 如［美］巫鸿著，柳扬、岑河译：《武梁祠——中国古代画像艺术的思想性》，第 135 页。

（一）独一平台

1. 山东、苏北、皖北地区画像石

山东和以徐州为中心的苏北及以淮北为中心的皖北地区是汉画像石流行的重要地区之一。目前所见，该地区有纪年的此类画像出现于山东苍山城前村汉桓帝元嘉元年（公元151年）画像石墓[①]墓门左立柱正面。立柱上部的画像中，在一堆山峦状凸起中耸立出一平台，平台的支柱扭曲似草木茎状，而平台又颇有些类似后世佛教图像中的莲台。平台上侧坐一人，手持一曲状物，平台下有一狐和一人（兽）向平台作跳跃状，该画像下还有二羽人（图1–25–1）。根据其画像位置和对比下述材料，平台上侧坐之人当为西王母，不过将西王母表现成此种形式及其手中所持物体颇为罕见，此点笔者将在第三章第四节中讨论，兹不赘述。

1. 苍山城前村元嘉元年画像石墓墓门左立柱拓片　2. 沂南汉墓中室八角擎天柱西面线摹

图1–25　山东地区“西王母—平台”画像（一）

（采自1. 中国画像石全集编辑委员会：《中国画像石全集3・山东汉画像石》，第88页，图一〇〇；2. 山东博物馆：《沂南北寨汉墓画像》，北京：文物出版社，2015年，第83页，图55）

山东嘉祥宋山出土的一方画像石[②]上有此类图像的丰富表现，结合当地其他画像石出土的情况来看，该

① 山东省博物馆、苍山县文化馆：《山东苍山元嘉元年画象石墓》，《考古》1975年第2期。报告中将墓葬的时代误定为刘宋，其为东汉已达成一致认识。如方鹏钧、张勋燎：《山东苍山元嘉元年画象石题记的时代和有关问题讨论》，《考古》1980年第3期。

② 中国画像石全集编辑委员会：《中国画像石全集2・山东汉画像石》，郑州：河南美术出版社，济南：山东美术出版社，2000年，第89页，图九六。

石应该是一个东汉晚期墓地祠堂的西壁。其上画像分为三层，最上层中央有一蘑菇状的平台，平台上端坐着戴胜的西王母，两侧有羽人持穗状物侍奉。平台两侧是经常伴随西王母出现的玉兔捣药和蟾蜍图像，再两侧有长耳羽人和鸡首人身的羽人等（图 1–26–2）。

山东滕州官桥镇后掌大出土的一方东汉晚期墓葬画像石①上有一幅内容更为丰富的画像。画像最左侧，戴胜有翼的西王母端坐于高脚杯状的平台上。王母左侧有一只凤鸟，其下有一羽人；右侧有捣药玉兔，其下为一有翼天马朝平台飞腾。其右有五（六）龙所拉的云车向此平台行进，驾车者似为蟾蜍，其上有一人乘龙似为导引（图 1–26–1）。

1. 滕州后掌大东汉晚期画像石拓片局部

2. 嘉祥宋山东汉晚期墓地祠堂西壁画像石拓片局部

图 1–26　山东地区“西王母—独—平台”画像（二）
（采自中国画像石全集编辑委员会：《中国画像石全集 2 · 山东汉画像石》，第 168、89 页，图一七六、九六）

山东临沂吴白庄东汉晚期画像石墓前室西过梁东、西两面分别是两幅以东王公、西王母为中心的图像。其中西王母端坐于一平台之上，右侧有玉兔捣药，左侧有一神兽侍从。平台的下部为两股合为中间立柱，显得稍有怪异，但整体上无

① 中国画像石全集编辑委员会：《中国画像石全集 2 · 山东汉画像石》，第 168 页，图一七六。

疑是同类图像的表现。平台两侧还有长耳羽人乘坐龙、虎神兽所拉云车出行等[①]（图1–27）。

图 1–27　临沂吴白庄画像石墓前室西过梁西面画像线摹
（采自临沂市博物馆编：《临沂吴白庄汉画像石墓》，济南：齐鲁书社，2018 年，第 182、183 页）

徐州铜山出土一方画像石，应该是一个墓地祠堂的西壁[②]。画像分为四层，最上层的中央为一上下粗中间细的柱状平台，下部可能表现的是簇拥的山峦，平台上端坐有翼的西王母，两侧有骑龙的羽人侍奉，右侧有两只兔举杵共捣一个药臼。画像下部的图像为山峦、神兽和车马出行（图 1–28）。

图 1–28　徐州铜山出土祠堂画像石
（北京大学汉画研究所徐呈瑞先生提供，《汉画总录》编号 JS–XZ–117）

① 临沂市博物馆编：《临沂吴白庄汉画像石墓》，济南：齐鲁书社，2018 年，第 182、183 页。
② 郝利荣：《徐州新发现的汉代石祠堂画像和墓室画像》，《四川文物》2008 年第 2 期。

安徽萧县圣村画像石墓M1前室南壁门楣（即后室门楣），前后有一对横幅画像[①]，其中一面的两侧分别为西王母和东王公端坐于一个“工”形平台上，其旁各有羽人侍奉（图1–29）。该平台虽呈立柱不高的“工”形，但下部多有凸起，上部也有与之对应的凸起，这种形象在后述陕北、晋西地区十分常见，应该仍属一类。

图1–29 安徽萧县圣村画像石墓M1后室门楣西王母画像
（采自周水利、朱青生主编：《汉画总录41·萧县》，桂林：广西师范大学出版社，2019年，第63页）

2. 河南地区壁画和画像

河南的洛阳、郑州、南阳地区是汉墓壁画和画像出现较早且数量丰富的另一重要地区。洛阳地区出土的一件西汉晚期彩绘画像砖[②]上即有此类题材。其上有一上下宽、中间细的平台，平台的一侧弧度较大。平台上刻画西王母凭几端坐，头上的胜十分突出（图1–30–1）。《山海经·海内北经》云：“西王母梯几而戴胜。”郭璞注：“梯谓冯也。”[③]可见“梯几”，即“凭几”“凭几”，与该画像砖上表现者一致。

郑州地区出土的一些西汉晚期至东汉早期的画像空心砖上也有同类题材。如一方空心砖上方最高处刻画有一戴胜的西王母端坐于一“工”形平台之上，其旁

① 周水利：《安徽萧县新出土的汉代画像石》，《文物》2010年第6期。
② 王绣、霍宏伟：《洛阳两汉彩画》，北京：文物出版社，2015年，第50页，图1–22。
③ “胜”后原有一“杖”字，盖衍文也。见袁珂校注：《山海经校注》（增补修订本），第358页。

有玉兔捣药，证明了其为西王母的表现。其旁和下方尚有一些鹤、九尾狐、斗兽、羽人乘龙和亭长门吏的画像[①]（图 1–30–2）。这也旁证了笔者在前文讨论山峰形昆仑图像时，不以“亭长”的存在而否定其上的山峰为神山的可能性是有依据的。该画像上的平台虽然很小，看起来似西王母之座榻，但这可能是由于受图像高幅的限制，对比上述和下述材料来看，其本来也应该是一种突出的高大平台。

1. 洛阳出土彩绘画像砖

2. 郑州出土画像空心砖拓片

3. 南阳宛城区熊营出土画像石拓片

图 1–30　河南地区“西王母—独—平台”图像

（采自 1. 王绣、霍宏伟：《洛阳两汉彩画》，第 50 页，图 1–22；2.《中国画像砖全集》编辑委员会：《中国画像砖全集·河南画像砖》，成都：四川美术出版社，2006 年，第 46 页，图四六；3. 中国画像石全集编辑委员会：《中国画像石全集 6·河南汉画像石》，第 133 页，图一六二）

此种“工”形平台在南阳地区西汉晚期至东汉早期的画像石上也有出现。如南阳十里铺画像石墓中室南壁的一方画像石上，西王母坐于一“工”形平台的左侧，手中似持一角状物。与之相对的平台右侧为玉兔捣药，这也是判断左侧者为西王

① 《中国画像砖全集》编辑委员会：《中国画像砖全集·河南画像砖》，成都：四川美术出版社，2006 年，第 45、46、47 页，图四五、四六。

母的重要依据。值得注意的是，整个平台、西王母、玉兔捣药皆处于一个类似山形的背景中，著录者即指认其为昆仑山[①]。如此，该画像可能是同时结合了山形和平台形的昆仑图像。山形左侧有独角兽和树木，再左侧有一弹琴人在另一山形、树木之下（见图 3-39）。南阳英庄出土的一方画像石上，也刻画有西王母端坐于类似“工”形平台上的图像，两旁尚有羽人侍卫和人首蛇身神人[②]（图 1-31）。

图 1-31 南阳英庄出土西王母画像石拓片

（北京大学汉画研究所徐呈瑞先生提供，《汉画总录》编号 HN-NY-050-06）

南阳宛城区熊营出土的一方东汉画像石中央雕刻着一个高脚杯状的平台，其下有有翼的玉兔捣药，其上有一只凤鸟和羽人骑兽[③]（图 1-30-3）。整个环境都与上述画像类似，但平台上坐着二人，一人戴三峰冠，一人似梳高髻。而三峰冠往往为东王公所戴，西王母梳高髻的也有其例，是否是将西王母和东王公表现在一起，无法判断。即便另一人物并非头梳高髻（也可能是冠，细节不清），不是西王母，但根据学界较为一致的意见，早期东王公的画像往往模仿自西王母，那么该地区应该也存在类似的西王母和平台的画像。

3. 陕北、晋西地区画像石

该地区是汉画像石分布的一个重要地区，也是笔者目前所见此类画像最为丰

① 凌皆兵、王清建、牛天伟主编：《中国南阳汉画像石大全》第一卷，郑州：大象出版社，2015 年，第 217 页。

② 南阳汉代画像石编辑委员会：《南阳汉代画像石》，北京：文物出版社，1985 年，图 182。

③ 中国画像石全集编辑委员会：《中国画像石全集 6 · 河南汉画像石》，第 133 页，图一六二。

富，格套化最为明显的地区。因此，此类画像似可以通过以下几种形式来概括。

（1）蘑菇状平台

平台似蘑菇状，立柱从一丛山峦状凸起中伸出，长短适中，中间稍有扭曲，平台上侧坐西王母（与之对应的画像或同一平台上也有出现东王公的情况）。山西离石马茂庄汉画像石墓中就有多例。如二号墓前室东壁左侧中央画像上，头覆华盖、肩生羽翼的西王母就侧坐于这样的平台上，其下有一牛首人身的神怪持戟护卫①（图 1–32–1）。该地出有此种画像的墓葬见有纪年者为东汉灵帝熹平四年（公

1. 山西离石马茂庄二号墓立柱画像石

2. 陕西绥德辛店出土墓门立柱画像石

3. 陕西米脂官庄出土墓门立柱画像石

图 1–32　陕北、晋西“西王母—独一平台”画像

（采自 1. 吕梁汉画像石博物馆：《铁笔丹青：吕梁汉画像石博物馆文物精粹》，太原：山西人民出版社，2011 年，第 33 页；2. 北京大学汉画研究所徐呈瑞先生提供，《汉画总录》编号 SSX–SD–092–02；3. 北京大学汉画研究所徐呈瑞先生提供，《汉画总录》编号 SSX–MZ–012–05）

① 中国画像石全集编辑委员会：《中国画像石全集 5 · 陕西、山西汉画像石》，第 185 页，图二一八。

元 175 年）[①]。陕西神木大保当画像石墓[②]中也见有类似的画像，只是这里平台立柱的扭曲部位显得比较臃肿，略异于前者，但立柱的长短适中、扭曲度较小，与之比较接近，西王母的冠式比较特殊（图 1–33）。陕西榆林米脂的画像石墓[③]中也见有此种画像，平台立柱稍见扭曲处也刻画得比较臃肿，其旁还有一些仙鸟、神兽。

图 1–33　神木大保当 M24 右门柱画像

（采自陕西省考古研究所、榆林市文物管理委员会办公室：《神木大保当——汉代城址与墓葬考古报告》，北京：科学出版社，2001 年，彩版二二）

① 中国画像石全集编辑委员会：《中国画像石全集 5·陕西、山西汉画像石》，第 201 页，图二七二、二七三。

② 陕西省考古研究所、榆林市文物管理委员会办公室：《神木大保当——汉代城址与墓葬考古报告》，北京：科学出版社，2001 年。

③ 榆林市文物保护研究所、榆林市文物考古勘探工作队：《米脂官庄画像石墓》，北京：文物出版社，2009 年。

（2）茎状平台

平台似植物茎状，立柱特长，扭曲颇甚，台面并不明显，且多枝蔓，其上坐西王母（东王公）。如陕西绥德辛店出土墓门立柱画像石，此种平台上侧坐着西王母（东王公），平台下的山峰状凸起上还立有一鸟，值得注意的是平台上王母（王公）两侧似乎还长有植物[①]（图 1–32–2）。类似的图像在陕西米脂、绥德、清涧、神木出土画像石墓中比比皆是，看来是该地区此类画像一种颇为流行的表现形式。由于此种形式十分流行，还出现了一些变体，茎状立柱较长，有的还区分为两层或三层（图 1–34）。

1、2. 陕西绥德辛店乡郝家沟出土墓门立柱画像石

3. 绥德张家砭乡黄家塔出土墓门立柱画像石

图 1–34　多层茎状平台

（北京大学汉画研究所徐呈瑞先生提供，《汉画总录》编号 SSX–SD–090–10–Y、SSX–SD–090–15–Y、SSX–SD–148–01）

① 李林、康兰英、赵力光编著：《陕北汉代画像石》，第 90 页。

（3）规整平台

与前者相似有较长的植物茎状平台，立柱也颇长，扭曲度也较大，但其整个平台图像十分规整，平台下山峰状凸起向上尖出，平台上也有与之相似的尖状结构向下垂吊，显得颇为对称，而且台面比较宽大，与前者飞扬枝蔓的形象明显不同。如陕西米脂官庄出土的一对墓门立柱画像石上，此种平台上端坐有西王母和东王公，西王母旁有玉兔捣药，东王公旁则有羽人侍奉[①]（图 1–32–3）。类似的图像在米脂出土的画像石中还有较多发现，其他地区目前尚不见有如此规整者，稍规整的似乎介于其与上述茎状平台之间（图 1–35）。

1. 绥德张家砭乡黄家塔出土墓门立柱画像石

2. 陕西榆阳鱼河堡郑家沟出土墓门立柱画像石

图 1–35　稍显规整的“西王母—平台”画像

（北京大学汉画研究所徐呈瑞先生提供，《汉画总录》编号 SSX–SD–146–02、SSX–YY–014–02–Y）

① 李林、康兰英、赵力光编著：《陕北汉代画像石》，西安：陕西人民出版社，1995 年，第 40 页。

（4）树桩状平台

平台类似较高的树桩状，立柱从群峰中耸出，总体上不似前述作扭曲状者，虽然其表面也呈波形和带有芽状凸起，但整体为直立状。立柱上平台并不突出，上坐鸡首人身和牛首人身的神怪。这种形象的神怪在该地区更为广泛地出现在西王母和东王公之下，持戟或拱手而立，与同一位置上的门吏可以相互代替，自然是具有守护意义的神吏[①]。有些出现在西王母和东王公的位置上，在某种程度上具有类似西王母和东王公的意义[②]。如陕西神木大保当M20墓门[③]，左右立柱上各刻画有此种平台，其上分别坐着鸡首人身和牛首人身的西王母和东王公，平台下为一对阙状物和拥彗门吏（图1–36）。类似的画像在米脂、绥德还有发现，不过数量不多。

图1–36　神木大保当M20墓门画像石

（采自陕西省考古研究所、榆林市文物管理委员会办公室：《神木大保当——汉代城址与墓葬考古报告》，彩版二一）

另外，陕西神木大保当画像石墓M18墓门横额上，左右两个平台出现于云气之中，牛首人身和鸡首人身神人分别坐于其上，两侧为日、月，中间有一虎形神

① 鲁云霞：《汉晋时期兽首人身图像研究》，四川大学硕士学位论文，2020年，第89页。

② 李凇：《论汉代艺术中的西王母图像》，第268页。

③ 李林、康兰英、赵力光编著：《陕北汉代画像石》，第13页。

怪张牙舞爪①。画像上平台略呈杯状，立柱低矮，显得似乎只是一种坐榻，但对比前述材料也有可能是此类画像在横窄的门楣画像石上的压缩表现（图 1–37）。山西离石西崖底出土画像石上，平台短而直立，上有对弈的二人，右侧者戴冠，

图 1–37　神木大保当 M18 墓门画像石

（采自陕西省考古研究所、榆林市文物管理委员会办公室：《神木大保当——汉代城址与墓葬考古报告》，第 67 页）

左侧者梳髻，可以判断为一男一女，而二人头上皆覆云气状的华盖，为西王母和东王公的可能性较大②（图 1–38）。陕西绥德五里店出土的一对墓门立柱画像石

图 1–38　离石西崖底出土画像石

（采自吕梁汉画像石博物馆：《铁笔丹青：吕梁汉画像石博物馆文物精粹》，第 58 页）

① 陕西省考古研究所、榆林市文物管理委员会办公室：《神木大保当——汉代城址与墓葬考古报告》，第 67 页。

② 吕梁汉画像石博物馆：《铁笔丹青：吕梁汉画像石博物馆文物精粹》，太原：山西人民出版社，2011 年，第 58 页。

上[①]，西王母和东王公坐下的平台颇为奇怪，没有明显的立柱，而是代之以圈绕的植物藤蔓状（见图 1–55）。不过，这些都颇为少见，此类画像中最为常见的还是上述蘑菇状和茎状平台。

4. 四川地区画像砖

该地区也是汉画像分布的重要地区之一，以东汉晚期的画像砖最为丰富，目前笔者只见一例相关材料。彭山出土的一方画像砖[②]上，西王母端坐于龙虎座上，这是四川画像中西王母的经典表现形式，王母之下为一“T”形平台，其在该砖上占据大半位置。平台左侧有持戟的长耳仙人，右侧有戴冠着衣的一人，手持旄节，应该为四川画像中常见的持节仙人（详见第五章第一节）（图 1–39）。

图 1–39　彭山出土画像砖拓片

（采自《中国画像砖全集》编辑委员会：《中国画像砖全集·四川汉画像砖》，第 122 页，图一六四）

① 李林、康兰英、赵力光编著：《陕北汉代画像石》，第 170 页。

② 高文、王锦生编：《中国巴蜀汉代画像砖大全》，澳门：国际港澳出版社，2002 年，第 186 页，图一八四。

另外，甘肃酒泉一座十六国时期的壁画墓①中也见有此类题材。该墓顶西坡壁画下缘为一列山峰，群峰中央耸出一个平台，平台的立柱与其下的山峰为一体，平台为云气状，其上端坐西王母，其旁一侍女为王母撑伞盖，平台两侧有三足乌、九尾狐各一只。西王母上方有月，月中有蟾蜍，其上还有倒挂而大张其口的神兽（图1-40）。该墓顶东坡有与之一致的平台，其上为东王公，南、北坡皆无平台，主体图像为一只天马和神鹿，还有飞腾于云中的仙人。我们知道，河西地区魏晋

图1-40　酒泉十六国壁画墓墓顶西坡壁画
（采自甘肃省文物考古研究所：《酒泉十六国壁画墓》，北京：文物出版社，1989年，图版二）

十六国时期的壁画墓往往继承了东汉晚期的题材和风格，可以作为很好的对比材料。该壁画中平台之下明显是一列山峰，而上述此类汉画像中平台下往往也有一排类似的凸起，多作山峰状，应该也是山峰的表现。而且此壁画中平台与山峰显然是一体的，着色也相同，这对我们考察平台的性质具有重要的意义。

（二）二平台

目前所见此类画像只有安徽淮北一例。淮北市电厂出土的一方墓门西侧画像

① 甘肃省文物考古研究所：《酒泉十六国壁画墓》，北京：文物出版社，1989年。

石[1]上，下部为车马出行等图像，上部在簇拥的群山中耸立一高一矮两个平台，平台的立柱直挺，其上主要的台面较宽。主体平台右侧侧坐一有翼的西王母，平台中间有一棵树，树下有一人拱手向树，似作祈求状。下方平台上为一只九尾狐，这也是判定主体平台右侧之人为西王母的重要依据（图 1–41）。

图 1–41　淮北市电厂出土墓门西侧画像石

（采自高书林编著：《淮北汉画像石》，天津人民美术出版社，2002 年，第 179 页）

另外，米脂官庄出土的一对墓门立柱画像石上，有一高一低的蘑菇状二平台从下部群峰中耸立，一人弯弓向上而射，上有几只飞鸟，此人的两足正好踏在这

① 高书林编著：《淮北汉画像石》，天津人民美术出版社，2002 年，第 179 页。

两个平台上[①]（图 1–42）。汉画像中的射鸟题材，引起了很多讨论，有认为是后羿射日传说的表现[②]，也有认为是准备祭祀中的射鸟活动[③]，还有认为是表现射取官爵（雀）的含义[④]，或是驱赶恶兆[⑤]等，笔者认为不同形式和不同图像场景中的射鸟题材应该有不同的内涵，不能一概而论[⑥]。这里出现在类似西王母所坐平台上的

图 1–42　米脂官庄出土墓门立柱画像石拓片
（采自中国画像石全集编辑委员会：《中国画像石全集 5·陕西、山西汉画像石》，第 32 页，图四二、四三）

① 中国画像石全集编辑委员会：《中国画像石全集 5·陕西、山西汉画像石》，第 32 页，图四二、四三。

② 如张道一：《汉画故事》，重庆大学出版社，2006 年，第 192 ~ 194 页。另国内编著的汉画像图册中此类图像多命名为“后羿射日”或“羿射十日”。

③ 信立祥：《汉代画像石综合研究》，第 102 页。

④ 邢义田：《汉代画像中的“射爵射侯图”》，见氏著《画为心声：画像石、画像砖与壁画》，第 138 ~ 196 页。

⑤ Jean James, Interpreting Han Funerary Art: the Importance of Context, *Oriental Art*, 1985, p.287.

⑥ 王煜：《陕西米脂官庄汉墓射鸟画像试探——也论汉代的射鸟画像》，《文博》2015 年第 6 期。

射鸟图像应该不是一般的射鸟，而是后羿射日的表现。《山海经·海内西经》云："昆仑之虚，方八百里，高万仞……非仁羿莫能上冈之岩。"[①]《淮南子·览冥训》中云："羿请不死之药于西王母，姮娥窃以奔月。"[②]说明，汉代的后羿传说与昆仑、西王母有结合点，后羿曾上昆仑山向西王母求取仙药。联系上述平台形昆仑图像及后羿与昆仑的传说，笔者认为这正是将昆仑与后羿结合在一起的图像，其含义可能与攀登昆仑有关。因为文献中说只有像后羿这样的勇者才能攀登昆仑，人们可能希望昆仑之旅中能得到后羿的帮助，或像后羿一样顺利登上昆仑而见西王母。另外，在子洲苗家坪出土的一件墓门左立柱画像石[③]上也有一个二平台的昆仑图像，其最上的平台较大，上有仙人六博，其下的平台略小，站有一鹿。二平台间又伸出一只龙头，使得画面又像是三个平台，仔细辨析，还是划为二平台为宜。这两个例子中的平台上虽然没有常见的西王母，但后羿、仙人六博皆是与西王母和神仙有紧密关系的，也可归入此类。

（三）三平台

此类材料在汉代壁画和画像中都有出现，画像材料较多，主要见于山东、苏北、皖北地区和陕北、晋西地区以及四川地区。

1. 陕西定边郝滩汉墓 M1 墓室西壁南部壁画[④]

该墓葬的时代发掘者推测为新莽至东汉早期。壁画左侧有三个蘑菇状的平台自一丛山峰状物中伸出，中间的平台最为高大，其上坐着戴胜的西王母和两名侍女，王母右侧有一羽人立于云气之上持物侍奉。左侧平台上一羽人持华盖覆遮王母，右侧平台上伏卧一兽，似九尾狐。其右部分是一幅场面壮观的神仙、神兽宴乐图。最上部分描绘着一艘云气般的神船，其上端坐四人，上有一帷帐，帷帐前面挂着红色的旗帜，上写着"大一坐（？）"三字。其下部分有蟾蜍舞蹈、白象弹琴、斑豹吹奏，正中一只巨龙似正引吭高歌，其下还有编钟和编磬各一部。壁画右上

① 袁珂校注：《山海经校注》（增补修订本），第 344、345 页。

② 何宁撰：《淮南子集释》卷六《览冥训》，上册，第 501 页。

③ 中国画像石全集编辑委员会：《中国画像石全集 5·陕西、山西汉画像石》，第 147 页，图一九六。

④ 陕西省考古研究院：《壁上丹青——陕西出土壁画集》，北京：科学出版社，2009 年，第 76 页。

角还有一鱼车，上有车主和车夫各一人，正向平台和西王母赶来。壁画中还点缀着许多梭子状物体，似为鱼类（图 1–43）。

图 1–43　定边郝滩汉墓 M1 墓室西壁南部壁画

（采自陕西省考古研究院：《壁上丹青——陕西出土壁画集》，北京：科学出版社，2009 年，第 76 页）

2. 山东、苏北、皖北地区画像石

著名的山东沂南汉墓[①]中有两处西王母（东王公）与三平台的画像，一处出现在中室八角擎天柱上。柱身西面刻画两个有翼神兽向上飞奔，其上有一龟托举着一丛山峰，山峰中央耸立出一个突出的平台，平台立柱仍然呈弯曲状，其上端坐着有翼、戴花冠的西王母，王母头上有华盖，中央平台的两侧下部尚有两个低小的平台，其上分别坐有肩生羽翼的男、女仙人各一名（图 1–25–2）。需要说明的是，神龟背负的神山从神话传说中来看，多是东海中的仙山，但此处画像既处于立柱西面，与东面的东王公相对，其上又有明确的西王母，这里山峰上的平台自然应该是昆仑。张衡《思玄赋》云：“瞻昆仑之巍巍兮，临萦河之洋洋。伏灵龟以负坻兮，亘螭龙之飞梁。”[②]可见，以灵龟托负昆仑山，也见于汉代文献，并非不可

① 南京博物院、山东省文物管理处：《沂南古画像石墓发掘报告》，北京：文化部文物管理局，1956 年。

② 费振刚、胡双宝、宗明华辑校：《全汉赋》，第 397 页。

理解。柱身东面是与之对应的东王公，东王公也端坐于同样的平台上，只是两侧的小平台上为持戟人侍立（左侧残）。

该墓墓门的西立柱上还另有一种西王母与三平台画像。其上并列的三个平台从底部分化出来，有似斗栱，但对比上述同墓中的同类图像，当然还是山形平台。平台皆作收腰形柱状，中间一个略为突出，其上端坐戴胜、有翼的西王母，两侧平台上各有一玉兔捣药，三平台间有一只白虎。西王母头上是一只刻画得很奇怪的神兽，观其长鼻，应该是象。其上是一个面目狰狞的怪兽。与之相对的东立柱上坐于三平台中央的自然是东王公，这里的东王公虽然有胡髭表明其性别，却还戴着西王母的标识——胜，两侧也是捣药图像，只是将捣药者换成了羽人而已（图1-44）。毫无疑问，这里的东王公与三平台画像完全是东王公的观念出现后仿照西王母画像而制作的。这很好地证明了学界关于东王公画像在一定程度上是东汉

1. 东立柱

2. 西立柱

图1-44　沂南汉墓墓门立柱画像石

（北京大学汉画研究所徐呈瑞先生提供，《汉画总录》编号SD-YN-001-02、SD-YN-001-03）

中晚期对应和模仿西王母画像而流行的观点[①]。

前述临沂吴白庄画像石墓前室西过梁东面与西王母对应的东王公图像也有类似情况。画面有三个平台直立，中间一个十分突出，上部覆盖两侧平台。平台下部有三角带刻画，对比来看，或许也是群山的表现。中间平台上端坐东王公，东王公头戴进贤冠，有胡髭，性别十分明确，两侧各有一长耳羽人弹琴和吹箫。然而，两侧平台上分别为九尾狐和三足乌。我们知道，九尾狐和三足乌比较固定地为西王母的属从，这里的东王公也显然有部分翻版西王母的因素。东王公两侧尚有建鼓、凤鸟及许多羽人、神兽等。值得注意的是，左侧平台立柱上及其旁边还表现了两株树状植物[②]（图 1–45）。另外，该墓中室北壁东门楣两侧也有西王母和东王公分别端坐于三平台的中央平台上的形象，两侧平台上为玉兔捣药、神兽和羽人。只是这里的平台比较怪异，其下部为两股合为中柱[③]（图 1–46）。然而，这样的平

图 1–45　临沂吴白庄画像石墓前室西过梁东面画像线摹

（采自临沂市博物馆编：《临沂吴白庄汉画像石墓》，第 178、179 页）

图 1–46　临沂吴白庄画像石墓中室北壁东门楣画像

（临沂市博物馆编：《临沂吴白庄汉画像石墓》，第 204、205 页）

① ［美］巫鸿著，李淞译：《论西王母图像及其与印度艺术的关系》，《南京艺术学院学报》1997 年第 3 期。

② 临沂市博物馆编：《临沂吴白庄汉画像石墓》，第 178、179 页。

③ 临沂市博物馆编：《临沂吴白庄汉画像石墓》，第 206、207 页。

台我们已经在前述该墓中的西王母与独一平台图像上见过，当然也是此类图像的变体，可能又结合了建筑的装饰意味。

安徽淮北市时村塘峡子出土的一方画像石①，其下部刻画一棵大树，树左侧有一人，其上图像不清。树右下侧为喂马图像，右上侧有一扭身回首的龙。上部图像为一丛山峦中耸立出的三个平台，中间一个最为高大，平台顶端已覆盖其两侧的两个。两个小平台上分别为一只鸟（或为青鸟或三足乌）和九尾狐，那么主平台正中的端坐人物应该就是西王母，其两侧或为侍从（图 1–47）。

图 1–47　淮北市时村塘峡子出土画像石

（北京大学汉画研究所徐呈瑞先生提供，《汉画总录》编号 JS–XB–026）

3. 陕北、晋西地区画像石

此类画像在该地区极为流行，但画像形式却大同小异，虽然细节上仍有许多不同，但总体基本一致，笔者以下就以有纪年墓中的图像为例予以介绍。

陕西绥德杨孟元画像石墓中有东汉和帝永元八年（公元 96 年）的纪年，其墓门两侧的立柱上刻画着几乎完全一致而对称的画像②。其上部有三个蘑菇状平台，下面似有山峦，中间一个最为突出高大，其上坐戴胜的西王母，王母旁为玉兔捣

① 高书林编著：《淮北汉画像石》，第 181 页。

② 中国画像石全集编辑委员会：《中国画像石全集 5·陕西、山西汉画像石》，第 65 页，图九〇、九一。

药和仙人侍奉。两侧的平台相对很小，一高一矮，高者上有鹿形兽一只，矮者上有一只狐形兽，当为九尾狐。其下为常见的拥彗人物（图 1–48）。值得注意的是，此时由于一般认为东王公图像尚未出现（实际上是尚未在全社会广泛流行，详见第三章第一节），所以该墓门两侧皆为西王母，这再次提醒我们，即便稍后东王公图像对应流行，也应该是对此类图像的模仿翻版。同类图像在该墓前室后壁还有同样的表现，在该地比之稍晚的永元十二年（公元 101 年）王得元墓中也有大致相似的图像[①]。在陕西绥德、清涧、米脂、靖边、神木和山西吕梁地区的画像石墓中比比皆是（图 1–49），有些上坐牛首和鸡首人身的神人代表西王母和东王公（图 1–50），有些以仙人六博与西王母相对，但总体形象比较一致，是当时该地

图 1–48　绥德杨孟元墓墓门立柱画像石
（北京大学汉画研究所徐呈瑞先生提供，《汉画总录》编号 SSX–SD–022–02、SSX–SD–022–03）

① 中国画像石全集编辑委员会：《中国画像石全集 5·陕西、山西汉画像石》，第 53 页，图七二、七三。

图 1-49　米脂出土墓门立柱画像

（北京大学汉画研究所徐呈瑞先生提供，《汉画总录》编号 SSX-MZ-048-01、SSX-MZ-048-02）

图 1-50　吕梁柳林隰城遗址汉墓墓门立柱画像

（采自吕梁汉画像石博物馆：《铁笔丹青：吕梁汉画像石博物馆文物精粹》，第 71 页）

区最为流行、也是最为重要的墓葬画像题材之一。

也有个别有所变化。如山西离石马茂庄出土的一对立柱画像石上，画面涂有红彩，一男一女两个人物侧坐于平台之上，从其下部的牛首和鸡首神人以及头上的华盖来看，应该是西王母和东王公。平台为两小一大的三个，但组合较为奇特，两个小平台或在大平台之下，或在其上，呈相互承托状[①]（图 1–51）。显然是由西王母、东王公座下的三平台变形而来的。山西离石交口镇石盘村出土的墓门立柱画像石上，西王母座下的三个平台又呈并列状[②]（见图 1–54–1）。

图 1–51 离石马茂庄出土立柱画像石
（采自吕梁汉画像石博物馆：《铁笔丹青：吕梁汉画像石博物馆文物精粹》，第 71 页）

4. 四川地区画像

四川地区的画像石棺上其实有不少三平台的画像，而且三个平台明显都是一种山体，但其上往往是仙人六博、弹琴等题材，尚未见西王母。虽然具体未出现西王母，但此种三平台的意义还是应该与上述材料相类似，也应该为神山。但具

① 吕梁汉画像石博物馆：《铁笔丹青：吕梁汉画像石博物馆文物精粹》，第 64 页。
② 吕梁汉画像石博物馆：《铁笔丹青：吕梁汉画像石博物馆文物精粹》，第 2 页。

体是否是昆仑山，还需要更多证据，有意见就认为应该是蓬莱三山[①]，因此这里不予归入。四川大学博物馆所藏的一块出土于成都的东汉画像砖[②]，中间为十分突出的一个山体形平台，上端宽出，其上有西王母端坐于龙虎座上。中央平台的左下侧有一个小平台，其上坐有二人，右下侧砖体残缺，根据整体造型，其原本也为一个小平台的可能性非常大（图 1-52）。果真如此，则此砖表现的也是西王母与三平台的题材。此砖左右两端最上角还有两个圆形物，应当为日、月，西王母处于日、月中间的构图在该地区画像砖的组合中也能见到[③]。

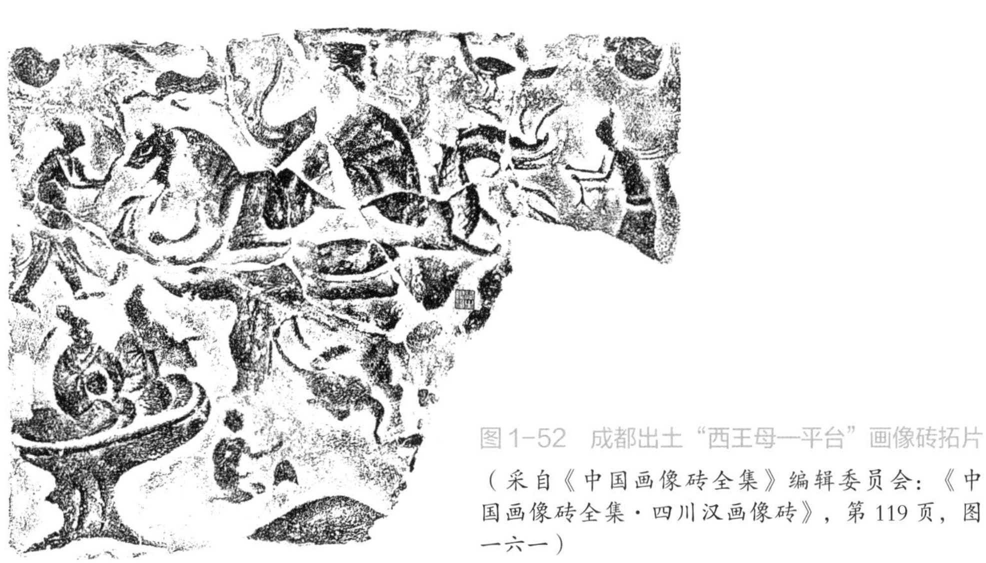

图 1-52　成都出土“西王母—平台”画像砖拓片
（采自《中国画像砖全集》编辑委员会：《中国画像砖全集·四川汉画像砖》，第 119 页，图一六一）

（四）多平台

此类图像目前所见较少，仅出现在山东地区，而且似乎集中在临沂地区。

临沂吴白庄画像石墓前室北壁的一件立柱[④]上，其下部刻画一类似斗栱的图像，该“斗栱”上共分出五个平台，上层三个，下层两个。上层两侧的平台上都为玉

① 庞政：《秦汉时期蓬莱神仙信仰的考古学综合研究》，第 24、25 页。

② 《中国画像砖全集》编辑委员会：《中国画像砖全集·四川汉画像砖》，第 119 页，图一六一。

③ 参见霍巍、齐广：《四川地区汉代画像砖的排列、组合与意义》，《考古》2022 年第 4 期。

④ 临沂市博物馆：《临沂吴白庄汉画像石墓》，第 108 页。

兔捣药，中间平台上有一兽首人身有尾的神怪，大张其口，手持一方框状物于胸前（图 1–53–1，另见图 4–49–2）。一般而言，此种图式中间者应该为西王母，其两侧的捣药玉兔有很强的指示性，且上述同墓过梁及与之地域和时代十分接近的沂南汉墓立柱上的同类图像中央端坐的正是西王母。但是，为何这里却是一兽首人身有尾的神怪？《山海经・西山经》中对西王母形象的描述为："西王母其状如人，豹尾虎齿而善啸。"[①] 这里西王母的形象俨然如该画像中一样是一个半人半兽的神怪。虽然这种形象可能更接近于先秦人的观念，不论从图像还是文献来看，汉代尤其是东汉人观念中的西王母无疑是一位妇人的形象。但《山海经》毕竟是汉代人常见的书籍，其中的一些早期观念偶尔影响到画像制作者而反映在汉画像

1. 临沂吴白庄汉墓立柱画像石拓片　2. 临沂汽校出土画像石拓片　3. 费县刘家疃出土画像石拓片

图 1–53　山东地区多平台形昆仑图像

（采自中国画像石全集编辑委员会：《中国画像石全集 3・山东汉画像石》，第 16、34、85 页，图一九、三八、九七）

① 袁珂校注：《山海经校注》（增补修订本），第 59 页。

中不是完全没有可能的。从该画像的整体来看，将中央的这个神怪解释为西王母或与西王母关系紧密还是最为合理的。那么，其下的平台自然也属于此类格套，只是沂南汉墓中是单层三平台，这里是双层五平台而已。下层的两平台上各坐有长发的一人，各有一羽人在侍奉他们，由其突出的长发来看，似乎并非凡人。王母之上为一人首蛇身之神，左手持规，怀抱日轮，日轮中有金乌和狐，其旁围绕羽人。一般认为，该神为伏羲，也有不同意见，留待第四章第三节中再来辨析。值得注意的是，该墓中出现了数处平台与西王母、东王公的画像（见前述），见有独一平台、三平台、五平台，西王母、东王公的形象也各不相同。这些画像的制作者是否在有意追求变化，笔者无法揣测，但将它们归为同类题材应当是没有疑问的。

临沂汽车技校出土的一方东汉画像石[①]上，有似树状的三层七个平台，虽然平台顶端的有翼神人被认为是东王公而非西王母，但如前所述，此时的东王公画像及其上的其他因素都是对应、模仿和改制于相对的西王母画像的（图 1–53–2）。联系前述材料，我们相信应该有与之相对的西王母和平台。类似的画像还见于临沂费县刘家疃东汉晚期画像石墓中室南壁西立柱[②]上，为灯状的二（三）层五平台，尽管其上端坐的仍可能是东王公而非西王母（图 1–53–3）。

笔者将目前所见汉代的西王母与平台图像材料列为一表，以便查考(见附表1)。

从这些材料中可以总结出以下几点认识：

第一，目前所见汉代的此类图像在几个重要的壁画和画像流行的地区都有发现，虽然细节上具有一些地域特征，但总体意匠十分一致，应该是当时一种全国性普遍观念的反映。此类题材最早出现于西汉晚期的墓葬画像砖上，盛行于东汉中晚期，延续至魏晋时期的河西地区。

第二，该类题材又可分为独一平台、二平台、三平台和多平台几种形式，其中独一平台和三平台者数量极多，流行地域也广泛，时代完整；而二平台和多平台者皆特别稀少，时代也较晚，应当只是一种变体而已，特别是多平台者可能仅是东汉晚期山东临沂地区的一种衍生形式。就目前所见的材料而言，独一平台者出现较早，在西汉晚期的洛阳、郑州地区已有出现，但材料还比较少，断代也相

① 中国画像石全集编辑委员会：《中国画像石全集 3・山东汉画像石》，第 34 页，图三八。

② 山东博物馆、费县博物馆：《费县刘家疃汉画像石墓发掘报告》，北京：文物出版社，2019 年，第 40 页，图版一一。

当宽泛。而陕西发现的新莽至东汉早期的壁画墓中已出现了三平台者，所以，目前尚不敢断言这两种形式之间具有明确的时代早晚关系。不过这是就结合西王母的形式而言的，不与西王母结合的平台形昆仑图像如前所述在西汉前期的马王堆帛画上就已经出现。

第三，该类题材的主体为西王母坐于独一和三平台之上，也见有东王公，但更大程度上是东汉中晚期以来对西王母的翻版，时代较早的几例上要么都是西王母，要么就是带有明显西王母特征的东王公。因此，此类平台的性质与意义应该仅仅是与西王母密切联系的。当然，东王公图像出现以后，是否会对应将其意义有所附会和扩大，这是另外一回事。其原本的意义显然是与西王母为一体的。

第四，此类题材上的平台往往从一丛山峰状凸起中耸出，在意义明确的例子中，这些凸起毫无疑义为山峰的表现，而且平台与山峰是作为一体的。平台多作蘑菇状或高脚杯状，其中部支柱弯曲，有些类似树木茎状。旁边往往有各种神人神兽，其下则往往有持戟护卫的神人。这是我们理解此类题材性质和意义的重要依据。

（五）形式、内涵及其衍生

如前所述，此种西王母端坐于平台上的图像，尤其是那些平台形象较为规整、突出者，学者们在单独遇到时一般都会将其联系到西王母与昆仑山，在相关报告、图录中亦是如此命名①。笔者曾经倾向于将其进一步指认为昆仑悬圃②。这些认识大致是正确的。不过通过再次全面梳理此类图像材料后，笔者在这些认识的基础上有了一些进一步的思考，主要是关于其基本形式、内涵和衍生形式、内涵的问题。

就其基本形式和内涵来讲，此类图像中绝对主体是独一平台和三平台的形式，这两种形式出现的时代也最早，且在各大区域都有流行。此种平台往往较为规整，其中柱有的呈直立状，有的呈弯曲状，有些下部明显是从群山中升起而与群山连为一体。结合第一节所论关于昆仑形象的文献及前面的一些讨论，独一平台表现的应该就是昆仑悬圃。如前所述悬圃为昆仑的最高一重，也是昆仑登天观念的集

① 如陕西省考古研究院：《壁上丹青——陕西出土壁画集》，第76页。

② 如博士论文原文第58～105页；王煜：《也论马王堆汉墓帛画——以阊阖（璧门）、天门、昆仑为中心》，《江汉考古》2015年第3期。在某些图录中也有直接以“悬圃”对其命名的，如凌皆兵、王清建、牛天伟主编：《中国南阳汉画像石大全》第九卷，第120页。

中代表，其上又为平圃状，一方面可以显示昆仑山体的奇特，另一方面也可以与西王母图像形成很好的搭配。而直立状的中柱在构图空间充裕的情况下往往较高，用以显示昆仑悬圃的高耸挺拔；弯曲状的中柱或是为了表现它的“悬”，或也可与芝草等与昆仑、西王母有关重要事物暗合，丰富了图像的意象。那么，三平台的形式显然就是结合了昆仑三重、三峰的观念。然而，为何要把昆仑的三个山峰都做成类似悬圃的形状？笔者推测，一是如前所述，昆仑的总体形象本来就有“上平衍而旷荡，下蒙笼而崎岖”“下狭上广”的说法，并不单指悬圃；二是悬圃本来就是昆仑三重或三峰中的最突出部分，这部分既然使用了此种表现形式，其他并列的两部分也使用此种形式是很容易理解的；三是从构图的角度来看，这样一种对称、协调的形式恐怕也最能令人接受。因此，虽然此类图像中的平台更倾向于悬圃的特征，但它整个的内涵应该还是昆仑。一平台者即以悬圃来代表昆仑，与前述文献中直接连称“昆仑悬圃”的观念相同；三平台者除突出悬圃外，同时表现出昆仑三重和三峰的观念，其核心主题还是在昆仑山和西王母。山西离石交口镇石盘村出土的一对墓门立柱画像石上，西王母和东王公侧坐于平台之上，西王母座下为三平台，东王公为一平台，既然此时的东王公图像为西王母的翻版，也说明一平台与三平台在总体观念上并无二致[①]（图 1–54）。

图 1–54　离石交口镇石盘村出土墓门立柱画像石

（吕梁汉画像石博物馆：《铁笔丹青：吕梁汉画像石博物馆文物精粹》，第 3 页）

个别二平台、多平台者显然是对流行形式的变体，由于数量较少，完全可能是一时出于审美或其他不明原因的制作。如陕西米脂官庄者一高一矮的两个平台

① 吕梁汉画像石博物馆：《铁笔丹青：吕梁汉画像石博物馆文物精粹》，第 3 页。

正好支撑射日后羿的两足，可以做合理推测，其他情况恐怕就难以知晓了。有些还在局部区域形成了一种新形式，如山东临沂所见的多平台。但由于其数量也很少，地域又局限，是否保留了原来的内涵，或是衍生出新的内涵，虽难以考察，但并不影响笔者对于主体形式的认识。

就其衍生形式和内涵而言，除了上述临沂地区的多平台形式和一些可能结合了芝草的形式外，最为突出的是陕北晋西的茎状平台和树桩状平台。其实该地区的此类平台或多或少结合了一些芝草尤其是树的形象，个别甚至演变成了缠绕的藤条状，完全是植物了（图 1–55）。如果单独考察这些现象可能会造成很多认识的分歧，然而上述系统、全面的梳理让笔者得出这样的认识：这应该是一种结合植物尤其是树的形象的衍生形式，它的内涵仍然是昆仑，可能衍生出结合神树的

图 1–55　陕西绥德五里店出土墓门立柱画像石拓片
（采自李林、康兰英、赵力光编著：《陕北汉代画像石》，第 170 页）

意义。理由如下：

其一，从总体材料上不难看出，陕北晋西地区的此类图像仍然是全国大范围流行的此种图像中的一种，在它的地域格套之上，还有一个全国的大格套。都是西王母（有些有对称出现东王公）端坐于独一或三个平台之上，平台往往自群山中耸出。属于一个广泛的且稳定的主题，而非一个新的地域题材。其二，陕北晋西地区的此类画像在东汉中晚期迅速兴起，明显晚于河南地区同类画像和本地区壁画的出现，应该是受到影响而发展出的画像形式，而非本地创造出的画像题材。其三，从该地区自身材料而言，时代最早的杨孟元画像石墓（公元 96 年）中的此类图像，形式上更接近同处陕北的定边郝滩壁画墓（下限为东汉早期），作三个蘑菇状平台。而二者的平台皆自一丛山峦中耸出，是山体的一部分，意义明确。茎状及树桩状者时代皆晚于明显为山体者，也可见它们应是后者的衍生。

至于为何衍生出结合植物尤其是树的形式？这虽在该地区比较突出，但也不是该地区特有的现象，在其他地区的东汉中晚期关于昆仑的材料中也可以看到。如淮北地区画像中的平台上都长有树状植物，山东临沂地区衍生出的多平台形式也结合了树的形象，最为典型的是四川东汉中晚期的摇钱树将山形树座（昆仑）与树有机结合（详见本章第四节），前述重庆巫山铜棺饰也显示出山峰形昆仑与神树的结合。看来东汉中晚期的昆仑图像又往往结合了神树的内容，相关问题笔者将在本章第五节中讨论，兹不赘述。

三、小结

以上笔者按照基本形式和格套对汉代的昆仑图像进行了一次较为系统、全面的梳理。一方面，鉴于壁画和画像材料的公布情况和笔者查阅的能力所及，肯定还有不少遗漏；另一方面，由于图像材料的特殊性，其中可能也存在一些误判的情况。但应该说这些材料已经能够代表汉代昆仑图像的整体情况了。而虽然可能有些材料判断有误，但对于汉代昆仑图像有山峰和平台的这些形式的表现，并在各大地域都有大量反映的事实，应该是可以确定无疑的了。根据这些图像和笔者对其的初步讨论，得出以下几点认识：

第一，目前所见汉代昆仑图像材料众多，流行时代较长，广泛性和地域性都比较明显。昆仑图像首先可分为山峰形和平台形两个大类，山峰形又具有三重、三重与三峰结合、三峰三种表现形式，平台形也有独一平台、二平台、三平台和多平台四种形式，有些地区（陕北晋西）在大的形式下还发展出了几种明显的小形式。昆仑对于汉代一般人来说无疑是一座未曾一睹真容的神山，用抽象的山峰予以表现是可以接受的。文献中反映出昆仑应为三重，但用三峰的形式表现昆仑神山或昆仑的三重更能为一般人所理解。西汉初期高等级墓葬出土漆棺上的昆仑图像突出了三重的因素，一方面可能是此时昆仑三重的观念更为深入人心，但更可能是这些漆画的制作在特定的时代和环境中，与文献记载中反映的观念较为接近。平台形昆仑图像的出现时间与山峰形一样早，最初可能只是昆仑悬圃的表现。但悬圃为昆仑上的最高一重，是昆仑登天信仰的代表，以之象征整个昆仑也是可以理解的。最迟至新莽到东汉早期，已经发展出三平台形式的昆仑图像，以之对应昆仑三重或三峰，此时则完全成为整个昆仑的另一种表现形式了。

第二，自西汉中期以后平台形昆仑图像就要远远多于山峰形，以完全碾压性的优势成为昆仑图像的主流形式。之所以人们偏向将昆仑刻画为平台形，一方面可能是上述悬圃重要性的表现，更重要的一方面恐怕是上面可以表现其他重要图像。平台上的图像在西汉初期为墓主人像，可能象征着墓主人的昆仑登天。最迟至东汉早期，除个别特例外，平台上的主像完全固定为西王母，形成一种流行于全国的大格套，这种大格套下也有许多具有地域性的小格套。在东汉中晚期也流行模仿和对应西王母的东王公坐像。此时的东王公图像恐怕尚不具有独立的神格和信仰，更多是昆仑、王母图像的翻版和衍生，仍然属于这一信仰之中。就新发现材料而言，西王母与昆仑图像结合的时间要早于以往学者的估计。可以这样说，东汉以来平台形昆仑图像的广泛流行，正是西王母图像的流行及其与昆仑图像结合的结果。那么，昆仑与西王母图像结合的背后有着怎样的信仰背景？两者结合以后，其性质、地位、关系和意义究竟如何？笔者欲在第三章中重点讨论，兹不赘述。

第三，需要强调的是，由于汉画像具有的地域性，各主要地域出现的昆仑图像，尤其是材料众多的平台形昆仑图像具有明显的地域特征，这表现在前述的许多材料上面。但在看到地域差异的同时，更应该看到这些差异只是一些细节上、风格上和部分非重要元素上，以及相同题材的具体形象上的不同。从总体上看各地域出现的昆仑图像又具有明显的一致性，如其基本形式的相同，其与西王母的紧密关系，甚至一些较为特别的细节还同见于相距遥远的地域。说明各地域之间

的共性是主要的，差异是次要的，各地域的昆仑图像背后应该有一个共同的一般信仰系统。这种一般信仰系统笔者已经在西汉初期的漆棺和帛画上做过一些分析。从壁画和画像发达时代的一些较具整体性的材料来看，这个系统仍有延续，但也发生了一些变化，如前述阊阖与天门的等同，最重要的是西王母加入并成为这个系统中最重要的一部分。那么，这个信仰系统具体如何，还要待我们梳理和研究了天门、西王母和天帝及相关天神的材料后才能逐步揭示。

另外，很多东汉中晚期尤其是陕北晋西和四川重庆地区的材料中都反映出昆仑神山与神树的关系，从后文的讨论来看，它们反映着神山登天和神树登天两种观念的结合。

第四节
“瞻昆仑之巍巍”：昆仑模型

在梳理汉代昆仑图像之后，笔者还希望集中讨论一些较为特殊的昆仑材料。它们主要是陶、石、铜雕塑。一方面它们具有与图像同类的表现，而我们在观察其造型和雕刻内容时，感受到的往往还是图像；另一方面它们毕竟在立体造型上也是具有意义的，而由于材质和制作方式的不同，某些表现形式也与平面的图像有所区别。更重要的是，其中的有些材料尤其是专门制作的丧葬器物，比起图像来，其内容甚至更加丰富、性质更加明确，也需要给予特别的关注。但也是在这些材料中，有的更多是实用器物上的装饰，是否有特别的内涵，还值得怀疑。因此，这一部分中笔者不再按照时代进行讨论，而按照它们与昆仑关系的明确性和紧密性，由强至弱来叙述。排在最后面的一些材料，或许它们也还是具有一定内涵的，但其装饰的意味更浓，需要笔者和读者更谨慎地对待。

一、山形摇钱树座与昆仑

摇钱树（或称“钱树”，本书称为“摇钱树”只是沿用早期研究者所取的名称，不含意义判断），主要出土于四川、重庆地区东汉中晚期的墓葬中，时代可延至蜀汉时期。在贵州、云南、陕西、甘肃等地区也有少量发现，应该是受到四川、重庆地区的影响而出现的。摇钱树由陶质树座（亦有石质）和青铜树干及枝叶组合而成。其树座、树干和枝叶上都有许多图像，主要题材为昆仑、西王母、天门和具有神仙意味的早期佛像以及方孔圆钱。其树座大致有山形、圆锥形、神兽形几种，其中山形者与昆仑有着最为直接的关系，因此笔者择其重要者详作讨论。

（一）成都地区出土山形树座[①]

成都及周边地区东汉晚期墓葬中出土有一类颇为突出的陶质摇钱树座[②]，其形体皆较为高大，造型十分奇特，为突出的峰峦、山洞及平台形态，其上堆塑和贴塑不少人物和神仙形象，笔者认为它们主要为昆仑神山的表现。目前所见有以下数件：

1. 成都百花潭汉墓[③]出土

树座为泥质灰陶，通高 60.5、底宽 42 厘米。整体呈峰峦重叠的形态。仔细观察其背部可以发现，其整体山峦形态实际是由并列的三个主峰和其前的一个山峰状平台组成，这一点在后面将要叙述的几件树座上体现得更为充分。从纵向上看，整个山体又大致分为四层，每一层中皆表现有山洞和人物。底层边沿向上突出，似火焰状。其上有五人，面部已模糊不可辨，左侧四人，右侧一人右手抬于胸前，似向其右的山洞作引导状，此人双耳奇长，耸立于头上。最右侧有一圆形拱洞，顶部尖耸似火焰。第二层分为左右两部分，右侧两人拱手而立，左侧方形洞穴较深且直通火焰状顶部，一长耳人物跪坐在洞穴前端，左手自然下垂，右手抚胸，对比早期拍摄的黑白照片，长耳人物右侧原有一蟾蜍[④]，现已脱落不存。第三层边沿向上突出似火焰状，其内站立五人，右侧有一较深方形洞穴，穴顶仍是上卷的火焰状。其前尚突出一平台，平台边沿亦卷起似火焰，一人坐于平台之上，左手抚胸，右手下垂。第四层中央有一中空圆形插孔，插孔前正面端坐一人，头结高髻，右手持杵，左手托钵，似在舂捣，一长耳人物

① 本部分与成都博物馆张倩影先生合作。

② 据笔者最近考察所见，重庆峡江地区也出土有造型与之几乎一致的摇钱树座，看来此类器物的流行范围比以往认为的要广泛得多。

③ 于豪亮：《“钱树”、“钱树座”和鱼龙漫延之戏》，《文物》1961 年第 11 期。

④ 朱伯谦主编：《中国陶瓷全集 3・秦汉》，上海人民美术出版社，2000 年，第 295 页，图 229。

立于左侧。层与层之间似有通道相连接。以上的分层主要是以人物为准，便于介绍（图 1–56）。如果按山体上十分突出的火焰状边沿来分，则明显分作三层，

图 1–56　成都百花潭汉墓出土陶仙山插座
（成都博物馆张倩影先生提供）

这恐怕更符合器物原本的意匠，这一点在后述几件插座上表现得更突出。

2. 金堂李家梁子汉墓 M23[①] 出土（其一）

树座为泥质黄陶，通高 70、底宽 40 厘米。整体造型与上述百花潭汉墓出土者类似，也是由峰峦和山洞构成，而更为简洁，层次分明。横向上由三座山峰构成主体，其前还有一山峰状平台。纵向上分为三层，边沿也突出作火焰状，上面一层最为明显。每层中也堆塑和贴塑人物，较百花潭汉墓出土者为少，不排除已有部分脱落遗失的情况。底层左侧为一椭圆形拱洞，顶部尖耸作火焰状；中部有一长方形

① 成都文物考古研究所、金堂县文物保护管理所：《金堂赵镇李家梁子唐宋墓发掘简报》，见成都文物考古研究所编《成都考古发现（2007）》，北京：科学出版社，2009 年，第 564 页。

凸起，可能是上述火焰状边沿的简化；右侧一山峰状平台升入第二层。平台上跪坐三人，左右两名长耳人物面带微笑相向而视，左手五指并拢垂放膝上，右手斜倾放于胸前；中间一人面带微笑平视前方，头结高髻，左手持药丸，右手所持物模糊不可辨。第二层中部有一较深的圆形洞穴，与上、下层相通，洞穴前方最右侧分支上立有一鸟。第三层左侧有一人首蛇身神人，头戴三峰状冠，左手托圆形物；与之对应右侧亦有一人首蛇身神人，头结高髻，左手所托之物已残缺；中部为一

图 1–57　金堂李家梁子汉墓 M23 出土陶仙山插座（一）
（成都博物馆张倩影先生提供）

平台，边沿上翻作火焰状（图 1–57）。

3. 成都金堂李家梁子汉墓 M23 出土（其二）

与上一例树座同出一墓，泥质灰陶，大小、形制相同，主体部分结构、细节基本一致，现存的堆塑和贴塑更少，对比前例，应有脱落。仍由作为主体的横向

三峰和其前部的一个山峰形平台构成。纵向上分为三层：底层平台左侧为椭圆形拱洞；第二层左侧蹲立一鸟，中部有一山洞；第三层左右两侧亦为人首蛇身手托圆形物的神人，中部为一边沿上翻作火焰状的平台。前部突出的山峰形平台上目

图 1–58　金堂李家梁子汉墓 M23 出土陶仙山插座（二）
（成都博物馆张倩影先生提供）

前未见堆塑，但对比前例，原来可能也有类似的人物形象（图 1–58）。

4. 成都羊子山一号汉墓出土

该树座与前述金堂李家梁子汉墓 M23 出土者造型几乎完全一致，具体尺寸不详，或与上述材料相似。仍由作为主体的横向三峰构成，左侧的山峰中部以上残缺，主体山峰前尚有一个已经整体残损的断口，应该就是上述材料中的山峰形平台。

残存的中部和右侧山峰仍然在纵向上分为三层，由类似火焰状的凸起分割。其上仍堆塑和贴塑一些人物，应有较多脱落。现能辨认的有中部山峰中层的跪坐人物，右部山峰顶端的人首蛇身手托圆形物的神人。值得注意的是，与前述材料稍有不同的是，其中部山峰顶部为一个十分突出的端坐于龙虎座之上的人物形象，毫无疑问为四川地区流行的西王母形象[①]（图 1–59）。

图 1–59　成都羊子山汉墓出土陶仙山插座
（采自于豪亮：《“钱树”、“钱树座”和鱼龙漫延之戏》，《文物》1961 年第 11 期，第 45 页）

① 于豪亮：《“钱树”、“钱树座”和鱼龙漫延之戏》，《文物》1961 年第 11 期。

总体来看，四件树座的年代皆在东汉晚期，其整体造型和具体装饰具有明显的一致性，应为同类物品，具有共同的背景，也表明此种树座并非一时一墓的特例，应反映了一些较为普遍的思想观念。

树座上堆塑人物具有明显的神仙因素，最为突出的便是长耳尖出的羽人和人首蛇身托举日、月的伏羲、女娲和西王母。

长耳羽人的形象在西汉时期已经出现，如西安南玉丰村汉城遗址出土的西汉羽人小铜像，其身体清癯，双耳尖长，高出头顶，肩后有羽翼，腿生长毛，十分形象[①]，与之类似者还有洛阳东郊出土的一件东汉羽人小铜像[②]（图1-60）。西安理工大学西汉晚期壁画墓中的羽人长耳突出于头顶，羽毛飞扬，十分生动[③]。此种形象在东汉时期广泛流行于各地的壁画和画像中[④]，尤以四川地区为常见，

1、2. 西安南玉丰村汉城遗址出土

3. 洛阳东郊出土

图1-60　汉代铜羽人像

（采自1、2. 中国青铜器全集编委会编：《中国青铜器全集12·秦汉》，北京：文物出版社，1998年，第143页；3. 刘兴珍、郑经文主编：《中国古代雕塑图典》，北京：文物出版社，2006年，图一三）

① 西安市文物管理委员会：《西安市发现一批汉代铜器和铜羽人》，《文物》1966年第4期。

② 中国青铜器全集编辑委员会编：《中国青铜器全集12·秦汉》，北京：文物出版社，1998年，第143页。

③ 西安市文物保护考古所：《西安理工大学西汉壁画墓发掘简报》，《文物》2006年第5期。

④ 贺西林：《汉代艺术中的羽人及其象征意义》，《文物》2010年第7期。

1. 彭州出土画像砖拓片

2. 渠县王家坪无名阙画像拓片

3. 新津崖墓石棺画像拓片

图 1-61　四川汉画像中的羽人

（采自 1.《中国画像砖全集》编辑委员会：《中国画像砖全集·四川汉画像砖》，第 134 页；2. 龚廷万、龚玉、戴嘉陵编著：《巴蜀汉代画像集》，图 296；3. 中国画像石全集编辑委员会：《中国画像石全集 7·四川汉画像石》，第 171 页）

多出现在西王母、仙人六博、仙人骑鹿等场景中，往往作为西王母的侍者、使者、游戏者和升仙的导引者（图 1-61）。汉乐府《长歌行》中说："仙人骑白鹿，发短耳何长。"[①]《抱朴子·论仙》中也说："（仙人）邛疏之双耳，出乎头巅。"[②]《论衡·无形篇》云："图仙人之形，体生毛，臂变为翼。"[③]可见，长耳羽人即是当时观念中仙人的一种形象。上述树座上的长耳人物特征十分鲜明，虽然由于材质的制约是否表现了羽翼并不清晰，有的似乎还穿有衣服，但表现的应为仙人无疑。第 1 例底层右侧的长耳仙人右手抬起，似向右方引导其左侧的四人进入山洞；第二层最左侧的长耳仙人侧身跪坐于山洞一侧，顶层的长耳仙人侧立于中

① （宋）郭茂倩编：《乐府诗集》卷三十《相和歌辞五·长歌行》，第 2 册，第 646 页。
② 王明：《抱朴子内篇校释（增订本）》卷二《论仙》，第 15 页。
③ 黄晖撰，刘盼遂集解：《论衡校释》卷二《无形篇》，第 1 册，第 66 页。

心人物左下侧，皆应为侍者。第 2 例山峰状平台上的长耳仙人跪坐于中间人物两侧，侧面向中间人物，也应为侍者。可见，他们仍然主要为这个神仙世界中的侍者和引导者。

人首蛇身而手托圆形物的对偶形象在汉代广泛流行，应为伏羲、女娲。此种形象特别流行于四川地区东汉晚期的画像石棺和画像砖上，往往与西王母、仙山、仙人六博等题材组合在一起。第四章第三节中有专门讨论，兹不赘述。

如上所述，长耳羽人和伏羲、女娲的图像在四川地区东汉晚期墓葬中往往与西王母图像结合在一起，那么，上述树座上是否也出现了西王母呢？羊子山一号墓出土者在整个插座最突出的位置即中部山峰的顶端有一个十分突出的坐于龙虎座上的人物形象，虽有些许残缺，但此种形象为四川、重庆地区最为流行的西王母形象。另外，百花潭汉墓出土插座上仙山的顶端中央正面也端坐一人，头结高髻，右手持杵，左手托钵，似在舂捣，一长耳仙人侍立于其旁。根据其发髻，判断当为女性无疑。其处于仙山顶端正中，地位也十分突出。而且传说中西王母正是掌管能令人长生不死并升天成仙的仙药的神祇（详见第三章第二、三节）。该女性手持杵、钵，正是捣药的形象，说明这一人物确实与西王母有关。然而，从目前所见大量的汉墓图像材料来看，西王母旁往往以玉兔、蟾蜍或羽人捣药，未见有西王母亲自捣药者，所以该人物是否即西王母，还是有些疑问。金堂李家梁子出土第一例插座上仙山顶端虽没有人物，但其前突出的山峰形平台正中正好端坐有一高髻的女性，两侧有长耳羽人夹侍。此种组合与上述西王母与平台形昆仑图像一致，也提示该女性为西王母的可能性。我们知道，汉代西王母的形象往往头戴其标志性的头饰——胜，四川汉墓中的西王母形象还往往坐于龙虎座之上，上述二件插座上的女性形象都没有戴胜而是绾髻，也没有龙虎座，但这并不能否定她们可能为西王母的形象，因为四川地区东汉晚期墓葬中也有不少西王母图像并不戴胜而是绾髻，也偶见有不坐龙虎座的西王母形象。根据其位置、组合和上述情况来看，笔者倾向于认为其应为西王母的表现，至少可以肯定其与西王母有十分密切的关系。另外，除了前述的长耳羽人和伏羲、女娲外，这些插座上还有一些蟾蜍、鸟的形象，也符合西王母图像中常见蟾蜍、青鸟、三足乌的情况，可为旁证。

西王母形象或至少是与西王母密切相关的形象的出现，对于理解此种插座突出的仙山造型的意义具有关键性指示。

如前所述，此种树座即是由平列的三座山峰和一个突出的山峰形平台组成，每座山峰还分为上下三层，其上有许多洞穴和火焰状造型，这在2、3、4例尤其突出。这正是汉代人心中的昆仑三峰、三重以及平台状的悬圃的集中表现，而洞穴和火焰也都是昆仑传说中的重要内容。《山海经·大荒西经》中说："有大山，名昆仑之丘。……其下有弱水之渊环之，其外有炎火之山，投物辄然。有人，戴胜，虎齿，有豹尾，穴处，名曰西王母。此山万物尽有。"《西山经》中也说："南望昆仑，其光熊熊，其气魂魂。"郭璞注："皆光气炎盛相焜燿之貌。"①《楚辞·九章·悲回风》亦云："冯昆仑以瞰雾兮，隐岷山以清江。……观炎气之相仍兮，窥烟液之所积。"王逸注："火气烟上天为云……烟液所积者，所聚也。"②而且炎火之山和弱水一起，已经成为汉代人对昆仑的典型想象和代表。如傅毅《七激》云："泳溺水，越炎火，穷林薄，历隐深。"③张衡《七辩》亦云："驾应龙，戴行云。桴弱水，越炎氛。"④

尽管从严格意义上讲，悬圃应是昆仑三峰、三重中的一峰、一重，上述山形树座在昆仑三峰、三重之外增设了一个山峰形平台，显得有些不合。然而，这样骈拇枝指、添足叠床的冗饰却也符合丧葬美术品的造作过程，而且将山峰与平台一同表现出来，更加突出而生动地表达出关于昆仑形象的观念。

（二）雅安芦山出土石质山形树座

四川雅安芦山汉墓中出土的一件红砂石摇钱树座，所出墓葬的铭文砖上有"熹平三年造"（公元174年）的题刻⑤。整个树座雕刻为十分形象的山形，山石和山峰清晰可见。其顶部盘绕一条有翼神龙，其间为摇钱树的插孔，翼龙下的山体上雕刻着十分丰富的图像，为目前所见刻画图像最多的摇钱树座（图1-62、1-63）。

---

① 袁珂校注：《山海经校注》（增补修订本），第466、53、54页。

② （宋）洪兴祖补注，白化文等点校：《楚辞补注》卷四《悲回风》，第159、160页。

③ 费振刚、胡双宝、宗明华辑校：《全汉赋》，第292页。

④ 费振刚、胡双宝、宗明华辑校：《全汉赋》，第491页。

⑤ 雅安市博物馆、四川省文物考古研究院：《清风雅雨间——雅安文物精萃》，北京：文物出版社，2010年，第104页。

1

2

3

4

5

图1-62 雅安芦山出土摇钱树座

（雅安博物馆郭凤武先生提供）

图 1-63　雅安芦山出土摇钱树座线摹

（四川博物院师若予先生绘）

这些图像大致可分为三层，最下层主要为一些历史故事和一位持节人物引导众人的形象。第二层的其中一面上，有一对重檐的双阙，双阙顶部有三角形屋檐连接，双阙之间有一人骑马跃入阙内。对比前面已经提到的重庆巫山出土的天门铜牌饰，联系后文将要讨论的刻画有西王母、双阙的其他山形摇钱树座，再考虑其图像环境与组合，这里的双阙应该也是天门的表现，而跃马进入天门的形象却是目前所见独一无二的（见图 1–63–1）。与双阙相对的另一面为一个类似半开门的岩穴，中有一人露出半身，两旁的山岩上还刻出二人持物对立，有似门吏（见图 1–63–2）。半开门的形象在四川地区的画像中十分常见，往往占据中心位置，门内有时有西王母[①]，但将半开门形象做成山岩洞穴的目前还所见甚少。上引《山海经·大荒西经》中云："有大山，名昆仑之丘。……有人，戴胜，虎齿，有豹尾，穴处，名曰西王母。"[②]可见，西王母的一个住处就在昆仑山的岩穴里。笔者认为这里类似半开门图像的岩穴就是西王母的处所，探出半身者应类同半开门图像中的仙女，这里虽没有表现出西王母，但对比此时本地类似的半开门图像（见图 2–23、2–24，详见第二章第二节），里面应该为西王母所居。第二层中还有一些神兽和神话故事的图像，笔者有另文讨论[③]，兹不赘述。第三层为西王母岩穴上的平台，其上图像为仙人六博和芝草状植物。

综合上述图像，该山形树座总体上为三重结构，其上有天门、西王母岩穴、山顶平台和仙人六博，这些因素与前述四川、重庆地区的昆仑图像和成都出土的山形树座大体一致，所以该山形树座表现的为昆仑是显而易见的。

（三）达州南外镇出土石质树座

四川达州达川南外镇三里坪 4 号汉墓出土青砂石摇钱树座一件，通高 29、底径 27 厘米。整体亦呈十分形象的山形，峰峦中引出两（？）条龙蛇，包绕山体，并相对衔住一只巨型蟾蜍。峰峦中尚有兔、鹿等动物出没，尚有类似上述雅安芦

---

① 罗二虎：《东汉墓"仙人半开门"图像解析》，《考古》2014 年第 9 期。

② 袁珂校注：《山海经校注》（增补修订本），第 466 页。

③ 王煜、师若予、郭凤武：《雅安芦山汉墓出土摇钱树座初步研究——再谈摇钱树的整体意义》，《中国国家博物馆馆刊》2016 年第 5 期。

山出土石质树座第二层的神兽或神话故事[①]（图 1-64）。该树座虽有一些特殊之处，也没有明显三重的特征，但总体上与上述树座还是有一定的类比之处。作为特殊丧葬用品摇钱树的底座，其表现的当为神山无疑。加之双龙蛇缠绕的意匠和突出的蟾蜍形象，对比上述树座和其他材料，恐怕也与昆仑、西王母有关。报道此树座的学者也认为其表现的应为昆仑[②]，可以参考。

图 1-64　达州南外镇汉墓出土摇钱树座

（采自孔令杰：《达州博物馆藏“汉洪荒摇钱树座”含义商榷》，《中国民族美术》2020 年第 2 期）

① 孔令杰：《达州博物馆藏“汉洪荒摇钱树座”含义商榷》，《中国民族美术》2020 年第 2 期。

② 孔令杰：《达州博物馆藏“汉洪荒摇钱树座”含义商榷》，《中国民族美术》2020 年第 2 期。

（四）西王母、天门山形树座

上述雅安芦山出土山形树座上的西王母、天门因素还不是特别明确，需要综合其图像环境和组合才能推定，然而，四川地区确实出现了毫无疑问的以西王母、天门为主题的山形树座。

例如，四川绵阳河边乡白沙包2号崖墓[①]出土的一件陶质摇钱树座，通高43、底宽36厘米，整体呈山形，从两侧的突出的山体来看，其整体表现的当然是山峰，而且极有可能是中央主峰突出的横向三峰造型。树座中央主体位置（主峰）上部刻画端坐于龙虎座上的西王母，王母头戴胜，头顶或有华盖，座前有三足乌和九尾狐。西王母之下为突出的双阙，阙为重檐子母阙，双阙间有拱形屋檐相连，两侧山峰紧夹双阙而立[②]（图1–65）。

图1–65　绵阳河边乡白沙包2号崖墓出土西王母、天门山形树座
（作者摄于绵阳博物馆）

① 何志国：《四川绵阳河边东汉崖墓》，《考古》1988年第3期。
② 何志国：《汉魏摇钱树初步研究》，北京：科学出版社，2007年，第42页。

又如，四川广汉连山出土的一件彩绘摇钱树座，整体也呈山形，其上图像分为三层。上层主体为端坐于龙虎座上的西王母，其周围尚有一些鸟和一株较为突出的植物，其下有三足乌、蟾蜍、九尾狐和玉兔。中层主体为双阙，阙为重檐子母阙，双阙下各有一名门吏拱手、捧盾躬立。下层为大象、驯象人、凤鸟、鹿[①]（图1-66）。

图 1-66　广汉连山出土西王母、天门山形树座
（采自张跃辉主编：《蜀风雅韵：广汉文物艺术精粹》，成都：巴蜀书社，2013 年，第 195 页）

此类山形树座上的主体图像为西王母和双阙，这里的双阙显然是天门，整个山体显然是昆仑，其上的某些图像如大象也与这一昆仑、西王母的升仙信仰有关（详见第六章第一节）。这是对本书讨论的这一升仙信仰体系中的主体——昆仑、西王母与天门最为显明的表现，也是三者融为一体的最为直接的说明（详见第三章第二节）。

除了以上造型、图像比较突出、丰富，内涵比较明确的树座外，还有一些树座也制作为山形，但是由于往往造型简单，且缺乏具有一定指示性的图像题材，

① 何志国：《汉魏摇钱树初步研究》，第 33 页。

是否也具有较为明确的内涵，便难以讨论了。如陕西城固出土的一件摇钱树座[①]，红陶质绿釉，其形状为山形，其上雕刻树木，整个山形大致也可以分为三重，最上一重圆峰突出，其内中空为树干之插孔。虽然摇钱树是专为丧葬制作的器物，应该在总体层面上具有特定的内涵，而根据其三重的山峦造型，笔者较为怀疑其仍是昆仑的表现，但是毕竟没有可以辨识的特征，也没有可进一步类比的材料，臆说无益。

除山形者外，四川绵阳地区还常见一类陶质树座，整体形状略呈圆锥体，其上的刻画分为三重。最上一重一般是仙人骑羊而手抱内插铜质树干的插孔，其下以突出的线条分为两重，上重多神仙、西王母图像，下重多大象、“狩猎”、动物交配等图像[②]（图 1–67–1）。此种圆锥体三重的结构与昆仑的形状似乎也可以

1. 绵阳石塘乡汉墓出土

2. 彭山崖墓 M176 ：29

图 1–67　四川汉墓出土陶质摇钱树座

（采自 1. 作者摄于绵阳博物馆；2. 南京博物院：《四川彭山汉代崖墓》，北京：文物出版社，1991 年，图版 5）

① 王寿芝：《城固出土的汉代桃都》，《文博》1987 年第 6 期。

② 参见何志国：《汉魏摇钱树初步研究》，第 124 ～ 126 页。

建立一些联系，不过这样的“联系”恐怕永远只能停留在广泛性假设的阶段了。另一类较为流行的陶质树座为上下两只有翼神兽重叠，近来已有学者注意到下面的神兽往往口含铜钱、玉璧和绶带，认为与文献中记载的西方神兽“含利”有关，与昆仑、西王母信仰背景有关[①]（图 1–67–2）。

综上所述，西南地区东汉晚期墓葬中出土的山形摇钱树座，在造型较为突出、图像较为丰富、内涵较为明确的材料中皆是昆仑神山的表现，有些还在昆仑的基础上突出地结合了西王母与天门的主题。而整体内涵还不是特别明确的圆锥形树座和叠兽形树座中也多有昆仑、西王母信仰的因素。摇钱树作为一种毫无实用功能，完全是为丧葬而制作的明器，其上肯定有特殊的丧葬含义。关于其意义目前有求财、升仙、社树及综合各种观点等意见[②]，笔者也认为其为丧葬理想的综合体。不过，其主体应该是以昆仑、西王母、天门为核心的升仙信仰[③]，在此基础上结合了一些追求富贵等愿望，并杂糅了其他一些当时流行的图像元素[④]。树座作为昆仑的模型，其上插上铜质的树干，霍巍先生曾联系《神异经》中所云的昆仑铜柱来理解[⑤]。其云：“昆仑之上有铜柱焉，其高入天，所谓天柱也。”[⑥]而摇钱树的铜质树干及树枝上除了有悬挂的钱币外，主要图像为西王母、仙人、神兽、天门、早期佛像（其意义一般认为与西王母相似）等内容，整个摇钱树可以说就是昆仑登天信仰的一种丰富的表现。在前述昆仑图像中，我们已经注意到有许多地方还结合了神树的元素，昆仑与神树的结合在摇钱树树座与树干、树枝的结合中达到了最完美的体现。那么，昆仑神山与神树结合的观念和信仰背景究竟为何？笔者拟在后文对昆仑信仰的集

---

① 据庞政先生在 2019 年 5 月四川大学举办的“‘历史的图像’与‘图像的历史’：汉代图像研究青年论坛（第一届）”上发表的报告“图文相应：试论汉晋时期的‘含利’图像”。

② 邱登成：《汉代摇钱树与汉墓仙化主题》，《四川文物》1994 年第 5 期；贺西林：《东汉钱树的图像及意义——兼论秦汉神仙思想的发展、流变》，《故宫博物院院刊》1998 年第 3 期；江玉祥：《关于考古出土的“摇钱树”研究中的几个问题》，《四川文物》2000 年第 4 期；［美］艾素珊（Susan N. Erickson）著，何志国译：《东汉时期的钱树（下）》，《民族艺术》2006 年第 3 期；何志国：《汉魏摇钱树初步研究》，第 150 ~ 167 页；周克林：《东汉六朝钱树研究》，成都：巴蜀书社，2012 年，第 359 页；等等。

③ 霍巍：《四川汉代神话图像中的象征意义——浅析陶摇钱树座与陶灯台》，《华夏考古》2005 年第 2 期；王煜：《四川汉墓出土“西王母与杂技”摇钱树枝叶试探——兼论摇钱树的整体意义》，《考古》2013 年第 11 期。

④ 焦阳：《钱树枝干图像的整体研究——兼论钱树的主要内涵与功能》，见中山大学艺术史研究中心编《艺术史研究》第 25 辑，广州：中山大学出版社，2021 年，第 20 页。

⑤ 霍巍：《四川汉代神话图像中的象征意义——浅析陶摇钱树座与陶灯台》，《华夏考古》2005 年第 2 期。

⑥ 王根林校点：《神异经》，见《汉魏六朝笔记小说大观》，第 57 页。

中讨论中来解读。

二、博山炉与蓬莱、昆仑等仙山、神山

博山炉作为熏炉，是一种日常生活中的实用器物，但一些精品上众多的神异图案，使得它的象征意义十分显目。顾名思义，所谓博山炉就是炉盖上做成峰峦重叠状的熏炉，其中还有不少仙禽神兽。根据最为精美的那具出土于河北满城一号汉墓[①]中的铜博山炉（图 1-68），一般研究者都认为其为蓬莱仙山的表现[②]。因

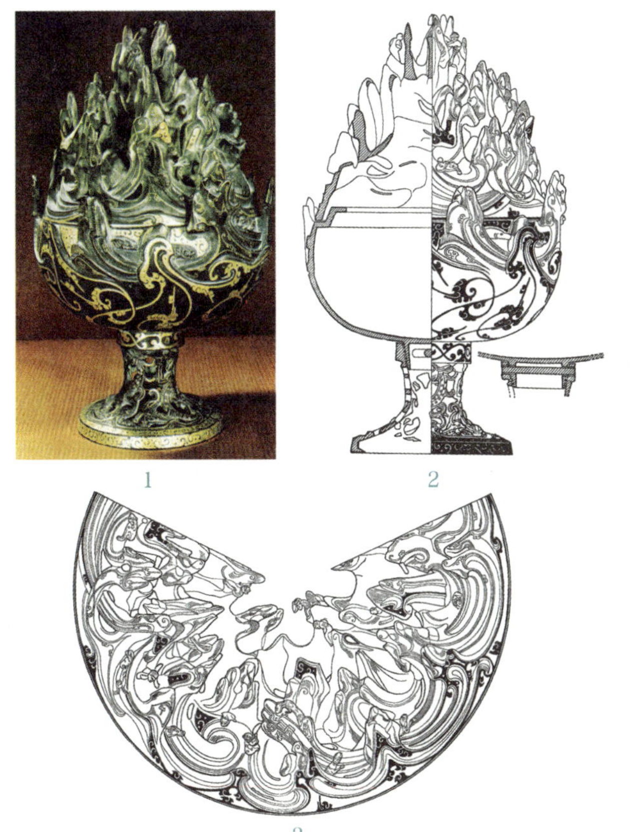

图 1-68　满城一号墓出土铜博山炉及线摹

（采自中国社会科学院考古研究所、河北省文物管理处：《满城汉墓发掘报告》，北京：文物出版社，1980 年，第 64、65 页，图四四、四五，彩版九）

① 中国社会科学院考古研究所、河北省文物管理处：《满城汉墓发掘报告》，北京：文物出版社，1980 年。

② ［美］巫鸿著，梅枚译：《玉骨冰心：中国艺术中的仙山概念和形象》，见氏著《时空中的美术》，北京：生活·读书·新知三联书店，2009 年，第 138 页；［英］杰西卡·罗森著，陈谊译：《中国的博山炉——由来、影响及其含义》，见氏著《祖先与永恒：杰西卡·罗森中国考古艺术文集》，北京：生活·读书·新知三联书店，2011 年，第 475 页。

为该炉上，山峰四周为波涛汹涌的大海。再加上博山炉早期主要流行在滨海的广州地区，一些明显具有波浪或东海神仙元素的博山炉总体表现的为蓬莱仙山，当无疑问。东汉李尤《薰炉铭》中就说："上似蓬莱，吐气委蛇，芳烟布写，化白为香。"[①] 但仔细观察一些博山炉，其在出现之初或稍后，有些或许就有了另一种意义，那就是在战国秦汉时期与蓬莱仙山齐名并在西汉中期以后超越蓬莱信仰的昆仑。

河北满城汉墓中，除上述一号墓出土的博山炉外，二号墓中也出土了一件精美的铜博山炉（图 1–69）。众所周知，二号墓的墓主是一号墓中山靖王刘胜的妻

图 1–69　满城二号墓出土铜博山炉及线摹

（采自中国社会科学院考古研究所、河北省文物管理处：《满城汉墓发掘报告》，第 256、257 页，图一七〇、一七一，彩版二二）

① （清）严可均辑：《全上古三代秦汉三国六朝文》，第 1 册，第 751 页。

子窦绾，下葬时间比一号墓为晚。值得注意的是，二号墓中出土的博山炉与前者不同之处在于，山峦外不见明确的波涛形象，有一圈卷曲带纹是水波还是云气，很难判断。而其下的柄部为一胡人托举炉体。虽然该胡人还不能断定为西域胡人的形象（如下述材料），但该山峦之下明显地刻画了一只西域之兽——骆驼（图1-69-3），并与龙、凤等神兽组合在一起。在汉代的升仙信仰中，骆驼也被附会了进去（详见第六章第一节），其有比较显著的地域指向性，那就是中国西北和西域。而中国西北和西域的神山最著名的自然为昆仑。笔者据此推测满城二号墓出土的这具博山炉，其山峦象征的或许就不是蓬莱仙岛，也不是东方或中原其他名山、仙山，更可能是西北神山昆仑。当然，目前也仅能成为一种推测，难以真正辨别。另外，曾蓝莹先生还提出，山峦下的神兽应该是四神，有青龙、白虎和朱雀，骆驼是用来代替玄武的[①]。如果此说可信，那么，四神（四象）代表天之四方，由它们围绕的神山，自然也应该为天地中心的昆仑了（详见本章第五节）。

如果说满城二号墓出土博山炉上，托举炉体的胡人还不易判断为西域胡人，那么，湖北罗州东汉墓出土的一具铜博山炉则可以毫无疑问地确定这一问题。该博山炉炉座上有龙虎和人面虎身的神兽围绕，其下为一周三角形围成的带纹，座上有一人头顶炉体，该人深目高鼻、络腮长髯，俨然为汉代画像中常见的西域胡人的形象。炉体上也有神兽和三角带纹各一周，其上为重叠的山峦，山顶站立一只凤鸟[②]（图1-70-1）。有学者曾讨论过汉代铜镜外区环绕的三角带纹或许并非纯为装饰，可能象征着大地周边的群山[③]，而昆仑正好被作为大地中心的神山（详见本章第五节）。其下守卫的神兽中有人面虎身兽。《山海经·西山经》中云：“昆仑之丘，是实帝之下都，神陆吾司之。其神状虎身而九尾，人面而虎爪。”[④]此兽或许就是司守昆仑的陆吾神兽。而中间西域胡人的造型更加强调了昆仑这一西北神山的属性。无独有偶，在远隔千里的川西汉源地区近年出土一件与之几乎完全一致的铜博山炉[⑤]，说明这种器物及其上蕴含的寓意和信仰并非一时一地之

① Lillian Lan-ying Tseng, *Picturing Heaven in Early China*, Harvard University Press, 2011, p. 253.

② 黄冈市博物馆、湖北省文物考古研究所、湖北省京九铁路考古队：《罗州城与汉墓》，北京：科学出版社，2000 年，第 111 页。

③ 冯时：《上古宇宙观的考古学研究——安徽蚌埠双墩春秋钟离君柏墓解读》，《“中央”研究院历史语言研究所集刊》第二十八本第三分，2011 年，第 427 页；王煜：《象天法地：先秦至汉晋铜镜图像寓意概说》，《南方文物》2017 年第 1 期。

④ 袁珂校注：《山海经校注》（增补修订本），第 55、56 页。

⑤ 雅安市博物馆陈瑶女士向笔者提供有图片，但因资料尚未公布，这里不便使用。

特例。

类似的博山炉还有不少，兹不烦举，有些顶载炉体的胡人又作熊形（图 1–70–2），炉上也不见波涛，其具体含义就难以推测了。需要说明的是，博山炉在使用时，炉盖上的山体被烟雾熏绕，其制作原意应当是象征神山、仙山的。但由于在汉代以来大量流行，在后来的制作和使用中是否都保留了原意，是值得怀疑的。如刘向《薰炉铭》中就说："嘉此正器，崭岩若山。上贯太华，承以铜盘。中有兰绮，朱火青烟。"[①] 汉代《古诗五首》中也说："请说铜炉器，崔嵬象南山。上枝似松柏，下根据铜盘。"[②] 可见此种器物的含义宽泛，附会也多，根据波涛和西域元素的有无，将其中的一些辨别为蓬莱和昆仑，虽然有一些关键指示，但总体上还是具有一定的危险性，只可聊备一说，若推而广之，则恐谬之千里。

1. 湖北罗州陈家大地汉墓出土博山炉线摹　　2. 湖南永州鹞子岭二号墓出土博山炉线摹

图 1–70　胡人（熊）承托博山炉

（采自 1. 黄冈市博物馆、湖北省文物考古研究所、湖北省京九铁路考古队：《罗州城与汉墓》，北京：科学出版社，2000 年，第 111 页，图七五；2. 湖南省文物考古研究所、永州市芝山区文物管理所：《湖南永州市鹞子岭二号西汉墓》，《考古》2001 年第 4 期，第 52 页，图一〇）

汉代器物中，盖上有山峦重叠形象的除博山炉外，一些墓葬中出土的铜、陶樽和陶鼎上也有类似的制作，是否也有特别的内涵，笔者就无法推测了。不过一些图像较为丰富的材料仍可稍加注意。

① （唐）欧阳询撰，汪绍楹校：《艺文类聚》卷七十《服饰部下》，上海古籍出版社，1999 年，下册，第 1223 页。

② 逯钦立辑校：《先秦汉魏晋南北朝诗》，上册，第 334 页。

例如，西安翁家庄汉墓 M11 中出土一件陶樽，樽盖上刻塑为重叠的山峦，其间有兽奔跑。樽体上还刻画有一周图案，主要也是山峦和奔跑于其间的各种兽[①]（图 1-71-2）。值得注意的是，在樽体图案展开图的最左侧，山峦之中跃出一龙，龙有翼，

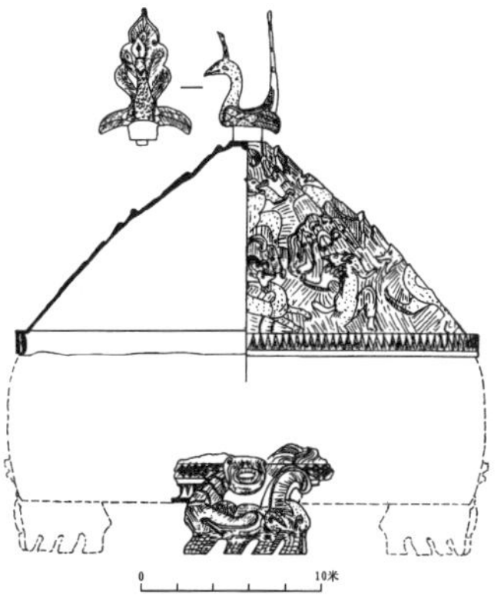

1．湖南永州鹞子岭二号墓出土铜樽摹本

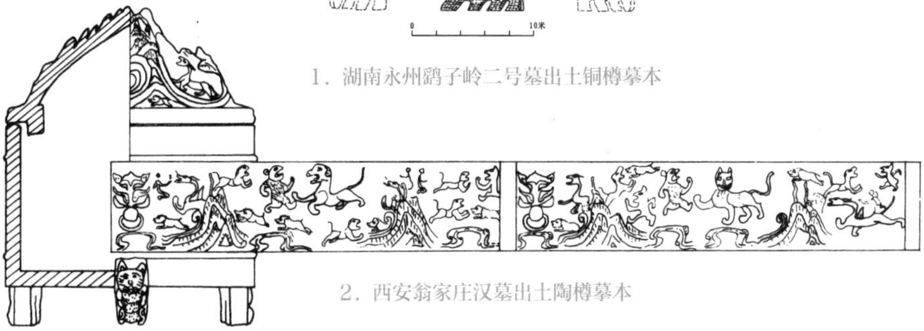

2．西安翁家庄汉墓出土陶樽摹本

3．内蒙古上窝尔吐壕汉墓 M1 出土陶樽摹本

图 1-71　山形铜、陶樽及神人、神兽图像

（采自 1. 湖南省文物考古研究所、永州市芝山区文物管理所：《湖南永州市鹞子岭二号西汉墓》，《考古》2001 年第 4 期，第 51 页，图九；2. 陕西省考古研究所：《西安北郊翁家庄汉墓发掘简报》，《考古与文物》2004 年增刊《汉唐考古专辑》，第 4 页，图六，4；3. 魏坚编著：《内蒙古中南部汉代墓葬》，北京：中国大百科全书出版社，1998 年，第 300 页，图三）

① 陕西省考古研究所：《西安北郊翁家庄汉墓发掘简报》，《考古与文物》2004 年增刊《汉唐考古专辑》。

其前有清瘦的仙人持物欲饲，在图案的最右侧也有一仙人乘骑在有翼的飞龙之上。从这两个图像看来，这里的山峦和野兽应该不是对现实场景的描绘，樽盖之上那重叠的山峦或许也代表某座仙山、神山。类似的陶樽在西安一带的汉墓中十分常见，如咸阳杜家堡新莽墓[①]、咸阳二〇二所西汉晚期墓 M4[②] 等等。甚至远至内蒙古上窝尔吐壕汉墓 M1[③] 中都有此类陶樽出土，该陶樽上满饰图案，樽盖为重叠的山形，樽体上一周均为山峦，山峦间有羊、熊、鹿等动物，有一人骑射，其上还有一熊形兽乘骑一龙，表明了整个图案的神话性质（图 1–71–3）。一些铜樽的盖顶也表现为峰峦重叠的博山形，其中亦有不少神禽异兽，顶部或为凤鸟（图 1–72）。不过由于没有指示性的元素出现，这些仙山、神山是否还有更为明确的内涵，也就无从推测了。

图 1–72　成都大湾汉墓出土铜樽及盖顶图像
（成都博物馆张倩影先生提供）

另外，前述多平台形的昆仑图像与汉代墓葬中出土的某些造型高大、内涵丰富的灯具十分相似，有些灯具上还堆塑和刻画了突出的西王母、门和各种仙人、神兽，以致有学者将其部分构件误为摇钱树座[④]，这也说明了其与摇钱树座具有的某些相似性（图 1–73）。然而，这些堆塑究竟只是带有一定意义的装饰元素，还是参与了器物整体内涵的塑造，笔者无法判断，也就不再讨论了。

① 咸阳市文物考古研究所：《陕西咸阳市北郊杜家堡新莽墓发掘简报》，《考古与文物》2004 年第 3 期。

② 咸阳市文物考古研究所：《陕西咸阳二〇二所西汉墓葬发掘简报》，《考古与文物》2006 年第 1 期。

③ 魏坚编著：《内蒙古中南部汉代墓葬》，北京：中国大百科全书出版社，1998 年，第 300 页。

④ 对此苏奎先生有所更正。参见苏奎：《汉代陶钱树座与陶灯座》，《华夏考古》2015 年第 1 期。

图 1-73　绵阳观太乡汉墓出土西王母陶灯
（采自绵阳市文物局、绵阳博物馆：《涪江遗珠：绵阳可移动文物》，北京：科学出版社，2015 年，第 100 页）

三、小结

由于昆仑信仰的流行，对于昆仑的想象和向往也被人们表现在一些丧葬器物甚至生活中的实用器物上。这方面之前学界关注得不多[①]，当然这些问题也颇有难度，大多内涵不甚明确，过于泛化的讨论往往难有深度，过于深入的解读往往又会阐释过度。笔者在这里也仅仅是举出几种自己认为比较有把握的器物来讨论，实际上应该还有更多更为精彩的内容等待以后去发现和解读。在这里笔者重点讨论了摇钱树座。摇钱树作为一种专为丧葬制作的明器，其上的昆仑信仰表现得最为系统，这是我们考察当时这一升仙信仰体系的最佳材料之一。这一问题笔者留待一一梳理和辨析清楚天门、西王母、天神等材料和问题及它们之间的关系后才

① 如练春海：《器物图像与汉代信仰》，北京：生活·读书·新知三联书店，2014 年。

好作统一的理解。

另外，略晚于长江上游的摇钱树，在长江下游流行一种习惯上称为“魂瓶”的器物，其性质也完全为丧葬器物，上面堆塑大量仙人、神兽、双阙、楼阁，还有胡人和佛像，有的也有山形的表现[①]（图 1–74）。对其研究已经非常丰富，然而其内涵仍然未能探明。它的属性应该也同摇钱树一样，是一种丧葬理想的综合体，但是具体以何种内涵为基础或主体，又如何附加了其他内涵？也需要如同研究摇钱树一般，结合个案和整体，逐层剖析。笔者这里并不是提示其与本书讨论的问题有关[②]，而是作为一种备忘，将其列入接下来的研究计划中。

1. 江苏金坛出土

2. 浙江吴晋墓出土

图 1–74　吴晋魂瓶

（采自南京博物院等：《佛教初传南方之路文物图录》，北京：文物出版社，1993 年，图 64、74）

① 参见仝涛：《长江下游地区汉晋五联罐和魂瓶的考古学综合研究》，四川大学博士学位论文，2006 年。

② 有学者即认为与昆仑有关。如長谷川道隆：《呉・晋（西晋）墓出土の神亭壺——系譜および類型を中心に》，《考古学雜誌》1986 年第 3 期。

第五节
“上游紫宫，下栖昆仑”：昆仑升仙信仰

一、图像材料的启示

本章中笔者梳理了汉代主要是墓葬中出现的关于昆仑形象的图像及模型，得到以下几点主要认识：

第一，学界以往严重低估了汉代墓葬中昆仑材料的丰富性，专门研究这一问题的只有包括曾布川宽等先生的为数较少的一些文章，而其收集、讨论的昆仑图像现在看来只能算是冰山之一角。经过笔者的梳理，从西汉前期开始，昆仑图像开始流行于南方和东方的墓葬中，载体主要是漆棺和帛画。虽然材料不算多，但已经明显出现了不同的形式，说明其已经不是昆仑图像的初肇时期了。到了西汉中晚期以后，昆仑图像广泛流行在各大壁画和画像流行的地区，并在之前的基本形式之上发展出不少地域性和跨地域性的形式甚至格套。虽然存在不少地域性差异，但其一致性同样是比较强烈的。除了图像材料外，昆仑的形象还被人们制作在一些明器和实用器物上。以往关注汉墓图像中的信仰内容，主要是将目光放在西王母上，现在看来昆仑的材料恐怕也不比西王母为少，这还是一个尚未深入和拓展的广阔空间。

第二，从目前的材料来看，昆仑图像一开始主要流行于西汉前期的楚地，这与最早较多记载昆仑的文献《楚辞》《山海经》的形成地域是相近的[①]，也与以往学界的研究是相合的，说明昆仑信仰的成熟或许就是在楚地。但要注意的是，从西汉前期的这些昆仑图像来看，不论是漆棺还是帛画，已经初步形成了一个信仰体系，即笔者所谓的“阊阖—昆仑—天门—天界（天帝）”的升天系统。更为准确的说法是，昆仑信仰的系统初步形成于楚地，因为这个信仰系统在稍后山东地区的帛画上还

① 参见袁珂：《〈山海经〉写作的时地及篇目考》，见氏著《神话论文集》，上海古籍出版社，1982年，第1～25页。

稍显混乱。而对昆仑的观念则未必一定源自于楚地，毕竟中原地区的早期文献如《禹贡》中也提到昆仑。从后面的讨论可以看到，应该是楚地综合了战国中晚期各地尤其是东方的一些学说和观念，最终初步形成了关于昆仑的信仰体系。

第三，昆仑信仰与西王母信仰的关系是学界一直关注的热点，以前往往认为它们之间的融合是在东汉中期，但现在新出的材料表明至少在新莽时期到东汉早期，二者已经开始结合在一起了。昆仑信仰此时已经是一个信仰体系，西王母的加入使得这个体系更为丰富和神奇。但是，西王母在这一体系中的性质和地位究竟如何？西王母是否是这个信仰中的主神？这些问题是以往大多数研究没有深入关注的，笔者拟在第三章再来讨论。

第四，除西王母外，昆仑图像在广泛流行之后，还往往显示出与神树的结合。不仅有在其上增加树木的做法，如淮北地区，甚至衍生出树茎似的形象，如陕北地区，在四川地区还出现了将昆仑与神树两大元素完美组合的丧葬器物——摇钱树。昆仑神山与神树的关系也需深入讨论。

第五，在上述大量考古材料中，昆仑形象如果是处于图像之中，基本上都是处于图像中心和核心，如果是独立出现，也表现出一山独尊的气度。但我们知道，在战国秦汉人们的观念中，昆仑在西北方是毫无疑问的，而且“河出昆仑”在当时是深入人心的，河源自然在西北。因此，这个西北方的昆仑，为何又具有中央的气度？这个西北和中央的方位与昆仑的性质和对其的信仰有何关系？这就不是单靠考古材料能回答的问题了。

二、昆仑的位置与登天信仰

昆仑在战国秦汉人们的观念中是西方、西北方的一座巨大的神山，这是毫无疑问的，但这昆仑究竟在哪里，古往今来却是聚讼不已。汉武帝根据张骞在西域找到的新“河源”将其定为于阗南山①，前凉张骏根据酒泉太守马岌的提议将其定为酒泉南山②，古来又有不少意见定其为冈底斯山③，魏源则考其为葱岭④，近人蒙

① 《史记》卷一百二十三《大宛列传》，第10册，第3173页。

② 《晋书》卷八十六《张轨传》，第7册，第2240页。

③ 参见饶宗颐：《论释氏之昆仑说》，见氏著《梵学集》，第290～292页。

④ （清）魏源：《海国图志》卷七十四《释昆仑》，下册，第1852～1863页。

文通先生又考其为川西北之岷山[①]，其他异说，不胜枚举。我们知道，记载昆仑的早期文献要不太过简单而无法考定（如《禹贡》），要不就是充满了神话色彩而无法实定（如《山海经》），所以这样的争论恐怕会继续下去。顾颉刚先生将昆仑当作一个“神话中心”来看待，并将其扩展为“昆仑区”来探讨昆仑神话的产生。他认为昆仑区中地理和人物都在西北，所以昆仑神话是从西北民族传来的[②]。顾先生的这种神话研究的态度是极为可取的，但以其内容为西方就推出其产生于西方，恐怕逻辑上并无一定之势。中原人就一定不能自己产生对西方事物的兴趣和信仰？抛开其来源不说，中原人为何能接受以西方事物为主要内容的信仰也是一个问题。因此，对于西方的昆仑信仰还应该继续寻求其意义上的来源。

对于昆仑的信仰主要是将其作为登天的神山。《淮南子·地形训》中云：

> 昆仑之丘，或上倍之，是谓凉风之山，登之而不死。或上倍之，是谓悬圃，登之乃灵，能使风雨。或上倍之，乃维上天，登之乃神，是谓太帝之居。[③]

认为登天的神山在西北方，实际上一方面与我国西北高、东南低的地形有关。关于这样的地形的来历，有一段著名的神话。《淮南子·天文训》中说：“昔者，共工与颛顼争为帝，怒而触不周之山，天柱折，地维绝。天倾西北，故日月星辰移焉；地不满东南，故水潦尘埃归焉。”[④]古人认为天地是由四正四隅的八根柱子撑开的。《楚辞·天问》中便问道：“八柱何当？”王逸注：“言天有八山为柱。”[⑤]《河图括地象》中说：“天有九部八纪，地有九州八柱。”[⑥]东汉灵帝光和四年（公元181年）《祀三公之碑》中也说：“天有九部，地有八柱。”[⑦]而西北方的天柱为不周山。《山海经·大荒西经》云：“西北海之外，大荒之隅，有山而不合，名

---

① 蒙文通：《略论〈山海经〉的写作时代及其产生地域》，见氏著《蒙文通文集第一卷·古学甄微》，第48页。

② 顾颉刚：《〈山海经〉中的昆仑区》，《中国社会科学》1982年第1期。

③ 何宁撰：《淮南子集释》卷四《墬形训》，上册，第328页。

④ 何宁撰：《淮南子集释》卷三《天文训》，上册，第167、168页。

⑤ （宋）洪兴祖撰，白化文等点校：《楚辞补注》卷三《天问》，第87页。

⑥ ［日］安居香山、中村璋八辑：《纬书集成》，石家庄：河北人民出版社，1994年，下册，第1089页。

⑦ 毛远明编著：《汉魏六朝碑刻校注（二）》，北京：线装书局，2008年，第28页。

曰不周负子。”此“不周负子”之山即不周山，“负子”二字或为衍文[①]。其处在大地的西北隅，正是西北方的天柱，而其“不合”，自然是被共工撞坏了的。西北方撑开天地的天柱被共工撞坏了，于是天的西北便倾倒下去，地的西北便高隆起来（东南便倾倒下去，所谓“地不满东南”），这样天与地最接近之处便在西北了。要登天自然最好从西北方的高山上去，而不周山南面“方八百里，高万仞”“其光熊熊，其气魂魂”[②]的神山昆仑自然是理想的天梯。《河图括地象》云“昆仑在西北，其高一万一千里”，“其高入天”[③]。《抱朴子·祛惑》说昆仑“去天不过数十丈也。”[④]汉碑中也见有直接以昆仑之高为比喻者，如桓帝延熹二年（公元159年）《张休涯涘铭》云“宜乎昆仑，日月所蔽”[⑤]。可见西北之昆仑确为与天最接近的神山。需要说明的是，在《山海经》中登天的神山并不只有昆仑（如日月山、丰沮玉门山[⑥]等），看来在早期观念中凡西北之大山甚至天下的高山皆有可能登天，独尊昆仑的观念在汉代才强烈地表现出来。

另一方面，这个偏处西北方的昆仑顶上却是“太帝之居”。《山海经·海内西经》中说：“昆仑之虚，在西北，帝之下都。”[⑦]《西山经》中也说：“昆仑之丘，实惟帝之下都。”[⑧]可见这里的“太帝之居”即是天帝在下方的都城。《穆天子传》中说：“天子升于昆仑之丘，以观黄帝之宫。……天子□昆仑，以守黄帝之宫。”[⑨]《庄子·至乐》也说：“昆仑之虚，黄帝之所休。”[⑩]刘歆《甘泉宫赋》亦云：“回天门而凤举，蹑黄帝之明庭。冠高山而为居，乘昆仑而为宫。案轩辕之旧处，居北辰之闳中。”[⑪]可见这里的天帝即是黄帝（汉武帝以来，黄帝之上又有太一，后详）。我们知道，黄帝作为天帝是五方帝中的中央天帝。《淮南子·天文训》中说：“中

---

① 袁珂校注：《山海经校注》（增补修订本），第443、444页。
② 袁珂校注：《山海经校注》（增补修订本），第53、344、345页。
③ ［日］安居香山、中村璋八辑：《纬书集成》，下册，第1092页。
④ 王明：《抱朴子内篇校释（增订本）》卷二十《祛惑》，第349页。
⑤ （宋）洪适撰：《隶续》卷十九《张休涯涘铭》，见《隶释·隶续》，第443页。
⑥ 袁珂校注：《山海经校注》（增补修订本），第453、454、459、460页。
⑦ 袁珂校注：《山海经校注》（增补修订本），第344页。
⑧ 袁珂校注：《山海经校注》（增补修订本），第55页。
⑨ （晋）郭璞注，王贻樑、陈建敏校释：《穆天子传汇校集释》卷二，北京：中华书局，2019年，第87、95页。
⑩ （清）郭庆藩撰，王孝鱼点校：《庄子集释》卷十八《至乐》，中册，第614页。
⑪ 费振刚、胡双宝、宗明华辑校：《全汉赋》，第237页。

央土也。其帝黄帝，其佐后土，执绳而治四方。”[①] 为何住在这西北昆仑神山上的不是西方的天帝少昊或北方的天帝颛顼，而是中央的天帝黄帝？岂不是西北的昆仑又处于中央的位置？

战国以来，由于海陆交通的发展，中国人的地理观有了进步，产生了不再以自己所在地为大地中心的新观念。战国晚期的邹衍提出“大九州”之说，认为原来所称的九州（即《禹贡》中所说的九州）只是这个大九州中的一州，名为赤县神州。由于东面和南面距海较近，因此认为我们所在的赤县神州位于大地的东南方。《论衡·谈天篇》中载：

邹衍之书，言天下有九州，《禹贡》之上所谓九州也。《禹贡》九州，所谓一州也。若《禹贡》以上者，九焉。《禹贡》九州，方今天下九州也，在东南隅，名曰赤县神州。……邹衍曰：方今天下，在地东南，名赤县神州。[②]

既然我们所在的神州只是大地上东南隅一块，那么大地的中心当然在我们的西北方，而西北方的巨大神山昆仑自然最有资格被当作大地的中心。

《水经·河水》云：“昆仑墟在西北，去嵩高五万里，地之中也。”注引《禹本纪》同[③]。《河图括地象》亦云：“地中央曰昆仑，昆仑东南，地方五千里，名曰神州。”又云：“昆仑者，地之中也。”又云：“地部之位，起形高大者，有昆仑山。……其山中应于天，最居中，八十城市绕之。中国东南隅，居其一分。”[④] 昆仑为大地中心，其上则对应着天的中心——北极、北辰。《周礼·春官·大司乐》郑玄注：“天神则主北辰，地祇则主昆仑。”[⑤]《春秋命历序》云：“天体始于北极之野，地形起于昆仑之虚。”[⑥]《尚书纬》云：“北斗居天之中，当昆仑之上。”[⑦] 张衡《七辩》亦云：“上游紫宫，下栖昆仑。”[⑧]“紫宫”即紫微垣，其

① 何宁撰：《淮南子集释》卷三《天文训》，上册，第 186 页。

② 黄晖撰，刘盼遂集解：《论衡校释》卷十一《谈天篇》，第 473 ～ 478 页。

③ （北魏）郦道元著，陈桥驿校证：《水经注校证》卷一《河水》，第 1 页。

④ ［日］安居香山、中村璋八辑：《纬书集成》，下册，第 1089、1091、1095 页。

⑤ 《周礼注疏》卷二十五《春官宗伯下·大司乐》，中册，第 846 页。

⑥ ［日］安居香山、中村璋八辑：《纬书集成》，中册，第 885 页。

⑦ ［日］安居香山、中村璋八辑：《纬书集成》，上册，第 393 页。

⑧ 费振刚、胡双宝、宗明华辑校：《全汉赋》，第 491 页。

内即为北极星，为天之中心。既然昆仑下处地心，上对天极，则为天地的中轴，为通天之中心天柱。《龙鱼河图》云："昆仑山，天中柱也。"[①]《河图括地象》云："昆仑山为天柱，气上通天。昆仑者，地之中也。"又云："昆仑有铜柱焉，其高入天，所谓天柱也。"又云："昆仑山横为地轴"、"昆仑之山为地首"[②]。《神异经·中荒经》亦云："昆仑之山有铜柱焉，其高入天，所谓天柱也。"[③]所以其顶部自然为"帝之下都""太帝之居"了，登上昆仑则可进入天帝统领的天界而成为神仙[④]。《太平经》中云："（得道之人）需年月日当升之时，传在中极，中极一名昆仑。"又云："神仙之录在北极，相连昆仑，昆仑之墟有真人，上下有常。"[⑤]曹操《秋胡行》亦云："我居昆仑山，所谓者真人。……沉吟不决，遂上升天。"[⑥]即是这种观念的反映。另外，洪兴祖补注《楚辞·离骚》时说："又一说云：大五岳者，中岳昆仑，在九海中，为天地心，神仙所居，五帝所理。"[⑦]观其前引文，这一说法似乎是出自《神异经》。虽然无法判断这条文献的出处和时代，但应该是与大九州观念相配合的说法。

同样要说明的是，《山海经》中的天地中轴和天帝所居也并不只有昆仑（如日月山，再如轩辕之丘、轩辕之台、长留之山、众帝之台[⑧]等），这一观念的最终确立和成熟又是在汉代，尤其集中反映在上列两汉之交形成的各种纬书中。当然，这种观念的形成自然是早于纬书的，其影响范围也远远超过纬书，只是纬书中体现得较为集中而已。如《禹本纪》见于《史记》，其时代自然要早于西汉中期。又如汉武帝时，济南人公玉带献《黄帝时明堂图》，明堂中的楼即曰昆仑，"命曰昆仑，天子从之入，以拜祠上帝焉"[⑨]。

---

① ［日］安居香山、中村璋八辑：《纬书集成》，下册，第1154页。

② ［日］安居香山、中村璋八辑：《纬书集成》，下册，第1091、1092页。

③ 王根林校点：《神异经》，见《汉魏六朝笔记小说大观》，第57页。

④ 按：传说中昆仑在中国西北，而北极在中国正北，严格地讲并不能相合。《论衡·谈天篇》中在批评邹衍"大九州"之说时，实际上间接指出了这种矛盾性。但当时人既认为北极为天之中，昆仑为地之中，"其山中应于天"，而且"天倾西北"，恐怕一般的观念中并不太会去考虑这种矛盾性，《论衡》中所批评的也正是当时的流行观点。

⑤ 王明：《太平经合校》卷一百一十、一百一十二，下册，第532、583页。

⑥ （汉）曹操：《曹操集》，第7页。

⑦ （宋）洪兴祖撰、白化文等点校：《楚辞补注》卷一《离骚》，第43页。

⑧ 袁珂校注：《山海经校注》（增补修订本），第60、457、267、61、280页。

⑨ 《史记》卷二十八《封禅书》，第4册，第1401页。

以上两种观念都以昆仑为登天的神山。第一种是以自身所在为中心，由天倾西北、地隆西北而将西北的大山昆仑作为登天的捷径。第二种是以西北为中心，而将昆仑视作天地之中柱，从而成为通天之山。虽然从所出文献，看不出二者有早晚关系，甚至往往杂陈于同一文献中（如《淮南子》）。但从逻辑上讲第一种观念应该更为早出，它与先民们解释我国地形的来历及日月星辰之西移、江河之东注有关，这种观念来源想必是甚为古老的。虽来源古老，但在汉代仍然流行，王充在《论衡·谈天篇》中便首列出来进行批评。而第二种观念只能在“大九州”或类似观念形成后才能出现，从上引文献来看，其在汉代更是相当流行。严格地讲，这两种观念并不相容，既以自身所在为中心将昆仑视作天地西北隅的大山，就不能再同时以它为天地的中心。但神话传说乃至早期宗教信仰往往不需要如此严格的逻辑，这两种观念都以昆仑为我们西北方的大山，为登天的神山，这就足以使它们相融了。一方面在人们的观念中昆仑为西北天地最接近之处的巨大神山，另一方面昆仑又为通天的中心天柱，昆仑沟通天地的地位便牢固得无法动摇了。从上引文献来看，这种观念在战国时期已有一些表现，但并不明确，昆仑也不是唯一的选择，其完全成熟恐怕还是在汉代。

三、中心神山与神树

将昆仑作为天地的中心，属于中国古代的宇宙观和神话观。不过以神山为宇宙的中轴和通天的中心，却是世界古代文化的普遍观念：

高山经常被视为天空和大地的相遇之处，因而也是“中心点”，是宇宙之轴穿过的地方、充满神圣的地方，是人们能够从一个宇宙区穿越到另一个宇宙区的地方。所以，在美索不达米亚人的信仰里，“万国的高山”连接天和地，而印度神话的妙高山（Mount Smeru）则矗立在世界的中心，北极星从山顶放出光芒。乌拉尔—阿尔泰民族也有一座中央山脉苏布尔（Sumbur, 又称 Sumur 或 Semeru），北极星高悬其上。伊朗人信仰圣山哈拉贝拉扎提（Haraberazaiti，又称 Harburz），它位于大地中央，固定在天上。《埃达》中的西敏约格（Himingbjorg）的意思是“天山”，彩虹（Bifrost）和天穹在那里相交。这些信仰也可以在芬兰人、日本人以及其他民族中找到。

正因其为天地交汇之处，高山位于世界中心，当然也是大地的最高处。正因如此，许多神圣的地方——“圣地”、神庙、宫殿、圣城——都和“高山”有关，本身就形成了“中心”，以某种奇妙的方式变成了宇宙之山的顶峰。……根据伊斯兰教传统，人间最高处在克尔白，因为“北极星证明……它位于天园的中央”。[①]

这个方面是现代学者开始研究昆仑神话时的一个重点，不过由于文化单线进化和传播论的影响，多认为是一种神话在各个文化传播的不同版本[②]。这种对于世界的宏观想象，可能反映了古代人类思想的一些普遍结构和所谓“范型”，未必一定具有直接的关系，至少在找出具有相当特殊性和排他性的具体共同点之前，我们还要谨慎思考他们之间的联系。从中国文化的范围看，昆仑神山与后来由佛教传入的须弥神山传说，确实有相当的共性，但是否同源，目前尚无有力证据。倒是它们在某一特殊时期的相互附会能看得比较清楚（详见本书余论四），至少说明了在这之前的相当一段时期它们是不同的两个系统。

众所周知，在世界各地的神话传说中，宇宙中心除了神山之说外，还有神树之说。其中，最广为人知的便是北欧神话中的宇宙树[③]。而且，中心神树也普遍具有通天的属性，也往往和中心神山结合在一起：

那就是它处在宇宙中心，和大地、天堂以及地狱相连。这个神话地形的细节在北欧和中亚，尤其是阿尔泰民族和日耳曼民族中间具有特殊的含义，不过它的起源也许是在东方（美索不达米亚）。例如，阿尔泰民族相信“在大地之脐生长着一棵最高大的树木，这是一棵巨大的杉树，它的枝叶直抵白乌耳干[④]的家”——也就是天堂。我们通常可以在一座山顶，即世界的中心发现这棵树。阿巴坎的鞑

---

① Mircea Eliade, *Patterns in Comparative Religion*, Cleveland: Word Publishing Meridian, 1963, pp. 99–102. 中译本见［美］米尔恰·伊利亚德著，晏可佳、姚蓓琴译：《神圣的存在：比较宗教的范型》，桂林：广西师范大学出版社，2008 年，第 106、107 页。

② 苏雪林：《昆仑之谜》，第 54 页；凌纯声：《昆仑丘与西王母》，《民族学研究所集刊》第 22 期，1966 年，第 215 ~ 255 页；杜而未：《昆仑文化与不死观念》，见《宗教丛书 6》，第 1 ~ 89 页。

③ ［德］保罗·赫尔曼著，张诗敏、许嫚红译：《北欧神话：世界开端与尽头的想象》，上海人民出版社，2020 年，第 612 ~ 620 页。

④ 引者按：即至上天神。

鞑人（Abakhan Tarars）论及在一座铁山上有一棵七枝桦树，显然象征七重天（这个意向似乎起源于巴比伦）。在瓦什干奥斯佳克（Vasyugan Ostiak）萨满颂歌中的宇宙树就像天空一样有七重，它穿越全部天界并扎根在大地深处。

萨满登天时，在其神秘的旅途中要爬上一棵有七道阶梯的桦树。然而，一般而言，他登天时用一根有七道台阶的柱子，这自然也据说是地球的中心。神圣的柱子或树是位于宇宙中央支撑世界的宇宙柱的象征。阿尔泰民族相信诸神在这根宇宙柱上拴马，群星围绕它旋转。斯堪的纳维亚人也有同样的观念：奥丁[①]在雨格德拉希尔树（意思就是“奥丁的马”）上拴马。萨克森人称这棵宇宙柱为伊尔敏苏尔（Irminsul）——univerasalis clumna quasi sustiness omnia（支撑世界的宇宙之柱，福尔达的道鲁夫 [Rndolf of Fulda] 语）。印度人也有宇宙之轴的观念，它表现为一根位于宇宙中心的柱子或者生命树。……在这些神话里，树表达了绝对实在的规范、支撑宇宙的固定点的一面。它是一切事物的最高基础。因此，和天的沟通只有在它的附近或者通过它才能完成。[②]

伊利亚德还曾详细讨论了萨满教中宇宙中心神山、神树、天柱、穹庐等观念及相关的登天仪式[③]。除了上述倾向于将同类观念归结于一个来源外，似乎确实可以归纳为世界宗教的一个典型“范型”。而具体在中国古代的神话传说中，这个中心神树便是建木。《淮南子·地形训》云：“建木在都广，众帝所自上下，日中无景（影），呼而无响，盖天地之中也。”[④]有意见认为建木也被较为充分地表现在了汉代的器物图像中[⑤]，此说尚需要更多明确的证据。目前所见明确与建木有关的图像很少，无法进行进一步的类比辨析。可能性较大的如山西离石马茂庄三号墓前室东壁左、右两侧的画像上，各有一牛首和鸡首神人守护一株神树，神树

① 引者按：北欧神话中的至上神。

② ［美］米尔恰·伊利亚德著，晏可佳、姚蓓琴译：《神圣的存在：比较宗教的范型》，第295、296页。

③ ［美］米尔恰·伊利亚德著，段满福译：《萨满教：古老的入迷术》，北京：社会科学文献出版社，2018年，第181～214、259～286页。

④ 何宁撰：《淮南子集释》卷四《墬形训》，上册，第328、329页。

⑤ 练春海：《器物图像与汉代信仰》，第46页。

之上有乘骑车马和神兽飞升的图像[①]（图1–75）。不过，这里虽然没有见到昆仑而只见神树，但牛首、鸡首人身神仍然提示其与西王母、昆仑的关系（见前述陕北晋西地区的昆仑、西王母图像），而且该墓中多次出现昆仑、西王母的形象，恐怕也不能断言其完全与昆仑无关。即便确实完全与昆仑无关，仅仅是建木神树通天的表现，在大量汉代墓葬图像中也只能算是特例，绝大多数的材料中建木神树的观念恐怕已经融合入昆仑神山的登天信仰中了。

1　　2

图1–75　离石马茂庄三号墓前室东壁左、右侧画像拓片

（采自中国画像石全集编辑委员会：《中国画像石全集5·陕西、山西汉画像石》，第194、195页，图二六三、二六四）

笔者一再谈到，上述许多昆仑图像中都结合了神树的因素，尤其是将平台表现为扭曲的植物根茎状，除了表现悬圃之“悬”外，或许确实糅合了树茎的意味，

① 中国画像石全集编辑委员会：《中国画像石全集5·陕西、山西汉画像石》，第194、195页，图二六三、二六四。

有些平台上即刻画有树木。《史记·孝武本纪》载："乃作通天台，置祠具其下，将招来神仙之属。"[①] 而《封禅书》记该事为："乃作通天茎台，置祠具其下，将招来仙神人之属。"[②] 可见，武帝通天台又叫"通天茎台"。张衡《西京赋》中描述到："通天訬以竦峙，径百常而茎擢。"[③] 可见，汉代人对通天之台的表现，确实就有树茎状的形式。

因此，更可能的情况恐怕是，人们在表现中心神山昆仑的同时结合了一些中心神树建木的观念。由于战国晚期以来尤其是汉代昆仑信仰的盛行，关于建木的说法远比不上昆仑，而且从早期神话来看，建木似乎就已经有与昆仑结合的趋势。《山海经·海内西经》云："有木，其状如牛，引之有皮，若缨、黄蛇。其叶如罗，其实如栾，其木若蓲，其名曰建木。在窫窳西弱水上。"[④]《大荒西经》云："昆仑之丘……其下有弱水之渊环之。"[⑤] 弱水是环绕着昆仑的河流，建木如何能长在水上，是否表明它在昆仑之上或之旁？

既然，昆仑和建木都是关于宇宙中心的神话，昆仑是神山，而建木是神树，在昆仑信仰盛行的汉代，早期关于宇宙中心树——建木的信仰可能就与之结合而从属于昆仑。而且，昆仑之上也确实有关于神木的传说。如《山海经·海内西经》中说："昆仑之虚，方八百里，高万仞。上有木禾，长五寻，大五围。"[⑥]《淮南子·地形训》也说："（昆仑）上有木禾，其修五寻。珠树、玉树、璇树、不死树在其西，沙棠、琅玕在其东，绛树在其南，碧树、瑶树在其北。"[⑦] 张衡《思玄赋》亦云："发昔梦于木禾兮，谷昆仑之高冈。"[⑧] 这种巨大的"木禾"也可以被人们表现在甚至是糅合在昆仑的图像中，在图像上与建木等神树相糅合和附会，一同融入关于昆仑的图像和信仰之中。昆仑悬圃、建木、木禾等元素也可能被人们一起糅合成一种关于通天之台的想象，这或许就是汉武帝所造的"通天茎台"的观念背景。

---

① 《史记》卷十二《孝武本纪》，第 2 册，第 479 页。
② 《史记》卷二十八《封禅书》，第 4 册，第 1400 页。
③ 费振刚、胡双宝、宗明华辑校：《全汉赋》，第 414 页。
④ 袁珂校注：《山海经校注》（增补修订本），第 329 页。
⑤ 袁珂校注：《山海经校注》（增补修订本），第 466 页。
⑥ 袁珂校注：《山海经校注》（增补修订本），第 344、345 页。
⑦ 何宁撰：《淮南子集释》卷四《墬形训》，上册，第 323、324 页。
⑧ 费振刚、胡双宝、宗明华辑校：《全汉赋》，第 394 页。

三、小结

综上所述，在汉代人的观念中西北方与天地最接近之处的大山昆仑，又是天地的中心天柱，其上对应着天之中心——北极（天帝所居之处），自然是登天最为重要的所在。登天之时首先应该登上昆仑，便可以进入天帝管辖的天界，在考古材料中西汉前期的漆棺和帛画上已经表现出当时楚地的“阊阖（昆仑之门）—昆仑—天门—天界（天帝）”的升天系统了。不过这一系统在当时还不是全国性的观念，临沂金雀山帛画就表现出这一点，而且随着时代也在发展演变。如后来“阊阖”与“天门”的统一、西王母的加入、天帝的转变、天神的协助等等。这便是本书中后面几章要考察的问题了。

第二章

天通西北：汉代天门图像与昆仑升仙信仰

汉武帝《郊祀歌·华烨烨》云：

华烨烨，固灵根。
神之斿，过天门。车千乘，敦昆仑。
神之出，排玉房。周流杂，拔兰堂。
神之行，旌容容。骑沓沓，般纵纵。
神之徕，泛翊翊。甘露降，庆云集。
神之揄，临坛宇。九疑宾，夔龙舞。
神安坐，翔吉时。共翊翊，合所思。
神嘉虞，申贰觞。福滂洋，迈延长。
沛施佑，汾之阿。扬金光，横泰河。莽若云，增阳波。遍胪欢，腾天歌。[①]

这首诗歌讲的虽然是天神（在这里应该就是天帝）从天门而出，自昆仑而下，来接受祭祀。但是反过来说明了，若要升天成仙，升往天帝所管辖的天界，就需得从昆仑而上，进入天门，天门是凡夫俗子升仙时的关键。关于天门的问题，在上一章中多次提到，显然它在汉代已经与昆仑升仙信仰结合在一起。但我们知道，天界之门的观念恐怕起源很早。那么，天门是怎样与昆仑结合在一起？又有着怎样的发展变化的历史？天门图像和天门信仰是否如有些学者所说的只流行于四川、重庆一隅之地？是否如有的学者所谓，汉代人还没有升天的想法？这就要全面梳理天门图像和有关天门的文献，对天门的问题作一次较为全面、深入和系统的考察。

① 《汉书》卷二十二《礼乐志》，第 4 册，第 1066 页。

第一节
“阊阖正嵯峨，双阙万丈余”：战国汉晋文献中的“天门”

文字与图像是人们表达观念的两种载体，虽不能等同，但毕竟有着共同的观念背景，同时期相关的文献记载无疑是我们理解图像的一个基本手段。这里首先简略梳理一下当时文献中反映出的天门传说，有助于我们之后对图像的观察和研究。战国文献多出自汉人的整理，对汉人的影响尤大，战国汉晋（佛、道教观念明显注入之前）的神仙信仰也是一脉相承，也应予以考察。其中个别文献的写作虽晚于汉晋，但明显是同一系统，虽不能成为证据，但也可助理解。

在早期神话著作《山海经》中便有关于天门的传说。《山海经·大荒西经》中说：

大荒之中，有山名日月山，天枢也。吴姖天门，日月所入。……帝令重献上天，令黎邛下地，下地是生噎，处于西极，以行日月之行次。①

天门所在的日月山为“天枢”，可见其地位是相当突出的。我们注意到，将这里作为天门是因为它是日月所入的门户，也就成为天的门户，而天门前有“吴姖”的名称，似乎说明天门并不只此一处。这里还与重、黎“绝地天通”的传说有关，“绝地天通”为的是断绝一般人与天神的交通，使“民神不杂”，而将通天的权利收归巫觋②。可见这里的天门也是巫觋上天的通道。《大荒西经》中又有“丰沮玉门”：

大荒之中，有山名丰沮玉门，日月所入。有灵山，巫咸、巫即、巫朌、巫彭、巫姑、巫真、巫礼、巫抵、巫谢、巫罗十巫，从此升降。③

① 袁珂校注：《山海经校注》（增补修订本），第459、460页。

② 徐元诰撰，王树民、沈长云点校：《国语集解》卷十八《楚语下》，北京：中华书局，2002年，第512～516页。

③ 袁珂校注：《山海经校注》（增补修订本），第453、454页。

这里的“丰沮玉门”也为日月所入的门户，而且也有能交通天地的巫觋，怀疑或许也是一处天门。

日月所入的地方当然是天的门户，那么日月所出的地方也应当为天门，可见天门的一种来源与天文有关。我们知道，在中国古代的天文观察中，日、月之所行，所谓黄道，用星象来界标，所以星象中也有天门。东方苍龙的角宿就有天门的象征[①]。《史记·天官书》云：“东宫苍龙，……左角，李；右角，将。……其南北两大星，曰南门。”索引引《石氏星经》云：“左角为天田，右角为天门。”正义：“南门二星，在库楼南，天之外门。”[②]《晋书·天文志》亦云：“角二星为天关，其间天门也，其内天庭也。故黄道经其中，七曜之所行也。”[③]《晋书·天文志》虽然出自唐人之手，但它的主要内容依据西晋武帝时太史令陈卓的星图[④]，也具有重要参考价值。

东宫角宿有天门，而南宫井宿（东井）又有天阙。《史记·天官书》云：“东井为水事。其西曲星曰钺，钺北，北河；南，南河；两河、天阙间为关梁。”正义：“南河三星，北河三星，分夹东井南北，置而为戒。南河南戒，一曰阳门，亦曰越门；北河北戒，一曰阴门，亦为胡门。两戒间，三光之常道也。”又云：“阙丘二星在南河南，天子之双阙，诸侯之两观。”[⑤]可见，星象中两河夹井宿南北，又有阙丘二星象征天阙，其间为天体运行之通道即黄道，当然也是天门的象征。所以《晋书·天文志》云：“东井八星，天之南门，黄道所经，天之亭候。”[⑥]角、井两宿有天门、天阙，这显然是由于黄道经过其间，其观念来源仍然与日月五星的运行出入有关。《汉书·天文志》云：“黄道，一曰光道。光道北至东井，去北极近；南至牵牛，去北极远；东至角，西至娄，去极中。”[⑦]

天阙与天门更多时候是完全相同的意义，阙是当时高等级建筑正门的标志，天之门显然也应该有巍峨的双阙。《淮南子·天文训》云：“天阿者，群神之阙也。”

---

① 陈遵妫：《中国天文学史》，上海人民出版社，2006年，上册，第207页。

② 《史记》卷二十七《天官书》，第4册，第1295～1297页。

③ 《晋书》卷十一《天文上》，第2册，第299页。

④ 《晋书》卷十一《天文上》，第2册，第289页。

⑤ 《史记》卷二十七《天官书》，第4册，第1302页。

⑥ 《晋书》卷十一《天文上》，第2册，第303页。

⑦ 《汉书》卷二十六《天文志》，第5册，第1294页。

高诱注："阙犹门也。"[①] 崔骃《反都赋》云："上贯紫宫，徘徊天阙。"[②]

天门，又称为"阊阖"。《楚辞·离骚》："吾令帝阍开关兮，倚阊阖而望予。"王逸注："阊阖，天门也。"[③]《说文·门部》亦云："阊阖，天门也。"[④] 但上述将"阊阖"等同于天门的说法都是东汉时期的。西汉前期的楚地文献《淮南子·原道训》云："经纪山川，倒腾昆仑，排阊阖，沦天门。"将阊阖与天门并提，说明此时二者都是天之门户，但可能还不完全等同，阊阖在天门之前。高诱作注时就认识到这种不同。其云："阊阖，始升天之门也。天门，上帝所居紫微宫门也。"[⑤] 其理解似乎更合于《淮南子》的观念。可见，在西汉前期楚地的观念中，阊阖与天门虽然都是升天之门户，但二者还是不同的，阊阖是"始升天之门"，是升天的第一步，而天门是天帝的宫门。但最晚到东汉时期，阊阖和天门已经没有任何区别，可以互训了。而且阊阖很多时候还被作为紫微宫门了。如张衡《羽猎赋》云："开阊阖兮坐紫宫。"[⑥] 曹植《五游》云："阊阖启丹扉，双阙曜朱光。徘徊文昌殿，登陟太微堂。上帝休西棂，群后集东厢。"[⑦] 似乎也是作为天帝宫门的。

阊阖在西汉前期的楚地文献中又为昆仑之门。《淮南子·地形训》云："昆仑阊阖。"高诱注："阊阖，昆仑虚门名也。"[⑧]"虚"同"墟"，昆仑虚即昆仑山[⑨]。我们知道，昆仑为登天的最为重要的神山，那么昆仑之门——阊阖正好可以作为"始升天之门"，其上才是天门，形成第一章中所述西汉前期楚地"阊阖—昆仑—天门—天界（天帝）"的升天程序。

但如前所述，至迟在东汉时期，阊阖与天门已经完全等同了，所以此时天门也即昆仑之门或昆仑上的门，这应该是昆仑在升天信仰中越来越重要的结果。《论衡·道虚篇》云："天之门在西北，升天之人，宜从昆仑上。"[⑩] 汉焦延寿《易林·比》

① 何宁撰：《淮南子集释》卷三《天文训》，上册，第 201 页。
② 费振刚、胡双宝、宗明华辑校：《全汉赋》，第 296 页。
③ （宋）洪兴祖撰，白化文等点校：《楚辞补注》卷一《离骚》，第 29 页。
④ （汉）许慎撰，（清）段玉裁注：《说文解字注》，第 587 页。
⑤ 何宁撰：《淮南子集释》卷一《原道训》，上册，第 16 页。
⑥ 费振刚、胡双宝、宗明华辑校：《全汉赋》，第 481 页。
⑦ （宋）郭茂倩编：《乐府诗集》卷六十四《杂曲歌辞四》，第 4 册，第 1335 页。
⑧ 何宁撰：《淮南子集释》卷四《墬形训》，上册，第 325 页。
⑨ 见《说文解字注·丘部》，第 386 页。
⑩ 黄晖撰，刘盼遂集解：《论衡校释》卷七《道虚篇》，第 2 册，第 319 页。

亦云："登昆仑，入天门。"[①] 三国李奇《汉书注》云："昆仑九成，上有县圃，县圃之上即阊阖天门。"[②] 明确表示"阊阖"与"天门"等同，而在昆仑（悬圃）之上。《河图括地象》云："天不足西北，地不足东南。西北为天门，东南为地户。天门无上，地门无下。"[③]《神异经·西北荒经》亦云："西北荒中有二金阙，……中有金阶，西北入两阙中，名曰天门。"[④] 说天门在西北，显然也与昆仑有关。关于天门与昆仑的关系后文详论，兹不赘述。

除西北的昆仑神山外，高大的名山都有可能被当作通天之所在，其上也有天门。如泰山上便有天关、天门。应劭《汉官仪》引马第伯《封禅仪记》记光武帝封禅泰山时：

> 仰望天关，如从谷底仰观抗峰。其为高也，如视浮云。……遂至天门之下，仰视天门，窔辽如从穴中视天。……早食上，脯后到天门。……东北百余步，得封所，始皇立石及阙在南方，汉武在其北。二十余步，得北垂圆台，高九尺，方圆三丈所，有两陛。人不得从，上从东陛上。台上有坛，方一丈二尺所，上有方石，四维有距石，四面有阙。[⑤]

祭天坛上有阙，正如上引《神异经》"有二金阙……名曰天门"所言，应即天门的象征。曹植《仙人篇》云："仙人揽六箸，对博太山隅。……阊阖正嵯峨，双阙万丈余。"[⑥] 也似说泰山上之阊阖、天门。泰山为祭天之地，方士们又盛传黄帝封禅泰山后乘龙登天[⑦]，自然为通天之另一重要神山。不仅泰山，五岳等高山上似乎都可以有天门。汉乐府《董逃行》云："吾欲上谒从高山，山头危险道路难。遥望五岳端，黄金为阙班璘。"[⑧] 全诗描写向天神去为皇帝求不死之药，这里的"上

① （汉）焦延寿撰，徐芹庭注：《焦氏易林新注》卷八《比·姤》，北京：中国书店，2010年，上册，第99页。

② 《汉书》卷二十五《郊祀志》，第4册，第1261页。

③ ［日］安居香山、中村璋八辑：《纬书集成》，下册，第1090页。

④ 王根林校点：《神异经》，见《汉魏六朝笔记小说大观》，第56页。

⑤ （汉）应劭撰，（元）陶宗仪辑：《汉官仪》卷下，见（清）孙星衍等辑，周天游点校《汉官六种》，北京：中华书局，1990年，第176、177页。

⑥ （三国魏）曹植著，赵幼文校注：《曹植集校注》卷二《仙人篇》，下册，第390页。

⑦ 参见《史记》卷二十八《封禅书》，第4册，第1393页。

⑧ 逯钦立辑校：《先秦汉魏晋南北朝诗》，上册，第264页。

谒”自然是上天，金阙也符合天门的特征。可见，天门确实不仅仅在昆仑上，五岳等高山上亦可有登天之门。不过，五岳对人们来说并不神秘，常能上去，所以这里的天门更多是一种象征，昆仑之天门对时人来说才是最神秘因而最“实际”的。

道家文献中也常提到天门，更多的是具有哲学和炼养的意义。《老子》第十章云：“天门开阖，能为雌乎？”河上公注：“天门谓北极紫微宫，开阖谓终始五际也。治身，天门为鼻孔，开谓喘息，阖为呼吸也。”①《老子》第六章云：“谷神不死，是谓玄牝。玄牝之门，是谓天地根。”也有些天门的意味。河上公注：“言不死之道，在于玄牝。玄，天也，于人为鼻；牝，地也，于人为口。……言鼻口之门，乃是通天地之元气所从往来也。”②《抱朴子·登涉篇》云：“以舌柱天，以手捻都关，又闭天门，塞地户。”③这里的天门当与河上公注一致。《庄子·天运》云：“故曰：正者，正也。其心以为不然者，天门弗开矣。”《庚桑楚》中又云：“入出而无见其形，是谓天门。天门者，无有也，万物出乎无有。”④高亨先生认为这里“天门”的意义与《老子》一致⑤。虽然老庄中的“天门”比较抽象，具体含义也有不同说法。不过汉代的河上公注中将天门内化于人体，而与呼吸吐纳的导引术有关。呼吸导引也是战国秦汉间十分流行的仙术之一⑥，这里的天门显然仍与神仙思想有关。

另外，《太平经》中说：“积德不止道致仙，乘云驾龙行天门，随天转易若循环。”⑦将积德行善与升天成仙联系起来，在此时似乎是较为特殊的观念。然而，东汉王逸注《楚辞·九叹》时就说：“积德不止，乃上游清冥清凉之庭，被服云气而通神明也。……修善弥固，手乃杖执美玉之华，带明月之珠，扬赤霓以为旌，杂五色以为旗旄，志行清明，车服又殊也。……施行正直，愿引日月使照我情，上指北辰，诉告于天。……志意高大，上切于天，譬若仙人王侨乘浮云载赤霄，上凌太清，游天庭也。……修行众善，冀若仙人王侨得道不死，遂与天地同其寿命，与日月比其光荣，流名于后世，不腐灭也。”⑧因此，积德成仙是传统神仙观念的

① 王卡点校：《老子道德经河上公章句》，北京：中华书局，1993年，第35页。
② 王卡点校：《老子道德经河上公章句》，第21、22页。
③ 王明：《抱朴子内篇校释》卷十七《登涉》，第305页。
④ （清）郭庆藩撰，王孝鱼点校：《庄子集释》卷八《庚桑楚》，下册，第795页。
⑤ 高亨：《老子正诂》，北京：中国书店，1988年，第25页。
⑥ 蒙文通：《晚周仙道分三派考》，见氏著《蒙文通文集第一卷·古学甄微》，第335～342页。
⑦ 王明编：《太平经合校》卷九十四至九十五，下册，第403页。
⑧ （宋）洪兴祖撰，白化文等点校：《楚辞补注》卷十六《九叹》，第293～309页。

自然发展，还是新兴道教的刻意创造，还是具有疑问的。不过从上述文献来看，道家和后来的道教中关于天门的一些观念虽然也来自于传统思想，但似乎也具有一些特殊性，而且必须要这些特殊性才能显示它们的存在。

可见，天门在战国汉晋的神仙信仰中是相当突出的，其与天文星象、天帝信仰及以昆仑为代表的神山信仰，乃至呼吸导引的神仙术都有关系，其核心当然是升天成仙（呼吸导引中将外在的世界自身化了）。《淮南子·精神训》云："是故精神天之有也，而骨骸者地之有也；精神入其门，而骨骸反其根。"高诱注："精神无形，故能入天门；骨骸有形，故反其根，归土也。"①这里的"精神"自然指灵魂，即言灵魂入天门。天门有形象性的描述即双阙、金阙，也有象征性甚至哲学化的表达。这些认识对于我们进一步考察汉代的天门图像是有很大帮助的。

第二节
"设璧门之凤阙"：天门图像的判定与拓展

汉代的天门图像，早在20世纪50、60年代就有学者进行过关注②，随着考古材料的增多，尤其是20世纪末的一些重要发现，越来越受到学界的重视。目前学界在这一问题上存在两种倾向：一种倾向于将汉画像中大量的双阙形象看作天门的表现，并将其作为升仙、升天信仰的代表③；另一种则否认存在大量的天门图像，并认为即便有个别的天门图像，也与升仙信仰无关，汉代人并没有升天成仙的观念④。还有意见认为其与早期道教有关⑤。笔者认为，要深入讨论这一问题，首先

① 何宁撰：《淮南子集释》卷七《精神训》，中册，第504页。

② 郭沫若：《洛阳汉墓壁画试探》，《考古学报》1962年第2期。

③ 如赵殿增、袁曙光：《天门考——兼论四川汉画像砖（石）的组合与主题》，《四川文物》1990年第6期。二位先生后续还有一些相关讨论发表，仍以此篇较具代表。

④ 如孙机：《仙凡幽冥之间——汉画像石与"大象其生"》，《中国国家博物馆馆刊》2013年第9期。

⑤ 如张勋燎：《重庆、甘肃和四川东汉墓出土的几种西王母天门图像材料与道教》，见张勋燎、白彬著《中国道教考古》，第2册，第755～803页。

应该就目前所见的汉代遗存中关于天门的图像材料进行一番梳理[①]。由于学界关于天门图像，目前并未形成统一的认定标准，而且存在一定争议。那么，笔者以下就根据图像上自身的题刻来确认，然后从已知出发推求未知，应该不会有大的失误。

一、自题为“天门”的图像

目前著录的最早的一例题刻为“天门”的图像见于河南新郑西汉晚期到东汉早期的一方画像空心砖。其上刻画有一重檐单阙，阙体上有一对璧形图案，阙前有一马，两旁各有一人物。在阙体的右下部即马的前方，似乎刻画有两个字，比较模糊，著录者将其释读为“天门”[②]（图 2–1）。从目前所见的拓片来看，阙体上的此处刻画应该与阙体的装饰及马和人物皆无关系，是题刻的可能性确实较大。

图 2–1　新郑出土“天门”画像砖拓片

（采自薛文灿、刘松根编：《河南新郑汉代画像砖》，上海书画出版社，1993 年，第 19 页）

① 按：本部分写定于 2013 年，后来又见到对此问题作较为系统梳理者。如李清泉：《“天门”寻踪》，见［美］巫鸿、朱青生、郑岩主编《古代墓葬美术研究》第 3 辑，第 27 ~ 48 页。近来又有讨论，如宋艳萍：《从“阙”到“天门”——汉阙的神秘化历程》，《四川文物》2016 年第 5 期；霍巍：《阙分幽冥：再论汉代画像中的门阙与“天门”》，见［美］巫鸿、朱青生、郑岩主编《古代墓葬美术研究》第 4 辑，第 78 ~ 90 页。还有一些重要的材料被识别出来，如王煜、师若予、郭凤武：《雅安芦山汉墓出土摇钱树座初步研究——再谈摇钱树的整体意义》，《中国国家博物馆馆刊》2016 年第 5 期。

② 薛文灿、刘松根编：《河南新郑汉代画像砖》，上海书画出版社，1993 年，第 19 页。

从形象上看，也确实比较像“天门”二字。但过于草率，难以确认。考虑到此阙上的壁形图案也是后述天门图像的重要元素，笔者认为著录者的意见值得考虑。如果著录者的判断正确，那么这一“天门”图像的发现，打破了以往学界往往认为只有四川、重庆地区东汉晚期才有题刻“天门”的图像材料的印象。而且其时代比四川、重庆地区的天门图像要早得多，具有重要意义。有学者还提到河南周口出土的一方画像砖，其上也为单阙和门吏，并刻画一个大璧，阙上似有题记，认为是“天门”二字[①]。观其拓片，更为模糊，这里存疑不用。不过，考虑其上阙与璧的组合，作为天门的表现还是具有相当可能的。目前所见的题刻为“天门”的图像材料，还是以四川、重庆地区为主。

四川简阳鬼头山东汉崖墓出土3号石棺[②]一侧正中刻画双阙，阙顶各有凤鸟一只，阙上有“天门”的题刻。阙间有一人，或是阙旁题刻所谓之“大司”，司守天门，阙两旁尚有带有题刻的白虎和“大仓”图像（图2-2）。汉画像中多见“大仓”和“天仓”的题刻，虽然对其性质还有争议，但从其整体组合来看，此处的“大仓”应即“天仓”无疑，与作为四象之一的白虎一样，应为天界之事物，与天门组合在一起，意义十分显明（详见本章第四节）。

图2-2　简阳鬼头山崖墓3号石棺侧板画像拓片

（采自高文、高成刚编著：《中国画像石棺艺术》，太原：山西人民出版社，1996年，第11页）

重庆巫山出土不少东汉晚期（有些可能晚到晋）的鎏金铜牌饰，其上图像主要为双阙，双阙间顶部有人字形屋檐相连，阙上有凤鸟，阙中心有一璧形物，阙间有神人端坐，应为门阙的司守，阙旁尚有一些神兽，许多牌饰上都自题为“天

① Lillian Lan-ying Tseng, *Picturing Heaven in Early China*, Harvard University Press, 2011, p. 209.

② 雷建金：《简阳县鬼头山发现榜题画像石棺》，《四川文物》1988年第6期。

门”[①]（图2-3）。有的在双阙的上部刻画西王母，将西王母与天门紧密地结合在一起[②]（图2-3-2）。此种“天门”铜牌饰在甘肃南部也有发现[③]（图2-4-1），应

1. 巫山土城坡南东井坎出土　2. 巫山土城坡南东井坎出土
3. 巫山江东嘴小沟子出土　4. 巫山江东嘴小沟子出土

图2-3　巫山出土“天门”铜牌饰线摹

（采自重庆巫山县文物管理所、中国社会科学院考古研究所三峡工作队：《重庆巫山县东汉鎏金铜牌饰的发现与研究》，《考古》1998年第12期，第78、79、81页，图一、二、四）

---

① 少数在双阙之内仅题“天”字，一般认为是“天门”的省略。最近有学者认为“天”字者并非是“天门”的省略，而是指示天宫的意义（见苏奎：《东汉鎏金银璧形铜棺饰的图像与信仰》，《四川文物》2021年第5期）。由于一方面作“天门”者更为普遍，另一方面该图像主体表现的双阙，显然是天门，“天”字也题写在阙中，笔者认为仍是“天门”省写。

② 重庆巫山县文物管理所、中国社会科学院考古研究所三峡工作队：《重庆巫山县东汉鎏金铜牌饰的发现与研究》，《考古》1998年第12期；武汉市文物考古研究所、巫山县文物管理所：《重庆巫山土城坡墓地Ⅲ区东汉墓葬发掘报告》，《江汉考古》2008年第1期；重庆市文物考古研究所、武汉市文物考古研究所：《重庆巫山县神女路秦汉墓葬发掘简报》，《江汉考古》2008年第2期；重庆市文化遗产研究院、丰都县文物管理所：《重庆丰都县火地湾、林口墓地发掘简报》，《江汉考古》2013年第3期；重庆市文化遗产研究院、中国人民大学历史学院：《重庆市巫山县汉晋墓群的发掘》，《考古》2016年第2期；武汉市文物考古研究所、巫山县文物管理所、武汉市盘龙城遗址博物馆：《巫山上西坪古墓地2002-2003年度发掘简报》，见重庆市文物局、重庆市水利局编《重庆库区考古报告集·2003卷》，北京：科学出版社，2019年，第3册，第1850～1867页。

③ 张馨月：《成县石碑村砖室墓鎏金棺饰铜牌探究》，《陇右文博》2011年第2期；贾坤：《天水出土东汉鎏金铜棺饰》，《文物鉴定与鉴赏》2018年第3期。

该是一种以四川、重庆为中心分布较为广泛的丧葬用品。有学者根据铜牌饰出土位置认为其应是装在木棺前端正中的饰件[①]，最近有学者认为应当为两件一组，总体上又表达日月的意义[②]，有一定依据。这些双阙图像中璧形物的形象十分突出，有意见认为只是中间棺钉的痕迹，然而后述非棺饰的同类材料中也有更加突出的璧形物（后详），显然是有意为之了[③]。

1. 甘肃成县出土

2. 重庆巫山江东嘴小沟子出土

图 2-4　鎏金“天门”棺饰

（采自 1. 中国文物交流中心：《汉风：中国汉代文物展》，北京：科学出版社，2014 年，第 156 页；2. 重庆巫山县文物管理所、中国社会科学院考古研究所三峡工作队：《重庆巫山县东汉鎏金铜牌饰的发现与研究》，《考古》1998 年第 12 期，图版捌）

四川长宁七个洞崖墓为七个东汉时期的崖墓组成的崖墓群，其上刻有“延光□年”（公元 122 ~ 125 年）、“熹平元年”（公元 172 年）、“熹平七年”（公元 178 年）的纪年[④]。墓门旁有大量画像，其中阙的形象较为突出（观其组合或为

① 赵殿增、袁曙光：《天门考——兼论四川汉画像砖（石）的组合与主题》，《四川文物》1990 年第 6 期。

② 苏奎：《东汉鎏金银璧形铜棺饰的图像与信仰》，《四川文物》2021 年第 5 期。

③ 据笔者观察，此种棺饰确实存在与一种较大的圆形泡钉配合使用的情况，固定后中间的璧形将被遮挡。然而除此种圆形棺饰外，尚有一些作阙形和神兽形等，也用同样的泡钉固定，但其钉孔仅取实用，没有做成璧形的现象。说明无论配以何种泡钉及其装钉后是否能看见，璧形的圆孔显然是刻意为之的。

④ 四川大学考古专业七八级实习队、长宁县文化馆：《四川长宁“七个洞”东汉纪年画像崖墓》，《考古与文物》1985 年第 5 期。

单阙），四、五号墓之间的一阙旁自题为“赵是（氏）天门”[①]（图 2-5-1）。画像中其他阙的形象、位置都与之一致，其上的符号也相同，只是不见题刻而已（图 2-5-2、2-5-3）。

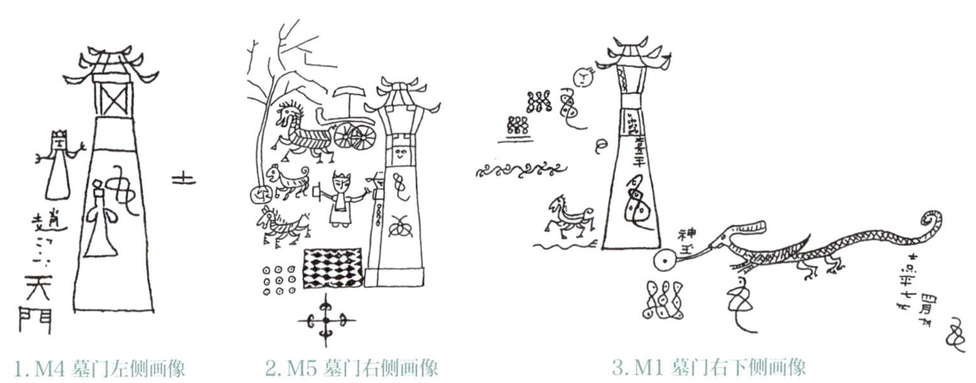

1. M4 墓门左侧画像　2. M5 墓门右侧画像　3. M1 墓门右下侧画像

图 2-5　四川长宁七个洞崖墓画像摹本

（采自罗二虎：《长宁七个洞崖墓群汉画像研究》，《考古学报》2005 年第 3 期，第 285、287、281 页，图一〇、一五、三）

以上便是目前所见自题为“天门”的图像材料，笔者将其制为一表（见表 2-1），以便参考。虽然数量还较为有限，仍可总结以下几点认识：

表 2-1　题刻“天门”的天门图像一览表[②]

序号	所在器物及位置	出土地点	时代	形象	图像组合	资料出处
1	画像空心砖	河南新郑	西汉晚期到东汉早期	单阙，重檐	阙体上有两个璧形物，阙下有一马似为穿越，两侧有两人，可能为门吏	《河南新郑汉代画像砖》，第 19 页

① 罗二虎：《长宁七个洞崖墓群汉画像研究》，《考古学报》2005 年第 3 期。原报告中作“云门”，罗说为是。

② 原表制作于 2012 年，遗漏较多。最近苏奎先生对其中的铜牌饰有专门梳理，资料收集颇全（苏奎：《东汉鎏金银璧形铜棺饰的图像与信仰》，《四川文物》2021 年第 5 期）。由于资料较多，此次修改出版仅将其中的出土材料补入表中。另外，其中还有个别仅在阙间题“天”字的材料，笔者认为是“天门”二字的简略，由于已经刻绘了门阙，“门”字省去，亦能清晰表达天门的含义。由于可能存在不同解读，故不收入。

续表

序号	所在器物及位置	出土地点	时代	形象	图像组合	资料出处
2	画像石棺侧板正中	四川简阳鬼头山崖墓	东汉晚期	双阙，单檐，中有一字形建筑相连，似屋顶	双阙上分别立一凤鸟，阙中间有一人站立（或为题刻中的“大司”），阙右（以观者方位为准，下同）为大（天）仓（有题刻），阙左为白虎（有题刻），最左侧为一仙鹤形禽鸟	《四川文物》1988年第6期
3	崖墓墓门旁	四川长宁七个洞崖墓	同上	单阙，单檐	阙体和阙左各刻一人，十分简略，阙左之人似戴三峰状冠，阙体上刻画一符号，有学者称为“玄武”符号，其旁同类的阙体上及阙旁多有此种“玄武”符号，及“联璧纹”、柿蒂纹、龙衔璧等符号和图像	《考古与文物》1985年第5期
4	铜牌饰，推测为棺饰	重庆巫山土城坡南东井坎	东汉晚期前后	双阙，重檐，中有人字形结构相连	阙上人字形结构顶端有一凤鸟，双阙中心为一璧形物，其下有一端坐人物，戴冠，肩生双翼，阙右有一龙，阙左为花蔓，又似云气，其下露出半身犬状兽，图像背景上分布云气	《考古》1998年第12期
5	同上	重庆巫山江东嘴小沟子	同上	同上	基本组合同上。不同之处：阙右为一犬状兽，阙左有一三足乌	同上
6	同上	同上	同上	同上	基本组合同上。不同之处：阙中璧形物下的端坐人物头梳双髻，为女性，亦有羽翼，阙左右为基本对称的龙虎形翼兽	同上
7	同上	重庆巫山淀粉厂基建工地	同上	双阙，重檐，中有拱形结构相连	拱形结构上立一建鼓，一人击鼓，一人持矛守卫，双阙中心为一璧形物，其上题刻“五铢”，其下有一端坐人物，肩生羽翼，阙右有一禽，阙左一兽，图像背景上分布云气	同上

续表

序号	所在器物及位置	出土地点	时代	形象	图像组合	资料出处
8	同上	重庆巫山土城坡南东井坎	同上	双阙，重檐，中有人字形结构相连	牌饰下部即天门图像，阙上人字形顶端为九尾狐，阙中有一端坐人物，戴冠，阙右为一双首人面鸟状神怪，其下有一龙虎形翼兽，阙左为一凤鸟，其下有一人面鸟状神怪；牌饰上方为西王母，端坐于龙虎座（右侧兽头已残缺），其右下有一蟾蜍（略残），左下有一人形立兽，或为玉兔，其后有一龙虎形翼兽（略残缺），图像背景上分布云气	同上
9	同上	重庆巫山土城坡墓地Ⅲ区 M41	同上	同上	阙上人字形结构顶端有一凤鸟，双阙中心为一璧形物，其下有一端坐人物，肩生双翼，阙右有一兽，阙左有一凤鸟，图像背景上分布云气	《江汉考古》2008年第1期
10	同上	同上 M45	同上	同上	大体同上，阙顶为一有翼虎形神兽，阙右没有神兽	同上
11	同上	同上	同上	双阙，重檐，中有凸字形结构相连	大体同上，阙左为一神兽	同上
12	同上	重庆巫山县神女路秦汉墓葬 S1M2	同上	同上	大体同上	《江汉考古》2008年第2期
13	同上	同上	同上	双阙，重檐，双阙间无结构相连	大体同上	同上
14	同上	重庆巫山上西坪汉墓 M6	同上	双阙，重檐，中有人字形结构相连	大体同上，人字形结构顶端为一凤鸟，刻画较为粗糙	《重庆库区考古报告集·2003卷》，第3册，第1859页
15	同上	重庆巫山龙头山汉墓 M4	同上	同上	大体同上，阙左有一九尾狐，阙右有一凤鸟	《考古》2016年第2期

续表

序号	所在器物及位置	出土地点	时代	形象	图像组合	资料出处
16	同上	重庆巫山琵琶洲汉墓	同上	同上	上部为天门图像，端坐人物位于人字形结构顶端，阙左有一神兽，阙右有一凤鸟；下部为神树，其上栓系一蟾蜍形神兽，左侧尚有一神兽	《四川文物》2021年第5期
17	同上	甘肃成县石碑村汉墓	同上	同上	大体同上，人字形结构顶端为一九尾狐，阙右有一凤鸟	《陇右文博》2011年第2期

第一，这些天门图像均出于墓葬之中，虽然以四川、重庆地区最为流行，但并不为该地区特有。而且从时间上看，四川、重庆地区的天门图像相对于河南地区而言出现较晚（即使上述新郑出土空心砖上的题刻不是“天门”二字，河南地区仍有较早的比较明确的天门图像，后详），不排除在其开始出现时有受到影响和传播的可能性。

第二，这些天门图像的表现形式均为阙，有单阙，也有双阙，阙体有单檐，也有重檐。《说文·门部》云：“凡门之属皆从‘门’。……阙，门观也。”[①]《尔雅·释宫》云：“正门谓之应门，观谓之阙。”郭璞注：“宫门，双阙。”[②]可见，阙即为门的一种，为带有楼观的昭显威仪的大门。《淮南子·天文训》云：“天阿者，群神之阙也。”高诱注：“阙犹门也。”[③]虽然对“天阿”还有一些讨论，但东汉的高诱显然将“群神之阙”理解为天门。前引《神异经·西北荒经》亦云：“西北荒中有二金阙，……中有金阶，西北入两阙中，名曰天门。”[④]我们知道，阙在汉墓设施和图像中十分常见，显然不能认为所有的阙都是天门的表现，但其中肯定有一些是天门，上述材料就是明证。要判断其是否是天门，应该综合更多的因素。上述这些肯定的天门图像为我们提供了一些认定的参考因素：天门旁往往出现天界事物，如白虎、天仓；以及一些神仙因素，如西王母、凤鸟、神兽；还有

① （汉）许慎撰，（清）段玉裁注：《说文解字注》，第587、588页。

② 《尔雅注疏》卷五《释宫》，第236页。

③ 何宁撰：《淮南子集释》卷三《天文训》，上册，第201页。

④ 王根林校点：《神异经》，见《汉魏六朝笔记小说大观》，第56页。

一种特殊事物，即璧，而且往往置于天门中心，其意义笔者在第一章中曾有所涉及，后文也会继续强调。不过有些天门图像上并无任何较为特殊的内容，如河南新郑所见者。这提示我们，一些无神奇因素的阙体图像仍然有可能是天门的表现，但是这样就失去了判定的标准，在目前的认识水平下，我们在认定天门图像时还是将其排除在外为宜。

第三，有学者举出上述长宁七个洞崖墓上的“赵氏天门”的题刻，认为这里的“天门”为赵氏私有，并进一步将上述“天门”的题刻解释为“修辞上用的雅称”，并非为登天的天门，而为墓主在地下的阴宅之门①。但从上述材料来看，“赵氏天门”的题刻目前尚为孤例，没有可资比较的材料，意义不能完全明确。不过该处阙体画像上及其旁边还有不少特殊的符号，并有飞龙出现，恐怕不宜理解为一般的阴宅之门。而其他题刻为“天门”的图像上，有的紧邻天界事物，如白虎、天仓。白虎为天界星象或天文象征，从汉画像中较常见的“上食天仓”一语来看，显然不能将这里的天仓理解为墓主阴宅之物，而为天上之物，与之相邻的天门显然也应为天上之门。有的上面出现西王母，西王母也并非地下阴界之神，而为能登天的昆仑山上之神（天门正在昆仑之上，后详）。可见，这些天门图像还是应该看作天界之门更为妥当。

笔者同意，汉墓图像的一个重要作用就是装饰美化墓室，有不少内容是从生前居室或社会上流行的其他装饰图像等借用过来的，与墓葬未必紧密相关，不必求之过深。但另一个重要作用也在于表达对死后的美好愿望，主要是安全、排场、享乐、神仙、子孙昌盛等，虽然也不只是与墓葬相关（上述也是生前积极追求的愿望），但在墓葬中更为集中和流行，能反映丧葬思想和信仰。上述天门图像从其性质、组合和突出程度等来看，无疑更属后者。

二、无题刻的天门图像

（一）阙形天门

我们知道，汉代图像中带有题刻的毕竟是少数，大量的材料并无题刻，但其

① 孙机：《仙凡幽冥之间——汉画像石与“大象其生”》，《中国国家博物馆馆刊》2013年第9期。

中总能找到与带有题刻者同类的图像。上述题刻为“天门”的图像，不仅说明其上的阙为天门，还说明汉墓图像中必然有一些阙也为天门。在总结上述明确的天门图像的因素后，笔者便可以进一步探讨到底哪些图像可能也是天门的表现了。

根据上述认识，天界事物的出现是认定天门图像的重要标志。最早与天界事物关联的双阙图像见于西汉前期的马王堆一、三号墓所出帛画之上。两幅帛画宽出的上部描绘了天界的景象，其中绘有日月星象、神人神兽。而这个天界的入口处夹立着一对柱状物，其中有两神人作迎接状（图 2–6，另见图 1–12、1–13）。学界较为一致地认定这对柱状物为双阙，为天门、天阙的表现[①]。这种认识无疑是正确的。

1. 一号墓帛画　　2. 三号墓帛画

图 2–6　马王堆一、三号墓出土帛画天界部分

（采自 1. 湖南省博物馆、中国科学院考古研究所：《长沙马王堆一号汉墓》，第 40 页，图三八；2. 湖南省博物馆、湖南省文物考古研究所：《长沙马王堆二、三号汉墓》，第 104 页，图三一）

四川大邑出土一方画像砖上，双阙之间有一鸟状的日或月，其上二星对置（或为天门二星或阙丘二星），阙两侧有人首蛇身的伏羲、女娲[②]（图 2–7–1）。这里的双阙为日月所出入之处，自然当是天门。《晋书·天文志》云：“角二星为天关，

① 安志敏：《长沙新发现的西汉帛画试探》，《考古》1973 年第 1 期；孙作云：《长沙马王堆一号汉墓出土画幡考释》，《考古》1973 年第 1 期；湖南省博物馆、中国科学院考古研究所：《长沙马王堆一号汉墓》，上册，第 41 页。

② 大邑县文化局：《大邑董场乡三国画像砖墓》，见四川省文物考古研究所编《四川考古报告集》，第 393 页。

其间天门也，其内天庭也。故黄道经其中，七曜之所行也。”① “七曜”即日月和五星。四川南溪长顺坡砖室墓出土1号石棺前挡上双阙画像中间亦有星象，2号石棺后挡刻画一阙，两旁为伏羲、女娲手托日、月②，也应为天门（图2–7–2、2–7–3）。泸州合川柿子田出土石棺前挡刻画双阙，阙顶间有一圆形物，与之相对的后

1. 四川大邑出土画像砖拓片

2. 四川南溪长顺坡砖室墓1号石棺前挡画像摹本

3. 四川南溪长顺坡砖室墓2号石棺后挡画像拓片

4. 洛阳尹屯新莽壁画墓中室墓顶西坡壁画摹本

图2–7　阙形天门与天象

（采自1. 大邑县文化局：《大邑县董场乡三国画像砖墓》，见四川省文物考古研究所编《四川考古报告集》，北京：文物出版社，1998年，第393页，图一二；2. 罗二虎：《汉代画像石棺》，成都：巴蜀书社，2002年，第88页，图七七；3. 中国画像石全集编辑委员会：《中国画像石全集7·四川汉画像石》，第106页，图一三六；4. 洛阳市第二文物工作队：《洛阳尹屯新莽壁画墓》，《考古学报》2005年第1期，第116页，图四）

挡顶部也刻画一圆形物，下有蟾蜍和兽（似为九尾狐）③（图2–8）。根据其图像组合，这对圆形物自然是日月，双阙间为日，与蟾蜍相配者为月。合江白米乡铜

① 《晋书》卷十一《天文上》，第2册，第299页。

② 崔陈：《宜宾地区出土汉代画像石棺》，《考古与文物》1991年第1期。

③ 成都文物考古研究院、泸州市博物馆：《四川泸州汉代画像石棺研究》，北京：文物出版社，2019年，第178、179页。

1. 前挡

2. 后挡

图 2-8　泸州合川柿子田出土石棺前、后挡

（采自成都文物考古研究院、泸州市博物馆：《四川泸州汉代画像石棺研究》，北京：文物出版社，2019 年，图版一二五、一二六）

1. 前挡

2. 后挡

图 2-9　泸州合江白米乡铜锣村汉墓出土石棺前、后挡

（采自成都文物考古研究院、泸州市博物馆：《四川泸州汉代画像石棺研究》，图版一二五、一二六）

锣村汉墓出土石棺的前、后挡画像与之一致，省去了足挡的蟾蜍[①]（图 2–9）。对比上述材料来看，将日月刻意表现在双阙之间应该不是对一种自然现象的单纯描绘，而是突出其日月出入的天门的属性。洛阳尹屯新莽壁画墓墓顶上描绘着一幅颇为完整的天象图，中室墓顶西坡在白虎、织女、牵牛之上的云气中绘有双阙[②]（图 2–7–4）。冯时先生认为应该是阙丘二星的表现，以象天阙[③]。

天门还多与璧、西王母、凤鸟等神物、神人、神兽组合在一起。长宁七个洞崖墓天门图像旁之璧就自题为“神玉”，上述明确的天门图像中心也多有璧形物，璧在这里是与天、天门相关的神物，有标识和象征天门的作用。《三辅黄图·汉宫》中载汉武帝所造求仙意味浓厚的建章宫，“宫之正门曰阊阖，高二十五丈，亦曰璧门，左凤阙高二十五丈”[④]。笔者前文已经讨论过，在东汉时期“阊阖”与“天门”已经完全等同，二者甚至可以互训了。可见，“璧门”本身就可以是阊阖、天门的象征。此“璧门”旁又有“凤阙”。班固《西都赋》亦云：“设璧门之凤阙，上柧棱而栖金雀。”[⑤]璧门、凤阙的组合与上述天门图像中玉璧、凤阙的组合完全一致，汉代文献与图像在这里密合无间。众所周知，古代祭祀中以苍璧礼天，璧显然与天有着密切的关系，这可能是古人以璧门为天门的观念来源。当然，现实宫殿中的璧门是以璧装饰门阙，一方面附会天门，一方面华丽美观。如《汉武帝故事》中说：“（建章宫）南有璧门三层，高三十余丈，中殿十二间，阶陛咸以玉为之，铸铜凤五丈，饰以黄金，楼屋上椽首，薄以玉璧，因曰璧玉门也。”[⑥]但上述材料双阙中偌大的璧显然不是装饰，而是标识了。西王母与天门的关系已有学者做过深入的研究[⑦]，后文中也还要详细讨论，也可以作为判断天门图像的一个关键依据。

四川茂汶出土的一件摇钱树顶枝图像上有双阙，双阙上各有凤鸟一只，阙间

① 成都文物考古研究院、泸州市博物馆：《四川泸州汉代画像石棺研究》，第 172、173 页。

② 洛阳市第二文物工作队：《洛阳尹屯新莽壁画墓》，《考古学报》2005 年第 1 期。

③ 冯时：《洛阳尹屯西汉壁画墓星象图研究》，《考古》2005 年第 1 期。

④ 何清谷撰：《三辅黄图校释》卷二《汉宫》，第 123、124 页。

⑤ 费振刚、胡双宝、宗明华辑校：《全汉赋》，第 314 页。

⑥ （北魏）郦道元著，陈桥驿校证：《水经注校证》卷十九《渭水》引，第 451 页。

⑦ 张勋燎：《重庆、甘肃和四川东汉墓出土的几种西王母天门图像材料与道教》，见张勋燎、白彬著《中国道教考古》，第 2 册，第 755 ~ 803 页。

有一璧形物，其上端坐西王母，西王母上又有一凤鸟[①]（图 2–10–1）。其图像因素与组合与上述巫山天门铜牌饰如出一辙，当为天门无疑。四川泸州洞宾亭崖墓出土 1 号石棺前挡上也有一幅类似画像，双阙中有一璧形物，璧上有一凤鸟，璧下似有端坐神人，两阙上各有一个端坐神人，皆有头光，一般认为是受佛像影响的

1. 四川茂汶出土摇钱树顶枝摹本

2. 四川泸州洞宾亭崖墓 1 号石棺前挡画像拓片

图 2–10　天门与璧、西王母

（采自 1. 何志国：《汉魏摇钱树初步研究》，第 239 页，图 11–7；2. 中国画像石全集编辑委员会：《中国画像石全集 7 · 四川汉画像石》，第 150 页，图一八六）

① 何志国：《汉魏摇钱树初步研究》，第 58 页。

西王母或东王公形象①，这里的双阙显然也当为天门（图 2-10-2）。四川广汉出土的一件山形彩绘摇钱树座上，双阙中有二人作迎接状，阙上为端坐的西王母②（见图 1-66）；绵阳河边乡东汉崖墓出土摇钱树座与前者类似，山形树座上刻画双阙，其上有西王母和凤鸟③（见图 1-65）。笔者在第一章第四节中已经讨论过这两件树座的山形表示昆仑，这里的双阙无疑是天门，是昆仑、天门、西王母的完整组合。第一章讨论过的雅安芦山汉墓出土的一件石雕山形树座上，也有一人字形屋檐相连的双阙，其间还有一人跃马而上，笔者认为也是昆仑与天门的组合（见图 1-62-1、1-63-1）。双阙间有骑马人物的形象也见于四川彭山江渎乡出土的一方画像砖上，上部为双阙，中有一人骑马正面而来（？），下方为坐于龙虎座上的西王母④（图 2-11）。

图 2-11　彭山江渎乡出土西王母、双阙画像砖拓片
（采自《中国画像砖全集》编辑委员会：《中国画像砖全集·四川汉画像砖》，第 123 页，图一六五）

① 罗二虎：《汉代画像石棺》，第 113 页；中国画像石全集编辑委员会：《中国画像石全集 7·四川汉画像石》，第 150 页。

② 何志国：《汉魏摇钱树初步研究》，第 33 页。

③ 何志国：《四川绵阳河边东汉崖墓》，《考古》1988 年第 3 期。

④ 《中国画像砖全集》编辑委员会：《中国画像砖全集·四川汉画像砖》，第 123 页，图一六五。

其实，双阙与璧、西王母的组合并不只见于四川、重庆地区。山东枣庄临山出土的西汉中晚期画像石椁上就已见到将双阙与联璧组合在一起的情况[①]，山东嘉祥和滕州出土汉画像石上更有在双阙正中刻画璧[②]如巫山铜牌饰者，是否也是天门的表现，由于图像因素过于简单，可能还需要进一步辨析[③]（图 2–12）。洛阳地区

图 2–12　滕州北辛街道马王出土石椁挡板

（采自刘书巨、丛志远主编：《汉人之魂：中国滕州汉画像石》，中国滕州汉画像石馆、美国威廉帕特森大学中国艺术中心，2017 年，第 43 页）

西汉晚期的画像空心砖上就多有门阙与璧组合的图像[④]，门上装饰的璧被表现在其前方更为突出的位置，璧门两侧为凤阙，与上述文献记载一致，笔者认为很可能也是表现天门（图 2–13）。河南南阳樊集吊窑西汉晚期墓葬 M28 墓门门楣画像砖上，一列车马正穿过双阙去拜见位于上方的西王母[⑤]，这里的双阙应该也为天门（图 2–14）。河南周口西华出土的一方西汉晚期画像空心砖上，中心为铺首，两侧对称双阙、璧和羽人、凤鸟，曾蓝莹先生认为是天门的表现[⑥]（图 2–15）。综合其上

① 枣庄市文物管理委员会、枣庄市博物馆：《山东枣庄市临山汉墓发掘简报》，《考古》2003 年第 11 期。

② 山东省博物馆、山东省文物考古研究所：《山东汉画像石选集》，济南：齐鲁书社，1981 年，图 330。

③ 笔者按：璧、联璧、穿璧是汉代墓葬、器物、建筑等上的常见图像，有的可能只是装饰，有的可能具有象征意义，象征意义也未必一致，需要根据具体遗存和图像组合等进行具体分析，不能一概而论。

④ 参见黄明兰编：《洛阳西汉画象空心砖》，北京：人民美术出版社，1982 年，第 26、27 页。

⑤ 南阳文物管理所：《南阳汉代画像砖》，北京：文物出版社，1990 年，第 9 页。

⑥ Lillian Lan–ying Tseng, *Picturing Heaven in Early China*, Harvard University Press, 2011, p. 227.

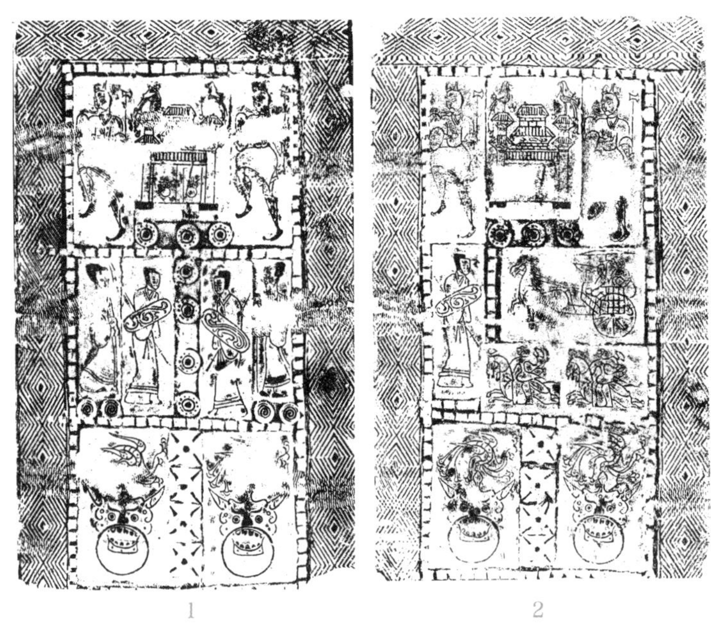

图 2-13　洛阳画像空心砖门阙与壁拓片

（采自黄明兰编：《洛阳西汉画象空心砖》，北京：人民美术出版社，1982 年，第 26、27 页）

图 2-14　南阳樊集吊窑 M28 墓门门楣画像砖拓片

（采自南阳文物管理所：《南阳汉代画像砖》，图 148）

图 2-15　河南周口西华出土画像空心砖拓片

（采自 Lillian Lan-ying Tseng, *Picturing Heaven in Early China*, Harvard University Press, 2011, p. 227）

的图像来看，其说可信。

此外，一些双阙处于十分明确的神人、神兽场景中，且其上的神人、神兽显然不是一般的吉祥装饰，而具有较为突出的升仙意义，它们也更可能是天门的表现。如四川彭山碱厂崖墓出土的一方画像砖，图像分为上、下两层。下层为双龙交绕。上层为一门阙，阙中有一人物；阙左上方有一棵树，下方为一高大人物的半身像；阙右为人首蛇身交绕的二神人，手中似有持物，对比类似组合，应为伏羲、女娲①（图2–16）。该地出土的一具石棺侧板上，双阙之前有二门吏捧盾迎接，阙间画像分为两层，上层为翼龙、人物、树木和马，下层为麒麟、凤鸟。其上神兽皆十分突出，并非一般装饰，下层的麒麟、凤鸟对立于捧盾门吏之前，似乎也是阙前的迎接者，这里的双阙显然具有突出的神仙意义（图2–17）。

图2–16　彭山碱厂崖墓出土双龙、门阙画像砖

（采自四川博物院：《四川博物院文物精品集》，北京：文物出版社，2009年，第97页）

图2–17　彭山出土画像石棺侧板拓片

（采自龚廷万、龚玉、戴嘉陵编著：《巴蜀汉代画像集》，图50）

① 龚廷万、龚玉、戴嘉陵编著：《巴蜀汉代画像集》，图316。

上述是笔者认为虽无题刻，但可以确认为天门的门阙图像。种类包括帛画、壁画、画像石、画像砖、摇钱树枝叶和树座，时代从西汉前期直至魏晋，地域包括湖南、河南和四川、重庆地区，可能还有山东地区。笔者认为，除此之外，应该还有更多的阙的图像为天门的表现，只是由于缺乏认定的因素，目前只好将之排除在外。笔者是与自题为“天门”的图像类比而得出这些判断的，这种讨论方法应该说比较可信。虽然在这些新的基础上恐怕又能类推出更多的材料，但这样推理之推理的方法是需要谨慎对待的，笔者不必采取。即便如此，目前所见汉代的天门图像应该说已经是比较丰富的了，并不只是个别地区的个别情况。其中四川、重庆地区的材料最多，一方面可能是相关的传说和观念在这一地区比较流行；另一方面也可能是目前所见有题记的天门图像基本出现于这一地区，可以类比确认的条件最好。其实从更大的门阙题材来说，其流行程度并不比其他地区突出。

另外，四川、重庆地区画像石棺的前、后挡上往往相对为门阙和伏羲、女娲，形成一种基本格套，由于它们不是一种直接组合的关系，笔者不敢妄下判断。例如，泸州合江张家沟崖墓出土 4 号石棺，前挡上刻画双阙；后挡为手托日、月的伏羲、女娲；左侧板上一马车自右驶向中部的一座大门，门为双扇，两旁双楼高出，大门左侧为端坐于龙虎座上的西王母①；右侧板上为蟾蜍、蹲兽（玉兔？）、行兽（九尾狐？）、三足乌、鸟（青鸟？）、一首三身鱼（图 2-18）。右侧板上的神兽似乎多为西王母的属从，这也说明两侧板和两挡板上的画像应该具有组合关系。那么，与伏羲、女娲和日、月组合的双阙如前所述应为天门无疑。而且，多数学者认可将该地区画像石棺前（后）挡上的双阙判定为天门，笔者也认为较有道理。前述该地区的“天门”铜牌饰就是固定在木棺头挡正中的，画像石棺上同一位置的双阙图像或许确实与之具有共同的属性和意义②。

---

① 中国画像石全集编辑委员会：《中国画像石全集 7 · 四川汉画像石》，第 144 页，图一七八。笔者按：四川汉画像中端坐于龙虎座上的一般认为是西王母而非东王公，此画像西王母头戴山形冠，却常见于山东地区的东王公画像中，是西王母还是东王公，值得注意。

② 另外，此次修改出版之际，专门找到曾蓝莹先生的相关研究阅读，曾氏提到陕北墓门画像石的材料，认为与天门有关（Lillian Lan-ying Tseng, *Picturing Heaven in Early China*, Harvard University Press, 2011, pp. 228–231）。确实，陕北墓门画像中往往门扉为铺首、凤鸟、神兽等，左右门柱有些有双阙、门吏，其上为西王母、东王公、伏羲、女娲等。观其组合，表现天门的可能性也比较大。但一方面该地区的画像往往集中于墓门，是否涵盖多层意义？若果真如此，同是宅室之门（墓葬题记往往题为“宅”“室”），又同是天门，则涉及另一层面的问题。另一方面，若以笔者运用的从有题记的材料推定其他材料的方法，要确定这样的材料，证据尚不太直接，也难以合入正文逻辑，所以这里不拟再补入讨论。

1. 前挡

2. 后挡

3. 左侧板

4. 右侧板

图 2-18　泸州合江张家沟崖墓出土 4 号石棺

（采自成都文物考古研究院、泸州市博物馆：《四川泸州汉代画像石棺研究》，图版六一～六四）

众所周知，魏晋时期中原地区墓葬装饰衰微，但在河西地区则得到延续和发展，虽然发展出一些新的和地方的因素，但总体上与汉代一脉相承，也应有所涉及。敦煌佛爷庙湾魏晋壁画墓的墓门上往往做出高大的照墙（或称门楼），M133 照墙上层刻画与祥瑞和升仙有关的神兽，最上部则突出地刻画一大门，两旁有双阙和门吏①（图 2–19）。郑岩先生认为应为天门②，观其图像位置及组合，其说可从。佛爷庙湾其他壁画墓的照墙上部多残损，根据其下部较为一致的情况可以推测其顶部可能也多类似。嘉峪关魏晋壁画墓中这种双阙与大门的形象往往位于照墙的最下方、墓门之上，虽然在照墙下端，但其位于墓门正上方的位置仍然十分突出，而且有牛首和鸡首神人（在陕北、晋西的汉画像中往往与西王母和东王公有关）

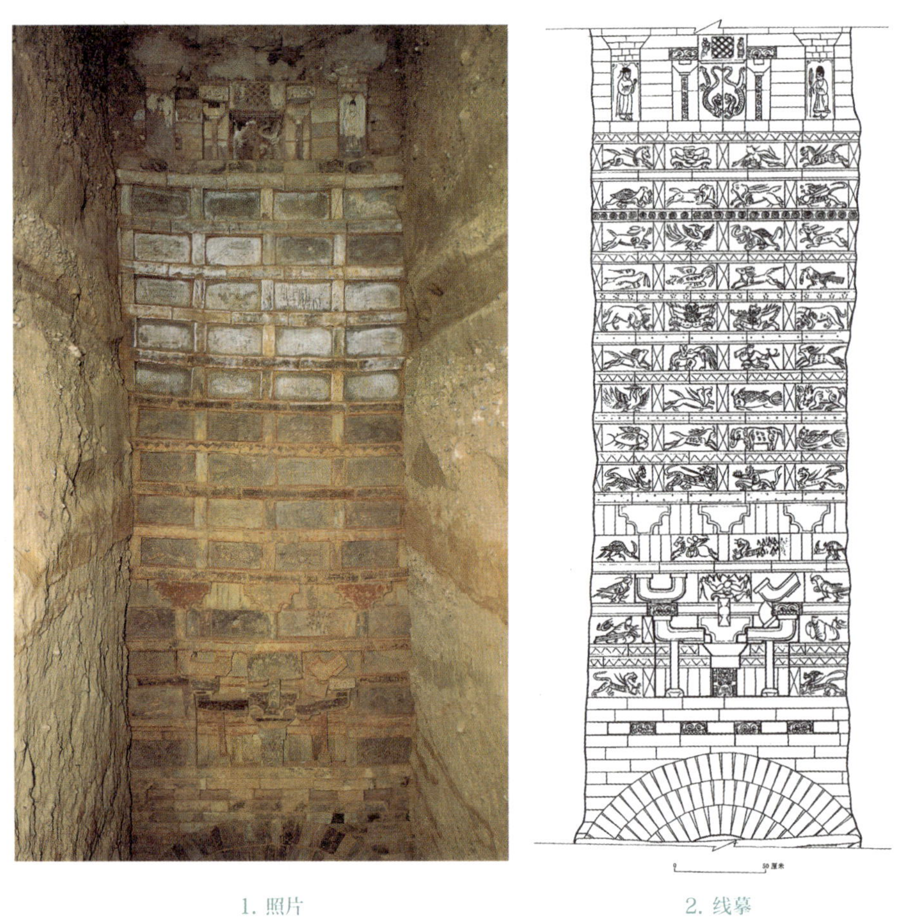

1. 照片　　2. 线摹

图 2–19　敦煌佛爷庙湾魏晋壁画墓 M133 照墙

（采自甘肃省文物考古研究所：《敦煌佛爷庙湾西晋画像砖墓》，北京：文物出版社，1998 年，第 37 页，图二三，图版一四）

① 甘肃省文物考古研究所:《敦煌佛爷庙湾西晋画像砖墓》,北京: 文物出版社,1998 年,第 37 页,图二三。

② 郑岩：《魏晋南北朝壁画墓研究》，北京：文物出版社，2002 年，第 157 页。

作为门吏[①]（图 2-20），这个大门相信不是一般的入口，也应该是天门。说明该地区魏晋时期照墙上这种突出的门阙图像当是汉代天门图像的延续和发展。

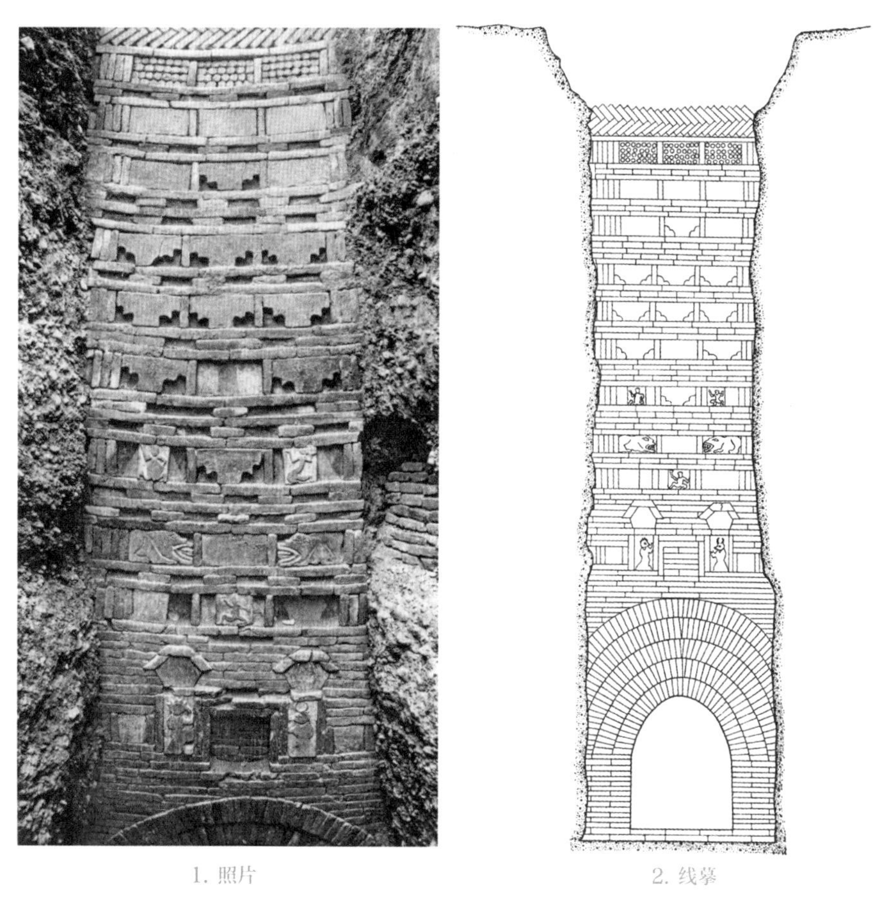

1. 照片　　2. 线摹

图 2-20　嘉峪关魏晋壁画墓 M1 照墙

（采自甘肃省文物队：《嘉峪关壁画墓发掘报告》，北京：文物出版社，1985 年，第 8 页，图七，图版一三）

（二）门形天门

由于目前所见材料中，自题为“天门”的图像都是双阙形的，所以上述类比出的图像也都是双阙。其实，还有些不带双阙的门形图像也有可能表达天门的意义。

① 甘肃省文物队：《嘉峪关壁画墓发掘报告》，北京：文物出版社，1985 年，第 8 ~ 11 页。

洛阳烧沟 61 号西汉壁画墓后室前壁门梁上用彩绘镂雕砖镶嵌着一幅画面，中心是带有铺首的双扇大门，一扇微开，门上横列五璧，门两侧各有一人物骑龙面向大门[①]（图 2–21）。郭沫若先生认为此处的大门即是天门、阊阖，门上横列的五

图 2–21 洛阳烧沟 61 号墓“天门”砖画
（采自王绣、霍宏伟：《洛阳两汉彩画》，第 85 页，图 1–90）

璧象征着五曜，即水、火、木、金、土五星，两侧骑龙之人为一男一女正好与墓主夫妇相应，此图即象征着墓主夫妇正乘龙升往天门[②]。从大门的位置及两侧有骑龙人物升向大门的场景来看，郭先生认为此大门为天门的观点是值得肯定的。不过其两侧的乘龙之人为羽人，未必是墓主夫妇；其上的五璧也未必为五曜，因为天门与璧的组合在上述许多图像中都可以见到，其与天门的关系前已详述。如果郭先生的认识是正确的（从组合来看，笔者较为赞同），那就提示我们，汉墓中除了可以用阙的形式外，也可以用大门的形式来表现天门。

四川绵阳观太乡东汉晚期崖墓出土一件陶灯，现存部分上部为西王母端坐，其下有三足乌、九尾狐，再下刻画双扇大门，两旁有持节人物或门吏。该陶灯的整体造型和图像组合与前述广汉和绵阳出土的阙形天门摇钱树座基本一致，只是将下部的双阙换作双扇大门而已，致使不少学者也将其作为摇钱树座[③]。虽然其功

① 河南省文化局文物工作队：《洛阳西汉壁画墓发掘报告》，《考古学报》1964 年第 2 期。

② 郭沫若：《洛阳汉墓壁画试探》，《考古学报》1962 年第 2 期。

③ 对于该问题，已有学者进行辨析。参见苏奎：《汉代陶钱树座与陶灯座》，《华夏考古》2015 年第 1 期。

用不一，但从图像组合来看，这里的双扇大门当然也应为天门[①]（见图1–73）。类似的西王母陶灯在绵阳三台新德镇东汉晚期崖墓中也有出土[②]（图2–22）。

图2–22　绵阳三台新德镇崖墓出土西王母陶灯

（采自绵阳市文物管理局、绵阳博物馆：《涪江遗珠：绵阳可移动文物》，第101页）

与之类似的图像组合也见于四川地区东汉晚期的画像石棺上。如雅安荥经出土东汉石棺侧板画像[③]和宜宾南溪长顺坡砖室墓出土3号石棺侧板画像[④]，二者中部皆为一半开的双扇大门，两侧（或有内外分别）为西王母和一对男女执手或相拥画像，后者还有持节人物和鹿（图2–23、2–24）。也是将西王母与门组合在一起，但荥经石棺似乎又表现出室内场景，所以该大门是上述与西王母组合的天门还是西王母本身的居所之门，笔者还不敢轻易判断[⑤]。而且，如前所述该地区的画像石

① 苏奎：《四川汉代西王母陶灯研究》，《故宫博物院院刊》2017年第2期。

② 景竹友：《三台新德乡东汉崖墓清理简报》，《四川文物》1993年第5期。

③ 李晓鸥：《四川荥经发现东汉石棺画像》，《考古与文物》1988年第2期。

④ 崔陈：《宜宾地区出土汉代画像石棺》，《考古与文物》1991年第1期。

⑤ 按：缪哲先生将其观察山东地区画像石上楼阁题材的方法移用此处，认为是“堂”“内”和“阁”的形式化组合，本身之间不存在图像上表现的关系（参见缪哲：《从灵光殿到武梁祠：两汉之交帝国艺术的遗影》，第205页）。笔者认为，缪先生对山东地区楼阁画像的观察确实较为独到，也能依其法解读一批同类材料，但恐怕也不能应用太过。如本书所论，四川地区此类西王母与半开门的组合较为常见，在石棺画像、石阙画像、摇钱树座等上皆有所见，许多恐怕有其连贯的意义。例如图2–24南溪长顺坡出土者，门外的持节人物跪地伸手乞求，门内半开门人物伸手与之呼应，门内另一侍女转身似向西王母禀告，恐怕为一连续的表达。荥经出土者左侧的室内人物确实可能有所拼合，未必属于连贯画面，但中间的半开门与右边的西王母应能与南溪者对读。

棺前、后挡上已经有象征天门的双阙，这里的门是对天门的另一种表达和天门观念的再强调，还是就是西王母居所之门，笔者目前更倾向于后者。重庆璧山棺山坡崖墓群 M3 出土石棺前挡刻画双阙，中有房屋（似为仓，天仓与天门的组合详见本章第四节），上有月（中为蟾蜍），如上所述，应当表现天门。后挡为西王母、日（中有金乌）、鹤啄鱼和门[①]（图 2–25）。这里的门也更应该理解为西王母居所之门。不仅在四川地区，类似的图像也出现于陕北地区。如榆林绥德四十里铺东汉中晚期墓墓门门楣画像中间有一门，门上的铺首衔环颇为突出，门左为拜谒画像，门右为西王母正向端坐，其旁为三足乌、九尾狐、玉兔捣药等，画像上部满饰联璧纹[②]（图 2–26）。该画像中的门显得较小，可能是受条形横石的限制，其处于墓

图 2–23　雅安荥经出土画像石棺侧板

（采自雅安市文物管理所、四川省文物考古研究院：《雅安汉代石刻精品》，成都：四川人民出版社，2005 年，第 72、73 页）

图 2–24　宜宾南溪长顺坡砖室墓出土 3 号画像石棺侧板拓片

（采自龚廷万、龚玉、戴嘉陵：《巴蜀汉代画像集》，图 375）

① 重庆市文化遗产研究院：《重庆汉代画像考古报告集》，北京：科学出版社，2019 年，第 45 ~ 48 页。

② 中国画像石全集编辑委员会：《中国画像石全集 6 · 陕西、山西汉画像石》，第 134、135 页，图一七七。

1. 前挡拓片

2. 后挡拓片

3. 后挡画像照片

图 2-25　璧山棺山坡崖墓群 M3 出土石棺前、后挡画像

（采自重庆市文化遗产研究院：《重庆汉代画像考古报告集》，北京：科学出版社，2019 年，第 45 ~ 48 页，图一六、一八，图版一九）

图 2-26　榆林绥德四十里铺画像石墓墓门门楣

（北京大学汉画研究所徐呈瑞先生提供，《汉画总录》编号 SSX-SD-059-01）

门顶部正中，位置十分突出，而且以颇为突出的铺首衔环进行强调，又与西王母组合在一起，应该也具有比较特殊的意义。然而，其究竟是天门，还是居所之门，笔者也不能断定。

看来，即便可能存在个别门形的情况，但天门图像的基本形式还是双阙或者双阙夹中间的大门。既然人间有级别的大门都有双阙以示其壮观，天界的大门怎么能不壮丽恢宏呢。不过，天上的事物毕竟是人们未曾见过的，汉代壁画、画像中对于天及天界事物的表现也往往有抽象、象征的形式。那么，天门是否也有用象征的方式表现的情况呢？

三、天门象征

对于汉代图像中神仙题材的讨论，仅从具象材料来说，恐怕已有大量内容难以道明。抽象、象征的材料当然会有，但讨论起来易致玄渺，应特别小心。因此，这里仅就上述图像和文献材料都比较清楚的有关璧、璧门的方面来引申，目的在于说明有关天门的图像不仅仅有上述门阙的表现方式，恐怕影响深远，其流变或附会的内容或许更多，只是我们很难有效地进行辨认罢了。

前文对西汉前期楚地漆棺、帛画图像的整体考察中，已经讨论过其上的双龙、双凤穿璧和一些具有特殊、突出位置的璧的图像应该是“始升天之门”、天门的象征表现，汉代文献中也反映出璧门与阊阖、天门的密切关系。璧的本义即是圆以象天，本来是通天的礼器和祭器，中间的圆孔即有通天孔道的意义，一些关键的地方以之象征天或天门，应该是比较容易理解的。

四川郫县新胜乡东汉晚期墓葬出土的 1 号画像石棺棺盖上，有翼的青龙、白虎夹持一璧，璧下有神人扛托，璧上部为牵牛、织女，璧上部图像呈反向刻画[①]（见图 1-10）。在第一章第二节中笔者已将其与马王堆汉墓漆棺盖板的龙、虎、云气和砂子塘汉墓漆棺盖板的璧、云气图像做过联系。此画像处于棺盖上面，内容为青龙、白虎、牵牛、织女，显然与天界有关，且牵牛与天之入口——天关有关。《石氏星经》中就说：“牵牛名天关。”[②]又云：“牵牛主关梁七政，……牵牛险阻主关梁。”[③]《史记·天官书》云：“南斗为庙，其北建星。建星者，旗也。牵牛为牺牲。”正义：“建六星，在斗北，临黄道，天之都关也。……牵牛为牺牲，亦为关梁。”[④]《晋书·天文志》亦云：“牵牛六星，天之关梁。”[⑤]《春秋佐助期》亦云：“牵牛主关梁。”[⑥]关于牵牛、织女图像与天界、天门的关系笔者在第四章第四节详论，兹不赘述。画像以璧为中心，璧以上图像与下部方向相倒，说明这里的璧为一界标，联系上述文献及图像材料，笔者认为即是天门的象征。这种龙虎衔璧的画像流行于东汉晚期的四川、重庆地区，多在画像石棺的棺盖、前挡或侧板，尤其是棺盖，往往占据整个盖板，刻画十分突出，显然不是一般装饰，虽然图像因素不如郫县者丰富，考虑其位置和图像组合，笔者认为或许也多具有天、天门的象征意义。

其实，类似的图像在洛阳金谷园新莽时期壁画墓中便有出现。其后室顶部藻井

---

① 四川省博物馆、郫县文化馆：《四川郫县东汉砖墓的石棺画像》，《考古》1979 年第 6 期。

② （梁）宗懔撰，（隋）杜公瞻注，姜彦稚辑校：《荆楚岁时记》注引，北京：中华书局，2018 年，第 56 页。

③ （唐）瞿昙悉达：《开元占经》卷六十一《北方七宿占》引，北京：九州出版社，2012 年，下册，第 585 页。

④ 《史记》卷二十七《天官书》，第 4 册，第 1310、1311 页。

⑤ 《晋书》卷十一《天文上》，第 2 册，第 301 页。

⑥ ［日］安居香山、中村璋八辑：《纬书集成》，中册，第 824 页。

上，彩绘的日、月之间，有两幅龙虎、神人神兽穿璧、衔璧图像，就位置、组合来说，其表现的为天界内容毋庸置疑。两幅图中皆为四璧，其中一幅为四神（见有龙、虎、鸟）和神人穿璧、衔璧，另一幅为一对龙、虎（螭形）身体各穿一璧，尾部共穿一璧，头部共衔一璧，所衔之璧最为突出，画面上满布云气[①]（图 2–27）。河南南阳汉画像砖中的此类图像与四川所见极为一致[②]（图 2–28），时代多在东汉早期。

图 2–27　洛阳金谷园新莽墓后室藻井壁画摹本

（采自王绣、霍宏伟：《洛阳两汉彩画》，第 94 页，图 1–113）

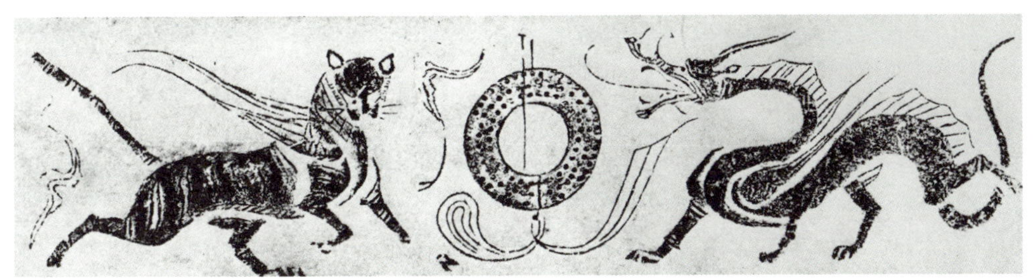

图 2–28　南阳出土龙虎衔璧画像砖拓片

（采自南阳文物管理所：《南阳汉代画像砖》，图 197）

此类图像除作龙、虎外，尚有双龙、双虎衔璧，其意义应当是一致的，或许是龙、虎及天界神兽护持天门的表现。曹植《仙人篇》云："阊阖正嵯峨，双阙万丈余。玉树扶道生，白虎夹门枢。"[③]汉乐府《陇西行》云："天上何所有，历历种白榆。桂树夹道生，青龙对道隅。"[④]《步出夏门行》亦云："天上何所有，历历种白榆。桂树夹道生，青龙对伏趺。"[⑤]可见，当时人确实以为天门或登天之路旁有青龙、

① 黄明兰、郭引强编著：《洛阳汉墓壁画》，北京：文物出版社，1996 年，第 112 页。

② 南阳文物管理所：《南阳汉代画像砖》，图 197。

③ （三国魏）曹植著，赵幼文校注：《曹植集校注》卷二《仙人篇》，下册，第 390 页。

④ （宋）郭茂倩编：《乐府诗集》卷三十七《相和歌辞十二》，第 3 册，第 791 页。

⑤ （宋）郭茂倩编：《乐府诗集》卷三十七《相和歌辞十二》，第 3 册，第 795 页。

白虎守卫，这里图像的意义应为龙虎守卫天门。

那么，是否汉代所有此种形象皆是天界、天门的表现？恐怕不是。因为此类龙虎或神兽衔璧的图像流行时间很长、地域很广，也极为丰富，很多便发生了意义的淡化、模糊甚至是转化、附会。如许多只是作为一种常见的神兽装饰题材甚至边缘纹饰，并无突出位置和意义。有些中间的璧刻画成了钱币，山东苍山元嘉元年画像石墓还在题记中提到“上有龙虎衔利来，百鸟共持至钱财”①，显然被当成了一种财富和吉祥的题材了。

这也提示我们在考察此种较为抽象又较为广泛的题材时，不仅要注意它们相似的形象，同时要注意它们所处的位置、图像组合及图像的突出性等等因素。如果我们以第一种突出表现于墓顶、棺盖并与天界事物相组合的图像，或是以第二种广泛分布、装饰化明显的图像来概括龙虎衔璧图像的含义恐怕都会出现问题。这其中涉及一个题材设计的本义和大量流行后意义的淡化、泛化甚至转化的问题，超出本书主旨，兹不赘述。不过，从目前的材料来看，其表现天界、天门的意义自西汉前期以来至东汉晚期，那些位置突出、组合稳定并作为表意主体的此类图像恐怕还是以表现天界及天界通道——天门为主。

其实，将璧组合于棺盖并非图像中特有，前文提及的马王堆汉墓中也有在内棺顶盖头部放置一枚玳瑁璧的现象。无独有偶，江苏高邮神居山西汉广陵王墓中，也在内棺棺盖正中放置一枚玉璧②。这种现象也颇可与上述在漆棺或画像石棺盖板或头挡处刻画玉璧相联系。然而，在漆棺上不仅有放置一枚玉璧的情况，也有镶嵌多枚甚至整齐排列玉璧于几个表面的情况，更多与棺的装饰甚至等级表达有关③，山东地区早期画像石椁上流行的璧纹、联璧纹或许受到此种高等级墓葬以玉璧饰棺的影响。也就是说汉代漆棺、石棺上的璧纹和联璧纹刻画恐怕还有另一种来源和意义，同样不能一概而论，许多也仅仅是装饰而已，不可深究，但是上述具有突出位置和特殊表现、组合的图像恐怕也不能完全淹没在璧纹、联璧纹的装

---

① 山东省博物馆、苍山县文化馆：《山东苍山元嘉元年画象石墓》，《考古》1975 年第 2 期；方鹏钧、张勋燎：《山东苍山元嘉元年画像石题记的时代及有关问题的讨论》,《考古》1980 年第 3 期。

② 梁白泉：《高邮天山一号汉墓发掘侧记》，《文博通讯》第 32 期，1980 年。

③ 李银德：《汉代的玉棺与镶玉漆棺》，见徐州博物馆编《徐州文物考古文集（一）》，北京：科学出版社，2011 年，第 126 页；王煜：《汉代镶玉漆棺及相关问题讨论》，《考古》2017 年第 11 期。

饰意义中。

以璧象征天门，在四川地区东汉晚期摇钱树顶枝图像中表现得最为明确。前述茂汶出土的摇钱树顶枝上，将西王母、璧、凤鸟、双阙组合在一起，毫无疑问是璧门、天门的表达。此类顶枝在该地区较多出现，经学者整理，目前已发表材料可见 17 件，除茂汶出土的一件外，其他都是将西王母（有些为早期佛像）、璧、凤鸟紧密组合，两旁未出现双阙[①]。即便将残损遗落的情况考虑在内，这样的数量和比例中，也必然有确实不表现出双阙的。而除了没有双阙外，这些枝叶的位置和图像组合是完全相同的，当然也是西王母、天门的表现，其中天门显然即由与西王母（早期佛像）、凤鸟紧密组合的璧来象征了（图 2–29、2–30）。

图 2–29　绵阳何家山 2 号崖墓出土摇钱树顶枝

（采自绵阳市文物管理局、绵阳博物馆：《涪江遗珠：绵阳可移动文物》，第 43 页）

1. 陕西城固出土

2. 四川资阳狮子山崖墓出土

图 2–30　西王母（早期佛像）摇钱树顶枝

（采自 1. 作者摄；2. 四川省文物考古研究院：《天府皕宝图——四川省文物考古研究院 60 年出土文物选粹》，北京：文物出版社，2013 年，第 140 页）

① 焦阳：《钱树枝干图像的整体研究——兼论钱树的主要内涵与功能》，见中山大学艺术史研究中心编《艺术史研究》第 25 辑，第 13 页。

除璧外，还有一种可以辨别的不以具象的门阙来表示天门的方法，即铺首衔环。不过它虽然不是完整的门阙，但属于门的构件，以之表现门（在有的情况下是天门）并不算是一种典型的抽象、象征方式，更应理解为一种简化、代表方式。如山东济宁喻屯镇出土一方东汉晚期的画像石上，铺首衔环下有一九头人面虎身的神兽守卫[①]（图 2-31-1）。《山海经·海内西经》云："开明兽身大类虎而九首，皆人面，东向立昆仑上。"[②]画像上的神兽与守卫昆仑的开明兽的描述完全一致，前述汉代天门的一种主要看法为昆仑之门，因此这里开明兽所守卫的铺首衔环应是昆仑天门的象征。汉画像中出现的许多铺首衔环旁常有人首蛇身神人（有的持有规矩，

1. 山东济宁喻屯镇出土画像石拓片

2. 山东滕州出土画像石拓片

3. 山东滕州官桥镇后掌大出土画像石拓片

4. 山东昌乐三冢子村出土画像石拓片

图 2-31　铺首衔环与神人、神兽画像

（采自 1~3. 中国画像石全集编辑委员会：《中国画像石全集 2·山东汉画像石》，第 7、150、172 页，图一一、一五九、一八〇；4. 中国画像石全集编辑委员会：《中国画像石全集 3·山东汉画像石》，第 127 页，图一四五）

① 中国画像石全集编辑委员会：《中国画像石全集 2·山东汉画像石》，第 7 页，图一一。
② 袁珂校注：《山海经校注》（增补修订本），第 349、350 页。

可以确定为伏羲、女娲，详见第四章第三节）、凤鸟、飞龙等神人神兽（图 2-31-2 ~ 2-31-4），是否也是天门的象征，也可以进一步考虑。不过如前所述，它们并非表意主体，也可能具有广泛的装饰化意义，如不出现在特定而突出的场景和组合中，恐怕不宜过于明确。

三、小结

根据上述对天门图像讨论，可以得出以下认识：

第一，汉代墓葬中存在许多关于天门的图像，由于对其有无及其性质等问题尚存在争议，可以先从有明确题记者入手，根据其主要形象、场景、组合来进行较为准确地辨别。天门图像往往与天界因素如日月、星象、龙虎等共同出现，尤其是与璧组合在一起，与当时文献中以璧门象征天门的记载相吻合。西汉前期的天门图像已与昆仑组合在一起，东汉以来其与西王母的组合愈见突出。目前所见的天门图像主要以双阙的形式进行表现，但也有少数用门户表现者。除这些具象的天门图像外，还出现了以抽象、象征方式表现的情况，目前可确认的主要是以璧来象征。虽然象征形式的辨认需要特别谨慎，但其中性质比较明确者已经足以说明天门图像的流行和影响。以双阙表现或以璧象征的形式在西汉前期的楚地皆已出现，西汉晚期尤其是东汉以来流行于河南、山东、四川、重庆以及河西，可能还有陕北等地区。

第二，从目前所见材料来看，天门图像以四川、重庆地区最为丰富。这一方面与该地区出土较多带有题记的材料，类比确认的条件最好有关；另一方面也是天门信仰在当时当地特别兴盛的情况的反映。但需要注意的是，不论是双阙、还是与西王母的组合，或是龙虎衔璧的形式，在中原地区出现的时间皆比四川、重庆地区要早，有些与四川发现者几乎完全一致。可见，四川、重庆地区的天门图像与汉画像本身一样，都不是本地自创的，其最初的来源还是河南、山东等地区，只是在发展中形成了区域性的特点。以往研究天门图像，主要集中于四川，甚至认为与三星堆、古蜀人有渊源关系，这恐怕是有问题的。我们只能说四川地区的一些突出的信仰观念可能促进了天门图像在本地的兴盛，不过这种信仰观念也不是四川特有的，只是四川特别兴盛而已，西汉中期以来的巴蜀文化完全是汉文化的一个地方类型。

第三，汉代墓葬中的天门图像分布广泛、数量丰富，并出现不同表现形式甚至是象征形式，可见天门在当时信仰中的重要地位。天门自然是登天之门，说明死后信仰的理想归宿还是应该在天上。而不少图像尤其是东汉以来的图像中将天门、西王母密切结合在一起，看来西王母与天界并非如有的学者所论的是泾渭分明的两个世界（仙界和天界）[①]，这一点笔者将在第三章中作详细的论述。天门信仰显然由来已久，那么，它为何在东汉以来兴盛起来？又是为何、如何与昆仑、西王母结合在一起的？这是笔者下面要讨论的问题。

第三节
“登昆仑，入天门”：天门与昆仑信仰的结合

目前所见考古材料中，在长沙马王堆漆棺、帛画和砂子塘漆棺上昆仑图像已经与天门、阊阖结合在一起，如前所述，帛画是垂直地表现“阊阖（璧门）—昆仑—天门—天界（天帝）”的程序，而漆棺则由相对的头、足挡和相邻的侧板将昆仑与阊阖（璧门）图像联系在一起。可见，考古材料中，目前所见昆仑与阊阖、天门最早的结合是在西汉前期的楚地。

从文献材料来看，战国时期楚地屈原的《离骚》中已经提及阊阖，其云“吾令帝阍开关兮，倚阊阖而望予”，王逸注“帝，谓天帝。阍，主门者也。……阊阖，天门也”[②]。但如前所述，将“阊阖”直接等同于“天门”是东汉时期的观念，故而王逸注中有此说法。就《离骚》本身的文句中还看不出这种关系，只能看出阊阖确实是天界的一个重要门户，当然也算广义上的天门。但根据屈原自己的《天问》“圜则九重，孰营度之？……四方之门，其谁从焉”[③]，当时的观念中绝不仅有一个天门（广义）。所以，阊阖到底处于当时众多天门（广义）中什么样的地位，仍然不能确定。不过，《离骚》在提及阊阖之后，接下来便是“朝吾将济于白水兮，

① 如［美］巫鸿著，柳扬、岑河译：《武梁祠——中国古代画像艺术的思想性》，第 91 ~ 157 页。
② （宋）洪兴祖撰，白化文等点校：《楚辞补注》卷一《离骚》，第 29 页。
③ （宋）洪兴祖撰，白化文等点校：《楚辞补注》卷三《天问》，第 86 ~ 92 页。

登阆风而緤马”，王逸注引《淮南子》云“白水出昆仑之山，饮之不死”[①]，阆风如前所述也是昆仑之一部分，提示我们这里的阊阖，似乎已经与昆仑有关。但是《离骚》毕竟是诗歌，跳跃性大，对于这一问题，还不能妄加判断。

西汉前期的楚地文献中阊阖已经与昆仑明确联系起来了。《淮南子·地形训》云：“倾宫、旋室、县圃、凉风、樊桐在昆仑阊阖之中。”高诱注：“阊阖，昆仑虚门名也。”[②]“昆仑虚（墟）”即昆仑山。如前所论，县圃（悬圃）、凉风（阆风）、樊桐（板桐）是昆仑的三个部分，这里说它们在昆仑阊阖之中，可见高诱所注不虚，这里的阊阖确实是昆仑之门，所以昆仑的三个部分自然在其中了。《淮南子·原道训》云“经纪山川，倒腾昆仑，排阊阖，沦天门”，高诱注“阊阖，始升天之门也。天门，上帝所居紫微宫门也”[③]。如果高诱所注仍然不虚，那么这个关系便可以理清楚了。昆仑为登天之山，《地形训》中云“昆仑之丘，或上倍之，是谓凉风之山，登之而不死。或上倍之，是谓悬圃，登之乃灵，能使风雨。或上倍之，乃维上天，登之乃神，是谓太帝之居”[④]，其上为天帝所居，其门——阊阖自然可以作为“始升天之门”，进入阊阖就开始了昆仑登天的旅程，最后登上昆仑之巅便可进入天帝统领的天界。这样便形成了本书中多次提到的西汉前期“阊阖—昆仑—天门—天界（天帝）”的升天程序，也就是前述马王堆帛画所展示的图像程序。

但问题还没有结束，在《淮南子》中阊阖除了作为昆仑之门外，又是天的八门之中的西极之门。《地形训》中说：“八纮之外，乃有八极。自东北方曰方土之山，曰苍门；……西方曰西极之山，曰阊阖之门。”[⑤]为何作为昆仑之门、“始升天之门”的阊阖，又是西极之门？为何在升天信仰中汉代人只强调这个西极的阊阖之门，而另外七个天门基本无人提及？笔者认为，这一方面可能与这两个“阊阖”所在的观念系统不同有关，一个是昆仑体系，一个是八极体系，《淮南子》是所谓杂家，其中的观念来源比较多元；但另一方面也不能排除与西北通天和昆仑信仰有关。

---

① （宋）洪兴祖撰，白化文等点校：《楚辞补注》卷一《离骚》，第 30 页。

② 何宁撰：《淮南子集释》卷四《墬形训》，上册，第 325 页。

③ 何宁撰：《淮南子集释》卷一《原道训》，上册，第 16 页。

④ 何宁撰：《淮南子集释》卷四《墬形训》，上册，第 328 页。

⑤ 何宁撰：《淮南子集释》卷四《墬形训》，上册，第 335、336 页。

如前所述，中国的地形为西北高、东南低，关于这一地形形成的解释，与共工与天帝争斗的神话传说有关。《淮南子·天文训》中云："昔者，共工与颛顼争为帝，怒而触不周之山，天柱折，地维绝。天倾西北，故日月星辰移焉；地不满东南，故水潦尘埃归焉。"①既然撑开天地西北方的天柱被共工撞断，那么天的西北便倾倒下来，地的西北便高隆起来（东南便倾倒下去），这样天地的最接近处便是西北，而西北的昆仑神山由此成为登天的最重要所在（详论见第一章第六节）。西北方的天门自然也最受人们看重，屈原《天问》中就已经有"四方之门，其谁从焉？西北辟启，何气通焉"之问②。然而根据当时众所周知的传说，西北方的天柱——不周山已经被共工撞断了，或许在西北登天信仰的大背景下，人们便将西极之门阊阖作为最为重要的天门，并将其与登天之山——昆仑相连接，其由西极之山的门变为昆仑之门，昆仑与阊阖便结合在一起了。这个结合的时间不论从考古材料上还是文献材料上来看，都不晚于西汉前期，地域最可能在楚地。

武帝时司马相如《大人赋》云："西望昆仑之轧沕洸忽兮，直径驰乎三危。排阊阖而入帝宫兮，载玉女而与之归。"③昆仑与阊阖已经紧密联系在一起。武帝所作的《郊祀歌》亦云："神之斿，过天门，车千乘，敦昆仑。"④这里是写天神从天界下来受享，所以其先过天门，再到昆仑，并没有提及昆仑之门阊阖，尚不能知道此时阊阖与天门的关系。从目前所见材料来看，到了东汉时期，阊阖与天门已经完全等同，而且流行甚广、影响甚深。如前述《离骚》王逸注"阊阖，天门也"⑤，《说文·门部》"阊，阊阖，天门也"⑥。笔者认为阊阖与天门的等同应该是西汉中期尤其是东汉以来，昆仑升天信仰日益突出的结果。既然昆仑已经是宇宙中轴、天地中柱、升天中心，昆仑之大门就等同于天界之门了，实在没有必要再区分什么"始升天之门"与天门了。

在这样的背景下，天门与昆仑便紧密联系在一起，不可分割了。焦延寿《易

① 何宁撰：《淮南子集释》卷三《天文训》，上册，第167、168页。
② （宋）洪兴祖撰，白化文等点校：《楚辞补注》卷三《天问》，第92、93页。
③ 《史记》卷一百一十七《司马相如列传》，第9册，第3060页。
④ 《汉书》卷二十二《礼乐志》，第4册，第1066页。
⑤ （宋）洪兴祖撰，白化文等点校：《楚辞补注》卷一《离骚》，第29页。
⑥ （汉）许慎撰，（清）段玉裁注：《说文解字注》，第587页。

林·比》云："登昆仑，入天门。"[①]刘向《九叹》云："登昆仑而北首兮，悉灵圉而来谒。选鬼神于太阴兮，登阊阖于玄阙。"王逸注："登昆仑之上，北向天门。"[②]李奇《汉书注》云："昆仑九成，上有县圃，县圃之上即阊阖天门。"[③]皆言天门在昆仑上。《河图括地象》云："西北为天门，东南为地户。天门无上，地门无下。"[④]《诗含神雾》云："天不足西北，无有阴阳消息，故有龙衔精以往照天门中。"[⑤]《神异经·西北荒经》亦云："西北荒中有二金阙……中有金阶，西北入两阙中，名曰天门。"[⑥]此时的文献中说天门在西北，自然与昆仑有关。《论衡·道虚篇》云："天之门在西北，升天之人，宜从昆仑上。"[⑦]一语可证。

综上所述，不论从目前所知的考古材料还是文献材料来看，天门与昆仑的结合都最早出现在西汉前期的楚地。由于中国地形的西北高、东南低，先民们创造出了共工触不周之山而天倾西北、地隆西北的传说，西北便是天地最相接之处，西北的神山昆仑成为登天的最佳所在，西北的天门成为升天的最佳入口。在这种西北通天和昆仑登天的信仰背景中，西极之山的门户——阊阖便有可能与昆仑结合起来，成为昆仑之门，也即"始升天之门"（西北之不周山已被撞断）。当然，将阊阖作为昆仑之门、"始升天之门"的观念也可能与其作为西极之门的观念有不同来源，不一定存在演变关系。但无论如何，在西汉前期的楚地文献和考古材料中都体现出了当时"阊阖—昆仑—天门—天界（天帝）"的升天程序。西汉中期以后，尤其是东汉以来，随着昆仑和天门信仰的日益突出，墓葬中昆仑图像和天门图像大量出现，昆仑也进一步和天门紧密结合。这就表现在阊阖与天门的等同，从此，升天之人只需达到昆仑，进入天门（阊阖）便可升入天界。此种观念在当时应该相当流行，影响深远，甚至侵染到稍后的国家典礼中。如晋《正旦大会行礼歌》云："登昆仑，上增城。乘飞龙，升泰清。冠日月，佩五星。扬虹霓，建彗旌。披庆云，荫繁荣。览八极，游天庭。……朝阊阖，宴紫微。"[⑧]全然以这

① （汉）焦延寿撰，徐芹庭注：《焦氏易林新注》卷八《比·姤》，上册，第99页。
② （宋）洪兴祖撰，白化文等点校：《楚辞补注》卷十六《九叹》，第309页。
③ 《汉书》卷二十五《郊祀志》，第4册，第1261页。
④ ［日］安居香山、中村璋八辑：《纬书集成》，下册，第1090页。
⑤ ［日］安居香山、中村璋八辑：《纬书集成》，上册，第459页。
⑥ 王根林校点：《神异经》，见《汉魏六朝笔记小说大观》，第56页。
⑦ 黄晖撰，刘盼遂集解：《论衡校释》卷七《道虚篇》，第2册，第319页。
⑧ （宋）郭茂倩编：《乐府诗集》卷十三《燕射歌辞一》，第1册，第283页。

一观念比附朝廷元旦宴饮典礼。在西汉中晚期以后的考古材料中，我们看到昆仑、天门的图像与西王母的图像也紧密结合在一起，那么，西王母图像与昆仑、天门图像，西王母信仰与昆仑、天门信仰是何时结合在一起？西王母在已经形成的昆仑、天门的升天信仰中的地位和意义如何？则是笔者在下章要考察的问题。

另外，与天门对应的还有地户。《河图括地象》云："天不足西北，地不足东南。西北为天门，东南为地户。天门无上，地门无下。"①《神异经·东南荒经》云："东南有石井，其方百丈。上有二石阙，侠东南面，上有蹲熊。有榜著阙曰地户。"②而四川彭山双江崖墓墓门门楣正中正有一十分突出的蹲熊，是否具有地户的意义呢？汉代人们对死后去向的看法，一则升天成仙已如前述（在稍晚时候还有天仙、地仙、尸解仙的说法③），一则安享于墓，一则入地为鬼（蒿里、黄泉等）。虽然这三者未必是非此即彼的理性的单项选择题，但最理想的归宿无疑是天仙，从出土的解注文来看，地下的世界还有繁重的赋役④，并不美好，人们是否愿意以自己的墓门为地户还应该考虑。天门与地户是理解人们灵魂观念、死后世界的一个关键，值得今后进一步研究。

第四节
"皆食于天仓"：天门与天仓图像及信仰

在梳理汉代天门图像的材料时，笔者发现存在一些天门与天仓组合的情况。通过这样的组合，一方面可以对二者的性质进行推定，拓展天门图像的材料；另一方面也是对汉代具有升天信仰这一本书的基本前提的强化证明；而关于"天仓""大仓"的题记中还涉及丧葬愿望的杂糅性问题，十分有趣。因此，虽然这一问题并不完全处于本书论述推进的主干上，但笔者还是想将之附属在与之关系密切的天

① ［日］安居香山、中村璋八辑：《纬书集成》，下册，第1090页。
② 王根林校点：《神异经》，见《汉魏六朝笔记小说大观》，第51页。
③ 王明：《抱朴子内篇校释（增订本）》卷二《论仙》，第20页。
④ 如山西出土灵帝熹平二年（公元173年）朱书解注瓶云："上党人参九枚，欲持代生人；铅人，持代死人。黄豆、瓜子，死人持给地下赋。"参见张勋燎：《东汉墓葬出土解注器和天师道的起源》，见张勋燎、白彬著《中国道教考古》，第1册，第160页。

门问题之后，以增讨论之资。

目前所见，汉墓中关于天仓的材料，具体有画像（包括带题记的画像）和题记（大仓、天仓）两种。对于这些材料尤其是后者，学界已有很多讨论。大致分为两种意见，一种认为是对就食太仓的表达，反映了追求官贵和财富的愿望[①]；另一种认为是对就食天仓的表达，反映了追求升往天国的愿望[②]。罗二虎先生则认为是天上的太仓，“说明墓主希望升入天国仙境之后，也能成为天上的官吏”。[③]笔者倾向于此种观点，论证后详。也有意见认为与早期道教有关[④]。近来又有人将其与大量存在的庖厨图像（认为是天厨）一起作为其所谓“汉墓太阴炼形”体系中的一环，认为是墓中死者“修炼过程中举足轻重的关键步骤”[⑤]。笔者拟对这些材料进行一次较为系统梳理、考察，希望有利于上述问题的进一步讨论。

一、画像中的“天仓”

就目前所见而言，可资讨论的与“天仓”有关的画像在四川简阳鬼头山东汉崖墓出土的画像石棺[⑥]上有最为丰富的表现。前文已论述三号石棺侧板正中刻画双阙，阙顶各有凤鸟一只，阙上有“天门”的题刻。阙左有带有题刻的白虎一只，阙右有一房屋，屋下有干栏式结构高出，屋上开有通风窗，其旁有大鸟一只，屋旁题刻为“大仓”（见图 2–2）。显然这一房屋即为粮仓，下部高出以防潮，上部开窗以通风，便于粮食储藏。同墓出土的二号石棺侧板上，也有类似的画像[⑦]，虽然未见题记，但毫无疑问是同一内容的表现。其侧板中央刻画双阙，阙上有凤鸟，这里的双阙自然也当为三号棺上题刻的“天门”。天门两侧各有一个房屋图像，与三号棺略有不同。但此二房屋皆下部高出，上部开通风窗，显然也当是三号棺

① 如陈直：《望都汉墓壁画题字通释》，《考古》1962 年第 3 期。

② 如陈路：《汉画榜题“上人马食太仓”考》，《南都学坛》2005 年第 3 期。

③ 罗二虎：《汉代画像石棺》，第 206 页。

④ 张勋燎：《重庆、甘肃和四川东汉墓出土的几种西王母天门图像材料与道教》，见张勋燎、白彬著《中国道教考古》，第 3 册，第 796 ~ 800 页；杨爱国：《“此上人马皆食太仓”解》，中国社会科学院考古研究所等编《汉长安城考古与汉文化》，北京：科学出版社，2008 年，第 565 ~ 570 页。

⑤ 姜生：《汉帝国的遗产：汉鬼考》，第 430 页。

⑥ 雷建金：《简阳县鬼头山发现榜题画像石棺》，《四川文物》1988 年第 6 期。

⑦ 中国画像石全集编辑委员会：《中国画像石全集 7·四川汉画像石》，第 78 页，图九五。

上题刻的“大仓”（图 2–32）。同墓所出五号石棺侧板画像与二号石棺几乎完全相同[①]，自然也当为“天门”与“大仓”的表现。

图 2–32　简阳鬼头山崖墓二号石棺侧板画像拓片
（采自中国画像石全集编辑委员会：《中国画像石全集 7·四川汉画像石》，第 78 页，图九五）

除上述简阳鬼头山崖墓出土的三具画像石棺外，类似的画像还见于四川其他地区的汉墓中。如郫县新胜乡砖室墓出土的二号石棺[②]，侧板上刻画双阙，双阙间有一房屋。此房屋在双阙之中而非其旁，与简阳出土者略有不同。但该房屋的下部仍然为高出的干栏式建筑，应该也是粮仓的表现。与之相对的另一侧板上刻画西王母及其从属，如九尾狐、三足乌、蟾蜍及仙人六博。江津崖墓中亦有一幅类似画像，双阙之间为一房屋，房屋下有高台，屋上开通风窗，亦当归入此类[③]（图 2–33）。大邑董场乡蜀汉墓中出土一方画像砖，砖右下部刻画一下有台阶、上开通风窗的房屋，屋上有凤鸟一只，屋旁题刻为“食天仓”，其旁有一门吏作迎接状[④]（图 2–34）。值得注意的是，该墓中的画像砖保存了比较完整的配置情况，与此砖相邻的一砖上刻画有双阙，阙旁各有人首蛇身神人一位，双阙中还有一神鸟托日，其间有一些星象，其下有一形状奇特的神人（图 2–35，另见图 2–7–1）。这里的双阙画像上有许多天界和神话事物，笔者前文已经确认其为天门的表现，“天仓”画像砖仍然与天门组合在一起。

① 高文主编：《中国画像石棺全集》，太原：三晋出版社，2011 年，第 252 页。
② 四川省博物馆、郫县文化馆：《四川郫县东汉砖墓的石棺画像》，《考古》1979 年第 6 期。
③ 中国画像石全集编辑委员会：《中国画像石全集 7·四川汉画像石》，第 20 页，图三〇。
④ 大邑县文化局：《大邑董场乡三国画像砖墓》，见四川省文物考古研究所编《四川考古报告集》，第 393 页。

图 2-33　江津崖墓双阙与仓房画像拓片

（采自中国画像石全集编辑委员会：《中国画像石全集 7 · 四川汉画像石》，第 20 页，图三〇）

图 2-34　大邑董场乡蜀汉墓出土天仓画像砖摹本

（采自《中国画像砖全集》编辑委员会：《中国画像砖全集 · 四川汉画像砖》，第 54 页，图七五）

图 2-35　大邑董场乡蜀汉墓画像砖配置情况（局部）

（采自霍巍、齐广：《四川地区汉代画像砖的排列、组合与意义》，《考古》2022 年第 4 期）

除四川地区外，河南许昌出土一方画像砖[①]，其中部刻画双阙，阙间有一门吏，阙右有一下部为干栏式的房屋，屋上有鸟一只，阙左有一轺车向双阙进发，其上

① 黄留春编著：《许昌汉砖石画像》，郑州：河南美术出版社，1994 年，第 48 页。

题刻“上人马食大仓”（图 2–36）。此画像砖上双阙与粮仓的组合与上述四川地区所见画像完全一致，自题为“大仓”与上述简阳鬼头山三号石棺一致，应该也是类似观念的表现。

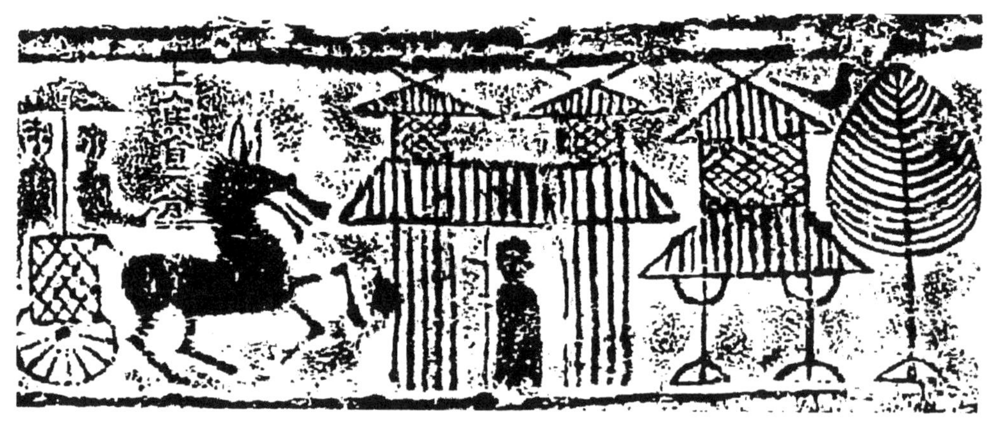

图 2–36　河南许昌出土双阙、“大仓”画像砖拓片
（采自黄留春编著：《许昌汉砖石画像》，郑州：河南美术出版社，1994 年，第 48 页）

以上是笔者目前所见与“天仓”有关的画像，汉墓尤其是四川汉墓中另有许多与粮仓有关的画像，但由于画像内容单一，也有可能是现实生活中粮仓的反映，谨慎起见，不拟归入。上述画像中粮仓皆与双阙密切组合在一起，根据简阳鬼头山三号石棺及大邑董场乡画像砖上的题记和画像内容，此类画像中的双阙应该为天门，与天门相组合的粮仓自然只有天仓可以当之。

上述画像中有的带有题刻，共见三例，题刻为“天仓”者一例（大邑董场乡画像砖），题刻为“大仓”者二例（简阳鬼头山三号石棺、许昌画像砖）。“天仓”自然直接说明了其性质，而“大仓”同样值得注意。在汉墓题刻中“大”常常可作“太”的通假。这里的“大仓”应即“太仓”。汉代中央和诸侯国皆设有太仓。《史记·高祖本纪》载：“（高祖）八年，……萧丞相营作未央宫，立东阙、北阙、前殿、武库、太仓。”[①] 同书《平准书》中载武帝即位时“太仓之粟陈陈相因，充溢露积于外，至腐败不可食”。[②] 是中央有太仓。《史记·孝文本纪》载：“（文帝十三年）

① 《史记》卷八《高祖本纪》，第 2 册，第 385 页。
② 《史记》卷三〇《平准书》，第 4 册，第 1420 页。

五月，齐太仓令淳于公有罪当刑，诏狱逮徙系长安。”[①] 江苏徐州狮子山西汉前期楚王墓中出土有“楚太仓令”封泥。[②] 是诸侯国亦有太仓。但这些画像上的太仓与天门组合在一起（简阳鬼头山三号石棺上的题刻组合即是“大仓”与“天门”），显然不是人间的太仓，而应为天上的太仓[③]，实际上还是天仓。值得指出的是，虽然“大”与“天”字相近且有渊源关系，但汉代碑刻中二者通假的材料还极少见，这里的“大仓”在文字上还是作“太仓”为宜，不过其意义上当与天仓有关。

另外，《史记·天官书》云：“胃为天仓，其南众星曰廥积。”[④]《晋书·天文志》云：“胃三星，天之厨藏，主仓廪，五谷府也。”[⑤]《太平御览》卷六引《乐汁图》亦云：“胃，天仓也。”又引《石氏星经》云：“天廪四星在昴南，主积聚黍稷。”[⑥] 可见，汉晋时期人们以西宫胃宿及昴宿旁星官为天仓、天廪。而上述简阳鬼头山石棺画像上题刻为“大仓”的房屋正在西宫白虎（广义的白虎包括整个西宫七宿，狭义则专指其中的参宿，如《史记·天官书》云“参为白虎”[⑦]）之旁，也可以旁证这里的“大仓”应为天仓。

二、汉墓题刻中的“天仓”与“大仓”

汉墓中与“天仓”有关的材料，除上述画像之外，还有一些关于“天仓”和“大仓”的题刻。杨爱国先生曾系统搜集了与“此上人马皆食大仓”相关的题记，得 24 个墓例[⑧]。笔者也独立收集了关于“天仓”“大仓”的题记，发现大多数也是以“皆食大仓”的形式表现，又根据杨爱国先生的成果查证、补充了遗漏的数例，另有两例为未刊布材料，笔者无法查证，未补入，共得 33 例（增加主要在四川地区，由于采用的著录版本或有不同，个别相同的题记与杨先生略有差异），列表于下：

---

① 《史记》卷一〇《孝文本纪》，第 2 册，第 427 页。

② 狮子山楚王陵考古发掘队：《徐州狮子山西汉楚王陵发掘简报》，《文物》1998 年第 8 期。

③ 罗二虎：《汉代画像石棺》，第 206 页。

④ 《史记》卷二七《天官书》，第 4 册，第 1305 页。

⑤ 《晋书》卷一一《天文上》，第 2 册，第 302 页。

⑥ （宋）李昉等撰：《太平御览》卷六《天部六·星中》引，北京：中华书局，1960 年，第 32、31 页。

⑦ 《史记》卷二七《天官书》，第 4 册，第 1306 页。

⑧ 杨爱国：《“此上人马皆食太仓”解》，见中国社会科学院考古研究所等编《汉长安城考古与汉文化》，第 565 ~ 570 页。

表 2-2 汉代（含一例三国时期）“天仓”“大仓”题刻一览表[①]

序号	所在遗存	时代	题刻内容	出处
1	山东平邑南武阳功曹阙	东汉章帝章和元年（87 年）	此上□□皆食□仓（当补为“此上人马，皆食大仓”或“皆食天仓”）	《金石录》卷一四；《汉代石刻集成》条 23
2	山东济宁出土画像石	东汉和帝永元五年（93 年）	此中人马，皆食大仓	《幽冥两界：纪年汉代画像石研究》，第 45 页
3	山东枣庄中区齐村镇出土画像石	东汉安帝延光三年（124 年）	□□□马有□者，皆食□大□（后半部分当补为“皆食于大仓”	《中国画像石全集 3 · 山东汉画像石》，图版说明第 50 页
4	山东泗水南陈画像石墓	东汉顺帝汉安元年（142 年）	人马甫（虎）大鱼皆食大仓，长生久寿不复老	《考古》1995 年第 5 期
5	山东邹城峄山文通祠堂	同上	此中人马，皆食大仓	《文物》2017 年第 1 期
6	山东苍山城前村画像石墓	东汉桓帝元嘉元年（151 年）	其当饮食就天仓，饮江海	《考古》1975 年第 2 期
7	山东东阿芗他君祠堂	东汉桓帝永兴二年（154 年）	此上人马，皆食大仓	《故宫博物院院刊》1960 年第 2 期
8	山东嘉祥宋山许安国祠堂	东汉桓帝永寿三年（157 年）	此中人马，皆食大仓，饮其江海	《文物》1982 年第 5 期
9	山东曲阜徐家村出土画像石	东汉桓帝延熹元年（158 年）	此墓中□车马□□龙蛇马牛，皆食大仓	《山东汉画像石选集》，第 24 页
10	山东肥城北大留画像石墓	东汉	此人马食大山仓	《山东汉画像石选集》，第 48 页
11	山东安丘王封村出土画像石	东汉	此上人马，皆上食于天仓	《山东汉画像石选集》，第 51 页
12	山东临沂出土画像石	东汉	此上人马今守（禽兽）百鸟，皆食于大仓，饮于河梁之下	《临沂汉画像石》，第 45 页（原书直接释作“太仓”）

① 本表的材料收集过程中曾得到四川大学历史文化学院孟繁琇先生的帮助，特此说明并致谢。

续表

序号	所在遗存	时代	题刻内容	出处
13	山东出土残画像石	东汉	此上人马，皆上食于天仓	《“中央”研究院历史语言研究所藏汉代石刻画象拓本精选集》，第 180 页
14	江苏泗洪出土画像石	东汉顺帝汉安元年（162 年）	此上人马禽狩鸡犬，皆上食大仓，饮大湖	《文物》2010 年第 6 期
15	江苏徐州铜山出土画像石	东汉	此□室中人马皆食大仓	《文物》2003 年第 4 期
16	江苏徐州出土画像石	东汉	人马皆食苍（当为“人马皆食大仓”或“人马皆食天仓”）	《汉画解读》，第 122 页
17	安徽宿县褚兰胡元壬祠堂	东汉灵帝建宁四年（171 年）	上人马皆食大仓……要（腰）带朱紫，车……金银在怀	《考古学报》1993 年第 4 期
18	安徽淮北出土画像石	东汉	人皆食大仓	《汉画解读》，第 212 页（原书直接释作“太仓”）
19	安徽萧县出土画像石	东汉	食大仓	《汉画解读》，第 212 页
20	河北望都一号墓	东汉晚期	皆食大仓	《望都汉墓壁画》，第 13 页（原书直接释作“太仓”）
21	河北望都二号墓	东汉灵帝光和五年（182 年）	□食大仓谷	《望都二号汉墓》，第 22 页（原书直接释作“太仓”）
22	河南许昌出土画像砖	东汉	上人马食大仓	《许昌汉砖石画像》，第 48 页
23	陕西旬邑百子村壁画墓	东汉	此□□马皆食……（当补为“此上人马，皆食大仓”或“皆食天仓”）	《壁上丹青——陕西出土壁画集》，第 126 页（原书释文略有不同，今据观察与对照上述材料改）
24	内蒙古和林格尔壁画墓	东汉晚期	上郡属国都尉、西河长史吏兵马，皆食大仓	《和林格尔汉墓壁画》，第 32 页
25	内蒙古和林格尔壁画墓	东汉晚期	繁阳吏人马，皆食大仓	《和林格尔汉墓壁画》，第 32 页
26	内蒙古和林格尔壁画墓	东汉晚期	……上人马，皆食大仓	《和林格尔汉墓壁画》，第 32 页

续表

序号	所在遗存	时代	题刻内容	出处
27	内蒙古和林格尔壁画墓	东汉晚期	……上人□……	《和林格尔汉墓壁画》，第 32 页
28	湖北随州东汉墓陶俑	东汉晚期	此人皆食大仓	《文物》1993 年第 7 期
29	江西黎川出土画像砖	东汉	此上人马，皆食大仓	《江西文物》1989 年第 3 期
30	四川简阳鬼头山出土画像石棺	东汉晚期	大仓	《四川文物》1988 年第 6 期
31	四川成都出土画像砖	东汉晚期	大仓、皆食此大仓	《中国汉画研究》第 1 辑，图版 3
32	四川邛崃出土画像砖	东汉晚期	大仓、皆食此大仓	《中国巴蜀新发现汉代画像砖》，第 4 页
33	四川大邑董场乡画像砖墓	蜀汉	食天仓	《四川考古报告集》，第 392 页

从上表中可以看到，这些关于“天仓”和“大仓”的题刻皆出现于墓葬壁画和画像材料上，时代从东汉前期至三国时期，地域涵盖汉代壁画和画像流行的各大地区，包括山东、江苏、安徽、河北、河南、陕西、四川等，甚至在当时墓葬图像流行的边远地区如内蒙古、江西都有发现，湖北还出现一例陶俑背后的题记，比较特殊。而且这些题刻往往与车马出行的题材有关，所以其内容大多为“此上人马，皆食大仓”或“皆食天仓”，实际上是这些壁画和画像上车马出行意义的最为直接的表达。

其中明确题刻为“天仓”者 4 例（山东 3 例，四川 1 例，笔者皆验过拓片，确实是“天”字），为“大仓”者 23 例，为“大山仓”者 1 例，不明者 5 例。“天仓”自然是天界的粮仓，就食天仓更容易理解为升天愿望的表达。“大仓”如前所述应该为太仓，既可以是天界的太仓（还是天仓），也可以是人间的太仓，后者更容易理解为求富求贵愿望的表达。“大山仓”或指死后世界（类似后来所谓冥界）的粮仓[①]。太山（泰山）是汉代人观念中死后世界的归宿地之一，东汉朱书或墨书

① 刘增贵：《汉代画像阙的象征意义》，《中国史学》第 10 卷，2000 年。

陶瓶上有“生人属西长安，死人属东大（太）山”一语[①]。不过，从大量出土陶瓶文字来看，这一世界并不美好，是否会成为人们理想的就食之地，还有疑问，而且“大山仓”的题刻目前也是孤例，不宜多论。

从字面上看，“大仓”比“天仓”明显为多。然而，简阳鬼头山三号石棺上题刻的“大仓”与“天门”相组合，还是应为天仓。前述许昌画像砖上的“大仓”画像对比四川地区的同类画像也应为天仓。山东嘉祥宋山许安国祠堂画像石题刻为“此中人马，皆食大仓，饮其江海”，既言“饮其江海”，可见这里的“大仓”也非就现实而言。山东苍山城前村画像石墓题记“其当饮食就天仓，饮江海”可为对证。山东曲阜徐家村画像石题记中“食大仓”的除“车马”外，还有“龙”这样的神兽，这里的“大仓”显然也不是现实事物。而且，这些题刻的典型语句为“皆食大仓”或“皆食天仓”，而成书于东汉的早期道书《太平经》中正有“皆食天仓”一语[②]。因此，并不能说题记为“大仓”的就一定与天仓无关。然而，这些题记中一方面充满了神奇因素，另一方面也有明显的世俗愿望的例子，如安徽宿县褚兰胡元壬祠堂题记上同时还有“腰带朱紫”“金银在怀”的词句，这种语境中的“皆食大仓”就让人觉得更加偏重于富贵的愿望。

其实，求富、求贵、求仙和求长寿、求子孙蕃昌皆是汉代社会中最为常见的愿望，这些愿望皆在汉代人生前的日用之物铜镜的铭文中有十分丰富和直白的表达，而且往往都统一在一起，作为社会上最流行的祝福。天仓表达的偏向求仙的愿望与太仓表达的偏向富贵的愿望，不仅不矛盾，而且还可以在这一思想背景中共存共生，将升天成仙与追求官爵富贵两种普遍愿望结合在一起。前述简阳鬼头山三号石棺上天门和白虎旁的粮仓，毫无疑问应该是天仓，但题刻中却写作“大仓（太仓）”而不直接写作“天仓”，显然结合了这两种愿望。

三、小结

综上所述，目前所见汉墓中明确与天仓有关的材料共有两类：一类为画像材料（个别带有题刻），而明确的天仓画像皆与双阙状的天门画像结合在一起，主

① 张勋燎：《东汉墓葬出土解注器和天师道的起源》，见张勋燎、白彬著《中国道教考古》，第1册，第163页。

② 王明编：《太平经合校》卷一百一十二，下册，第579页。

要流行于东汉晚期的四川地区，但在河南许昌地区也见有一例，可见并非四川所独有；另一类为题刻文字，多附于墓葬壁画和画像之旁，且多与车马出行的题材有关，典型文句如“此上人马，皆食大仓”或“皆上食于天仓”，广泛分布于全国各地，时代自东汉前期至三国时期。题刻中的“天仓”自然不遑多论，“大仓（太仓）”中也有很大部分应该理解为天上的太仓，表达了升仙与求官两种普遍愿望的结合。

汉墓画像中的天仓，显然不是作为天界祥瑞而出现的。河南许昌出土画像砖上，一辆轺车正朝着天门和天仓进发；四川画像石棺上的天门和天仓皆处于石棺一侧板上，另一侧板则多为西王母及一些仙人、神兽。再联系“此上人马，皆食于天仓”“其当饮食就天仓”“食天仓”的题刻来看，天仓显然是作为目的地而出现的。也就是说墓主希望死后能带着他的人马随从上食天仓，在天界永享荣华富贵，这就证明了汉代人确实存在死后升天成仙的观念。

至于其与道教的关系，虽然《太平经》中也有“皆食天仓”一语，但早期道书中的这个内容显然更可能取自社会上的流行观念，而不是相反，因为这些题刻材料在东汉时期已经流行于全国各地了。天仓、天廪等在战国西汉的天文文献中也已出现，应该是对天界的一种传统想象，一旦神仙思想流行便可能与之联结，并不需要特殊的宗教创造。早期道教本身就直接来源于本土的传统信仰，绝大多数内容恐怕难以区别，在没有特别排他的因素的情况下，还是将之放到更大的社会信仰背景中来看待为宜。当然，这还涉及对早期道教概念和范围的理解问题。

第三章

仙药与仙籍：汉代西王母图像与昆仑升仙信仰

魏武《气出唱》曰：

> 愿得神之人，乘驾云车，骖驾白鹿，上到天之门，来赐神之药。……
>
> 从西北来时，仙道多驾烟，乘云驾龙，郁何蓩蓩。遨游八极，乃到昆仑之山，西王母侧。神仙金止玉亭，来者为谁？赤松、王乔，乃德旋之门。乐共饮食到黄昏，多驾合坐，万岁长宜子孙。[①]

将昆仑、天门与西王母结合在一起，根据前文的讨论，在曹操的时代是完全不成问题的[②]，因为考古材料中显示西王母坐于昆仑上的图像最迟从新莽至东汉早期开始，大盛于东汉中晚期。关于西王母与昆仑结合的问题，学界已有很多提及，但大多是现象的叙述和简单的讨论，对于结合的背景、过程、意义等更为深入的问题却少有详细的考论。而且，既然讨论结合，首先应该讨论其出现、流行及相关问题。本章中先就这些问题作一次进一步的考察。关于西王母图像的梳理，学界已有比较系统的成果[③]。虽然距今有一段时间了，也新出了一些重要材料，使得其梳理需要有所修正，但从整体上讲，目前仍无必要全面重复这样的工作。于是，在本章中，笔者拟就几个目前认识尚不深入的问题进行讨论，主要是对西王母图像的出现及其与昆仑的结合，以及结合后在这一信仰中的位置和性质等问题。另外，对学界颇为关注的西王母图像与西方文化的关系进行更细致深入的考察。

---

① （汉）曹操：《曹操集》，第 1、2 页。另据中华书局点校本《乐府诗集》对标点有所调整。

② 不过在汉末魏晋时期，东方的蓬莱信仰重新兴起并逐渐与西方的昆仑信仰并驾齐驱，这在曹操的这首诗及曹氏父子关于游仙升仙的诗中皆有反映，如上引诗歌中赐神药的内容就是写在东海蓬莱的部分的，在这里蓬莱与昆仑只是具体铺陈不同，并无实质差别。该问题可详见庞政：《秦汉时期蓬莱神仙信仰的考古学综合研究》，四川大学博士学位论文，2020 年。

③ 如李凇：《论汉代艺术中的西王母图像》。

第一节
上下互补：西王母图像的出现与发展

西王母图像的出现在汉代墓葬艺术中无疑是一重大事件，关于西王母图像的研究甚多，但对其开始出现这一关键点却少有笔墨。西王母信仰自先秦就已经出现和传播，但为何在西汉中晚期的墓葬中才开始出现关于她的图像？为何在此前楚地那较为丰富而神奇的墓葬图像中，目前尚完全不见她的踪影？这些实在是研究西王母图像必须予以解答而目前没有得到应有关注的问题。因此，本节中笔者欲就西王母图像的出现与发展及其背景在前人研究的基础上进一步展开讨论。

一、西王母图像的出现

从第一章梳理的昆仑材料可以看到，目前所见的西汉前期的昆仑图像上并没有出现西王母的形象，在其已经形成的一套“阊阖—昆仑—天门—天帝（天界）”的升天系统中也没有西王母的位置。曾经有意见认为，马王堆一号墓帛画上的那个老妇人形象为西王母，但与之对应的三号墓帛画同一位置的人物却是个男性，根据两墓墓主的性别，目前还是将其认定为墓主人像最为合理，该种意见也为现在的学界所不取。因此，在目前所见的西汉前期的昆仑图像中，乃至于所有墓葬图像中都找不到西王母的踪影。

目前所见最早的西王母图像，出现在西汉中晚期。

近年来发掘的江西南昌海昏侯刘贺墓中出土一件衣镜上的图像和题记引起学界的注目。长方形镜框由四周的方木和背板围成，内框由上、下、左、右四块方木构成，上方边框中部绘有朱雀，两侧各有一名端坐人物；下边框图案模糊不清；右侧和左侧边框分别绘有龙和虎。镜框背面绘制孔子及其五个弟子的图像，图像两侧为墨书文字记载该人物生平事迹。镜掩正面残留有墨书题记：

新就衣镜兮佳以明，质直见请（清）兮政以方，幸得降灵兮奉景光。修容侍

侧兮辟非常，猛兽鸷虫兮守户房，据两蜚豦兮匢凶殃，傀伟奇物兮除不详。右白虎兮左苍龙，下有玄鹤兮上凤凰，西王母兮东王公，福憙所归兮淳恩臧，左右尚之兮日益昌。□□圣人兮孔子，□□之徒颜回卜商，临观其意兮不亦康。□气和平兮顺阴阳，□□□岁兮乐未央。……[①]

根据残存图像和铭文综合可知，该衣镜的整体图像以孔子及其弟子为核心，四方边框为四神，上方边框中间为朱雀，两侧的端坐人物应该就是题记中的“西王母兮东王公”（图 3–1）。该材料的出土修正了以往关于西王母、东王公图像的

1. 镜框上框

2. 西王母

3. 东王公

图 3–1　南昌海昏侯墓出土衣镜镜框上的西王母、东王公图像

（采自刘子亮、杨军、徐长青：《汉代东王公传说与图像新探——以西汉海昏侯刘贺墓出土“孔子衣镜”为线索》，《文物》2018 年第 11 期，图二～四）

一些认识，已有不少学者讨论了这些问题[②]。不过该西王母和东王公图像只是作为镜框上的一对十分次要的题材出现的（从布局和比例来看，核心是孔子及弟子，

① 王意乐、徐长青、杨军、管理：《海昏侯刘贺墓出土孔子衣镜》，《南方文物》2016 年第 3 期。

② 刘子亮、杨军、徐长青：《汉代东王公传说与图像新探——以西汉海昏侯刘贺墓出土“孔子衣镜”为线索》，《文物》2018 年第 11 期；庞政：《从海昏侯墓衣镜看西王母、东王公图像的出现及相关问题》，《江汉考古》2020 年第 5 期。

次为四神，再次才是西王母、东王公图像），而且人物形象已经漫漶不清。刘贺死于宣帝神爵三年（公元前59年），该衣镜为实用器物，其图像的绘制时代应该在刘贺去世之前，大致在西汉中晚期的范围内。

江苏连云港海州区双龙村发现一座土坑木椁墓[①]，发掘者判断为西汉中晚期，有学者根据出土简牍的研究将下葬时代确定在公元前25至前20年之间[②]。墓中出土一枚木尺，木尺两面均有大致对称的漆画。其中一面有一妇人凭几侧坐，该妇人头上插有笄，身后有云气。其右侧有一图案，该图案似乎是一个三峰状山体，其上有日、月，然后再在下面加上其倒影形成，而这样的形象与西汉时期的神山（如三峰状的昆仑）图像十分相似。如果这个猜测成立，那么，与之相连的那位坐于云气中的妇人图像有可能就是西王母。虽然汉代西王母图像的一个典型特征是头戴胜，但也并不一定，绾髻、插笄和戴花冠的西王母像也有不少。该图案右侧有一辆车马向该人物驰来，其后有象车一辆，车上立一建鼓，二人正在击鼓，其后还有两骑跟随，整个图像上充满云气（图3–2–1）。象车与建鼓往往是与昆仑、西王母升仙信仰有关的图像（详见第六章第一节），这也加强了笔者对该妇人为西王母的怀疑。此枚木尺的另一面上，云气之中有两辆马车和两个前导左行，左边也是一类似山峰加上其倒影的图像，其左有一男性凭几而坐，该男性头戴进贤冠（图3–2–2）。如果上述木尺另一面左侧的妇人是西王母，则与之完全对应的男子当为东王公，东王公在汉代图像上一般头戴三锋形冠或进贤冠。事实上，许多学者都

1
2

图3–2　江苏连云港海州区双龙村西汉墓出土漆画木尺

（采自连云港市博物馆：《江苏连云港海州西汉墓发掘简报》，《文物》2012年第3期，封面内图版2）

① 连云港市博物馆：《江苏连云港海州西汉墓发掘简报》，《文物》2012年第3期。

② 凡国栋：《释连云港海州西汉墓名谒中的“西平侯”》，《中国国家博物馆馆刊》2015年第9期。

曾不约而同地推测这两个人物为西王母和东王公[①]。说明其与西王母、东王公图像在形态、构图、组合方面确实具有类似的特点，但是皆没有可靠的证据，更囿于东汉中期以后才有东王公图像出现的传统认识[②]，只能存疑，海昏侯墓西王母和东王公图像的发现或许对于该图像的认定能增强一些支持。

西汉中晚期的西王母图像更明确地见于河南洛阳地区的壁画墓中。洛阳卜千秋壁画墓[③]的时代被判定为西汉昭帝、宣帝时期（实际上也有可能晚到西汉末），其长方形墓室的脊顶上有一幅十分著名的升仙壁画。壁画上满布云气，左右两侧为伏羲、女娲和日、月，其间为一组向左行进的升仙队伍，其中有持节羽人、龙虎神兽、凤鸟和翼兽，在第四、五两砖上绘有“墓主夫妇”乘三头大鸟和巨蛇向左行进，其前云气中有一女性神仙，其旁有蟾蜍舞蹈、九尾狐、玉兔（图 3–3）。对于这个女性神仙的性质学界尚有争论，但大多数意见认为其为西王母[④]，根据其

图 3–3　洛阳卜千秋墓脊顶壁画局部摹本

（采自王绣、霍宏伟：《洛阳两汉彩画》，第 46、47 页，图 1–15）

① 陈松长：《连云港海州双龙汉墓出土汉代漆尺彩绘图像解读》，见中国汉画学会、四川博物院编《中国汉画学会第十二届年会论文集》，第 121 ~ 124 页；马振林：《连云港双龙汉墓汉尺考》，《苏州文博论丛》第一辑，北京：文物出版社，2010 年，第 70 ~ 73 页；石峰：《略析连云港双龙汉墓出土的彩绘木尺》，《长江文化论丛》第八辑，南京：东南大学出版社，2012 年，第 119 ~ 122 页。

② 如信立祥：《汉代画像石综合研究》，第 156 页。

③ 洛阳博物馆：《洛阳西汉卜千秋壁画墓发掘简报》，《文物》1977 年第 6 期。

④ 参见李凇：《论汉代艺术中的西王母图像》，第 39 页。

旁的蟾蜍舞蹈、九尾狐、玉兔来看，笔者认同西王母之说。

接下来在洛阳偃师辛村新莽时期的壁画墓[①]中出现了毫无疑问的西王母图像，其图像位于中、后室之间的横额正中。西王母侧坐于云气之上，头戴胜，其前有一玉兔捣药（图 3–4）。偃师出土的新莽时期画像空心砖上，也见有组合基本一致的西王母、玉兔捣药彩绘，只是其上的西王母没有戴胜（图 3–5）。

图 3–4　洛阳偃师辛村墓西王母壁画

（采自黄明兰、郭引强编著：《洛阳汉墓壁画》，北京：文物出版社，1996 年，第 137 页）

图 3–5　偃师出土画像空心砖上的西王母、玉兔捣药彩绘

（采自王绣、霍宏伟：《洛阳两汉彩画》，第 50 页，图 1–23）

在郑州、密县、新郑和南阳地区发现的西汉晚期至东汉初期的空心砖上也出现了大量的西王母画像，其中较早的一批往往出现在规模较小的单室墓中[②]。西王母的形象往往比较简略，以突出的戴胜形象表明其性质，而其从属也比较简单，往往只有玉兔捣药和凤鸟（图 3–6）。

---

① 洛阳市第二文物工作队：《洛阳偃师县新莽壁画墓清理简报》，《文物》1992 年第 12 期。

② 郑州市博物馆：《郑州新通桥汉代画像空心砖墓》，《文物》1972 年第 10 期。

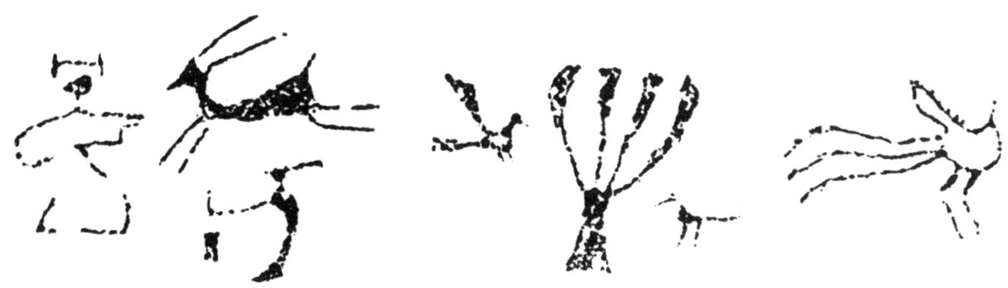

1. 南阳出土画像空心砖拓片

2. 新郑出土画像空心砖拓片

图 3-6　河南地区空心砖上的早期西王母画像拓片
（采自 1. 南阳文物研究所：《南阳汉代画像砖》，图 163；2. 薛文灿、刘松根编：《河南新郑汉代画像砖》，第 72 页）

除河南地区外，陕西地区出现的西王母图像也比较早。前述定边郝滩汉墓 M1 墓室西壁上绘有一幅场面壮观的昆仑、西王母与升仙图像[①]，西王母侧坐于位于壁画西端的蘑菇状三平台形昆仑正中（见图 1-43），该墓的时代被判定为新莽至东汉早期。

鲁南和苏北地区也是汉画像出现较早的地区，该地区最早的西王母画像出现在西汉晚期至东汉初期的一些石椁上。如徐州沛县栖山汉墓出土的一件东汉初期石椁[②]，其右侧板内壁上刻画画像，画像左侧有一座二层建筑，上层内为一人凭几端坐，头上似有胜，其下有一凤鸟，其右侧有人（兔？）作捣药状，再右侧为一列人首蛇身和兽首人身的神人拱手侍立，神人上方为一只九尾狐，再右侧为树木

① 陕西省考古研究院：《壁上丹青——陕西出土壁画集》，第 76 页。

② 徐州博物馆：《徐州汉画像石》“图版说明”，南京：江苏美术出版社，1985 年，第 1 页。

和建鼓画像（图 3–7）。根据其上的捣药和九尾狐图像，再对比该地区早期画像上建鼓及此类神人与西王母的密切关系（图 3–8），将该画像石椁上二层建筑中的人像认定为西王母应该是没有问题的，类似的画像在该地区东汉初期的画像石椁和画像石上还有不少表现。

图 3–7　徐州栖山汉墓出土画像石椁右侧板内壁拓片
（采自中国画像石全集编辑委员会：《中国画像石全集 4 · 江苏、安徽汉画像石》，第 3 页，图四）

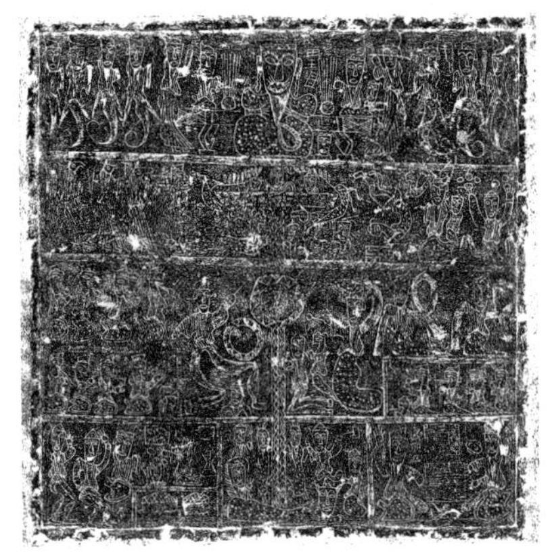

1. 山东枣庄市冯卯乡鸥峪村出土画像石拓片　2. 山东滕州市桑村镇西户口村出土画像石拓片

图 3–8　鲁南画像石上的西王母与建鼓拓片
（采自中国画像石全集编辑委员会：《中国画像石全集 2 · 山东汉画像石》，第 134、210 页，图一四三、二二一）

西汉末至东汉初西王母的图像应该说已经流行起来了，甚至在墓葬中出土的铜、陶樽上也能见到刻画西王母的例子。如信立祥先生举出的一件鎏金铜樽上，满布山峦的图像上充满着羽人和神兽，其中右上部最高的一个山峦中有一形象十分简略的人物，其头上的胜则十分突出，显然是西王母，其上还有玉兔捣药、九

尾狐等为其从属[①]（图 3-9-1）。这样简化人物而突出戴胜的西王母形象也与河南地区的早期西王母形象十分类似，该铜樽或许就出于河南地区或受到该地区的影响。类似在樽上刻画山峦、西王母及其从属例子还远见于内蒙古包头地区的西汉末墓葬中[②]（图 3-9-2），可见此时其影响之远。

1. 鎏金铜樽樽体图像

2. 内蒙古包头召湾汉墓 M47 出土釉陶樽樽体图像

图 3-9　西汉末樽上的西王母图像摹本

（采自信立祥：《汉代画像石综合研究》，第 151 页，图八四）

西汉末新莽时期流行的典型博局纹铜镜上也开始出现西王母的图像，而且目前所见材料中，最早有明确纪年的西王母图像就是出现于新莽始建国二年（公元 10 年）的博局纹镜[③]上。这些博局纹镜上的西王母仍然是人物形象简略而戴胜形象突出，其从属往往只有玉兔捣药（图 3-10 ~ 3-12），其源头可能还是在河南地区。

图 3-10　扬州西郊平山养殖场新莽墓出土博局纹镜及西王母细部

（采自徐忠文、周长源主编：《汉广陵国铜镜》，北京：文物出版社，2013 年，第 235、236 页）

① 信立祥：《汉代画像石综合研究》，第 151 页，图八四。

② 信立祥：《汉代画像石综合研究》，第 151 页，图八四。

③ 孔祥星、刘一曼：《中国铜镜图典》，北京：文物出版社，1994 年，第 303 页。

图 3-11　仪征胥浦镇先进村汉墓出土博局纹镜及西王母细部
（采自徐忠文、周长源主编：《汉广陵国铜镜》，第 209 页）

图 3-12　仪征汉墓出土博局纹镜及西王母细部
（采自徐忠文、周长源主编：《汉广陵国铜镜》，第 211 页）

陕北晋西地区和四川、重庆地区虽然也是汉画像分布的两个重要地区，但由于这两个地区的画像出现略晚，陕北地区最早的画像石墓为东汉中期，而四川地区的画像石棺和画像砖的流行则要晚到东汉晚期[①]。这两个地区的西王母图像一开始就伴随着画像艺术的出现而出现，虽然其画像的地域性最为突出，图像程序最为完整，但其开始出现恐怕还是受到中原地区的影响，在讨论西王母图像出现的问题上意义不是很大。

综上所述，目前所见最早的明确的西王母图像出现在西汉中晚期，一方面在一些装饰华丽的生活用具上与东王公对偶出现，更重要的一方面是独立并作为重要内容出现于洛阳地区壁画墓之中，并在河南地区墓葬壁画和空心画像砖、陕西地区墓葬壁画和鲁南苏北地区的画像石椁上开始流行起来。西汉末至东汉初已经出现于各地铜、陶樽和铜镜等器物之上，甚至在西汉末还一度传播到北方边疆地

① 朝鲜乐浪郡东汉永平十二年（公元 69 年）王盱墓出土的“蜀郡西工”所造的一件夹纻漆盘上有一神人坐于云气之上的图像，李凇先生认为是西王母（李凇：《论汉代艺术中的西王母图像》，第 172 页）。但该神人旁仅有侍女一人，再无其他可明确其性质的证据。而该神人似头披豹皮，李凇先生认为的戴胜实际上应该是豹头上的耳朵。其是否是西王母，笔者尚存疑惑。

区。东汉中晚期流行到陕北晋西地区的画像石墓和四川、重庆地区的画像艺术中，为之极盛之时，并一直延续至魏晋时期而逐渐衰落。

魏晋以后西王母图像的衰落可以用佛教和道教的兴起使得社会一般信仰发生了重大的变化来解释，但为何其在西汉中晚期才出现于墓中（尤其是独立作为重要内容出现）？却少有研究回答这一问题。我们知道，墓葬图像在西汉前期楚地及受楚风影响的漆棺和帛画上已经比较丰富，而西汉前期的楚地正是西王母神话比较流行的地区。《淮南子》中就经常提及西王母，而且明确说西王母有不死之药，可以服而升天[①]，武帝时期受楚辞影响很大的辞赋《大人赋》中也提到长生不死的西王母[②]，先秦时期包含有大量楚地观念而对汉代人影响颇大的《山海经》中，西王母也是一个几度出现的重要神祇，其中也有与不死药有关的记述[③]。那么，为何此时的丧葬图像中尚未见到西王母的踪影，要到西汉中晚期的河南地区才流行？确实是一个值得考量的问题。要解决这一问题一方面要从这些出现早期西王母图像的墓葬入手，寻找突破点，另一方面要仔细考察此时期有关西王母的文献。

二、早期西王母图像的区别与墓葬等级

从上述材料可以看到，目前所见的早期西王母图像（东汉初以前）似乎存在两个“传统”，由于材料尚不丰富，是否形成所谓的“传统”尚不敢断言，但有一些十分明显的区别是可以看到的。

在一些高等级墓葬中出现了西王母图像，但并非墓葬图像，目前所见均是实用器物上的装饰图像，而且在整个装饰图像中处于特别次要的地位，并且西王母和东王公对偶出现。这样的情况见于南昌海昏侯墓出土的衣镜和连云港双龙村墓出土木尺。汉废帝海昏侯的身份等级自不用多言，根据出土的“孤子西平侯永顿首顿首”（简报中将“西”误释为“曰”）的名谒，可知连云港双龙村汉墓的墓主为史书中有载的西平侯于永之父，即为宣帝、元帝时期的重臣西平侯于定国[④]。可见其墓主目前所见为列侯等级，墓葬也均为竖穴椁墓，与下述的横穴室墓中的

① 何宁撰：《淮南子集释》卷六《览冥训》，上册，第501页。

② 《史记》卷一百一十七《司马相如列传》，第9册，第3060页。

③ 袁珂校注：《山海经校注》（增补修订本），第345页。

④ 凡国栋：《释连云港海州西汉墓名谒中的“西平侯”》，《中国国家博物馆馆刊》2015年第9期。

壁画显然具有不同的传统。

比较而言，另一个“传统”，即横穴室墓中的早期西王母图像主要为专门制作的丧葬图像，出现在壁画、画像砖、画像石中。目前所见皆为西王母单独出现，未见与东王公对偶，西王母在整个图像中也具有比较重要的地位。而这些墓葬的等级似乎都为社会中下层。

目前所见横穴室墓中最早的西王母图像出现于洛阳卜千秋墓墓顶壁画中，时代大致在西汉中晚期。该墓为规模较小的空心砖墓，包括墓道、主室和左右耳室四部分。墓中出土铜印上有阴刻篆书“卜千秋印”，说明了墓主的姓名和身份，墓主极有可能没有任何爵位和官秩，或为一介平民。其身份为平民从其壁画的内容也可以得到印证，该墓壁画内容丰富，却没有汉代壁画和画像砖、石墓中常见的车马出行图像。汉代人重官爵、好标榜，如果是达官显贵，多有与其相配的车马以宣扬。虽然墓葬图像中的车马不一定等于现实生活中的车马，墓葬图像中出现车马及其规格也不一定与其现实的地位相符，也有可能是对死后的期望等等。但如果其有爵位、官秩，应该会在墓葬中以车马的形式进行标榜甚至夸张，如内蒙古和林格尔壁画墓[①]。没有车马应该是其没有爵位、官秩的一个辅证，但反之则不能成立。不过平民能延请画师作壁画，应该还是有些家资的富裕平民或豪族地主。

卜千秋墓脊顶壁画中也出现了四神与西王母，但与海昏侯墓衣镜中西王母作为朱雀两端次要图像不同，其西王母位于墓主升天行进前端的重要位置，面向乘骑神兽飞升的墓主。

洛阳偃师辛村壁画墓的时代被推测为新莽时期，该墓亦为空心砖墓，由墓道、墓室和左右耳室组成，形制与卜千秋墓大致相同，只是略为复杂，墓室中由两道隔梁形成前、中、后三个部分。该墓壁画也比卜千秋墓丰富一些，除西王母和日月、神兽等图像外，还有庖厨、歌舞等，但仍然没有常见的车马出行图像。该墓由于没有出土与墓主身份有关的遗物，所以墓主身份尚不能断定。但对比上述卜千秋墓，尤其是未出现车马图像的情况，笔者偏向于认为其仍然为一个富裕平民或豪族地主的墓葬。该墓的西王母图像位于中、后室门额正中，在整个墓葬图像中十分突出。

郑州、密县、新郑和南阳地区的早期西王母图像往往出现于小型单室空心砖墓之中。如郑州新通桥空心砖墓[②]中出现西王母和玉兔捣药的画像砖，该墓为一带

① 内蒙古自治区文物考古研究所：《和林格尔汉墓壁画》，北京：文物出版社，2007年。

② 郑州市博物馆：《郑州新通桥汉代画像空心砖墓》，《文物》1972年第10期。

墓道的单室空心砖墓，墓室长 4.05、宽 2.2、最高处 1.9 米，规模较小。出土器物也不丰富，大多是陶器，也有一些铜钱和一枚铜镜。该墓空心砖上有车马临阙的画像，如上所述，墓葬画像中出现车马并不一定代表其生前拥有车马，更何况空心砖为模印，是一种商品，并非专门为此墓墓主所制。而且画像上的车马数量只有两辆，其所到达的双阙顶上有突出的凤鸟，恐怕升仙的意味比现实意味浓厚。综合墓葬规模、随葬品和墓葬画像来看，笔者认为该墓的墓主肯定不是什么达官显贵，恐怕还是平民中的富裕者，最多不过是基层官吏的身份。

陕西定边郝滩汉墓 M1 为一座带有斜坡墓道的单室土洞墓，墓室长 4.75、宽 2.1、高 1.8 ~ 1.9 米，形制和规模都很一般[①]。由于早年被盗，随葬品所剩无几。墓室后壁绘画有墓主夫妇像，西壁为昆仑、西王母和升仙图，西王母坐于昆仑之上，在整幅图像中具有关键性的位置。东壁有车马出行，但只具普通的轺车一辆。该墓墓主的身份可以从后壁男性墓主人像的衣冠来判断，墓主头戴介帻，其上无冠（图 3–13）。帻实际上是一种头巾，介帻则为顶上锐起，呈金字塔状的帻，如果有官秩，则其上往往着进贤冠以为文职官员的冠制。《释名·释首饰》云：“二十

图 3–13　定边郝滩壁画墓墓主夫妇像

（采自中国墓室壁画全集编委会：《中国墓室壁画全集 1 · 汉魏晋南北朝》，石家庄：河北教育出版社，2011 年，第 42 页，图五〇）

① 陕西省考古研究所、榆林市文物管理委员会：《陕西定边县郝滩发现东汉壁画墓》，《考古与文物》2004 第 5 期。

成人，士冠，庶人巾。”[①]蔡邕《独断》亦云：“帻者，古之卑贱执事不冠者之所服也。”[②]汉画像中戴此种介帻的往往正是一些拥彗的门吏等身份较低的人员。因此，该墓墓主的身份显然是一个官府的低级执事或就是一介富裕平民。

鲁南苏北地区也是早期西王母图像出现的地区之一，主要出现于该地区东汉早期的画像石椁上。该地区的石椁墓从西汉中晚期开始流行起来，规模都不大，石椁中仅能置棺和少数随葬品而已，有的墓中二椁并列，有的则为三椁并列，不见有能够准确判断墓主身份的材料。不过这种墓葬形制应该是从西汉前期的土坑竖穴墓向横穴墓葬过渡的一种形式，是后来该地区流行画像石墓的先声，应该说是墓葬形制上的一种革新。而我们知道，汉代墓葬形制上的革新往往都是从民间开始的，民间受传统习俗尤其是传统制度的制约较小，更容易在丧葬的革新中跟随时代观念的变化而推陈出新。联系到这些墓葬的规模都较小，其墓主恐怕还是属于民间社会。而在此类石椁画像中，西王母主要处于楼阁之中，接受众多神人拜谒，而这一图像也在整个石椁上具有突出的地位。

以上即是西汉中晚期以来早期西王母图像及其出土墓葬的大致情况。值得注意的是，西王母的图像在西汉末新莽时期开始出现于铜镜之上。我们知道，在西汉和新莽时期，铜镜大多皆属于尚方工官所制。尤其是这批早期的典型博局纹镜，用料讲究，制作精美，上面往往还有对国家（新莽朝）的祝福语，不像是民间私制。而且其为此时忽然兴起的一种设计考究、规制严整、甚至与王莽的政治观念有关[③]的新型铜镜，其应该出于社会上层的设计，而制作于工官之手。那么，其上所体现的应该是社会上层观念，至少是上层社会眼中比较正统的观念。

综上所述，根据目前所见材料，西汉中晚期以来的早期西王母图像中大致可以看到两种“传统”：一种见于高等级的竖穴木椁墓，出现在实用器物的装饰图像中，其上的西王母处于比较次要的地位，且与东王公对偶出现；一种见于社会中下层的横穴室墓中，主要出现在墓葬壁画、画像石、画像砖上，其上的西王母处于比较重要的地位，单独出现，不见东王公。而到新莽时期，在体现社会上层观念的

---

① （汉）刘熙撰，（清）毕沅疏证，（清）王先谦补：《释名疏证补》卷四《释首饰》，北京：中华书局，2008年，第158页。笔者对标点有所调整。

② （汉）蔡邕：《蔡中郎外集》卷四《独断》，见《四部备要·集部》，上海：中华书局，1936年，第67册，第148页。

③ 叶康宁：《王莽与博局》，《古代文明》2009年第1期。

新型铜镜——典型博局纹镜上也出现了单独的西王母图像，从其形象及组合（玉兔捣药、九尾狐、三足乌）来看，应该来自于中下层的传统，且与河南地区早期画像砖、石中的西王母图像最为接近。东汉早期以后，众所周知在社会各阶层的墓葬壁画、画像砖、画像石和墓地祠堂画像石上，都有西王母出现了，而到东汉中期，以往上层墓葬中那种昙花一现的西王母、东王公对偶的方式也重新广泛运用于除四川、重庆地区以外的各阶层的墓葬图像中。在目前考古发掘的东汉时期最高等级墓葬——诸侯王墓中也有西王母图像出现，如河北定县43号墓中出土一件十分精美的西王母玉座屏（图3-14），墓主被认为是死于熹平三年（公元174年）的中山穆王刘畅[1]，在一些规模宏大的东汉中晚期画像石墓（如山东临沂吴白庄画像石墓）、壁画墓（如内蒙古和林格尔壁画墓）中也都有西王母出现，可见，此时西王母图像的出现确实没有任何等级特征，而广泛流行于各种装饰墓和墓葬装饰中了。

图3-14　定县43号墓出土玉座屏

（采自河北省文物局：《定州文物藏珍》，广州：岭南美术出版社，2003年，图28）

如前所述，在西王母神话流行的楚地西汉前期的墓葬图像中并不见有西王母出现，而这些具有丰富图像的墓葬都是列侯以上的贵族墓葬。于是，问题就出现了：为何西王母图像不出现于西汉前期达官显贵们的墓葬中，而开始出现于西汉中晚期以来的墓葬中？且在达官显贵们的墓葬中仍然不受重视，地位较低，在社会中下层墓葬中才真正开始流行并具有较高的地位？而这种来自社会中下层的形式在西汉末新莽时期又如何被上层所接受？显然并不是因为西汉前期没有流行西王母神话的背景，也不仅仅是墓葬形制和装饰的变化可以完全涵盖的。那么，其间到底是何原因，这还得结合当时的文献来探寻。

① 定县博物馆：《河北定县43号汉墓发掘简报》，《文物》1973年第11期。

三、西王母图像出现的社会背景

至迟从战国时期开始，西王母神话就流传起来。最早记载西王母的文献如《庄子》《山海经》《穆天子传》，前二者都是南方系统的文献，而南方系统主要就是楚文化系统。这种情况自然延续至西汉前期，成书于楚地的《淮南子》中也多次提及西王母，传说西王母有不死之药，服之可以升天。如《览冥训》中云："羿请不死之药于西王母，姮娥窃以奔月。"[①]然而目前所见西汉前期楚地的墓葬图像中并没有发现西王母的踪影，在前述楚地已经形成的以昆仑为中心的升天信仰中也没有西王母的位置。根据上面对出现早期西王母图像墓葬的考察，笔者推测这一现象可能与身份等级即社会上层和中下层的文化差异及其时代性有关。这里就先来考察一下西汉晚期以前社会上层对西王母的态度。

战国时期有关西王母最重要的文献莫过于《山海经》和《穆天子传》，但二者由于神话色彩过于浓厚，多为上层智识阶层所不取，如司马迁就曾批评过"至《禹本纪》《山海经》所有怪物，余不敢言之也"[②]。当然，战国秦汉时期识字的人在整个社会上的比例很小，要著书和编书更只有少数上层和智识人士才有这个能力，恐怕所有文献都出于上层智识阶层之手。但出于上层智识阶层之手并不等于就全部是上层智识阶层的观念，在西周就有所谓采风者，采纳民间歌谣入诗。《山海经》《穆天子传》当然是由上层智识阶层所编订的，但观其零散性和原始性，其中的内容恐怕多为神话传说和历史传说。《庄子·大宗师》中的西王母是一个"莫知其始，莫知其终"[③]的"得道"者。在此篇中这种"得道"者除了西王母，还有一大批如伏羲、黄帝、冯夷、彭祖、傅说等神话传说和历史传说中的人物，显然作者是在利用西王母长生不死的神性来为"道"作证，并非对西王母的崇拜。不过，也从侧面说明了，此时人们观念中的西王母是拥有长生不死的神性的。

屈原的《离骚》《九歌》、《远游》（或曰非屈原所作）等作品可以说开辟了中国游仙诗赋的先河，作者想象自己或神祇驱使鬼神而遨游于天地之外，其中

---

① 何宁撰：《淮南子集释》卷六《览冥训》，上册，第501页。

② 《史记》卷一百二十三《大宛列传》，第10册，第3179页。

③ （清）郭庆藩撰，王孝鱼点校：《庄子集释》卷三《大宗师》，上册，第252页。

昆仑是其游仙的一个重心。作者历数了天上的各种神灵与神兽乃至于天帝，但就是没有提到过西王母。西汉时期的很多文人官僚模仿屈原的风格，写了不少类似的游仙诗赋，被刘向和王逸一起编入《楚辞》，包括贾谊的《惜誓》、东方朔的《七谏》、严忌的《哀时命》、王褒的《九怀》、刘向的《九叹》等。其模式基本上都是因人间不得志而升天遨游，基本上都有昆仑，并以之为中心，多数提及天门，也常提到天帝、赤松、王乔、玉女等神人、仙人，但就是没有西王母。包括屈原在内的这些人，虽然都口称不得志（有些是真不得志），实际上都是或曾经是达官显贵，他们的诗赋中没有西王母的位置，是否与所属阶层的观念有关呢？

武帝时，司马相如的《大人赋》中提到了西王母：

西望昆仑之轧沕荒忽兮，直径驰乎三危。排阊阖而入帝宫兮，载玉女而与之归。舒阆风而摇集兮，亢鸟腾而一止。低回阴山翔以纡曲兮，吾乃今目睹西王母。暠然白首戴胜而穴处兮，亦幸有三足乌为之使。必长生若此而不死兮，虽济万世不足以喜。[①]

《大人赋》是司马相如为武帝所作，奉承武帝期望的“大人之游”，很受武帝欣赏，也就是说合乎武帝的观念。其中提到西王母，也提到西王母的长生不死，但并没有崇拜的意思，而是认为若像西王母那样穴居独处，虽然长生但“不足以喜”。其推崇的“大人之游”是要从昆仑直接“排阊阖而入帝宫”，也还是前述西汉前期楚地流行的升天信仰。

同样是在武帝时期，张骞等前往西域的使者向武帝报告：“安息长老传闻条枝有弱水、西王母，而未尝见。”[②]武帝对西域的经营既有政治、军事上的考虑，也寄托了求仙的愿望[③]，因此这一对西王母信息的报告，可能暗示着汉使对西王母的有意寻找。如同上述司马相如的赋中所说，西王母是一位长生不死的神祇，而且拥有不死升天之药，这些传说对武帝的西方求仙愿望当然是具有吸引的。不过从武帝的整体求仙活动来看，其一方面继承秦皇的传统，寻找东海中的三神山和

① 《史记》卷一百一十七《司马相如列传》，第 9 册，第 3060 页。笔者对标点有所调整。

② 《史记》卷一百二十三《大宛列传》，第 10 册，第 3163、3164 页。

③ ［美］余英时著，侯旭东译：《东汉生死观》，第 31 页；霍巍：《天马、神龙与昆仑神话》，见霍巍、赵德云著《战国秦汉时期中国西南的对外文化交流》，第 200 页。

神仙、不死药，后来将目标转向西方昆仑。他所希望的是像黄帝一样乘龙升天[①]，西王母尚不是其追求的核心和主要内容。在武帝所作的几首郊祀诗中提到的也是太一（天帝）、天马、昆仑、天门，希望太一赐其天马，能够飞上昆仑，游览天界，拜访天帝[②]，其中也无西王母的踪影。这与上述司马相如奉承武帝的《大人赋》中表现出的态度是一致的。虽然《汉武故事》和《汉武帝内传》中都载有武帝向西王母求教长生不死之术和索要仙桃的故事，但这些文献和故事显然出现较晚，即使按照其上并不可靠的署名，也是东汉班固所作（其实应该为六朝以来的作品），如前所述，其时西王母图像已经没有阶层的不同了，符合当时的观念，但并不符合上述武帝时的观念。武帝求仙的核心显然是蓬莱和昆仑，其崇拜的显然是黄帝而非西王母，用武帝自己的话来说即是"嗟乎！吾诚得如黄帝，吾视去妻子如脱躧耳"[③]。不过，武帝向西域的求仙，无疑也为西王母信仰的发展提供了一个十分有利的环境，也难怪后世的好事者要将西王母的故事附会在他的身上。只是从上述材料来看，西王母信仰的上升和发展尚没有在这一时期完成。

如果觉得文学材料过于个性化和夸张化，不足以征信。那可以看看淮南王刘安主持撰写的《淮南子》，其中提到关于西王母的一段故事，"羿请不死之药于西王母，姮娥窃以奔月，怅然有丧，无以续之"[④]。为何服食了不死之药，升上月宫，还"怅然有丧"呢？张衡《灵宪》中有这个故事的完整版本："羿请无死之药于西王母，姮娥窃之以奔月。将往，枚筮之于有黄，曰：'吉。翩翩归妹，独将西行，逢天晦芒，毋惊毋恐，后且大昌。'姮娥遂托身于月，是为蟾蜍。"[⑤]《初学记》卷一引《淮南子》云："羿请不死之药于西王母，羿妻姮娥窃之奔月，托身于月，是为蟾蜍，而为月精。"[⑥]看来变身为蟾蜍的故事确实源自西汉前期以前。原来嫦娥吃了西王母的不死之药后，飞升上天，变成了一只蟾蜍，独守月宫。这样的结局显然是那些社会上层人士所不希望的，是他们认为"不足以喜"的，他们希望死后继续享受荣华富贵，西王母虽有不死升天之药，但其结果是孤独、凄凉甚至

① 《史记》卷二十八《封禅书》，第4册，第1394页。
② 《汉书》卷二十二《礼乐志》，第4册，第1060、1061页。
③ 《史记》卷二十八《封禅书》，第4册，第1394页。
④ 何宁撰：《淮南子集释》卷六《览冥训》，上册，第501、502页。
⑤ （晋）司马彪撰，（梁）刘昭注：《续汉书·天文志》注引，见《后汉书》，第11册，第3216页。
⑥ （唐）徐坚等：《初学记》卷一《天》，北京：中华书局，2004年，上册，第4页。

变体为丑怪之物。这可能就是西汉前期上层贵族的墓葬图像中没有西王母的原因。

而到了西汉末期以后，情况就大为不同了。杨雄作《甘泉赋》云："配帝居之县圃兮，象泰壹之威神。洪台掘其独出兮，𢱱北极之嶟嶟。列宿乃施于上荣兮，日月才经于柍桭。……蛟龙连蜷于东厓兮，白虎敦圉乎昆仑。……梁弱水之濎濙兮，蹑不周之逶蛇。想西王母欣然而上寿兮，屏玉女而却虙妃。"① 同样是游仙诗赋，与上述西汉晚期以前的不同之处就是出现了西王母，而且这里西王母没有了孤独的意味，而是充满喜悦②。无独有偶，西汉末东汉初的史学家班彪有《览海赋》云："松乔坐于东序，王母处于西箱。命韩众与岐伯，讲神篇而校灵章。……麾天阍以启路，辟阊阖而望余。通王谒于紫宫，拜太一而受符。"③ 如前所述，在此前的游仙诗赋中只有赤松、王乔、韩众（韩终）、天门（阊阖）、太一等内容，无西王母，而这里西王母与赤松、王乔并列，已是升天的必要内容之一了。此后的游仙诗赋中西王母已是其中的一个重要元素了。如张衡《思玄赋》中云："聘王母于银台兮，羞玉芝以疗饥。戴胜慭其既欢兮，又诮余之行迟。"④ 汉乐府《陇西行》云：

邪径过空庐，好人常独居。卒得神仙道，上与天相扶。过谒王父母，乃在太山隅。离天四五里，道逢赤松俱。揽辔为我御，将吾天上游。天上何所有，历历种白榆。桂树夹道生，青龙对伏趺。凤凰鸣啾啾，一母将九雏。顾视世间人，为乐甚独殊。⑤

此诗一般认为是东汉以来的作品，其中西王母与东王公对举（"王父母"）与东汉中期以后重新出现并流行的西王母、东王公对偶的图像一致。再如前引曹操的《气出唱》云：

从西北来时，仙道多驾烟，乘云驾龙，郁何蓩蓩。遨游八极，乃到昆仑之山，西王母侧。……乃到王母台，金阶玉为堂，芝草生殿旁。⑥

---

① 费振刚、胡双宝、宗明华辑校：《全汉赋》，第 171、172 页。

② 按：缪哲先生注意到其中的"西王母""玉女""虙妃"具有的政治隐喻，其说有得。参见缪哲：《从灵光殿到武梁祠：两汉之交帝国艺术的遗影》，第 128 页。

③ 费振刚、胡双宝、宗明华辑校：《全汉赋》，第 252 页。

④ 费振刚、胡双宝、宗明华辑校：《全汉赋》，第 396 页。

⑤ 逯钦立辑校：《先秦汉魏晋南北朝诗》，上册，第 267 页。"太"字在原书诗的正文中作"人"，今参照诗正文前的按语及其他版本的同类诗歌修改。

⑥ （汉）曹操：《曹操集》，第 2 页。

曹操《陌上桑》中云："济天汉，至昆仑，见西王母谒东君。"[①]也同时出现了东王公。其子曹植的《仙人篇》中云："阊阖正嵯峨，双阙万丈余。玉树扶道生，白虎夹门枢。驱风游四海，东过王母庐。俯观五岳间，人生如寄居。"[②]

可见，西汉末以后达官显贵们的观念已与以前不同，已将西王母接纳到他们的游仙和升仙思想中，并且占有较重要的位置，也特别流行，这一转变从西汉中期的《大人赋》中已略见端倪。这样的转变来自什么力量？如果在上层贵族本身中找不到线索，只有到民间观念中去一探究竟。

汉代民间对西王母的观念与西汉前期的贵族们不同，对西王母十分崇拜，这可能与来源于先秦民间神话和历史传说的《山海经》《穆天子传》是一脉相承的。西汉中期焦延寿作《易林》[③]，称为《焦氏易林》。焦氏出身于平民家庭，少年贫贱，因好学为郡县察举，补小黄令（小黄为陈留郡属县），终于小黄，没有任过大的官职，以研究易学和传经授道闻名。其《易林》中的观念也多与当时上层贵族不同，可能多有民间成分[④]。《易林》中的西王母不仅仅是长生不死和持有不死之药的孤独穴居者，而且是一位神通广大，赐福于民的大神，其神力甚至在尧、禹、赤松、王乔、彭祖之上。如以下几则：

弱水之西，有西王母。生不知死，与天相保。（《讼·泰》）
西逢王母，慈我九子。相对欢喜，王孙万户，家蒙福祉。（《鼎·萃》）
稷为尧使，西见王母。拜请百福，赐我善子。（《坤·噬嗑》）
戴尧扶禹，松乔彭祖。西过王母，道里夷易，无敢难者。（《损·离》）
中田膏黍，以享王母。受福千亿，所求大得。（《小畜·丰》）

---

① （汉）曹操：《曹操集》，第5页。

② （三国魏）曹植著，赵幼文校注：《曹植集校注》卷二《仙人篇》，下册，第390页。

③ 按：《易林》旧说西汉昭帝时焦延寿撰，但个别词句晚于昭帝，因此有意见怀疑其撰者，又有意见认为焦延寿为王莽时人。《四库提要》则引用《东观汉记》的记载，力证其为焦氏所撰，并批驳王莽时人的说法，认为较晚的词句为后来窜入。（参见纪昀、陆锡熊、孙士毅等：《钦定四库全书总目》卷一百〇九《子部十九·数术类三》，北京：中华书局，1997年，上册，第1434、1435页）余嘉锡先生则认为是东汉崔篆所撰，并作专门考证。（余嘉锡：《四库提要辨证》，北京：中华书局，2007年，第2册，第741～758页）这里暂从四库馆臣的说法。从后文中西汉末年西王母信仰发展成大规模的民间运动来看，不论该书究竟成于何时，其所反映的西王母为大神的民间观念应成熟于西汉晚期之前。

④ 如方尔加：《〈焦氏易林〉之管见》，《周易研究》2004年第2期。

患解忧除，王母相于。与喜俱来，使我安居。（《蒙・巽》）

穿鼻系株，为虎所拘。王母祝福，祸不成灾，突然自来。（《谦・中孚》）

引船牵头，虽拘无忧。王母善祷，祸不成灾。（《讼・需》）

驾龙骑虎，周遍天下。为人所使，西见王母，不忧不殆。（《临・履》）[①]

伊利亚德认为："每一个女神都倾向于成为一个大女神，拥有一切属于原型的大女神的属性和功能。……从一个较小的乡村女神变成宇宙之母。"[②] 从上述材料来看，与其将西王母神性的扩展理解为一种向所谓宗教原型的回归[③]，不如理解为民间信仰的混沌性和集约化。中下层民众总是希望将许多祈福内容都综合到所祈求的对象上，事实上民间的任何一位神祇都具有多种多样的神性。可以设想，只有上层机构才会分工明确、职能清晰，直接同民众打交道的父母官和基层吏恐怕是无所不管的，官吏如是，神祇亦应如是。《易林》中西王母神通之广大，对比前述材料来看，或许正显示了它的民间性。

众所周知，民间对西王母的崇拜，竟然在西汉末酿成了一场大规模的跨地域运动。《汉书・五行志》载：

哀帝建平四年（公元前3年）正月，民惊走，持稾或棷一枚，传相付与，曰行诏筹。道中相过逢多至千数，或被发徒践，或夜折关，或逾墙入，或乘车骑奔驰，以置驿传行，经历郡国二十六，至京师。其夏，京师郡国民聚会里巷阡陌，设祭张博具，歌舞祠西王母。又传书曰："母告百姓，佩此书者不死。不信我言，视门枢下，当有白发。"至秋止。[④]

同书《哀帝纪》中载：

四年春，大旱。关东民传行西王母筹，经历郡国，西入关至京师。民又会聚

① （汉）焦延寿撰，徐芹庭注：《焦氏易林新注》，第78、462、47、377、108、67、157、77、183页。其中个别错字笔者有所更正。

② ［美］米尔恰・伊利亚德著，晏可佳、姚蓓琴译：《神圣的存在：比较宗教的范型》，第448～449页。

③ Mircea Eliade, *The Myth of the Eternal Return Mircea Eliade*, Princeton University Press, 1954.

④ 《汉书》卷二十七《五行志》，第5册，第1476页。

祠西王母，或夜持火上屋，击鼓号呼相惊恐。[①]

同书《天文志》中也载：

到其四年正月、二月、三月，民相惊动，欢哗奔走，传行诏筹祠西王母，又曰："从目人当来。"[②]

这场运动的策源地在"关东"，直到京师，并经历郡国二十六个。德效骞（H. H. Dubs）先生认为这里的关东指函谷关以东地区[③]，也即河南、山东等地。而且崇拜的对象也是西王母，并没有东王公。这与上述西汉中晚期独立的西王母图像首先在洛阳地区的中下层墓葬中出现，随后在河南、山东地区得到发展的情况吻合。

这场运动虽然规模颇大，但毕竟还只是民间运动，西王母何以从民间运动上升到上层统治者的信仰中，这应该与此时的政治形势有关。此时正值西汉末期，皇帝皆年幼而夭，傅太后、丁太后和王太后等临朝与政，尤其是王太后的参政，是王莽得势和逐渐取得政权的靠山。在征兆观念流行的汉代，此次民间的西王母运动，被上层官僚们与政治相附会。《汉书·元后传》中云："哀帝之代，世传行诏筹，为西王母共具之祥，当为历代为母，昭然著明。"[④]尤其是王莽一派的官贵们更将此事作为王太后的瑞兆，于是民间关于西王母的崇拜就堂而皇之地进入了上层观念之中。如王莽居摄时泉陵侯上书曰：

太皇太后（指王太后，笔者按）肇有元城沙鹿之右，阴精女主圣明之祥，配元生成，以兴我天下之符，遂获西王母之应，神灵之征，以佑我帝室，以安我大宗，以绍我后嗣，以继我汉功。[⑤]

从考古材料中也可以看到，如前所述，独立的西王母图像最早出现在官方背

---

① 《汉书》卷十一《哀帝纪》，第1册，第342页。

② 《汉书》卷二十六《天文志》，第5册，第1311、1312页。

③ H. H. Dubs, An Ancient Chinese Mystery Cult, *Harvard Theological Review*, 35, 1942, p. 236.

④ 《汉书》卷九十八《元后传》，第12册，第4033页。

⑤ 《汉书》卷八十四《翟方进传》，第10册，第3432页。

景的器物上正是在王莽当政时期的典型博局纹镜之上。光武兴汉灭莽，虽然在政治上是一次翻覆，但在文化观念上却多继承王莽时期，如定汉为火德，兴谶纬符应等[①]。而且众所周知，东汉皇帝大多短命，在新皇帝幼时太后摄政，较之西汉末有过之而无不及，并形成制度。如蔡邕《独断》中说："秦汉以来，少帝即位，后代而摄政，称皇太后诏，不言制。……后摄政，则后临前殿，朝群臣。后东面，少帝西面。群臣奏事上书，皆为两通，一诣太后，一诣少帝。"[②]《后汉书·皇后纪》载："东京皇统屡绝，权归女主，外立者四帝，临朝者六后。"[③]在这样的历史背景下，从西汉末期到东汉前期，西王母便完成了由民间崇拜向上层崇拜上升的过程，其后西王母信仰便成为社会的一般内容，综观上述文献，这一信仰的核心仍然是继承先秦以来的长生不死的信仰。以往的研究者也曾注意到西王母崇拜的流行与西汉末期女主当权的政治背景有关[④]，笔者更强调这一背景与独尊的西王母图像和信仰上升到社会上层的关系。

值得提及的是，从国家祭祀的角度也可以看到这种变化。根据《史记·封禅书》《汉书·郊祀志》的记载，西汉时期尤其是武帝及以前各地的官方祠祀甚多，许多小鬼神和地方信仰皆有祠，然而没有见到官方祠祀西王母的记载。而传为东汉卫宏所著《汉旧仪》中则说："祭西王母于石室，皆在所二千石、令、长奉祀。"[⑤]便有了官方祭祀西王母的记载，而且其祭祀等级还不低，根据上述分析，这很有可能是西汉末以来出现的变化。

当西王母图像和信仰拓展到全社会并更加流行之后，原来社会上层中将西王母与东王公对偶的观念也注入了这个逐渐形成的社会一般信仰中，表现为东汉中期以来西王母、东王公对偶图像的重新出现、丰富和流行，主要是对照西王母图像中的羽人、神兽侍从，也为东王公增加了侍从，为早期东王公图像所不见。东汉中期以后一些地区重新流行的东王公图像才能称之为西王母的"镜像"[⑥]。过去普遍认为早期并无东王公图像，东王公完全是东汉中期以来才出现的西王母的镜

---

① 顾颉刚：《秦汉的方士与儒生》，见氏著《顾颉刚古史论文集》卷二，第 527 ～ 537 页。

② （汉）蔡邕：《蔡中郎外集》卷四《独断》，见《四部备要·集部》，第 67 册，第 144 页。

③ 《后汉书》卷十《皇后纪》，第 2 册，第 401 页。

④ 如李凇：《论汉代艺术中的西王母图像》，第 30 页；汪小洋：《汉墓绘画宗教思想研究》，第 103 页。

⑤ （宋）李昉等撰：《太平御览》卷五二六《礼仪部五》引，第 3 册，第 2388 页。

⑥ 庞政：《秦汉时期蓬莱神仙信仰的考古学综合研究》，第 168 页。

像创造，现在看来更可能是社会上、下层文化的消长和互动。

四、小结

综上所述，得到以下几点认识：

第一，西汉前期以楚地为主的墓葬图像中没有出现西王母，并不是因为此时此地西王母信仰不流行，反而楚地文献中还有关于服食西王母不死之药而升天成仙的记载。西王母图像没有出现的主要原因是这些具有丰富图像的墓葬都是列侯以上的高等级墓葬，而在西汉中期以前的上层观念中西王母并不受到特别的崇拜。官贵们并不满意服食西王母不死之药后的孤独、凄凉甚至丑陋的变体式的长生，他们希望的是从昆仑上升天界，并在其间继续享受荣华富贵。

第二，目前所见最早的明确的西王母图像出现于西汉中晚期，似乎可以分为两个“传统”。其中一个出现在社会上层的竖穴椁墓中，目前所见为实用器物上比较次要的图像，且与东王公对偶；另一个出现在社会中下层的横穴室墓中，主要为墓葬壁画、画像石、画像砖，处于整个墓葬图像中比较重要或关键的位置，且皆为独立出现，在西汉中晚期以来的河南、陕西、鲁南苏北都有出现，在西汉末甚至传播至北部边疆地区，以河南地区为多，载体包括壁画墓、空心砖墓和一些墓中出土的器物。根据文献记载，在西汉中期的民间信仰中已十分崇拜西王母，在西汉末期甚至引发了一场声势浩大的民间运动。民间对西王母的崇拜除了长生不死之外，还发展到趋吉避祸等各个方面，但其核心仍与长生不死的信仰有关，而且为独尊西王母，并无东王公。而这次西王母运动的策源地就在河南、山东地区，向西发展到关中的京师地区，并经历二十多个郡国（上述西王母图像传播到北部边疆地区正在这一时期，可能就与这一事件有关），这与早期西王母图像出现的地域和阶层是相吻合的。

第三，从文献上看，西汉末期以后尤其是东汉以来，上层社会中已经完全吸纳了独尊西王母的信仰，西王母在许多关于游仙、升仙的文学作品中都成为重要的一部分。而东汉以来的墓葬中西王母图像也完全超越了之前的阶层和地域性，在东汉中晚期达到极盛。西王母信仰在西汉末期被上层社会的接受应该与当时的政治形势有关，当时傅太后、丁太后和王太后临朝与政，尤其是王太后的参政，是王莽得势和逐渐取得政权的靠山。经过王莽一派的经营，西王母借着作为女主

符应的机会，上升到上层社会信仰中，其信仰核心仍然是不死和升仙。

第四，在西王母图像和信仰流行全社会之后，原来社会上层的一些观念也注入其中，西王母与东王公对偶的图像重新出现并得到发展和流行。

第五，另有一点值得提及，汉代西王母信仰的发展似乎有两个重要节点，如果关联到两位重要人物，那么，一位是武帝，一位是王莽。武帝向西域的求仙使得西王母的关注度提升，而王莽的政治经营是西王母信仰盛行于全社会的关键。这两个节点是十分值得深入玩味的[①]。

以上笔者考察的是西王母图像出现的社会背景，众所周知，西王母图像的出现和流行还有一个信仰上的背景，那就是与昆仑升天信仰的结合。这种结合是如何开始和怎样完成的？结合的背景究竟如何？这是笔者下一节要考察的内容。

第二节
“觐王母于昆墟”：西王母与昆仑图像及信仰的结合

关于西王母与昆仑的结合，学界已经有不少关注，并形成了一些一致意见。但是目前对这一问题实际上还缺乏深入的讨论，对二者结合的时间、背景等问题还缺少较为详细的考察，遗漏了许多重要的信息。因此，笔者欲在本节中对这一问题进行一次专门的、详细的、更为深入的探索。

一、早期西王母图像与昆仑图像的关系

如前所述，目前所见最早的与墓葬信仰有关的西王母图像见于西汉中晚期的卜千秋墓墓顶壁画中，该壁画是在空心砖砌成的长条形墓顶上绘成的一幅连续画面。壁画一端以伏羲和日（日中有金乌）作为东方，另一端则以女娲和月（月中有蟾蜍）作为西方。其间墓主人乘骑神兽，及其前引导、护卫的羽人、神兽由东

① 缪哲先生的新著中主要针对后一节点进行了发挥，可参考（参见缪哲：《从灵光殿到武梁祠：两汉之交帝国艺术的遗影》，第 111~169 页）。

向西行进，壁画上满布云气（图 3–15，另见图 3–18）。该壁画中未出现任何有关

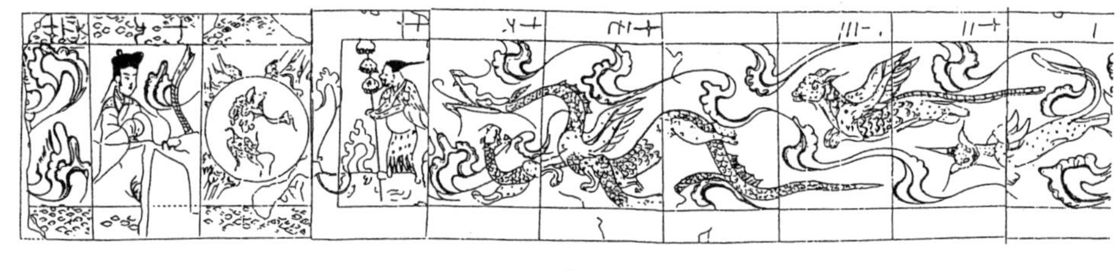

1

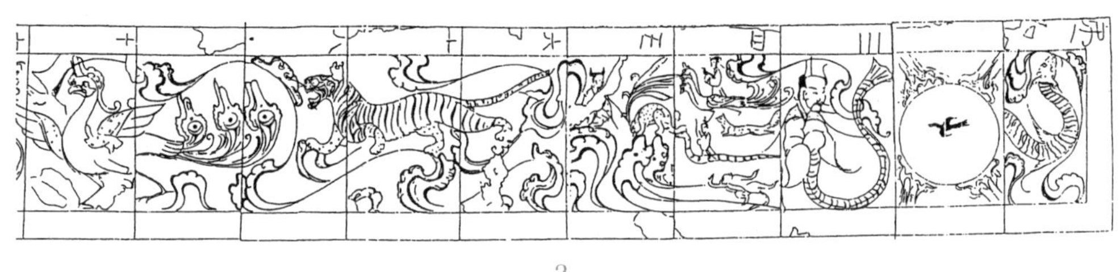

2

图 3–15　洛阳卜千秋墓脊顶壁画线摹（1–2）
（采自洛阳博物馆：《洛阳西汉卜千秋壁画墓发掘简报》，《文物》1977 年第 6 期，第 10 页，图三三）

昆仑的图像，不过也不可就此立即下结论说这幅壁画与昆仑信仰无关。因为，墓主人前面虽是西王母，但为其引导的持节羽人已经在西王母之前临近画面西缘的地方了，说明墓主人的最后归宿不应该止于西王母，而还要行进，关于西方升仙的目标，舍昆仑又有何能当之呢？但是，壁画上终归没有出现昆仑，而且就算墓主人的目标是西方的昆仑，这里的西王母是从昆仑前来迎接墓主，还是为昆仑的前站？目前都不能妄下判语。

偃师辛村新莽时期的墓葬中，西王母绘画于后室横额之上。整个横额大致作梯形，西王母图像绘画于梯形上边的方砖，两侧为三角形的砖，其上各绘一只凤鸟，西王母之下绘画有一双扇大门。与其相对的中室横额上则为巨大兽首，两侧有人首蛇身的伏羲、女娲手捧日、月（图 3–16，另见图 3–4、3–21）。该西王母图像中仍然不见有昆仑的形象，但笔者仍然觉得不能立即断言其与昆仑无关。因为，西王母下有十分显目的大门图像，而整个横额正好作梯形。也有一种可能性就是这里正好以梯形的横额象征昆仑的背景，其下有昆仑之门——阊阖，而王母和凤鸟正在昆仑的背景之中。但这完全是一种推想，目前没有其他可供佐证的材料，

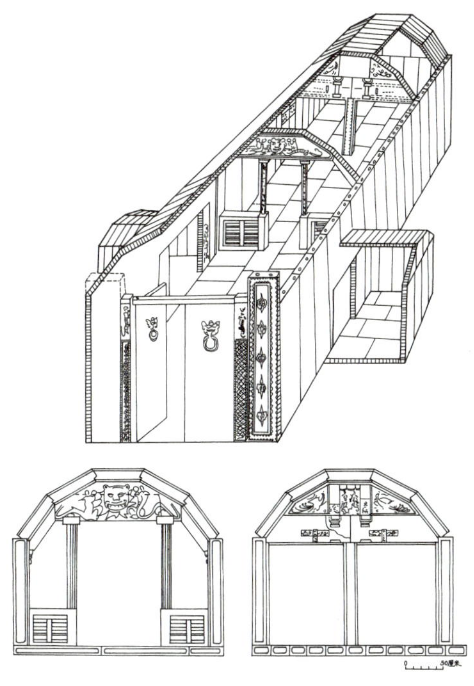

图 3-16　洛阳偃师辛村壁画墓墓室结构及横额壁画线摹
（采自黄明兰、郭引强编著：《洛阳汉墓壁画》，第 123 页）

我们显然也不能将结论建立在这样的想象上。

目前所见明确无疑的昆仑与西王母结合的图像出现于陕西定边郝滩新莽至东汉早期的壁画墓中。该墓西壁上为一幅被称为“西王母宴饮图”的壁画，壁画左端西王母侧坐于三个蘑菇状的平台中央，如前所述，为昆仑图像的一种表现形式，西王母坐于其上，与昆仑图像的关系一览无余（见图 1–43）。该壁画的发现也将西王母与昆仑图像结合的时间从以往认为的东汉中期上推到新莽至东汉早期，也就是说在早期西王母图像中已经明确见有与昆仑结合的例证了。

如前所述，河南郑州、密县、新郑和南阳也是早期西王母图像出现的重要地区，该地区的西王母图像出于空心砖墓的画像中。画像砖上的西王母图像虽然远多于壁画，但由于画像砖出土和发表时往往打破了原有的图像环境和组合，其信息量却往往在壁画之下。不过这些早期的空心画像砖由于本身砖体和画面较大，其中也包含了不少较为整体的信息。在该地区的画像砖上，早期西王母往往侧坐于山峰之中或山峦之侧，说明其与山有密切关系。但这些画像砖上的山的形象并不符合文献中对昆仑形象的特有想象，所以在第一章中笔者也没有将之归入昆仑的材料中。由于没有明确的图像与文献依据，这里的山是不是昆仑，目前笔者还不敢妄加判断。与之相同，铜、陶樽上的西王母也出现于山峦的环境之中，但这里的山峦是否就是昆仑，仍然具有疑问。

山东、苏北地区画像石椁上的早期西王母图像，基本上都是坐于二层楼台的上层，其旁为各种神人、神兽。其中最引人注目的是建鼓的画像。西王母图像中出现突出的建鼓图像，可能与某种升仙观念有关。《汉书·王莽传》载："或言黄帝时建华盖以登仙，莽乃造华盖九重，高八丈一尺，金瑵羽葆，载以秘机四轮车，驾六马，力士三百人黄衣帻，车上人击鼓，挽者皆呼'登仙'。莽出，令在前。"[①]而王莽关于黄帝登仙的信仰是与昆仑有关的。《汉书·王莽传》载："（王莽）下书曰'《紫阁图》曰：太一、黄帝皆仙上天，张乐昆仑'。"[②]不过，如果仅根据这些联系就说山东、苏北地区早期西王母图像中的建鼓与昆仑信仰有关，恐怕是没有什么说服力的。就目前所见的材料来看，该地区的早期西王母图像中还是不见有明确的昆仑因素。

综上所述，目前所见的早期西王母图像中，有明确与昆仑结合的例子，见于新莽至东汉早期的陕西定边郝滩壁画墓中，更多的图像中却不见有明确可以判断为昆仑的材料。但是，值得注意的是，这些早期西王母图像中虽然不见有明确的昆仑图像，但向西方的升仙之旅，天门、阊阖图像，山峰、山峦图像以及建鼓图像都或多或少地提示我们不能就此结论，需要进一步考察其中到底是否隐藏有昆仑因素。西王母图像当其一开始出现时，是否就与昆仑有关？这就不是仅靠辨析考古材料能够解决的问题，还要结合当时的文献材料来考察。

二、文献中所见西王母与昆仑的关系

目前所见，明确记载西王母的文献最早出现于战国时期，至于殷商甲骨卜辞中的"西母""东母"[③]，学界大多数意见并不认为其与西王母有关，且其背景模糊，可至不论。《庄子·大宗师》中云："夫道，有情有信，无为无形，……西王母得之，

① 《汉书》卷九十九《王莽传》，第 12 册，第 4169 页。

② 《汉书》卷九十九《王莽传》，第 12 册，第 4154 页。

③ 陈梦家：《殷虚卜辞综述》，北京：中华书局，1988 年，第 574 页；陈梦家：《古文字中之商周祭祀》，见氏著《陈梦家学术论文集》，北京：中华书局，2016 年，第 34、35 页。

坐乎少广，莫知其始，莫知其终。”“少广”一地历来没有确切解释，有人认为是“穴名”，有人认为是“西极山名”，有人认为是“西方空界之名”[①]。可见，“少广”仅仅是当时人对西方某地或西极之地的虚指，恐怕并无切实所在。《庄子·至乐》中云：“昆仑之虚，黄帝之所休。”[②]虽然《庄子》一书并非出自一人一时之手，但是从目前来看，其书中所载的西王母与昆仑确实缺乏关联。

有关西王母的早期文献，最重要的莫过于神话色彩极浓的两部著作——《山海经》和《穆天子传》。这两部书的成书年代虽然都不太明确，但其主体部分出于秦汉以前已经得到大体的认可[③]。《山海经》作为一部带地理性质的书，凡出现西王母的地方皆有地名：

又西三百五十里，曰玉山，是西王母所居也。西王母其状如人，豹尾虎齿而善啸，蓬发戴胜，是司天之厉及五残。（《西山经》）

西王母梯几而戴胜，其南有三青鸟，为西王母取食。在昆仑虚北。（《海内北经》）

西海之南，流沙之滨，赤水之后，黑水之前，有大山，名曰昆仑之丘。……其下有弱水之渊环之，其外有炎火之山，投物辄然。有人，戴胜，虎齿，有豹尾，穴处，名曰西王母。此山万物尽有。（《大荒西经》）[④]

以上三条记载在西王母地域、特征上颇有出入，于是不少学者便认为它们体现了西王母神话变化发展的不同阶段，强为排序，但因其着眼点和依据不同，所排序列大相径庭[⑤]。《山海经》一书自近代以来多数学者认为并非出于一人一时，于是很多学者都为其诸篇经文编排序列，但各执一说，莫能一是，其中充满了许

① （清）郭庆藩撰，王孝鱼点校：《庄子集释》卷三《大宗师》，上册，第252～256页。

② （清）郭庆藩撰，王孝鱼点校：《庄子集释》卷十八《至乐》，中册，第614页。

③ 蒙文通：《略论〈山海经〉的写作时代与产生地域》，见氏著《蒙文通文集第一卷·古学甄微》，第35～66页；袁珂：《〈山海经〉写作的时地及篇目考》，见氏著《神话论文集》，第1～25页；杨宽：《〈穆天子传〉真实来历的探讨》，《中华文史论丛》第55辑，上海古籍出版社，1996年，第200页。

④ 袁珂校注：《山海经校注》（增补修订本），第59、358、466页。

⑤ Michael Loewe, *Ways to Paradise: The Chinese Quest Immortality*, George Allen & Unwin, London, 1979. pp. 82–92. 李淞：《论汉代艺术中的西王母图像》，第18、19页；刘宗迪：《西王母神话地域渊源考》，《民俗研究》2005年第2期。

多主观性和片面性。如《山经》经文比起《荒经》和《海经》显得规整朴实，有人便依此判定其年代早，有人却依此判断其年代晚，这些显然都是对所谓“发展规律”的主观臆断。再如，许多学者对各篇中个别文句的考证都是令人信服的，但根据此建立起的年代序列却值得怀疑，因为另一些学者从另一些文句的考证中得出的不同结论同样是言之铮铮，显然都具有片面性。笔者认为，《山海经》诸篇虽然在最终编成的年代上有早有晚，但都是对当时和之前神话传说材料的汇编，在没有确凿证据的情况下，不应该强行依据某种所谓的“规律”来编排其中神话传说的发展序列，应该将它们都当作古代神话传说的一些片段来考察。

以上提及西王母的材料中，有两则说其居于昆仑（一则在昆仑，一则在昆仑北），有一则说其居于玉山。玉山，郭璞注“此山多玉石，因以名云”①。《史记·大宛列传》中载：“而汉使穷河源，河源出于寘，其山多玉石，采来，天子案古图书，名河所出山曰昆仑云。”②虽然将多玉之山定为昆仑只是汉武帝的一厢情愿，但也可以说明，在当时人的观念中昆仑就是西方的一座多玉之山。当然这里的玉山是否可以等于昆仑，笔者还不敢妄加判断，但在《山海经》中确实已经有了西王母居于昆仑的说法。

许多学者却认为西王母居于昆仑山的说法是晚出的，巫鸿先生甚至认为这种情况只是到了公元 2 世纪才出现③，也就是说他们认为《山海经》中所云西王母居于昆仑的两条材料都是后世所加，并非先秦原文。但《竹书纪年》载：“周穆王十七年，西征至昆仑丘，见西王母。”④古本《竹书纪年》虽早亡佚，但各书中所引此条并无二致，皆言穆王在昆仑见西王母⑤。《史记·大宛列传》引《禹本纪》云“河出昆仑，……其上有醴泉、瑶池”⑥，《穆天子传》中云“天子觞西王母于瑶池之上”⑦，也说明了周穆王是在昆仑见西王母。又《海内西经》云“昆仑之虚，方八百里，高万仞……非仁羿莫能上冈之岩”⑧，《淮南子·览冥训》云“羿请不

① 袁珂校注：《山海经校注》（增补修订本），第 60 页。
② 《史记》卷一百二十三《大宛列传》，第 10 册，第 3173 页。
③ ［美］巫鸿著，柳扬、岑河译：《武梁祠——中国古代画像艺术的思想性》，第 136 页。
④ （唐）欧阳询撰，汪绍楹校：《艺文类聚》卷七《山部上》引，上册，第 130 页。
⑤ 方诗铭、王修龄辑录：《古本竹书纪年辑证》，上海古籍出版社，1981 年，第 47、48 页。
⑥ 《史记》卷一百二十三《大宛列传》，第 10 册，第 3179 页。
⑦ （晋）郭璞注，王贻樑、陈建敏校释：《穆天子传汇校集释》卷三，第 143 页。
⑧ 袁珂校注：《山海经校注》（增补修订本），第 344、345 页。

死之药于西王母，姮娥窃以奔月”[①]，可见《海内西经》中所云羿上昆仑之事，便是去向西王母请不死之药。凡此种种，都可说明早期亦有西王母居于昆仑的说法，笔者无法认为《大荒西经》《海内西经》《竹书纪年》《淮南子》《禹本纪》《穆天子传》中的这些材料都要晚于公元2世纪。

《穆天子传》虽也是神话色彩浓厚的著作，但与《山海经》不同，其以西周以来流传的历史故事为本，然后神化之，有真实的历史内核[②]。所以后世正史中也屡引述其事，司马迁作《史记》曾明言“《禹本纪》《山海经》所有怪物，余不敢言之也”[③]，但在《赵世家》中却引述了周穆王见西王母之事[④]，可见一斑。《穆天子传》中云周穆王西征见西王母于“西王母之邦”：

> 吉日甲子，天子宾于西王母。乃执白圭玄璧以见西王母，好献锦组百纯，□组三百纯。西王母再拜受之。□乙丑，天子觞西王母于瑶池之上。……天子遂驱升于弇山。乃纪丌迹于弇山之石，而树之槐，眉曰“西王母之山”。[⑤]

“瑶池”，依前《史记》引《禹本纪》之说在昆仑上。“弇山”，《山海经·西山经》中云“西南三百六十里，曰崦嵫之山”，郝懿行疏“《穆天子传》云‘天子升于弇山’，郭注云‘弇兹山，日所入也’，《玉篇》引此经作‘弇嵫山’”[⑥]。故“弇山”或即“崦嵫”。《离骚》云“望崦嵫而勿迫”，王逸注“崦嵫，日所入山也”[⑦]。

可见，若从瑶池来看，则西王母在昆仑之上；但若从弇山来看，则西王母似乎又在日所入的崦嵫山上。造成这种矛盾的根源，显然是上面笔者用来考证这些地名的文献来源不一，而早期传说又芜杂多端。不过，结合前述文献来看，笔者

---

① 何宁撰：《淮南子集释》卷六《览冥训》，上册，第501页。

② 杨善群：《〈穆天子传〉的真伪及其史料价值》，《中华文史论丛》第54辑，上海古籍出版社，1995年；杨宽：《〈穆天子传〉真实来历的探讨》，《中华文史论丛》第55辑，1996年。

③ 《史记》卷一百二十三《大宛列传》，第10册，第3179页。

④ 《史记》卷四十三《赵世家》，第6册，第1779页。

⑤ （晋）郭璞注，王贻樑、陈建敏校释：《穆天子传汇校集释》卷三，第143页。

⑥ （清）郝懿行笺疏，范祥雍补校：《山海经笺疏补校》卷二《西山经》，上海古籍出版社，2013年，第87页。

⑦ （宋）洪兴祖撰，白化文等点校：《楚辞补注》卷一《离骚》，第27页。

认为，不论是早期神话传说还是历史传说中，确实有西王母居于昆仑的内容，但并不一定，这正是早期传说的正常现象。

西汉前期文献《淮南子》中屡次提到昆仑和西王母，但除了上引后羿向西王母请不死之药的故事与昆仑的关系有些线索可循之外，并没有二者有关的明确材料。《地形训》中说“西王母在流沙之滨”①，《尔雅·释地》中说其在西荒之地②，都是一些西方的虚指，并没有说明其实际所在。前引司马相如《大人赋》在昆仑、阊阖、阆风之后的阴山提及西王母③。如第一章第一节所论，阆风为昆仑的一个部分，阊阖为昆仑之门，所以这一段赋实际上说的都是关于昆仑的神话，这里的阴山恐怕指的是昆仑山阴，而非现实中的阴山。前引《焦氏易林》中虽多次提到西王母，但关于其所在只有“弱水之西”一句④，众所周知弱水为环绕昆仑之水，但仅从这句话上显然建立不起其与昆仑的准确关系。可见，西汉中期以前的情况与先秦时期一致，西王母的居处并不一定，大多是一些虚指，但其中也有其居于昆仑的传说。

西汉中期以来由于张骞的“凿空”，西域开辟，人们对西方的知识大大超过以往并逐渐扩展，关于西王母的所在又有了另一种“与时俱进”的说法。关于这个问题，笔者拟在本章第四节中论述，这里只关注其与昆仑的关系。

前引西汉末杨雄《甘泉赋》中就提及昆仑、弱水与西王母，虽然其间辞赋排闼、语藻繁复，但总体上看是作为一个整体的，这里的西王母应该与昆仑有关。两汉之交是谶纬大兴的时期，纬书更代表着此时的一般观念，其中就有关于昆仑和西王母的内容。如《尚书帝验期》云：“王母之国在西荒，凡得道授书者，皆朝王母于昆仑之阙。……洎周穆王，驾龟鼍鱼鳖，为梁以济弱水，而升昆仑玄圃、阆苑之野，而会于西王母。”⑤《河图玉版》云：“西王母居昆仑之山。”⑥明确说西王母在昆仑之上。《河图括地象》亦云：“昆仑之弱水中，非乘龙不得至。有三足神乌，为西王母取食。”⑦也说西王母在昆仑中。传为刘向所撰的《列仙传》

---

① 何宁撰：《淮南子集释》卷四《墬形训》，上册，第361页。

② 《尔雅注疏》卷七《释地》，第336页。

③ 《史记》卷一百一十七《司马相如列传》，第9册，第3060页。

④ （汉）焦延寿撰，徐芹庭注：《焦氏易林新注》卷六《讼·泰》，上册，第78页。

⑤ ［日］安居香山、中村璋八辑：《纬书集成》，上册，第387页。

⑥ ［日］安居香山、中村璋八辑：《纬书集成》，下册，第1147页。

⑦ ［日］安居香山、中村璋八辑：《纬书集成》，下册，第1092页。

中说赤松子“往往至昆仑山上，常止西王母石室中”[①]，也明确说西王母石室在昆仑山上。《列仙传》的内容在东汉时期已见征引，而且对比晋代葛洪所撰的《神仙传》，《列仙传》中的神仙思想尚比较朴素，明显缺乏后世道教的特殊内容，即便不是刘向所撰，其内容也不晚于东汉。东汉初期以后的文献中虽然很少谈到西王母与昆仑的关系，但如第一章所述，此时的昆仑图像中，西王母已经成为最主要的部分。而且，东汉中晚期的昆仑图像绝大多数为平台类，其原因就是要配合其上的西王母。可见，此时文献中缺乏关于二者关系的记载，更可能是昆仑与西王母的组合已经成为人们的一种常识了，所以也就不必再刻意书写了。河南偃师出土的建宁二年（公元169年）《河南梁东安乐肥君之碑》云：“土仙者大伍公，见西王母于昆仑之虚，受仙道。”[②]这里东汉晚期的出土文献与前引纬书何其一致，结合此时大量的图像材料来看，这一观念确实已经成为当时社会上的一般观念了。

前引曹操《气出唱》中云：“乃到昆仑之山，西王母侧。”[③]《陌上桑》中云：“济天汉，至昆仑，见西王母谒东君。”[④]曹魏时嵇康《秋胡行》中亦云：“徘徊钟山，息驾于层城。上荫华盖，下采若英。受道王母，遂升紫庭。逍遥天衢，千载长生。”[⑤]这里的“钟山”指的是昆仑旁的钟山。如《山海经·海内西经》云：“流沙出钟山，西行又南行昆仑之虚。”[⑥]又《西山经》云：“又西北四百二十里，曰钟山。其子曰鼓，其状人面而龙身，是与钦䲹杀葆江于昆仑之阳，帝乃戮之钟山之东。”[⑦]“层城”自然是第一章第一节中所述的昆仑上的“增城（层城）”。如《楚辞·天问》云：“昆仑县圃，其尻（居）安在？增城九重，其高几里？”[⑧]《淮南子·地形训》云：“禹乃以息土填洪水，以为名山，掘昆仑虚以下地，中有增城九重。”[⑨]《水经注·河水》引《昆仑说》亦云：“昆仑之山三级，下曰樊桐，一名板桐；二曰玄圃，一名阆风；

---

① 王叔岷撰：《列仙传校笺》卷上《赤松子》，第1页。

② 河南偃师县文物管理委员会：《偃师县南蔡庄乡汉肥致墓发掘报告》，《文物》1992年第9期。

③ （汉）曹操：《曹操集》，第2页。

④ （汉）曹操：《曹操集》，第5页。

⑤ （三国魏）嵇康著，戴明扬校注：《嵇康集校注》卷一《重作四言诗七首》，北京：中华书局，2014年，上册，第86页。

⑥ 袁珂校注：《山海经校注》（增补修订本），第343页。

⑦ 袁珂校注：《山海经校注》（增补修订本），第50页。

⑧ （宋）洪兴祖撰，白化文等点校：《楚辞补注》卷三《天问》，第92、93页。

⑨ 何宁撰：《淮南子集释》卷四《墬形训》，第322、323页。

上曰层城，一名天庭，是为太帝之居。”[①] 这些诗歌也可以作为昆仑与西王母组合的证明。

综上所述，目前所见文献中，在先秦时期就已经出现了西王母居于昆仑的传说，但此时西王母的居所并不一定，还有其他说法，都是关于西方的一些虚指，恐无实地可考，这种情况一直延续到西汉中期。西汉中期以后，一种观念中西王母随着西域的开辟而“与时俱进”（见本章第四节），另一种观念中西王母与昆仑的关系开始固定下来，西汉末至东汉初“西王母居昆仑之山”逐渐成为当时的一般观念。而前述早期西王母图像中，目前所见西王母坐于昆仑之上的图像最早就是出现于新莽至东汉早期的墓葬壁画中，与文献记载是相一致的。而且，如前所述，这些早期西王母图像中，虽然明确出现昆仑的只有郝滩壁画墓，但其他壁画和画像石、砖中或多或少都有一些与昆仑神话相关联的内容。再有，根据上面对文献记载的分析，早期西王母图像出现之时正处于西王母与昆仑结合的趋势之中。

可见，不论是考古材料还是文献材料都支持西汉末至东汉初为西王母与昆仑结合完成的时间，而此时也正是西王母图像逐渐流行的时期。那么，是否西王母图像一开始出现就与昆仑信仰有关？或者说是否早期西王母图像出现的信仰背景就是昆仑升仙信仰？这还需要考察二者结合的信仰背景。

三、西王母与昆仑结合的信仰背景

关于西王母的神话传说，西汉中期以前，正如其地域的不确定性一样，其性质仍然有多种说法，莫衷一是。此点已广为学界所知，略列于下：

1. 掌握刑罚的凶神，且面目狰狞。《山海经·西山经》云：“西王母其状如人，豹尾虎齿而善啸，蓬发戴胜，是司天之厉及五残。”[②]

2. 长生不死和握有不死药之神。《庄子·大宗师》说西王母“莫知其始，莫知其终”[③]，《穆天子传》中西王母与周穆王相约“将子无死，尚能复来”[④]，也暗示出西王母是长生不死的。《山海经·海内西经》云“昆仑之虚……非仁羿莫

① （北魏）郦道元著，陈桥驿校证：《水经注校证》卷一《河水》，第 1 页。

② 袁珂校注：《山海经校注》（增补修订本），第 59 页。

③ （清）郭庆藩撰，王孝鱼点校：《庄子集释》卷三《大宗师》，上册，第 252 页。

④ （晋）郭璞注，王贻樑、陈建敏校释：《穆天子传汇校集释》卷三，第 143 页。

能上冈之岩”[①]，《淮南子·览冥训》云“羿请不死之药于西王母，姮娥窃以奔月”[②]。前面已经提到西王母早期亦有居于昆仑的传说，则《山海经》中或许已经暗示西王母握有不死之药。

学者们多认为 1、2 之间有演变关系，即从 1 演变到 2。其实在战国时成熟的五行观念中，西方属金，同时具有肃杀和不朽两种属性，故而西王母一则为司刑杀之神，一则为不死及能赐人不死之神，是不难理解的。

3. 西方一氏族。即《穆天子传》的历史所本，《穆天子传》中西王母与周穆王宾主酬答，也一定程度地反映了其历史原貌。《大戴礼记·少闲》云：“昔虞舜以天德嗣尧，布功散德制礼，朔方幽都来服，南抚交趾，出入日月，莫不率俾。西王母来献其白琯。”[③] 则西王母或似方国。

这三种性质中，显然第二种关于西王母不死和握有不死之药的传说最为突出。如前引司马相如《大人赋》中所云“必长生若此而不死”[④]，《焦氏易林》中说其“生不知死，与天相保”[⑤]。而前节所述西汉末期的那场规模宏大的西王母运动的核心也是“母告百姓，佩此书者不死。不信我言，视门枢下，当有白发”[⑥]。在汉代人的观念中长生不死与升天成仙是一个连续的过程，不死是升仙的前提。如前引《淮南子·览冥训》云“羿请不死之药于西王母，姮娥窃以奔月”，高诱注“姮娥，羿妻。羿请不死之药于西王母，未及服之，姮娥盗食之，得仙，奔入月中为月精”[⑦]。西汉成帝时，谷永批评说：“及言世有仙人，服食不终之药，遥兴轻举，登遐倒景，览观县圃，浮游蓬莱。”[⑧] 也说明一般观念中，服食不终之药（即不死之药）进而飞升成仙。

拥有不死之药、长生不死进而升天成仙这恰恰也是昆仑信仰的核心。《山海经·海内西经》中就说昆仑上有不死树，又有“巫彭、巫抵、巫阳、巫履、巫凡、

① 袁珂校注：《山海经校注》（增补修订本），第 345 页。

② 何宁撰：《淮南子集释》卷六《览冥训》，上册，第 501 页。

③ （清）孔广森撰，王丰先点校：《大戴礼记补注》卷十一《少闲》，北京：中华书局，2013 年，第 213、214 页。

④ 《史记》卷一百一十七《司马相如列传》，第 9 册，第 3060 页。

⑤ （汉）焦延寿撰，徐芹庭注：《焦氏易林新注》卷六《讼·泰》，上册，第 78 页。

⑥ 《汉书》卷二十七《五行志》，第 5 册，第 1476 页。

⑦ 何宁撰：《淮南子集释》卷六《览冥训》，上册，第 501 页。

⑧ 《汉书》卷二十五《郊祀志》，第 4 册，第 1260 页。

巫相，夹窫窳之尸，皆操不死之药以距之”[①]。《楚辞·涉江》中云：“登昆仑兮食玉英，与天地兮同寿，与日月兮齐光。”[②]《淮南子·地形训》中云：

> 昆仑之丘，或上倍之，是谓凉风之山，登之而不死。或上倍之，是谓悬圃，登之乃灵，能使风雨。或上倍之，乃维上天，登之乃神，是谓太帝之居。[③]

也是先获得不死之身，进而再升天成仙的。

可见，西王母信仰的主体部分实际上与昆仑信仰是一致的，而两者又都是关于西方的神话传说，而且关于西王母一直就有一种说法称其在昆仑上。因此，西王母信仰势必要与昆仑信仰结合并固定下来，西王母势必要取代“巫彭、巫抵、巫阳、巫履、巫凡、巫相”这些早期信仰中的巫师，而成为昆仑上持有不死之药、可助人升天成仙的唯一大神。

对巫和巫术的信仰是史前社会以来原始信仰中的主要内容，在商周时期达到顶峰，甚至有人认为商代就是一个巫的观念统治的时代，商王就是最大的巫师[④]。但东周以后，神仙之说渐兴，巫的地位日渐式微[⑤]。秦汉时期，虽然汉高祖也曾设祠祭祀各方之巫，武帝也曾因灾病而祠越巫，但总体上讲，当时社会上的流行信仰是“方仙道”，巫术更多地被称为民间的淫祀。社会信仰已经进入了宗教时代，宗教时代与巫术时代不同，在于宗教必信仰和依靠神祇，巫术则是依靠巫师与自然界神秘力量的“沟通”来达到目的[⑥]。因此，在汉代昆仑之上的那些持有不死之药的巫，必然要被同样拥有不死之药的神祇——西王母所完全取代，这是社会信仰发展的结果。

至于，为何西王母最终在西汉末至东汉初才稳坐于昆仑之上，这个问题笔者已在本章第一节中有所考察。这就涉及西汉末从民间开始的大规模西王母运动的社会背景和此时女主执政及王莽一派苦心经营的政治背景。

---

① 袁珂校注：《山海经校注》（增补修订本），第352页。

② （宋）洪兴祖撰，白化文等点校：《楚辞补注》卷四《九章·涉江》，第129页。

③ 何宁撰：《淮南子集释》卷四《墬形训》，上册，第328页。

④ 陈梦家：《商代的神话与巫术》，见氏著《陈梦家学术论文集》，第91页。

⑤ 童恩正：《中国古代的巫、巫术、巫术崇拜及其相关问题》，见氏著《童恩正文集·人类与文化》，重庆出版社，1998年，第458页。

⑥ ［英］J. G. 弗雷泽著，王培基、徐育新、张泽石译：《金枝——巫术与宗教之研究》，北京：商务印书馆，2015年，第88～106页。

四、小结

本节中笔者就西王母与昆仑图像的结合及其信仰背景作了一番考察，得到以下几点认识：

第一，根据新发现的考古材料，西王母图像与昆仑图像结合的时间应该提早到新莽至东汉初期。也就是说在西王母图像开始出现并逐步流行之时，就已经有了与昆仑图像结合的例证。从目前的材料看，早期西王母图像中大多数还不见明确的昆仑图像因素，但一些细节提醒我们，这些西王母图像与昆仑信仰之间可能还是具有关联的，但是目前尚不能确定。

第二，从文献上看，自先秦到汉代的文献中都有西王母居于昆仑的传说，以往学者对这些神话传说强为编次是颇为主观的。但在西汉中期以前，西王母的居所并不一定，除昆仑外，还有其他说法，不过都是一些不能落实的虚无地名。西汉末至东汉初，文献上显示西王母与昆仑的关系开始固定下来，东汉中晚期这种关系已经成为一种无须指出的常识了。这种情况显然与考古材料是相一致的，新莽至东汉初期已经明确出现二者结合的图像，东汉中晚期昆仑图像与西王母已经难以分割并大量、广泛流行，昆仑图像甚至因为要给西王母留出座位而主要采用平台的形式。

第三，早期西王母神话虽然有一些不同版本，这可能与这些神话出现的地域、记载这些神话的书籍性质及作者的写作意图有关，但其中最为突出的就是西王母为长生不死之神，拥有不死之药，能令人不死进而升天成仙。而拥有不死之药，登之可以不死进而升天也是昆仑信仰的核心。根据时代信仰的发展，作为神祇的西王母代替昆仑之上那些拥有不死之药的巫师而与昆仑信仰相结合成为必然之势。这种结合完成于两汉之交有其信仰上的背景，也有社会、政治上的背景。

第四，早期西王母图像中虽然多数不见有明确的昆仑图像，但一则其出现的时代正值西王母与昆仑开始结合之时；二则西王母出现在墓葬中的意义与昆仑信仰实在关系密切；三则昆仑图像及信仰自西汉初从楚地滥觞，此时已遍及陕西、河南、山东地区，与早期西王母图像出现的地域也相吻合。因此，虽然目前尚不能明确断定西王母图像自一开始出现就与昆仑信仰联系在一起，但根据上述因缘，笔者倾向于认为西王母图像出现于墓葬之中的背景就是昆仑信仰，西王母图像自一开始出现就已经处于昆仑信仰的系统中，只不过一些图像中隐去了已经成为背景的昆仑，就如同四川东汉晚期的西王母画像表现出的情况一般。

即便早期西王母图像与昆仑的关系并不确定，但自东汉初期以后，二者的稳定组合已经是学界的共识了。那么，西王母在昆仑信仰中的性质和地位究竟如何？则是笔者要进一步探讨的问题。

第三节 “受道王母，遂升紫庭”：西王母图像的位置、组合与西王母的地位、意义

由于西汉晚期以后，在各个墓葬艺术流行地域的墓葬中，都有十分丰富的西王母图像出现，西王母可以说已经成为墓葬艺术中的最主要内容之一了。这种丰富而突出的西王母图像，使得很多学者产生了一个简单的印象，认为西王母应该为汉墓图像所反映出的信仰中的主神，不少学者认为人们死后的理想中有一个以西王母为主宰的仙界①，甚至有的西方学者将西王母当作汉代信仰中的主神，称其为宇宙的根据②。

我们知道，汉代尤其是武帝以后已经完全形成了一个中央集权的大一统帝国，在这个帝国的版图中已经不存在名义上不属于天子的乐郊、乐土，国家观念和官僚体系已经深入人心，社会一般观念中对死后世界的想象当然应该建立在这种底色之上。而外来的佛教在整个汉代尚未整体上影响到中国人的信仰世界，本土的早期道教也还没有应对佛教的冲击而整合出一套有别于传统信仰的神仙体系。所以死后世界中：如人间有帝王和达官显贵一样，天上也有天帝和其重要臣工（详见第四章）；如人间有地方官吏和基层执事者一样，地下也有地府的管理者、各级官吏及其执事者③。在这样的时代观念中，最多个别人间悠游自在的隐士可以比

① 如［美］巫鸿著，柳扬、岑河译：《武梁祠——中国古代画像艺术的思想性》，第125～157页。

② Elfriede R. Knauer, The Queen Mother of the West: A Study of the Influence of Western Prototypes on the Iconography of the Taoist Deity, Mair 2006: V. H. Mair, *Contact and Exchange in the Ancient World*, University of Hawaii Press, Honolulu, 2006, pp. 62–115.

③ 如灵帝熹平二年陶瓶朱书所云：“天帝使者告张氏之家三丘、五墓、墓左、墓右、中央墓主，冢丞、冢令、主冢司令、魂门亭长、冢中游击等；敢告移丘丞、墓伯、地下二千石、东冢侯、西冢伯、地下击犆卿、蒿里伍长等。”（张勋燎：《东汉墓葬出土解注器和天师道的起源》，见张勋燎、白彬著《中国道教考古》，第1册，第160页）

类为悠游于名山大川之间的所谓“散仙”，笔者实在不敢相信还有一个超越于天地之外的所谓“仙界”。这一点孙机先生近来也注意到了，并对以往的研究提出了尖锐的批评[①]。不少学者认为这个仙界就是昆仑。笔者在第一章第五节中已经详细论述，昆仑并未超越于天地之外，而正是天地之间的中轴，为登天的中心天柱，一般观念中升仙者的目的恐怕还是要通过昆仑而升天成仙。笔者更不能相信那个居于昆仑之上的西王母能超越于皇天后土，成为死后世界和神仙世界的最高统治者。那么，西王母在死后世界中，在以昆仑为背景的升仙信仰中到底扮演着什么样的角色？有着怎样的地位？这可以从西王母图像出现在墓葬及其附属遗存中的位置及其图像组合来仔细辨析。

一、西王母图像在墓葬及其附属遗存中的位置和图像组合

考察西王母的地位和意义，其出现的位置及图像组合是十分重要的。学界对西王母图像的研究可以说洋洋大观，却少有对这一问题进行全面的考察。由于西汉晚期以后的图像尤其是画像材料的地域性明显，以下笔者就按地域和载体对这一问题进行一次较为全面的梳理。

需要说明的是，以往说到西王母的图像组合，往往是将西王母个人的图像作为主体，而以常见的玉兔捣药、三足乌、蟾蜍、九尾狐等为其组合，艺术史学者多称为西王母的图像志（iconography）[②]，这种研究当然是西王母图像研究的一方面。与之不同的是，笔者的目的是考察西王母的地位和性质，所以这里所说的图像组合是整个西王母图像（包括上述附属图像）与其他图像的组合。

（一）河南地区

该地区是西王母图像最早出现的地区，主要出现于墓室壁画和画像砖（空心砖）上。

---

① 孙机：《仙凡幽冥之间——汉画像石与“大象其生”》，《中国国家博物馆馆刊》2013年第9期。

② Michael Loewe, *Ways to Paradise: The Chinese Quest Immortality*, George Allen & Unwin, London, 1979, p. 103.

1. 墓室壁画

如前所述，卜千秋墓[①]是目前所见出现西王母图像的最早墓葬（该西王母图像曾经有过争议，目前已得到多数学者的认可[②]）。该墓的壁画绘于墓门门额、墓室脊顶和后室山墙上，也就是墓葬的顶部及其支撑结构（图 3–17）。整体上连为一

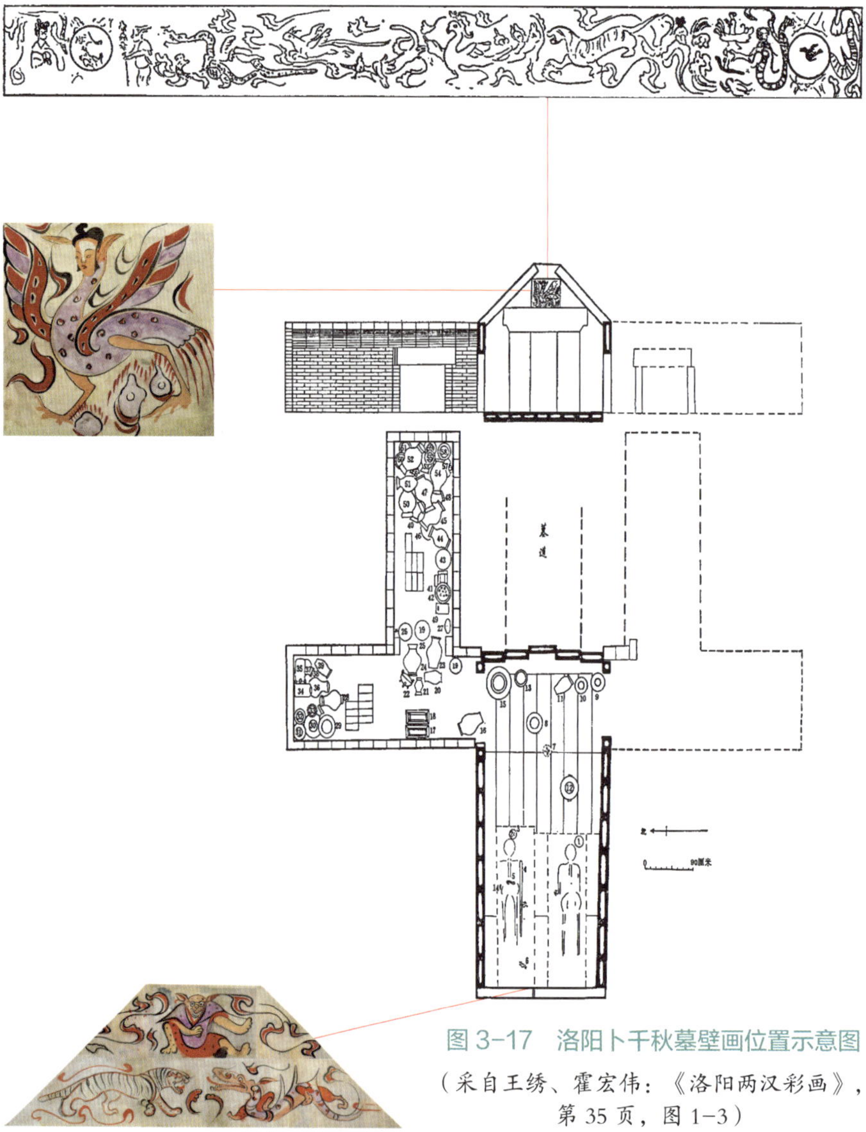

图 3–17　洛阳卜千秋墓壁画位置示意图

（采自王绣、霍宏伟：《洛阳两汉彩画》，第 35 页，图 1–3）

① 洛阳博物馆：《洛阳西汉卜千秋壁画墓发掘简报》，《文物》1977 年第 6 期。

② 参见李凇：《论汉代艺术中的西王母图像》，第 38 页。

体，应该是一个系列，方向由外向内。最外面的是墓门门额上绘画的人首鸟身神像，接下来是学界十分熟悉的墓主人升仙图像，图像东西两侧分别是伏羲、女娲和日、月，其间墓主人在持节羽人、各种神兽的引导和护卫下乘骑神兽向西行进，墓主人前的云中出现了西王母（图 3–18，另见图 3–3、3–16）。但西王母并非墓主人的目的地，因为引导这支队伍的持节羽人已经向西行进到女娲和月之前，而且壁画中的西王母也不是很突出，这使得一些学者认为她只是西王母的侍女而非其本人[①]。升仙队伍的目的地就整个墓室的图像配置来看，应该在最里面的后室山墙上。梯形的空心砖正中绘画着一个猪首的神怪，其下是青龙、白虎夹侍于猪首神怪两侧（图 3–19）。发掘者和孙作云先生将此猪首神怪解释为保护

图 3–19　洛阳卜千秋墓后室山墙壁画摹本

（采自王绣、霍宏伟：《洛阳两汉彩画》，第 56、57 页，图 1–36）

墓主的方相氏[②]，这一观点产生了重要影响。然而，为何作为保护墓主的方相氏为墓主人升仙图的终点，而且绘制于墓葬后室山墙顶上正中如此重要的位置？笔者这里暂不对此神怪图像作出推测，只需考察西王母的位置和地位，显然这里西王母并非墓主人升仙的目的地，而且从壁画上神人大小来看，其地位显然不如伏羲、女娲和后室顶部的那个猪首神怪。

图 3–18　洛阳卜千秋墓脊顶壁画摹本

（采自王绣、霍宏伟：《洛阳两汉彩画》，第 40、41 页，图 1–11）

① 孙作云：《洛阳西汉卜千秋壁画墓考释》，《文物》1977 年第 6 期。

② 孙作云：《洛阳西汉卜千秋壁画墓考释》，《文物》1977 年第 6 期。

偃师辛村新莽时期壁画墓[①]的西王母图像不再绘于墓顶，而绘于呈梯形状的后室隔梁上，其前的玉兔捣药与之同大，两侧为巨大的凤鸟衔丹（丸），显然突出的是其与仙药的关系[②]（图 3–20，另见图 3–4）。此后各地的西王母图像基本都不再出现在墓顶，而往往在此种呈梯形状的隔梁、山墙这些门、墙壁与顶部的过渡地带。该墓中的壁画比卜千秋墓要丰富一些，但多是在门两侧的门吏和墓壁上的宴饮、庖厨图像。神祇的形象只有上述西王母和前室横额上的一个巨大兽首，兽首两侧有伏羲、女娲手捧日、月的图像（图 3–21）。若说主神，显然这一个两侧

图 3–20　洛阳偃师辛村墓西王母与玉兔捣药、凤鸟衔丹（丸）壁画

（采自王绣、霍宏伟：《洛阳两汉彩画》，第 48 页，图 1–18）

图 3–21　洛阳偃师辛村墓前室横额壁画

（采自黄明兰、郭引强编著：《洛阳汉墓壁画》，第 126 页）

① 洛阳市第二文物工作队：《洛阳偃师县新莽壁画墓清理简报》，《文物》1992 年第 12 期。

② 参见庞政：《汉代“凤鸟献药”图像试探》，见王煜主编《文物、文献与文化——历史考古青年论集》第 1 辑，上海古籍出版社，2017 年，第 187 ~ 200 页。

有伏羲、女娲和日、月的怪神更具有资格。值得注意的是西王母图像之下有一突出的门形图像（见图 3–16），根据其组合，笔者认为可能还是阊阖、天门，将西王母与天门组合在一起的图像在后述材料中还有不少。

2. 画像砖

我们知道，河南郑州、新郑、南阳地区的空心画像砖也是早期西王母图像出现的重要载体。不过，一方面，刻画有早期西王母图像的这些画像砖往往出土零散，其图像组合很难探知；另一方面，这些画像砖上的图像往往比较简单，很难对其图像因素进行进一步的考察。但是，在这些画像砖上西王母往往是侧坐于山峦之间，在整个画像上的位置并不突出，毫无一神独尊的气势（见图 3–6）。

南阳新野樊集吊窑画像砖墓 M28，时代在西汉晚期[①]，其墓门的画像组合保存较为完整，是探讨这一问题极好的材料。其中央由一空心画像砖作为立柱将墓门分为两开，左门柱画像为凤阙和捧盾门吏，中门柱和右门柱画像一致，应该同出一模，上层为树木射鸟图，下层为角抵和乐舞。墓门两开上各有一横向的空心画像砖作为横额，两砖的画像完全一致，也当出于一模。画像下层一车马朝双阙行进，其前有两人迎接，车马前的两导骑刚刚进入双阙，上层为戴胜的西王母，其前有凤鸟，一人正跪地伏拜王母。如第二章第二节所述，这里的双阙应该也是天门，而整个画像似乎是一幅连续的图式，表达墓主人进入天门而拜见西王母[②]（见图 2–14）。这里西王母图像的位置很清楚，处于墓门之上，并组合以天门，这一组合形式已见于上述偃师辛村壁画墓中，在后述其他地区的材料中还有许多。这里西王母的图像仍然并不突出，墓门是进入墓室的入口，天门是进入天界的入口，其位置和组合似乎更倾向于一种过渡的意义。

（二）山东、苏北、淮北地区

该地区也是汉画像出现和流行最重要的地区之一，西王母图像主要出现在早期的画像石椁和后来的画像石墓、祠堂中。

---

① 河南省南阳地区文物研究所：《新野樊集汉画像砖墓》，《考古学报》1990 年第 4 期。

② 李凇：《论汉代艺术中的西王母图像》，第 57 页。

1. 画像石椁

如前所述，该地区的画像石椁墓是后来画像石墓的先声，西王母的图像出现在一些石椁侧板的最左侧，其上为一座二层楼台，西王母戴胜凭几端坐于楼台上层，下层中有一只凤鸟，其右为玉兔捣药、各类神人和建鼓图像。我们知道，早期画像石椁的两端和侧板上往往刻画双阙和璧，笔者在前文中讨论过璧与阊阖、天门的关系，而双阙或许更加形象地表达了这一意义。也就是说该地区的早期西王母图像很可能还是与天门联系在一起的。即便这里的双阙与璧与天门无关，石椁上的西王母也只是处于侧板最左侧的上部，从其组合的楼台、神人神兽来看，其地位已经比较突出，但恐怕还称不上独尊的位置。

江苏徐州沛县栖山 M1 中的画像石椁保存完好，发掘者推测其时代在新莽时期[①]，对探讨西王母图像的位置和组合具有重要意义。该画像石椁头、足挡和两侧板内外共有八幅画像：头挡外壁中心刻画一璧，上部为两个铺首衔环，下部有两人和一马；头挡内壁画像与外壁大体一致，只是没有中心的璧，右下角有一人正掰开马嘴；东侧板外壁即该地区这一时期典型的西王母画像及其组合，如上述；东侧板内壁两端各有一璧，中央为一虎形兽，虎形兽两侧有树木、凤鸟；西侧板外壁左侧也有一座二层楼台，楼台上为六博，楼台右侧为车马临阙和乐舞、庖厨画像；西侧板内壁两端也各有一璧，树木、凤鸟画像中为畋猎画像，与东侧板略有不同；足挡外壁中央似一条道路，两侧有一对树木、凤鸟；足挡内壁为一只虎形兽（图 3–22）。

该石椁上的图像虽然复杂，但总结起来大致为三个主题：一是墓主人升仙，包括西王母、六博、建鼓、神人神兽等；二是墓主人在理想生活中的享乐，包括六博、建鼓、畋猎、车马临阙（也可能是升仙）等；三是对墓主人的护卫，包括虎形兽等。这里西王母虽是升仙主题的最重要代表，但我们发现，她的图像却在侧板的最左侧，形象也不甚突出，以其为核心的左侧画像与右侧的建鼓相对，并不是该主题唯一的中心。至于璧、铺首衔环画像笔者推测有两种可能：一种可能与前述天门相关，如此也与画像上的双阙形成组合；一种可能是少数西汉高等级墓葬中镶嵌玉璧、

① 徐州市博物馆、沛县文化馆：《江苏沛县栖山汉画象石墓清理简报》，见《考古》编辑部编《考古学集刊》第 2 辑，北京：中国社会科学出版社，1982 年，第 106 ~ 112 页。

1. 头挡外壁

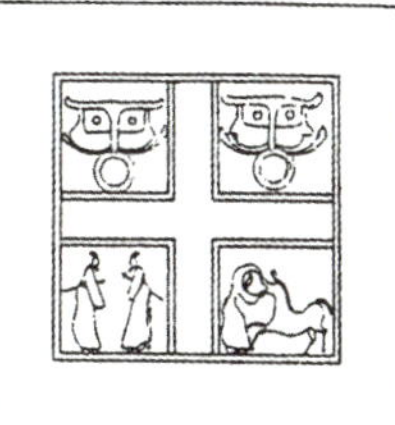

2. 头挡内壁

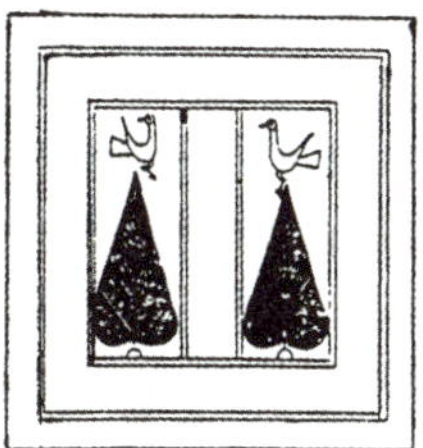

3. 足挡外壁

4. 足挡内壁

5. 东侧板外壁

6. 东侧板内壁

7. 西侧板外壁

8. 西侧板内壁

图 3-22 江苏徐州沛县栖山汉墓 M1 出土画像石椁各面画像

（改制于信立祥：《汉代画像石综合研究》，第 209 页，图一一二）

铜铺首做法的孑遗和影响[①]。若是前者，则进一步符合西王母、璧、天门的组合。但是由于皆没有进一步的证据，笔者这里不作判断。

2. 画像石墓

该地区早期画像石墓中的西王母图像继承了画像石椁上的许多因素，如西王母与建鼓、六博、乐舞的联系等。西王母往往居于画像石最上层的正中，正面端坐，显然具有重要的地位。不过，由于这些早期画像石多是零散出土，其在墓葬中的位置和组合并不清楚，但可以肯定不是在墓顶，其具体的地位和意义还不敢妄加推测。

一些保存比较完整的东汉晚期的画像石墓，可以帮助我们探讨这一问题。山东苍山城前村元嘉元年（公元 151 年）画像石墓[②]中，西王母画像位于墓门左立柱上，手持一曲状物，侧坐于蘑菇状的昆仑之上（见图 1–25–1）。与之对接的前室左横额上是一幅车马过桥画像，画像上车马队伍左行，其前部分与头戴尖帽的胡人展开战斗（见图 5–42）。第五章第三节中将要讨论，此种“车马出行—胡汉交战”画像的意义在于墓主人的队伍打败阻路的胡人，继续向西域中的西王母和昆仑进发。这里的西王母虽是墓主人队伍行进的目标，但未必是其最终的目的地，西王母刻画于门柱之上，依然显示着与门的关系，暗含着过渡的意义。沂南汉墓中的西王母画像共有两例，一例如苍山元嘉元年墓，刻画于墓门左立柱正面，西王母坐于三平台形的昆仑之上，其上还有一个虎首有翼戴冠的神怪和一头象。与之相对的右门柱上东王公（仍然戴着西王母的胜）之上有一戴尖帽大神手拥持规、矩的伏羲、女娲。门楣上也是“车马出行—胡汉交战”画像（图 3–23，另见图 1–44、5–43）。另一例在中室八角中柱西面，西王母坐于一平台形昆仑之上，与之相对应的有东面的东王公和南北两面的早期佛像（或佛弟子像）、仙人像（图 3–24，另见图 1–25–2）。可见，在中室中柱上西王母只是平等的几位神祇中的一名，并非唯一大神，在门柱上其依然与具有过渡意义的墓门密切相关，而且其上还有虎首神怪和手拥伏羲、女娲的大神。临沂吴白庄汉墓中出现了三幅西王母画像：一是在前室中过梁西面，与玉兔捣药、开明兽（昆仑守卫）相组合，过梁东面为神兽拉车出行；一是在前室西过梁西面，与东面的东王公相对；一是在中室北壁东

① 李银德：《汉代的玉棺与镶玉漆棺》，见徐州博物馆编《徐州文物考古文集（一）》，第 120 ～ 131 页；王煜：《汉代镶玉漆棺及相关问题讨论》，《考古》2017 年第 11 期。

② 山东省博物馆、苍山县文化馆：《山东苍山元嘉元年画象石墓》，《考古》1975 年第 2 期。

图 3-23　沂南汉墓墓门画像组合线摹

（采自山东博物馆：《沂南北寨汉墓画像》，图 8、12~14）

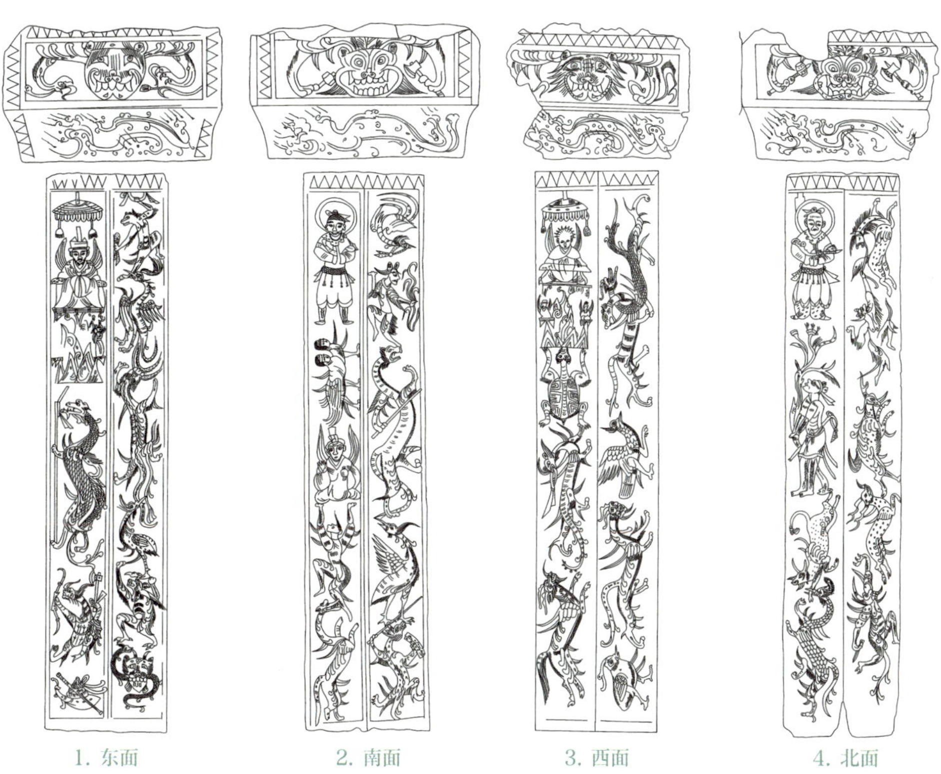

1. 东面　　2. 南面　　3. 西面　　4. 北面

图 3-24　沂南汉墓中室八角柱画像线摹

（采自山东博物馆：《沂南北寨汉墓画像》，图 54~57）

门楣，与东王公东、西对称（见图 1–27、1–46）。虽然其与东王公图像在神仙场景中具有中心位置，但整个墓葬中的神仙场景并不十分突出，而且西王母、东王公也都是在门楣、过梁这些墓室与墓顶结合和过渡的位置。根据我们的研究，沂南汉墓和吴白庄汉墓画像在某些层次（墓室内门楣和横额部分）具有比较完整的逻辑叙事或比较清楚的主题，主要反映墓主从寝室前来接受拜祭、享受“理想生活”以及升仙的愿望[①]（图 3–25、3–26）。一方面升仙叙事只是其中的支线甚至没有形成完整线条，另一方面西王母图像在升仙场景中具有的是核心位置，是一种代表，并不是一种突出的神祇崇拜的表现。

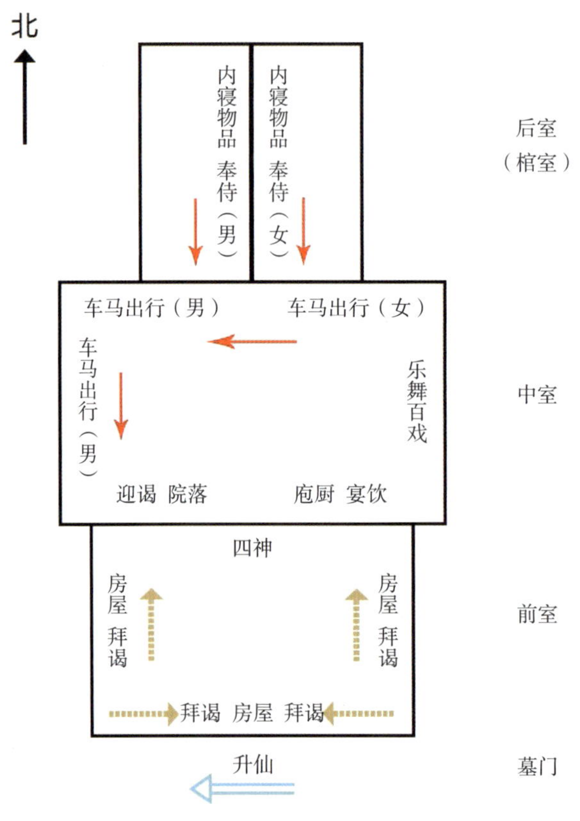

图 3–25 沂南汉墓画像叙事示意图

（作者绘）

① 王煜、杜京城：《“祭我兮子孙”：沂南汉墓画像的整体配置与图像逻辑》，见中国社会科学院历史研究所文化史研究室编《形象史学》第 17 辑，北京：中国社会科学出版社，2021 年，第 43 ~ 61 页；王煜、皮艾琳：《“祭祀是居，神明是处”：临沂吴白庄汉画像石墓图像配置与叙事》，见中山大学艺术史研究中心编《艺术史研究》第 24 辑，广州：中山大学出版社，2021 年，第 1 ~ 22 页。

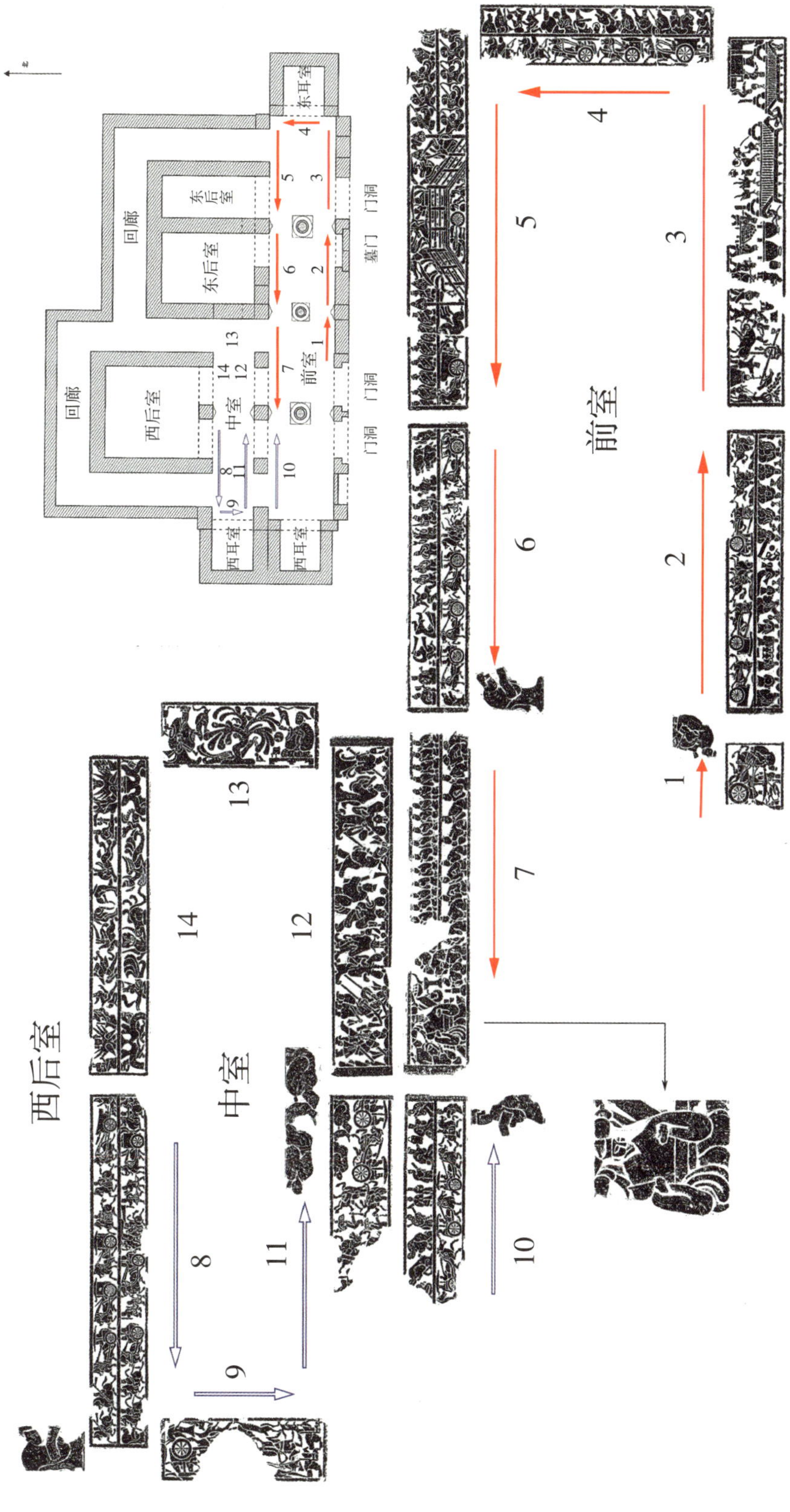

图 3–26 临沂吴白庄汉墓门楣、横额画像叙事示意图
（作者绘）

值得注意的是，在该地区的个别画像石上，西王母两侧也有人首蛇身的神怪交尾在一起，而作为西王母的胁侍（图 3-27、3-28）。不少学者把这种人首蛇身

图 3-27　微山两城镇出土西王母与人首蛇身神人画像拓片

（采自中国画像石全集编辑委员会：《中国画像石全集 2 · 山东汉画像石》，第 32 页，图四一）

1. 照片

2. 拓片

图 3-28　滕州山亭大郭村出土西王母与人首蛇身神人画像

（采自刘书巨、丛志远主编：《汉人之魂：中国滕州汉画像石》，第 109 页）

的神怪一律认作伏羲、女娲，由于伏羲、女娲往往手捧日、月和规、矩，从而认为西王母为合和阴阳、经天纬地的大神[①]。人首蛇身神怪不一定是伏羲、女娲，已有学者指出这一问题[②]，其间还要作仔细的辨析。如典型的伏羲、女娲画像除了为

① Jean M. James, An Iconographic Study of Xiwangmu During the Han Dynasty, *Artibus Asiae*, Vollv, 1/2, 1995, pp.17–41.

② 贺西林：《汉画阴阳主神考》，见［美］巫鸿、郑岩主编《古代墓葬美术研究》第 1 辑，第 121 ～ 130 页。

人首蛇身外，更重要的是其手中应该捧抱日、月（如四川画像石棺上的画像）或举持规、矩（如武梁祠画像），而且伏羲的冠往往与常人不同，多作三山形冠，也有作尖帽的（如沂南汉墓），武梁祠中作通天冠，《汉官仪》云“天子冠通天”①，也符合其古代帝王的身份，当然也有一些戴进贤冠和武弁大冠的例子。而西王母两侧的人首蛇身神怪中男性一方都是着一般的进贤冠，二者都手持便面，侍奉西王母，是否就是伏羲、女娲还有较大疑问（详见第四章第三节）。

3. 墓地祠堂

与其他地区不同，该地区流行建造墓地祠堂，其上有丰富的石刻画像。由于祠堂建筑具有特定的形式和规制，其上的画像整体性突出。一般的祠堂由坡状的屋顶，东、西两侧壁和后壁构成，东、西两壁上接屋顶处需有三角形的山墙，西王母图像便出现在西山墙上。与之相对的东山墙在东汉中期以前往往为风伯和房屋画像②，东汉中期以后则对应东王公（图 3–29），由此基本形成祠堂画像的定制。

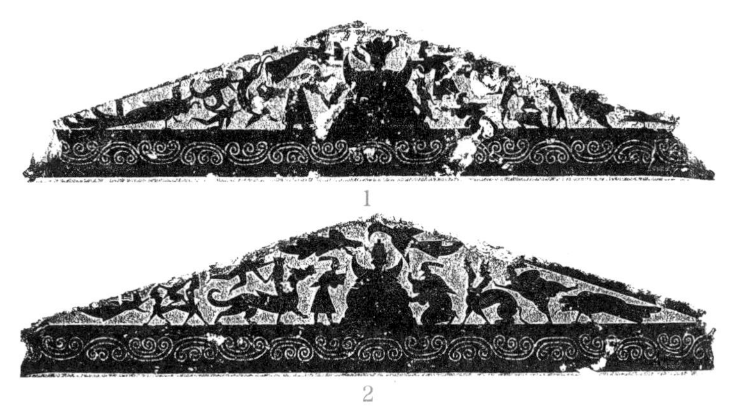

图 3–29　嘉祥武梁祠西、东山墙西王母、东王公画像拓片

（采自中国画像石全集编辑委员会：《中国画像石全集 1 · 山东汉画像石》，第 29、30 页，图四九、五〇）

整个祠堂画像的组合：其东、西、后三面墙上往往为车马出行、拜谒、和古代人物故事；西山墙上则为西王母，对应东山墙上的风伯（或是房屋中的人物）

---

① 《后汉书》卷二《明帝纪》注引《汉官仪》，第 1 册，第 100 页。

② 对于该图像的意义有许多意见，笔者认为目前以庞政先生的意见较为合理。详见庞政：《试论早期祠堂画像中西王母与羿（后羿）的组合》，见华东师范大学艺术研究所编《中国美术研究》第 31 辑，上海书画出版社，2019 年，第 13 ~ 16 页。

和东王公（无山墙者往往在东、西壁上部）；屋顶上为天界图像，武梁祠以祥瑞和灾异画像表示，具有特殊性[①]，其他多为天界神祇、神兽，也见有星象（如孝堂山祠堂[②]）。可见，祠堂壁面上刻画的虽不是当时人间之事，但人间礼教的意味浓厚。而山墙正是壁面与屋顶的过渡设施，也即人间向天界的过渡地带，西王母图像出现于其上，其过渡意义再明显不过了。

武氏祠左石室屋顶前坡东段刻画有一幅所谓“升仙图”，天空上缭绕的云气中出现了西王母和东王公[③]，这是笔者所见西王母出现于祠堂屋顶的极少数的例子之一（图 3–30，另见图 4–99、5–22）。虽说在众多程式化的材料面前，这一孤例

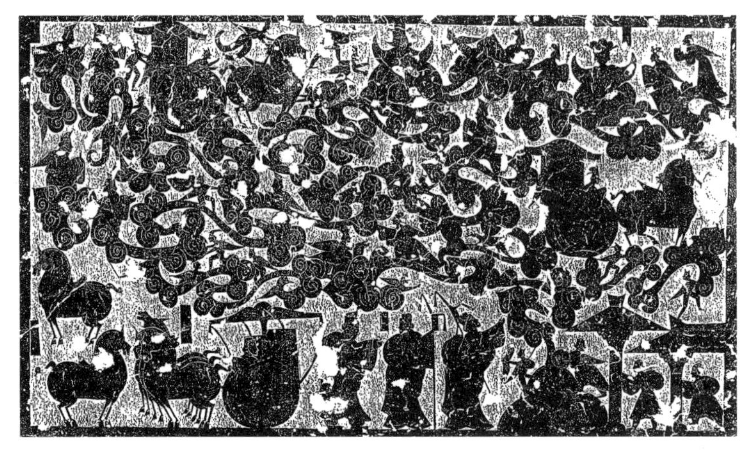

图 3–30　嘉祥武氏祠左石室屋顶前坡东段画像拓片
（采自中国画像石全集编辑委员会：《中国画像石全集 1 · 山东汉画像石》，第 62 页，图八七）

我们完全可置之不论，但笔者观察到这一画像不仅仅只有将西王母刻画于屋顶这一点特殊性。仔细观察下部的车马人物，一辆轺车前套有三匹马，其上有为榜题留下的方框，车主已经下车，其头戴等级最高的通天冠，其前也有一个没有榜题的方框。说明这应该是一个故事人物，而不是墓主，因为一则墓主绝不可能戴天子所戴的通天冠，二则基本不见有在墓主画像旁边加榜题的情况（许阿瞿画像石[④]应该是个特例，因为其为未成年的小孩，小孩的画像若不加榜题恐怕很难被人理

① 参见[美]巫鸿著，柳扬、岑河译：《武梁祠——中国古代画像艺术的思想性》，第 112 ~ 121 页。
② 罗哲文：《孝堂山郭氏墓石祠》，《文物》1961 年 4、5 合期。
③ 信立祥：《汉代画像石综合研究》，第 160 页，图九〇。
④ 南阳博物馆：《南阳发现东汉许阿瞿墓志画像石》，《文物》1974 年第 8 期。

解为墓主）。可见，这幅画像并不是一般的墓主升仙图，而可能是与一位帝王有关的故事，所以其与同时同地的一般模式不同。至于是什么样的故事，笔者就不得而知了，推测应该与升仙有关。

（三）陕北、晋西地区

该地区西王母画像虽然最为丰富，但其整个画像主要都是刻画于墓门和墓室中的门上或门侧，程式化十分突出，可以简单概括如下。

绝大多数的西王母图像出现在墓门或墓室门的左立柱上，西王母坐于独一平台或三平台之上，与之相对应的右门柱上往往为东王公，早期也有为西王母和仙人六博的例子，有意见认为这里的仙人六博也与东王公有关[①]。门柱上往往还有门吏及神兽、博山炉等图像，门扇上往往为成对的铺首衔环、凤鸟和独角兽或龙、虎，横额上往往为车马出行，也见有神兽、房屋、墓主、仙人等画像[②]（图3-31、3-32）。这里西王母的意义显然与门的意义紧密联系在一起，其具有的过渡意味与上述各地区一致。

图3-31　离石交口镇石盘村汉墓墓门

（采自吕梁汉画像石博物馆：《铁笔丹青：吕梁汉画像石博物馆文物精粹》，第2、3页）

---

① 庞政：《试论陕北汉画像中的“仙人六博”式东王公及相关问题》，《考古与文物》2021年第3期。

② 如李林、康兰英、赵力光编著：《陕北汉代画像石》，第32、55页。

图 3-32 绥德王得元墓墓门画像石拓片
（采自李林、康兰英、赵力光编著：《陕北汉代画像石》，第 55 页）

该地区也有个别特例，西王母出现于墓门横额之上。如陕西绥德四十里铺出土的一组墓门画像石上，西王母坐于墓门横额右侧，其旁有仙人侍奉和三足乌、九尾狐、玉兔捣药画像。在西王母左侧刻画一门，虽然相对较小，但其上的铺首衔环却十分突出，说明刻画者并非故意将之刻画较小，而是受横额宽度的制约，门左为拜谒图像①（见图 2-26）。邢义田先生认为这里的门应该为天门②，其说可从。因此，即便在这个特例中，西王母仍然与门、天门组合在一起。

（四）四川、重庆地区

该地区也是西王母图像特别流行的地区之一，主要出现于画像石棺和画像砖上。

1. 画像石棺

画像石棺由于有固定的形制，其图像组合比较稳定，对于整体研究也是特别

① 李林、康兰英、赵力光编著：《陕北汉代画像石》，第 74 页。

② 邢义田：《陕西旬邑百子村壁画墓的墓主、时代与“天门”问题》，见氏著《画为心声：画像石、画像砖与壁画》，第 651 页。

重要的材料。西王母画像往往刻画于石棺的侧板上，与其附属图像如九尾狐、蟾蜍、三足乌等满满占据一个侧板，也见有个别西王母刻于前挡上的例子（如郫县新胜乡出土石棺[①]）。前挡上往往刻画双阙，学界比较一致地认为代表天门，也见有双阙图像刻画于侧板上的例子（如简阳鬼头山出土石棺[②]）。后挡上往往是伏羲、女娲手捧日、月或凤鸟。有的盖板顶上也有画像，多为方花（柿蒂纹）、龙虎衔璧（图3–33，另见图2–18）。盖板上的方花应该代表天文，这一点李零先生已有很好的

1. 盖板

2. 前挡

3. 后挡

4. 右侧板

图 3–33　四川南溪长顺坡砖室墓出土三号石棺画像组合线摹
（采自罗二虎：《汉代画像石棺》，第 92、93 页，图八五～八八）

① 四川省博物馆、郫县文化馆：《四川郫县东汉砖墓的石棺画像》，《考古》1979 年第 6 期。
② 雷建全：《简阳县鬼头山发现榜题画像石棺》，《四川文物》1988 年第 6 期。

论述[①]。郫县新胜乡出土一件石棺[②]顶部的龙虎衔璧上还出现了牵牛、织女的画像（见图 1–10），这些关键位置处的璧的图案代表天门已如前述，这里的青龙、白虎加上牵牛、织女显然代表着天界的图像。可见，画像石棺的棺盖多是天界的表现。当然，画像石棺上的图像远比上述复杂丰富，而且还有地域特色。但上述模式和画像组合，应该能代表大多数画像石棺的寓意。

这里西王母仍然紧密地与天门联系在一起，而且处于天界之下，其地位虽然突出，但绝不能是什么统领死后世界的主神，而是与其他地区一样，具有一种过渡的意味。

2. 画像砖

该地区画像砖中的西王母图像虽然十分丰富，但由于该地区的画像砖均是方形和长方形的小砖，基本上是一砖一图，西王母及其附属画像就占据了整个砖面，与其他画像的组合必须要在完整的画像砖墓中才能考察。而绝大多数的画像砖墓早已破坏（也有早期考古报告自身的问题），图像组合多已不得而知。从一些报告较为系统的墓葬来看，西王母画像多与日、月组合出现于墓室后壁，且其位置比甬道和墓室两壁的车马出行、庖厨宴饮、乐舞百戏等高出一些[③]。再结合该地区画像中几乎不见与之相对的东王公的情况来看，虽然如上所述，西王母仍然不能称为主神，但其地位似乎比其他地区要突出（图 3–34）。

图 3–34　成都昭觉寺画像砖墓后壁西王母与日、月画像砖组合拓片
（采自霍巍、齐广：《四川地区汉代画像砖的排列、组合与意义》，《考古》2022 年第 4 期，图九）

① 李零：《“方华蔓长，此名曰昌”——为“柿蒂纹”正名》，《中国国家博物馆馆刊》2012 年第 7 期。

② 四川省博物馆、郫县文化馆：《四川郫县东汉砖墓的石棺画像》，《考古》1979 年第 6 期。

③ 如刘志远：《成都昭觉寺汉画像砖墓》，《考古》1984 年第 1 期。

大邑董场乡画像砖墓是该地区已发表画像砖墓材料中较为系统者之一，该墓的时代发掘者定为蜀汉时期，其左壁上保存有较为完整的一列画像砖组合。这列画像砖中共有西王母、天门、车马神龙出行、六博宴乐、仙人骑马、天界神怪和天仓题材，其中有不少画像砖是重复的[①]（图 3-35、3-36）。一方面，这列画像砖

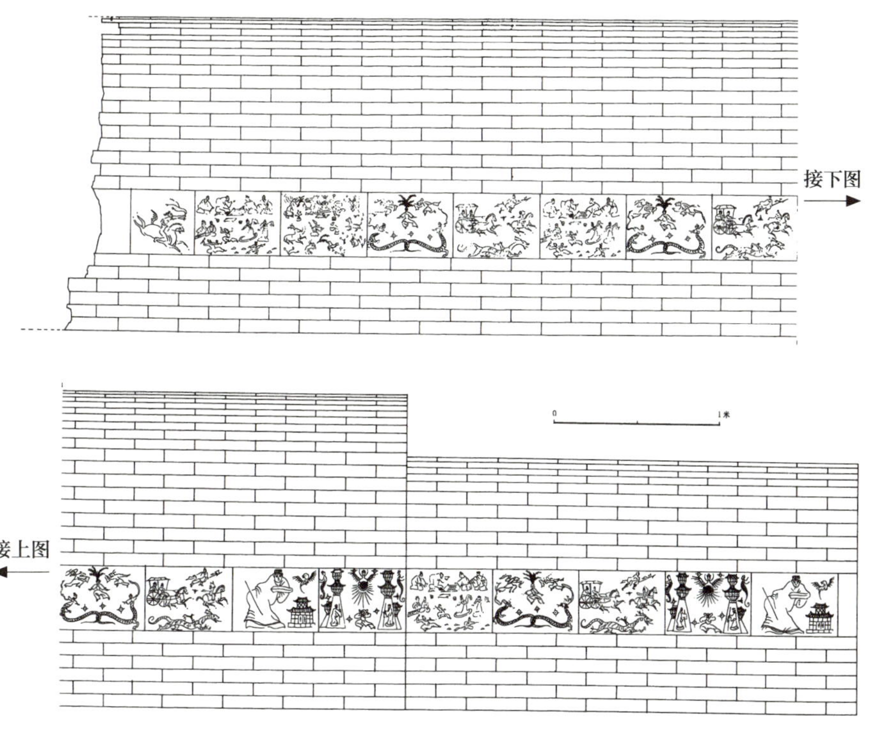

图 3-35　大邑董场乡蜀汉墓左壁画像砖排列线摹

（采自大邑县文化局：《大邑县董场乡三国画像砖墓》，见四川省文物考古研究所编《四川考古报告集》，第 395 页，图一五）

看起来似乎应该有一个较为清晰的程序；但另一方面，由于画像砖的商品性和拼凑性，还有墓室长度、实际操作的影响等等，使得整个组合又有些凌乱，不能完全按照现在的组合和次序来依次理解。

① 大邑县文化局：《大邑县董场乡三国画像砖墓》，见四川省文物考古研究所编《四川考古报告集》，第 395 页。

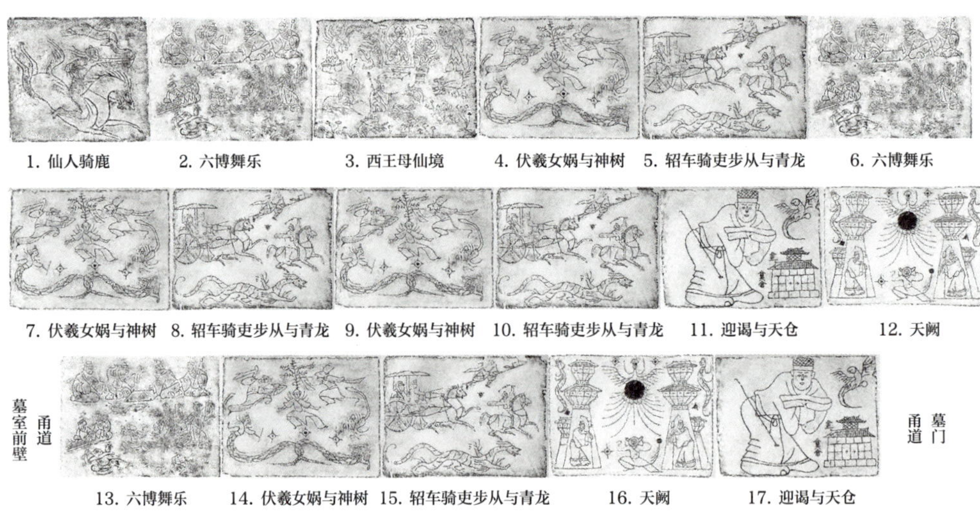

图 3-36　大邑董场乡蜀汉墓左壁画像砖组合

（四川大学考古文博学院齐广先生提供，原图见霍巍、齐广：《四川地区汉代画像砖的排列、组合与意义》，《考古》2022 年第 4 期，图一三，作者有所修改）

笔者认为，这列画像砖大体上表达了一个在仙人的引导下，墓主人的车马在神龙的护卫下，拜谒西王母，穿越天门、上食天仓（画像砖上有题刻“食天仓”）并且快乐生活的情景[①]。这里西王母的画像处于墓主升仙的过程中，并非最终目的地，其最终目的很明显应该是砖上题刻的“食天仓”，即在天界快乐的生活。所以，这里的西王母应该与天门一样，仍然具有过渡的意义。

二、铜镜、棺饰、摇钱树上的西王母图像及其组合

除了墓葬本身及其附属遗存上有西王母图像，墓中出土的铜镜、棺饰、摇钱树等器物上也有西王母图像，这些器物根据各自形制，其图像的组合形式虽各不相同，但都具有比较完整的优点，值得好好加以考察。

（一）铜镜

西王母图像出现于铜镜之上，有纪年者最早见于新莽始建国二年（公元 10 年）

① 霍巍、齐广：《四川地区汉代画像砖的排列、组合与意义》，《考古》2022 年第 4 期。

的博局纹镜[①]，西王母刻画于镜背内区的规、矩符号之间，与该类铜镜上常见的四神或其他神人、神兽看起来没有太大的差别（见图 3–10 ～ 3–12）。东汉晚期至魏晋的画像镜上也往往有西王母的图像，其上西王母显得比其他神人、神兽突出一些，但也绝没有主神的气势[②]（图 3–37）。

图 3–37 仪征龙河原出土画像镜及西王母细部

（采自徐忠文、周长源主编：《汉广陵国铜镜》，第 320、321 页）

最能反映西王母地位和意义的铜镜要数东汉晚期至魏晋的三段式神仙境和重列式神兽镜。三段式神仙镜镜背内区图像显著地分为上中下三个区段，而学界普遍认为这三个区段表达的是一种立体关系。西王母和东王公固定地刻画在中区镜纽的两侧，上区图像虽然目前尚有争议，但比较一致地认为表现的是天界神祇[③]（详见第四章第一节），而下区则为仙人和连理神树（见图 4–8、4–9）。显然西王母处于天界之下，三段之中，并无主神的性质，而仍然具有过渡的意义。

重列式神兽镜比三段式神仙镜的图像组合要复杂得多，但显然也有固定的图像程序和组合。林巳奈夫先生认为该类镜上图案应该是关于宇宙的一种平面图式，上下两端的神人即为南、北两极的南极老人和北极天帝，五帝和其他神人、神兽的图像环列于铜镜之上，铜镜中段最靠近镜纽处为西王母和东王公[④]。该类铜镜上往往有题刻如“吾作明镜，幽湅宫商。周罗容象，五帝天皇。白牙单琴，黄帝除凶。

① 孔祥星、刘一曼：《中国铜镜图典》，第 303 页。

② 参见信立祥：《汉代画像石综合研究》，第 149 页，图八二。

③ 林巳奈夫：《漢鏡の図柄二，三について》，《東方学報》第 44 册，1973 年。

④ 林巳奈夫：《漢鏡の図柄二，三について》，《東方学報》第 44 册，1973 年。

朱鸟玄武，白虎青龙。君宜高官，子孙番昌，……”①，后面省略的一般是时间和作镜人。这里甚至没有提到西王母，有的镜铭偶尔也提到西王母，但其地位显然不能和“五帝天皇”相比。观其在铜镜图像中的位置也是中段靠近镜纽处，林巳奈夫进一步认为镜纽为昆仑之象征，若此说可信，这里的西王母仍然与昆仑组合在一起，为升天成仙中的关键点，但绝不是最终点和最高神祇（见图 4–10、4–11）。

（二）棺饰

第二章第二节中重点讨论过的主要出土于重庆巫山东汉晚期墓葬中的铜棺饰，其上图像主要为双阙，阙上有凤鸟，阙中心有一璧形物，如前所述应为天门的象征。阙间有神人端坐，应为门阙的司守，阙旁尚有一些神兽，几乎所有牌饰上都自题为“天门”。有的在双阙的上部刻画西王母，将西王母与天门紧密地结合在一起（见图 2–3–2）。天门当然不是升仙者的目的地，升仙者的目的显然是要穿越天门而进入天界，西王母与之结合在一起，自然也具有相同的地位和意义。有一件四瓣形铜饰上，西王母（虽残，但仍能辨认其核心特征——龙虎座）甚至只居于南方朱雀一侧，与北方玄武下类似蹶张的人物相对，其地位显然不宜过高估计（见图 1–23）。

（三）摇钱树

如前所述西南地区尤其是四川盆地大量出现的摇钱树，其意义虽然综合求财、升仙、富贵、蕃昌等，但整体上更多是昆仑、西王母、天门的升仙观念的系统表现。摇钱树的树座和树干枝叶上都有许多西王母图像。

1. 树座

摇钱树的树座形制主要有几类：一类作山形，其上往往有西王母和天门的图像（见图 1–65、1–66 等）；一类作圆锥体，其上分为三个层次，西王母图像一般出现于第二层上（见图 1–67–1）；一类为有翼神兽相叠，连台座一共也呈三层（见图 1–67–2）；其他多是这三种形式的简化和变形。如第一章第四节所论，山形的

① 王仲殊：《建安纪年铭神兽镜综论》，《考古》1988 年第 4 期。

树座实际上是昆仑山的象征，其上有天门和西王母；而三重的树座可能同样象征着昆仑的“三重”，西王母比较固定地出现于第二重上，也是其与昆仑组合的一种表现。西王母与昆仑、天门的结合与上述各个地区的材料仍然是一致的，西王母属于昆仑升仙信仰，其与天门一样更多地具有一种过渡的意味。

2. 枝叶

摇钱树的枝叶是西王母图像出现的一种重要载体，以笔者所见，摇钱树枝叶大致分为三类：一类呈长条形，枝叶下悬铜钱，其上中心为西王母，两旁多为魔术、杂技图像（见图 6–53 等）；一类呈短圆形，铜钱满布枝叶，西王母图像往往也处于枝叶中央地带，其上还多有仙人、天马、神兽等（见图 6–58）；一类为顶枝，大多数为一圆璧，其上站立一只凤鸟①，也见有璧上端坐西王母或具有西王母性质的早期佛像（见图 2–30），个别两旁有一对凤阙，如四川茂汶出土的一件摇钱树顶枝②（见图 2–10–1），也有璧在西王母上方的例子，如绵阳何家山二号崖墓出土者③（见图 2–29）。关于第一类摇钱树枝叶，笔者将在第六章第四节详论，其与当时西王母在西域之地，其地有眩人（幻人，即魔术、杂技师）的传说有关。从第一类和第二类枝叶上都看不出西王母有显赫的地位，只有第三类顶枝上，西王母处于整个摇钱树的顶端，其地位不可小觑。但这类顶枝上西王母又与璧和双阙组合在一起，有时璧在西王母下方，有时在其上方。如前所论，这里璧为天门的一种象征，双阙更不用多论，因此，这里的西王母仍然与天门紧密联系在一起，还是具有过渡的意义。

三、西王母的地位与意义

根据笔者对墓葬及其附属设施以及一些重要器物上西王母位置和图像组合的考察，发现不论在河南地区早期的墓室壁画和画像砖上，山东、苏北、淮北地区

---

① 关于摇钱树枝叶图像，近来有学者进行了系统梳理和整体研究，可参考。见焦阳：《钱树枝干图像的整体研究——兼论钱树的主要内涵与功能》，见中山大学艺术史研究中心编《艺术史研究》第 25 辑，第 2 页。

② 何志国：《汉魏摇钱树初步研究》，第 58 页。

③ 何志国：《四川绵阳何家山 2 号东汉崖墓清理简报》，《文物》1991 年第 3 期。

早期的画像石椁还是之后的墓葬画像石和墓地祠堂上，或是在陕北、晋西地区的墓门画像石上，或是在四川地区的画像石棺、画像砖、铜棺饰和摇钱树上，甚至在流行于全国的汉晋铜镜之上，虽然由于载体的不同、地域文化的差异，西王母图像有许多突出的地区特征，西王母的地位也不尽相同，但其中似乎有一个一致性的规律：西王母图像往往出现在墓门、墓室隔梁、祠堂山墙、石椁或石棺一侧，往往与门、天门、昆仑组合在一起。其并不具有最高主神的地位，哪怕仅仅是在昆仑山上，遑论整个宇宙。其位置往往多为向最高部位的过渡地区，往往与具有过渡意义的天门组合，其最浓厚的意义是过渡和关键点而非最终点和最高神。虽然东汉中晚期尤其是四川、重庆地区的西王母图像比较以往和其他地区显得突出一些，但上述的整体位置和组合情况并没有发生根本改变。

如上一节所论，新莽至东汉初期以来，西王母与昆仑信仰已经紧密结合，东汉中晚期已经是不可分割的内容。那么，西王母在昆仑信仰中到底扮演着怎样的角色？她为何在墓葬图像中更多地表现出过渡和关键点的意义？西王母的地位和神性在此时到底如何？这还需要在上述对考古材料的认识上，进一步考察文献材料，才能得出一个较为可靠的结论。

造作于两汉之际的《尚书帝验期》云："王母之国在西荒，凡得道授书者，皆朝王母于昆仑之阙。"[①] 这里的"昆仑之阙"显然即是阊阖、天门，也就是说凡得道（成仙）之人，先要到昆仑阊阖、天门去拜见西王母，取得成仙的资格。这一观念在东汉时期的出土文献上有更好的继承和说明。河南偃师出土的建宁二年（公元 169 年）《河南梁东安乐肥君之碑》云："土仙者大伍公，见西王母于昆仑之虚，受仙道。"[②] 在这里西王母也是能得到"仙道"的关键，但绝不是成仙者的最终目的。曹魏嵇康《秋胡行》云："徘徊钟山，息驾于层城。上荫华盖，下采若英。受道王母，遂升紫庭。逍遥天衢，千载长生。"[③] 如前所论，这里的"钟山"为昆仑旁的钟山，"层城（增城）"即在昆仑上，正是先到昆仑，"受道王母"然后飞升"紫庭（即天庭）"。

五代道士杜光庭编撰的《西王母传》云：

---

① ［日］安居香山、中村璋八辑：《纬书集成》，上册，第 387 页。

② 河南偃师县文物管理委员会：《偃师县南蔡庄乡汉肥致墓发掘报告》，《文物》1992 年第 9 期，第 39 页。

③ （三国魏）嵇康著，戴明扬校注：《嵇康集校注》卷一《重作四言诗七首》，上册，第 86 页。

西王母者，九灵太妙龟山金母也，一号太灵九光龟台金母，亦号曰金母元君，乃西华之至妙，洞阴之极尊。……所居宫阙，在龟山之春山西那之都，昆仑玄圃阆风之苑。……升天之时，先拜木公，后谒金母，受事既讫，方得升九天，入三清，拜太上，觐奉元始天尊耳。[①]

此传成文颇晚，从其中明显的晚期道教用语即可看出。但张勋燎先生认为，其中也包含了不少可以早到汉晋时期的材料[②]，如升仙之时先要至昆仑拜见西王母确实见于上述汉代的传世文献和出土文献中。不过加入了许多后来的道教内容，如三清、元始天尊及“九灵太妙”“太灵九光”等较为特殊的词汇，还有东王公（木公）、西王母（金母）的对举（汉代虽已出现对举二者的图像和文字，不过东王公似乎只是一个“镜像”，尚无独立意义，后世道教往往又以男仙归属东王公，女仙归属西王母）。根据张先生的研究，六朝道书中西王母是昆仑之上“总领仙籍”的神祇[③]，也就是说凡要升仙之人皆要到西王母那里去“上户口”。这是后来道教的说法，但根据上述汉代文献，其中显然继承了汉晋时期昆仑、西王母信仰的主要内容。西晋张华《博物志》云：“老子云：‘万民皆付西王母，唯王、圣人、真人、仙人、道人之命上属九天君耳。’”[④]从其以老子为教主及“九天君”的名称来看，应该是汉末魏晋时道教徒的说法，从中可以看到早期道教仍以西王母总领“万民”，东王公还未能与之分庭抗礼，只是其中又特意突出了帝王和道人等的位置。

昆仑虽然是天地的中央天柱，最为重要的登天神山，但即便到了昆仑，凡夫俗子如何才能由凡入仙，上升天界？这就需要拜见西王母，取得升天成仙的资格。这就是上述汉代文献中所谓的“得道授书”和“受仙道”，此点可以参看前述张勋燎先生着眼于早期道教的研究。不过这是倾向于早期道教和修仙者的文献，从

---

① （宋）张君房编，李永晟点校：《云笈七签》卷一一四《西王母传》，北京：中华书局，2003 年，第 5 册，第 2527 ~ 2531 页。

② 张勋燎：《重庆、甘肃和四川东汉墓出土的几种西王母天门图像材料与道教》，见张勋燎、白彬著《中国道教考古》，第 3 册，第 789 ~ 796 页。

③ 张勋燎：《重庆、甘肃和四川东汉墓出土的几种西王母天门图像材料与道教》，见张勋燎、白彬著《中国道教考古》，第 3 册，第 792 页。

④ （晋）张华撰，范宁校证：《博物志校证》卷九《杂说上》，第 104 页。

图像上看，西王母旁边往往有玉兔正捣着不死之药，可以想象，汉代绝大多数人肯定不会去研究道书和仙道，他们期望的是在西王母那里获得资格及仙药而升天成仙。正如曹操诗中所说："乘驾云车，骖驾白鹿，上到天之门，来赐神之药。……乃到昆仑之山，西王母侧。"[①]上昆仑山，拜西王母，获得不死之药，然后进入天门而升天成仙。

战国以来的神仙信仰中，通过服食仙药而长生不死、升天成仙是最重要的途径之一[②]，更是最为便捷的途径。仙药一般来说有偏向天然生长的和矿物冶炼的，《汉书·艺文志》中就载有属于神仙家的《黄帝杂子芝菌》十八卷和《泰壹杂子黄冶》三十一卷[③]。"芝菌"自然是灵芝仙草之类，"黄冶"则更偏向以金属合丹。看来二者在汉代神仙信仰中皆颇流行，从战国西汉文献整体来看，"芝菌"一类应该渊源更早、流行更广[④]。众所周知，昆仑为各种灵芝仙草、玉液琼浆荟萃之地，以昆仑、西王母为中心的神仙信仰中，仙药恐怕更多应属这一方面。如《九章·涉江》云："登昆仑兮食玉英，与天地兮比寿，与日月兮同光。"[⑤]《九思》云："赴昆山兮辠騄，从邛遨兮栖迟。吮玉液兮止渴，啮芝华兮疗饥。"注："玉液，琼蘂之精气。芝，神草也。渴啜玉精，饥食芝华，欲仙去也。"[⑥]张衡《思玄赋》云："聘王母于银台兮，羞玉芝以疗饥。……瞻昆仑之巍巍兮，临萦河之洋洋。伏灵龟以负坻兮，亘螭龙之飞梁。登阆风之曾城兮，搆不死而为床。屑瑶蕊以为糇兮，斟白水以为浆。"[⑦]曹操《陌上桑》云："济天汉，至昆仑，见西王母谒东君。……食芝英，饮醴泉，拄杖挂枝佩秋兰。"[⑧]曹植《远游篇》亦云："琼蕊可疗饥，仰漱吸朝霞。昆仑本吾宅，中州非我家。"[⑨]不过，汉代尤其是东汉以来，人们观念中神仙所赠的仙药

① （汉）曹操：《曹操集》，第 1、2 页。

② 蒙文通：《晚周仙道分三派考》，见氏著《蒙文通文集第一卷·古学甄微》，第 335 ~ 342 页。

③ 《汉书》卷三十《艺文志》，第 6 册，第 1779 页。

④ 按：汉武帝的方士李少君已使用"祠灶"之法，企图合丹砂为黄金，用作食器（见《史记》卷十二《孝武本纪》，第 2 册，第 455 页），淮南王刘安著书"言神仙黄白之术"（见《汉书》卷四十四《淮南王传》，第 7 册，第 2145 页），可见在西汉前中期"黄冶"之术已流行于宫廷。

⑤ （宋）洪兴祖补注：《楚辞补注》卷四《涉江》，第 128 页。

⑥ （宋）洪兴祖补注：《楚辞补注》卷十七《九思》，第 318、319 页。

⑦ 费振刚、胡双宝、宗明华辑校：《全汉赋》，第 396 ~ 397 页。按："斟"原字十分生僻，此据句义改。

⑧ （宋）郭茂倩编：《乐府诗集》卷二十八《相和歌辞三》，第 2 册，第 601 页。

⑨ （宋）郭茂倩编：《乐府诗集》卷六十四《杂曲歌辞四》，第 4 册，第 1336 页。

恐怕不仅是简单的芝草琼浆，更多是由芝草等捣制的药丸。如汉乐府《善哉行》云："经历名山，芝草翩翩。仙人王乔，奉药一丸。"[①] 曹丕《折杨柳行》云："西山一何高，高高殊无极。上有两仙僮，不饮亦不食。与我一丸药，光耀有五色。服药四五日，身体生羽翼。"[②] 此点在图像中亦有十分突出的反映，目前所见汉代西王母图像场景中，明确与仙药有关的就是玉兔捣药（个别也有蟾蜍捣药的例子），而玉兔持杵，正在药臼中捣制的当然就是昆仑所出的天材地宝。汉乐府《董逃行》中就说："采取神药若木端，玉兔长跪捣药虾蟆丸。奉上陛下一玉柈，服此药可得神仙。"[③] 与玉兔捣药图像正好可以对读，这与后世道教徒如东晋葛洪更强调由鼎炉炼制矿物、金属的所谓"金丹大药"还是有所区别的[④]。如前所述，汉代西王母图像除了只表现出西王母个体的，玉兔捣药是最为重要的因素之一，可见仙药确实是西王母信仰的核心和关键之一。

稍可旁及的是，此种有女神处于登天中心向来者提供神药或引导其进入天堂的观念在其他民族的神话和信仰中也广泛存在。如"（埃及）浮雕描绘哈托（Hathor）在天堂树上分发食物和饮料给死者的灵魂"；库林（Kulin）诸部认为在采药人登临的山顶，有一位伽格梅奇（Gargomitch）神迎接人们去往至上神邦吉尔（Bunjil）居住的天上；"在维吾尔文诗集《福乐智慧》中，有一位英雄梦见他正爬上五十级的梯子，在梯子顶上有一位女子递给他水喝，喝了水便能抵达天堂"[⑤]，等等。伊利亚德甚至认为，存在一种包括女神、神山、神树、使者、动物、不死药等主题的世界宗教"范型"[⑥]。而他并未提及的中国汉代的神仙信仰似乎可以支持这一理论，不过这里的西王母并非他所谓的"无穷的创造之根源"的"大女神"，而是一位具有一定地位和特殊职能的神祇，而上述他所列举的其他民族的材料正是如此。

---

① （宋）郭茂倩编：《乐府诗集》卷三十六《相和歌辞十一》，第 3 册，第 782 页。

② （宋）郭茂倩编：《乐府诗集》卷三十七《相和歌辞十二》，第 3 册，第 799 页。

③ （宋）郭茂倩编：《乐府诗集》卷三十四《相和歌辞九》，第 2 册，第 739 页。

④ 《抱朴子内篇》中对此论述甚多，如《金丹》《仙药》等篇，可参看，兹不具述。

⑤ ［美］米尔恰·伊利亚德著，晏可佳、姚蓓琴译：《神圣的存在：比较宗教的范型》，第 43、113、279 页。

⑥ ［美］米尔恰·伊利亚德著，晏可佳、姚蓓琴译：《神圣的存在：比较宗教的范型》，第 279 ~ 282 页。

五、小结

综上所述，总结认识如下：

第一，汉代墓葬及其附属设施上，以及墓葬中出土的一些与信仰有关的重要器物上的西王母图像，自其一开始出现就没有处于最为重要的位置和图像组合的核心，而是几乎所有地区不同载体上的西王母图像都显示出过渡和关键点的地位和意义。西王母图像主要出现在墓门、横梁、隔梁及山墙上这些具有向最高位置过渡的地带，其往往与昆仑（昆仑又往往作为背景被隐去）、天门组合在一起，是昆仑升仙信仰中的一个关键点，但绝非汉代信仰中的主神，哪怕只是在昆仑信仰中。

第二，根据当时文献的记载，包括一些后世道书文献（剔除其中掺入的后世道教成分），笔者认为，自新莽至东汉初期以来西王母与昆仑信仰相结合以后，在当时社会一般信仰中，西王母为昆仑之上的一位重要神祇，握有仙药，是昆仑升天信仰中的一个关键。欲升天成仙之人，需要登上昆仑山，拜见西王母，取得仙药和仙籍后，才能进入天门，上升天界。这里西王母的意义与天门一致，都具有一种由凡向仙过渡的关键点的意义，所以二者才会在各地的墓葬图像中紧密地组合在一起。道书文献中虽然更偏向仙籍，但图像中玉兔捣药为西王母的最核心组合，看来社会一般观念中，仙药才是西王母信仰的核心。

另外，张勋燎先生根据四川、重庆地区西王母和天门的紧密关系结合上述道书文献，首先提出西王母的这种地位和意义，但他认为这一信仰属于早期道教。张先生的研究无疑是本研究得以开展的一个重要基础，但根据笔者的考察，西王母与天门紧密联系的情况不仅在四川、重庆地区，而是在全国其他墓葬艺术流行的地区都有大量表现，时代明确的最早例子见于新莽至东汉初期。虽然，对这一信仰最为完整、清晰的记述确实出于晚期道书文献，但笔者无法认为上述所有材料都是早期道教的遗物。根据上述汉代丰富的考古材料和汉代已经出现的有关文献材料来看，这种信仰的范畴应该比早期道教更为宽广而作为当时社会上的一般信仰。

第四节
移动的神影：西王母图像与西方女神像的关系及其背景①

在结束本章之前，关于西王母图像这里还有一个小问题要考察，那就是其与西方女神像关系的问题。西王母图像与西方女神像的关系，许多学者都作过一定程度的探索。但目前的认识仍然比较模糊，某些西王母图像与西方女神的关系似乎有迹可循，但要确定却十分困难。这些现象到底如何去解释，汉代西王母图像是否受到西方女神像的影响，甚至如某些学者所言由西方传来？这是笔者接下来要探索的问题。

一、西王母图像与西方女神像的关系

目前所见的西王母图像中确实有一些与某些西方女神像有相似之处，其中有些材料学界已经观察到了，有些还没有注意到。由于西王母图像的地域特点比较突出，以下笔者就以地域为中心，对目前可能具有西方因素的西王母图像作一次较为全面的梳理。

（一）河南地区

该地区是西王母图像最早出现的地区，该地区西王母图像的最大特点，就是多呈四分之三的侧坐形式，其旁往往有凤鸟、玉兔捣药、三足乌、九尾狐等附属。与西方女神像有可比较之处者，笔者见有三例。

新野张楼出土的一方画像砖上，一妇人呈四分之三的形式侧坐于类似莲台的一个平台上，其下和其旁为群峰耸立。该妇人旁有两个羽人侍奉，一羽人手持穗

① 该部分为2012年与法国巴黎索邦大学艺术史与考古学系唐熙阳先生合作。

状物[①]。根据其处于群山之中及四分之三的侧坐形式，再加上侍奉羽人手中出现的具有西王母因素的穗状物，学界一致判断其为西王母无疑。但与其他西王母图像不同的是，该西王母右手持一上大下小的角状物，抱之于怀中，左手似乎持一棍状物（图 3–38）。另外，南阳十里铺画像石墓中也见有手持上大下小的角状物的西王母形象，只是其细节不甚清晰，西王母与捣药玉兔对坐于以山为背景的“工”形平台之上（图 3–39）。这种形象很容易使人联想到流行于希腊、罗马直至于中亚地区的丰收女神提喀（Tyche）像[②]。

丰收女神在古希腊传说中掌管着大地的丰歉，其手持丰饶角（cornucopia）为财富的象征。如维也纳艺术博物馆所藏的一枚椭圆形的宝石上，雕刻有丰收女神的形象，时代在公元前 1 世纪，其侧面站立，右手持一丰饶角，左手持一棍状物[③]（图 3–40–1）。此种形象在古罗马钱币上更为常见（图 3–40–2）。所持之物与上述新野张楼出土的西王母画像完全一致，不得不引发我们的联想。在希腊、罗马时期的石刻和青铜雕塑中，丰收女神是一个常见的题材（图 3–41），在中亚、北印度的犍陀罗石雕中也见有不少手持丰饶角的此类女神像[④]（图 3–42、3–43）。此种图像的传播一直延伸到我国的新疆地区，民丰尼雅东汉时期的遗址中出土一块白地蓝花蜡染棉布[⑤]，其左下角绘有右手持丰饶角的此类女神像（图 3–44），女神背后有头光，应该是受到犍陀罗艺术的影响所致。既然此种女神的图像在汉代已经从欧洲通过中亚、印度传到了中国西域，那么，汉画像中进一步受到波及的可能性显然是存在的。

新野樊集画像砖墓[⑥]M37 中出土一件陶房，其上刻画有一幅与众不同的西王母画像。画像中心戴胜的西王母呈四分之三的形式侧坐于山丘之上，其前有玉兔捣药、蟾蜍舞蹈、九尾狐和三足乌，其后有羽人相戏（图 3–45）。西王母右手持一方形

① 南阳文物研究所：《南阳汉代画像砖》，图 161。

② 如李凇：《论汉代艺术中的西王母图像》，第 294 页。

③ *Lexion Iconographicum Mythologiae Classicae* VIII2, p. 95, fig. 51a.

④ 田辺勝美：《ガンダーラ佛教美術：平山コレクション》，東京：講談社，2007 年，第 131、132 页，图 Ⅲ –4、5；Mario Bussagli, *L'art du Gandhāra*, LGF–Livre de Poche, 1996, p. 172.

⑤ 新疆维吾尔自治区博物馆：《新疆民丰县北大沙漠中古遗址墓葬区东汉合葬墓清理简报》，《文物》1960 年第 6 期。

⑥ 河南省南阳地区文物研究所：《新野樊集汉画像砖墓》，《考古学报》1990 年第 4 期。

图 3-38　河南南阳新野张楼出土西王母画像砖拓片
（采自南阳文物研究所：《南阳汉代画像砖》，图 161）

图 3-39　南阳十里铺画像石墓西王母与玉兔画像拓片
（采自凌皆兵、王清建、牛天伟主编：《中国南阳汉画像石大全》第一卷，郑州：大象出版社，2015 年，第 217 页）

1　　2

图 3-40　宝石、钱币上的丰收女神像

（采自 1. *Lexion Iconographicum Mythologiae Classicae* VIII2, p. 95, fig. 51a；2. Greg Woolf, *Rome: an empire's story*,Oxford University Press, 2021, fig.5）

图 3-41　古罗马丰收女神像

（采自 Marina Prusac, "Personifications of Eudaimonia, Felicitas and Fortuna in Greek and Roman Art." *Symbolae Osloenses* 85.1, 2011, pp. 74–93, fig.5）

1

2

图 3-42　犍陀罗丰收女神像

（采自田辺勝美：《ガンダーラ佛教美術：平山コレクション》，東京：講談社，2007 年，第 131、132 页，图Ⅲ -4、5）

图 3-43　大英博物馆藏犍陀罗丰收女神像

（采自 Mario Bussagli, *L'art du Gandh ā ra*, LGF–Livre de Poche, 1996, p. 172）

图 3-44　新疆民丰尼雅遗址出土蜡染棉布

（采自新疆维吾尔自治区文物事业管理局等：《新疆历史文明集粹》，乌鲁木齐：新疆美术摄影出版社，1989 年，第 104 页）

图 3-45　新野樊集出土西王母画像拓片

（采自南阳文物研究所：《南阳汉代画像砖》，图 159）

板状物，左手持一带箭头的棍状物，显得十分奇特。对于这两个物体学者们百思不得其解，但如果将其视作武器的话，最贴切的恐怕还是矛和盾。持矛和盾的女神，无疑让我们联想起西方的雅典娜（Athena）。

雅典娜是古希腊传说中掌管智慧与战争的女神，其图像在希腊时期陶器上就多有出现，主要的特点是头戴头盔、手持矛和盾。如希腊阿提卡（Attica）地区出土的一件陶器上，女神雅典娜右手持盾，左手持矛，作战斗状，其旁有希腊语铭文“ΤΩΝ ΑΘΗΝΗΘΕΝ ΑΘΛΩΝ ΕΙΜ”（图 3-46-2），时代在公元前 560 年[1]。

① *Lexion Iconographicum Mythologiae Classicae* II2, p.716, fig.118.

1　　2

图 3-46　古希腊陶器上的雅典娜女神像

（采自 1. Julia Shear, *Serving Athena: The Festival of the Panathenaia and the Construction of Athenian Identities*, Cambridge University Press, 2021, pp. 29−30, fig. 1.6；2. *Lexion Iconographicum Mythologiae Classicae* II2, p.716, fig.118. p.723, fig.164）

1　　2

图 3-47　古希腊、马其顿钱币上的雅典娜女神像

（采自 Branko F. van Oppen de Ruiter, "Monsters of Military Might: Elephants in Hellenistic History and Art", *Arts*, Vol. 8. No. 4, MDPI Publishing, 2019）

古希腊、马其顿钱币上多有雅典娜的图像（图 3–47），时代在公元前 3 至前 2 世纪[①]。进入希腊化时期之后（即从古希腊北部马其顿亚历山大大帝东征开始），雅典娜图像随着帝国的扩张而向东方传播，在中亚巴克特利亚地区的希腊化艺术中也有许多雅典娜的图像，如在阿富汗北部重要遗址迪利雅特佩（Tillya–tepe）中就出土不少，多刻画在一些戒指和金制品上[②]，其上还标有雅典娜的希腊文“AθηνA”

① *Lexion Iconographicum Mythologiae Classicae* II2, p.723, fig.164.

② P. Cambon, *Afghanistan les trésors retrouvés*, collections du musée national de Kaboul, RMN, Paris, 2007, p.172, fig.55. p.191, fig.105.

（图 3–48）。说明在公元 1 世纪中亚地区已经流行雅典娜的图像了，其在此时进一步将某些因素传入中国，并非没有可能之事。

1. 金戒指

2. 金制品

图 3–48　阿富汗迪利雅特佩（Tillya Tepe）遗址出土雅典娜女神像

（采自 P. Cambon, *Afghanistan les trésors retrouvés*, collections du musée national de Kaboul, RMN, Paris, 2007, p.172, fig.55. p.191, fig.105）

（二）山东地区

山东地区典型的西王母图像主要是正面端坐，其旁有西王母的附属图像，如玉兔、蟾蜍、九尾狐、三足乌和持穗状物的羽人等。但有一类比较奇怪，西王母位于人首蛇身的两个神人之间，而两神人的蛇身在西王母之下作交尾状。如微山两城镇出土的一方东汉中晚期的画像石、滕州东寺院出土的一方东汉晚期画像石、滕州桑村镇大郭村出土的一方东汉中期画像石和滕州桑村镇西户口村出土的一方东汉晚期画像石[①]等（图 3–49，另见图 3–27）。

关于此种西王母图像学界关注得还很少，人首蛇身的形象在汉画像中比较常见，一般认为是伏羲、女娲，但也有不同意见，笔者在本书中就多次论及这里西王母两侧的人首蛇身交尾像并不一定是伏羲、女娲（详见第四章第三节）。西方早在古埃及和古希腊的艺术中就已经出现人首蛇身的形象，作为古埃及的丰饶女

① 中国画像石全集编辑委员会:《中国画像石全集 2·山东汉画像石》，第 32、171、185、196 页，图四一、一七九、一九二、二〇四。

1. 照片

2. 拓片

图 3-49　滕州桑村镇西户口村出土西王母与人首蛇身交尾画像

（采自 1. 刘书巨、丛志远主编：《汉人之魂：中国滕州汉画像石》，第 109 页；2. 中国画像石全集编辑委员会：《中国画像石全集 2 · 山东汉画像石》，第 196 页，图二〇四）

1. 加州大学伯克利分校人类学博物馆藏伊希斯女神雕像

2. 大英博物馆藏伊希斯交尾像

图 3-50　埃及罗马时期的人首蛇身及交尾图像

（巴黎索邦大学考古学与艺术史系唐熙阳先生提供）

神和法老的保护者，这种形象有可能被希腊和罗马所继承，并出现了男性和女性人首蛇身神交尾的形象[①]（图 3-50）。在公元前 1 世纪的一件金手镯上，有人首蛇身的二神交尾，其交尾中间有一平台，上站两个女神，一为混有古希腊艺术风格的古埃及丰饶女神伊希斯（Isis-Tyche），一为古希腊的爱神阿芙洛狄特（Aphrodite）。另有一些以伊希斯为原型的戒指等金首饰（图 3-51）。与山东地区的此种西王母

① Elfriede R. Knauer, The Queen Mother of the West: A Study of the Influence of Western Prototypes on the Iconography of the Taoist Deity, Mair 2006: V. H. Mair, *Contact and Exchange in the Ancient World*, University of Hawaii Press, Honolulu, 2006, p. 93.

图 3-51　大英博物馆藏伊希斯、阿芙洛狄特与人首蛇身金首饰

（采自 Elizabeth Johnston Milleker, ed. *The year one: art of the ancient world east and west*, New York: Metropolitan Museum of Art, 2000）

图像倒也有一些相似的元素，不过其地域隔远，目前尚未见到中亚地区的此种图像遗存，具体形象也有较大差异，其间的关系还不好建立。

另外，山东苍山城前村汉桓帝元嘉元年（公元 151 年）画像石墓①墓门左立柱正面上方也有一幅西王母画像，其上的西王母坐于一个类似莲台的平台上，其下有一狐（九尾狐）和神兽，西王母手持一个上大下小的角状器物（图 3-52，另见图 1-25-1）。类似的画像不见于同时期的山东地区，倒是与上述河南新野张楼出土画像石上的西王母图像有些相似之处。如其所坐的平台都为比较奇怪的类似莲

① 山东省博物馆、苍山县文化馆：《山东苍山元嘉元年画象石墓》，《考古》1975 年第 2 期。

图 3-52　苍山元嘉元年墓墓门左立柱上部西王母画像拓片

（采自中国画像石全集编辑委员会：《中国画像石全集 3 · 山东汉画像石》，第 88 页，图一〇〇）

台的形状，这种平台目前尚不见于其他画像，而其手中持物都呈上大下小的角状。根据时代关系，山东苍山元嘉元年墓中的西王母画像可能受到了河南地区上述材料的影响，但上述河南新野张楼西王母画像上十分明显的类似丰饶角的图像，在这里却变得有些奇怪，似乎由左右两部分的麦穗状物合成。或许是西来文化因素在进一步向东发展过程中的退化和演变，山东地区的制作者可能将其理解为与西王母的"行诏筹"——稾、椒[①]有关，而使得原来丰饶角的图像失真，这也是文化交流尤其是早期民间文化交流中的常见情况。另外，希腊、罗马丰收女神像中也

① 《汉书》卷二十七《五行志》，第 5 册，第 1476 页。

有在丰饶角里突出两条麦穗的情况，或者就以两条麦穗状物来体现[①]（图 3–53）。是否还可以进一步联系对比，笔者只能存而不论了。

1. 罗马钱币　　2. 石雕线摹

图 3–53　突出两条麦穗的丰收女神像

（采自 1. Greg Woolf, *Rome: an empire's story*，Oxford University Press, 2021, fig. 21；2. Victor H. Mair, ed. *Contact and exchange in the ancient world*, Honolulu: University of Hawaii Press, 2006, fig. 369）

（三）四川地区

四川地区的西王母图像最具程式化和地域特色，西王母坐于龙虎座上，一般背后有双翼，时代多在东汉晚期至蜀汉时期（图 3–54、3–55）。以往学者对此种图像的来源也作过一些考察，主要是将其与阿富汗“黄金之丘”出土的那件十分著名的双龙与女神的金饰相联系[②]（图 3–56）。不过该金饰上，双龙处于女神左右，与女神之座的关联度还不是很高。该地所出的另一些金饰上也有双兽与女神组合的形象（图 3–57、3–58），仅此还难以讨论二者的联系。那么，四川地区的此种

① Greg Woolf, *Rome: an empire's story*, Oxford University Press, 2021, fig. 21; Victor H. Mair, ed. *Contact and exchange in the ancient world*, Honolulu: University of Hawaii Press, 2006, fig. 369.

② 如周静：《汉晋时期西南地区有关西王母神话考古资料的类型及其特点》，见四川大学历史文化学院考古学系编《四川大学考古专业创建四十周年暨冯汉骥教授百年诞辰纪念文集》，成都：四川大学出版社，2001 年，第 389 页。

双兽座西王母像是否也真的具有西方因素呢？这还需要扩展所考察的材料。

目前所见最早的坐于双兽座中的女神雕塑出土于土耳其中部的查塔·休于

图 3-54　新都新繁镇清白乡出土西王母画像砖

（采自四川博物院：《四川博物院文物精品集》，第 99 页）

图 3-55　彭山双河崖墓出土画像石棺侧板拓片

（采自龚廷万、龚玉、戴嘉陵编著：《巴蜀汉代画像集》，图 376）

图 3-56　阿富汗迪利雅特佩遗址一号墓出土金饰

（采自 Fredrik Hiebert, Pierre Cambon, *Afghanistan: Hidden Treasures from the National Museum, Kabul*, National Geographic Society, 2008, p.246, fig. 61）

图 3-57　阿富汗迪利雅特佩遗址三号墓出土金饰

（采自 Fredrik Hiebert, Pierre Cambon, *Afghanistan: Hidden Treasures from the National Museum, Kabul*, p.255, fig. 79）

图 3-58　阿富汗迪利雅特佩遗址六号墓出土金饰

（采自 Fredrik Hiebert, Pierre Cambon, *Afghanistan: Hidden Treasures from the National Museum*, Kabul, p.289, fig. 137）

（Catal Hüyük），时代在公元前五千年中叶，人们推测其与繁衍和丰收的愿望有关（图 3-59-1）。由于时代太早，中间缺环太大，其与后来西方的双兽座女神像是否有关，还只能停留在猜想阶段。西方再度开始出现双兽座女神像约从公元前 7 世纪开始，在西班牙格拉纳达（Granada）的新石器时代遗址中发现一尊石雕女神像，女神手

捧盆状物，其座两侧匍匐着人首兽身斯芬克斯（Sphinxes）（图 3–59–2）。在公元前 6 世纪的古希腊也出现这种坐于两个斯芬克斯之间的石雕女神像，一般认为此种女神为阿斯塔特（Astarte），掌管爱情与生育。古罗马人们称此类女神为西布莉

1. 土耳其出土新石器时代泥塑

2. 西班牙 Tutugi 神庙出土石雕像

图 3–59　西方早期双兽座女神像

（采自 1. 巴黎索邦大学考古学与艺术史系唐熙阳先生提供；
2. Enrico Acquaro, *The Phoenicians: History and Treasures of an Ancient Civilization*, White Star Publishers, 2010, p. 169）

（Cybele），掌管自然和生命，在公元前 3 世纪到公元 1 世纪的石雕、钱币和器物上有大量表现[①]（图 3–60）。该女神一般坐于两头狮子之间，右手持一圆盘形物，左手则持树枝、长棍等（图 3–61）。此类女神像在古希腊时期就已经开始广泛分布，土耳其发现的古希腊银币上已有此类女神坐于两个有翼的斯芬克斯之间的图像（图 3–62–1），近东地区希腊化的石雕中也出现了此类女神（图 3–62–2）。应该说从目前来看，此类女神像在西方女神像中具有与四川东汉晚期双兽座西王母像最为相近的因素。东汉时期中国人的足迹已达地中海东岸，间接与西方的交往更为频繁，四川乐山地区崖墓中出现了中国目前所见最早的佛像，而且明显具有中亚希腊化

① Elfriede R. Knauer, The Queen Mother of the West: A Study of the Influence of Western Prototypes on the Iconography of the Taoist Deity, Mair 2006: V. H. Mair, *Contact and Exchange in the Ancient World*, University of Hawaii Press, Honolulu, 2006, pp. 71–88.

犍陀罗因素[①]。因此，四川地区的西王母像受到来自西方女神像的影响也不是完全没有可能的。

1

2

3

图 3-60　约旦佩特拉（Petra）古城出土双兽座女神石雕像

（采自 Robert Wenning, Megan A. Perry, "Cybele, Atargatis, or Allāt? A Surprising Tomb Artifact from Petra's North Ridge." *Bulletin of the American Schools of Oriental Research* 386.1, 2021, pp. 113-132, fig. 2, fig. 6）

1. 德国卡尔斯鲁厄博物馆藏土耳其出土石雕像

2. 牛津大学阿什莫尔博物馆藏罗马灯具

3. 罗马钱币线描图

图 3-61　希腊、罗马时期双狮座女神像一

（采自 Elfriede R. Knauer, The Queen Mother of the West: A Study of the Influence of Western Prototypes on the Iconography of the Taoist Deity, Mair 2006: V. H. Mair, *Contact and Exchange in the Ancient World*, University of Hawaii Press, Honolulu, 2006, p. 83, fig. 3.34, p. 84, fig. 3.35, p. 88, fig. 3.44）

① 林梅村：《松漠之间——考古发现所见的中外文化交流》，北京：生活·读书·新知三联书店，2007 年，第 55 页。

1. 大英博物馆藏土耳其出土希腊银币

2. 土耳其伊斯坦布尔考古博物馆藏石雕像

图 3-62　希腊、罗马时期双兽座女神像二

（采自 1.Elfriede R. Knauer, The Queen Mother of the West: A Study of the Influence of Western Prototypes on the Iconography of the Taoist Deity, Mair 2006: V. H. Mair, *Contact and Exchange in the Ancient World*, University of Hawaii Press, Honolulu, 2006, p. 74, fig. 3.18；2. 巴黎索邦大学考古学与艺术史系唐熙阳先生提供）

另外，虽然上述阿富汗“黄金之丘”出土的双兽女神题材与双兽座西王母图像之间尚难直接建立联系，不过此种深受斯基泰文化影响的题材确实值得进一步注意。因为斯基泰人约在我国的东周时期，活动于广大的欧亚草原，对周临文化产生了较大影响。乌克兰第聂伯罗彼得罗夫斯克（旧称“叶卡捷琳诺斯拉夫”）亚历山德罗波尔（Alexandropol）古墓出土一件金饰品，其上一肩生双翼的女神端坐于双兽形成的座上，时代在公元前 3 世纪（图 3-63），造型与双兽座西王母最

图 3-63　乌克兰亚历山德罗波尔古墓出土金饰品

（Piotrovskiĭ, Galanina, L. K., & Grach, N. L., *Scythian art : the legacy of the Scythian world, mid-7th to 3rd century B.C.*, Aurora, 1986, fig. 260）

为相似。只是游牧民族活动范围广大，文化因素来源复杂，目前对其属性和传播路线等尚难把握，值得今后进一步关注。

笔者以上简略梳理了汉代西王母图像与西方女神像的关系，得到以下几点认识：

第一，应该说目前所见材料中，除了陕北晋西地区，各大汉画像艺术流行地区中的西王母图像都或多或少地能找到一些西方女神图像的相似因素，可能反映着某些程度的影响，此点在河南地区的画像上反映得最为清楚。这些影响的踪影目前虽然只能停留在探索的阶段，但是在张骞“凿空”之后，中西文化交流的第一次大发展，许多西方文化因素进入中国的大背景下来看，这些关系似乎又都是有迹可循的，只是在具体材料上还要扩大视野和仔细比对。

第二，虽然汉代的西王母图像中有一些材料显示与西方女神像有或多或少的联系，但这些毕竟是少数和特例。四川地区的西王母图像虽然主要为双兽坐像，就算确实受到了一些西方双兽座女神像的影响（此点还未必成立），但四川地区的西王母画像基本是东汉晚期的，在早期的绝大多数西王母图像上还是看不出有西方女神图像的因素。而且西方女神像的双兽座是两只狮子，而四川西王母图像是汉代艺术中的青龙、白虎，其附属图像也都是汉代艺术中的传统图像，即便在受西方文化因素影响的同时，主要还是具有本土文化特色。也就是说西王母图像受到西方女神像影响是次要的而不是主要的，是流变而不是源流的关系。

第三，值得注意的是，上述山东、河南、四川地区的可能受到西方女神像影响的西王母图像，其影响源是不同的，并非只是接受一种女神像的影响，而是与多种女神像有关，上述材料中就有丰收与命运女神提喀（Tyche）、智慧与战争女神雅典娜（Athena）、丰饶女神伊希斯（Isis-Tyche）、爱神阿芙洛狄特（Aphrodite）和自然与生育女神阿斯塔特（Astarte）、西布莉（Cybele）。这些女神信仰有着不同的来源，在古代欧洲、西亚和中亚产生、传播、相互影响和融汇，大多数随着希腊化向东方传播。

如果说确实具有此种影响，那么，她们是如何影响到汉代的西王母图像的？即这种现象背后有什么样的历史背景？笔者欲在下文中进行进一步的讨论。

二、西方女神像影响西王母图像的背景

如果提到汉代中西文化交流，最大的背景当然是汉武帝时张骞“凿空”西域，

以及之后汉代对西域的经营，使得汉代成为中西文化交流史上的第一个高峰。不过这是整个时代的大背景，对于西王母图像而言，还有其具体的历史和信仰背景。

如前所述，西王母在战国时期的文献中已经出现，如《山海经》《穆天子传》和《庄子》等，甚至殷墟甲骨上也有关于“西母”的神名[①]，不过殷商时期的“西母”是否等于西王母目前仍有疑问。笔者曾经讨论过，在先秦时期，西王母的性质还不确定，关于其地域也有两种说法。一种是神话传说式的，认为西王母在西方和西极之地的少广、昆仑、玉山、弇山和西王母之邦等，往往是无法落实的对西方之地的虚指；一种是历史传说式的，认为西王母就在河西一带，周穆王传说中的历史内核可能就发生在这一带[②]。但到了汉代，西王母的性质已经十分明确，其为西方一位拥有不死之药之神祇，能令人升天成仙，升天之人先要去昆仑拜见西王母，取得仙药和仙籍，进入天门，升天成仙[③]。西汉中期以来，在当时的一种流行观念中，西王母随着西域的开辟和人们对西域（广义，下同）认识的逐渐加深，开始逐渐“西移”到当时人们知道的最西国家。

《史记·大宛列传》载：“条枝在安息西数千里，临西海。……安息长老传闻条枝有弱水、西王母，而未尝见。”[④]“条枝”或以其为塞琉古朝叙利亚王国[⑤]，在地中海东岸，西汉使者并未到达其地，为当时人所知最西国家之一。而当东汉甘英达到条枝后，西王母又推移至更西的大秦。《后汉书·西域传》载：“大秦国一名犁鞬，以在海西，亦云海西国。……或云其国西有弱水、流沙，近西王母所居处，几于日所入也。”[⑥]“大秦”即罗马帝国，东汉人也没有到达其地，为当时人所知最西之国。

我们知道，汉代通西域既有政治、军事上的需要，也有神仙信仰上的因素，那就是寻找昆仑、西王母、天马等神山、神祇和神兽[⑦]。上述文献中汉使对西王母

---

① 陈梦家：《殷虚卜辞综述》，第 574 页；陈梦家：《古文字中之商周祭祀》，见氏著《陈梦家学术论文集》，第 34、35 页。

② 王煜：《西王母地域之“西移”与相关问题讨论》，《西域研究》2011 年第 3 期。

③ 张勋燎：《重庆、甘肃和四川东汉墓出土的几种西王母天门图像材料与道教》，见张勋燎、白彬著《中国道教考古》，第 3 册，第 755 ~ 803 页。

④ 《史记》卷一百二十三《大宛列传》，第 10 册，第 3163、3164 页。

⑤ 余太山：《塞种史研究》，北京：中国社会科学出版社，1992 年，第 182 ~ 209 页。

⑥ 《后汉书》卷八十八《西域传》，第 10 册，第 2919、2920 页。

⑦ ［美］余英时著，侯旭东译：《东汉生死观》，第 31 页；霍巍：《天马、神龙与昆仑神话》，见霍巍、赵德云著《战国秦汉时期中国西南的对外文化交流》，第 200 页。

的报告绝不是偶尔听闻，而更可能是有意寻找。在这样的背景下，流传于广大西域的女神信仰和传说就很有可能与西王母结合起来。如上述《史记·大宛列传》载“安息长老传闻条枝有弱水、西王母”，很显然安息长老传闻的“西王母”就不会是汉人观念中的西王母，而是西域信仰中的某位女神。西域女神信仰便有机会与西王母相联系，附会入西王母信仰中。同样，广大西域中的女神像及其部分因素也就有机会附会到汉代的西王母图像中。而且，如上所述，西王母始终未曾找到，西王母的地域一直在随着人们对西方认识的发展而移动，那么，西方许多的女神信仰和女神像都有可能在这一背景中附会入西王母信仰和西王母图像中。这也就解释了为何汉代西王母图像中不仅只有一位西方女神的因素，而是有不少女神的因素的现象。

需要特别指出的是，西方女神像及其某些因素在这种背景下影响到汉代的西王母图像，这只是个别、局部和流的问题，而不是主体、整体和源的问题，是文化互动的问题，而不是直接传播的问题。如前所述，在早期西王母图像和绝大多数西王母图像中，本土因素始终占有主体地位，如果以这些西方因素就认为西王母图像来源于西方，甚至认为西王母信仰来源于西方[①]，那就是混淆本末了。

三、小结

综上所述，笔者认为汉代的西王母图像中或许确实如以前许多学者所述，可能具有一些来自西方女神像及其某些因素的影响。笔者进一步对河南、山东和四川地区的一些西王母图像与西方女神像的关系进行了一次较之以往更为全面的考察，然而这样的考察仍然只能是概略性和推测性的。笔者认为汉代的西王母图像中不仅可能有西方某种女神像及其某些因素的影响，更可能接受了来自多种女神像的多种因素，为汉代的中西文化交流增添了许多色彩。这种文化交流的背景在于，当时人的一种流行观念中认为西王母在西域之地，而由于西王母始终是找不到的，所以人们总是认为其在当时认识到的最西国家，随着人们认识的逐渐扩展，西王母的地域也在西域之中逐渐“西移”。在这种背景下西域之中流行的各种女神信

① 森雅子：《西王母の原像——中国古代神話における地母神の研究》，《史學》第56卷第3号，1986年，第61～93页。

仰和女神像及其因素就有可能被附会到关于西王母的信仰和图像中去，西王母图像中也就可能出现来自各种女神像的因素。但早期的西王母图像和绝大部分的西王母图像上本土因素仍是占主体地位的，西王母信仰和图像更可能产生于本土，而在汉代中西文化交流的大背景和汉代西王母信仰的小背景下，与西方女神信仰和图像产生了一次生动的互动。

文化交流的过程之中除了有文化的传播和接受，还有文化的嫁接和附会，尤其是已具有深厚文化根基的中国古代文化，在与其他文化的交流之中，恐怕后一种情况更为普遍得多。这也是值得今后的中外文化交流研究进一步思考和探索的问题。

汉代升仙信仰体系的图像考古

下册

王煜　著

文物出版社

第四章

“众神见容”：汉代天神图像与昆仑升仙信仰

汉武《郊祀歌·天马》云：

太一况，天马下，霑赤汗，沫流赭。
志俶傥，精权奇，籋浮云，晻上驰。
体容与，迣万里，今安在，龙为友。
天马徕，从西极，涉流沙，九夷服。
天马徕，出泉水，虎脊两，化若鬼。
天马徕，历无草，径千里，循东道。
天马徕，执徐时，将摇举，谁与期？
天马徕，开远门，竦予身，逝昆仑。
天马徕，龙之媒，游阊阖，观玉台。

颜注：“此言天马乃太一所赐，故下来也。”又引文颖云：“言武帝好仙，常庶天马来，当乘之往发昆仑也。”又引应劭云：“阊阖，天门。玉台，上帝之所居。”[①]此诗虽然文句叠闼、字意生僻，但大概描写的是武帝梦想着天帝太一（关于太一的问题，后文详论）赐给他天马，好让他飞越阊阖、昆仑，飞升天界，拜见天帝。可见，昆仑信仰不是一个一般的仙山、仙境传说，而是一个以昆仑为核心的体系，其上还有天帝太一等天神。

在前三章中笔者梳理了汉代昆仑、天门和西王母的有关材料，建立起一种当时一般观念中关于西方昆仑升仙的系统信仰，即升仙之人需先至昆仑，拜见西王母，取得仙药和仙籍，也就是成仙的资格，进入天门，升往天界。西王母与天门一样，只是升天成仙时的关键点，并非最终的目的地，最终的目的地还是天帝统治着的、众多天神管辖着的天界。关于天帝和其下的天神，学界在有关升仙的图像研究中尚不太重视，有许多问题需要考察和辨析，才能对汉代的升仙信仰有一个较为完整的认识。于是，笔者不揣浅薄，愿作抛砖引玉之功。

① 《汉书》卷二十二《礼乐志》，第4册，第1060、1061页。

第一节

“太一况，天马下”：天帝图像与昆仑升仙信仰

众所周知，中国历史上，尤其是汉代及以前，天帝的问题是比较复杂的。历史传说中的三皇五帝，从神话传说的角度来讲，又都是天帝，再加入各种不同来源的神话传说，关于天帝的问题更是十分芜杂。笔者这里先避开这些芜杂的说法，将本书中所指的天帝定义为最高天帝，这里的天帝图像及其信仰只讨论有关最高天帝的部分。汉代已经是一个中央集权的大一统国家，地上有一个最高的皇帝，天上自然应该也有一个最高的天帝。当然这个最高天帝随着时代的不同是有所变化的，以下笔者先就汉代出现的最高天帝的图像作出一番梳理和初步的辨析。

一、马王堆汉墓帛画上的“太帝”图像

马王堆一、三号墓出土的帛画顶部绘有目前所见汉代最早的天界图像，其中心有一大神，三号墓出土者已经漫漶不清，幸好一号墓出土的帛画上有清楚的表现。

一号墓帛画天界部分自天门以上，构图基本呈左右对称状。天门之间有一对作迎接状的神人，一般认作门吏，但此二人均头戴冕，显然地位不低，可想其司守的天门在当时人观念中的重要，其上的神明的地位就更不在话下了。其上主要有一对对称的龙，其间有一对骑着神鹿（马）的神兽正在振铎，其上还有一对仙鹤。双龙之上是对称分布的日、月，日中有金乌，月中有蟾蜍和玉兔。帛画顶端，日、月中间，也是整个天界部分顶端的中心，有一人首蛇身的大神，其长发飘逸，无冠，性别莫辨，蛇尾长而蜷曲，其旁还有五只凤鸟（见图 1-12、2-6）。

从位置来看，该神无疑具有至高无上的地位，鲁惟一（Michael Loewe）等学者认为表现的是墓主人到达天国的灵魂[①]，然而更多学者认为表现的应该是时人观念

① Michael Loewe, *Ways to Paradise: the Chinese Quest for Immortality*, George Allen & Unwin, London, 1979, p. 59.

中的天界主神，但具体有烛龙、伏羲、女娲、黄帝、太一等不同说法[①]。笔者认同后一种意见，该大神处于天界最高处中心，正对帛画下面的昆仑平台（详见第一章第二节）。根据《山海经》中昆仑为"帝之下都"[②]及《淮南子》中昆仑之上"是谓太帝之居"[③]的说法，这个大神自然是天帝，而且是最高天帝——太帝。至于这个太帝具体名称的问题，实际上就是西汉前期楚地信仰中最高天帝具体为谁的问题。《史记·孝武本纪》中载，汉武帝与公卿讨论郊祀音乐，"或曰：'太帝使素女鼓五十弦瑟，悲，帝禁不止，故破其瑟为二十五弦。'于是塞南越，祷祠太一、后土，始用乐舞，益召歌儿，作二十五弦及空侯琴瑟自此起"[④]。从引文中看，汉武帝时的"太帝（泰帝）"应即"太一（泰一）"。

我们知道，汉武帝在方士的建议下，尊奉太一为最高天帝，五帝皆居于其下，形成了一套系统的国家祭祀制度，这在甘泉祭祀中有充分的反映[⑤]。但在此之前，由于东周以来的分裂形势和周天子地位以及宗周文化的式微，各主要地域的文化和信仰有所分离和差异，这种情况一直延续到西汉前期。汉高祖时的祭祀制度就基本延续秦制，但又拉入许多地方的祭祀内容，似乎没有形成一个统一明确的国家信仰和祭祀制度[⑥]。西汉前期楚地的文化和信仰多延续战国晚期，这在马王堆汉墓的形制及随葬品中有充分表现。而且楚地文化对西汉前期影响甚大，因为西汉的开国皇帝和公卿大臣多来自楚地，所以国家的上层文化中有许多楚地因素，第一章第二节中所述山东临沂金雀山汉墓出土的那幅帛画（见图 1–14），就是极好的证明。

太一的信仰原本就可能出自楚地，李零先生认为出土于湖北荆门的"兵避太岁"戈[⑦]就是太一信仰的遗物，而抄写于公元前318 ~ 前316年的荆门包山楚简[⑧]中也有

---

① 如商志䄓：《马王堆一号汉墓"非衣"试释》，《文物》1972 年第 9 期；孙作云：《长沙马王堆一号汉墓出土画幡考释》，《考古》1973 年第 1 期；安志敏：《长沙新发现的西汉帛画试探》，《考古》1973 年第 1 期；马雍：《论长沙马王堆一号汉墓出土帛画的名称和作用》，《考古》1973 年第 2 期；彭景元：《马王堆一号汉墓帛画新释》，《江汉考古》1987 年第 1 期；[美] 巫鸿著，陈星灿译：《礼仪中的美术：马王堆再思》，见氏著《礼仪中的美术——巫鸿中国古代美术史文编》，上册，第 101 ~ 122 页。

② 袁珂校注：《山海经校注》（增补修订本），第 344 页。

③ 何宁撰：《淮南子集释》卷四《墬形训》，上册，第 328 页。

④ 《史记》卷二十八《封禅书》，第 4 册，第 1396 页。

⑤ 参见《史记》卷二十八《封禅书》，第 4 册，第 1394 页。

⑥ 顾颉刚：《秦汉的方士与儒生》，见氏著《顾颉刚古史论文集》卷二，第 503、504 页。

⑦ 王毓彤：《荆门出土一件铜戈》，《文物》1963 年第 1 期。

⑧ 湖北省荆沙铁路考古队：《包山楚简》，北京：文物出版社，1991 年。

关于太一信仰的内容[①]。“太一”也见于先秦时期其他地区的文献中，如《吕氏春秋》等，但多是一种更倾向于阴阳学说的终极概念[②]。而在歌舞娱神的《楚辞·九歌》中头一篇便是《东皇太一》，且一开篇即云“吉日兮辰良，穆将愉兮上皇”，王逸注“上皇，谓东皇太一也”[③]。战国楚人所著《鹖冠子·泰鸿》[④]亦云：“中央者，太一之位也，百神仰制焉。”[⑤]可见在战国晚期楚人的观念中可能以太一为最高神。

《九歌·东皇太一》王逸注：“太一，星名，天之尊神。祠在楚东，以配东帝，故云东皇。”[⑥]在汉代人的观念中，东帝常被指认为伏羲（伏牺、庖牺、太皞）。《淮南子·天文训》云：“东方木也，其帝太皞，其佐句芒，执规而治春。”高诱注：“太皞，伏羲氏有天下号也，死托祀于东方之帝也。”[⑦]可见，太一与伏羲有着十分密切的关系。我们看到，上述马王堆帛画上的太帝图像为人首蛇身，而汉代图像中大量出现的伏羲、女娲像正是人首蛇身（详见本章第三节）。《初学记》卷九引《帝王世纪》云：“女娲氏亦风姓也，承庖牺制度，亦蛇身人首，一号女希，是为女皇。”[⑧]王延寿《鲁灵光殿赋》中云“伏羲鳞身，女娲蛇躯”[⑨]，《列子·黄帝篇》亦云伏羲、女娲为“蛇身人面”[⑩]。这一形象正符合上述马王堆帛画上太帝的形象，既然太一在战国晚期的楚地已经是天上的最高尊神，其与伏羲又有着密切关系，而伏羲、女娲在汉代人的观念中正是人首蛇身。综合上述证据，笔者认为，马王堆帛画上的人首蛇身的太帝就是西汉前期楚地信仰中的结合了伏羲、女娲形象的太一。

这里就出现了一个问题，战国楚地信仰中太一既然是“东皇”，为何又是“上皇”，又被指认为中央天帝？战国时期各地文化、各阶层文化有所差异又相互影

① 李零：《“太一”崇拜的考古学研究》，见氏著《中国方术续考》，第 219 ~ 223 页。

② 许维遹撰，梁运华整理：《吕氏春秋集释》卷五《大乐》，北京：中华书局，2009 年，上册，第 108 页。

③ （宋）洪兴祖撰，白化文等点校：《楚辞补注》卷二《九歌·东皇太一》，第 55 页。

④ 唐兰：《马王堆出土〈老子〉乙本卷前古佚书的研究》，《考古学报》1975 年第 1 期。

⑤ 黄怀信撰：《鹖冠子校注》卷中《泰鸿》，北京：中华书局，2014 年，第 230 页。《鹖冠子》中又有“泰皇”“泰一”，二者还有对话，一方面可能是由于该书比较芜杂，另一方面可能是战国时期相关观念还比较杂糅。

⑥ （宋）洪兴祖撰，白化文等点校：《楚辞补注》卷二《九歌·东皇太一》，第 57 页。

⑦ 何宁撰：《淮南子集释》卷三《天文训》，上册，第 183、184 页。

⑧ （唐）徐坚等：《初学记》卷九《总叙帝王》，上册，第 196 页。

⑨ 费振刚、胡双宝、宗明华辑校：《全汉赋》，第 529 页。

⑩ 杨伯峻撰：《列子集释》卷二《黄帝篇》，北京：中华书局，2013 年，第 87 页。

响，再加上汉代人的整理附会，使得很多问题的面貌比较驳杂，甚至同一文献中也相互抵牾。如将东皇太一等同于东帝，等同于太皞，等同于伏羲，恐怕就是战国末至汉代人的整理附会，他们的来源未必相同。不过这里讨论的马王堆帛画年代已在西汉前期，恐怕已经是结合后或结合中的情况。而且，太一从其语义来看，本身就具有终极、中极的意义，不论“东皇”“东帝”是否是后来附入，或是性质如何，太一若作为天帝应当具有中心的属性，这在上述同为战国楚人文献的《鹖冠子》中就有明确表达。

另外，根据邓宽宇先生的观察，马王堆三号墓出土帛画天界中央的人首蛇身神为二神交尾的形象[①]，与汉代伏羲、女娲的形象就更为接近了。伏羲、女娲皆为天神，在战国时期的楚帛书中被认为是太一分化的阴阳、日月的代表[②]，在太一信仰和形象尚未完全定型的西汉前期，以之作为太帝的表现也不是不可理解的。而此时的墓葬尚是土坑异穴，墓中只有一位墓主，因此再将其解释为墓主灵魂就毫无依据了。

但值得疑问的是，马王堆汉墓中出土一幅被命名为“神祇图”的帛画[③]，其上画有神祇图像。图像的最上部中央处有一大神，其旁有“大一将行”的题记，身上还有一“社”字（图 4–1）。根据其位置，当为图像上众神祇中的最高神，其题

1. 照片

2. 摹本

图 4–1　马王堆汉墓出土神祇帛画

（采自周世荣：《马王堆汉墓的“神祇图”帛画》，《考古》1990 年第 10 期，图版伍，图一）

① 邓宽宇：《马王堆两幅 T 形帛画比较研究》，见华东师范大学艺术研究所编《中国美术研究》第 34 辑，上海书画出版社，2020 年，第 64 ~ 72 页。

② 冯时：《天文学史话》，北京：社会科学文献出版社，2011 年，第 9、13 页。

③ 周世荣：《马王堆汉墓的“神祇图”帛画》，《考古》1990 年第 10 期。

为“大一”，也就是“太一”，这也可以作为马王堆帛画上最高神为太一的旁证。但此太一图像并不作人身蛇尾，与马王堆帛画不同。是否当时关于太一的图像还未定型？是否是该帛画上太一因为与社神有关而不同于上述天界最尊神的形象？这些问题，就目前的材料笔者尚无法解答。但“神祇图”帛画太一图像胯下有一条龙，如果其与太一图像是一体的，倒也有些人首龙身（蛇身）的味道。不过，这仅是一个没有依据的猜想。而且，邢义田先生已经指出，此“神祇图”帛画的缀合可能存在一些问题，题记中的太一可能并非指目前帛画上那个有着“社”标记的神像[①]。因此，关于“神祇图”帛画上的太一图像还存在着许多不能确定的因素。但马王堆帛画顶端的大神应是当时楚地信仰中的最高神，笔者根据一些考古和文献材料，判断其为结合伏羲、女娲特征的太一，期待着这一结论得到今后出土考古材料的进一步检验。

二、郝滩汉墓 M1 壁画中的“太一座”图像

据发掘者推测，陕西定边郝滩汉墓 M1 的时代为新莽至东汉早期[②]，墓室西壁南部有一幅内容丰富的壁画。画面左侧西王母侧坐于蘑菇状的三平台形昆仑之上（详见第一章第三节），其右似一场面壮观的神兽乐舞表演，有蟾蜍舞蹈、白象弹琴、斑豹吹奏，正中一只巨龙似正引吭高歌，其下还有编钟和编磬各一部。十分引人注目的是，在该壁画正中最上部分描绘着一艘云气般的神船，其上端坐四人。神船上有一帷帐，帷帐的位置比昆仑和西王母略高，前面挂着红色的旗帜，上写着“大一坐”三字。其右还有一鱼车，上有车主和车夫各一人，向神船赶来[③]（图 4-2，另见图 1-43）。

① 邢义田：《“太一生水”、“太一出行”与“太一坐”：读郭店简、马王堆帛画和定边、靖边汉墓壁画的联想》，《美术史研究集刊》第 30 期，2011 年。

② 陕西省考古研究所、榆林市文物管理委员会：《陕西定边县郝滩发现东汉壁画墓》，《考古与文物》2004 年第 5 期。

③ 陕西省考古研究院：《壁上丹青——陕西出土壁画集》，第 76 页。

图 4-2 定边郝滩壁画墓神船与“大一坐”帷帐局部

（采自陕西省考古研究院：《壁上丹青——陕西出土壁画集》，第 76 页）

红色旗帜上的题记“大一”毫无疑问就是太一，由于帷帐中并未出现太一的神像，因此笔者认为这里的“大一坐”三字应该为“太一座”，这个帷帐就是太一的座位。

由于汉武帝以来，太一被尊为最高天帝，地位崇高，而“太一”一词本来也具有一定的神秘性，故而文献中尤其是天文文献中（太一被比附为北极星，后详）提及太一时，往往不言太一本身，而言其“居”“坐（座）”，以其座来指代。如《史记·天官书》云：“中宫天极星，其一明者，太一常居也。”①《晋书·天文志》亦云：“北极五星，钩陈六星，皆在紫宫中。……亦太乙（太一）之坐，……大帝之常居也。”②所谓“大帝”即“天皇大帝”，就是太一（后详）。汉代纬书《春秋合诚图》亦云：“紫宫者，太一之常座。”③这一图像带有某些天文元素，从“太一座”之下的神船也可以看出。该船上端坐四位神人，应即星象中的天船，而天船中正好有四颗星。如汉代人郗萌说：“天船九星，一名王船，中有四星，常欲均明，即天下大安。”④

① 《史记》卷二十七《天官书》，第 4 册，第 1289 页。

② 《晋书》卷十一《天文上》，第 2 册，第 289 页。按：《晋书·天文志》中对北极诸星分别更为清楚，以第二星为“太乙之座”，钩陈为“大帝之常居”，已有所发展。这里只就称太一、大帝之“居”“座”来说。

③ ［日］安居香山、中村璋八辑：《纬书集成》，中册，第 773 页。

④ （唐）瞿昙悉达：《开元占经》卷六十六《石氏中官二·天船星占》引，下册，第 639 页。同页引焦延寿云：“舟星头四星常在汉中。”说法虽略有不同，但也以四星为天船星官中的重要标志。

《黄帝占》亦云："天船主帝王济渡之官，常居汉中。"[①] 这里的"汉"当然指天汉，也就是银河。

联系到前文所述的此时已经形成的以昆仑、天门、西王母为中心的升天信仰，笔者认为这幅壁画即是对此种信仰的十分形象的表达。图像左侧西王母端坐于昆仑之上，那里是获得仙籍和仙药、进入天门的关键，因此也是图像中的一个重点。但西王母、昆仑并非升仙者的目的地，在其之上，整个图像中央画出太一之座的帷帐，以表明升仙者的目的地是太一统领的天界。天船作为"济渡之官"，可以帮助升仙者渡过天汉，升往天国。其右侧还有鱼车，也显示出与水路的关系（详见第五章第四节）。获得仙籍、仙药而升仙的过程被人们想象为十分欢乐的过程，还可以欣赏到规模壮观的神兽乐舞表演。

如第三章第一节所述，该墓只是一个单室墓，规模较小，壁画上男性墓主人像头戴帻而无冠（见图 3-13），其墓主应该为富裕平民或低级官吏。由于太一的神秘性，更重要的是太一为最高天帝，身份尊贵，正如人间的帝王一样，并不是一介平民或一个低级官吏可以随便觐见的。因此，该壁画中只绘出了一个帷帐作为"太一座"而指明升仙的目标为太一统领的天界，并未绘出太一的神像，这与马王堆帛画出于列侯级别墓葬中的情况是不一样的。

三、杨桥畔汉墓 M1 壁画中的太一华盖图像

陕西靖边杨桥畔汉墓 M1 的时代大致与郝滩一号墓相同[②]，壁画内容也十分相似，只是墓葬规模稍大，为前后室墓，但在此时仍然只能算在中小型墓葬的范围内，整个壁画中也只有轺车一辆，墓主等级仍然较低。

整个墓室中有一系列壮观的升仙壁画，描绘乘坐各种神兽向仙境飞升的众多图像，尤其以前室东壁壁画最为突出。其上各种神兽皆向右飞升，右侧最上部为一神船图像，神船中坐有三人，神船之上立有一华盖，华盖之下则空无一人（图 4-3）。对比前述郝滩一号墓中的壁画，其上也有一神船，神船上为题记为"太一座"的帷帐，太一并没有出现，杨桥畔一号墓中的华盖显然应与郝滩

---

① （唐）瞿昙悉达：《开元占经》卷六十六《石氏中官二・天船星占》引，下册，第 639 页。

② 陕西省考古研究院、榆林市文物研究所、靖边县文物管理办公室：《陕西靖边东汉壁画墓》，《文物》2009 年第 2 期。

1

2

图 4-3 靖边杨桥畔汉墓前室东壁壁画及神船、华盖细部
（采自陕西省考古研究院：《壁上丹青——陕西出土壁画集》，第 91 页）

墓中的帷帐意义相同，为太一的座位。但以太一之尊贵，其神像仍然没有出现在这一等级较低的墓葬之中。而且，整个壁画上的所有神兽皆向右飞升，而这一华盖正处于壁画右侧的最上端，当为所有神兽升仙图像的目的地。

以华盖来指代太一的座位，似乎更容易理解。《晋书·天文志》云："大帝上九星曰华盖，所以覆蔽大帝之坐也。"[①]《甘氏星经》亦云："华盖七星，杠九星，凡十六度，在大帝上。"又云："华盖张光，掩翳帝船。"[②]这里的"帝船"当然就是前述天船，所谓"天船九星，一名王船""天船主帝王济渡之官"。可见，该壁画中的神船不仅形象，而且性质均与郝滩墓壁画中一致，都是天船的表现。只是按前引文献，天船中为四星，这里只绘了三位神人。由于一方面星数问题本来就不甚确定，如上引文献中的华盖就有九星和七星两种说法，另一方面壁画制作未必与文献在细节上都要丝丝入扣，从整体关系和主要形象来看，它们都是天船的表达当无疑问。而文献中所谓"华盖张光，掩翳帝船"，与这里壁画的表达对应贴切。刘歆《遂初赋》中也说："昔遂初之显禄兮，遭闾阖之开通。蹠三台而上征兮，入北辰之紫宫。备列宿于钩陈兮，拥大常之枢极。总六龙于驷房兮，奉华盖于帝侧。"[③]可信该华盖之下，即是大帝（太一）之座，其意义与郝滩墓壁

---

① 《晋书》卷十一《天文上》，第 2 册，第 289 页。

② （唐）瞿昙悉达：《开元占经》卷六十九《华盖星占》引，下册，第 679 页。原文"船"写作"舡"。按：后者为前者别写，音义全同，今已不用，故正文直引为"船"字，以不影响行文，特此说明。

③ 费振刚、胡双宝、宗明华辑校：《全汉赋》，第 231 页。

画完全一致。

另外，邢义田先生注意到此华盖之下有类似于“瀑布”的图像，于是与郭店楚简中《太一生水》篇的观念相联系，认为华盖下的“瀑布”及其他一些类似图像正表现“太一生水”的观念[①]。应该说这一观察是十分具有启发性的，就这一壁画来说也不失为一种合理的阐释，前述郝滩墓壁画的太一座图像中也可以说有水的场景（因为有天船即有天汉，还有鱼车）。但在与郭店楚简时代和地域最为接近的马王堆帛画的太一图像上就毫无水的表现，而且由于没有对比材料，这里的“瀑布”是否是水的表现，目前仍只能停留在猜想阶段。因此战国晚期楚地“太一生水”的观念是否影响到后来汉代的太一图像，是否所有太一图像中都继承这一观念，值得今后进一步观察和考虑。

四、麒麟岗画像石墓前室墓顶的太一画像

西汉中晚期以后，尤其是东汉以来，画像石、画像砖等十分流行，数量极其可观，其上也表现了大量关于信仰方面的内容。但是天帝的画像却难得一见，就目前所见的材料而言，笔者认为可以明确认定为最高天帝的画像仅有南阳麒麟岗画像石墓[②]中一例。

该墓的时代据发掘者推测为东汉早中期，墓葬由二大门、前室、南主室、中主室和北主室五部分组成，在同时期画像石墓中规模不算大，比较东汉晚期的大型画像石墓更显得狭小，但墓室中满布雕刻十分精美的画像，而且从画像中人物的衣冠来看，该墓主的等级恐怕不可小觑。墓中雕刻的门吏、侍者和武士等下属仆从不少，但这些下属人物基本全部戴冠，主要为进贤冠和武弁大冠。我们知道，进贤冠为文职官员所戴，上至公侯，下至县小吏，等级区别在于其前突出部分“梁”的数量，“梁”这样的细节在这些画像上不能显示；而武弁大冠为“诸武官冠之”，高等级者在其上装饰黄金珰、蝉纹、貂尾等[③]，这些装饰的细节自然在画像上也无法显示。因此，这些人物的等级尚不能确定，但可以肯定地说，该墓葬画像中的

① 邢义田：《“太一生水”、“太一出行”与“太一坐”：读郭店简、马王堆帛画和定边、靖边汉墓壁画的联想》，《美术史研究集刊》第30期，2001年。

② 黄雅峰、陈长山：《南阳麒麟岗汉画像石墓》，西安：三秦出版社，2008年。

③（晋）司马彪撰，（梁）刘昭注：《续汉书》，见《后汉书》，第12册，第3666～3670页。

下属仆从大多数为文武官吏。至于墓主人，画像中没有直接的墓主人像，但有一幅宴饮、杂技画像，其上的观者大概可以代表墓主的阶层（图 4-4）。观者三人，左侧者戴武弁大冠，冠上细节不清，膝前似有较长的绶带。右侧者冠的前部尤其突出，直直竖立，大大高出一般的进贤冠。汉代十分重视冠制，进贤冠等官员的冠一般高七寸，天子的通天冠高九寸，画像上的这个人物显然不具备天子的资格。

图 4-4　南阳麒麟岗画像石墓宴饮图局部拓片及摹本
（采自黄雅峰、陈长山：《南阳麒麟岗汉画像石墓》，西安：三秦出版社，2008 年，第 60、170 页，图 50，图版 64）

另有一种高山冠，也高九寸，为王侯赐予近臣所冠。《续汉书·舆服志》云：“高山冠，一曰侧注。制如通天，[顶] 不邪却，直竖，无山述展筩，中外官、谒者、仆射所服。太傅胡广说曰：‘高山冠，盖齐王冠也。秦灭齐，以其君冠赐近臣谒者服之。’”① 这里右侧之人所戴之冠，与文献中的高山冠较为一致，其应该是王侯近臣一类的人物。那么，中间一人的地位岂不是王侯一类了？其头上的冠比右侧人物更加突出，而且十分宽，下小上大，由于细节不清，目前还很难与已知的汉代冠制进行合理的联系，不过其身份的高贵，应该是没有疑问的。根据上述画

① （晋）司马彪撰，（梁）刘昭注：《续汉书》，见《后汉书》，第 12 册，第 3666 页。

像中宴乐者和下属仆从的衣冠，笔者认为，该墓的主人应该属于贵族或高级官员。

该墓的前室墓顶有一幅十分巨大的天象画像，由九块条石组成，长3.8、宽1.3米。其上满布云气纹，中心为端坐人像，面目不清，头戴三叉形冠。人像四周按方位环绕四象，青龙居左（以人像自身方位为准）、白虎居右、朱雀在上、玄武在下，若站在墓中仰视画像，则十分切合东青龙、西白虎、南朱雀、北玄武的天象配置，而且龙、虎头南尾北，龟、鸟头西尾东的设计也合于天象。青龙、白虎两侧为汉画像中常见的人首蛇身的伏羲、女娲形象，伏羲捧日居东，女娲捧月居西（详见本章第三节）。伏羲之外为北斗七星，女娲之外为南斗六星。四象、日月、南北斗有序地组合在一起，无疑是一幅系统化的天象图。虽然该天象图没有完全按照天象来配置画像（南、北斗不当在四象之外，也非对称分布，其配置意义后详），然而其严密的系统性是一目了然的（图4–5）。

图4–5　河南南阳麒麟岗画像石墓前室墓顶画像拓片及摹本（采自黄雅峰、陈长山：《南阳麒麟岗汉画像石墓》，第62、163页，图42、图版63）

居于此天象图中心的应即天极星（北极星）——太一，以人像表现出来，即是最高天帝（有意见认为是黄帝，不确，后详）。前引《史记·天官书》云：“中宫天极星，其一明者，太一常居也。”①《易纬乾凿度》郑玄注：“太一者，北辰

① 《史记》卷二十七《天官书》，第4册，第1289页。

之神名也。居其所曰太一。”[①]《黄帝占》亦云：“北极，太一之座也。”[②]天极星处于天之中心（即北极、北辰），根据汉代以天文比附政治的思想，自然为最高天帝所居，则太一即是最高天帝，又称上帝、大帝、太帝、皇天上帝、天皇大帝、昊天上帝（这几个名称在一些不同门户的儒士那里解释尚不一致，但郑玄这样的通儒已认为其一致，何况社会上一般观念中）。《史记·天官书》正义云：“泰一，天帝之别名也。”[③]《汉书·李寻传》云“紫宫极枢，通位帝纪”，颜注引孟康曰：“紫宫，天之北宫也。极，天之北极星也，枢是其回转者也。《天文志》曰：‘天极其一明者，太一常居也。’太一，天皇大帝也，与通极为一体，故曰通位帝纪也。”[④]《尔雅·释天》云“北极谓之北辰”，郑玄注“天皇北辰耀魄宝”，又云“昊天上帝，又名大一常居。以其尊大，故有数名也”[⑤]。《尚书·虞书·舜典》马融注亦云：“上帝，太一神，在紫微宫，天之最尊者。”[⑥]《春秋合诚图》亦云：“天皇大帝，北辰星也。含元秉阳，舒精吐光，居紫宫中，制御四方。”[⑦]

画像上太一的面貌无法看清，甚为可惜，其最突出的一个特征为头戴三叉形冠，三叉呈锋状竖立。此种冠形并不见于汉代的实用冠饰，应该是专门设计的具有象征意义的神冠，或即《汉书·王莽传》中提到的“天文冠”。传云：

莽使尚书劾（孔）仁：“乘干（乾）车，驾巛（坤）马，左苍龙，右白虎，前朱雀，后玄武，右杖威节，左负威斗，号曰赤星，非以骄仁，乃以尊新室之威命也。仁擅免天文冠，大不敬。”有诏勿劾，更易新冠。其好怪如此。[⑧]

---

① ［日］安居香山、中村璋八辑：《纬书集成》，上册，第 32 页。

② （唐）瞿昙悉达：《开元占经》卷六十七《石氏中官三·北极钩陈星占》引，下册，第 663 页。

③ 《史记》卷二十七《天官书》，第 4 册，第 1290 页。

④ 《汉书》卷七十五《李寻传》，第 10 册，第 3179 页。

⑤ 《周礼注疏》卷一八《春官宗伯》疏引，中册，第 649 页。按：此段标点多有不同，或以为“以其尊大，故有数名也”为疏语（见笔者所引版本标点），而是否出于郑玄《尔雅注》或郑玄有无《尔雅注》也有争议（参见陈东辉、彭双喜：《〈周礼注疏〉引〈尔雅〉郑玄注辨析》，《中国典籍与文化》2008 年第 3 期。该文同样将“以其尊大，故有数名也”列入正文）。不过，无论是否出自郑玄《尔雅注》，其出自郑玄注文并没有疑问，只是“郑玄注”三字是否从属《尔雅》上述引文而已。而不论“以其尊大，故有数名也”是否属于郑玄注文，郑玄注文中确实列出了“数名”。

⑥ 《尚书正义》卷三《虞书·舜典》，上海古籍出版社，2007 年，第 76 页。

⑦ ［日］安居香山、中村璋八辑：《纬书集成》，中册，第 767 页。

⑧ 《汉书》卷九十九《王莽传》，第 12 册，第 4153 页。

王莽好神怪，造作了一些天文神物，如“威斗”即象天之北斗，此“天文冠”或亦附会天文之造作。而上引文献中提到的左苍龙、右白虎、前朱雀、后玄武及北斗与画像上的天文组合十分切合，因此笔者推测画像中太一所戴之冠或为文献中提到的“天文冠”。画像上的冠作三锋状。《史记·封禅书》载武帝“为伐南越，告祷太一，以牡荆画幡日月北斗登龙，以象太一三星，为太一锋”①。所谓“太一三星”，李零先生解释为太一及天一三星，天一三星与太一合则为一体，“一星在后，三星在前”，是为“太一锋”②。画像中三锋状的天文冠或即象征合天一三星而成的“太一锋”，作为天帝太一的标志。画像上太一、日月、四象、南北斗的内容也多与上引文献一致，具有一致的环境。类似这种三锋状的冠也存在于其他汉画像中，一般呈三个尖角，多出现于“周公辅成王”画像中周成王以及东王公、伏羲、“高禖神”（不确，因为这个名称应用较多，这里暂用之，后详）的头上，一些性质不明的神人偶尔也用此冠。一般称为“山形冠”，孙机先生言其“名称不详，只能暂称之为王冠”③。周成王为天子，乃天帝之嫡支。伏羲本为天帝，如前所述与太一关系密切。东王公是对应西王母出现的，而西王母为天帝之女。《穆天子传》载西王母自作歌曰：“嘉命不迁，我惟帝女。”④其能戴天帝太一之冠而特显其尊贵，也是可以理解的。而所谓“高禖神”与太一有着十分密切的关系，后文有所涉及，兹不赘述。

另外，关于这种三锋形的冠，后世道书文献中也有记载。大概成书于魏晋时期的《老子中经》中云：“东王父者，青阳之元气也，万神之先也。衣五色珠衣，冠三缝，一云三锋之冠。”同书又云：“璇玑者，北斗君也，天之侯王也。……冠三缝之冠。”⑤南北朝时的《正一法文天师教戒科经·天师教》云：“绛黄单衣三缝冠，佩天玉符跪吾前。”⑥《太平广记》卷一引《仙传拾遗》亦云东王公戴“三维之冠”⑦，这里的三维之冠很可能就是三缝之冠。而据前引《老子中经》所云三

① 《史记》卷二十八《封禅书》，第4册，第1395页。
② 李零：《湖北荆门“兵避太岁”戈》，《文物天地》1992年第3期。
③ 孙机：《汉代物质文化资料图说》（增订本），上海古籍出版社，2008年，第268页。
④ （晋）郭璞注，王贻樑、陈建敏校释：《穆天子传汇校集释》卷三，第143页。
⑤ （宋）张君房编，李永晟点校：《云笈七签》卷十八《老子中经》，第1册，第419、425页。
⑥ 《道藏》，北京：文物出版社，上海书店，天津古籍出版社，1988年，第18册，第238页中。
⑦ （宋）李昉等：《太平广记》卷一《木公》，北京：中华书局，1961年，第1册，第5页。

缝之冠又叫作三锋之冠，其原型很可能就是画像上刻画的这种冠，而汉代画像中东王公确实也多见戴此种三锋冠的，与前引道书文献一致。不过，这幅画像的时代在东汉早中期，而上引道书文献的成书都略晚，更可能是王莽以来的传统观念被后来的道教所吸纳。而且魏晋以后的道书中多写作“三缝”，是否有所讹变，成为一种以制作方式命名的冠饰？此外，在四川、重庆地区东汉晚期画像中有些一般神仙、历史人物、方士头上也戴此冠（图 4–6），是否是后来天师道中上述观念的直接来源，或许值得注意。

图 4–6　重庆合川沙坪村出土墓室横额画像石拓片

（采自中国画像石全集编辑委员会：《中国画像石全集 7 · 四川汉画像石》，第 50 页，图六一）

画像上太一的周围围绕着四象（四灵），这当然是四宫围绕中宫的天象象征。正如张衡《东京赋》所云：“飏槱燎之炎炀，致高烟乎太一。……辩方位而正则，五精帅而来摧。尊赤氏之朱光，四灵懋而允怀。”[①]不过根据当时的一些文献，或许还是五方天帝夹辅太一的反映。《春秋文曜钩》云：

东宫苍帝，其精为青龙。南宫赤帝，其精为朱鸟。西宫白帝，其精为白虎。北方黑帝，其精为玄武。黄帝含枢纽之精，其体璇玑，中宿之分也。中宫大帝，其尊北极星，含元出气，流精生一也。[②]

即以四象为四帝的化身夹辅中宫大帝——北极星，与画像上的天象配置完全相合，因此画像中的四象或许也可解释为夹辅太一的四方天帝。这里的“中宫大帝”为北极星，自然是太一而非黄帝，有意见根据类似文献将画像中心所坐的人像解

① 费振刚、胡双宝、宗明华辑校：《全汉赋》，第 443 页。

② ［日］安居香山、中村璋八辑：《纬书集成》，中册，第 662 页。

释为黄帝[①]恐怕是不正确的。由于汉武帝以太一为最高天帝，太一居于中宫，占了中央黄帝的位置，所以黄帝就无法在这样的图式中表现出来了。武帝在甘泉祭祀太一以五帝配祭，太一坛居于中央，高为三层，“五帝坛环居其下，各如其方”，但由于太一占了中央，黄帝坛便安排在西南隅[②]。西南为坤地，也合于黄帝之土德，但这样的配置无法在天象图上反映。上引《春秋文耀钩》中云“黄帝含枢纽之精，其体璇玑”，《史记·天官书》中云“北斗七星，所谓璇、玑、玉衡以齐七政”[③]，显然这里是以北斗为黄帝了。汉代确实有以北斗为黄帝的观念（见本章第二节），此处的黄帝是否由画像中的北斗来体现？可存一疑。但上引文献确实提示出此种图式可能与五方天帝夹辅太一的观念具有一定的联系。

汉代（准确说武帝以来，后详）以太一为最高天帝，而五方天帝（东方苍帝太皞、南方赤帝炎帝、西方白帝少昊、北方黑帝颛顼、中央黄帝轩辕）为太一之辅佐。《史记·封禅书》云：“天神贵者太一，太一佐曰五帝。”又云：“五帝，太一之佐也。”[④]汉末星占文献《荆州占》亦云：“太一之居，左文而右武，后极而前行，四帝方旁，众神为辅。”[⑤]司马相如《大人赋》云：“使五帝先导兮，反大壹而从陵阳。”这里的“大壹”即“太一”[⑥]。曹魏成公绥《天地赋》亦云：“尊太一于上皇，奉万神于五帝。”[⑦]亦是以五帝（四帝）为太一辅佐。《汉书·王莽传》中载王莽派往四夷的使团组成为：

五威将乘乾文车，驾坤六马，背负鷩鸟之毛，服饰甚伟。每一将各置左右前后中帅，凡五帅。衣冠车服驾马，各如其方面色数。将持节，称太一之使；帅持幢，称五帝之使。[⑧]

“乾文车”，颜注引郑氏曰“画天文象于车也”，可见即“天文车”。王莽

① 黄雅峰、陈长山：《南阳麒麟岗汉画像石墓》，第74页。
② 《史记》卷二十八《封禅书》，第4册，第1394页。
③ 《史记》卷二十七《天官书》，第4册，第1291页。
④ 《史记》卷二十八《封禅书》，第4册，第1386、1393页。
⑤ （唐）瞿昙悉达：《开元占经》卷六十七《石氏中官三·太一星占》引，第664页。
⑥ 费振刚、胡双宝、宗明华辑校：《全汉赋》，第91页。
⑦ （清）严可均辑：《全上古三代秦汉三国六朝文》，第2册，第1794页。
⑧ 《汉书》卷九十九《王莽传》，第12册，第4115页。

在政治上尤其喜好附会天文，其每一将各置五帅，将称“太一之使”，帅称“五帝之使”，自然也是对五帝夹辅太一的附会。东汉晚期的重列式神兽镜上常见“周罗容象，五帝天皇”的铭文，“五帝”即指五方天帝，“天皇”应指天皇大帝太一（后详）。这种观念是有可能表现在当时的天象图上的，不过，以四象为五帝可能只是一种谶纬中的附会，但确实也是汉代人的观念，此画像是否具有此种观念可能还要等待其他发现来验证。

值得注意的是，紧接此天象画像的是墓门门楣上的一幅升仙图（发掘者释为东王公，不当）。其上一羽人驾驶着一辆龙车向左行，车身部分似乎由云气组成，主人坐于车中，高冠和衣袖都向后飞扬，表现出龙车之迅速，十分传神（图 4–7）。这种画像应该是汉墓中常见的升仙图像，龙车飞驰在云气之中，其最终目的地自然在其上的天界画像。

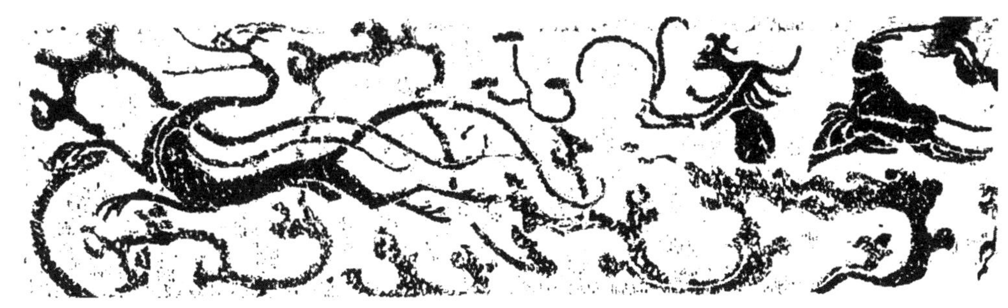

图 4–7　南阳麒麟岗画像石墓门楣升仙画像拓片

（采自黄雅峰、陈长山：《南阳麒麟岗汉画像石墓》，第 137 页，图版 40）

西汉前期马王堆帛画上的太一还是人身蛇尾的造型，这一方面与前述楚地传统中太一与东皇伏羲的密切联系或整合附会有关；另一方面，战国时期楚文化色彩浓厚的《山海经》中天帝、天神往往就是这种半人半兽的形象，这可能来自上古以来传统观念的影响，这种影响通过强大的楚文化一直绵延到西汉前期的楚地。但秦汉既然建立了以皇帝为中心的中央集权的大一统国家，尤其是西汉中期以来，皇帝天子的观念已经深入人心，最高天帝便是人间最高帝王在天上的对应。人们观念中的天帝已经不再是光怪陆离的半人半兽形象，而与人间帝王的形象一致，麒麟岗画像石墓中的太一图像明显地表现了这点。

五、汉晋神兽镜上的天帝图像

东汉晚期至魏晋时期的神兽镜上也出现了天帝的形象，主要有两类铜镜：三段式神仙镜和重列式神兽镜。

（一）三段式神仙镜

该类铜镜主要出土于四川盆地和陕西关中两地，时代在东汉晚期至魏晋。该类铜镜的内区图像以紧夹镜纽的两条平行线分为上、中、下三段：上段图像主要为中央一大龟（玄武）背负一柄华盖，华盖右侧有一大神端坐，其旁和华盖左侧有数名神仙侍奉和拜见此大神；中段图像主要为西王母和东王公左右相对，或正面端坐面部略朝镜纽，或头朝镜纽相对，在陕西出土的一些铜镜上也有用天禄、辟邪神兽代替西王母、东王公的；下段图像主要为中央有一交缠的神树，两侧有数名神人坐于树下（图 4–8、4–9）。外区主要为栉节纹带、半圆方枚带、云气纹带等，有些有铭文带[①]（见图 4–9）。

1．美国波士顿美术馆藏　　2．日本五岛美术馆藏　　3．美国西雅图美术馆藏

图 4–8　三段式神仙镜内区图像线摹

（采自林巳奈夫：《漢鏡の図柄二，三について》，《東方学報》第 44 册，1973 年，图 19 ~ 21）

① 苏奎：《汉代蜀镜的初步研究》，四川大学博士学位论文，2011 年，第 84 ~ 239 页。

1. 绵阳何家山一号崖墓出土

2. 邛崃羊安镇出土

图 4-9 三段式神仙镜

（采自 1. 绵阳市文物管理局、绵阳博物馆：《涪江遗珠：绵阳可移动文物》，第 59 页；2. 成都博物馆苏奎先生提供）

对于该类铜镜的内区图像尤其是上段图像，学界存在着较大的分歧。林巳奈夫先生认为图像中心的华盖应是北极附近华盖九星的表现，其右侧的大神即是北极星天皇大帝，也即太一①。但若按照实际的天象来论，北极星应该处于中心，华盖在其侧，而图像上却将华盖至于中心，“天皇大帝”反而居于其侧了。于是又出现一种观点，认为此图像上最尊神应该在中心，但由于其特别尊贵和一些早期道教的观念，其上没有出现这个最尊神的图像，而以华盖代之。这种观点以巫鸿先生为代表，并认为华盖下隐去的主神就是老子，并与早期道教有关②。也有不少学者注意到华盖右侧大神为女性，有些还表现为怀抱婴儿的形象③。笔者认为，一方面，确如学者们所怀疑的，如果上段图像中的大神是天皇大帝，其位置应该在中心，而不应该偏在一隅，在有的铜镜上其位置甚至偏到了上段图像的最右侧，这显然与天皇大帝的地位不符。而且该大神在不少材料中确实表现出女性特征，作为汉代的天皇大帝也不合适。而另一方面，不表现出最高天帝而以其座位予以指代的材料在上述新莽至东汉早期的郝滩壁画墓和杨桥畔壁画墓中已经出现，用

① 林巳奈夫：《漢鏡の図柄二，三について》，《東方学報》第 44 册，1973 年，第 1 ~ 65 页。

② ［美］巫鸿：《地域考古与对“五斗米道”美术传统的重构》、《无形之神：中国古代视觉文化中的“位”与对老子的非偶像表现》（李清泉译），见氏著《礼仪中的美术——巫鸿中国古代美术史文编》，下册，第 485 ~ 524 页。

③ 如楢山満照：《後漢時代四川地域における「聖人」図像の表現——三段式神仙鏡の図像解釈をめぐって》，《美術史》第 163 册，2007 年，第 193 ~ 207 页；谢明良：《鬼子母在中国——从考古资料探索其图像的起源与变迁》，《美术史研究集刊》第 27 期，2009 年，第 117 页；陈长虹：《汉魏六朝列女图像研究》，第 191 ~ 195 页。

一个帷帐和华盖表示最高天帝的座位，前者并有“太一座”的题记，与此类铜镜上用华盖表示如出一辙。我们知道，一般认为道教在新莽至东汉早期还没有兴起，即便已经兴起，恐怕还不会有如此系统的图像表现。而且郝滩壁画墓上的题记说得明明白白，是太一而不是老子，同理，三段式神仙镜上段图像中心华盖之下隐去的并非老子，而是最高天帝、天皇大帝——太一。

认为华盖代表的是老子，主要的一条文献依据出自《续汉书·祭祀志》，其载桓帝“亲祠老子于濯龙，文罽为坛，饰淳金釦器，设华盖之坐，用郊天乐”[①]。其实，这里说得很明白，汉桓帝亲自祭祀老子并使用了祭天的礼仪，所以才被作为一个特例记录下来。说明华盖更可能属于祭祀天帝时的标志设施，代表天帝的座位，也是壁画和铜镜上以华盖指代天帝太一的一个有力证据。而且，上述郝滩和杨桥畔壁画墓的时代都早于桓帝，用华盖来祭祀老子的这一特例尚未发生，认为以华盖隐喻老子而与道教有关显然是本末倒置了。

另外，绵阳何家山一号崖墓[②]出土三段式神仙镜外区有一铭文带，其文云：“余造明[镜]，□□能（？）容，翠羽秘盖，灵鹅台杞（？），调（雕）刻神圣，西母东王，尧帝赐舜二女，天下泰平，风雨时节，五谷孰（熟）成，其师命长。”其中称图像上的华盖为“翠羽秘盖”。《广韵·至韵》云：“祕，密也，神也。……俗作秘。”[③]“秘盖”一词很可能就隐含了其隐去太一尊像的意义。铭文中还提到尧、舜及尧帝二女，我们知道，尧、舜都是历史传说中的古代帝王，但在神话传说中又都是天帝，只是在此时的观念中他们虽都为天帝，但不是最高天帝，位在天皇大帝——太一之下。如果外区铭文与内区图像是直接相关的关系，那么，三段式神仙镜图像中的一些神人按照铭文可能就是尧、舜这样的天帝及尧帝二女这样的人物，最高天帝应该是“秘盖”之下隐藏的太一。

对于三段式神仙镜内区图像的研究，霍巍先生将之作为神仙体系来考察[④]，对笔者启发甚大。汉晋时期许多种类铜镜及其纹饰的设计背景确实具有象天法地的宇宙论意义，林巳奈夫先生曾认为铜镜中心的圆乳形纽为昆仑的象征，笔者曾同

① （晋）司马彪撰，（梁）刘昭注：《续汉书》，见《后汉书》，第11册，第3188页。
② 何志国：《四川绵阳何家山1号东汉崖墓发掘简报》，《文物》1991年第3期。
③ 周祖谟校：《广韵校本》卷四《去声·至》，北京：中华书局，2011年，上册，第353页。
④ 霍巍：《四川何家山崖墓出土神兽镜及相关问题研究》，《考古》2000年第5期。

意并发展其说[①]。具体以三段式神仙镜来论，其以紧夹镜纽的两条平行线将图像分为上、中、下三段，镜纽两旁有西王母和东王公，如前所述，东王公在东汉时期是配合西王母而重新出现的，整个图像体现的仍然是以昆仑、西王母为中心的升仙信仰。下段图像中心有一缠绕的树，这样的形象我们在第一章所述绵阳梓潼出土画像砖（见图 1–22）和重庆巫山出土的铜牌饰（见图 1–24）上已经见过，它们皆是与昆仑、西王母、天门紧密联系在一起的。而第一章第三、四节中所述的各大地域的昆仑图像中都有神树出现，有些在昆仑之上，有些在昆仑之下，有些与昆仑融合。神树登天与神山登天一样，共同作为昆仑登天信仰中的内容。

如果这样来看，三段式神仙镜图像主体之一就是以昆仑、西王母为中心，再结合建木神树的升天信仰的体现。其目的地在上段的天界，天界的主神太一由于过于尊贵，并非一般人能觐见，所以没有表现出神像，而是用“秘盖”予以隐喻。从目前的材料来看，它还是前述西汉中晚期以来形成的社会一般升仙信仰的表现，可以作为早期道教兴起的背景，也可以说与早期道教有着共同的背景，但不宜就此判断为早期道教之物。

此外，陈长虹先生认为上段右侧大神应为九子母即高禖神，两侧的神人应该为其“九子”[②]，这个观察和讨论是颇具见地的。那么，上段图像中除了华盖外，似乎在表现子孙蕃昌的愿望，是否与上述讨论矛盾？笔者认为，铜镜可以说是一种“超级器物”，在实用、礼仪、民俗、丧葬乃至宗教中都有广泛的运用。当时人的主要愿望——富贵、蕃昌、升仙，通过造型、纹饰、铭文等，都附加于其上（当然不同镜类也有所侧重）。然而，铜镜的设计和图像的配置是有整体寓意的，即当时人观念中的宇宙模式，也只有在对这一模式的模拟和再现中人们才能实现和统合上述三大愿望（关于“超级器物”问题，笔者拟专文详论，兹不赘述）。因此，三段式神仙镜上、中、下三段图像体现的这种整体宇宙和神仙意义是其主干，并不妨碍在此基础上整合其他图像而表达其他意义。

并且，汉代观念中的太一与高禖还具有密切的关系。《礼记 · 月令》郑玄注：“变媒言禖，神之也。”[③]“禖”是“媒”的神化，高禖即为婚姻繁育之神。一方

① 林巳奈夫：《漢鏡の図柄二，三について》，《東方学報》第 44 册，1973 年，第 1 ~ 65 页；王煜：《象天法地：先秦至汉晋铜镜图像寓意概说》，《南方文物》2017 年第 1 期。

② 陈长虹：《汉魏六朝列女图像研究》，第 186 ~ 223 页。

③ 《礼记正义》卷二十二《月令》，上册，第 631 页。

面，如前所述，太一与伏羲、女娲密切相关，而伏羲、女娲制成婚姻、化育人类，具有高禖的神性。《风俗通义》云：“女娲祷祠神祈而为女媒，因置婚姻，行媒始行明矣。”[①]《初学记》卷九引《帝王世纪》云：“庖牺氏，风姓也，蛇身人首……制嫁娶之礼。”[②]《白虎通·号》亦云：“伏羲仰观象于天，俯察法于地，因夫妇，正五行，始定人道。”[③]《礼记·月令》孔颖达疏：“但不知初为媒者其人是谁。案《世本》及谯周《古史》，伏羲制以俪皮嫁娶之礼，既用之配天，其尊贵先媒，当是伏羲也。”[④]许多南方民族的神话传说中也以伏羲、女娲自成婚姻，为人类的始祖[⑤]。而且从汉代图像中伏羲、女娲多作交尾状的情况来看，汉代人的观念中伏羲、女娲具有一定的高禖神性是毫无疑问的。那么，既然太一与伏羲、女娲关系密切，而伏羲、女娲具有高禖神性，可知太一与高禖亦有密切关系。另一方面，“太一”又写作“太乙”，“乙”非甲乙之“乙”，而为乙鸟之“乙”[⑥]。《说文·乙部》云：“乙，燕燕，乙鸟也。”又《燕部》云：“燕，燕燕，玄鸟也。”[⑦]乙鸟即是玄鸟，古人认为其知晓天时，为天帝的使者[⑧]。《诗·大雅·商颂》云：“天命玄鸟，降而生商。”[⑨]玄鸟即为天帝之使。而玄鸟又与高禖有着十分密切的关系。《礼记·月令》记“仲春之月”：“是月也，玄鸟至。至之日，以大牢祠于高禖，天子亲往。”郑玄注：“玄鸟，燕也。燕以施生时来，巢人堂宇而孚乳，嫁娶之象也，媒氏之官以为候。高辛氏之世，玄鸟遗卵，娀简吞之而生契，后王以为媒官嘉祥，而立其祠焉。”[⑩]可见，天帝太一（太乙）与高禖的关系也可从玄鸟上建立起来，高禖能享大牢之祠，而且天子亲往，或许正得益于其与天帝太一的密切关系。因此，图像中太一华盖之侧刻画出高禖神，不仅没有矛盾，而且还能相互关联。

---

① （汉）应劭撰、王利器校注：《风俗通义校注》，北京：中华书局，1981年，下册，第599页。
② （唐）徐坚等：《初学记》卷九《总叙帝王》，上册，第196页。
③ （清）陈立撰、吴则虞点校：《白虎通疏证》卷二《号》，上册，第51页。
④ 《礼记正义》卷二十二《月令》，上册，第633页。
⑤ 闻一多：《伏羲考》，上海古籍出版社，2006年，第1～78页。
⑥ 曹胜高：《“太一”考》，《洛阳大学学报》2002年第3期。
⑦ （汉）许慎撰，（清）段玉裁注：《说文解字注》，第584、582页。
⑧ 冯时：《中国天文考古学》，北京：中国社会科学出版社，2007年，第258页。
⑨ 《毛诗注疏》卷二十之三《商颂·玄鸟》，下册，第2125页。
⑩ 《礼记正义》卷二十二《月令》，上册，第631页。

（二）重列式神兽镜

重列式神兽镜的流行时代与三段式神仙镜大体相同，也是东汉晚期至魏晋时期，但与后者主要流行在四川盆地和陕西关中不同，重列式神兽镜主要流行于江南地区。其上往往有铭文带，而且铭文形成了大致相同的程式，如“吾作明竟（镜），幽湅宫商，周罗容象，五帝天皇，白牙弹琴，黄帝除凶，朱鸟玄武，白虎青龙……”，省略号中主要是一些吉语、纪年和作镜人，各镜有所不同，有的还提及西王母和东王公[①]。由于其中提到“五帝天皇”，五帝应该指五方天帝，而天皇显然指天皇大帝，学者们自然会想到上面应该刻画有最高天帝的图像。

重列式神兽镜上刻画有十分丰富的神人图像，有的甚至有十几尊（图 4-10、4-11）。林巳奈夫先生认为，此类铜镜的图像结构为东、西、南、北的平面式，

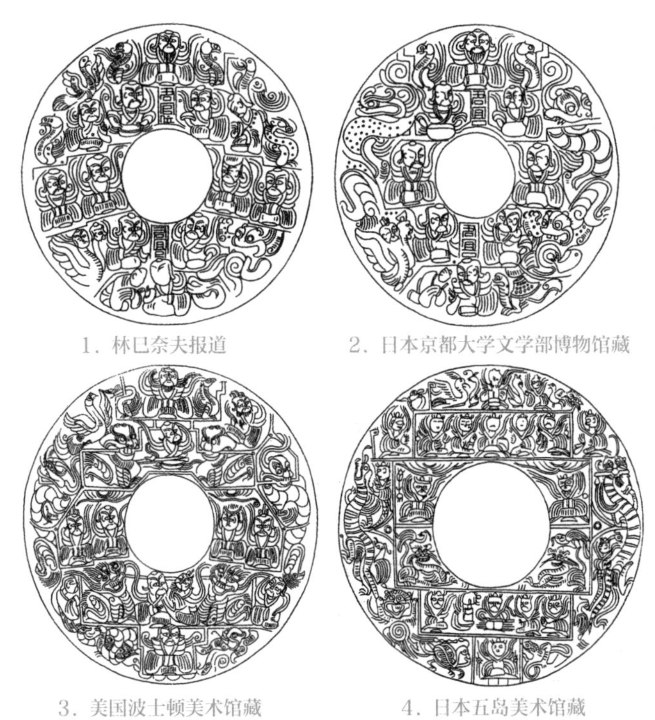

1. 林巳奈夫报道　2. 日本京都大学文学部博物馆藏

3. 美国波士顿美术馆藏　4. 日本五岛美术馆藏

图 4-10　重列式神兽镜内区图像线描图

（采自林巳奈夫:《漢鏡の図柄二,三について》，《東方学報》第 44 册，1973 年，图 33 ~ 35、39）

① 王仲殊：《建安纪年铭神兽镜综论》，《考古》1988 年第 4 期。

1. 浙江武义履坦楫山出土

2. 浙江龙游出土

图 4-11　重列式神兽镜

（采自王士伦编著，王牧修订：《浙江出土铜镜》，北京：文物出版社，2006 年，彩版 47、48）

其方向为上南、下北、左东、右西，或上南、下北、左西、右东，这一点在某些铜镜图像边缘上朱雀、下玄武、左青龙、右白虎的布局上可以得到证明。于是更近一步，认为上方中央十分突出的端坐神像为南极老人，而与之相对的下方中央的神像为北极天皇大帝，紧接镜纽左右的神像为西王母和东王公，而其他的神像可能是铭文中所说的五帝，另外还有一些其他神人神兽形象①。对于林巳奈夫的这一论点，尚未见有学者提出有力反驳。应该说将此类铜镜当作宇宙整体的平面图像的论点是不必置疑的，其对方位的讨论也是有理有据的，但是否铜镜下部的神像为最高天帝——天皇大帝，笔者持怀疑态度。

仔细观察此类铜镜上的神像，最为突出的是最上方林巳奈夫考证为南极老人的神像，而下方被认为是天皇大帝的神像却往往不如上方者突出，神像往往要略小一些，而且有的铜镜上还呈四分之三的侧坐形式，其气势与上方正面端坐而宽大的神像完全不可同日而语。如果下方的神像果真是整个宇宙的统治者天皇大帝，其气势和地位难道还不如南极老人神？

其实，林巳奈夫的论证中有一个根本性的失误，他认为该图像既然是上南下北，那么下方就是北极，为天皇大帝所在，这便是致错之根由。我们知道，天的北方并不等于北极，北极又称天极，只是其在人们视点的北方，故而称为“北极”。

① 林巳奈夫：《漢鏡の図柄二，三について》，《東方学報》第 44 册，1973 年，第 1 ~ 65 页。

实际上它是地球自转轴与想象中天盖的交点，由于地球的自转和公转，从地处北半球的中国仰望天穹，满天星辰都围绕着它作周日和周年的圆周运动，故而古人认为其是天之中心，北极星（实际上真正北极点所在并没有恒星，古来均以最接近北极的较亮的星为北极星，由于岁差的缘故，从古至今极星有所变化）——太一自然就被人们尊为天皇大帝了。因此，林巳奈夫所谓的北极天皇大帝所在的铜镜图像下方，实际上是天之北宫，其神人旁的玄武就是明证（见图 4-10-2 ~ 4-10-4）。所以，图像下方的这个神像如果按照铭文中的五帝来讲，应该是北方黑帝颛顼，而非天皇大帝太一。同理，图像上方的那个神像应该是南方赤帝炎帝，而非南极老人。由于炎帝在神话传说和历史传说中都比颛顼要出名得多，故而其图像较为突出也是可以理解的。那么，东方青帝、西方白帝、中央黄帝及其上太一又在哪里呢?

笔者认为，对于铭文中的“五帝天皇”一语不能过于拘泥，要求一一对应，正如上述三段式神仙镜铭文中的尧、舜及尧之二女一样，实际上在该镜图像上并不能找到完全的对应。铜镜中的铭文更多的是一种吉语和愿望，有时还要考虑句式、押韵等因素的影响，其云“五帝天皇”肯定是有图像上的表现的，但不一定是天皇大帝和五帝都要出现在图像上。图像上的一些比较突出的神像可能就是对天帝的表现，但从其位置、图像组合等方面来看，笔者尚不能判断出哪一个神像可以作为天皇大帝。因为如前所述，最突出的神像便是图像上方者，但其旁有朱雀，根据整个铜镜图像的布局来看，将其作为南方赤帝似乎更妥当一些。

不过，也可以作另外一种解释，那就是彻底颠覆林巳奈夫关于该类铜镜平面图式的观点，将其视为立体的一个神仙体系。那么，处于最高处的又最为突出的那个神像就有资格作为天皇大帝。日本东京五岛美术馆所藏的一面永安四年（公元 261 年）的重列式神兽镜[①]上，最高的神像下面一栏中，正好有五个神像，似乎刚好为“五帝天皇”的格局（见图 4-10-4）。但如果这样解释，那么铜镜四边的四象又该怎样理解？如此只有作进一步假设，即该类铜镜的图式为平面结合立体式的，平面上表现天之四方，立体上表现天界神祇系统。但这样显然假设过多而实际证据过少。所以，谨慎起见，笔者在这里暂时不下结论，对于其上是否有天

① 林巳奈夫：《漢鏡の図柄二，三について》，《東方学報》第 44 册，1973 年，第 25 页，图 20。

皇大帝太一的神像，留待以后进一步讨论。但有一点是可以肯定的，该类铜镜尤其是进入吴晋时期以后，上面表现出的观念与本书所述汉代的一般升仙观念有较大不同，上述的一些解释模式都无法在这里实现。似乎吴晋时期的江南地区，社会上的一般观念与此时其他地区相比发生了一些新的变化，笔者认为，这些变化可能与天师道在该地区的发展[①]以及佛教的传播有关。这一问题已经超出本文主旨，兹不赘述。

六、太一与昆仑升仙

以上所论汉代的太一图像（马王堆帛画两例 [其中一例模糊不清]，郝滩壁画墓一例，杨桥畔壁画墓一例，麒麟岗画像石墓一例，三段式神仙镜和重列式神兽镜两种铜镜）中，真正出现最高天帝图像的只有马王堆帛画和麒麟岗画像石三例，郝滩壁画墓中以帷帐代替，杨桥畔壁画墓中以华盖表现，三段式神仙镜上亦以华盖隐喻，重列式神兽镜上是否有最高天帝目前尚不敢确定。这种情况可能与等级有关，天上的最高天帝如同人间的帝王一样，并不是所有人都有资格觐见的，只有贵族和高级官员才在墓葬中表现出他的神像，而出现太一神像的马王堆汉墓和麒麟岗画像石墓都是列侯及高级官员的墓葬，可作为证明。如前所述，郝滩壁画墓和杨桥畔壁画墓等级较低，而铜镜在东汉晚期已经成为一种商品，任何人只要具备经济实力都可以拥有，所以其上没有出现最高天帝的图像，而以帷帐和华盖代替。

而且从上述考古材料看，这些太一图像都与当时社会的一般升仙信仰，也就是以昆仑、天门、西王母为中心的升仙信仰有密切关系。马王堆帛画上其正对昆仑之上，天门之中，作为西汉前期楚地“阊阖—昆仑—天门—天帝”升天信仰的一部分。郝滩壁画墓中，题记“太一座”的帷帐处于昆仑和西王母图像之上，并且在作为“济渡之官”的天船之上，作为升仙者的目的地。杨桥畔壁画墓中，象征太一所在的华盖也是处于一系列神兽升仙图像的最前端和最上端，同样作为升仙者的目的地。麒麟岗画像石墓中紧接着出现太一图像的天象画像的大门门楣上

---

① 景安宁:《铜镜与早期道教》，见李凇主编《道教美术新论》，济南：山东美术出版社，2008年，第 3 ～ 10 页。

正是一幅生动的乘龙车升仙的图像，可见太一统领的天界也是升仙的目的地所在。三段式神仙镜上，昆仑、西王母的升仙信仰与神树的登天信仰结合在一起，而其上便是隐去太一神像的“秘盖”。这些较为系统的图像材料都说明汉代升仙信仰中，昆仑、天门和西王母并非目的地所在，昆仑是整个升天成仙信仰的背景，而西王母和天门是其中的关键环节，真正的目的地应该在昆仑、天门、西王母之上太一统领的天界。

笔者在第一章第五节中已经详细论证，汉代人的宇宙观念中以昆仑为大地中心，上面正对天的中心——北极，也就是太一所在，昆仑是最为重要的登天中心，其顶上即是“太帝之居”“帝之下都”。战国晚期至西汉前期楚地观念中太帝应该就是太一，其他传统的中央天帝即为黄帝，汉武帝以来更以太一为最高天帝，则此时昆仑之上的太帝即是太一，中央黄帝配居其下。《汉书·王莽传》引《紫阁图》云：“太一、黄帝皆仙上天，张乐昆仑。”[①]是其明证。因此，太一为汉代昆仑升仙信仰中之最高神。

我们知道汉武帝听取方士的建议始奉太一为最高天帝，而汉武帝崇奉太一和黄帝，明显与其希望登天成仙的求仙活动有关。《史记·封禅书》中记载当方士对武帝讲述了黄帝乘龙登天的故事后，武帝感叹道“嗟乎！吾诚得如黄帝，吾视去妻子如脱躧耳”[②]。他推崇太一的活动中，其目的也是“能仙登天”。武帝在其所造的求仙意味浓厚的甘泉宫中“画天、地、太一诸鬼神，而致祭具以致天神”[③]。六朝时期的《汉武故事》讲述此事时说：“于甘泉宫中画太一诸神像，祭祀之。少翁云：‘先致太一，然后升天。’”[④]《史记·孝武本纪》正义引《汉书起居》云：“李少君将去，武帝梦与共登嵩高山，半道，有使乘龙时从云中云‘太一请少君’，帝谓左右‘将舍我去矣’。”[⑤]《汉书·礼乐志》中载武帝伐大宛得到大宛马后所作的郊祀歌中云：

太一况，天马下。……天马徕，从西极，涉流沙，九夷服。……天马徕，开远门，

① 《汉书》卷九十九《王莽传》，第12册，第4154页。
② 《史记》卷二十八《封禅书》，第4册，第1394页。
③ 《史记》卷二十八《封禅书》，第4册，第1388页。
④ 王根林校点：《汉武故事》，见《汉魏六朝笔记小说大观》，第168页。
⑤ 《史记》卷十二《孝武本纪》，第2册，第455页。

竦予身，逝昆仑。天马徕，龙之媒，游阊阖，观玉台。

颜注：“此言天马乃太一所赐，故下来也。”又引文颖云：“言武帝好仙，常庶天马来，当乘之往发昆仑也。”又引应劭云：“阊阖，天门。玉台，上帝之所居。”[①]不少学者认为武帝伐大宛得天马的重要目的是升仙[②]，而来自西极的天马能承载他上昆仑、进天门、观玉台，正是因为天马是昆仑之上的天帝太一所赐，可见武帝崇拜太一的目的就是登昆仑而升天成仙。

不仅是汉武帝，贾谊《惜誓》云：“攀北极而一息兮，吸沆瀣以充虚。飞朱鸟使先驱兮，驾太一之象舆。……驰骛于杳冥之中兮，休息乎昆仑之墟。”[③]这里的“太一之象舆”显然与太一所赐的天马一样，皆是能载人逝昆仑、游阊阖、观玉台的神兽，而上述杨桥畔壁画墓太一华盖之旁正好有大象所拉的云车（关于“象舆”的问题，第六章第一节中详论，兹不赘述）。这就提示我们，在武帝听从方士建议而尊崇太一之前，太一信仰已经与升仙有关，并非武帝时方士向空捏造的。由于武帝还有前述的王莽等的推动，这一观念便更加流行了。班彪《览海赋》云：“麾天阍以启路，辟阊阖而望余。通王谒于紫宫，拜太一而受符。”[④]王逸《九思》云：“缘天梯兮北上，登太一兮玉台。”[⑤]关于昆仑、天门、太一的关系在王逸对刘向《九叹》的注解中表达得最为清楚。《九叹》云：“登昆仑而北首兮，悉灵圉而来谒。选鬼神于太阴兮，登阊阖于玄阙。”王逸注：“得道轻举，登昆仑之上，北向天门，众神尽来谒见，……与俱登于天门，入玄阙，拜天皇，受敕诲也。”[⑥]

可见，汉代的太一崇拜确实与昆仑升仙有着十分密切的关系，此种观念亦为稍后及后来的道教所继承。《太平经》云：“乃上从天太一也，朝于中极，受符而行。”[⑦]陶弘景《登真隐诀》云：“行之十五年，太一遣保车来迎，上登太宵。”[⑧]《真诰·稽

---

① 《汉书》卷二十二《礼乐志》，第4册，第1060、1061页。

② ［美］余英时著，侯旭东译：《东汉生死观》，第31页；霍巍：《天马、神龙与昆仑神话》，见霍巍、赵德云著《战国秦汉时期中国西南的对外文化交流》，第200页。

③ （宋）洪兴祖撰，白化文等点校：《楚辞补注》卷十一《惜誓》，第228页。

④ 费振刚、胡双宝、宗明华辑校：《全汉赋》，第252页。

⑤ （宋）洪兴祖撰，白化文等点校：《楚辞补注》卷十七《九思》，第324页。

⑥ （宋）洪兴祖撰，白化文等点校：《楚辞补注》卷十六《九叹》，第309、310页。

⑦ 王明编：《太平经合校》卷九十八，下册，第450页。

⑧ （梁）陶弘景撰，王家葵辑校：《登真隐诀辑校》卷中，北京：中华书局，2011年，第47页。

神枢》云：“庐江潜山中，有学道者郑景世、张重华，……以今年四月十九日北玄老太一迎以云骈，白日升天。”[①]《云笈七签·尸解》亦云：“因闭目咽气九十息毕，开目忽见太一以天马来迎于寝卧之前。”[②]这显然与武帝的“太一况，天马下”是一脉相承的，不过后世道教一方面有自己的神阶体系，太一已不复最高天帝的地位，另一方面还增加了特殊的修习方法和过程，除太一派遣车马迎接升天者这一内核外，恐怕逐渐面目全非了。

七、小结

综上所述，得到以下几点认识及相关思考：

第一，目前所见汉代有关最高天帝图像的材料，只有马王堆汉墓帛画两例（其中一例模糊不清），郝滩壁画墓一例，杨桥畔壁画墓一例，麒麟岗画像石一例，还有就是三段式神仙镜和重列式神兽镜两种铜镜。其中真正出现最高天帝神像的只有马王堆帛画和麒麟岗画像石三例，郝滩壁画墓中以帷帐代替，杨桥畔壁画墓和三段式神仙镜上以华盖指代，重列式神兽镜上是否有最高天帝目前尚不敢断定。这些最高天帝都是中宫北极星的神明——太一，又称天皇大帝等。虽然到汉武帝时才正式确认太一为最高天帝，但这种观念恰恰来自于战国晚期至西汉前期楚地信仰的影响。在传统楚地信仰中，太一与东皇有着密切关系，而东皇又与伏羲相整合附会，所以马王堆帛画上还表现了类似伏羲的人首蛇身的形象。而到东汉早中期的麒麟岗天象画像中，太一已经完全以帝王的形象出现了。

第二，目前所见的有关最高天帝的图像，都是出现在以昆仑、天门和西王母（马王堆帛画的时代西王母图像尚未出现，西王母尚未与昆仑信仰相结合）为中心的升仙信仰的环境中的，太一图像和信仰与昆仑升仙信仰有着密切关系，而且本身就是其中的一部分。

第三，太一是汉代信仰中的最高神，但在表现有丰富的信仰世界的汉画像石、砖和壁画上却极为罕见，远远不能与西王母、东王公及其他仙人、神兽相比，其中的原因值得我们深思。从上述考古材料上看，明确出现太一神像的都是贵族和

---

① （梁）陶弘景撰，赵益点校：《真诰》卷十四《稽神枢》，北京：中华书局，2011年，第252页。

② （宋）张君房编，李永晟校点：《云笈七签》卷八十四《尸解》，第4册，第1896页。笔者对标点有所调整。

高等级官吏的墓葬。而从前引文献材料上看，对于太一的渴望也只是皇帝及一些贵族、大臣，一般老百姓恐怕不敢期望太一能亲自帮助他们升天成仙，甚至派下天马、象舆来迎接他们。人们在墓葬艺术中更为关心的是能否得到升天成仙的资格，所以他们更注重升仙时能否见到西王母、东王公和通过天门而非最终能否拜见天帝。学者往往将西王母当作升仙者的最终目的，甚至当作神仙世界的主神。这显然只是由于其图像的突出而带来的一个简单印象，实际上并不符合汉代的信仰体系，在当时文献中也找不到依据。在当时的文献和后来的道书中西王母从来只是求仙的对象和获取仙药、仙籍的所在，是升仙的关键而非最终目的。

第四，另一方面，墓葬画像石中罕见天帝，而东汉朱书陶瓶等特殊丧葬器物上却每每出现“天帝使者”“天帝神师”的称谓。根据张勋燎先生的研究，其为与早期天师道有关的遗物[①]。那么，这些表现天帝形象的图像是否也与早期道教有关呢[②]？太一信仰在太平道中颇为突出，黄巾军就曾自称其道为“中黄太一”[③]。在天师道的早期文献《赤松子章历·驿马章亦云开度章》中更是有皇天上帝、五方天帝、北斗落死籍、南斗上生名的内容[④]，与麒麟岗画像可以全面对应（本节中只讨论了其上太一与四象、五帝的内容，关于南、北斗的内容详见下一节）。这些都是值得我们思考的。不过，早期道教本身就是在汉代的传统信仰中产生的，在这一阶段两者的许多内容恐怕混杂难辨，截然分开似有不妥。而且墓葬中反映的主要为社会一般信仰，这种信仰本身就没有什么明确性质，不过是求灵魂之安定幸福、子孙之纳吉避凶，其包容性和杂糅性都很大。宗教的影响肯定会有，但要明确为一个宗教，恐怕不是这一点材料能够确定的。

虽然升仙是汉代太一信仰中的一个重要内容，但太一信仰还有许多的内容，只是在这些墓葬材料中不易表现出来而已。有意见认为汉代的太一图像中有对战国晚期“太一生水”观念的继承和表现，这一点在前述杨桥畔壁画墓和郝滩壁画墓中或许确实有所反映；三段式神仙镜上，代表太一的华盖下有玄武，也似乎与北方为水的观念相合。但在更早的材料如马王堆帛画和麒麟岗天象画像石上，目

① 张勋燎：《东汉墓葬出土解注器和天师道的起源》，见张勋燎、白彬著《中国道教考古》，第1册，第283页。

② 巫鸿先生便有这样的观点。参见[美]巫鸿著，施杰译：《黄泉下的美术：宏观中国古代墓葬》，北京：生活·读书·新知三联书店，2010年，第58、190页。

③ 如丁培仁：《太一信仰与张角的中黄太一道》，《宗教学研究》1984年第5期。

④ 《道藏》，第11册，第204页。

前尚找不到有力的证据，可以留待今后的发现进一步讨论。

此外，学者将主要为东汉时期的一种手拥伏羲、女娲的半人半兽神像也判定为太一[①]。笔者认为此种形象确实与太一有许多相似之处，又有较为突出的位置，其性质和意义不可小觑（图 4-12，另见图 3-21）。但一则此种形象过于丑怪，二

1. 洛阳出土壁画砖

2. 山东嘉祥纸纺镇敬老院出土画像石拓片

图 4-12　手拥伏羲、女娲大神图像

（采自 1. 曹建强：《洛阳新发现一组汉代壁画砖》，《文博》2009 年第 4 期，图 8；2. 中国画像石全集编辑委员会：《中国画像石全集 2·山东汉画像石》，第 116 页，图一二四）

则以往的论证除手拥伏羲、女娲和日、月外，缺乏其他更有力的证据。笔者在博士论文的原稿中未予采信，而希望全面搜集、整理其资料后有所发明，虽也写出一节，但未有明确的突破，仅能得出其与昆仑、太一具有密切关系而已。后来，庞政先生在此基础上又进行了进一步的研究，发现了其处于四象中心等更为有力的证据，再确认其为太一就有了更为充足的底气。他还对为何更多的一般墓葬中太一会呈现这样的形象提出了解释，笔者认为大体也还说得有些道理。因此，此次修改出版，便将原来讨论该图像的一节全部删去，除一些细节考证问题外，笔者目前大致同意庞政先生的意见[②]。

① 刘屹：《象泰一之威神——汉代太一信仰的文本与图像表现》，见氏著《神格与地域——汉唐间道教信仰世界研究》，上海人民出版社，2011 年，第 25 ~ 51 页。

② 庞政：《汉代太一手拥伏羲、女娲图像及相关问题》，《南方文物》2020 年第 1 期。

第二节
“居天之中，当昆仑之上”：北斗、司命与升仙信仰

不论是太一，还是手拥伏羲、女娲的大神图像，都提示出在考察汉代神仙和升仙信仰中，伏羲、女娲的重要性，而伏羲、女娲图像确实也是汉墓中最为常见的天神题材之一。不过，在对其系统考察之前，关于汉代天帝图像的问题，还有一例重要材料及与之相关的问题需要进行辨析。山东嘉祥武氏祠前石室屋顶前坡画像中北斗七星平置，斗魁中侧坐一大神，神人头戴冠冕。大多数学者根据《史记》中“斗为帝车”的记载，将北斗之中的大神认定为天帝，从这些论述中可以看出是将其作为至高无上的最高天帝，有学者就直接将其认定为天皇大帝太一[①]。而清代金石学家冯云鹏、冯云鹓兄弟和日本学者林巳奈夫先生则认为此画像表现的应为北斗君[②]。到底哪种说法更为有理，笔者先就这一问题做出一个基本的判断，再对相关问题进行讨论。

一、武氏祠画像中的“黄神北斗”与“北斗主杀”

由于该画像的重要性，在古代的金石学著录中就有对其拓片进行的刻印，如使用频率很高的《金石索·石索》中对该拓片的刻印（图 4-13）。由于其依照的拓片年代较早，且图像清晰，所以许多历史学者甚至考古学者直接引用该图像来讨论问题，而得出的结论也比较一致，认为是北斗帝车和最高天帝的表现。该图像虽然依据的拓片年代较早，但并不等于依据拓片摹刻的图像更接近于画像的原貌。好在这方画像石目前尚保存完好，现代学者又对其进行了重新拓片和线描[③]（图 4-14），对比之下，《金石索》摹刻者由于不理解图像意义而使得一些重要细节

① 葛兆光：《众妙之门——北极与太一、道、太极》，《中国文化》第 3 期，1990 年，第 55 页。

② （清）冯云鹏、冯云鹓著：《金石索·石索三》，第 5 册，第 1463 页；林巳奈夫：《漢代の鬼神世界》，《漢代の神神》，京都：臨川書店，1989 年，第 161 页。

③ 信立祥：《汉代画像石综合研究》，第 180 页，图一〇〇。

出现错误的情况是显而易见的。

图 4-13 《金石索》中刻印武氏祠前石室北斗画像

（采自（清）冯云鹏、冯云鹓著：《金石索·石索三》，杭州：浙江人民出版社，2018 年，第 5 册，第 1463 ~ 1466 页）

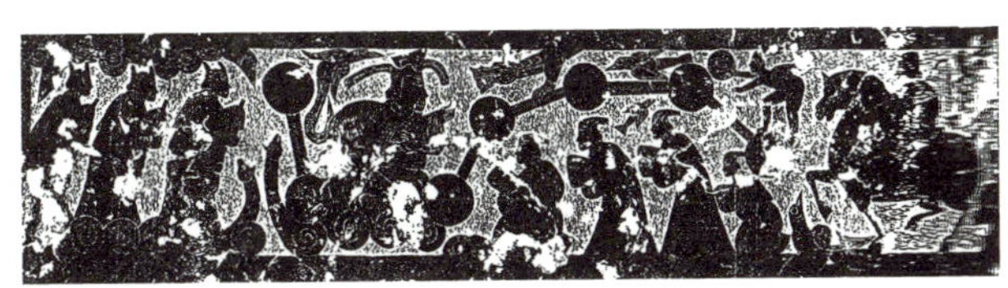

1

2

图 4-14 现代制作的武氏祠前石室北斗画像拓片和摹本

（采自 1. 中国画像石全集编辑委员会：《中国画像石全集 1·山东汉画像石》，第 49 页，图七二；2. 信立祥：《汉代画像石综合研究》，第 180 页，图一〇〇）

首先，该刻版图像中的空间比例显然有失原貌，不过这不是问题的关键。关键在于原画像北斗斗魁的前下方横放着一个人头，这一点在现代拓片和摹本中都十分清楚，刻版中却改作一朵云气，而这个人头对我们理解此画像的真正性质和意义有着十分关键的作用。坐在北斗中的大神面目威严愤怒，伸手向前，似乎正在发号施令，而其前的四个神人有的跪地，有的作揖，正在受命或回令，其前方地上放置一人头，在其上段与之直接连接的神人出行画像中还出现了雷电击杀伏地人物的图像（见图 4-83-1、4-97），显然该大神从性质上说更像是主杀之神。而在汉代人们的观念中，北斗恰恰具有主杀的神性。《淮南子·本经训》高诱注云北斗“擿起阴阳以杀生万物也”[①]。《天文训》又云：“北斗所击，不可与敌。”[②]《续汉书·天文志》云：“太微天子廷，北斗魁主杀。”又云：“天津为水，北斗主杀。”又云：“流星为贵使，天辕为内宫，北斗魁主杀。”[③]《太平经》亦云：“故（北斗）后六为破，天斗所破乃死，故魁主死亡。”[④]显然，该画像应该解释为“北斗主杀”更为贴切。根据汉代星象图像往往由实际星象加上形象化图像组成的一般情况，笔者认为斗魁中所坐者应该是北斗之神像即北斗君，从其姿势也能看出其与整个“北斗主杀”图像是一体的。既然这里北斗之内的大神是“主杀”的北斗君，那么就不应该为统领一切的最高天帝太一。然而，此北斗君头戴冠冕，与武梁祠中五帝的形象十分相似，看来也不能等闲视之。笔者认为，北斗君也是天帝，但不是最高天帝，而是中央天帝——黄帝，为汉代传世文献和出土文献中“北斗黄神”“黄神北斗”的表现。

汉代有以黄帝为北斗神。《河图始开图》云：“黄帝名轩辕，北斗神也。”又云：“黄帝名轩，北斗黄神之精。”[⑤]《尚书帝命验》云：“帝者承天立府，以尊天重象，赤曰文祖，黄曰神斗，白曰显纪，黑曰玄矩，青曰灵府。”郑玄注：“天有五帝，集居太微，降精以生圣人。……其黄帝，含枢纽之府，名曰神斗。”[⑥]东汉时期的朱书陶瓶上也常见“黄神北斗”一语[⑦]，从上引文献来看，这里的“黄神”当然就是黄帝。又如《淮南子·览冥训》云“西老折胜，黄神啸吟”，高诱注“黄帝之神”[⑧]。班固《幽通赋》云“黄神邈而靡质兮，仪遗谶以臆对”，李善注引应劭曰“黄帝也”[⑨]。传说中黄帝的出生也与北斗有关。如《诗含神雾》云：“大电光绕北斗枢星，照郊野，感附宝而生黄帝。”[⑩]而且黄帝（黄神）同北斗一样也具有主管生杀的神性。山西出土灵帝熹平二年（公元173年）朱书陶瓶云：“黄神生五岳，

---

① 何宁撰：《淮南子集释》卷八《本经训》，中册，第574页。

② 何宁撰：《淮南子集释》卷三《天文训》，上册，第282页。

③ （晋）司马彪撰，（梁）刘昭注：《续汉书》，见《后汉书》，第11册，第3220、3234、3259页。

④ 王明编：《太平经合校》卷七十三至八十五，上册，第304页。

⑤ ［日］安居香山、中村璋八辑：《纬书集成》，下册，第1105页。

⑥ ［日］安居香山、中村璋八辑：《纬书集成》，上册，第367页。

⑦ 张勋燎：《东汉墓葬出土解注器和天师道的起源》，见张勋燎、白彬著《中国道教考古》，第1册，第165、168、174页。

⑧ 何宁撰：《淮南子集释》卷六《览冥训》，上册，第489页。

⑨ （梁）萧统编，（唐）李善注：《文选》卷十四《幽通赋》，第2册，第649页。

⑩ ［日］安居香山、中村璋八辑：《纬书集成》，上册，第461页。

主生人录；召魂召魄，主死人籍。”[1] 黄帝是中宫的天帝，但中宫的北极星已被其上的太一所占，故以中宫第二重要的星象——北斗来配黄帝也是合乎情理的。因此，武氏祠前石室屋顶前坡上的此幅画像应该就是北斗之精——黄帝（黄神）主杀的表现。

关于“北斗主杀”的考古学证据，除了上述武氏祠画像外，长安三里村出土的一件朱书陶瓶上，横向绘北斗七星，斗魁中书“北斗君”三字[2]（图 4–15）。这

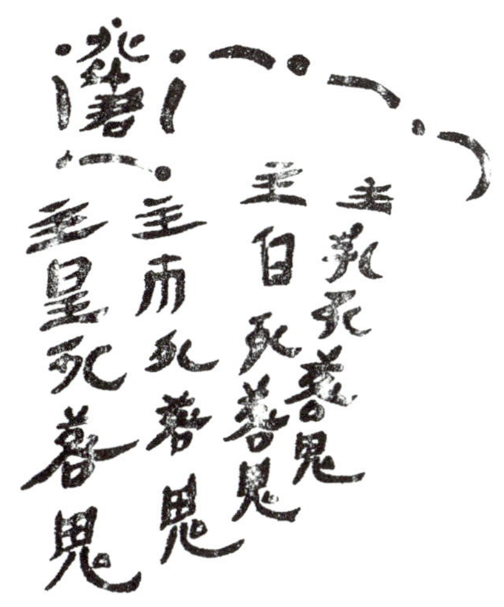

图 4–15　长安三里村出土“北斗主杀”陶瓶朱书摹本

（采自张勋燎、白彬：《中国道教考古》，北京：线装书局，2006 年，第 1 册，第 128 页，图版壹：28）

与上述武氏祠中的画像何其一致，只是将画像中北斗君（也即黄帝、黄神）的神像直接题写为“北斗君”三字而已。北斗下方题写四列文字，张勋燎先生将其释为：“主乳死咎鬼，主自死咎鬼，主师死咎鬼，主星死咎鬼。”认为“乳死”即是夭折，“自死”为自杀，“师死”为战争中被杀，“星死”为犯灾星而死[3]。虽然这上面有几种死法，而且都不是正常死亡，但其观念背景仍然为“北斗主杀”无疑。

① 张勋燎：《东汉墓葬出土解注器和天师道的起源》，见张勋燎、白彬著《中国道教考古》，第 1 册，第 160 页。

② 王育成：《南李王陶瓶朱书及相关宗教文化问题研究》，《考古与文物》1996 年第 2 期。

③ 张勋燎：《东汉墓葬出土解注器和天师道的起源》，见张勋燎、白彬著《中国道教考古》，第 1 册，第 128 页。

另外，咸阳渭城区窑店出土的一件朱书陶瓶上，也是横向绘北斗七星，斗魁中有三星，斗杓（斗柄）下有四星，斗魁下有题记：“生人有乡，死人有墓。生人前行，死人却行。生死异路，勿复相干。”[①]（图 4–16）朱磊先生结合上述材料，认为斗杓下的四星应为鬼宿，以斗柄将其压住，表现的为北斗压胜的观念，并认为具有星象上的来源[②]。然而，所谓鬼宿的四星下面还有两两相比的六星，毫无疑问当为三台（三能）。《史记・天官书》云“（斗）魁下六星，两两相比者，名曰三能”，集解引苏林曰“能，音台”[③]。《晋书・天文志》亦云：“三台六星，两两而居，起文昌，列抵太微。……西近文昌二星曰上台，为司命，主寿。”[④]三台为临近北斗的中宫重要星象，将其表现在北斗之下，甚为合理。而鬼宿为二十八宿中南宫星宿，如从星象的角度看，恐怕不应该放在北斗和三台之间。斗杓下的这四星，或许也应是中宫临近北斗、三台的星宿。不过，从其整体来看，陶瓶上的图像和文字总体上应该是北斗主杀、治鬼观念的反映，这是没有疑问的。

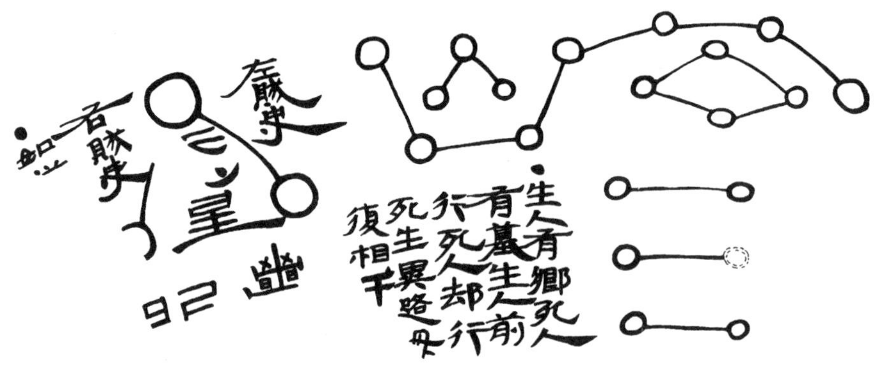

图 4–16　咸阳窑店出土陶瓶朱书摹本

（采自刘卫鹏、李朝阳：《咸阳窑店出土的东汉朱书陶瓶》，《文物》2004 年第 2 期，图三）

---

① 刘卫鹏、李朝阳：《咸阳窑店出土的东汉朱书陶瓶》，《文物》2004 年第 2 期。

② 朱磊：《谈汉代解注瓶上的北斗与鬼宿》，《文物》2011 年第 4 期。

③ 《史记》卷二十七《天官书》，第 4 册，第 1293、1294 页。笔者对标点略有所调整。

④ 《晋书》卷十一《天文上》，第 2 册，第 293 页。

二、北斗、司命与昆仑升仙信仰

在本章第一节所述的南阳麒麟岗画像石墓顶天象图上，中心太一的四周为四象，而在青龙、白虎的两侧对称以北斗和南斗（见图 4–5）。我们知道北斗在中宫，南斗是二十八宿之一，在北宫玄武，二者都不当在四象之外，也非对称分布，与天象不合，这里以北斗与南斗相对显然另有用意。研究者一致认为，这一图像应与“南斗主生，北斗主死”的观念有关。晋干宝《搜神记》载汉末管辂云：“南斗注生，北斗注死。凡人受胎，皆从南斗；祈福皆向北斗。”[①] 早期道书《赤松子章历》亦云：“祈北斗，落死籍，南斗上生名，延寿无穷。”[②] 韦兵先生认为，南斗在古代天文学中的地位远不如北斗，南斗受生的观念应是由北斗司命的观念分化而对应出现的[③]。不过，将南北斗对举的观念可能早在秦代已经出现。如《史记·封禅书》所载：“及秦并天下，令祠官所常奉天地名山大川鬼神可得而序也。……而雍有日、月、参、辰、南北斗、荧惑、太白、岁星、填星、二十八宿……百有余庙。”[④] 即将南斗从二十八宿中单抽出来与北斗对举。汉诗《艳歌》云：“南斗工鼓瑟，北斗吹笙竽。”[⑤] 也是将二者等量齐观。只是早期是否已有上述主生、主死的意义分化，目前不敢妄加判断。不过，北斗司命的观念可能早在殷商时期就已经有迹可循了。

冯时先生通过对殷墟卜辞中比祭北斗记录的研究，认为比祭北斗或与祭祀司命有关[⑥]，如果其说成立，那么在殷商人的观念中北斗又具有司命的神性，掌管着人的生杀寿夭。可以肯定的是，这种观念在汉代得到了充分的发展。《史记·天官书》云：“斗魁戴匡六星曰文昌宫，……四曰司命。”[⑦]《河图帝览嬉》亦云：“斗七星，富贵之官也，其旁二星主爵禄，一星主寿夭。”[⑧] 便将北斗与司命紧密地联系起来，这里的司命还

---

① （晋）干宝撰，李剑国辑校：《新辑搜神记》卷三《北斗南斗》，北京：中华书局，2007 年，上册，第 66、67 页。

② 《道藏》，第 11 册，第 204 页。

③ 韦兵：《道教与北斗生杀观念》，《宗教学研究》2005 年第 2 期。

④ 《史记》卷二十八《封禅书》，第 4 册，第 1371 ～ 1375 页。

⑤ 逯钦立辑校：《先秦汉魏晋南北朝诗》，上册，第 289 页。

⑥ 冯时：《中国天文考古学》，第 143 ～ 146 页。

⑦ 《史记》卷二十七《天官书》，第 4 册，第 1293 页。

⑧ ［日］安居香山、中村璋八辑：《纬书集成》，下册，第 1135 页。

只是与北斗、斗魁附近星宿相关，不少文献中更直接以北斗为司命。《后汉书·赵壹传》云：“乃收之于斗极，还之于司命。”[①]《三辅黄图·池沼》中载汉高祖与戚夫人“竹下围棋，胜者终年有福，负者终年疾病，取丝缕就北斗星辰求长命乃免”[②]。前述山西出土灵帝熹平二年（公元173年）朱书陶瓶云“黄神生五岳，主生人录；召魂召魄，主死人籍”，也是兼主生死的。《汉书·王莽传》载王莽“铸作威斗。威斗者，以五石铜为之，若北斗……既成，令司命负之，莽出在前，入在御旁”[③]，这显然又是王莽对天文的附会。早期道书《老子中经》亦云：“璇玑者，北斗君也，天之侯王也。主制万二千神，持人命籍。”[④]可见，汉代人的观念中，北斗为司命，其实是兼主生死的。只是根据前述《续汉书》和《搜神记》中的记述，到了东汉以后人们更倾向于北斗主杀，而主生的那一面就由南斗来分担，这显然与阴阳观念有关，北为阴，故主杀，南为阳，故主生。生死是一对对立而统一的概念，合则为北斗司命，分则为南斗主生，北斗主死。但显然人们对于北斗的信仰要远远超过南斗，所以“祈福皆向北斗”，主死的另一面也就可以主生，实际上主生本来就是由北斗分给南斗的，而北斗的这个司命不仅是生前的“就北斗星辰求长命”，还可以是死后的“再生”即升天成仙。

《后汉书·赵壹传》云：“乃收之于斗极，还之于司命，使干皮复含血，枯骨复被肉，允所谓遭仁遇神，真所宜传而著之。”[⑤]《庄子·至乐》中记述，当庄子梦到骷髅时，对其说“吾使司命复生子形，为子骨肉肌肤”[⑥]。甘肃天水放马滩秦简《墓主记》中一则云：“丹所以得复生，……以丹未当死，因告司命史公孙强。”[⑦]皆是司命可以复生死人之证。《列仙传·木羽》中记述：“夜梦见大冠赤帻者守儿，言此司命君也。当报汝恩，使汝子木羽得仙。”[⑧]是司命可以令人成仙的明证[⑨]。

---

① 《后汉书》卷八十《赵壹传》，第9册，第2628页。

② 何清谷撰：《三辅黄图校释》卷四《池沼》，第267页。原书作“辰命”，语义不通，今据《西京杂记》卷三“戚夫人侍儿言宫中乐事”条改为“长命”。

③ 《汉书》卷九十九《王莽传》，第12册，第4151页。

④ （宋）张君房编，李永晟点校：《云笈七签》卷十八《老子中经》，第1册，第425页。

⑤ 《后汉书》卷八十《赵壹传》，第9册，第2628、2629页。

⑥ （清）郭庆藩撰，王孝鱼点校：《庄子集释》卷六下《至乐》，中册，第618页。

⑦ 李学勤：《放马滩简中的志怪故事》，《文物》1990年第4期。

⑧ 王叔岷撰：《列仙传校笺》卷下《木羽》，第163页。

⑨ 按：这里所记的司命君戴赤帻的大冠，显然是以汉代高级武官的形象来表现的，当然与黄帝的身份和形象不符。笔者认为在汉代黄帝、北斗具有司命神性，并不等于黄帝就是司命君。可以推想，在当时的一般信仰中司命君与天帝在等级上恐怕不能同日而语。而且同一背景和相近功能的神祇在具体问题和不同地域等当然可能具有不同的表现。

传为东汉时魏伯阳所著的《周易参同契》中极力用易理阐发作者认可的仙术即金丹之道，而对于其他如辟谷、行气、导引等仙术予以抨击，其中就有"履行步斗宿"的仙术[①]。步斗之术应该是对北斗司命信仰的一种具体实践，甘肃天水放马滩秦简《日书》中记有一种"禹步"之法，可能与之有一定相似之处。其云："禹须臾行，不得择日，出邑门，禹步三，向北斗，质画地，视之曰：'禹有直五横，今利行，行毋咎，为禹前除道。'"[②]不过其为出行祝禳之法，而《周易参同契》中所抨击的已经是一种与辟谷、行气、导引同类的仙术了。类似步斗的方术在汉画像中可能也有反映，山东滕州龙阳镇出土的一方三角形画像石上，有一北斗七星偃卧，有一人拄杖站于其上，似在行走，其后有一凤鸟（图 4–17）。有学者即

图 4–17 滕州龙阳镇出土北斗画像石

（采自刘书巨、丛志远主编：《汉人之魂：中国滕州汉画像石》，第 25 页）

认为是禹步的表现，与辟兵观念有关，理由是斗魁下覆有类似兵器的图像[③]。但既是墓葬或墓地祠堂画像石，死者已死，何用辟兵？笔者认为或许还是与墓葬画像中升仙的大背景有关，而前述的仙术中正有"履行步斗宿"之法。或者正如辟邪与升仙观念为一体两面[④]（详见第六章第二节），辟兵也与之有类似之处？

① （宋）朱熹等注：《周易参同契集释》卷上，北京：中央编译出版社，2015 年，第 24 页。

② 甘肃省文物考古研究所：《天水放马滩秦简》，北京：中华书局，2009 年，第 95 页。

③ 朱磊、张耘、燕燕燕：《山东滕州出土北斗星象画像石》，《文物》2012 年第 4 期。

④ 孙作云：《评〈沂南古画像石墓发掘报告〉——兼论汉代人的主要迷信思想》，《考古通讯》1957 年第 6 期。

中国古代墓葬中还流行用“七星板”或类似的丧葬物品，即在棺底或棺体其他地方刻画或摆放北斗七星图像，这在汉代墓葬中已有所发现。江苏仪征烟袋山西汉中期墓中就发现有在棺盖板上刻画北斗七星的现象[①]，类似的材料在江苏盱眙东阳汉墓中亦有出土[②]。学界也普遍将河西和吐鲁番地区魏晋十六国墓葬中出土的一些棺板上类似星象的图像视作北斗[③]，不过其中有不少与北斗的形象差别较大而与该地区同时期墓葬中的一些特殊符号类似，笔者还有疑问。目前可确认的虽然不多，但考虑到汉代木棺的保存状况，也不能仅认为是一些特例。将北斗刻画于贴身的葬具之上，应该也与北斗司命及升仙的信仰有关。北齐颜之推在《颜氏家训·终制》中告诫子孙：“吾当松棺二寸，衣帽已外，一不得自随。床上唯施七星板，至如蜡弩牙、玉豚、锡人之属，并须停省。粮罂明器，故不得营，碑志旒旐，弥在言外。”[④]看来，七星板在南北朝时期确实是十分流行的，只是其为木质，难以保存。七星板虽不能保存，但与之相配伍的“玉豚”即玉猪或滑石猪在汉唐尤其是汉六朝墓葬中却有大量出土，作为死者的手握，多成对出于墓主尸骨两侧[⑤]。那么，与七星板紧密联系的玉豚是否也与北斗司命的信仰有关呢？

猪与北斗司命有密切关系是毫无疑问的。《说文·示部》云：“祡，以豚祠司命。”[⑥]《风俗通义·祭典》亦云：“司命，文昌也。……皆祠以猪。”[⑦]《春秋说题辞》云：“斗星时散精为彘。”[⑧]豚、彘都是猪的别称。猪形手握的使用一直从汉流行到唐，在唐代的《明皇杂录》中还记述了一个关于僧一行藏匿北斗以谏玄宗的故事，而故事中北斗就是七只猪[⑨]。可见，汉唐人们的观念中北斗、司命皆与猪有密切的关系，墓葬中施以七星板，尸体紧握玉猪和滑石猪（图 4–18），应该就与北斗司

① 南京博物院：《江苏仪征烟袋山汉墓》，《考古学报》1987 年第 4 期。

② 南京博物院：《江苏盱眙东阳汉墓》，《考古》1979 年第 5 期。

③ 如朱磊:《中国古代北斗信仰的考古学研究》，山东大学博士学位论文，2011 年，第 74 ~ 77 页。

④ （北齐）颜之推撰，王利器集解:《颜氏家训集解（增补本）》卷七《终制》，北京：中华书局，2013 年，下册，第 727、728 页。

⑤ 王煜、李帅：《礼俗之变：汉唐时期猪形玉石手握研究》，《南方文物》2021 年第 4 期。

⑥ （汉）许慎撰，（清）段玉裁注：《说文解字注》，第 5 页。

⑦ （汉）应劭撰，王利器校注：《风俗通义校注》卷八《祀典》，下册，第 384 页。

⑧ ［日］安居香山、中村璋八辑：《纬书集成》，上册，第 864 页。

⑨ （唐）郑处海撰，丁如明校点:《明皇杂录》，见《唐五代笔记小说大观》，上海古籍出版社，2000 年，第 971 页。

命而重生升仙的信仰有关。关于这一问题，笔者已有专文讨论[①]，兹不赘述。

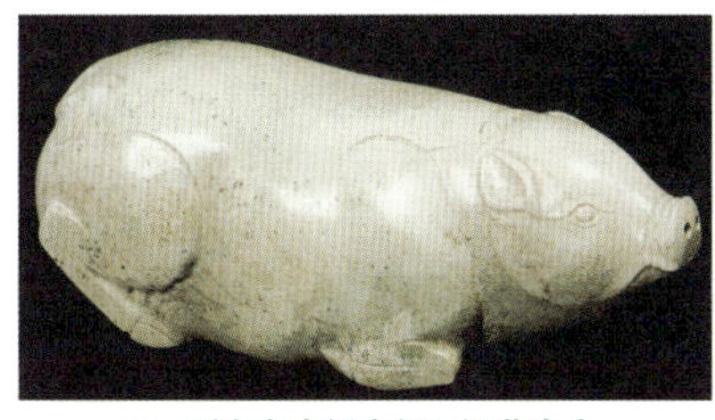
1．西安市南郊山门口汉墓出土

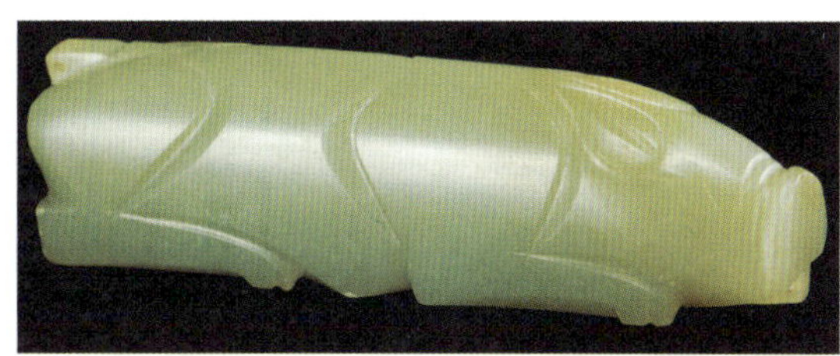
3．西安市北郊红庙坡汉墓出土

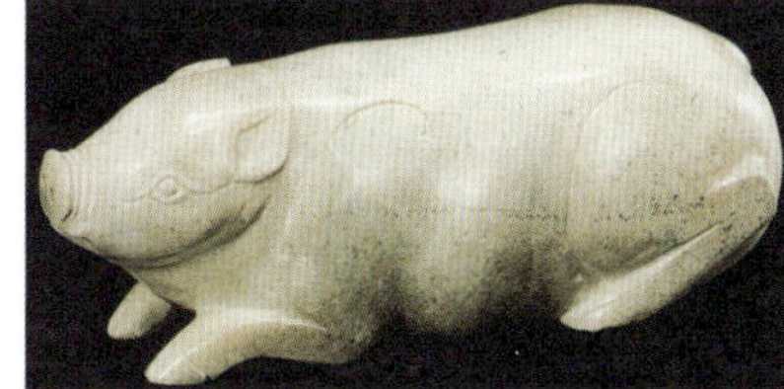
2．西安市南郊山门口汉墓出土

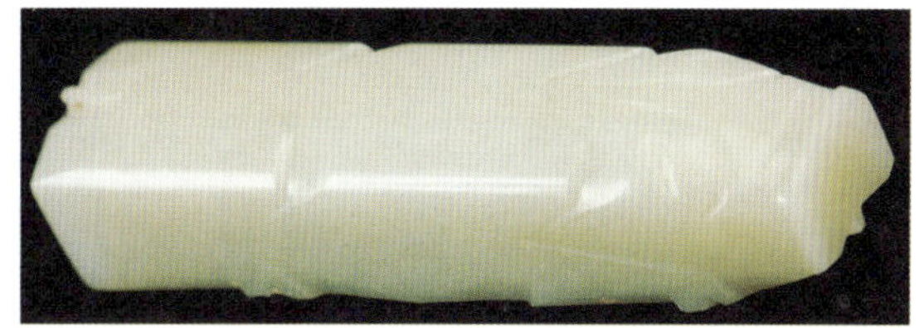
4．陕西华阴县大司徒刘琦墓出土

图 4-18　汉代猪形玉石手握

（采自中国出土玉器全集编委会：《中国出土玉器全集 14·陕西卷》，北京：科学出版社，2005 年，第 158、168、170 页）

那么，北斗在人们的观念中为何与司命乃至升仙信仰联系起来？这恐怕还是来源于其处于中宫，位于昆仑之上的重要地位。

北斗在中国古代的天文学中具有十分重要的地位，是上古时期观象授时最重要的指标。《史记·天官书》云：“斗为帝车，运于中央，临制四乡。分阴阳，建四时，均五行，移节度，定诸纪，皆系于斗。”[②]实际上这种观念来源于上古时北斗曾处于天极位置的天象观察，时间在公元前第四千纪前后[③]。由于岁差的缘故，汉代时的天极已偏离北斗较远了，但是这样的观念却保存了下来，并对中国文化产生了深远的影响。直至汉代，仍有一些文献中以北斗为天之中心。如桓谭《新论·启悟篇》云：“天之卯酉，当北斗极，北斗极天枢，枢天轴也，犹盖有保斗矣。

① 王煜：《南京江宁上坊谢家山出土“天乙”滑石猪与司命信仰——也谈玉石猪手握的丧葬意义》，《东南文化》2017 年第 6 期；王煜、李帅：《汉唐时期猪形玉石手握研究》，《南方文物》2021 年第 4 期。

② 《史记》卷二十七《天官书》，第 4 册，第 1291 页。

③ 冯时：《中国天文考古学》，第 128 页。

盖虽转而保斗不移，天亦转周匝，斗极常在，知为天之中也。”[①]《尚书纬》中更云：“北斗居天之中，当昆仑之上。”[②]北斗与昆仑升仙的关系就很容易理解了。

不过，以北斗为天之中心只是来源古老的一种传统观念，并非汉代社会的一般观念，因为在汉代的天象中北斗已经偏离北极较远了。但其无疑仍是离北极最近最重要的星象，而且绕极旋转，终年可见，如同天上的一个指针一样，汉晋时期模拟宇宙模式而制作的用于占卜的式盘就往往以北斗为指针[③]（图 4–19）。由于北斗与北极的紧密关系及其重要地位，人们仍然将北斗纳入以正对北极的昆仑为

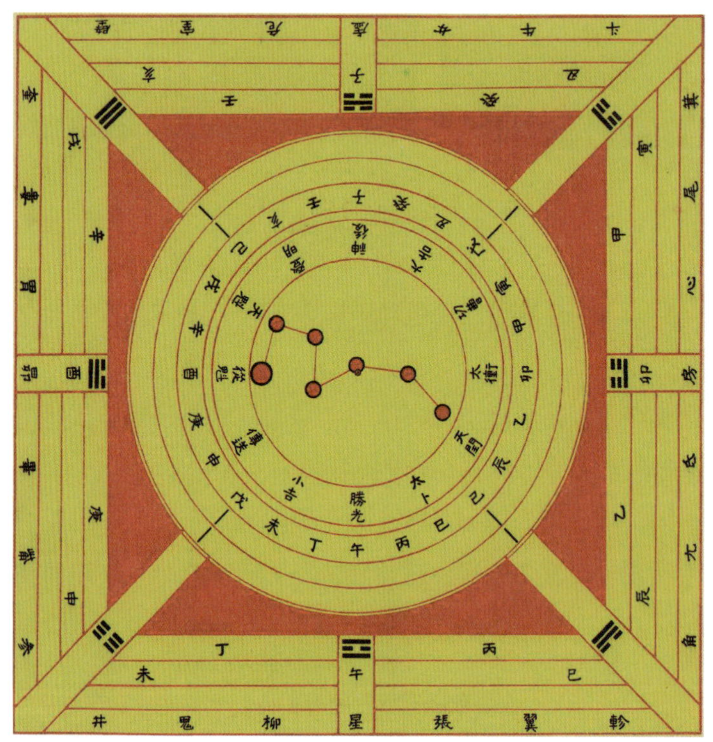

图 4–19　朝鲜乐浪王盱墓出土漆木式盘摹本

（采自東京帝国大学文学部編：《楽浪》，東京：刀江書院，1930 年，图版一一二）

① （汉）桓谭撰，朱谦之校辑：《新辑本桓谭新论》卷七《启悟篇》，北京：中华书局，2009 年，第 29 页。

② ［日］安居香山、中村璋八辑：《纬书集成》，上册，第 393 页。

③ 李零：《式与中国古代的宇宙模式》，见氏著《中国方术考》，北京：东方出版社，2001 年，第 89 ~ 176 页；王煜、康轶琼：《抽象宇宙：汉代式盘类图像的图式观察》，见赵俊杰主编《春山可望——历史考古青年论集》第 3 辑，上海古籍出版社，2021 年，第 133 ~ 159 页。

中心的升仙信仰中，作为北极太一的辅佐，掌管生死并能帮助人们升天成仙。《黄帝占》云：“北斗为帝车，运于中央，临制四方，分别阴阳，建于四时，均立五行，移应节度，定诸纪纲，太一之事也。”[①] 基本照搬前引《史记·天官书》，但在最后将全部权柄统归于太一。又云：“北斗七星名曰七神，神各主四宿，而卫太一之宫。”[②]《史记·封禅书》亦云：“寿宫神君最贵者太一，其佐曰大禁、司命之属。”[③] 结合前文的讨论，这里辅佐太一神君的司命显然就是辅佐太一星官的北斗。而前述王莽出行时让司命负威斗（铜铸北斗）跟随，当然也是对北斗司命辅佐太一的天文观念的附会。从前述南阳麒麟岗天象图来看，北斗和南斗确实在太一两侧，作为辅佐。如前所论，该太一画像与昆仑升仙有密切联系，那么，这里作为北斗和南斗的司命自然与昆仑升仙信仰密不可分。

三、小结

综上所述，笔者认为山东嘉祥武氏祠前石室屋顶前坡画像中天神端坐于北斗之上的图像并非最高天帝太一，该画像也非“斗为帝车”观念的标准表现[④]，而是北斗星象与神像的结合体“黄神北斗”的反映。在汉代人们的观念中，北斗君、北斗之精即是黄帝（黄神），其作为司命，持人命籍。在东汉以后由于阴阳观念的影响，人们主要强调其主杀的方面，主生的方面则由南斗分担，但南斗在天象和人们信仰中的地位远远不如北斗，北斗仍然是司命信仰中最重要的部分。北斗司命主生死，不仅能延长活人的寿命，还能使死者“干皮复含血，枯骨复被肉”，脱胎换骨而复生成仙，其为以昆仑为背景的升天信仰中最高神太一之辅佐，自然也是这一信仰中的一部分。汉唐人的观念中北斗司命与猪有密切关系，墓葬中墓主紧靠七星板，双手紧握玉猪或滑石猪的丧葬习俗应与北斗司命的信仰有关。关于中国古代的北斗图像与北斗信仰朱磊先生已有论述[⑤]，笔者这里不再重复，只是就其与升仙信仰的问题在前者的基础上做了些进一步的努力。

---

① （唐）瞿昙悉达著：《开元占经》卷六十七《石氏中官·北斗星占》引，下册，第654页。

② （唐）瞿昙悉达著：《开元占经》卷六十七《石氏中官·北斗星占》引，下册，第656页。

③ 《史记》卷二十八《封禅书》，第4册，第1388页。

④ 由于黄帝也是天帝，所以在这个层面上也不排除帝车观念。

⑤ 朱磊：《中国古代北斗信仰的考古学研究》。

第三节
“开阊阖，乘天衢”：伏羲、女娲图像与升天信仰

关于汉代伏羲、女娲图像，仍然是一个需要讨论的问题。清代冯云鹏、冯云鹓兄弟在所著的《金石索·石索》中对武氏祠画像上人首蛇身持规、矩而交尾的二神考论到：“王文考《鲁灵光殿赋》：‘伏羲鳞身，女娲蛇躯。’……彼图于殿，此刻于石，汉制一也。”[①]即认为此种神像为伏羲、女娲。后来，由于常任侠先生[②]，尤其是闻一多先生在其名文《伏羲考》中的精彩发挥[③]，使得学界逐渐将此类人首蛇身图像认可为伏羲、女娲。直到20世纪70、80年代才开始有一些不同的意见出现，主要是将其中怀抱或手托日、月的人首蛇身图像认定为羲和、常羲，而非伏羲、女娲[④]。近来也有学者欲跳出伏羲、女娲和羲和、常羲的争论，将此图像对应为汉代文献中的阴阳二神[⑤]。然而，提及阴阳二神的文献显然哲学性较强，上古哲思与神话是有密切关系的，但哲思中多强调其概念，如阴阳，在神话中应该还是有具体的所指，不应该用哲学概念代替神话中的神名。笔者认为，汉代图像研究发展到今天，确实不宜再把所有人首蛇身的图像都认定为伏羲、女娲。汉代及以前神话传说中的人首蛇身的形象就绝非仅有伏羲、女娲。魏晋时成公绥《天地赋》中说：“遐方外区，绝域殊邻，人首蛇躯，鸟翼龙身，衣毛被羽，或介或鳞，栖林浮水，若兽若人，居于大荒之外，处于巨海之滨。”[⑥]“人首蛇躯”也被认为是殊方外域中奇人怪兽的一种典型形象。但其中绝对有伏羲、女娲，其旁的

---

① （清）冯云鹏、冯云鹓著：《金石索·石索三》，第5册，第1307页。

② 常任侠：《重庆沙坪坝出土之石棺画像研究》，见氏著《常任侠艺术考古论文选集》，北京：文物出版社，1984年，第1～8页。

③ 闻一多：《伏羲考》，第3～78页。

④ 吴增德、周到：《南阳汉画像石中的神话与天文》，见韩玉祥主编《南阳汉代天文画像石研究》，北京：民族出版社，1995年，第6～13页；刘文锁：《伏羲女娲图考》，见中山大学艺术史研究中心编《艺术史研究》第8辑，广州：中山大学出版社，2006年，第143页。

⑤ 孟庆利：《汉墓砖画“伏羲、女娲像”考》，《考古》2000年第4期；贺西林：《汉画阴阳主神考》，见［美］巫鸿、郑岩主编《古代墓葬美术研究》第1辑，第121～130页。

⑥ （清）严可均辑：《全上古三代秦汉三国六朝文》，第2册，第1794页。

题记就是明证，所以应该先从有题记的图像入手，综合分析其上的图像因素，才能真正分辨出汉代的伏羲、女娲图像，进而开展进一步的研究。而以往的研究中，也往往从该图像与日月、阴阳的关系，进而讨论其与升天、升仙信仰的联系[①]，然而还比较宽泛。要具体理解其意义及在神仙信仰中的位置，还应该仔细考察相关图像位置和组合，并结合当时文献进行深入分析。

一、伏羲、女娲图像辨析和梳理

（一）附有题记的伏羲、女娲图像

目前所见，带有题记的伏羲、女娲图像仅有数例。

一例在武梁祠右壁最右侧，作为三皇五帝的开始。画像上人首蛇身而交尾的二神各持规、矩，其间还有一个小人，学者多认为这个小人代表着人类的诞生[②]，其旁的题记为“伏戏（羲）仓（苍）精，初造王业，画卦结绳，以理海内”。虽然题记中只提到伏羲，但与之交尾的女性神像应该为女娲无疑。我们再来仔细考察一下其上的图像因素：伏羲、女娲持规、矩，伏羲头戴通天冠，女娲戴花冠，二者皆着深衣，交尾，其中有一小人。伏羲、女娲出现在三皇五帝的环境中，作为人类历史的起始（图 4-20）。其实，武梁祠在汉代众多墓地祠堂中是具有一定特殊性的，比如三皇五帝进行排列的图像就不见于其他祠堂。由于这种特殊性，

图 4-20　武梁祠伏羲、女娲与三皇五帝画像拓片

（改制于［美］巫鸿著，柳扬、岑河译：《武梁祠——中国古代画像艺术的思想性》，北京：生活·读书·新知三联书店，2006 年，第 177、178 页，图 63、64）

---

① Lillian Lan-ying Tseng, *Picturing Heaven in Early China*, Harvard University Press, 2011, pp. 286–293.

② 信立祥：《汉代画像石综合研究》，第 123 页。

巫鸿先生推测武梁祠画像的制作和题记可能受到祠主本身作为一名儒士的政治、历史观念的影响[1]。该画像上的伏羲、女娲显然是作为三皇五帝甚至人类历史的开端，所以其中还刻画了人类的诞生，但这一点在其他画像上则完全不见（下详）。据《历代名画记》所载，汉明帝在宫殿中绘有“取诸经史事”的内容，“第一起庖牺五十杂画赞”[2]。“庖牺”即伏羲，或即此类起自伏羲的经史故事人物。这虽然可能不能代表一般社会上广泛性的观念，但其形象本身还是具有较为一致的程式，在剔除一些明显的特殊因素后，还是可以在图像方面作为一个代表。

第二例见于四川简阳鬼头山崖墓[3]出土的3号画像石棺上。石棺后挡上刻画有一对人首蛇身神像，未交尾，其旁题记“伏希”“女絓”，显然即是“伏羲”“女娲（女娃）”。其下有龟一只，题记为“玆武”，当为玄武，女娲左侧有鸟一只，题记为“九”，或为“鸠”。伏羲、女娲的手均上托，似乎应该托有什么物体，但画像上没有表现。伏羲头上的冠比较奇怪，其上似有三锋，由于该石棺刻画得比较粗糙，许多细节无法辨识（图4–21）。但根据其出现的位置和姿势，我们还

图4–21　简阳鬼头山三号石棺后挡画像拓片
（采自中国画像石全集编辑委员会：《中国画像石全集7·四川汉画像石》，第80页，图一〇〇）

是可以作出进一步推论的。我们知道，四川、重庆地区汉代画像石棺的后挡上一般都是此种一对人首蛇身神，多手托日、月，可以说基本形成了一种程式。由此

---

① ［美］巫鸿著，柳扬、岑河译：《武梁祠——中国古代画像艺术的思想性》，第241页。

② （唐）张彦远：《历代名画记》卷三《述古之秘画珍图》，杭州：浙江人民出版社，2014年，第69页。

③ 内江市文管所、简阳县文化馆：《四川简阳鬼头山东汉崖墓》，《文物》1991年第3期。

笔者认为四川、重庆地区画像石棺上的手托日、月的人首蛇身神都是伏羲、女娲。其实在该石棺上也有日、月，位于右侧板最左边，与伏羲、女娲相邻，而且这里伏羲、女娲作双手上托状，对比其他石棺上同一位置的类似图像，也应该是托举日、月。

第三例见于陕西靖边杨桥畔渠树壕东汉中晚期壁画墓[①]墓顶，伏羲、女娲成对出现于墓室顶部星象图中部临近北宫的位置，二者皆人首蛇身。右侧者为紫红色，一手持规，一手持花形物，有两组共十二颗星象左右夹绕，头顶有墨书题记“伏羲”；左侧者为青白色，一手持矩，另一手漫漶，左侧紧邻一白色圆月，月中有蟾蜍，头

图 4-22　靖边杨桥畔渠树壕东汉壁画墓中的伏羲、女娲
（采自陕西省考古研究院、靖边县文物管理处：《陕西靖边县杨桥畔渠树壕东汉壁画墓发掘简报》，《考古与文物》2017 年第 1 期）

上和身、尾处尚有一些星象，头顶墨书题记“女娲”（图 4-22）。从构图上来看，这里手持规、矩的伏羲、女娲显然也是与日、月紧密结合的，不过由于整个天象图的结构需要，日被移到与月遥遥对称的南宫附近，从而出现了与伏羲分离的情况[②]。

第四例见于山东梁山后银山东汉早期壁画墓[③]前室西壁，伏羲处于西壁上部中间偏右侧，朝向左，其头后有“伏羲”题记，“羲”字虽较省略，又有漫漶，但还是可以分辨的。其上不见女娲，但根据伏羲的位置和朝向，女娲图像应该就在伏羲之左，朝向伏羲，而伏羲左侧壁画大量剥落和漫漶，推测原本应有女娲。伏

① 陕西省考古研究院、靖边县文物管理处：《陕西靖边县杨桥畔渠树壕东汉壁画墓发掘简报》，《考古与文物》2017 年第 1 期；段毅、武家壁：《靖边渠树壕东汉壁画墓天文图考释》，《考古与文物》2017 年第 1 期。

② 王煜：《知识、传说与制作：陕西靖边渠树壕东汉壁画墓星象图的几个问题》，《美术研究》2020 年第 5 期。

③ 关天相、冀刚：《梁山汉墓》，《文物参考资料》1955 年第 5 期。

羲后有一只凤鸟，其下为车马出行队伍，三辆轺车，中间一辆稍大，并有四维之盖，队伍前后各有一骑。出行图像亦有题记，最前端的一骑题为“游徼”，其后一车题为“功曹”，中间主车题为“淳于鹄卿车马”，后车题为“主簿”（图 4–23）。在汉代游徼、功曹、主簿经常出现在车马出行队伍中，而且在镇墓文字中也常常提到。苍山元嘉元年（公元 151 年）画像石墓中题记就有“前者功曹后主簿”[①]，

图 4–23　梁山后银山汉墓前室西壁壁画摹本

（采自关天相、冀刚：《梁山汉墓》，《文物参考资料》1955 年第 5 期，图版五）

后世道教的升仙队伍中也是“前有功曹后主簿”[②]。或许已经形成一种习俗，并不一定是出行身份的准确代表。壁画上的伏羲人首蛇身，头戴进贤冠，着深衣，拱手，从目前所见图像上看并无持物，但其前壁画严重剥落和漫漶，到底有无持物仍不清楚。如果这里的伏羲确无持物，那就说明了汉墓图像中无其他特征的人首蛇身像也可以是伏羲、女娲，但并不能说明都是伏羲、女娲。因此，这一例带题记的图像对我们判定严格的伏羲、女娲图像并无多大帮助。

此外，山东费县刘家疃画像石墓前室东壁南立柱上部刻有一人首蛇身神人持矩，旁有榜题，已漫漶。下部一神人为牛首，其头上和怀中皆有一圆形物体。此石中部题记云：“行□□□□日也□戴日抱月，此上下皆□□圣人也。”[③] 由此可

① 山东省博物馆、苍山县文化馆：《山东苍山元嘉元年画象石墓》，《考古》1975 年第 2 期。

② 《道藏》，第 17 册，第 18 页。

③ 中国画像石全集编辑委员会：《中国画像石全集 3 · 山东汉画像石》，第 69 页，图八三。说明：此次修订出版之时，该墓报告已出版。报告以及有研究中此段释文更为详细，甚至直接释出上部为“此乃伏羲也”的题记。（见姜生：《汉帝国的遗产：汉鬼考》，第 176 页；山东博物馆、费县博物馆：《费县刘家疃汉画像石墓发掘报告》，北京：文物出版社，2019 年，图二四）虽然笔者同意上部图像为伏羲的意见，但从文字铭刻释读的角度，对比拓片和现场考察情况对这些漫漶不清文字的释读方法和结果持谨慎态度，认为目前仍以早年出版的《中国画像石全集》中释文为稳当。

知下方的神人应该就是所谓的"戴日抱月"，而上下两个神人都应是一位"圣人"。汉代人普遍认可的"圣人"只有三皇五帝、文武、周公、孔子和当朝皇帝[①]。《汉书·古今人表》中所列"圣人"一共十四名，第一名便是"太昊帝宓羲氏"[②]，"宓羲"即伏羲。在这份汉代的"圣人"名单中只有伏羲符合人首蛇身的形象，因此该石上持矩的人首蛇身神人当为伏羲，而该伏羲画像也与日月有着密切的关系。

综上所述，根据对目前附有题记可以确认的伏羲、女娲图像的考察，笔者认为，判断伏羲、女娲图像的关键不在于其交不交尾，也不在其衣冠服饰，这些细节各地区，甚至同一地区的材料上都可能有所不同。但其手中持物是一个很好的标识，可能也是目前唯一能肯定的标识。根据上述材料，伏羲、女娲图像中手持之物应该有规、矩和日、月两种。虽然不持规、矩或日、月者也可能是伏羲、女娲，但这对图像的严格判定就没有意义了。

伏羲、女娲手持规、矩很好理解，《淮南子·天文训》云"东方木也，其帝太皞，其佐句芒，执规而治春"，高诱注"太皞，伏羲氏有天下号也，死托祀于东方之帝也"[③]。可见，伏羲本来就有持规的传说，而规为画圆之具，矩为画方之具，从来都是规、矩连称，所以与之对应的女娲持矩也是可以理解的（有的画像上伏羲持矩、女娲持规，应该是制作的差误，与此观念总体上并不矛盾）。而伏羲、女娲手托日、月也并非不可理解。《楚辞·九歌》王逸注引《博雅》云："东君，日也。"[④]伏羲正是东方之帝，东方属阳，其色为青（苍），武梁祠题记云"伏（戏）羲仓（苍）精"，伏羲即是东方阳性之"精"。《淮南子·天文训》云："日者，阳之主也。……月者，阴之宗也。"[⑤]《晋书·天文志》云："日为太阳之精，主生养德，人君之象也……月为太阴之精，以之配日，女主之象也。"[⑥]可见，伏羲和日都是阳性之精，以日配伏羲是不成问题的。而《淮南子·览冥训》高诱注"女娲阴帝，佐虑戏治也"[⑦]，"虑戏"即伏羲，则女娲和月都是阴性之精，以月配女

---

① 邢义田：《秦汉皇帝与"圣人"》，见氏著《天下一家：皇帝、官僚与社会》，北京：中华书局，2011年，第50～83页。

② 《汉书》卷二十《古今人表》，第3册，第863页。

③ 何宁撰：《淮南子集释》卷三《天文训》，上册，第183、184页。

④ （宋）洪兴祖撰，白化文等点校：《楚辞补注》卷二《九歌》，第76页。

⑤ 何宁撰：《淮南子集释》卷三《天文训》，上册，第171页。笔者对标点略有调整。

⑥ 《晋书》卷十二《天文上》，第2册，第317、318页。

⑦ 何宁撰：《淮南子集释》卷六《览冥训》，上册，第479页。

娲并与伏羲相对应也是没有问题的。日、月并非只能配羲和、常羲。冯时先生根据楚帛书的研究就认为，在早期神话中确实是伏羲主日、女娲主月，后来才演变出羲和、常羲，而后者亦是前者的变体[①]。根据简阳鬼头山画像石棺后挡有题记的材料，再对比四川、重庆其他画像石棺已形成程式的后挡图像，汉代墓葬图像中怀抱或手托日、月的人首蛇身神像应该还是伏羲、女娲。

又有学者对伏羲、女娲在汉代人的观念中是否能相配对置提出怀疑。其实，一方面上述东汉题记已经说明了问题；另一方面，前引东汉王延寿《鲁灵光殿赋》中“伏羲鳞身，女娲蛇躯”，正是将二者对举，而且其为对灵光殿壁画的描述，说明图像上也正是二者对置。另外，长沙子弹库战国楚帛书中云：“雹戏（即庖牺、伏羲）……乃娶虘□□子之子曰女娲。”[②]《淮南子·览冥训》：“伏羲、女娲不设法度，而以至德遗于后世。”[③]《论衡·顺鼓篇》云：“伏羲、女娲，俱圣者也，舍伏羲而祭女娲，《春秋》不言。”[④]也说明二者在汉代人观念中的对置是毫无问题的。清代学者瞿中溶根据《楚辞·天问》王逸注和上引王延寿《鲁灵光殿赋》中伏羲、女娲连称和对举的情况，论证到“（王）逸与（王）延寿皆汉人，必当时之画像多如此，故（王）逸注《天问》亦以伏羲、女娲并解，至王（延寿）赋，言伏羲鳞身而女娲则云蛇躯者，恐是文体变词耳。又曹植有《女娲赞》，言‘或云二君，人首蛇形’，亦必是伏羲、女娲，二人而云‘二君’，明其为三皇之君也。”[⑤]今本《曹植集·女娲赞》直接作“二皇”，而且《女娲赞》紧接《伏羲赞》，作为《画赞》中“观画者，见三皇五帝，莫不仰戴”的三皇五帝的开头两位[⑥]，二者并置之意甚为明显。

（二）手持规、矩和日、月的伏羲、女娲图像

需要说明的是，这里梳理的只是独立的伏羲、女娲图像，不包括前述被一位

① 冯时：《天文学史话》，第 9、13 页。

② 李零：《楚帛书研究（十一种）》，上海：中西书局，2013 年，第 57 页。

③ 何宁撰：《淮南子集释》卷六《览冥训》，上册，第 497 页。

④ 黄晖撰，刘盼遂集解：《论衡校释》卷十五《顺鼓篇》，第 2 册，第 688 页。

⑤ （清）瞿中溶著：《汉武梁祠画像考》，杭州：浙江人民美术出版社，2019 年，第 37、38 页。

⑥ （三国魏）曹植著，赵幼文校注：《曹植集校注》卷一《画赞序》《伏羲赞》《女娲赞》，上册，第 100 ~ 104 页。

大神手拥的伏羲、女娲图像。好在这些图像也已有相当的数量，据笔者不完全收集，已得 80 余例[①]，可以代表和反映出相关问题了。为梳理方便，笔者将此类图像分为手持规、矩，手持日、月，既持日、月又持规、矩三种形式。

1. 手持规、矩的伏羲、女娲图像

目前所见材料中，此种手持规、矩的伏羲、女娲图像在汉代基本只出现于山东鲁南地区。在笔者所收集材料中共 10 例，约占总数的 11%。

山东滕州马王村出土的一方西汉晚期的画像石上刻画十分简单潦草，只见人首蛇身的伏羲、女娲相对，其手中各持一上大下小之物，对比上述画像，应该是规、矩，画像的细节无法分辨[②]（图 4–24）。这是目前所见最早的手持规、矩的伏羲、女娲图像。

图 4–24　滕州马王村出土画像石拓片

（采自中国画像石全集编辑委员会：《中国画像石全集 2 · 山东汉画像石》，第 184、185 页，图一九三）

除了上述武梁祠中一例外，在山东嘉祥武氏诸祠[③]中还见有两例此种图像。其中一例位于左石室后壁小龛西侧下部[④]，人首蛇身的伏羲、女娲持规、矩而交尾，二者相互背向，伏羲头戴通天冠，女娲戴花冠。伏羲、女娲两侧还各有两个人首

① 此为当时收集的情况，近十年来随着资料的增多和查找的扩展，总数已远不止此数。此次修改除重要材料补入正文外，附表不再作增改，见附表前说明。不过资料虽增多，但此比例无大变化，仍可参考。

② 中国画像石全集编辑委员会：《中国画像石全集 2 · 山东汉画像石》，第 184、185 页，图一九三。

③ 蒋英炬、吴文祺：《武氏祠画像石建筑配置考》，《考古学报》1981 年第 2 期。

④ 中国画像石全集编辑委员会：《中国画像石全集 1 · 山东汉画像石》，第 56 页，图八〇。

蛇身的神人，中间又有一对人首蛇身神人交尾（图 4–25），这充分说明了汉画像中并非所有人首蛇身和人首蛇身交尾图像都是伏羲、女娲。

图 4–25　武氏祠左石室后壁小龛伏羲、女娲画像拓片
（采自中国画像石全集编辑委员会：《中国画像石全集 1 · 山东汉画像石》，第 56 页，图八〇）

另一例位于前石室屋顶前坡东段第二层（从上向下）画像右侧[①]，其上人首蛇身的伏羲、女娲持规、矩相对面而交尾，伏羲仍然戴通天冠，女娲戴花冠，其旁还有许多人首蛇身的神人（图 4–26）。在这一画像中伏羲居左而女娲居右，与上

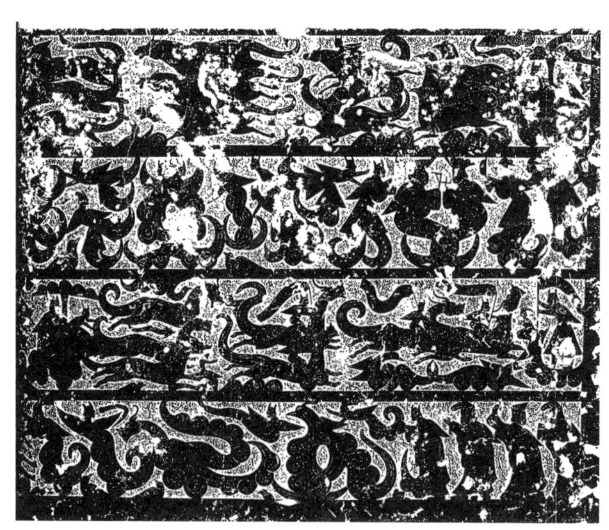

图 4–26　武氏祠前石室屋顶前坡东段画像拓片
（采自中国画像石全集编辑委员会:《中国画像石全集 1·山东汉画像石》，第 48、49 页，图七二）

① 中国画像石全集编辑委员会：《中国画像石全集 1 · 山东汉画像石》，第 48、49 页，图七二。

述两例的位置不同，看来在具体的制作中，不仅所持之物可以互换，位置也可互换，最重要的还是其手持规、矩的标识。

此外，在陕西绥德四十里铺永元四年（公元 92 年）田鲂墓[①]前室后壁左右门柱上也出现了人首蛇身，手持规、矩的伏羲、女娲图像。而手持矩的伏羲下部还有一位牛首人身的神人（图 4–27）。这与前述山东费县刘家疃画像石墓前室东壁

图 4–27　绥德四十里铺田鲂墓前室后壁门柱
（北京大学汉画研究所徐呈瑞先生提供，《汉画总录》编号 SSX-SD-031-07、SSX-SD-031-08）

立柱上伏羲画像的情况完全一致。由于陕北地区的画像石皆属于东汉中晚期，较山东地区出现为晚且多受其影响，而前述山东地区在西汉晚期已经出现此类手持规、矩的伏羲、女娲图像，笔者推测陕北地区偶然出现的此类形象应是受山东地区的影响而来。

2. 手持日、月的伏羲、女娲图像

目前所见材料中，此种图像远比前者为多，共 41 例，约占总数的 51%，地域

① 榆林地区文管会、绥德县博物馆：《陕西绥德县四十里铺画像石墓调查简报》，《考古与文物》2002 年第 3 期。

分布也远比前者广泛。

最早见于西汉中晚期的河南洛阳卜千秋墓[①]的墓室脊顶壁画中，整个脊顶壁画为一幅横向的墓主人升仙图，壁画的东、西两端即是日、月与伏羲、女娲。其上伏羲居东，人首蛇身，面有髭须，头戴高冠，身着红衣，拱手，其前有红日，日中有金乌；女娲居西，人首蛇身，头绾髻，着紫衣，其前有月轮，月中有蟾蜍。虽然壁画上伏羲、女娲没有直接手持日、月，但与日、月紧邻，显然是作为一体的（图 4–28，另见图 3–15、3–18）。与之基本一致的长方形墓室脊顶横向壁画两端出现伏羲、女娲与日、月的图像的例子，还见于洛阳浅井头西汉晚期壁画墓[②]（图 4–29）、洛阳永泰街西汉晚期壁画墓[③]（图 4–30）和河南新安磁涧镇里河村西汉晚期壁画墓[④]（图 4–31）。在东汉初年的洛阳道北石油站壁画墓[⑤]墓顶上，此类伏羲、女娲图像已经形成双手托举日、月的形式了（图 4–32）。但此壁画上似乎是女娲托日而伏羲托月，不过从大量的材料以及人们的一般观念来看，应该理解成画匠的一时失误。

图 4–28　洛阳卜千秋墓脊顶伏羲壁画

（采自黄明兰、郭引强编著：《洛阳汉墓壁画》，第 73 页）

① 洛阳博物馆：《洛阳西汉卜千秋壁画墓发掘简报》，《文物》1977 年第 6 期。

② 洛阳市第二文物工作队：《洛阳浅井头西汉壁画墓发掘简报》，《文物》1993 年第 5 期。

③ 王绣、霍宏伟：《洛阳两汉彩画》，第 18 页。

④ 洛阳博物馆：《洛阳博物馆新获几幅汉墓壁画》，《考古与文物》2006 年第 5 期。

⑤ 黄明兰、郭引强编著：《洛阳汉墓壁画》，第 141 页。

1　　2

图 4-29　洛阳浅井头墓脊顶壁画伏羲、女娲

（采自黄明兰、郭引强编著：《洛阳汉墓壁画》，第 82、83 页）

图 4-30　洛阳永泰街壁画墓壁画伏羲

（采自王绣、霍宏伟：《洛阳两汉彩画》，第 18 页）

图 4-31　新安磁涧镇里河村墓脊顶壁画女娲

（改制于中国墓室壁画全集编委会：《中国墓室壁画全集 1·汉魏晋南北朝》，第 12 页，图一六）

1　　　　2

图 4-32　洛阳道北石油站墓墓顶壁画伏羲、女娲
（采自黄明兰、郭引强编著：《洛阳汉墓壁画》，第 147、148 页）

河南南阳麒麟岗东汉早中期画像石墓中有此种图像两例，一例在本章第一节所述前室墓顶天象图中太一神像两侧青龙、白虎的两侧。其上伏羲居东，人首蛇身而有后爪（或许是龙身的表现），正面观者，头戴通天冠（由于是正面，所以只能看见冠梁，不好分辨冠形，但其冠梁高挺，通天冠的可能性较大），着衣，怀抱日轮，日中有金乌；女娲居西，人首蛇身有后爪，亦正面，头顶绾髻，着衣，怀抱月轮，月中有蟾蜍（见图 4-5）。另一例在南大门和北大门（此墓东西向，大门中由一立柱分为南、北两门）的门楣底面[1]，自然也是一对。其上伏羲人首蛇身有后爪，头戴三锋形冠，着衣，背后有羽翼，怀抱日轮；女娲人首蛇身有后爪，头绾髻，着衣，背后有羽翼，怀抱月轮（图 4-33）。这两例由于出在同一墓中，

① 黄雅峰、陈长山：《南阳麒麟岗汉画像石墓》，第 99 页。

形象风格都基本一致，只是门楣下的伏羲头戴天象图中太一所戴三锋形冠，而天象图中伏羲头戴通天冠，略有不同。如本章第一节所述，许多天神、东王公甚至早期道士皆可戴此冠，并非只有太一能戴。天象图中可能是为了保持太一的最高地位，在太一已经戴了此冠后，其旁的伏羲就改作通天冠了。这也再次说明该墓画像制作的严谨性，恐怕不能视作一般商品经济下的产物。

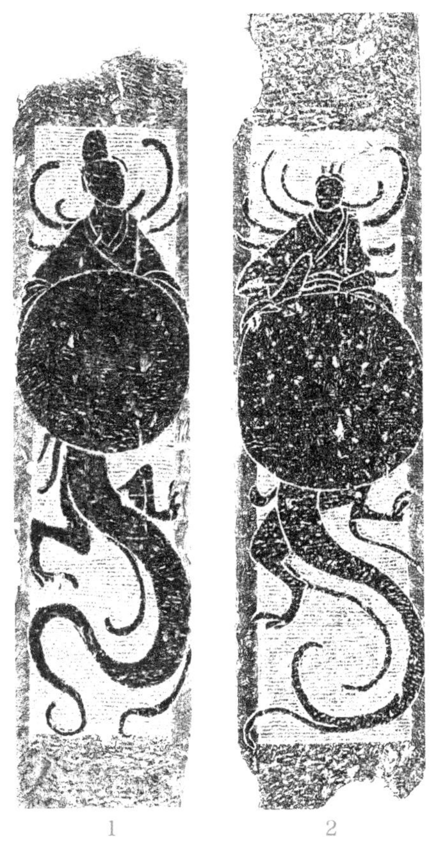

图 4–33　南阳麒麟岗汉画像石墓墓门门楣底面伏羲、女娲画像拓片
（采自黄雅峰、陈长山编：《南阳麒麟岗汉画像石墓》，第 143、144 页，图版 42、43）

南阳出土的画像石中也见有伏羲、女娲将日、月举过头顶的图像①。唐河湖阳出土一方画像石上伏羲、女娲亦高举日、月，但与一般呈左右对称的形式不同，其上的伏羲、女娲呈上下对立交尾状②（图 4–34–1）。南阳王庄出土的一方画像石

① 闪修山、王儒林、李陈广编著：《南阳汉画像石》，郑州：河南美术出版社，1989 年，第 156、157 页。

② 中国画像石全集编辑委员会：《中国画像石全集 6 · 河南汉画像石》，第 21 页，图三〇。

上也有伏羲（女娲）双手举月的图像，月中有蟾蜍[①]（图 4–34–2）。

1．唐河湖阳出土画像石　　2．南阳王庄出土画像石

图 4–34　河南地区手托日、月的伏羲、女娲画像拓片

（采自中国画像石全集编辑委员会:《中国画像石全集 6·河南汉画像石》，第 21、125 页，图三〇、一五四）

如前所述，山东地区东汉时期有一些手持规、矩的伏羲、女娲画像，但手持日、月的伏羲、女娲画像也有不少。邹城峄山镇出土的一对画像石上，伏羲、女娲双手高举日、月，不过伏羲、女娲的形象不是常见的人首蛇身，而是人首龙身，龙有翼有尾[②]（图 4–35）。龙蛇同属，人首龙身也合前述关于伏羲、女娲的文献记载，毫无疑问也应是伏羲、女娲画像。邹城郭里镇高李村汉画像石墓 M1 前室南壁正中立柱上，一面为人首蛇身有后爪的伏羲举日的画像，日中有金乌[③]（图 4–36–1）。立柱另一面的情况未公布，是否有与之对应的女娲画像，不得而知。微山县两城乡出土的一方东汉中晚期画像石上也有类似的伏羲举日的画像[④]（图 4–36–2）。莒县沈刘庄画像石墓墓门西三立柱下方为一门吏持帚而立，上方为一人首蛇身有

① 中国画像石全集编辑委员会：《中国画像石全集 6 · 河南汉画像石》，第 125 页，图一五四。

② 胡新立：《邹城汉画像石》，第 158、159 页，图一九三、一九四。

③ 胡新立：《邹城汉画像石》，第 29 页，图三五。

④ 马汉国主编：《微山汉画像石选集》，北京：文物出版社，2003 年，第 131 页，图 51。

后爪的神人，头戴武弁大冠，应为伏羲，双手举托圆轮状物，其中似有图案，但模糊不辨[①]（图 4-36-3），是否有与之对应的女娲，也不得而知。兰陵塑料厂出土画像石上也有一人首蛇身有后爪的神人托举月（日），头上似梳双髻，或为女娲，月（日）中刻画难以分辨[②]（图 4-36-4）。

图 4-35　邹城峄山镇出土伏羲、女娲画像石

（北京大学汉画研究所徐呈瑞先生提供，《汉画总录》编号 SD-ZC-096、SD-ZC-097）

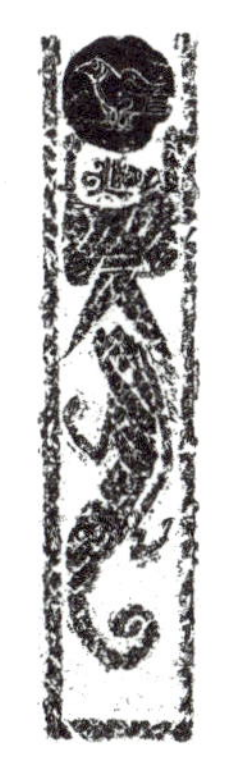

1. 邹城郭里镇高李村 M1 前室南壁正中立柱画像石

2. 微山两城乡出土画像石

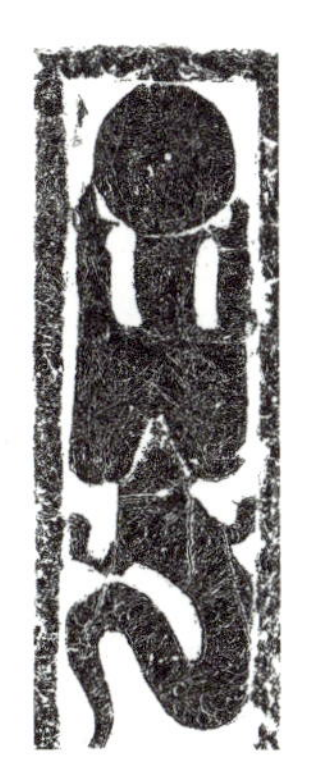

3. 莒县沈刘庄画像石墓墓门西三立柱画像石

4. 兰陵塑料厂出土画像石

图 4-36　山东地区手举日、月的伏羲、女娲画像拓片

（采自 1. 胡新立编：《邹城汉画像石》北京：文物出版社，2008 年，第 29 页，图三五；2. 马汉国主编：《微山汉画像石选集》，北京：文物出版社，2003 年，第 131 页，图 51；3. 中国画像石全集编辑委员会：《中国画像石全集 3·山东汉画像石》，第 106 页，图一二〇；4. 金爱民、王树栋编著：《兰陵汉画像石》，济南：山东美术出版社，2017 年，第 53 页）

① 中国画像石全集编辑委员会：《中国画像石全集 2·山东汉画像石》，第 112 页，图一二〇。

② 金爱民、王树栋编著：《兰陵汉画像石》，济南：山东美术出版社，2017 年，第 53 页。

苏北地区的汉画像石与鲁南地区应该属于同一个地域文化，睢宁双沟出土的一方画像石上也有类似的人首蛇身有后爪，双手托举日（月）的伏羲（女娲）画像[①]。东海昌梨水库画像石墓[②]后室顶部的伏羲、女娲图像更为典型。伏羲人首蛇身有后爪，肩生双翼，头戴三锋形冠，双手怀抱日（月）；女娲除发式和面部外，基本与之一致（图 4–37）。

图 4–37　东海昌梨水库汉墓伏羲、女娲画像石摹本
（采自南京博物院：《昌梨水库汉墓群发掘简报》，《文物参考资料》1957 年第 12 期）

陕北地区也是汉画像石的重要分布区域，该地区也见有手持日、月的伏羲、女娲图像。神木大保当东汉画像石墓 M11 左右门柱上各有怀抱日、月的一神人，日中涂朱并墨画金乌，两位神人虽大体作人形，但足为爪形，身后有尾，仍是半人半兽的结合，其旁还各有一龙[③]，应该也是伏羲、女娲，画像上原本应有彩绘，已所剩无几（图 4–38）。该地区同样流行人首蛇身而手托日、月的伏羲、女娲画像。如米脂官庄画像石墓墓门左右两端，有人首蛇身的伏羲、女娲一手托举日、月的画像[④]（图 4–39）。该地区日、月往往刻画在门楣两侧，其下有的为人首蛇身的神人，虽然该神人并未直接手托日、月，但观其整体组合并联系上述材料，应该也是伏羲、

① 中国画像石全集编辑委员会：《中国画像石全集 4·江苏、安徽汉画像石》，第 75 页，图一〇五。

② 南京博物院：《昌梨水库汉墓群发掘简报》，《文物参考资料》1957 年第 12 期。

③ 陕西省考古研究所、榆林市文物管理委员会办公室：《神木大保当——汉代城址与墓葬考古报告》，第 88 页。

④ 李林、康兰英、赵力光编著：《陕北汉代画像石》，第 12 页。

女娲的表现（图 4-40）。

1　　2

图 4-38　神木大保当 M11 左右门柱画像

（采自陕西省考古研究所、榆林市文物管理委员会办公室：《神木大保当——汉代城址与墓葬考古报告》，彩版九）

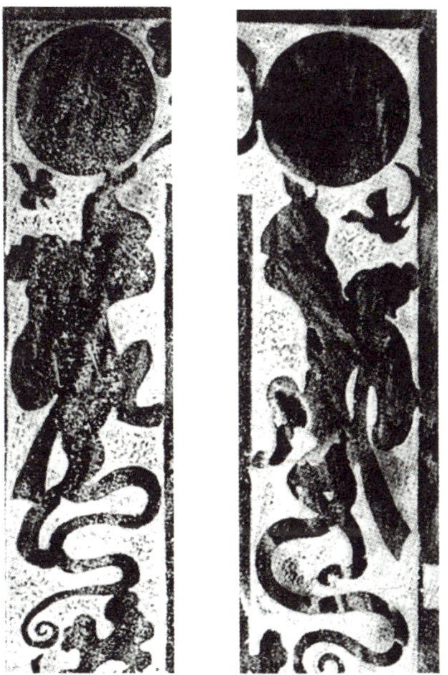

图 4-39　米脂官庄画像石墓伏羲、女娲画像拓片

（采自康兰英、朱青生主编：《汉画总录 1 · 米脂》，桂林：广西师范大学出版社，2012 年，第 70 页）

图 4-40　绥德辛店刘家湾汉墓墓门画像石

（北京大学汉画研究所徐呈瑞先生提供，《汉画总录》编号 SSX-SD-091-01、SSX-SD-091-02、SSX-SD-091-03）

东汉晚期四川、重庆地区的画像石棺后挡上此种图像出现极多，形成了一些大同小异的表现形式。有的作交尾并亲近状，如四川郫县新胜一号砖室墓出土画像石棺[①]后挡上，人首蛇身的伏羲、女娲一手托举日、月，另一手紧紧相拥并似持有巾状物，二者交尾作亲近状，伏羲头戴三锋形冠（图 4-41-1）。类似的图像在该地二、三号墓出土的石棺上还有基本相同的表现[②]。新津崖墓出土石棺[③]后挡画像上，人首蛇身的伏羲、女娲仍然单手托举日、月，但二者的尾部只是略略相重，构不成交尾，另一手垂下衣袖或各持一下垂的巾状物（图 4-41-2、4-41-3）。与之基本一致的画像在新津宝子山出土的其他石棺后挡上也有表现[④]。四川合江出土石棺上也有此种一手托日、月，一手巾袖下垂的画像，也是有的交尾，有的不交尾（图 4-42），也见有分别刻画于前、后挡而托举日、月的[⑤]（图 4-43）。重庆璧山崖

① 李复华、郭子游：《郫县出土东汉画象石棺图像略说》，《文物》1975 年第 8 期。

② 罗二虎：《汉代画像石棺》，第 27 页。

③ 罗二虎：《汉代画像石棺》，第 39 页。

④ 罗二虎：《汉代画像石棺》，第 43 页。

⑤ 成都文物考古研究院、泸州市博物馆：《四川泸州汉代画像石棺研究》，第 124、163、145、146 页。

墓和砖室墓出土石棺前、后挡上的此种画像比较怪异，其上伏羲、女娲一手相扶，另一手各托日、月，但二者作人形有足，各在阴部伸出蛇尾，与其他不同[①]（图4-44）。但从整体意匠上来看，仍然为伏羲、女娲无疑。总之，四川、重庆地区的此种图像上，伏羲、女娲往往单手托举日、月，另一手相拥、相扶或持物，伏羲往往甚至女娲有时头戴三锋形冠。也见有双手托举日、月的例子，如四川富顺邓井关二号崖墓出土二号石棺后挡画像[②]。如前所述，此种画像基本上都出现在石棺后挡，但也有个别出现于石棺侧挡的，如内江市关升店崖墓出土石棺[③]，此种图像即出在侧板左侧，右侧为一只凤鸟（图4-41-4）。

1. 郫县新胜一号墓出土石棺后挡　2. 新津崖墓出土石棺后挡

3. 新津宝子山崖墓出土石棺后挡

4. 内江关升店崖墓出土石棺左侧板

图4-41　四川出土石棺手托日、月的伏羲、女娲画像拓片

（采自1、4. 中国画像石全集编辑委员会：《中国画像石全集7·四川汉画像石》，第99、114、115页，图一二七、一四八；2. 龚廷万、龚玉、戴嘉陵编著：《巴蜀汉代画像集》，图360；3. 高文、高成刚编：《中国画像石棺艺术》，第112页）

① 重庆市文化遗产研究院：《重庆汉代画像考古报告集》，第7、72页。

② 罗二虎：《汉代画像石棺》，第83页。

③ 雷建金：《内江市关升店东汉崖墓画像石棺》，《四川文物》1992年第3期。

1. 5 号石棺后挡

2. 22 号石棺后挡

图 4-42 合江出土石棺伏羲、女娲画像

（采自成都文物考古研究院、泸州市博物馆：《四川泸州汉代画像石棺研究》，图版六七、一一一）

1. 后挡

2. 前挡

图 4-43 合江出土 15 号石棺伏羲、女娲画像

（采自成都文物考古研究院、泸州市博物馆：《四川泸州汉代画像石棺研究》，图版八九、九〇）

1. 小河坝 M1 出土石棺前挡

2. 蛮洞坡 M1 出土石棺后挡

图 4-44 重庆璧山出土石棺前、后挡伏羲、女娲画像

（采自重庆市文化遗产研究院：《重庆汉代画像考古报告集》，图版四 . 1）

除石棺外，该地区的其他墓葬画像石也有一些表现。如重庆合川砖石墓中就有头戴三锋冠、人首蛇身有后爪的伏羲双手举日的画像[①]（图 4–45–1）。重庆盘溪无名阙上也有头挽三髻、人首蛇身有后爪的女娲双手举月的画像[②]（图 4–45–2）。

此外，此种形式的伏羲、女娲在汉代以后也有延续。吉林集安高句丽壁画墓

1. 合川汉代砖石墓

2. 江北区盘溪无名阙

图 4–45　重庆汉代画像石伏羲、女娲手举日、月画像拓片
（采自龚廷万、龚玉、戴嘉陵编著：《巴蜀汉代画像集》，图 352、351）

中即见有此种图像。如五盔坟四号墓墓室的北角二抹角石上即绘有伏羲、女娲双手托举日月的形象，时代在公元 5 世纪末 6 世纪初[③]（图 4–46）。此种图像在北朝墓葬出土石棺棺盖上还能看到，多处于星象、银河、云气之中[④]（图 4–47）。

① 龚廷万、龚玉、戴嘉陵编著：《巴蜀汉代画像集》，图 352。
② 龚廷万、龚玉、戴嘉陵编著：《巴蜀汉代画像集》，图 351。
③ 吉林省文物工作队：《吉林集安五盔坟四号墓》，《考古学报》1984 年第 1 期。
④ 姜伊：《魏晋南北朝隋唐时期的伏羲、女娲图像研究》，见考古杂志社编《考古学集刊》待刊。

图 4-46　集安五盔坟四号墓伏羲、女娲壁画

（采自中国墓室壁画全集编辑委员会：《中国墓室壁画全集 1 · 汉魏晋南北朝》，第 161 页）

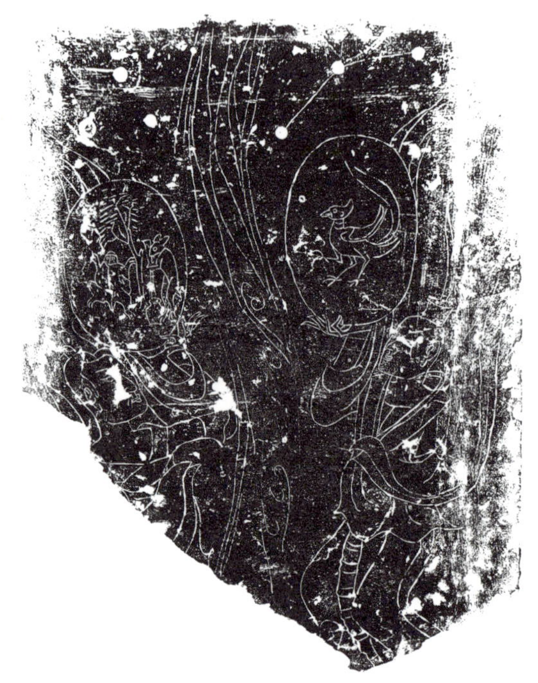

图 4-47　洛阳出土北魏石棺棺盖拓片

（采自中国画像石全集编辑委员会：《中国画像石全集 8 · 石刻线画》，第 69 页，图八八）

3. 既持日、月又持规、矩的伏羲、女娲图像

目前所见材料中，共 30 例，约占总数的 38%。

如前所述，山东鲁南地区既有手持规、矩的伏羲、女娲图像，又有手持日、

月的伏羲、女娲图像，如果将二者结合起来，则此种既持日、月又持规、矩的伏羲、女娲图像最可能创制于该地区。目前该地区的画像材料中确实出现了此种图像。费县刘家疃东汉晚期画像石墓后室顶部，人首蛇身有后爪的伏羲、女娲右手分别持一规、矩，规、矩的形象相当清楚明了，并怀抱日、月，日、月中似有图像，模糊不辨，伏羲头戴武弁大冠，女娲似绾双髻[①]（图 4–48）。临沂吴白庄东汉晚期画像石墓前室北壁立柱上，前述多平台形的昆仑顶部正中站立着可能与西王母早期传说形态有关的人兽结合形象，两侧有玉兔捣药，在昆仑、王母（？）之上有一人首蛇身有后爪的神人一手持规，一手抱日，头戴三锋状冠，当为伏羲。与之相对，人首蛇身的女娲一手持矩，一手抱月，其下则为一株树木[②]（图 4–49）。类似的画像在临沂汽车技校出土画像石上也有发现。

此种图像更多地见于东汉晚期四川、重庆地区的画像石棺后挡上，伏羲、女娲一手托举日、月，一手持规、矩，其中的规往往似拨浪鼓状，材料较多且大同小异，

图 4–48　费县刘家疃汉墓伏羲、女娲画像石拓片

（采自中国画像石全集编辑委员会：《中国画像石全集 3 · 山东汉画像石》，第 76、77 页，图八九、九〇）

① 山东博物馆、费县博物馆：《费县刘家疃汉画像石墓发掘报告》，第 66 页，图版二六。

② 临沂市博物馆编：《临沂吴白庄汉画像石墓》，第 108、124 页。

图 4-49　临沂吴白庄汉墓伏羲、女娲画像石
（采自临沂市博物馆编：《临沂吴白庄汉画像石墓》，第 106、122 页，图一五一、一六三）

不再列举（图 4-50）。但该地区此种图像上，规、矩的形象往往要么不全面，要么就发生变异，甚至变得有似便面或不知所云。可见该地区的制作者和使用者对此种图像上规、矩的认识并不清楚，甚至有错误，反映出该地区可能不是此种图像原来产生的地区，但却比较流行。郫县新胜乡东汉晚期砖室墓中出土的一具画像石棺①的后挡上，人首蛇身而有后爪的伏羲、女娲一手托举日、月，日中有金乌，月中似蟾蜍。伏羲的另一手持规，女娲则无持物，或许是画像缺失，或许原本就没有刻画。伏羲头戴三锋形冠，女娲头上绾髻，二者尾部略略相搭，不呈典型的交尾状，日月之间有一人首鸟身神，头戴三锋形冠。类似的画像在这批汉墓出土的另一方画像石棺后挡上也有表现，只是中间没有人首鸟身神，女娲手持一棍状物。泸州杜家街汉墓出土画像石棺②和合江张家沟一号崖墓出土画像石棺③后挡上，也是有规无矩。江安桂花村一号石室墓出土一号石棺后挡画像上，规、矩却类似便

① 四川省博物馆、郫县文化馆：《四川郫县东汉砖墓的石棺画像》，《考古》1979 年第 6 期。
② 罗二虎：《汉代画像石棺》，第 122 页。
③ 罗二虎：《汉代画像石棺》，第 128 页。

面[①]（图 4–51）。重庆璧山出土多具画像石棺侧板上，伏羲、女娲一手托着日、月，另一手所持之物或作仙草状[②]（图 4–52），或作刀、棍状[③]（图 4–53），或刻画得不知所云[④]（图 4–54）。受四川、重庆地区的影响，云南东北部和贵州北部地区也有少许画像石棺出土，后挡上也有此种伏羲、女娲图像，其上伏羲、女娲一手托日、月的形象十分明确，但另一手所持的规、矩刻画得更加不可理喻了[⑤]。

除画像石棺外，四川地区东汉晚期的画像砖上也有此种图像。如成都出土的一方画像砖上，人首蛇身而具后爪的伏羲、女娲一手托举日、月，日中有金乌，

1. 四川泸州 14 号石棺后挡

2. 四川泸州 13 号石棺后挡

3. 四川合江 17 号石棺后挡

4. 重庆江津烟墩岗 M1 石棺前挡

图 4–50　四川、重庆出土石棺手持日、月和规、矩的伏羲、女娲

（采自 1、2、3. 成都文物考古研究院、泸州市博物馆：《四川泸州汉代画像石棺研究》，图版三一、二五、九五；4. 重庆市文化遗产研究院：《重庆汉代画像考古报告集》，图版五六 .1）

① 龚廷万、龚玉、戴嘉陵编著：《巴蜀汉代画像集》，图 359。
② 重庆市文化遗产研究院：《重庆汉代画像考古报告集》，第 39 页。
③ 重庆市文化遗产研究院：《重庆汉代画像考古报告集》，第 92 页。
④ 龚廷万、龚玉、戴嘉陵编著：《巴蜀汉代画像集》，图 362。
⑤ 罗二虎：《汉代画像石棺》，第 148 ~ 151 页。

图 4-51　江安桂花村石室墓出土一号石棺后挡画像拓片

（采自龚廷万、龚玉、戴嘉陵编著：《巴蜀汉代画像集》，图 359）

1. 棺山坡崖墓 M1 出土石棺左侧板

2. 璧山出土石棺侧板拓片

图 4-52　璧山出土石棺手持仙草状物的伏羲、女娲画像

（采自 1. 重庆市文化遗产研究院：《重庆汉代画像考古报告集》，图版一四 . 1；
2. 龚廷万、龚玉、戴嘉陵编著：《巴蜀汉代画像集》，图 364）

1. 小河坝 M2 石棺

2. 璧山出土石棺侧板拓片

图 4-53　璧山出土石棺手持刀、棍状物的伏羲、女娲画像

（采自 1. 重庆市文化遗产研究院：《重庆汉代画像考古报告集》，图版四三 . 2；2. 龚廷万、龚玉、戴嘉陵编著：《巴蜀汉代画像集》，图 363）

图 4-54　璧山出土石棺手持不明物体的伏羲、女娲画像拓片

（采自龚廷万、龚玉、戴嘉陵编著：《巴蜀汉代画像集》，图 362）

月中有桂树和蟾蜍，另一手各持规、矩。伏羲头戴三锋形冠，着衣，女娲头绾双髻，亦着衣，该砖刻画得十分清楚、生动[①]（图 4–55）。重庆江北区盘溪汉墓石刻中也有类似画像，雕刻虽然不如前者精美，但细节也比较清楚[②]（图 4–56）。

此外，此种伏羲、女娲图像在汉代以后的西北地区尚有深远的影响。在魏晋

图 4–55　成都市郊出土伏羲、女娲画像砖

（采自龚廷万、龚玉、戴嘉陵编：《巴蜀汉代画像集》，图 354）

图 4–56　重庆江北区盘溪汉墓伏羲、女娲画像石拓片

（采自龚廷万、龚玉、戴嘉陵编：《巴蜀汉代画像集》，图 356）

① 高文、王锦生编：《中国巴蜀汉代画像砖大全》，第 193 页，图一九一。

② 龚廷万、龚玉、戴嘉陵编著：《巴蜀汉代画像集》，图 356。

时期河西地区的墓葬砖画、棺盖板上十分流行，往往一手持规、矩，一手怀抱日月于腹前[①]（图 4–57、4–58）。甘肃嘉峪关毛庄子魏晋墓[②]出土棺盖内部，人首蛇身的伏羲、女娲手持规、矩，尾部交搭在一起，但没有交缠，伏羲头戴三锋形冠，

图 4–57　敦煌佛爷庙湾魏晋墓伏羲、女娲砖画
（甘肃省文物考古研究所提供）

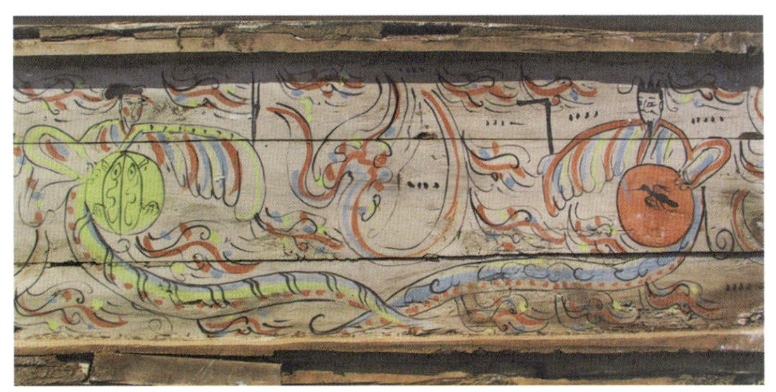

图 4–58　酒泉孙家石滩魏晋墓伏羲、女娲棺画
（采自甘肃省文物考古研究所：《甘肃酒泉市肃州区孙家石滩家族墓地发掘简报》，《考古与文物》2017 年第 3 期，图一一）

面有髭须，女娲头裹巾帼，二者上下有日月和星辰，两旁为向两边绘出的群山，也是将持规、矩的伏羲、女娲与日、月组合起来（图 4–59）。在新疆吐鲁番阿斯

① 姜伊：《魏晋南北朝隋唐时期的伏羲、女娲图像研究》，见考古杂志社编《考古学集刊》待刊。
② 孔令忠、侯晋刚：《记新发现的嘉峪关毛庄子魏晋墓木板画》，《文物》2006 年第 11 期。

塔那唐代墓葬中还能见到这样的图像流行[①]，可能是贴在墓顶上的绢画。其上人物形象和服饰等虽已多有西域元素，但人首蛇身，手持规、矩（还演变出剪刀、墨斗），处于日月星辰中的特征仍然一脉相承[②]（图4–60）。十分有趣的是，敦煌莫高窟285窟窟顶西魏时期壁画中也有此种人首蛇身，一手持规、矩（还有剪刀、墨斗），一手怀抱日、月的形象，一般认为是墓葬图像对佛教艺术的影响[③]（图4–61）。这些已经超出本文所论，兹不赘述。

1　　2

图4–59　嘉峪关毛庄子魏晋墓出土木板画及摹本

（采自孔令忠、侯晋刚：《记新发现的嘉峪关毛庄子魏晋墓木板画》，《文物》2006年第11期，图三、十四）

① 吴震：《吐鲁番阿斯塔那唐墓中有重要发现》，《考古》1959年第12期；吐鲁番地区文管所：《1986年新疆吐鲁番古墓群发掘简报》，《考古》1992年第2期。

② 孟凡人：《吐鲁番出土的伏羲女娲图》，见氏著《新疆考古与史地论集》，北京：科学出版社，2000年，第17～30页；王晓玲：《吐鲁番阿斯塔那古墓人首蛇身交尾图像研究》，陕西师范大学博士学位论文，2017年。

③ 宿白：《参观敦煌第285窟札记》，《文物参考资料》1956年第2期；孙作云：《敦煌壁画中的神怪画》，《考古》1960年第6期；贺世哲：《莫高窟第285窟窟顶天象图考论》，《敦煌研究》1987年第2期。

1. 67TAM77 出土

2. 64TAM19 出土

图 4-60 吐鲁番阿斯塔那墓地出土伏羲、女娲织物画

（采自 1. 山西博物院、新疆维吾尔自治区博物馆、吐鲁番博物馆：《天山往事：古代新疆丝路文物精华》，太原：山西人民出版社，2012 年，第 135 页；2. 中国古代书画鉴定组：《中国绘画全集 1 · 战国—唐》，第 96 页，图七三）

图 4-61 敦煌莫高窟第 285 窟窟顶伏羲、女娲壁画

（采自赵声良：《敦煌石窟艺术简史》，北京：中国青年出版社，2015 年，第 80 页，图 2-36）

综上所述，根据有题记的材料再对比其他相关的考古材料和文献材料，笔者确认汉墓图像中人首蛇身（或人首龙身；或类似人形的半人半兽状，且有蛇尾）而手持规、矩或日、月的神像就是伏羲、女娲，当然有些不持物或持其他物的人首蛇身神像也有可能是伏羲、女娲图像的简化或变体，但在目前没有更多相关材料加以确认的情况下，谨慎起见，本书只对持规、矩和日、月的伏羲、女娲图像进行梳理和进一步研究。此类图像可以按照其持物分为手持规、矩，手持日、月，既持日、月又持规、矩三种形式。就目前所见材料而言，只持规、矩的伏羲、女

娲图像在汉代基本只出现于山东鲁南地区，数量较少，应该不是伏羲、女娲图像的主流。伏羲、女娲图像的主流是手持日、月和既持日、月又持规、矩这两种，二者共占总数的将近90%。而其中既持日、月又持规、矩者也是以日、月为主，在其主要流行区域的四川、重庆地区，其上的规、矩或被省略得只有一个，或被变形得不知所云，但日、月是此类图像中必不可少的元素。伏羲、女娲图像与日、月相结合始于西汉中晚期洛阳地区的壁画墓中，其后传播至鲁南苏北、陕北和四川、重庆地区，尤其流行于东汉晚期的后一地区，伏羲、女娲图像在汉代墓葬中的意义应该多与日、月有关。要弄清楚其图像在墓葬中到底有何意义，还要从其位置和图像组合等方面全面提取相关信息后才好作出进一步讨论。笔者这里将汉代手持规、矩和日、月的伏羲、女娲图像及其位置、图像组合等制于一表，以便查考（见附表2）。

二、伏羲、女娲图像的位置与组合

西汉中晚期洛阳卜千秋墓长方形墓室的脊顶上横长形的壁画保存完整，伏羲、女娲分别位于东、西两端。其间是墓主人升仙图像，墓主夫妇乘骑神兽，在一位持节羽人的引导和众多神兽的护卫下，向西进发。其间云中出现西王母，但前方的持节羽人已经继续前进至女娲附近，说明墓主人行程的目的地并非西王母，而是要最终升天成仙（见第三章第三节中所述，见图3–15、3–18）。西汉晚期洛阳浅井头壁画墓和新安磁涧壁画墓，其形制与卜千秋墓大体一致，伏羲、女娲的位置也是处于脊顶两端，其间充满凤鸟和各种翼兽的形象。应该与卜千秋墓一致，与墓主升天成仙的旅程有关。东汉初期的洛阳道北石油站壁画墓中，伏羲、女娲图像位于中室穹隆顶东、西两侧，穹隆顶南侧为一老者驾一龙车的图像，北侧为人物驾鹿车的形象，龙车和鹿车都是升仙中经常乘坐的（详见第五章第二节），而且车中之人皆常人形象，并非羽人一类，大概也是关于墓主升仙的图像。

南阳麒麟岗画像石墓中的天象图如本章第一节中所论，中心的太一画像与升天成仙的愿望有关。其上伏羲、女娲图像位于太一两侧的青龙、白虎两侧，北斗和南斗之内，这里的青龙、白虎显然是星象，伏羲、女娲怀抱日、月出现于众星象之间。该天象图显然是一幅有着严密布局的完整图像，既然其中的太一与升天成仙愿望有关，这里的伏羲、女娲处于这个背景中，显然也与升天有关。麒麟岗

中另一对伏羲、女娲图像出现于大门门楣的底面，而如前所述，门楣上正刻画着人物乘坐龙车，在羽人引导下，向太一所统领的天界迅速进发的图像（见图 4–7）。将整个门楣画像看作一体的话，这里的伏羲、女娲图像如上述卜千秋壁画墓中一样，也与升天成仙的旅程有关。

山东地区最早的一幅伏羲、女娲图像出现在滕州马王村出土的一方西汉晚期画像石上，其在墓葬中的位置已不清楚，不过画像内容还比较丰富。伏羲、女娲位于右上端，其旁有一拄杖人向之行礼，其下为一幅拜谒图像，其左侧则是一幅以西王母为中心的画像。西王母端坐于中间，其旁有玉兔捣药和一只凤鸟，其下有一排人物，最右侧的两位为兽首人身（见图 4–24）。这里的伏羲、女娲图像与西王母图像组合在一起，而根据本书所论，西汉晚期西王母已经开始加入以昆仑为中心的升天信仰中了。那么，这里的伏羲、女娲或许仍然与升天信仰有关。

该地区有题记的一例伏羲图像出现于山东梁山后银山东汉早期壁画墓西壁上，其后有凤鸟一只，其下方为车马出行图像。这里的车马出行出现在伏羲和神兽的环境中应该与升仙有关。类似与升仙有关的车马出行图像在汉代壁画和画像上十分常见（详见第五章第三节），这里的伏羲仍与墓主人的升仙有关。

临沂吴白庄画像石墓中的伏羲、女娲的图像组合更为清楚。伏羲之下为第一章第三节所述的山东地区常见的多平台形昆仑图像，昆仑上有西王母或与西王母密切相关的形象。虽然该形象作半人半兽状，可能还保留着西王母早期传说的影响，但从其两侧玉兔捣药的图像和其下的昆仑图像来看，判断其与西王母有关是毫无疑问的。女娲之下则是神树，从其与昆仑相对的情况看，如前所论，是否附着了通天神树的意义？那么，这里的伏羲、女娲仍然出现在关于昆仑、西王母升仙信仰的背景中。安丘董家庄画像石墓中的伏羲、女娲刻画于前室封顶石上，与之紧邻的一幅为日（月）和风雨雷电诸神出行画像（见图 4–98）。笔者在本章第五节中还要专门讨论风雨雷电诸神出行图像与升仙、升天信仰的关系，兹不赘述。

山东地区的伏羲、女娲图像主要出现在武氏诸祠中，其中武梁祠上的该图像位于三皇五帝的最前一位，作为人类历史的开端。如前所述，武梁祠上的画像及其意义有其特殊性，这样的组合在数量众多的汉画像中就是孤例，不能代表汉代墓葬中此类图像的一般意义。另一例位于左石室后壁小龛西侧下部，其上为历史故事。这种祠堂内的小龛是放置祠主灵位的地方，为祠主灵魂所凭依，其位置颇显重要。其上为荆轲刺秦王等历史故事，但这些历史故事显然是属于祠堂壁面上横向的历史故事中的一部分，并非与伏羲、女娲相组合。武氏诸祠中最能体现伏羲、女娲的一般意义的画像位于前石室屋顶前坡东段第二层上，其上画像分为四层，整个画像上满布云气，再根据其处于屋顶前坡的位置，应该是天界的表现。笔者认为整个画像尤其是上三层应该为一幅天神在天界出行或墓（祠）主人升天成仙旅程的表现，第三层（从上向下）中人物乘坐着由三只神兽所拉之云车，在众多乘骑神兽的羽人的护卫下向右进发，最右侧有一羽人持旗帜作为导引，而第一层中依然是三神兽所拉之云车，在众多乘骑神兽的羽人的护卫下向左进发。而夹于这两层之间的正是伏羲、女娲及其附属图像，这里的伏羲、女娲图像仍然处于升天成仙或天界出行的旅程之中（图 4–62，另见图 4–26）。值得注意的是，前石室

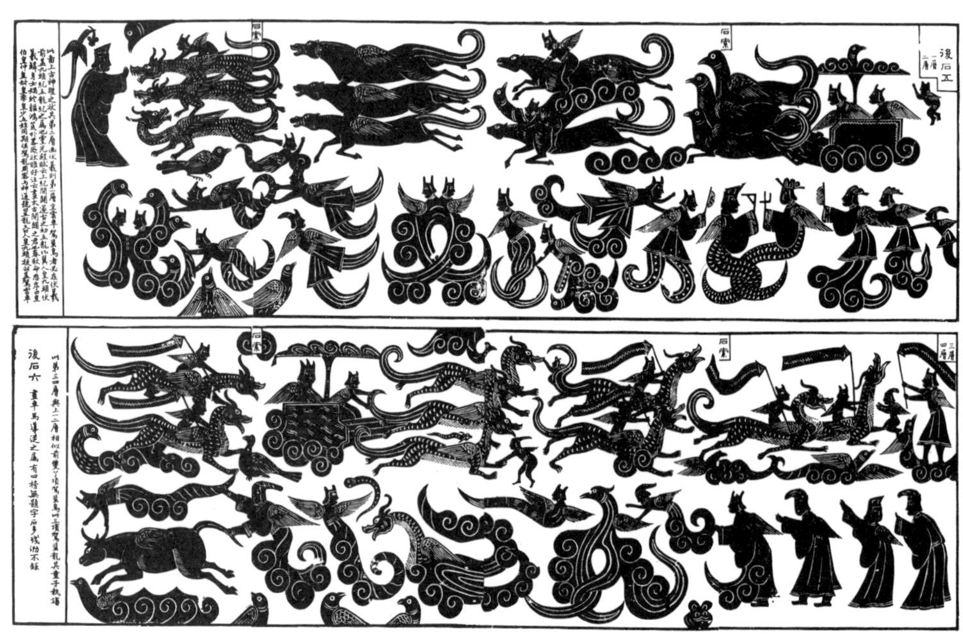

图 4–62 《金石索》中摹刻武氏祠前石室屋顶前坡东段画像

（采自（清）冯云鹏、冯云鹓著：《金石索·石索三》，第 5 册，第 1467 ~ 1474 页）

屋顶前坡西段第二层正是风雨雷电诸神出行画像，伏羲、女娲其实就处于该队伍的前端部分（见图 4–97）。说明上述安丘董家庄画像石墓中伏羲、女娲与风雨雷电诸神出行的组合并非特例，具体问题待本章第五节中再做讨论。

费县刘家疃画像石墓中的伏羲、女娲位于后室顶部的藻井之中，正对墓主夫妇的棺上方，这样的配置在临近的江苏东海昌梨水库中再次见到。而且，如前所述，稍晚的魏晋时期河西地区的伏羲、女娲图像也出现在照墙顶部、墓顶，尤其是棺

盖板内侧，正对着其下的墓主。嘉峪关毛庄子魏晋墓棺盖上，伏羲、女娲的上下为日月星辰，两旁为向两边绘出的群山，似乎伏羲、女娲引领着墓主在日月星辰之中行进。敦煌佛爷庙湾壁画墓中，伏羲、女娲位于照墙顶端两侧，与之组合的尚有西王母（东王公）、门阙和大量神禽瑞兽（图 4-63）。如前所论，这里的门阙当然是天门的表现，则伏羲、女娲与天门、西王母密切结合在一起。

图 4-63　敦煌佛爷庙湾魏晋壁画墓 M1 照墙上部图像组合

（作者摄）

陕北地区画像石中的伏羲、女娲图像皆出现于左右门柱的上部，上接门楣两端，门楣两端为日、月。该地区的其他大量的墓门画像石基本形成了一种程式，即门楣两侧为西王母（东王公）坐于平台形昆仑之上，门楣上主要为神兽出行和车马出行等，两端为日、月。根据这一程式，门柱两侧与西王母（东王公）共处或替代其的伏羲、女娲画像应该仍与升仙有关。靖边杨桥畔壁画墓中伏羲、女娲处于墓顶星象图中，据笔者研究，环绕其两侧的星象构成了三垣中的紫微垣[①]。这里的

① 王煜：《知识、传说与制作：陕西靖边渠树壕东汉壁画墓星象图的几个问题》，《美术研究》2020 年第 5 期。

伏羲、女娲虽与星象直接相关，较为特殊，但布满整个壁画的星象图说明它们显然是天界的一部分（图 4–64）。而星象图中尚有乘坐神兽拉载的云车出行的人物，不能排除其整体上具有天界出行甚至升仙的意义。

图 4–64　靖边渠树壕东汉墓星象图

（采自陕西省考古研究院、靖边县文物管理处：《陕西靖边县杨桥畔渠树壕东汉壁画墓发掘简报》，《考古与文物》2017 年第 1 期，图二三）

如上所述，四川、重庆地区东汉晚期的伏羲、女娲图像除个别处于画像石棺侧板之外，基本上处于画像石棺的后挡。从大多数的材料来看，该地区这一时期的画像石棺上的图像可以说基本上形成了一套程式。即前挡上为双阙图像，代表天门；两侧板上多数为西王母图像及神山仙境，还有一些与西王母和昆仑关系密切的仙人六博、伯牙弹琴及与升仙有关的车马出行、宴饮和辟邪图像等；后挡上主要是伏羲、女娲手托日、月，也有为凤鸟或其他图像的；棺盖上主要为与天界、天门有关的方花（柿蒂）和龙虎衔璧图像（详见第二章第二节），整个石棺实际上就是一个以昆仑、天门、西王母为中心的升天成仙信仰的反映（见图 2–18、3–33）。当然也有例外，如雅安王晖石棺，四侧为天之四象等。伏羲、女娲出现于这样的图像组合和信仰背景中，自然也脱离不了升天信仰的色彩，而且其与双阙天门相对，与天门的关系最为密切。这一点可以在上述南溪县长顺坡砖室墓出土二号石棺后挡图像上得到证明，其上有一重檐单阙，上面还有一巨大的胜形图像（见图 2–7–3）。正如笔者在第二章第二节中所述，这里的阙为天门，巨胜的图像更明确了其天门的性质，天门两旁伏羲、女娲托举日、月。在前述简阳鬼头山出土的画像石

棺上，不仅有带有题记的伏羲、女娲画像，其侧板中心还有带有题记的天门画像（见图 2–2、4–21）。不仅是四川地区的画像石棺，笔者在第二章第二节中也谈到过一些其他地区伏羲、女娲与天门联系的材料，这种联系也在上述敦煌佛爷庙湾魏晋壁画墓山墙上有明确表现。

另外，值得一提的是，山东青岛土山屯汉墓 M147 出土“玉温明”一件，罩在墓主头部，其开口处对称摆放两枚人首蛇身木俑[①]（图 4–65、4–66）。虽然其手部无持物，但从其特殊的位置和组合来看，发掘者将其认定为伏羲、女娲，学界并无疑义。焦阳先生认为，汉代的漆木面罩（即温明）除了与其他葬具组合为丧葬制度的一部分以外，还具有模拟宇宙的意义，其罩住灵魂所在的头部，用以保护和引导灵魂升天[②]。而处在其开口处的伏羲、女娲木俑，无疑加强了这一升天意义。

综上所述，根据目前的材料来看，伏羲、女娲图像主要是与日、月相联系，手托日、月的伏羲、女娲图像是该类图像中的主流，即便是既持规、矩又持日、月的图像中，也以日、月为主，规、矩往往省略或变形，日、月则必不可少。而

1

2

图 4–65　青岛土山屯汉墓 M147 出土“玉温明”与伏羲、女娲木俑

（采自青岛市文物保护考古研究所、黄岛区博物馆：《山东青岛土山屯墓群四号封土与墓葬的发掘》，《考古学报》2019 年第 3 期）

① 青岛市文物保护考古研究所、黄岛区博物馆：《山东青岛土山屯墓群四号封土与墓葬的发掘》，《考古学报》2019 年第 3 期。

② 焦阳：《再论汉代的漆木“面罩”》，《考古》2020 年第 5 期。

图 4-66 “玉温明”与伏羲、女娲木俑位置
（其中 14-1、14-2 为伏羲、女娲木俑，出处同上）

伏羲、女娲图像主要出现于升天成仙或天界出行的旅程之中，或属于以昆仑、天门、西王母为中心的升天图像中的一部分，与天门的关系尤为密切。这些认识对我们进一步考察其在墓葬艺术中的意义有重要作用。

三、伏羲、女娲图像与升天信仰

我们知道由于地球的绕日公转，在大地上看周天的日月星辰都围绕着地球作圆周运动，人们把从地面上观察到的太阳一年之中在恒星间的运动轨迹称为“黄道”。黄道其实就是地球公转轨迹面与想象中天球的相交带，由于是由地球公转而形成的，所以在地球上看日月星辰都循此道而作周年运动（月亮的轨道严格来讲应该是白道，与黄道并不完全重合，但在古代一般观念中往往只是合而言黄道，见下引文献）。古代的一般观念中便将其想象为天上的道路，并与天关、天门有着密切的关系。《汉书·天文志》云：“黄道，一曰光道。光道北至东井，去北极近；南至牵牛，去北极远。”[1]之所以称之为“光道”，自然是由于日、月之所行。而东井为天门（天阙），牵牛为天关。《晋书·天文志》云“东井八星，天之南门，黄道所经，天之亭候”，又云“牵牛六星，天之关梁”[2]。《续汉书·律历志》贾

① 《汉书》卷二十六《天文志》，第 5 册，第 1294 页。
② 《晋书》卷十一《天文上》，第 2 册，第 301、303 页。

逵引《五纪》云：“日月循黄道，南至牵牛，北至东井。”[①]《晋书·天文志》亦云：“中间为天衢，为天关，黄道之所经。”同书又云：“角二星为天关，其间天门也，其内天庭也。故黄道经其中，七曜之所行也。”[②]七曜即日、月、五星（金、木、水、火、土），可见黄道为日月所行，故在人们观念中为天衢（天之道路），并与天关、天门相连接。

笔者认为这就能够解释为何伏羲、女娲的图像多出现在升天成仙或天界出行的旅程之中了。正如曹植《平陵东》所云：“阊阖开，天衢通，被我羽衣乘飞龙。”[③]升天之路，在进入天关、天门之后，必然是天上的天衢，也就是黄道，而黄道为日、月之所行，伏羲、女娲多手托日、月出现在这里，一方面即是升天道路——黄道的标识，一方面又可作为升天之路的引导。伏羲、女娲手托日、月的图像还多与天门图像相结合，自然也是上述文献中黄道与天门密切关系的反映。《淮南子·天文训》云：“四时者，天之吏也；日月者，天之使也。”[④]可见在当时人观念中日月为天之使者，自然可以成为升天旅程中的引导。当时人的游仙想象中，就有大量以日月所行的天衢为道路甚至以日月为导引的内容。如王褒《九怀》云：“乘日月兮上征。”王逸注：“想托神明，升天庭也。”[⑤]刘向《九叹》云：“引日月以指极兮。”王逸注：“极，中也，谓北辰星也。……愿引日月使照我情，上指北辰，诉告于天。”[⑥]又云：“结余轸于西山兮，横飞谷以南征”。王逸注：“飞谷，日所行之道也。”[⑦]王逸《九思》亦云：“载青云兮上升，适昭明兮所处。蹑天衢兮长驱，踵九阳兮戏荡。……逢流星兮问路，顾我指兮从左。俓娵觜兮直驰，御者迷兮失轨。遂踢达兮邪造，与日月兮殊道。”注：“欲乘云升天，就日处矣。昭明，日晖。九阳，日出处也。”[⑧]也有直接将伏羲、女娲与升天相联系的内容。如《淮南子·览冥训》中说女娲“乘雷车，服驾应龙，骖青虬，……浮游消摇，

---

① （晋）司马彪撰，（梁）刘昭注：《续汉书》，见《后汉书》，第11册，第3029页。
② 《晋书》卷十一《天文上》，第2册，第299、300页。
③ （三国魏）曹植著，赵幼文校注：《曹植集校注》卷三《平陵东》，下册，第597页。
④ 何宁撰：《淮南子集释》卷三《天文训》，上册，第178页。
⑤ （宋）洪兴祖撰，白化文点校：《楚辞补注》卷十四《九怀》，第269页。
⑥ （宋）洪兴祖撰，白化文点校：《楚辞补注》卷十六《九叹》，第295页。
⑦ （宋）洪兴祖撰，白化文点校：《楚辞补注》卷十六《九叹》，第310页。
⑧ （宋）洪兴祖撰，白化文点校：《楚辞补注》卷十七《九思》，第321、322页。

道鬼神登九天，朝帝于灵门”[①]。“道鬼神登九天”一语中的“道”应该为“导（導）”之通假，正如前一句“消摇”为“逍遥”之通假一样，即言女娲引导众神登天而拜见天帝。《庄子·刻意》云：“吹响呼吸，吐故纳新，熊经鸟申，为寿而已矣；此道引之士，养形之人，彭祖寿考者之所好也。”[②]这里的“道引”当然就是“导引”，是“道”通为“导”的明证。司马相如《大人赋》云：“经营炎火而浮弱水兮，杭绝浮渚而涉流沙。奄息总极泛滥水嬉兮，使灵娲鼓琴而舞冯夷。……西望昆仑之轧沕洸忽兮，直径驰乎三危。排阊阖而入帝宫兮，载玉女而与之归。”集解引《汉书音义》云：“总极，葱岭山也，在西域中也。灵娲，女娲也。”[③]也将女娲与通过昆仑的升天联系在一起。另外，《史记·天官书》云“苍帝行德，天门为之开”[④]，苍帝即东方之帝伏羲，这里也提到伏羲与天门的关系。因此，笔者认为汉墓中的伏羲、女娲图像应该主要与升天成仙的信仰有关。

如前所述，在西汉前期以来，天门的信仰就与昆仑升天信仰密切结合在一起了，到西汉中晚期以来又加入了西王母于其中。这些画像尤其是四川、重庆地区东汉晚期石棺画像上表现的伏羲、女娲与天门密切结合的图像背后，应该还有一个以昆仑、天门、西王母为中心的升天信仰存在。这一点在上述整个石棺的图像组合上即可看出，伏羲、女娲除与天门直接联系或相对外，两侧往往还有西王母及与昆仑有关的神山仙境、仙人六博等图像。

四、小结

根据以上讨论，总结以下两点认识：

第一，根据有题记的材料再比对其他相关的考古材料和文献材料，笔者确认汉代墓葬图像中人首蛇身（个别有变异）而手持规、矩或日、月的神人就是伏羲、女娲。此类图像可以按照其持物分为手持规、矩，手持日、月，既持日、月又持规、矩三种。就目前所见材料而言，伏羲、女娲图像的主流是手持日、月和既持日、月又持规、矩这两种，而其中既持日、月又持规、矩者也是以日、月为主。伏羲、

① 何宁撰，《淮南子集释》卷六《览冥训》，上册，第 483 ~ 485 页。
② （清）郭庆藩撰，王孝鱼点校：《庄子集释》卷六《刻意》，中册，第 536 页。
③ 《史记》卷一百一十七《司马相如列传》，第 9 册，第 3060、3061 页。
④ 《史记》卷二十七《天官书》，第 4 册，第 1351 页。

女娲图像与日、月相结合始于西汉中晚期河南洛阳地区的壁画墓中，其后流行于鲁南苏北、陕北和四川、重庆地区，尤其盛行于东汉晚期的后一地区。在汉代以后一则流行于河西乃至吐鲁番地区，二则延续于辽东高句丽墓葬，在中原地区北朝墓葬中也有少量出现。伏羲和日都是阳性之精，女娲和月都是阴性之精，以日、月配伏羲、女娲在当时的观念中是不成问题的。

第二，根据目前的材料来看，手托日、月的伏羲、女娲图像主要出现于升天成仙或天界出行的旅程之中，或属于以昆仑、天门、西王母为中心的升天图像的一部分，其与天门的关系尤为密切，提示我们此类图像与升天信仰有密切关系。在当时人的观念中，日月星辰运行的黄道（实际上是由地球的公转而造成）为天衢，即天上的道路，并与天关、天门有着密切的关系。墓主人的升天之路，在进入天关、天门之后，必然是天上的天衢，也就是黄道，而黄道为日、月之所行，伏羲、女娲多手托日、月出现在这里，一方面即是墓主人升天道路——黄道的标识，一方面又可作为墓主的引导。伏羲、女娲图像与天门及西王母、昆仑图像的结合，表明了其处于以昆仑、天门、西王母为中心的信仰体系及其图像表现之中。

第四节
越天关，渡天梁：牵牛、织女图像与升天信仰

除了伏羲、女娲和日、月之外，汉代墓葬图像中还有许多对天上星辰及神祇的表现，但由于材料比较稀少和零散，笔者暂时无法对这些天神作出较为全面的探讨。不过，其中有一种牵牛、织女图像却十分引人注目。目前学界对此类图像的关注和讨论已经比较丰富，也获得不少较为深入的认识。然而，大多数的相关论著皆是在进行民俗学、神话学的研究时援引这些考古材料来进行印证，关注的重点主要是牛、女神话的起源、演变和隐喻等问题；或在对相关星象图进行整体研究时，论及此类图像中的某些问题；而少数专论此类图像的研究中，往往缺乏对基础材料的辨析和梳理，对其意义的理解也往往忽略了其所在的环境，存在不少问题。因此，较为全面地对此类材料进行梳理辨析，充分提取其上的相关信息，考察其在墓葬中的功能和意义，显得很有必要。而要想在民俗学、神话学等相关

问题的研究中正确运用这些考古材料，这样的工作也是必不可少的。

一、牵牛、织女图像辨析与梳理

汉代的牵牛、织女图像目前所见虽然不多，但问题并不简单。因为此类图像并不仅仅是一则神话故事的片段表现，往往还涉及实际星象和古代天文学的一些问题，如河鼓、牵牛、牛宿，织女、婺女、女宿这些星宿和名称的异同、离合、演变关系，而涉及星象的墓葬图像又往往存在不少附会和混误，使得问题更加难以辨明。在其名称上，由于此类图像中明确以人物形象出现者，男性一方都为一人牵牛，而女性一方往往为女子端坐，有的还表现有织机或织梭，考虑到较为通行的称法，暂将之统称为“牵牛、织女”。其实，其间尚存在着不同的性质和意义，如有些就是牛宿、女宿图像而受到牵牛、织女的影响，后详。以下笔者大致按照载体及时代顺序，将目前所见可供讨论的相关材料进行梳理和辨析。

（一）西安交通大学壁画墓墓室顶部壁画

该墓于 1987 年发现，为带斜坡墓道的中型砖室墓，由墓道、东西耳室和主室组成，时代为西汉晚期①。主室顶部有一幅著名的星象壁画（图 4–67）。两个同心圆的内圆内部绘画日月、云气和仙鹤，两圆间的圆环内绘有二十八宿，星宿的表现方式为实际星象（或有简略）加上代表该星宿的人、物形象，有的则只有星象（图 4–68–1）。在该圆环的北方偏东部位，绘有一人牵牛的形象，画面部分剥落，但基本面貌和细部仍比较清楚。牛身上横列三星，人前方也纵列三星，三星间都有线条相连（图 4–68–2）。牛之后，即圆环正北位置为一女子跪坐，其身前纵列相连的两星，足后还有一星，三星呈三角分布（图 4–68–3）。

① 陕西省考古研究所、西安交通大学：《西安交通大学西汉壁画墓》，西安交通大学出版社，1991 年。

图 4-67　西安交通大学壁画墓墓顶壁画摹本

（采自陕西省考古研究所、西安交通大学：《西安交通大学西汉壁画墓》，西安交通大学出版社，1991 年，图版 1.2）

图 4-68　西安交通大学壁画墓星象图及牛宿、女宿细部摹本

（该图中只描摹了二十八宿及日月形象，省去内圆中的云气、仙鹤。采自陕西省考古研究所、西安交通大学：《西安交通大学西汉壁画墓》，第 25 页）

由于圆环中的图像为四象二十八宿，此二星宿绘于圆环北部，其前为斗宿（即南斗，一人持斗状的六星），毫无疑问应该是二十八宿的北宫牛宿（牵牛）和女宿（婺女）。牵牛早见于《诗 · 小雅 · 大东》：“维天有汉，监亦有光。跂彼织女，终日七襄。虽则七襄，不成报章。睆彼牵牛，不以服箱。”[①] 不过这里的牵牛显然指的是银河（天汉）旁边与织女隔河相对的河鼓，而非后来二十八宿中的牛宿。但《史

① 《毛诗注疏》卷一三之一《小雅 · 大东》，中册，第 1128 ~ 1130 页。

记·天官书》在叙述二十八宿时云：“牵牛为牺牲，其北河鼓。”[①]《石氏星经》中也说：“河鼓三星，旗九星，在牵牛北。”[②]反而将之与河鼓区别开来。不过有些文献中又将河鼓与牵牛等同。如《尔雅·释天》云：“何鼓谓之牵牛。”郭璞注：“今荆楚人呼牵牛星为担鼓。担者，荷也。”[③]其意“河鼓”应为“何（荷）鼓”，而为牵牛之别称。《楚辞·九思》王逸注：“河鼓，牵牛别名。”[④]《日纬书》亦云：“牵牛星，荆州呼为河鼓。”[⑤]《史记·天官书》索引引曹魏孙炎曰：“或名河鼓为牵牛也。”[⑥]可见，此时“牵牛”一名既可指银河旁与织女相对的河鼓，也可指二十八宿中与婺女相邻的牛宿。出于智识阶层的文献尚且如此含混难辨，出于墓葬中的图像，其情况更可想而知了。我们注意到，壁画中的牵牛形象上共有六星。牛宿为六星，数量虽与壁画中相合，但并不呈壁画中的三星平列式分布，而河鼓正为三星平列（图 4-69）。由于上述河鼓与牵牛的混同，壁画中的牛宿是否又混入了一些河鼓的因素，可以一疑。

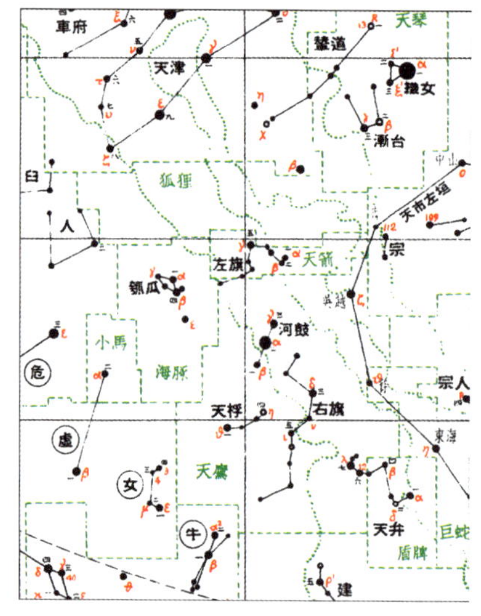

图 4-69　天象中的河鼓、织女、牛宿与女宿

（采自王力：《古代汉语》，北京：中华书局，1999 年，附录一“天文图”）

---

① 《史记》卷二十七《天官书》，第 4 册，第 1310 页。

② （唐）瞿昙悉达著：《开元占经》卷六十五《石氏中官一·河鼓星占》，下册，第 632 页。

③ 《尔雅注疏》卷六《释天》，第 303 页。

④ （宋）洪兴祖撰，白化文等点校：《楚辞补注》卷十七《九思》，第 321 页。

⑤ （宋）李昉等撰：《太平御览》卷三十一《时序部一六》引，第 1 册，第 149 页。

⑥ 《史记》卷二十七《天官书》，第 4 册，第 1311 页。

女宿（婺女、须女）本为四星，但壁画中只有呈鼎足分布的三星，有意见以人像头部的圆圈或以人像所占处为另一星而合四星之数[①]，虽可备一说，但与目前所见汉墓星象图中的表现形式不合。更有可能是制作者混淆婺女与织女。织女三星正呈鼎足分布，与河鼓三星隔银河相对，是牵牛、织女神话的来源，比婺女要知名得多。既然汉代人（尤其是一般观念中）能混同河鼓与牵牛，自然也能混同织女与婺女，而且在汉画像中我们还能见到这种混误的例子，后详。《史记·天官书》云："婺女，其北织女。"与前述牵牛与河鼓一样，将二者分得很清楚。不过张守节《正义》云："须女四星，亦婺女，……须女，贱妾之称，妇职之卑者，主布帛制裁嫁娶。"[②]可见其意义与织女实际上是很相近的，只是地位不同，这可能也是其易于混同的一个原因。直到唐代的一些二十八宿镜中，女宿仍以三星表示[③]，而三星旁并无人像可作第四星，只能认为是混误了。

不过，不论壁画中是否将牵牛（牛宿）混入了河鼓的因素，是否将婺女（女宿）混同为织女，这里的牵牛和女子图像代表的无疑是牛宿和女宿，作为二十八宿中的北方星宿之二，在整个图像上并无特别之处。二者除前后相接的顺序外，也看不出有其他关系。即便制作者因牵牛、织女故事和图像的影响而可能将此处的牵牛、婺女二宿表现为牵牛、织女形象，但从严格意义上讲，恐怕并不能算作牵牛、织女图像。

（二）洛阳尹屯壁画墓（LYYM1）中室墓顶西坡壁画

该墓于2003年发现，为小砖构砌的砖室墓，由墓道、甬道、前室、中室、后室、侧室及前室两侧的两个耳室构成，报告中推断其时代为新莽时期[④]。在中室、后室的顶部和周壁分布壁画。中室顶部藻井中绘日月与云气，四坡上大致按方位绘有星宿，有些星宿的位置有错乱的现象，星宿的表现也为星象加人、物形象（图4-70）。其中，中室西坡下部右侧绘有一人牵牛的形象，牛上有三星横列；左侧绘有一跪

① 雒启坤：《西安交通大学西汉墓葬壁画二十八宿星图考释》，《自然科学史研究》第10卷第3期，1991年；冯时：《洛阳尹屯西汉壁画墓星象图研究》，《考古》2005年第1期。

② 《史记》卷二十七《天官书》，第4册，第1311页。

③ 夏鼐：《洛阳西汉壁画墓中的星象图》，《考古》1965年第2期。

④ 洛阳市第二文物工作队：《洛阳尹屯新莽壁画墓》，《考古学报》2005年第1期。

坐女子，女子头上有呈三角分布的三星，三角两腰有线相连（图 4-71）。

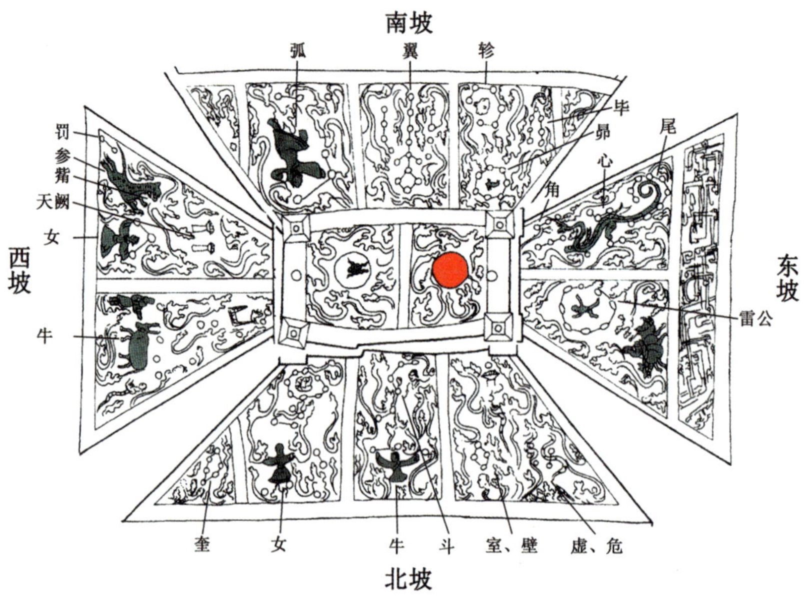

图 4-70　洛阳尹屯壁画墓中室墓顶天象图摹本

（采自李淞：《中国道教美术史》第一卷，长沙：湖南美术出版社，2012 年，第 144 页。根据我们的理解，对原图上标注的星官名称有所改定；四川大学考古文博学院姜伊先生改制）

图 4-71　洛阳尹屯壁画墓中室墓顶西坡壁画摹本

（采自洛阳市第二文物工作队：《洛阳尹屯新莽壁画墓》，《考古学报》2005 年第 1 期，图四）

冯时先生认为，此处女子头上三星的布局说明她只能是织女，该画面是以牵牛代表河鼓，与织女相配以表现牵牛、织女的故事。而该墓中室北坡左边第二图中

两组相连的二星，应是婺女（女宿）四星，第三图中与之相对的横列三星应为河鼓三星，而这里的河鼓三星则代替牵牛（牛宿），与婺女（女宿）相对为二十八宿之北宫星宿[①]。虽然，在当时牵牛、河鼓混同的背景下，尤其在混误颇多的墓葬星象图中，实际情况究竟如何，恐怕难以辨明，但根据其位置和组合来看，笔者同意冯先生的观点。即该墓星象图中有两组牛、女图像：一组在中室西坡，为牵牛、织女的表现；一组在北坡，为北宫牵牛、婺女二宿的表现。

值得注意的是，在西坡牵牛、织女旁边绘有白虎的形象，在其上面的云气中绘有双阙，冯时先生认为即阙丘二星，以象天阙[②]，显然是正确的。该图像对我们认识汉墓中牵牛、织女图像的意义具有重要作用，后详。

（三）陕西定边郝滩壁画墓（M1）墓室拱顶壁画

该墓发现于2003年，为带有斜坡墓道的土洞墓，时代据推测为新莽至东汉早期[③]。墓室内除左侧耳室形龛外皆绘有壁画。墓顶为月亮、四象、二十八宿及其他星宿组成的星象图，星宿的表现仍然为星象加人、物形象。在墓室拱顶东南部有一人牵牛的形象，牛身上纵列三星，三星间以红线相连（图4–72–1）；其旁为一绿衣女子形象，姿势漫漶不清，其头上有呈三角分布的三星，其间亦连以红线（图4–72–2）。

由于该墓尚未发表详细的报告，目前仅公布了少许零散、孤立的图片，无法进行详细、系统地观察。不过就这些材料来看，该牛、女图像应该还是处于二十八宿的整体环境之中，其形象也与前述西安交通大学西汉壁画墓所见者一致，恐怕仍是混入牵牛、织女图像因素的牵牛、婺女二宿，而非严格意义上的牵牛、织女图像。

近来李凇先生又刊布了该墓星象壁画中的一个局部，其中也有一例一人牵牛的形象，牛背之上有一个圆形图案，其内的同心圆外还有一圈呈放射状的三角形。

---

① 冯时：《洛阳尹屯西汉壁画墓星象图研究》，《考古》2005年第1期。

② 冯时：《洛阳尹屯西汉壁画墓星象图研究》，《考古》2005年第1期。

③ 陕西省考古研究所、榆林市文物管理委员会：《陕西定边县郝滩发现东汉壁画墓》，《考古与文物》2004年第5期；陕西省考古研究院：《壁上丹青：陕西出土壁画集》，上册，第51、52页。

牵牛之上有一红衣人持斗状七星，其左侧有一绿衣人呈跪坐姿态（图 4-72-3）。

图 4-72　定边郝滩壁画墓牛、女星象

（采自 1、2. 陕西省考古研究院：《壁上丹青：陕西出土壁画集》，第 51、52 页；3. 李凇：《中国道教美术史》第一卷，第 145 页）

李先生认为该壁画中牛背上的圆形图像类似南方少数民族中流行的铜鼓，该牵牛图像指的应该是河鼓，绿衣人为女宿[①]。可备一说。然而，笔者发现，李先生所提供的图片左侧只到绿衣人而止，而陕西省考古研究院所编的《壁上丹青：陕西出土壁画集》中公布了该绿衣人的独立图像，其面向左侧，手持一组星象（已漫漶），所以图录中认为其为箕宿，也符合西安交通大学壁画墓中箕宿的形象。所以其是否是女宿还有疑问。而且，该牵牛形象上如果要表达“鼓”“荷鼓”的观念为何

① 李凇：《中国道教美术史》第一卷，长沙：湖南美术出版社，2012 年，第 145 页。

不用当时北方地区流行的鼓的形象，而要用在汉墓图像中从未见过的南方少数民族的铜鼓形象？笔者认为这个圆形图像或许仍是日、月、五星这样的天象的表现（与流行的日月图像不合，可能为五星中的某一个）。秦汉时期的天文学文献中常有“日月五星，起于牵牛”的记录。如《逸周书·周月解》云：“日月俱起于牵牛之初。”[①]《汉书·天文志》云：“牵牛，日、月、五星所从起，历数之元，三正之始。”又云：“日冬则南，夏则北；冬至于牵牛，夏至于东井。日之所行为中道，月、五星皆随之也。”[②]《周髀算经》亦云：“故日夏至在东井，极内衡；日冬至在牵牛，极外衡也。”[③]可见，牵牛是标识日、月、五星运行最为重要的星宿之一，这一图像或许正是这种观念的反映。而这里的牵牛既与东井相对，指的还是二十八宿中的牛宿。

另外，牵牛之旁还有呈斗状的七星，斗柄指向牵牛。一般来说，这样的图像应该指北斗，而北斗的斗柄恰恰也大致指向牵牛的位置。不过，北斗在中宫，与牵牛距离较远，壁画上却将其画在其旁，与实际天象相差过大。这里有两种可能：一是该斗状七星确实为北斗，将其描绘在牵牛之旁并指向牵牛，可能有强调牵牛标识节气（冬至）的作用。我们知道北斗的指向是具有指示节候的重要作用的。二是该斗状星宿可能为牵牛之旁的南斗，只是在描绘中将六星误为七星。考虑到北斗七星在古人观念中的重要地位，南斗图像被混误为北斗也是有可能的。而且该斗状星宿旁尚有一人持握，与西安交通大学壁画墓中的南斗一致，而北斗则从未见有人持握的图像。具体情况，尚有待于今后进一步考察。总之，由于目前所见材料的局限，该壁画墓中牛、女星象的具体性质如何，恐怕只有等到材料的系统公布后才能进一步讨论。

（四）陕西靖边杨桥畔渠树壕壁画墓（一）墓顶壁画

该墓发掘于 2015 年，为小砖构砌的券顶前后室墓，发掘者推断其时代为东汉中晚期[④]。前、后室券顶连贯地绘制了一幅设计系统、内容丰富的天象图，包括日、

① 黄怀信著：《逸周书校补注译》，西安：西北大学出版社，1996 年，第 271 页。

② 《汉书》卷二十六《天文志》，第 5 册，第 1312、1295 页。

③ 程贞一、闻人军译注：《周髀算经译注》，上海古籍出版社，2012 年，第 87 页。

④ 陕西省考古研究院、靖边县文物管理办：《陕西靖边县杨桥畔渠树壕东汉壁画墓发掘简报》，《考古与文物》2017 年第 1 期。

月、北斗、三垣、二十八宿和银河等[①]（见图 4–64）。图中从东北角开始，依次绘制了斗、牛、女、虚、危、室、壁的二十八宿北宫星宿，虚与危、室与壁各合为一个星象，七宿皆有题记，十分清楚。其中，牛宿题记为“牵牛”，形象为一白衣男子坐立，其后有一牛，牛上有三星横连；女宿题记为“织女”，形象为一绿衣女子正在织机上工作，女子头上有三星呈三角形分布（图 4–73–1）。从星象上来看，显然是河鼓三星与织女三星，而非牛宿（牵牛）六星与女宿（婺女）四星，

1. 2015 年发掘壁画墓

2. 2009 年发掘壁画墓

图 4–73　靖边杨桥畔壁画墓牛、女星象

（采自 1. 陕西省考古研究院、靖边县文物管理处：《陕西靖边县杨桥畔渠树壕东汉壁画墓发掘简报》，《考古与文物》2017 年第 1 期；2. 徐光冀等主编：《中国出土壁画全集 6·陕西》，北京：科学出版社，2012 年，第 47 页）

形象和题记也是牵牛、织女。但其处于二十八宿北宫七宿的排列之中，归根结底，自然还是牛宿（牵牛）和女宿（婺女），只是制作者由于牵牛、织女故事的流行，而将二十八宿中的牛、女星宿混同为牵牛、织女而绘制了这样的形象和作了如此的题记，但星象图的系统并没有改变。

值得注意的是，该星象图上比较突出的还有大概从东北角向西南角横穿整幅

① 段毅、武家璧：《靖边渠树壕东汉壁画墓天文图考释》，《考古与文物》2017 年第 1 期；王煜：《知识、传说与制作：陕西靖边渠树壕东汉壁画墓星象图的几个问题》，《美术研究》2020 年第 5 期。

图像的一道白色条带，有意见认为是黄道[①]，笔者则认为是银河[②]。而这道白色条带的东北角正好从“牵牛”和“织女”图像之间穿过。显然，制作者既然已将牵牛、织女形象错绘于北宫星宿中，又根据牵牛、织女的传说将银河也错绘于二者之间。结合题记来看，制作者完全是将隔银河而对的牵牛、织女理解为二十八宿的牛宿、女宿了。

（五）陕西靖边杨桥畔渠树壕壁画墓（二）墓顶壁画

无独有偶，在同一地点，于 2009 年也发掘过一座汉代壁画墓[③]，但由于至今未系统公布材料，具体情况无法知晓。从一些图录中刊布的少量图片来看，该墓与上述墓葬在形制、壁画等方面都较为相似，尤其是墓顶也有系统、丰富的天象图。其中也有与上述墓葬几乎完全一致的牵牛、织女图像。右侧一男子牵牛跪坐，头上有三星横连；左侧一女子坐于织机上，头上有呈三角的三星；二者之间有一道白色条带穿过（图 4-73-2）。虽然整体情况不明，由于与上述同一地点墓葬的高度相似性，笔者有理由推断应该也是混误为牵牛、织女的牛宿、女宿图像。

（六）山东长清孝堂山石祠隔梁底面画像

孝堂山石祠为一处墓地祠堂，时代约在东汉初期[④]，其上有十分丰富的石刻画像。隔梁底面即祠顶正中刻画有日月星象，日左刻画一女子正坐于织机上纺织，女子头上有呈三角分布的三星，三角的两腰相连，无疑为织女。织女旁有两组

① 段毅、武家壁：《靖边渠树壕东汉壁画墓天文图考释》，《考古与文物》2017 年第 1 期；武家壁、段毅、田勇：《陕西靖边渠树壕壁画天文图中的黄道、日月及其重要意义》，《考古与文物》2019 年第 1 期。

② 王煜：《知识、传说与制作：陕西靖边渠树壕东汉壁画墓星象图的几个问题》，《美术研究》2020 年第 5 期。

③ 陕西省考古研究院：《2009 年陕西省考古研究院考古调查发掘新收获》，《考古与文物》2010 年第 2 期。

④ 罗哲文：《孝堂山郭氏墓石祠》，《文物》1961 年 4、5 合期；蒋英炬：《孝堂山石祠管见》，见南阳汉代画像石学术讨论会办公室编《汉代画像石研究》，北京：文物出版社，1987 年，第 213 页；山东省石刻艺术博物馆、山东省文物考古研究所：《孝堂山石祠》，北京：文物出版社，2017 年，第 80 页。

横列的三星，或以为牵牛（牛宿）和河鼓[①]，而织女左侧更远处月轮之旁又有三星横列，与织女间相隔一片空白（图 4–74）。笔者认为如果画像上真有以横

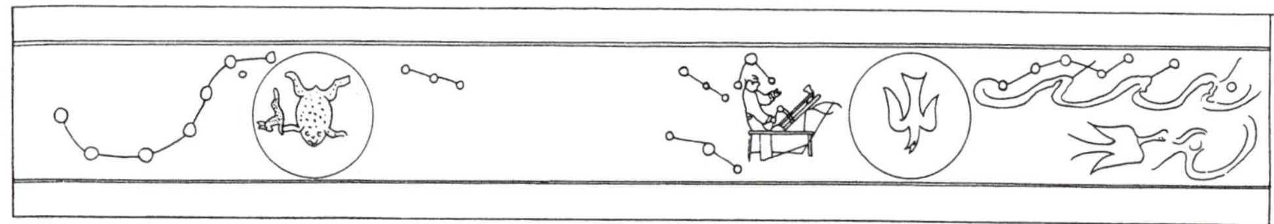

图 4–74　长清孝堂山石祠隔梁底部画像摹本

（采自信立祥：《汉代画像石综合研究》，第 163 页，图九一）

列三星表示的河鼓、牵牛，则月轮旁三星的可能性更大。因为其与织女间隔有空白，尹屯壁画墓中的牵牛、织女之间就有一空白带隔开，此处的空白正可表示银河。不过，由于没有牵牛形象予以确认，而横列三星又有三处，常见星图中以平列三星表现的星宿也不只河鼓、牵牛，这些三星中是否有河鼓、牵牛的表现仍然不敢遽定。又有意见认为其中的一组为参宿三星[②]，可备一说，但同样无法确定。

（七）河南南阳白滩汉墓画像石

该石于 1935 年出土于南阳卧龙区白滩，原位置不详，时代判断为东汉时期[③]。该石右部刻画一人扬鞭牵牛的形象，牛上部有三星横列，星间有连线；中部刻画一虎，虎背上部亦有三星横连，虎头上部有二星相连；左上部有七星环连，中有一兔；左下部为一女子跪坐，上覆以开口向下的相连四星（图 4–75）。

① 信立祥：《汉代画像石综合研究》，第 164 页。

② 宋艳萍：《汉画像所见“牵牛织女”星象图试析——从河南南阳白滩“牵牛织女”图引发》，中国汉画学会、河南博物院编《中国汉画学会第十三届年会论文集》，郑州：中州古籍出版社，2011 年，第 127 ~ 131 页。

③ 闪修山、王儒林、李陈广编著：《南阳汉画像石》，第 168、169 页；中国画像石全集编辑委员会：《中国画像石全集 6 · 河南汉画像石》，第 90 页，图一一六。

图 4-75　南阳白滩汉墓出土星象画像石拓片
（采自潘鼐编著：《中国古天文图录》，上海科学教育出版社，2009 年，第 15 页，图 1.26）

对于该画像石上的星象存在不同意见，或以为其上的牵牛为牛宿，女子为女宿（婺女）①，或以为是牵牛、织女的表现②。冯时先生注意到该画像与前述洛阳尹屯壁画墓中室西坡的相关部分十分一致，只是后者中将七星环兔的形象即毕宿误绘于南坡东侧，实际上二者的组合情况应该是相同的③。如前所述，尹屯壁画墓中室西坡的相关部分应为牵牛、织女，此画像当与之一致。只是制作者在刻画时混淆了织女与婺女，将织女三星刻作婺女四星，这种混误的背景已如前述。

值得注意的是该画像同尹屯壁画墓一样，在牵牛、织女旁边刻画出白虎，其上横列的三星表明了性质。《史记·天官书》云：“参为白虎，三星直者，是为衡石。”④白虎头上又有二星，有意见认为与虎前的一星合为觜宿三星⑤，但此二星自相连接而不与虎前的一星相连，此说可商。我们注意到尹屯壁画墓中白虎的头上为一对阙，如前所述，即阙丘二星，象征天阙，则此画像中白虎头上的二星也当为阙丘、天阙。有意见认为应当为北河⑥，这也是可能的，因为尹屯壁画墓中在牵牛之旁也有二星表现南北两河⑦。《史记·天官书》云：“东井为水事。其西曲星曰钺，钺北，北河；南，南河；两河、天阙间为关梁。”⑧《晋书·天文志》亦云：“南河，北河各三星，夹东井。一曰天高，天之关门也，主关梁。南河曰南戍，……北河曰北戍，……

① 韩连武：《南阳汉画像石星图研究》，《南都学坛》1982 年第 3 期。
② 周到：《南阳汉画像石中的几幅天象图》，《考古》1975 年第 1 期。
③ 冯时：《洛阳尹屯西汉壁画墓星象图研究》，《考古》2005 年第 1 期。
④ 《史记》卷二十七《天官书》，第 4 册，第 1306 页。
⑤ 冯时：《洛阳尹屯西汉壁画墓星象图研究》，《考古》2005 年第 1 期。
⑥ 韩连武：《南阳汉画像石星图研究》，《南都学坛》1982 年第 3 期。
⑦ 冯时：《洛阳尹屯西汉壁画墓星象图研究》，《考古》2005 年第 1 期。
⑧ 《史记》卷二十七《天官书》，第 4 册，第 1302 页。

两河戌间，日月五星之常道也。”[①]《春秋纬》云：“井钺北曰北河，南曰南河，两河天关门为关梁也。”[②]《开元占经》引汉代郗萌云：“南河戌一名南藏，北河戌一名北藏，一名天门。”又云：“两河戌与戌俱为帝阙。又占曰：两戌间为天门，日月五星出其门中。”[③]可见，不论其为阙丘还是南北河，其意义是一样的，都是天阙、天门、天之关梁的象征。

（八）四川郫县新胜乡二、三号砖室墓 1 号石棺盖顶画像

两墓发现于 1973、1974 年，共出土 5 具画像石棺，但从原始报告中已无法得知各石棺所在的具体墓葬，墓葬年代被推定为东汉晚期至蜀汉时期[④]。该石棺的棺盖和四侧板满刻画像。前挡板为西王母；后挡板为手托日、月的伏羲、女娲，日月中间有一正面的人面鸟身神像；左侧板为车马临阙，门阙上有凤鸟；右侧板为神山与神人神兽。棺盖略向上隆起，上刻青龙、白虎夹持一璧，璧下有神人扛托，璧上部画像呈反向刻画。其上一人牵牛前奔，其前方相隔一段空白后有一女子，手持两头粗中间细的物品，动作似与牵牛人呼应（见图 1–10）。

学界一致认定该画像上部表现的应为牵牛、织女，并无异说。虽然该画像上毫不表现牛、女的星象，与前述画像不同，但表现有青龙、白虎，说明仍然是天界的景象。织女手中所持之物，一般认为是织梭或绕线板以标识其身份。

该画像中最值得注意的是，其以璧为中心，璧以上图像与下部方向相倒，两旁青龙、白虎夹持，说明这里的璧为一关键界标。根据第二章第二节的研究，这里璧的意义与上述尹屯壁画墓中的双阙及白滩画像石中的双星一致，都是天门（璧门）、天阙的象征。

以上笔者较为详细地梳理和分辨了目前所见与牵牛、织女有关的图像材料。夏鼐先生认为洛阳烧沟 61 号壁画墓墓顶星象图中第 9 幅中央并排的三星为河鼓，

① 《晋书》卷十一《天文上》，第 2 册，第 298 页。
② （唐）瞿昙悉达著：《开元占经》卷六十六《石氏中官二·南北河戌占》，下册，第 642 页。
③ （唐）瞿昙悉达著：《开元占经》卷六十六《石氏中官二·南北河戌占》，下册，第 642 页。
④ 四川省博物馆、郫县文化馆：《四川郫县东汉砖墓的石棺画像》，《考古》1979 年第 6 期；罗二虎：《汉代画像石棺》，第 19 页。

第10幅三角排列的三星为织女[①]，也有一定依据。不过，该星象图上既无连线表现星官，亦无形象予以确认。又有以南阳卧龙区丁凤店出土“金乌—星座”画像石中三星为河鼓、四星为女宿[②]，亦无形象可确认。江苏盱眙东阳汉墓中出土放于棺盖上的木刻天象图，其上“圆月后面分布七颗星辰，其中三颗连成直线，另四颗斜角排列，两者或许象征牛郎与织女”[③]，目前也仅能算作一种猜测。另外，南阳英庄出土的一块东汉画像石上，有一人持鞭牵牛的画像[④]，与上述牵牛的形象颇为相似，其位于主室门楣的位置也颇为突出，不过，仅根据一个单体画像尚无法确定其性质，这里仅存一疑。

根据上述材料，总结认识如下：

第一，目前所见严格意义上的汉代牵牛、织女图像实际上仅有三例，即洛阳尹屯新莽壁画墓中室墓顶西坡、南阳白滩汉墓画像石及四川郫县新胜乡出土画像石棺上的相关部分。南阳白滩画像石上的织女虽误刻为婺女四星，但整体组合与尹屯壁画墓十分一致，性质亦当相同。山东长清孝堂山石祠隔梁上无疑有织女的画像，但其旁的三组三星究竟是否为河鼓，或哪一组为河鼓仍难以确认，所以仍然具有疑问。

第二，上述三例牵牛、织女图像虽然数量很少，但分布于相距遥远的河南和四川地区，时代从新莽到东汉晚期或蜀汉时期，所以还不能贸然断定其并不流行。不同地区的图像似乎还形成了一些地域性因素。如河南者皆有星象，且邻之以白虎；四川者则无星象，而邻以成对的青龙、白虎。三例都出于墓室之中，一例在墓顶，一例在棺顶，一例不详，但根据其上的星象内容，应该也在墓室的上部或顶部。

第三，三例牵牛、织女图像除总体设计和人物形象的一致性外，最值得注意的是，在其上部都表现有天门、天阙。尹屯壁画墓中直接以形象化的双阙予以表现，白滩画像石中则以阙丘（或南北河）二星的星象来象征，郫县石棺上则用四川、重庆地区流行的璧门的形式来表达。这对该类图像在墓葬中意义的理解具有重要作用，后详。

---

① 夏鼐：《洛阳西汉壁画墓中的星象图》，《考古》1965年第2期。

② 宋艳萍：《汉画像所见“牵牛织女”星象图试析——从河南南阳白滩“牵牛织女”图引发》，见中国汉画学会、河南省博物院编《中国汉画学会第十三届年会论文集》，第127页。

③ 南京博物院：《江苏盱眙东阳汉墓》，《考古》1979年第5期。

④ 中国画像石全集编辑委员会：《中国画像石全集6·河南汉画像石》，第144页，图一七七。

第四，西安交通大学壁画墓和陕西定边郝滩壁画墓、靖边杨桥畔壁画墓中的牵牛（牛宿）、婺女（女宿）二宿图像，虽然与上述材料多有相似之处，甚至有些直接就是牵牛、织女形象，但并非严格意义上的牵牛、织女图像。它们在整个天象壁画中承担二十八宿北宫星宿之二的角色，与上述严格的牵牛、织女图像属性和意义均不相同。这种情况在具体的墓葬中只能理解为图像和观念的混误，但其背后还是有产生混误的时代背景，或如有学者所说的，“是为完善二十八宿体系而以赤道星官逐渐取代距赤道较远的星的事实”[①]。

二、牵牛、织女图像与升天信仰

关于牵牛、织女图像的意义，早期的观点一般认为只是以一个流行的传说故事而作为墓葬中的一种装饰，并未进行深究。有人从传说故事出发，认为“画中的牛郎是以耕种为生的千百万农业家庭男性代表，画中的织女是以织布为主的千百万农业家庭女性代表。……他们的相会，隐喻着汉代农民对社会地位及婚姻自由的追求”[②]。也有学者注意到上述白滩画像石和尹屯壁画墓中牵牛、织女旁皆有白虎，认为这里的白虎代表参宿，参宿主天狱、杀伐，画像上隐喻了牵牛、织女私相婚配而受到天罚[③]。笔者认为应该更好地注意其在墓葬，尤其是处于天界场景与升仙环境中的功能和意义[④]。相关观点中影响最大的是日本学者小南一郎先生在《西王母与七夕文化传承》中的论述，认为牛、女为阴阳的代表，他们的相会具有阴阳化合的宇宙论意义，象征着转化与永生[⑤]。这种解释倒是合于墓葬环境，但猜测的成分显得过多，过于笼统。曾蓝莹先生注意到牵牛、织女与银河、天界的关系，并从一些图像联系中推测其与升天信仰的关系[⑥]。这一思考的方向显然是

① 冯时：《洛阳尹屯西汉壁画墓星象图研究》，《考古》2005年第1期。

② 高梓梅：《汉画“牛郎织女”象征符号阐释》，《南阳师范学院学报》第7卷第11期，2008年。

③ 宋艳萍：《汉画像所见“牵牛织女”星象图试析——从河南南阳白滩“牵牛织女”图引发》，见中国汉画学会、河南省博物院编《中国汉画学会第十三届年会论文集》，第129页。

④ 冯时：《洛阳尹屯西汉壁画墓星象图研究》，《考古》2005年第1期。

⑤ ［日］小南一郎著，孙昌武译：《西王母与七夕文化传承》，见氏著《中国的神话传说与古小说》，北京：中华书局，1993年，第1～128页。

⑥ Lillian Lan-ying Tseng, *Picturing Heaven in Early China*, Harvard University Press, 2011, pp. 270–274.

正确的，可惜未能进行充分和深入的讨论。在文献和图像可征的情况下，还是要仔细提取图像中的关键信息与文献材料进行结合论证。

如前所述，在目前能确定的三例严格意义上的牵牛、织女图像中，都表现有天门、天阙，与其紧密结合在一起。而根据相关文献的记载，牵牛确实与天之入口——天关及横渡天河之桥梁有密切联系。《石氏星经》中就说：“牵牛名天关。”①又云：“牵牛主关梁七政，……牵牛险阻主关梁。”②《史记·天官书》云：“南斗为庙，其北建星。建星者，旗也。牵牛为牺牲。”正义：“建六星，在斗北，临黄道，天之都关也。……牵牛为牺牲，亦为关梁。”③《晋书·天文志》亦云：“牵牛六星，天之关梁。”④《春秋佐助期》亦云：“牵牛主关梁。”⑤当然，这里的牵牛更多指的是牛宿而非与织女隔河相望的河鼓，但如前述，无论从文献还是图像上来看，此时都有混同牵牛与河鼓的情况。《日纬书》云：“牵牛星，荆州呼为河鼓，主关梁。”⑥这里的牵牛自然可指河鼓，可见河鼓确实也可为天之关梁。《春秋合诚图》亦云：“河鼓，备关梁。”⑦关即天关、“天之都关”，梁即为跨越天河的桥梁。《三辅黄图·咸阳故城》中云：“始皇穷极奢侈，筑咸阳宫，因北陵营殿，端门四达，以则紫宫，象帝居。渭水贯都，以象天汉，横桥南渡，以法牵牛。”⑧这里的牵牛要横渡天河，自然是河鼓，其确实可主天河之桥梁。织女是与牵牛相配的，自然也能具有同样的意义。《开元占经》引汉代郗萌就说：“织女一名东桥。”⑨这里的“东桥”当然也是天之桥梁。

可见，牵牛、织女主天关、天梁，而传说故事中他们每年一会要横渡天河，于是，人们将牵牛、织女刻画在墓顶或棺顶，其上表现出天阙、天门，希望墓主能像牵牛、织女一样或得到主事者牵牛、织女的帮助，顺利过天关、越天梁、渡天河，进入天阙、天门而升天成仙。汉代升天游仙的想象中就多有与牵牛、织女

① （梁）宗懔撰，（隋）杜公瞻注，姜彦稚辑校：《荆楚岁时记》注引，第 56 页。
② （唐）瞿昙悉达：《开元占经》卷六十一《北方七宿占》引，下册，第 585 页。
③ 《史记》卷二十七《天官书》，第 4 册，第 1310、1311 页。
④ 《晋书》卷十一《天文上》，第 2 册，第 301 页。
⑤ ［日］安居香山、中村璋八辑：《纬书集成》，中册，第 824 页。
⑥ （宋）李昉等撰：《太平御览》卷三十一《时序部一六》引，第 1 册，第 149 页。
⑦ ［日］安居香山、中村璋八辑：《纬书集成》，中册，第 772 页。
⑧ 何清谷撰：《三辅黄图校释》卷一《咸阳故城》，第 22 页。
⑨ （唐）瞿昙悉达著：《开元占经》卷六十五《石氏中官一·织女占》第 625 页。

有关的内容。如王褒《九怀》云："微观兮玄圃，览察兮瑶光。……径岱土兮魏阙，历九曲兮牵牛。聊假日兮相佯，遗光燿兮周流。望太一兮淹息，纡余辔兮自休。"王逸注："过观列宿，九天际也。"洪兴祖补注："《春秋传》曰：魏，大名也。一曰象魏，阙名。许慎云：巍巍高大，故曰魏阙。"[①]"玄圃"即昆仑悬圃，"魏阙"为高大之阙，在这里当然最有可能指的是天门。这段关于升天游仙的辞赋便集中地表达了登上昆仑悬圃、经过天门、游历牵牛而遥望天帝太一的内容。王逸《九思》云："越云汉兮南济，秣余马兮河鼓。""就傅说兮骑龙，与织女兮合婚。"[②]黄香《九宫赋》亦云："乘根车而驾神马，骖驒騆而侠穷奇，使织女骖乘，王良为之御。三台执兵而奉引，轩辕乘駏驉而先驱，招摇丰隆骑师子而侠毂，各先后以为云车。"[③]我们知道，汉代辞赋继承屈原以来传统，对升天游历进行了大胆的想象和夸张。其中往往有驱使所涉及天神的内容，如令风伯、雨师、雷公开道（详见下节），甚至呵令天帝等等。这里便有使牵牛喂马、使织女驾车甚至婚配织女的内容，抛开其恣意夸张的文学成分，说明当时人的升天想象中，牵牛、织女确实是一个重要成分。笔者认为这种解释才最符合图像所处的位置与环境。尹屯壁画墓中，除二十八宿外还表现有不少天上的神仙神兽。白滩画像石的环境与组合已不可知，但南阳地区出现天象图并保存完整的画像石墓中，如麒麟岗画像石墓，除星象外尚有大量的神仙和升仙内容（见本章第一节），白滩画像的情况应该与之类似。郫县石棺的四侧均刻画西王母、神山、神人神兽及车马临阙（从整体组合来看，这里的阙自然不能等闲视之），全部为神仙和升仙内容，处于顶部的这幅牵牛、织女画像自然更应该表达这种愿望。

此外，汉武帝凿昆明池，在池旁也设有牵牛、织女石像。《三辅黄图·池沼》中云："《关辅古语》曰：'昆明池中有二石人，立牵牛、织女于池之东西，以象天河。'……今有石父、石婆神祠在废池，疑此是也。"[④]班固《西都赋》云："集乎豫章之宇，临乎昆明之池。左牵牛而右织女，似云汉之无涯。"[⑤]张衡《西

① （宋）洪兴祖撰，白化文等点校：《楚辞补注》卷十四《九怀》，第271、272页。
② （宋）洪兴祖撰，白化文等点校：《楚辞补注》卷十七《九思》，第321、326页。
③ 费振刚、胡双宝、宗明华辑校：《全汉赋》，第372页。
④ 何清谷撰：《三辅黄图校释》卷四《池沼》，第254页。
⑤ 费振刚、胡双宝、宗明华辑校：《全汉赋》，第316页。

京赋》亦云：“牵牛立其左，织女处其右。日月于是乎出入，象扶桑与濛汜。”[①] 此二石人尚存留至今[②]（图 4–76）。从《史记》的相关记述可以明显看出，武帝所

1. 织女　　2. 牵牛

图 4–76　昆明池牵牛、织女石像

（采自李松等：《中国古代雕塑》，北京：外文出版社，2006 年，第 68 页）

建的上林苑和昆明池，除了满足军事的需要外，其中还充满了他所热衷的神仙思想。立牵牛、织女像于两侧，自然与军事无关，几乎所有文献都说是以之象征天河，可见将牵牛、织女赋予神仙意味至少在汉武帝时期就已经开始了。

今本《博物志·杂说下》中有一段故事：

旧说云天河与海通。近世有人居海渚者，年年八月有浮槎去来，不失期。人有奇志，立飞阁于槎上，多赍粮，乘槎而去。十余日中，犹观星月日辰，自后茫茫忽忽，亦不觉昼夜。去十余日，奄至一处，有城郭状，屋舍甚严。遥望宫中多织妇，见一丈夫牵牛渚次饮之。牵牛人乃惊问曰：“何由至此？”此人具说来意，并问此是何处，答曰：“君还至蜀郡访严君平则知之。”竟不上岸，因还如期。后至蜀，问君平，曰：“某年月日，有客星犯牵牛宿。”计年月，正是此人到天河时也。[③]

① 费振刚、胡双宝、宗明华辑校：《全汉赋》，第 417 页。

② 顾铁符：《西安附近所见的西汉石雕艺术》，《文物参考资料》1955 年第 11 期。

③ （晋）张华撰，范宁校证：《博物志校证》卷十《杂说下》，北京：中华书局，2014 年，第 111 页。笔者对标点及通假略有调整。

同一则故事在《荆楚岁时记》中有另一种版本：

张华《博物志》云：汉武帝令张骞使大夏寻河源，乘槎经月而去。至一处，见城郭如官府，室内有一女织。又见一丈夫牵牛饮河，骞问曰："此是何处？"答曰："可问严君平。"织女取榰机石与骞而还。后至蜀，问君平，君平曰："某年月日，客星犯牛斗。"计年月，正此人到天河时也。[①]

以上两晋南朝时期出现的这两个版本中，故事梗概相同，而一则系之以东海，一则系之以河源。或曰："张骞寻河源，所得榰机石示东方朔，朔曰：'此石是织女支机石，何至于此？'为东方朔所识，并其证焉。"[②]显然也是此类故事，更类第二种版本，只是较为简略，人物也由严君平换成了东方朔。我们知道自战国秦汉以来的求仙信仰正有两处，一处在东海的蓬莱三岛，一处在西方的昆仑。而"河出昆仑虚"[③]，武帝使张骞寻河源，其中除政治因素外，也不排除有寻找昆仑的求仙愿望。《史记·大宛列传》中载："而汉使穷河源，河源出于寘，其山多玉石，采来，天子案古图书，名河所出山曰昆仑云。"[④]当然，这个昆仑只是汉武帝的一厢情愿，却也说明了昆仑与河源的紧密关系。上述故事中，一则从东海通天河见牵牛、织女，一则从西域河源而去，不能不让人怀疑与汉代以来的升仙思想的关系。可见，从秦始皇营造咸阳宫，"横桥南渡，以法牵牛"，汉武立牵牛、织女石雕以象天河，到南朝的这些志怪小说，牵牛、织女故事的一个重要方面，便与神仙思想有关，上述汉墓中的那些图像当然应该放入这个背景中来理解。而且从本书所述来看，在汉代昆仑升天信仰中有升天成仙的理论背景，即昆仑为天地中心，天之中柱，其上为"太帝之居"；有升仙成仙的基本过程，在西王母处获得仙药和仙籍，进入天门；又有天界的主神太一及其从属、伏羲女娲及北斗司命等，俨然已经形成一个系统，非东海神仙传说可比。因此，笔者认为在汉代有关牵牛、织女的升天信仰应该系于昆仑，而蓬莱三仙岛信仰的再度兴起并与昆仑相提并论，

① （梁）宗懔撰，（隋）杜公瞻注，姜彦稚辑校：《荆楚岁时记》，第 57 页。按：关于这则材料自宋以来便有不少讨论，详见引书校记。

② （梁）宗懔撰，（隋）杜公瞻注，姜彦稚辑校：《荆楚岁时记》，第 56 页。

③ 《尔雅注疏》卷七《释水》，第 374 页。

④ 《史记》卷一百二十三《大宛列传》，第 10 册，第 3173 页。

那是魏晋以来的事情了，可能与一些道教信仰有关，在汉代准确说西汉中晚期以来是无论如何也不能与昆仑升天信仰相匹敌的。不过，从《古诗十九首》中那首著名诗歌来看，牵牛、织女故事另一方面确实也是一段凄美的情感，但这显然不能作为理解墓葬图像的直接背景。

三、小结

目前所见严格意义上的汉代牵牛、织女图像实际上仅有三例，皆出于墓葬中，位置明确者在墓顶或棺顶。其他类似图像或是混入牵牛、织女因素的牛宿（也叫牵牛）、女宿（婺女）二宿，或因图像因素不全而无法确定。明确的牵牛、织女图像中皆表现有天门、天阙，此类图像在墓葬中的意义与升天有关。牵牛、织女主天关、天梁，传说中又能横渡天河相会，墓主希望能像牵牛、织女一样或得其帮助，顺利过天关、越天梁、渡天河，进入天阙、天门而升天成仙。而且，从目前的考古和文献材料来看，将牵牛、织女附会入升仙思想的观念至迟从汉武帝开始直到南朝，并作为该故事流行的一个重要背景，在汉代其更多地应该系于昆仑升天信仰之中。考古材料对于牛、女神话的研究不仅是提供一些具体的图像，而且还能从中观察到一些更为深入的问题。

另外，笔者虽将西安交通大学壁画墓及定边郝滩壁画墓、靖边杨桥畔壁画墓中的相关部分认定为二十八宿中的牛宿（牵牛）与女宿（婺女），而排除于严格意义上的牵牛、织女图像之外，其意义当有所不同。但我们注意到，交通大学壁画墓的二十八宿中间表现为云气与仙鹤，郝滩壁画墓中更是绘有场面壮观的昆仑、西王母、太一座及乘驾神兽的升仙图，杨桥畔壁画墓天象图中也有乘驾神兽出行的内容。可以推想，将二十八宿表现在墓葬中，其意义应该不仅仅是对天象的模拟，是否因为二十八宿作为天上的驿站而与升天愿望相关？《论衡·谈天篇》云：“二十八宿为日月舍，犹地有邮亭为长吏廨矣。邮亭著地，亦如星宿著天也。”[①] 显然，在当时人的观念中二十八宿就是天上的驿馆，是长途旅程中的客栈，这一观念是否会被人们运用到升天信仰中，将其作为升天旅途中的驿馆呢？由于没有进一步材料可供解读，这里存此一问。此外，四川成都周边出土一种画像砖，其上为车马过桥，

① 黄晖撰，刘盼遂集解：《论衡校释》卷十一《谈天篇》，第2册，第484页。

桥前有一半开门和守门人。由于桥梁下有十分突出的青龙、白虎，车马前的引导者也似为羽人，这里的桥和门应该都非同一般，或许就是天关、天梁的表现（图4–77）。由于此种画像砖的位置与组合情况已不得而详，无法进一步讨论。

图 4–77　成都出土车马过桥画像砖拓片

（采自龚廷万、龚玉、戴嘉陵编著：《巴蜀汉代画像集》，图 188）

第五节
“登之乃灵，能使风雨”：风雨雷电诸神图像与升天信仰[1]

风雨雷电诸神也是天界神祇，同样是汉代图像材料中的常见题材，多出现在画像石中，壁画、棺画、帛画上亦有表现。清代学者冯云鹏、冯云鹓对武氏祠的相关画像已有专门讨论，比较准确地识别出风雨雷电诸神的形象[2]，后来的研究也多集中于对形象的辨认和图像含义的解读。目前风、雷二神的形象已较为清楚，雨、电二神虽已有识别，但尚有进一步辨识的空间（后详）。常见的风雨雷电诸神形象学界已达成共识：风伯作吹气兴风状；雷公多乘于雷车之上，车上树鼓，雷公持槌作击鼓之状，另有作拖曳连鼓状者；雨师则手持壶（盆）倒水；电神多持电

① 本部分是在 2018 年与四川大学历史文化学院焦阳先生合作的相关论文上修改而来。

② （清）冯云鹏、冯云鹓著：《金石索·石索三》，第 5 册，第 1449 页。

鞭[①]。关于图像含义，目前观点主要有两种：一是祈雨之俗的体现[②]，一是升仙思想的反映[③]。还有一种观点认为其为北朝以后墓葬中所谓"神怪俑"的来源，并与后世道教的雷法有关[④]。另有学者对风、雨、雷神的称谓进行梳理，同时归纳总结了汉代风、雨、雷神崇拜的发展与演变[⑤]。本节拟在以往研究基础上，对材料进行更为系统的梳理，对其时代、地域、形象发展演变做出更加准确的把握，在此基础上进一步对其图像内涵和相关问题进行讨论。

对于风雨雷电诸神的命名，本书循旧称之为雷公、雨师和风伯，三者均可在汉代文献中找到相应名称，但并未见电的人格化称谓，谨慎起见，将其称为电神。对于图像的识读离不开文献，文献中对于风雨雷电四神的记载以雷公最多、最生动，故雷公较容易辨认，围绕在雷公周围的诸神根据姿态和手持物的不同并结合其组合情况皆能依次辨认出来。虽然如此，不同图像中对于诸神的描绘仍有差别，一些脱离组合背景的形象较难辨认。

一、风雨雷电诸神图像辨识与梳理

总观风雨雷电诸神的图像材料，主要出现在山东、江苏和河南地区，形象较为稳定，陕西、四川、湖南也有少量出现，形象有些特别。目前所见风雨雷电诸神的组合并不固定，四神齐全的图像很少，却是我们识别诸神形象的重要材料。

---

① 牛耕：《试析汉画中的〈雷神出行图〉》，《南都学坛》1990 年第 5 期；信立祥：《汉代画像石综合研究》，第 166 ~ 182 页；王明丽、牛天伟：《从汉画看古代雷神形象的演变》，《中原文物》2002 年第 4 期；牛天伟：《汉画风伯形象及其功能探析》，《古代文明》2008 年第 7 期；武利华：《汉画像石中的"天神"》，《大众考古》2015 年第 1 期。

② 崔华、牛耕：《从汉画中的水旱神画像看我国汉代的祈雨风俗》，《中原文物》1996 年第 3 期；李锦山：《考古资料反映的农业气象及雷雨诸神崇拜——兼论古代的祈雨巫术》，《农业考古》1995 年第 3 期。

③ 牛耕：《试析汉画中的〈雷神出行图〉》，《南都学坛》1990 年第 5 期；牛天伟：《汉画风伯形象及其功能探析》，《古代文明》2008 年第 7 期；李凇：《论汉代艺术中的西王母图像》，第 95 页。

④ 沈睿文：《唐宋墓葬神煞考源——中国古代墓葬太一出行系列研究之三》，见荣新江主编《唐研究》第 18 卷，北京大学出版社，2012 年，第 201 ~ 223 页。按：清代冯氏兄弟已使用道教概念提出"雷部众神"之说，见（清）冯云鹏、冯云鹓著：《金石索·石索三》，第 5 册，第 1449 页。

⑤ 李立：《文化嬗变与汉代自然神话演变》，汕头出版社，2000 年，第 107 ~ 192 页；李立：《汉墓神画研究——神话与神话艺术精神的考察与分析》，上海古籍出版社，2004 年，第 83 ~ 105 页。

对于风雨雷电诸神形象的研究，不宜将它们割裂开进行，将图像组合和出现场景纳入考察范围才能更好地梳理、辨识图像。下文根据风雨雷电诸神组合情况的不同，对现有图像材料进行梳理。

（一）风雨雷电四神齐备

风雨雷电四神齐备的材料共二例，分别为山东安丘董家庄画像石墓前室封顶石[①]和徐州铜山洪楼出土的画像石[②]，年代皆为东汉晚期。

徐州铜山洪楼出土画像石上，右下角有一由三龙牵引的云车，车上树鼓，一兽形人物双手持槌坐于车上，学界一致认定为雷公。《论衡·雷虚篇》云："图画之工，图雷之状，如连鼓形。又图一人，若力士之容，谓之雷公，使左手引连鼓，右手椎之，若击之状。"[③]正如王充所言，汉代图像中多以连鼓表现雷，而与鼓一同出现作击鼓状的人物就是雷公。山东苍山元嘉元年画像石墓题记上也有"前有青龙白虎车，后即被轮雷公君，从者推车"的语句[④]，可见画像上雷公乘车出行。车左侧有人肩扛连鼓阔步行走，正是引连鼓的力士形象，亦为雷公。其与乘鼓车的兽形雷公为主从，抑或为并列，由于缺少对比材料，一时尚难分辨。图像左下角有双手持罐作倒水状的人物，当为雨师。其上有一人手持炬形物，当为手持电烛的电神（后详），身旁有一持喇叭形物屈膝作吹气状的人物，为汉画像中常见的风伯形象（图 4-78）。

安丘董家庄汉墓前室封顶石上，左侧有一云气车，车上树建鼓，有一肩生双翼的人物坐于其上，当为雷公。其周围有多个双手持鞭的女性形象，应为电神。前人已对电神的形象进行考证，汉代常以鞭子来形容电。如《淮南子·原道训》云："电以为鞭策，雷以为车轮。"[⑤]扬雄《河东赋》云："奋电鞭，骖雷辎，鸣洪钟，

① 安丘县文化局、安丘县文化馆：《安丘董家庄汉画像石墓》，图版 15。

② 江苏省文物管理委员会：《江苏徐州汉画象石》，北京：科学出版社，1959 年，图版肆壹。

③ 黄晖撰，刘盼遂集解：《论衡校释》第六卷《雷虚篇》，第 1 册，第 303 页。

④ 山东省博物馆、苍山县文化馆：《山东苍山元嘉元年画象石墓》，《考古》1975 年第 2 期；方鹏钧、张勋燎：《山东苍山元嘉元年画像石题记的时代和有关问题的讨论》，《考古》1980 年第 3 期；［美］巫鸿著，郑岩译：《超越"大限"：苍山石刻与墓葬叙事画像》，见氏著《礼仪中的美术——巫鸿中国古代美术史文编》，上册，第 215 页。

⑤ 何宁撰：《淮南子集释》卷一《原道训》，第 1 册，第 20 页。

建五旗。”[1] 在雷公右侧有一屈膝吹气者，当为风伯。风伯上方有头顶、手持盆的两个人物，应为雨师（图 4-79）。

图 4-78　徐州铜山洪楼出土画像石拓片

（采自江苏省文物管理委员会：《江苏徐州汉画象石》，北京：科学出版社，1959 年，图版肆壹）

图 4-79　安丘董家庄汉墓前室封顶石

（北京大学汉画研究所徐呈瑞先生提供，《汉画总录》编号 SD-AQ-001-044）

此二石对于风雨雷电诸神的描绘完整、清楚、形象，对于图像中风雨雷电诸神的辨识多已成共识，唯有徐州洪楼画像石的电神形象尚有异见。仔细观察画

① 费振刚、胡双宝、宗明华辑校：《全汉赋》，第 183 页。

像石左侧区域，有一人手持炬形物，造型十分特殊。有意见认为是引导升仙的方士[①]。或认为与安丘画像石一致，为持电鞭的电神。我们认为，手持炬形物的人物确实当为电神，但其手中所持之物并非鞭子，而是灯烛，同样的灯烛形象在南阳地区画像石中常有出现（图 4–80）。杨雄《甘泉赋》云："流星旄以电烛兮，咸翠盖而鸾旗。"[②]可见汉代也有将电比作灯烛的例子。灵帝光和六年（公元 183 年）《幽州刺史朱龟碑》中也说："威神庭（霆）电，烛于上下。"[③]此画像石中与风、雨、雷组合在一起的手持灯烛的人物无疑为电神。

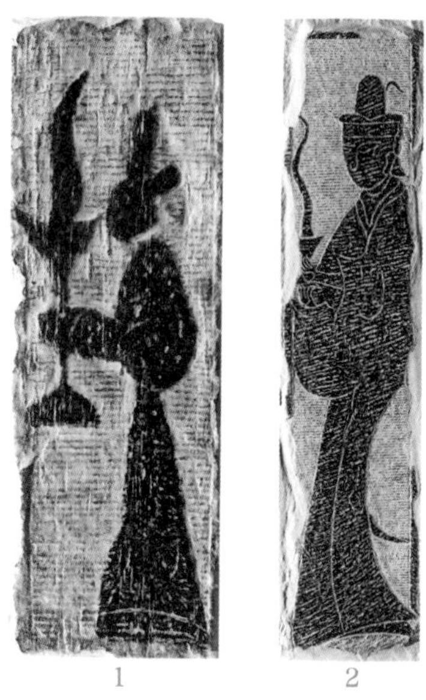

图 4–80　南阳出土端灯侍女画像石拓片

（采自凌皆兵、王清建、牛天伟主编：《中国南阳汉画像石大全》第五卷，第 99、118 页）

（二）风雨雷电三神组合

风雨雷电三神组合较为多见，其中以风伯、雨师和雷公组合为主，仅有武氏祠前石室屋顶前坡画像石为雷公、雨师和电神组合。

---

① 周保平：《徐州洪楼两块汉画像石考释》，《中原文物》1993 年第 2 期。

② 费振刚、胡双宝、宗明华辑校：《全汉赋》，第 170 页。

③ （宋）洪适撰：《隶释》卷十《幽州刺史朱龟碑》，见《隶释·隶续》，第 121 页。

山东邹城卧虎山画像石椁墓南椁板上[①]，刻画有目前所见最早的风雨雷电神图像，年代为西汉中晚期。左下角为坐地吹风的风伯，旁边有一头戴斗笠的人物为雨师（后详），其右侧有一双手持钹的人物，有意见认为是雷公（图4–81）。常见的雷公形象皆是持槌击鼓的人物或神兽，但主要流行于东汉画像石中，尚未见到西汉有此类形象出现。古人对于雷的认识和描写主要在于其声音。如《释名》中说：“雷，硠也，如转物有所硠雷之声也。”[②]《说文·雨部》亦云：“霆，雷余声铃铃，所以挺出万物。”[③]钹和鼓均为打击乐器，撞击之声均十分突出，好似雷声，西汉中晚期画像石中的持钹人物或许是雷公形象定型之前的一种早期表现。另外，画像上方有一兽首口衔或口吐飘带状物，是否是电神的早期表现？由于比较特殊怪异，只能存此一问。

图4–81　邹城卧虎山画像石椁墓南椁板拓片

（采自高文主编：《中国画像石棺全集》，太原：三晋出版社，2011年，第78页）

山东长清孝堂山墓地祠堂[④]，年代为东汉早期，石堂东壁顶端山墙刻画有风伯发屋场景。画面中部有一房屋，房顶翘起。房屋左侧有一体型肥硕、张口吹风的风伯。风伯身后有四人曳引一车，有一人双手持槌坐于车上，身上环绕四鼓，当为雷公。

① 邹城市文物管理局：《山东邹城市卧虎山汉画像石墓》，《考古》1999年第6期。

② （汉）刘熙撰，（清）毕沅疏证，（清）王先谦补：《释名疏证补》卷一《释天》，第16页。

③ （汉）许慎撰，（清）段玉裁注：《说文解字注》，第572页。

④ 罗哲文：《孝堂山郭氏墓石祠》，《文物》1961年4、5合期。

车后有一人作推车状，其后有两人头顶盆，盆中有水，当为雨师（图 4–82）。雷车上方有人手持树枝状物，很有可能是电神，但细节不清，不敢遽断。

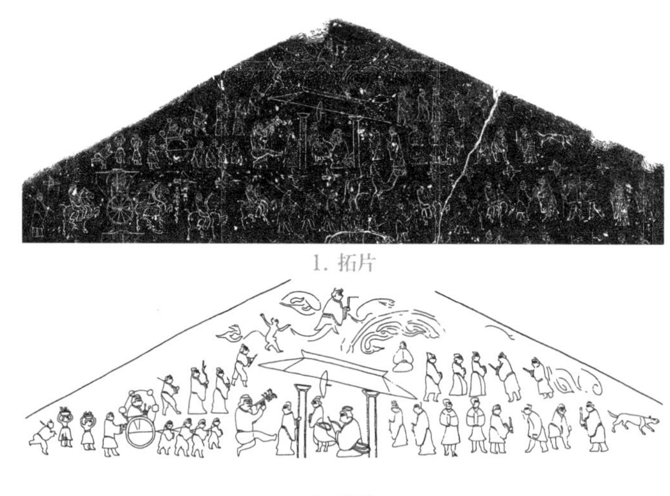

1. 拓片

2. 线摹

图 4–82　长清孝堂山祠堂东壁山墙画像石

（采自 1. 中国画像石全集编辑委员会：《中国画像石全集 1・山东汉画像石》，第 22 页；2. 信立祥：《汉代画像石综合研究》，第 155 页，图八七）

山东嘉祥武氏祠中见有两处风雨雷电诸神画像。一处在前石室屋顶前坡，中央为两列人持绳曳引一云车，车上树鼓，一人持槌作击鼓状，当为雷公。右侧有两女性人物双手持鞭，是为电神，还有一人一手捧盆位于两电神之间，为雨师。右端有两人手持锤凿作锤击状，也应为雷电，或是其扈从。持锤凿人物下方有一双头龙，龙下有披发伏地者（图 4–83–1）。另一处在左石室屋顶前坡，左端有一

1. 前石室屋顶前坡西段第二层

2. 左石室屋顶前坡西段第二层

图 4–83　武氏祠风雨雷电诸神出行画像拓片

（采自中国画像石全集编辑委员会：《中国画像石全集 1・山东汉画像石》，第 49、63 页）

于云气上屈膝吹风的风伯。其右侧有两列人物曳引一车，车下部为云气，车上树两鼓，一人手持槌坐于车上，应为雷公。雷车右侧有一人歪头散发，手持壶作倒水状，为雨师。右端有手持锤凿的人物，正在向一伏地者锤凿，其上被一两头龙盖绕（图4-83-2、4-84）。

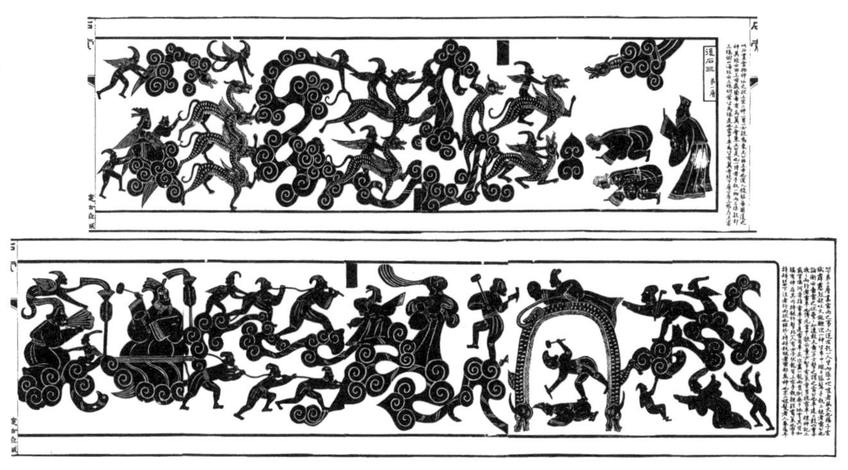

图 4-84 《金石索》摹刻武氏祠左石室屋顶前坡西段一、二层画像
（采自（清）冯云鹏、冯云鹓著：《金石索·石索三》，第5册，第1444～1453页）

关于手持锤凿的人物图像，学界多认为是雷公击罚的表现，笔者认为该部分图像还表现了“天取龙”的观念。所谓“天取龙”，是汉代人对雷电击坏树木、房屋的错误认识，由于不具备气象知识，故而将自然现象认为是天取龙升天。《论衡·龙虚篇》：“盛夏之时，雷电击折树木，发坏室屋，俗谓天取龙。……龙见，雷取以升天。”① 又《雷虚篇》曰：“世俗以为‘击折树木、坏败室屋’者，天取龙；其‘犯杀人’也，谓之有阴过，饮食人以不洁净，天怒，击而杀之。隆隆之声，天怒之音，若人之呴吁矣。”② 图像中手持锤凿的人物旁边皆有一双头龙，龙下有一人伏地。这与上引王充的描述极为相似，故而该部分图像很有可能同时表现了时人所认为的“天取龙”和“雷杀人”现象。

徐州洪楼出土画像石③ 有残损，左侧上方有风伯屈膝吹风，其右为三只异兽曳

① 黄晖撰，刘盼遂集解：《论衡校释》第六卷《龙虚篇》，第1册，第282页。
② 黄晖撰，刘盼遂集解：《论衡校释》第六卷《雷虚篇》，第1册，第294页。
③ 江苏省文物管理委员会：《江苏徐州汉画象石》，图版肆壹。

引鼓车，一兽形雷公持槌坐于车上。右侧下方有一人双手持罐倒水，当为雨师（图4–85）。

图 4–85　徐州洪楼出土画像石
（北京大学汉画研究所徐呈瑞先生提供，《汉画总录》编号 JS–XZ–007–04）

南阳王庄出土画像石[①]下部有四人持罐倒水，为雨师。右端有一人呈屈膝张口吹风状，应为风伯。雨师上部有三人曳引一车，车轮为五个圆形呈十字相连状，车上坐有一人。有学者认为是五星车，表现的是天帝出行[②]（图 4–86）。但整体观察其图像组合，所表现的应该还是雷公，形成风、雨、雷神的组合，五个圆形应该是连鼓和鼓车的一种变形。

图 4–86　南阳王庄出土画像石拓片
（采自凌皆兵、王清建、牛天伟：《中国南阳汉画像石大全》第二卷，第 192 页）

① 南阳市博物馆：《南阳市王庄汉画像石墓》，《中原文物》1985 年第 3 期。
② 艾延丁：《南阳市王庄汉画像石墓墓顶画像考释》，《中原文物》1986 年第 1 期。

（三）风雨雷电二神组合及单独出现

风雨雷电二神组合的情况较为多见，其中，山东地区数量最多且均为风伯和雨师组合。另在江苏徐州苗山铜山画像石墓、河南洛阳尹屯壁画墓、陕西定边郝滩壁画墓和湖南长沙马王堆三号墓帛画中亦有二神组合情况。四川地区也有二神组合出现的图像，显得较为怪异，故而学界以往尚未辨识。

总观山东地区风雨雷电题材的画像石，风伯、雨师二神组合中，雨师常常为头戴斗笠、手持臿的形象，以往常将此类人物解释为大禹。西汉晚期的微山青山村画像石墓西壁有一头戴斗笠、手持臿的人物，其正上方还有一风伯，风伯之左为西王母[①]（图 4–87）。东汉早期的嘉祥五老洼和汶上先农坛共出土三件表现风伯

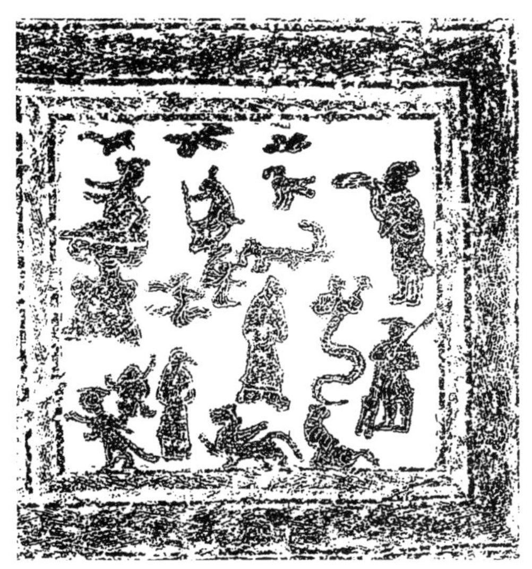

图 4–87　微山青山村汉墓西壁画像石拓片

（采自微山县文物管理所：《山东微山县近年出土的汉画像石》，《文物》2006 年第 2 期，图一五）

发屋的画像石，在风伯周围均出现了头戴斗笠、手持臿、身披蓑衣的人物[②]，有的还不止一位（图 4–88）。临沂吴白庄画像石墓中一件立柱石南面也出现有头戴斗笠、

① 微山县文物管理所：《山东微山县近年出土的汉画像石》，《文物》2006 年第 2 期。

② 济宁地区文物组、嘉祥县文管所：《山东嘉祥宋山 1980 年出土的汉画像石》，《文物》1982 年第 5 期；中国画像石全集编辑委员会：《中国画像石全集 1·山东汉画像石》，第 10 页。

手持臿的人物，其一手牵引神兽，较为特殊（图 4-89-3），但其西面的对应位置上正为屈膝吹风的风伯[①]（图 4-89-1、4-89-2，另见图 4-49-1）。如果认为吴白庄画像石墓的此类图像尚不突出，难以辨认，徐州苗山铜山画像石墓前室南壁门东、西两块画像石上的图像就颇为清楚了。门东画像石从上至下刻有日和风伯、马、大象；门西画像石刻有月，还有身披蓑衣、头戴斗笠、手持臿的人物，并牵着似孔雀的动物，最下为神兽[②]（图 4-90）。根据画像石位置和画面组合来看，风伯与头戴斗笠人物显然是呈对应关系的。可见，这类人物形象早在西汉晚期就已在山东地区出现，常与风伯同出或相对，有时还不止一人。

1. 汶上先农坛出土

2. 嘉祥五老洼出土

3. 嘉祥五老洼出土

图 4-88　山东地区风伯与头戴斗笠者画像拓片
（采自中国画像石全集编辑委员会：《中国画像石全集 2·山东汉画像石》，第 129、131、10 页）

1. 西面　2. 风伯细部　3. 南面

图 4-89　临沂吴白庄汉墓前室北壁西二立柱西、南面画像石拓片
（采自临沂市博物馆编：《临沂吴白庄汉画像石墓》，第 124、116 页，图一六四、一五八）

① 山东石刻分类全集编辑委员会：《山东石刻分类全集 7·汉代画像石（二）》，青岛出版社，2013 年，第 180、181 页。

② 王德庆：《江苏铜山东汉墓清理简报》，《考古通讯》1957 年第 4 期。

1. 门东

2. 门西

图 4-90　徐州苗山铜山汉墓前室南壁画像石拓片

（采自江苏省文物管理委员会：《江苏徐州汉画象石》，图版拾伍、拾陆）

以前此类人物常被认作大禹，然而将确认的大禹形象与之对比，二者虽有相似之处即头戴斗笠、手持臿，但也有不同之处。嘉祥武梁祠所刻绘的古代帝王中，出现了有明确题记的大禹形象。夏禹头戴斗笠，手持臿，身穿宽襟大袖的袍[①]。对比二者形象，虽然均头戴斗笠手持臿，但衣着和出现的场景显然有很大差异。

仔细观察头戴斗笠者出现场景和图像组合，笔者认为该人物可能是雨师。微山青山村画像石墓西壁画像上，西王母坐于平台（昆仑）之上，身旁有捣药的玉兔、九尾狐，下方刻有蟾蜍和翼兽，还有两个兽首人身的神人，和风伯上下并列的头戴斗笠者位于画面最右端，且风伯在朝向西王母方向吹风。此场景中，除风伯和头戴斗笠、手持臿的人物外，其余人物（动物）皆属于西王母图像中常见形象。

通过上文梳理可知，汉代图像中与风伯做伴的人物形象无非是雷公、雨师、电神。其中，既与风伯对应出现，又与西王母发生关联的人物，雨师最符合条件。《列仙传》中说：“赤松子者，神农时雨师也。服水玉以教神农，能入火自烧。往往至昆仑山上，常止西王母石室中，随风雨上下。”[②]由此可知，作为雨师的赤松子

① ［美］巫鸿著，柳扬、岑河译：《武梁祠——中国古代画像艺术的思想性》，第 269 页。

② 王叔岷撰：《列仙传校笺》卷上《赤松子》，第 1 页。

常在西王母的石室中停留，并能随风雨上下昆仑山。雨师与风伯出现在西王母场景里是可以理解的。从文献中看，风伯与雨师的关系相较于雷公、电神更为紧密。如《山海经·大荒北经》云："应龙畜水，蚩尤请风伯、雨师，纵大风雨。"[①]杨雄《河东赋》："叱风伯于南北兮，呵雨师于西东。"[②]等等，多不烦举。自然界中先见闪电随后有雷声，下雨之前常刮起狂风，因此古人常常将雷电合称，将风雨并举。图像上与风伯紧密组合或对应出现的此类神人最有可能就是雨师。

另外，山东地区头戴斗笠、手持臿的人物常跟随于风伯身后，往往较风伯为小，且数量不止一人，多成群出现，再一次说明此人物不可能为传说中的天帝和上古帝王的大禹。梳理材料可知，在风雨雷电诸神中，雨师的数量较多。如上述孝堂山祠堂东壁山墙上，出现雨师两人；南阳王庄出土画像石中，有雨师四人。可见，雨师的数量并不固定，可多人结伴出现，与此头戴斗笠的人物相似。斗笠、蓑衣为常用雨具，笔者推想，汉代人也以这样的形式表现栉风沐雨出行的雨师。

综合人物形象、图像组合以及相关文献材料，出现在风雨雷电诸神场景中的头戴斗笠、手持臿的人物，极大可能与雨师有关。

此外，临沂吴白庄画像石墓中室拱形过梁上，居中处有两羽人曳引连鼓，有一兽形雷公双手持槌敲击环绕它的连鼓。其左侧刻画一奔飞于云气之中的人物，头戴尖帽，似为胡人。人物嘴部似噘起，其前似有云气喷出。有可能为风伯，但难以确认[③]（图 4–91）。

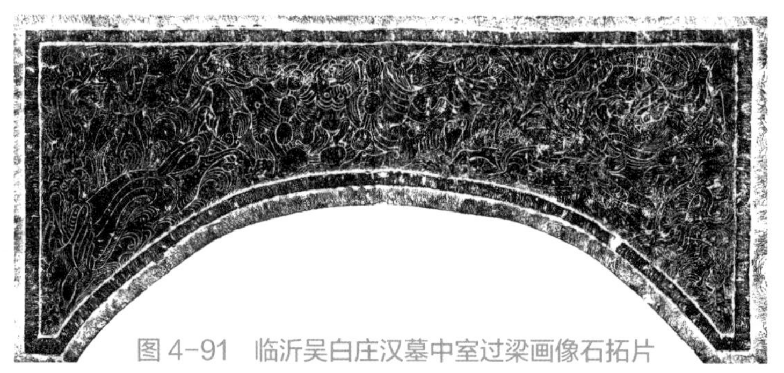

图 4–91　临沂吴白庄汉墓中室过梁画像石拓片

（采自山东石刻分类全集编辑委员会：《山东石刻分类全集》第 7 卷，青岛出版社，2013 年，第 194 页）

---

① 袁珂校注：《山海经校注》（增补修订本），第 490、491 页。

② 费振刚、胡双宝、宗明华辑校：《全汉赋》，第 183 页。

③ 临沂市博物馆编：《临沂吴白庄汉画像石墓》，第 238 页。

河南地区二神组合情况目前仅见于洛阳尹屯新莽时期壁画墓，绘有雷公和风伯。其中，雷公形象并不特殊，毛发竖立，四肢大张，周围绕有连鼓（图 4–92–1）。相同的雷公形象也出现在临沂吴白庄画像石墓和南阳高庙画像石墓[①]中（图 4–93）。至于风伯形象，冯时先生在其考证中认为是轸宿内的长沙星[②]。仔细观察图像中的人首，口部微张，似作吹风状（图 4–92–2）。且轸宿主风，在轸宿内绘有吹风的风伯也在情理之中。偃师新莽壁画墓中的风伯与尹屯壁画墓类似，该墓藻井处绘有一口吐云气的人首，当为风伯（图 4–92–3）。

1. 洛阳尹屯壁画墓

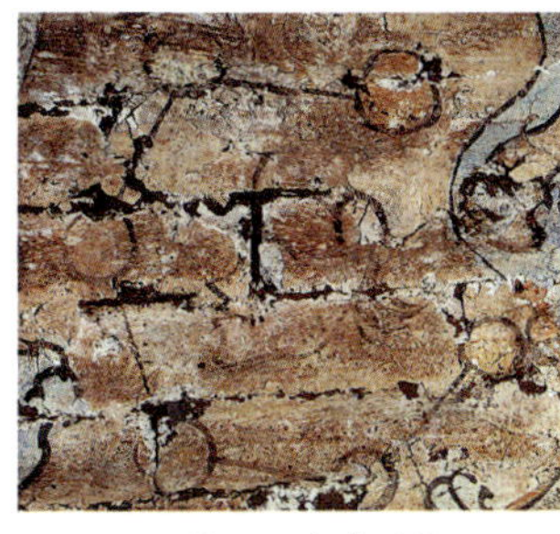

2. 洛阳尹屯壁画墓

3. 偃师壁画墓

图 4–92　河南地区壁画墓中的雷公、风伯

（采自洛阳市文物管理局、洛阳古代艺术博物馆：《洛阳古代墓葬壁画》，郑州：中州古籍出版社，2010 年，第 125、128、180 页）

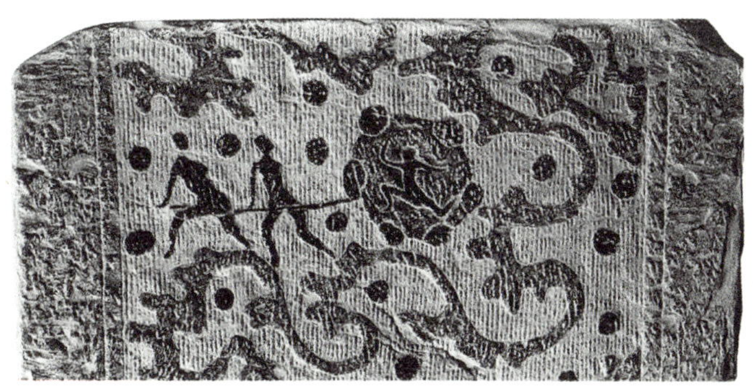

图 4–93　南阳高庙汉墓雷公画像拓片

（采自凌皆兵、王清建、牛天伟主编：《中国南阳汉画像石大全》第二卷，第 148 页）

① 凌皆兵、王清建、牛天伟主编：《中国南阳汉画像石大全》第二卷，第 148 页。

② 冯时：《洛阳尹屯西汉壁画墓星象图研究》，《考古》2005 年第 1 期。

陕西定边郝滩东汉墓墓顶壁画中，有一白色兽首神人，作吹风状，或为风伯[①]（图 4–94）。榆林横山孙家园子画像石墓墓门右立柱上刻绘有风伯发屋场景，一人屈膝仰头吹风，是为风伯，其上有一房屋，屋内坐两人，屋顶翘起，与前述山东地区常见的风伯发屋场景类似；与之对应的中立柱上刻画一人身穿长袍、头戴冠，一手持锤，一手持凿[②]，当为雷电，亦与前述山东嘉祥武氏祠中的雷电击杀人的形象相似。

图 4–94　郝滩壁画墓风伯图像
（采自陕西省考古研究院：《壁上丹青——陕西出土壁画全集》，第 73 页）

长沙马王堆三号墓出土的一幅帛画，榜题文字中记有雨师和雷公，“雨师风雨雷从者死，当……，其……雨。雷 [公]……”[③] 由于帛画损坏严重，且经过缀合，雨师和雷公形象已无法分辨（见图 4–1）。不过当为目前所知最早的一幅雷公和雨师图像。

四川地区的墓葬画像材料丰富，但以往没有识别出风伯、雨师的图像，其实根据组合情况和上文已获得的一些认识，还是可以对其中的某些相关形象进行识别和推论。如郫县出土的一具石棺侧板上层刻画有七人，左侧第二人好似力士，背负一个罐形器；左数第五人头戴斗笠、手持臿；左六袒胸，作弓步屈膝状，嘴

① 陕西省考古研究院：《壁上丹青——陕西出土壁画集》，第 73 页。
② 中国画像石全集编辑委员会：《中国画像石全集 5 · 陕西、山西汉画像石》，第 174 页。
③ 饶宗颐：《图诗与辞赋——马王堆新出〈大一出行图〉研究》，《新美术》1997 年第 2 期。

唇噘起似在吹风[①]（图 4–95–1）。根据其形象、组合，对比上述材料，应该就是雨师（可能持罐和头戴斗笠、手持臿两种雨师形象共存）和风伯。而居中的坐于

1. 郫县出土石棺侧板拓片

2. 富顺出土石棺侧板拓片

图 4–95　四川画像石棺风伯、雨师图像

（采自高文：《中国画像石棺全集》，第 125、225 页）

前一人所拖曳的云车中的兽形人物，很有可能就是雷公。最右侧一手持垂铃状物，一手持棒欲敲击的人物可能也与雷电有关。而且其下层画像中，有些人物手撑伞，正说明上方神人神怪应在降雨。富顺出土石棺一侧刻画有四人和虎，对面则是西王母场景。四人中，右一头戴斗笠、手持臿；右二弓步屈膝，嘴部被刻意拉长或就是吹气的一种描绘方式（以往释为“象人”，不确），似在吹气兴风，当为风伯[②]（图 4–95–2）。此种表现手法，与南阳王庄画像石中的风伯类似。右三似为兽首，而上述不少雷公形象为兽首人身，不过由于其刻画不清且较为怪异，这里不做判断。

单独出现的风雨雷电诸神多见于江苏和河南地区，造型并无特殊之处，在此

① 高文主编：《中国画像石棺全集》，第 125 页。

② 高文主编：《中国画像石棺全集》，第 225 页。

不一一列举。其中，盱眙东阳汉墓出土的木制盖板上刻绘有风伯形象，在左侧月亮的左上方，年代约在西汉晚期至新莽时期[①]（图 4–96）。

图 4–96　江苏盱眙汉墓出土木制盖板

（采自南京博物院：《江苏盱眙东阳汉墓》，《考古》1979 年第 5 期，图版叁，1）

（四）小结

通过以上梳理，风雨雷电诸神图像是随着时间的推移不断丰富发展的。其中，雷公图像最早出现在马王堆帛画中，年代在西汉早期，具体形象已无从知晓。西汉中晚期，在山东地区的石椁板上绘制有双手持钹的雷公形象，目前所见仅此一例。新莽时期，在河南壁画墓中出现了被连鼓围绕的雷公。进入东汉，雷公形象较为固定，可分为四类：坐于鼓车上的雷公，此类雷公在山东、江苏、河南地区皆可见到，其中徐州地区的雷公常为兽形；牵引连鼓的雷公，江苏地区多见，河南亦有发现，山东未有见到；被连鼓围绕的雷公，山东、江苏、河南地区皆有出现，此雷公多为兽形；手持锤凿的雷公（或为其扈从），仅在山东、陕北地区出现，并不常见。

风伯的形象最早出现于西汉中晚期，在山东地区石椁板上刻画有坐地吹风的风伯。目前所见西汉时期的风伯图像，均出现在山东地区。新莽前后，风伯形象开始出现在山东以外的区域。河南壁画墓中出现只描绘头部的风伯，突出表现张口吹风的形态。陕西地区出现一例长耳的风伯形象，江苏地区则是于棺盖板上出现弓步吹风的风伯，周围还描绘有星宿。进入东汉，风伯形象已经固定，呈站立或屈膝吹风状，在山东和陕北地区形成了颇具特色的风伯发屋场景。四川地区则十分夸张地表现出风伯张口吹风的状态，形象多怪异，较难辨认。

雨师最早见于西汉早期的马王堆汉墓出土帛画中，形象已不可知。西汉中晚期，

① 南京博物院：《江苏盱眙东阳汉墓》，《考古》1979 年第 5 期。

在山东地区有头戴斗笠的人物形象出现在风伯身边，经辨认应为雨师。东汉早期，依旧是在山东地区出现了携带有盛水器皿的雨师形象，同时头戴斗笠的雨师形象依然存在，手中常持有臿，这些雨师多成群结队出现。东汉中期及以后，手持盛水器皿的雨师形象更为常见，山东、江苏、河南地区皆有雨师图像出现。

电神的形象数量较风、雨、雷三神少，出现时间也较晚。在山东地区东汉中晚期的画像石上，形象为手持电鞭的女性形象，而江苏地区东汉晚期的画像石上则是手持电烛的男子形象。东汉中晚期出现的手持锤凿的人物形象，可能同时具有雷电的性质，但其地位似为扈从。

总体来看，风雨雷电诸神的图像材料以山东、江苏出土数量最多，河南次之，陕西、湖南、四川均为零星发现。就组合情况而言，各地区未见有明显特色，风雨雷电四神齐全的图像材料仅见于山东和江苏。风、雷、雨神两两搭配的情况较为常见，各地区均有出现。风伯和雨师常常一同组合出现，电神一般伴随在雷公左右。东汉中晚期电神图像的出现，为风雨雷电四神齐聚提供可能，在此之前，多为三神、二神组合（见附表 3）。

二、风雨雷电诸神图像的场景与意义

如上所述，风雨雷电诸神图像的组合并不固定，当诸神单独或两两组合出现时往往仅是一个图像中的一部分。不同场景中，诸神的主次位置也不同。总观风雨雷电的出现场景，可分为如下四类：

（一）神仙神兽场景

在此场景中，与风雨雷电诸神相伴的多是一些羽人和神兽，神兽多生有双翼，整体处于云气之间。如临沂吴白庄画像石墓拱形过梁上，中部有一被连鼓围绕的手持鼓槌的雷公，左侧似为吹气的风伯，右侧是一羽人手抓凤鸟，其余部分皆为龙、虎翼兽（见图 4-91）。嘉祥宋山出土画像石，画面中部刻一羊头，羊头右侧有一单膝跪地的风伯口吐云气，羊头右侧有三条翼龙，风伯右侧有羽人和有翼神兽[①]。

① 济宁地区文物组、嘉祥县文管所：《山东嘉祥宋山 1980 年出土的汉画像石》，《文物》1982 年第 5 期；中国画像石全集编辑委员会：《中国画像石全集 1·山东汉画像石》，第 10 页。

微山青山村画像石墓中，风伯、雨师与西王母及其附属出现在同一场景（见图4–87）。可见，此类场景总体为神仙神兽，大体表现天界或神仙内容。唯有微山画像石上内容较为具体，与西王母组合在一起。前引《列仙传》中说："赤松子者，神农时雨师也。服水玉以教神农，能入火自烧。往往至昆仑山上，常止西王母石室中，随风雨上下。"[①]大概人们想象去往昆仑、西王母的升仙者往往"随风雨上下"。《淮南子·地形训》云："昆仑之丘，或上倍之，是谓凉风之山，登之而不死。或上倍之，是谓悬圃，登之乃灵，能使风雨。或上倍之，乃维上天，登之乃神，是谓太帝之居。"[②]可见，"能使风雨"也是昆仑升天信仰中的一个重要内容。

（二）天象场景

汉代图像材料中常出现星宿、日月以表现天界的情况，风雨雷电诸神也会出现在一些描绘有星宿的天象图中。如盱眙东阳汉墓出土木制盖板上绘有风伯、星、月，有学者认为其中绘有主风的箕星（见图4–96）。南阳高庙画像石墓中室盖顶石上绘有雷公，画面背景是云气和15颗星[③]。洛阳尹屯壁画墓中的雷公和风伯，周围皆绘有星象，处于以日月、四象、二十八宿为主体的天象图中（见图4–70）。郝滩壁画墓中的风伯同样绘制于二十八宿场景中。风雨雷电本是天空中的现象，风雨雷电诸神的性质自然属于天神。但在这些图像中，相对于日月、伏羲、女娲和一些重要星宿，风雨雷电诸神的位置往往都比较边缘，形象也较小，说明它们在天神中处于较次等的地位。而诸神之中，雷公往往乘车居于中心，不少图像中雷公和风伯的形象也较为突出一些，说明它们在当时人观念中的重要性可能要较其他二神略高一些。

（三）神仙出行场景

风雨雷电诸神尤其是多位组合的往往表现为出行场景。大致可分两类：一类

---

① 王叔岷撰：《列仙传校笺》卷上《赤松子》，第1页。

② 何宁撰：《淮南子集释》卷四《墬形训》，上册，第328页。

③ 凌皆兵、王清建、牛天伟主编：《中国南阳汉画像石大全》第二卷，第148页。

即以风雨雷电诸神出行为主；另一类则是更大队伍出行中的一部分。

前一类可以徐州铜山洪楼出土画像石为代表。其上风雨雷电四神齐全，总体向左行进于云气之中。值得注意的是，出行队伍中心还有一位乘骑大象的人物。而此画像中最突出的一个形象是雷公之上乘坐于三鱼所拉载的云车之内的人物，该人物头上还戴有一鱼，一般认为是河伯（见图 4–78，详见第五章第四节）。南阳王庄画像石墓盖顶石共公布 5 枚，虽然其具体位置关系不详，但内容组合还是比较清楚。其中一枚为上述风雨雷神出行，一枚为鱼车出行（见图 5–56），一枚为女娲（伏羲）举月（见图 4–34–2），一枚为凤鸟和星象，一枚为青龙与星象[①]。再加上其处于墓顶的位置，可知表现的应为风雨雷电诸神和河伯在天界的出行，并且与伏羲、女娲相组合。另外，山东地区画像石祠堂上也出现以风雨雷电诸神为主体的出行图像，不过其中的风伯一方面作为诸神出行的最前一位，另一方面正在吹开一个房屋的屋顶，又增加了“风伯发屋”的意义[②]（见图 4–88）。风伯发屋的图像已有学者讨论其与升天的关系[③]。而河伯在风雨雷电诸神护卫下出行的图像显然与升仙观念有着更为直接的联系。《淮南子·原道训》云：“昔者冯夷、大丙之御也，乘云车，入云霓，游微雾，……经纪山川，蹈腾昆仑，排阊阖，沦天门。……令雨师洒道，使风伯扫尘，电以为鞭策，雷以为车轮；上游于霄雿之野，下出于无垠之门。”[④]《山海经·海内北经》郭璞注：“冰夷，冯夷也。……即河伯也。《穆天子传》所谓‘河伯无夷’者，《竹书》作‘冯夷’，字或作冰也。”[⑤]《庄子·大宗师》释文引西晋司马彪云：“《清泠传》曰：‘冯夷，华阴潼乡堤首人也，服八石，得水仙，是为河伯。’”[⑥]《楚辞·远游》王逸注：“冯夷，水仙人。”洪兴祖补注：“冯夷，河伯也。”[⑦]可见，冯夷就是河伯，而他由昆仑、天门升天游仙时就是风雨雷电开道护卫，图像材料与文献材料在这里密合无间。

后一类以山东嘉祥武氏祠前石室和左石室屋顶为壮观。前石室屋顶现存前坡

① 南阳市博物馆：《南阳市王庄汉画像石墓》，《中原文物》1985 年第 3 期。

② 庞政：《试论早期祠堂画像中西王母与羿（后羿）的组合》，见华东师范大学艺术研究所编《中国美术研究》第 31 辑，第 13 ~ 16 页。

③ 李凇：《论汉代艺术中的西王母图像》，第 95 页。

④ 何宁撰：《淮南子集释》卷一《原道训》，上册，第 12 ~ 20 页。

⑤ 袁珂校注：《山海经校注》（增补修订本），第 369 页。

⑥ （清）郭庆藩撰，王孝鱼点校：《庄子集释》卷三上《大宗师》，上册，第 254 页。

⑦ （宋）洪兴祖撰，白化文等点校：《楚辞补注》卷五《远游》，第 173 页。

的东、西两段，其上分为四层，应是比较连续地表现各种天神、神仙乘骑或乘驾各种神兽在云气中出行往来。核心者应为西段下层最左边乘坐于北斗之上、头戴冕的神人（图 4–97，另见图 4–13、4–14）。笔者在本章第二节中已经讨论过该神

图 4–97　武氏祠前石室屋顶前坡画像石组合

（采自蒋英矩、吴文祺：《汉代武氏墓群石刻研究（修订本）》，北京：人民美术出版社，2014 年，第 141、142 页）

人应该为北斗之神，亦即黄帝（黄神北斗）。风雨雷电诸神居于第二层，在与其相接的东段第二层上还有手持规矩的伏羲、女娲。风雨雷电诸神出行与伏羲、女娲的组合还见于前述南阳王庄画像石墓和安丘董家庄画像石墓的封顶石(图 4–98)。笔者在本章第三节中已经讨论过这里的伏羲、女娲具有“导鬼神登九天”的意义，

图 4–98　安丘董家庄画像石墓前室封顶石风雨雷电诸神与伏羲、女娲组合

（采自刘冠军、朱青生主编：《汉画总录 42·安丘》，桂林：广西师范大学出版社，2020 年，第 163、164 页）

风雨雷电诸神则是这种天界出行中的开导和扈从。《韩非子·十过》云：“昔者黄帝合鬼神于西泰山之上，驾象车而六蛟龙，毕方并鍺，蚩尤居前，风伯进扫，

雨师洒道。”[①] 如第二章第一节所述，泰山之上也有天门，也为登天之山。这里黄帝聚合鬼神的出行中，就是风伯、雨师开道，图像材料与文献材料又是比较贴合的。再有，本章第二节中讨论过，黄帝、北斗在当时人的观念中具有司命的神性。屈原《九歌・大司命》开篇即云：“广开兮天门，纷吾乘兮玄云。令飘风兮先驱，使涷雨兮洒尘。”[②] 司命出行亦是有风雨导从。左石室屋顶现存前坡东、西两段和后坡东段，整体上也是神仙在云气中出行。前坡东段的核心是西王母和东王公，有云车向其飞升。前坡西段第二层是风雨雷电诸神出行，其上下也是各种神兽、仙人和神怪出行。第二层中还有头戴弩、双手双足各持一兵器的蚩尤[③]，让人想到上引文献中的“蚩尤居前”，应当也是整个出行的一部分。后坡东段主要是以上部的鱼车（河伯）为中心的出行（图 4–99，另见图 4–84）。如果承认屋顶画像具有一定的连贯性至少是整体性（这是显而易见的），那么它们整个表现的是天界的神人神仙出行。

图 4–99　武氏祠左石室屋顶前、后坡画像石组合

（采自蒋英矩、吴文祺：《汉代武氏墓群石刻研究（修订本）》，第 156 ~ 158 页）

---

① （清）王先慎撰，钟哲点校：《韩非子集解》卷三《十过》，北京：中华书局，1998 年，第 65 页。

② （宋）洪兴祖撰，白化文等点校：《楚辞补注》卷二《九歌》，第 68 页。

③ 王子今：《汉代“蚩尤”崇拜》，《南都学坛》2006 年第 4 期。

这种出行的性质既可以是以天帝（黄神北斗）出游为中心，也可以是以河伯的升天游仙为中心，还可以是朝向西王母、东王公的升仙。升仙者本身已经成为神仙，这三者之间其实没有性质的差别，可以具有相似的表现形式。

上文已经引用了一些文献中反映的神仙出行队伍中以风雨雷电为导从的例子，其实这样的内容自屈原以来，已经成为升天游仙想象中的固定组成部分了。如《离骚》云："驷玉虬以椉鷖兮，溘埃风余上征。朝发轫于苍梧兮，夕余至乎县圃。……前望舒使先驱兮，后飞廉使奔属。鸾皇为余先戒兮，雷师告余以未具。吾令凤鸟飞腾兮，继之以日夜。飘风屯其相离兮，帅云霓而来御。"王逸注："县圃，神山，在昆仑之上。……飞廉，风伯也。"[①]《远游》云："驾八龙之婉婉兮，载云旗之逶蛇。……历太皓以右转兮，前飞廉以启路。……风伯为余先驱兮，氛埃辟而清凉。……左雨师使径侍兮，右雷公以为卫。"[②]宋玉《九辩》云："骖白霓之习习兮，历群灵之丰丰。左朱雀之茇茇兮，右苍龙之躣躣。属雷师之阗阗兮，通飞廉之衙衙。"王逸注："整理车驾而鼓严也。……风伯次且而扫尘也。"[③]刘向《九叹》云："排帝宫与罗囿兮，升县圃以眩灭。结琼枝以杂佩兮，立长庚以继日。凌惊雷以轶骇电兮，缀鬼谷于北辰。鞭风伯使先驱兮，囚灵玄于虞渊。"[④]王逸《九思》云："乘六蛟兮蜿蝉，遂驰骋兮升云。扬彗光兮为旗，秉电策兮为鞭。"注："复欲升天，求仙人也。"[⑤]司马相如《大人赋》亦云："时若暧暧将混浊兮，召屏翳，诛风伯，刑雨师。西望昆仑之轧沕荒忽兮，直径驰乎三危。排阊阖而入帝宫兮，载玉女而与之归。登阆风而遥集兮，亢鸟腾而壹止。低徊阴山翔以纡曲兮，吾乃今日睹西王母。"[⑥]司马相如的赋中虽然更加夸张，不仅是役使风伯、雨师，而且施以刑罚，但整体上还是处于昆仑、天门、西王母的升仙环境中。张衡《思玄赋》亦云："丰隆軯其震霆兮，列缺晔其照夜。云师䨴以交集兮，冻雨沛其洒涂。轙雕舆而树葩兮，扰应龙以服辂。百神森其备从兮，屯骑罗而星布。"[⑦]《楚辞·离骚》王逸注："丰隆，

① （宋）洪兴祖撰，白化文等点校：《楚辞补注》卷一《离骚》，第 25 ~ 32 页。
② （宋）洪兴祖撰，白化文等点校：《楚辞补注》卷五《远游》，第 169 ~ 171 页。
③ （宋）洪兴祖撰，白化文等点校：《楚辞补注》卷八《九辩》，第 196 页。
④ （宋）洪兴祖撰，白化文等点校：《楚辞补注》卷十六《九叹》，第 311 页。
⑤ （宋）洪兴祖撰，白化文等点校：《楚辞补注》卷十七《九思》，第 326 页。
⑥ 费振刚、胡双宝、宗明华辑校：《全汉赋》，第 92 页。
⑦ 费振刚、胡双宝、宗明华辑校：《全汉赋》，第 397 页。

云师，一曰雷师。”[①]《淮南子·天文训》云：“季春三月，丰隆乃出，以将其雨。”高诱注：“丰隆，雷也。”[②]既然下一句紧接着就出现了云师，而且是发动雷霆，这里的丰隆当然指雷公。《淮南子·俶真训》亦云：“若乎真人，则动溶于至虚，而游于灭亡之野，骑蜚廉而从敦圄，驰于方外，休乎宇内，烛十日而使风雨，臣雷公。”[③]这些关于升天游仙的想象中，皆是以风雨雷电诸神为导从，而且往往夸张为役使诸神。一方面是一种特定的文学表现传统，另一方面也可反映出风雨雷电诸神在天神中的地位可能确实不高，汉墓图像中它们的意义应该更多是升天升仙旅程的先导和护卫。

另外，如前所述，嘉祥武氏祠两块画像石的风雨雷电出行场景中，还出现了“天取龙”“雷杀人”的内容。这一方面可能是将当时人对于风雨雷电的一些特殊观念一并表现在其上，具有附加属性，并不是其主旨所在。不能以之认为该屋顶画像的主旨在于表达天神降罚世人，但肯定附加了这一意义。另一方面，“天取龙”可能也与当时人认为龙的升天有关。如前引王充所言：“雷电击折树木，发坏屋室，则龙见于外，龙见，雷取以升天。”[④]刘向《九叹》云：“譬彼蛟龙，乘云浮兮。泛淫澒溶，纷若雾兮。潺湲轇輵，雷动电发，馺高举兮。升虚凌冥，沛浊浮清，入帝宫兮。摇翘奋羽，驰风骋雨，游无穷兮。”王逸注：“言蛟龙升天，其形潺湲，若水之流，纵横轇輵，遂乘雷电而高举也。……言龙能登虚无，凌清冥，弃浊秽，入天帝之宫。……言龙既升天，奋摇翘羽，驰使风雨。”[⑤]在人们的想象中，龙升天时即是“雷动电发”“驰风骋雨”，升天之后即能“驰使风雨”。前引《列仙传》中说：“往往至昆仑山上，常止西王母石室中，随风雨上下。”[⑥]《淮南子·地形训》云：“昆仑之丘，……或上倍之，是谓悬圃，登之乃灵，能使风雨。”[⑦]看来，随从风雨和役使风雨确实也是汉代神仙和升仙信仰中的一部分。

---

① （宋）洪兴祖撰，白化文等点校：《楚辞补注》卷一《离骚》，第 31 页。
② 何宁撰：《淮南子集释》卷三《天文训》，上册，第 231 页。
③ 何宁撰：《淮南子集释》卷二《俶真训》，上册，第 128、129 页。
④ 黄晖撰，刘盼遂集解：《论衡校释》第六卷《龙虚篇》，第 1 册，第 282 页。
⑤ （宋）洪兴祖撰，白化文等点校：《楚辞补注》卷十六《九叹》，第 312 页。
⑥ 王叔岷撰：《列仙传校笺》卷上《赤松子》，第 1 页。
⑦ 何宁撰：《淮南子集释》卷四《墬形训》，上册，第 328 页。

三、小结

汉代风雨雷电诸神的形象和组合并不是一成不变的，马王堆三号墓出土帛画中的雷公和雨师图像虽已不清楚，却明确表明早在西汉早期雷公和雨师的人物形象就已出现。雷神最早被刻画为手持钺的形象，随后则出现了乘坐于鼓车中的雷公、牵引连鼓的雷公、被连鼓环绕的雷公和手持锤凿的雷电神形象。雨师最早为头戴斗笠的形象，东汉早期出现持有盛水器皿的雨师形象，并逐渐成为主流。风伯的形象一直较为固定，各地区风伯均在极力刻画其张口吹风的形象。电神于东汉中晚期出现，为手持电鞭的形象，东汉晚期于江苏地区出现手持电烛的形象。可见，西汉时期风雨雷诸神形象尚未统一，进入东汉，各神形象逐渐固定，地区间差异逐渐缩小。风雨雷电诸神皆形成人格化形象是在东汉中晚期，直到东汉晚期诸神才于同一场景中集体出现。

山东和江苏地区风雨雷电诸神图像出土最多，且山东地区西汉中晚期就开始出现此类题材，直到东汉晚期依然流行，其间并无中断。江苏地区则主要集中于东汉晚期的画像石上。河南地区早在新莽时期的壁画墓中就已出现雷公和风伯的形象，画像石材料则集中在东汉早期，目前未见有电神形象，且风、雨、雷神多单独出现。陕西、四川地区墓葬中的风雨雷诸神图像数量较少，但具有地方特色，时代集中于东汉中晚期。

通过梳理图像组合并结合文献，以往研究中未能识别或识别有误的某些头戴斗笠、手持臿和手持灯烛的人物形象，笔者认为应该为雨师和电神。四川画像石棺上的风伯、雨师由于造型特殊，以往少有学者辨识出来。有些人物面部造型奇特、动作夸张，故而常将其认定为百戏中戴有假面的“象人”。仔细观察图像，其中人物有头戴斗笠、手持臿的形象，有身背坛罐的形象，有嘴部被突出刻画的形象。这些形象组合在一起，应该能确认它们属于风雨雷电诸神的表现。武氏祠画像石上的风雨雷电图像，或许还结合了“天取龙”的含义。

风雨雷电诸神的图像多处在墓葬和祠堂的顶部，其出现场景多为天界，故而多与神仙神兽、星宿、日月一起构成一幅完整的顶部壁画或画像石。也有图像表现出它们与西王母、昆仑的密切关系，这在当时的文献材料中也有表现。组合出现的风雨雷电诸神主要表现为出行场景，有的以它们自身为核心，有的以河伯为

核心，也有的作为更为庞大的天神或神仙出行、升仙旅程的一部分。这与战国秦汉时大量文献乃至文学作品中描述的升天游仙时役使风雨雷电诸神的观念具有直接联系，神仙升天时随从风雨并役使风雨也是当时神仙信仰中的重要部分。总之，墓葬中风雨雷电诸神图像的主要意义恐怕在于引导和护卫墓主的升天成仙之旅。

正如本书一开篇所引到的，王褒《九怀》云：“乘虬兮登阳，载象兮上行。朝发兮葱岭，夕至兮明光。……微观兮玄圃，览察兮瑶光。……径岱土兮魏阙，历九曲兮牵牛。聊假日兮相佯，遗光燿兮周流。望太一兮淹息，纡余辔兮自休。……云旗兮电骛，倏忽兮容裔。河伯兮开门，迎余兮欢欣。”[①] 刘向《九叹》云：“指列宿以白情兮，诉五帝以置词。北斗为我折中兮，太一为余听之。……引日月以指极兮，少须臾而释思。譬若王侨之乘云兮，载赤霄而凌太清。欲与天地参寿兮，与日月而比荣。登昆仑而北首兮，悉灵圉而来谒。选鬼神于太阴兮，登阊阖于玄阙。……排帝宫与罗囿兮，升县圃以眩灭。结琼枝以杂佩兮，立长庚以继日。凌惊雷以轶骇电兮，缀鬼谷于北辰。鞭风伯使先驱兮，囚灵玄于虞渊。”[②] 王逸《九思》云：“纷载驱兮高驰，将咨询兮皇羲。……赴昆山兮馽騄，从邛遨兮栖迟。……载青云兮上升，适昭明兮所处。蹑天衢兮长驱，踵九阳兮戏荡。越云汉兮南济，秣余马兮河鼓。……遂踢达兮邪造，与日月兮殊道。……缘天梯兮北上，登太一兮玉台。……扬彗光兮为旗，秉电策兮为鞭。”[③] 虽然辞赋的表现形式叠沓往复，但它们在描述升天游仙时往往都会经历昆仑（悬圃）、天门（阊阖）、天衢、天梯、牵牛（河鼓），有的还提到了皇羲（注中说即伏羲）、河伯，役使着风雨雷电诸神，奔驰在日月运行的道路上，朝向太一所在帝宫、玉台。本章中笔者讨论了汉代太一，北斗、黄帝、司命，伏羲、女娲与日、月，牵牛、织女和风雨雷电这些天神的图像，它们大多被刻画于墓葬及附属设施之上，与昆仑和升天信仰具有密切关系。太一处于天之中心，正对昆仑之上，是武帝以来汉代神仙和升仙信仰中的最高神。黄帝、北斗具有司命神性，也是升仙信仰中的重要部分。伏羲、女娲主要与日、月相配，出现于神仙出行场景中，标示天衢，具有“导鬼神登九天”的意义。牵牛、织女主天关、天梁，往往也与天门组合在一起，也具有标示和帮助升天的意义。风雨

① （宋）洪兴祖撰，白化文等点校：《楚辞补注》卷十四《九怀》，第 270 ~ 275 页。
② （宋）洪兴祖撰，白化文等点校：《楚辞补注》卷十六《九叹》，第 293 ~ 311 页。
③ （宋）洪兴祖撰，白化文等点校：《楚辞补注》卷十七《九思》，第 318 ~ 326 页。

雷电诸神也主要出现于神仙出行场景中，具有引导和护卫升天的意义。它们不仅在文学作品中，在墓葬图像中更处于升天成仙的大背景中，具有象征性，部分位置和形象突出的或许也具有功能性。武氏祠屋顶画像上，黄帝、北斗，伏羲、女娲，风雨雷电就处于共同的神仙出行场景中，伏羲、女娲居前，风雨雷电诸神行进在后，最后是北斗、黄帝，显示出一定的系统性。

第五章

昆仑之路：汉代墓葬图像中所见升仙之旅

屈原《离骚》云：

遭吾道夫昆仑兮，路修远以周流。扬云霓之晻蔼兮，鸣玉鸾之啾啾。朝发轫于天津兮，夕余至乎西极。凤皇翼其承旂兮，高翱翔之翼翼。忽吾行此流沙兮，遵赤水而容与。麾蛟龙使梁津兮，诏西皇使涉予。路修远以多艰兮，腾众车使径待。路不周以左转兮，指西海以为期。屯余车其千乘兮，齐玉轪而并驰。驾八龙之婉婉兮，载云旗之委蛇。[①]

“遭”即“转”也。屈原想象自己转道昆仑的路上，驾龙乘风，穿越流沙，使蛟龙搭桥，渡过赤水（当然还有弱水，后详），还有庞大的车队、飞扬的旗帜为扈从。这些想象不仅在其后的辞赋中得到继承和发展，在汉代墓葬图像中更是得到生动的展现。

从前文的论述中，笔者从考古材料出发，联系相关文献材料，逐渐建立起一个以昆仑、天门、西王母和天神为中心的信仰体系，一个关于升天成仙的信仰体系：西北方的昆仑一方面是天地最接近之处，另一方面又是天地之中心，天之中柱，为登天最为重要的天梯；昆仑之门在西汉前期的楚地还只是“始升天之门”，死者从这里开始升天的旅程，而到了西汉中晚期尤其是东汉以来，昆仑之门即是天门，为天界的入口；西汉中晚期至新莽以来，原本拥有不死之药的西王母也加入这一信仰体系中，凡夫俗子要想进入天门，升入天界，还需在西王母那里获得仙药和仙籍；天界是正对昆仑之上的北极星太一（天皇大帝）所统领的地方，人们虽不敢奢望能得拜太一，甚至太一能遣天马、象舆来迎，但还可以通过太一之下的司命，天衢的引导者——手托日、月的伏羲、女娲，天关、天梁的管理者——牵牛、织女及在风雨雷电诸神的引领和护卫下，顺利

① （宋）洪兴祖撰，白化文等点校：《楚辞补注》卷一《离骚》，第 43 ~ 46 页。

地、风光地升天成仙，在“天堂”过着永远快乐的日子。不过，以上一切的前提，就是先要达到昆仑、西王母之地（当然也有白日飞升等其他途径，不在本书讨论之内），因此，汉代墓葬中有大量关于墓主进发昆仑进而与各种神仙遨游天界的图像。这里，我们就来领略一下当时人想象中“昆仑之路”乃至“天界之路”的场景。

第一节
引导与威仪：仙人持节图像与升仙信仰①

“节”是一种代表王命的信物，从周代就已出现，《周礼·地官》中记有掌节官，“掌守邦节而辨其用，以辅王命”②。一般来说，汉代的节由皇帝颁赐，持节者即为行使王命的使者，代表朝廷权威。汉代墓葬及附属设施乃至出土器物上，出现了许多持节人物的图像。这些图像明显可以分为两类：一类处于历史故事场景，皆是表现传达王命的使者，与故事内容相应；另一类处于神仙场景，一般没有特定的故事情节。前者性质明确、意义清晰，构成不同故事内容中的次要人物。后者由于与汉代神仙信仰的密切关系，受到学界关注。一种观点认为持节人物为方士③，有学者进一步认为是由方士发展而来的道士④，甚至进一步明确为五斗米道的“师”或“祭酒”⑤；另一种观点将其分为羽人和道士两种，前者为仙人，后者为使者⑥。对于其意义则一致认为具有引导和帮助墓主升仙的作用，但总体上比较空泛。这些研究已经获得了许多重要的信息和认识，不过由于涉及汉代升仙信仰中较为关键和具体的一些环节，而在这方面以往的阐释仍有较大空间。许多材料都提示出它们与本书所述的以昆仑、天门、西王母为

① 本部分是在2021年与四川大学历史文化学院康轶琼先生合作的论文上修改而成。

② 《周礼注疏》卷十六《地官司徒下·掌节》，上册，第548页。

③ 如唐长寿：《乐山崖墓与彭山崖墓》，成都：电子科技大学出版社，1994年，第61页。

④ 如罗二虎：《汉代画像石棺》，第200页。

⑤ ［美］巫鸿：《地域考古与对“五斗米道”美术传统的重构》，见氏著《礼仪中的美术——巫鸿中国古代美术史文编》，下册，第491页。

⑥ 胡常春：《考古发现的东汉时期“天帝使者”与“持节使者”》，《考古与文物》2011年第5期。

中心，涉及太一和伏羲、女娲等天神的升仙信仰的密切关系。本节欲在系统梳理此类图像材料并深入分析其组合、场景等信息的基础上，对上述问题提出一些讨论。

需要说明的是，与上述观点不同，笔者认为此类图像中持节人物不论具体形象如何，皆具神仙属性（后详），也为了便于与一般历史故事中的持节人物相区别，我们将其统称为“仙人持节”图像。

一、持节仙人的形象

关于汉代的节的形制。《汉官仪》中记：“节，所以为信也，以竹为之，柄长八尺，以牦牛尾为其眊三重。”① 汉代八尺合今天的 1.8、1.9 米左右，可见，汉代的节是束有三层（三枚）牦牛尾（称为“节旄”）、长近两米的竹竿。汉代图像中对节的表现，有的形象十分准确，有的则有省略，如有些节旄就只表现了一枚或两枚，有的还有不同程度的抽象和变形。不过对于节的图像，学界没有异议，其与相近的幡幢旌旗或带有缨的矛、戟等，在刻画较为清楚的图像上也容易区分。对于一些实在刻画模糊、草率或变形严重而难以确认的材料，这里尽可略去不用，因为形制明确的材料已经足够进行分析梳理了。这里需要首先关注的是持节仙人的形象，诚如学者所言，总体上可以分为羽人和冠袍人物两类②（参见附表 4）。

（一）羽人

羽人即汉代图像中常见的肩生羽翼、体生毛羽，或有长发、长耳的人物形象，往往身体清瘦、赤身裸体，有的也穿有衣物。目前所见，持节羽人形象最早出现于河南洛阳西汉中晚期的卜千秋墓③壁画中。其上有一肩生羽翼，长发后扬的人物双手持节。节竿略比人物高，上部有三枚节旄，十分准确、清晰。该羽人上身似

① 《后汉书》卷一《光武帝纪》李贤注引，第 1 册，第 10 页。

② 胡常春：《考古发现的东汉时期“天帝使者”与“持节使者”》，《考古与文物》2011 年第 5 期。

③ 洛阳博物馆：《洛阳西汉卜千秋壁画墓发掘简报》，《文物》1977 年第 6 期。

穿有交领衣，下着羽裙（图 5-1）。河南洛阳出土的一块西汉晚期空心砖上也画有

图 5-1　洛阳卜千秋墓持节羽人壁画摹本
（采自王绣、霍宏伟：《洛阳两汉彩画》，第 40 页，图 1-11）

类似图像[①]，不过羽人所持的节上省略为一枚节旄，但节旄的具体形象同样比较清晰、准确。

除洛阳地区早期墓葬壁画外，这种形象在东汉时期流行墓葬画像的主要地区都能见到。如江苏睢宁九女墩东汉晚期画像石墓[②]中刻画有半跪持节的人物。该人物肩生羽翼，腋下和腿部还有长羽，长耳立于头顶，长发后扬，身体似乎是赤裸，左手持节。节竿略与羽人等高，明确的节旄有两枚（图 5-2-1）。陕西绥德黄家塔东汉永元十二年（公元 100 年）画像石墓 M11[③]中也有此类形象。其上羽人头竖双耳，长发后扬，肩后有长羽，上身赤裸，腿上亦有长羽或着羽裙。手持的节竿略与羽人等高，其上有两枚节旄（图 5-2-2）。四川渠县蒲家湾东汉晚期的无名阙[④]上亦

① 洛阳市文物管理局、洛阳古代艺术博物馆：《洛阳古代墓葬壁画》，郑州：中州古籍出版社，2010 年，上册，第 89 页。

② 李鉴昭：《江苏睢宁九女墩汉墓清理简报》，《考古通讯》1955 年第 2 期。

③ 李林：《陕西绥德县黄家塔汉代画像石墓群》，见考古杂志社编《考古学集刊》第 14 辑，北京：文物出版社，2004 年，第 54～79 页。

④ 重庆市文化局、重庆市博物馆：《四川汉代石阙》，北京：文物出版社，1992 年，第 135 页。

刻画有此类形象，稍有不同的是，其上人物乘骑于鹿或马上。虽然刻画较为粗糙，但身体清瘦、赤身裸体、头顶立双耳、肩生羽翼的形象还是十分清楚的，也完全符合四川地区画像中羽人骑鹿的形象。所持的节上有的明显有三枚节旄（图 5-2-3），有的则不甚清晰。

1. 江苏睢宁九女墩画像石墓

2. 陕西绥德黄家塔画像石墓

3. 四川渠县蒲家湾无名阙

4. 四川西昌杨家山汉墓 M1 摇钱树

5. 云南昭通桂家院子汉墓摇钱树

图 5-2　持节羽人画像拓片

（采自 1. 江苏省文物管理委员会：《江苏徐州汉画象石》，图版二四，图 29；2. 康兰英、朱青生主编：《汉画总录 8·绥德》，桂林：广西师范大学出版社，2012 年，第 24 页；3. 重庆市文化局、重庆市博物馆：《四川汉代石阙》，北京：文物出版社，1992 年，第 135 页，图一八三；4. 四川凉山彝族自治州博物馆：《四川西昌市杨家山一号东汉墓》，《考古》2007 年第 5 期，图一二；5. 云南省文物工作队：《云南昭通桂家院子东汉墓发掘》，《考古》1962 年第 8 期，图六，6）

除墓葬壁画和画像外，西南地区东汉中晚期墓葬中出土的摇钱树枝叶上也多有此种形象。如四川西昌杨家山汉墓 M1[①] 出土摇钱树枝干一侧即有一双耳竖立、肩生羽翼、腿生长羽、身体清瘦、赤身裸体的侧立羽人，手持较其略高的节，节

① 四川凉山彝族自治州博物馆：《四川西昌市杨家山一号东汉墓》，《考古》2007 年第 5 期。

上有三枚节旄（图 5-2-4）。云南昭通桂家院子汉墓[①]出土摇钱树枝叶上的羽人所持之节只有一枚节旄，但形象十分突出（图 5-2-5）。

（二）冠袍人物

东汉以来，墓葬及其附属设施、随葬品中出现的神仙场景中的持节人物形象，更多的不是羽人，而是看似平常的身着长袍的人物形象，有的还戴有冠。

河南南阳魏公桥出土东汉画像石[②]上刻画一辆双鹿拉载的云车，云车上有一头戴尖帽或长发上扬的羽人（胡人）驾驭，其后有一袍服人物，头顶为高髻，斜持节竿于车后，节上有两枚节旄（图 5-3-1）。类似形象还较多见于陕西靖边杨桥畔

1. 河南南阳魏公桥出土画像石

2. 山西离石马茂庄画像石墓

图 5-3 持节冠袍人物画像拓片

（采自 1. 中国画像石全集编辑委员会：《中国画像石全集 6・河南汉画像石》，第 180 页，图二一九；2. 中国画像石全集编辑委员会：《中国画像石全集 5・陕西、山西汉画像石》，第 197 页，图二六六）

东汉壁画墓[③]，其上绘有众多乘坐云车或乘骑神禽、神兽的人物，皆着红袍，头顶梳有突出的高髻，或持节于手中，或插节于云车上。多一人一节，也见有一人两节的，节多为一枚节旄，也见有两枚的（图 5-4-1 ~ 5-4-3）。云车由神禽、神兽拉载，有些神兽为常见动物的神化，如有翼的兔子、乌龟等（详见本章第二节）。在杨桥畔另一处壁画墓顶部天象图中也有此类形象，其上一羽人驾驭四龙拉载的云车，车上端坐身着红袍的人物，高髻突出，车上插有一根表现得很长的节，其上有一

① 云南省文物工作队：《云南昭通桂家院子东汉墓发掘》，《考古》1962 年第 8 期。

② 中国画像石全集编辑委员会：《中国画像石全集 6・河南汉画像石》，第 180 页。

③ 陕西省考古研究院、榆林市文物研究所、靖边县文物管理办公室：《陕西靖边东汉壁画墓》，《文物》2009 年第 2 期。

枚节旄。旄头下还有长幡飞扬，或是结合了节与幡的形式[①]（图 5–4–4）。此类形

1　　2　　3　　4

图 5–4　靖边杨桥畔汉墓持节冠袍人物壁画
（采自徐光冀主编：《中国出土壁画全集 6・陕西上》，第 47、91、96、99 页，图 44、85、90、93）

象也出现于陕北晋西地区的画像石墓中。如山西离石马茂庄东汉晚期画像石墓[②]中，四龙拉载的云车中端坐有袍服人物，头戴高冠，似为三锋冠，车后插有一节，节上有三枚节旄（图 5–3–2）。

此类形象在四川地区东汉晚期的墓葬画像中更为多见，其上的持节人物往往头戴高冠。如四川新津出土的一具画像石棺侧板[③]上，画面核心为端坐于龙虎座上的西王母，其左侧有一侧立的持节人物。该人物身着长袍，头戴高冠，腰佩长剑，身后有一作为坐骑的鹿，鹿背上有鞍。节竿略比人物为高，两枚节旄（图 5–5–1）。四川新都出土的一方以西王母为核心的画像砖[④]上，右下方侧跪一持节人物，亦为

① 徐光冀主编：《中国出土壁画全集 6・陕西上》，北京：科学出版社，2011 年，第 47 页。

② 山西省考古研究所、吕梁地区文物工作室、离石县文物管理所：《山西离石马茂庄东汉画像石墓》，《文物》1992 年第 4 期。

③ 高文主编：《中国画像石棺全集》，第 166 页。

④ 《中国画像砖全集》编辑委员会：《中国画像砖全集・四川汉画像砖》，第 117 页。

长袍高冠，节上似有两枚节旄（图 5–5–2）。该地区此类持节人物往往为此种形象，当然也有一些没有高冠，而是梳髻或高髻，还有个别冠式较为奇特。不过这些梳髻或冠式奇特的画像本身往往制作粗糙、简略并多有变形，该地区神仙场景中的持节人物主体或原型上应该还是此种长袍高冠的形象。

1

2

图 5–5　四川地区画像中的持节冠袍人物拓片
（采自 1. 高文主编：《中国画像石棺全集》，第 202 页；2.《中国画像砖全集》编辑委员会：《中国画像砖全集·四川汉画像砖》，第 117 页，图一五八）

此外，摇钱树枝叶图像上也常见此类形象。如上述四川西昌杨家山汉墓 M1 出土摇钱树枝叶上除了有羽人持节的形象，同时也在神仙场景中出现了长袍人物持节的形象。四川资阳狮子山崖墓 M2[①] 出土摇钱树枝叶上，在双阙之中，也有一个持节人物。该人物身着长袍，头上是梳髻还是戴冠则难以分辨，节竿与人等高，节上有三枚节旄。

除上述材料外，还有一些持节的冠袍人物由于既不处于历史故事场景中，也不处于明确的神仙场景中，其具体属性难以判断，只能略去。但此种形象往往头戴进贤冠，与故事场景中的持节人物较为一致，而与神仙场景中戴高冠或高髻的形象有所区别，当然不能轻易纳入本节的讨论。

① 四川省文物考古研究院、资阳市雁江区文物管理所：《资阳市雁江区狮子山崖墓 M2 清理简报》，《四川文物》2011 年第 4 期。

（三）持节人物的性质

由上可知，汉代墓葬中的仙人持节形象广泛出现于墓葬图像流行的各大地域，总体上可分为持节羽人和持节的冠袍人物，前者具有头竖长耳、肩生羽翼、身生毛羽、身体清癯等汉代羽人形象的一般特征，后者则以身穿长袍、头戴高冠或头梳高髻为主。从目前所见的材料来看，作羽人形象的出现较早，最早见于西汉中晚期的洛阳地区，冠袍人物则流行于东汉时期，尤其在东汉晚期的四川地区最为流行。二者不仅没有早晚取代关系，而且还存在共处的情况。二者皆出现于升仙或神仙出行场景中（后详），而以持节为基本特征，应属同类题材，此点后文还要详论。

羽人的性质十分清楚，即为汉代观念中仙人的一种表现形式，此点学界并无异议。《楚辞·远游》中云："仍羽人于丹丘兮，留不死之旧乡。"王逸注："或曰人得道，身生毛羽也。"洪兴祖补注："羽人，飞仙也。"① 仲长统《昌言》云："得道者生六翮之臂，长毛羽于腹，飞无阶之苍天，度无穷之世俗。"②《论衡·无形篇》亦云："图仙人之形，体生毛，臂变为翼，行于云，则年增矣，千岁不死。"③ 此点学界已有很多讨论④，兹不赘述。

处于神仙场景中的冠袍持节人物，过去往往认为表现的为求仙的方士。因为据汉代文献记载，汉武帝重要的方士公孙卿即持节为武帝求仙。如《史记·封禅书》载："令言海中神山者数千人求蓬莱神人。公孙卿持节常先行候名山。"又载："于是上令长安则作蜚廉桂观，甘泉则作益延寿观，使（公孙）卿持节设具而候神人。乃作通天茎台，置祠具其下，将招来仙神人之属。"⑤ 上述冠袍持节人物图像显然与之具有密切关系，甚至个别就是这种故事及其表达的观念的直接反映（后详）。不过也应看到，公孙卿之所以持节，是因为他是武帝求仙方士的总代表，直接行使天子使命，是具有一定特殊性的。可以说东汉时期神仙场景中冠袍持节人物图

① （宋）洪兴祖撰，白化文等点校：《楚辞补注》卷五《远游》，第 167 页。
② （汉）仲长统撰，孙启治校注：《昌言校注》，北京：中华书局，2012 年，第 428 页。
③ 黄晖撰，刘盼遂集解：《论衡校释》卷二《无形篇》，第 1 册，第 66 页。
④ 如贺西林：《汉代艺术中的羽人及其象征意义》，《文物》2010 年第 7 期。
⑤ 《史记》卷二十八《封禅书》，第 4 册，第 1397、1400 页。

像应该渊源于此，但并不一定直接或全部是求仙方士的表现。而且即便有些确实与求仙方士有关，从整体图像来看也应该是神仙化了的方士，属于神仙的属性了（后详）。

一些学者又将人物所持的节比定为早期道士所持的所谓“九节杖”，而将其判定为早期道士，甚至明确为五斗米道的祭酒[①]。文献依据来自于曹魏鱼豢所撰的《典略》，其载：“熹平中，妖贼大起，三辅有骆曜。光和中，东方有张角，汉中有张修。骆曜教民缅匿法，角为太平道，修为五斗米道。太平道师持九节杖，为符祝，教病人叩头思过，因以符水饮之。病或自愈者，则云此人信道，其或不愈，则云不信道。修法略与角同，加施净室，使病人处其中思过。又使人为奸令祭酒。”[②]首先，上述文献中的“九节杖”即使从字面意义来讲，与悬挂牦牛尾的节恐怕难以等同；其次，所述的主要是符祝治病，与出现于神仙、升仙场景中的持节人物恐怕难以直接对应；而且此类图像的时代、地域范围都要比太平道、五斗米道更为宽泛，即便所谓“九节杖”确实与节类似，也只能说二者具有共同渊源和更大的相同背景，恐怕还不能直接比附在一起。

因此，笔者认为，对于此类冠袍持节人物的性质恐怕不能以某种独特的身份一概而论，既然其与持节羽人为同类，应该还是统称为仙人为宜。《列仙传》中就说“太元真人，杖紫毛（旄）之节”，又说“有三十七种色之节，以给仙人”[③]。可见，仙人本有持节的形象。而且，如上所述，这些人物多戴高冠或梳高髻，与一般故事中的持节人物不同，也表明了其身份具有一定的特殊性和超越性。

文献中并没有提到为武帝持节求仙的公孙卿有何特殊的冠式，而我们知道，自《楚辞》以来形成的游仙文学中，多把遨游天地的主人公描述为高冠长佩的潇洒形象，这也是汉代神仙想象中的一个重要来源[④]。稍晚一些的葛洪《神仙传》中所记的仙人王远“著远游冠，朱服，虎头鞶裳，五色绶，带剑”[⑤]。徐广《舆服杂注》中说：“天子杂服远游冠，太子及诸王远游冠，制似通天也。”董巴《汉舆服志》

① ［美］巫鸿：《地域考古与对“五斗米道”美术传统的重构》，见氏著《礼仪中的美术——巫鸿中国古代美术史文编》，下册，第491页。

② 《后汉书》卷七十五《刘焉传》裴注引，第9册，第2436页。

③ （宋）李昉等撰：《太平御览》卷六七五《道部一七》引，第3册，第3011页。

④ 参见李丰楙：《仙境与游历：神仙世界的想象》，北京：中华书局，2010年。

⑤ （晋）葛洪撰，胡守为校释：《神仙传校释》卷三《王远》，中华书局，2010年，第93页。

也说："远游冠，制如通天。有展筩横之于前，无山。"而据《舆服杂注》所说："天子通天冠，高九寸，黑介帻，金博山。"[①]可知，远游冠的形制与通天冠相同，只是没有前面的金博山，也应该有九寸高，高于常见的七寸的进贤冠。

特别有意思的是《神仙传》中所记的仙人刘根："刘根，字君安，长安人也。少时明五经，以汉孝成皇帝绥和二年举孝廉，除郎中。后弃世道，遁入嵩高山石室中，峥嵘峻绝，高五千丈，自崖北而入。冬夏无衣，毛长一二尺，其颜如十四五许人。深目，多须，鬓皆黄，长三四寸。每与坐，或时忽然变着高冠玄衣，人不觉换之。"[②]也就是说，这位仙人有两种形象，可以随时变换：一种为"冬夏无衣，毛长一二尺"，正与赤身裸体、身生毛羽的羽人类似；一种则是"高冠玄衣"，正是高冠袍服的形象。汉代仙人的这两种形象，正好与上述神仙场景中的持节人物相似。可见，将它们统称为仙人，不仅符合对于图像的整体观察和梳理，也符合汉晋时人的一般观念。

稍可旁及的是，以羽人的形象表现仙人，可能与古人对于动物蜕化生翼而获得新生命的经验有关，是一种较早的较为朴素的观念[③]。早期的方士还有模仿羽人以求更近似神仙的情况。如《史记·封禅书》载汉武帝宠信方士栾大，封其为五利将军："于是天子又刻玉印曰'天道将军'，使使衣羽衣，夜立白茅上，五利将军亦衣羽衣，立白茅上受印。"[④]但到了东汉以来，人们显然对于变形而成仙尤其是变得丧失常人形态有所不愿。如《论衡·无形篇》在叙述"图仙人之形，体生毛，臂变为翼，行于云则年增矣，千岁不死"的同时，就批评到"天地之性，人最为贵，变人之形，更为禽兽，非所冀也"[⑤]。《抱朴子·对俗》中也说："古之得仙者，或身生羽翼，变化飞行，失人之本，更受异形，有似雀之为蛤，雉之为蜃，非人道也。"[⑥]因此，我们在图像上看到，尽管羽人持节的形象更早出现，也得到延续，但到了东汉时期，冠袍人物持节的形象更为流行。而在上述的一些例子中，冠袍人物端坐于云车内，为其驾车和随从其旁的正为羽人。说明虽然同

① （宋）李昉等撰：《太平御览》卷六八五《服章部二》引，第 3 册，第 3057 页。

② （晋）葛洪撰，胡守为校释：《神仙传校释》卷八《刘根》，第 298 页。

③ 王煜：《新瓶还是旧酒：汉墓中的蝉蜕成仙之道》，《文汇报》2018 年 11 月 23 日第 W14 版。

④ 《史记》卷二十八《封禅书》，第 4 册，第 1391 页。

⑤ 黄晖撰，刘盼遂集解：《论衡校释》卷二《无形篇》，第 1 册，第 62 页。

⑥ 王明撰：《抱朴子内篇校释（增订本）》卷三《对俗》，第 52 页。

为仙人，但羽人在东汉以来人们心目中的地位较之冠袍仙人为低。

二、图像场景与意义

如上所述，出现于神仙场景中的持节羽人和冠袍人物图像应为同类，可统称为仙人持节图像。此类图像广泛流行，具体意义当然不能一概而论，而应结合具体的图像场景和组合来考察。内容较为丰富，内涵较为清晰的图像场景和组合大致可分为以下几类。

（一）神仙出行场景

严格来说，汉代图像中的神仙出行题材可能具有多种情况：一种是天界神祇的出行，如前述山东嘉祥武氏祠前石室屋顶前坡上就刻画有风雨雷电诸神护卫天神出行的图像①；一种可能是与墓主升仙有关的出行，如洛阳卜千秋墓壁画就被普遍认为具有此种意义，而其出行的核心确实是可以比定为墓主的一男一女的两个形象；还有些可能是神仙遨游的表现。然而，除非有特别明确的关于出行核心人物的特征，一般情况下是很难做出进一步区分的。既然是墓主升仙，即已为神仙，这里就统称为神仙出行，在可以较明确判定时，再做进一步的说明。

如上所述，洛阳卜千秋墓壁画中的此类图像是目前所见最早的例子。壁画位于墓葬纵长的顶部，其两侧为人首蛇身的伏羲、女娲和日、月，其间整个为一幅学界普遍认可的升仙队伍图像。队伍最前端即为持节羽人，其后为青龙、白虎、朱雀等神兽奔腾于云气之间，神兽之后跟随有一男一女两个人物站立于三头鸟和大蛇之上，一般认为表现的是升仙中的男女墓主。两人前方的云气中露出一位戴胜人物，周围还有九尾狐和蟾蜍等，前文已述，应即西王母。不过，这里的西王母处于较为次要的位置，持节仙人也与之缺乏直接关联，与后述以西王母为核心的一类图像还有所不同，这里还是将之暂时放入一般升仙图像来讨论。从图像的场景和组合来看，这里的持节羽人显然具有引导墓主人升仙的意义（见图 3-15 ~ 3-18）。

① 蒋英矩、吴文祺：《汉代武氏墓群石刻研究（修订本）》，北京：人民美术出版社，2014 年，第 98 页。

前述陕西靖边杨桥畔壁画墓中，众多仙人乘驾或乘骑神禽神兽出行的场景主要集中在后室东、西壁上层，也部分延伸到前室西壁上层，最后扩展至前室东壁的一幅规模宏大的神仙出行图像。出行由后室向前室，由内向外，后室东壁上层的横长画面依次为鸟车（持节）、龙车、龟车、乘鹤（持节）、鹤车、鹿车（图 5-6），相对的西壁上层依次为兔车（持节）、虬车、鹤车、乘鹤、鱼车、龙车，延伸至前室西壁上层尚有一乘云仙人（持节）（图 5-7），整个神仙出行的最前端满布于

图 5-6　靖边杨桥畔壁画墓后室东壁

（采自陕西省考古研究院：《壁上丹青：陕西出土壁画集》，第 103 页，图 25）

图 5-7　靖边杨桥畔壁画墓后室西壁

（采自陕西省考古研究院：《壁上丹青：陕西出土壁画集》，第 107 页，图 32）

前室东壁下层的大幅画面。该画面大致可分为上、中、下三层：上层最前端为一神船，船上立一华盖，其后为一仙人立于人首神兽上，最后为虎车；中层前为象车，后为龙车；下层为乘鹤（持节）、乘龙和乘鹿（见图 4-3-1）。第四章第一节中已经讨论过，该画面最前端立有华盖的神船为太一座的表现，因为与之临近的郝滩壁画墓中神船的帷帐上题写了“大一坐”三字。那么，整个图像即表现了向着太一的升仙和神仙出行场景。

山西离石马茂庄画像石墓 M3 前室东、西两壁，整个表现了众多神仙乘驾、乘骑神兽和车马出行的场景。根据画像石的形制，横额上表现为向左行进，壁面立石上则表现为向上飞升。东壁左、右两立石上，各刻画由鸡首和牛首神人守护的树木一株，其上为仙人乘龙、骑马或驾车向上飞升。右侧出行神仙的中部即有骑马持幡和持节的人物各一名（见图 1-75）。西壁左、右两石的下部也为树木，不过表现得比较低矮，也有些变形，不如东壁突出。其上也为神仙乘龙、骑马或驾车，还有各种神兽飞腾于云气之中。右侧中部为四龙拉载云车，车后插有节。其上为一云气围绕、神兽护卫的平台，一羽人双手托盖于平台之上（图 5-8）。如第一章第五节中所述，这里的树木或许就是建木一类可以通天的神树，而建木与昆仑、弱水密切相关。飞升于其上的车马、神兽，自然是升仙的队伍或升天的神仙。

图 5-8　离石马茂庄画像石墓 M3 前室西壁画像拓片
（采自中国画像石全集编辑委员会:《中国画像石全集 5·陕西、山西汉画像石》，第 197 页，图二六六）

可见，此类图像皆表现行进或飞升的状态，有的队伍比较庞大，意义较为明确的往往与升仙相关，并且出现了太一、西王母、昆仑的因素。西汉时期的队伍中主要为神兽，而且持节仙人的形象比较突出，处于最前端的引导位置。东汉时期的队伍中则往往不止一名仙人持节，多为冠袍形象，处于众多车马和神兽拉载的云车中，大多属于扈从位置，有些还与幡相组合，更似仪卫。

其实，这种以节幡旌旗扈从升仙的想象较早即已出现，如司马相如的《大人赋》中就说："乘绛幡之素蜺兮，载云气而上浮。建格泽之修竿兮，总光耀之采旄。"[①]刘向《九叹》也说："举霓旌之墆翳兮，建黄纁之总旄。"[②]《列仙传》中也说："裴真人，从者持青毛（旄）之节，一童带绣囊。周君，从者持黄毛（旄）之节，无囊。二君各有六童。""东卿大臣见降，侍从七人，一人执紫毛（旄）节，一人执华

① 费振刚、胡双宝、宗明华辑校：《全汉赋》，第 91 页。
② （宋）洪兴祖撰，白化文等点校：《楚辞补注》卷十六《九叹》，第 293 页。

幡。”[①] 在稍晚的文献中表现得更为突出，扈从队伍也更加庞大。如《神仙传》中说仙人王远“乘羽车，驾五龙，龙各异色，麾节幡旗，前后导从”，又说仙人沈羲“忽逢白鹿车一乘、青龙车一乘、白虎车一乘。从数十骑，皆是朱衣仗节，方饰带剑，辉赫满道。……今遣仙官来下迎之。侍郎薄延者，白鹿车是也；度世君司马生者，青龙车是也；送迎使者徐福者，白虎车是也。须臾，有三仙人，羽衣持节”，又说仙人茅君“登羽盖车而去，麾幢幡盖，旌节旄钺，如帝王也。骖驾龙虎麒麟白鹤狮子，奇兽异禽，不可名识”，而在仙人卫叔卿和葛玄的传中都记神仙降临时“有数仙童执幢节立其后”“幡幢旌节，焕耀空中，从官千万”[②]。《汉武帝内传》中记西王母降临时的场景为：“云中有箫鼓之声，人马之响。复半食顷，王母至也。县投殿前，有似鸟集。或驾龙虎，或乘狮子，或御白虎，或骑白麟，或控白鹤，或乘轩车，或乘天马。……唯见王母乘紫云之辇，驾九色斑龙。别有五十天仙，侧近鸾舆，皆身长一丈，同执彩毛（旄）之节。”[③] 结合上述图像可以看到，东汉以来人们观念中神仙出行或升仙场景往往规模宏大，其中就有持节的仙人作为扈从和仪卫，应是加入了世俗社会中帝王、贵族、高官出行仪仗的因素。

值得特别提到的是，上述靖边杨桥畔壁画墓中跟随太一升仙或出行的队伍中有不少仙人持节，汉晋时期的文献中也记载了不少太一（汉以后道教中多称“太乙”）遣使接引升仙的故事。如《神仙传》引汉代《禁中起居注》中说：“武帝梦与（李）少君共登嵩高山，半道有绣衣使者，乘龙持节，从云中下，言太一请少君。”又说董奉使士燮死而复生时“恍惚闻人言：‘太乙遣使者来召士燮，急开出之。’……见外有车马，赤盖，三人共坐车上，一人持节，呼燮上车”[④]。《抱朴子·金丹》中所记的一种令人死而复生的仙药仙术称为“太乙招魂魄丹法”，其法“令入喉即活，皆言见使者持节召之”[⑤]。太一为汉代信仰中的最高天帝，在汉以后的道教中地位虽有所下降，但也为重要天神，太一派出的仙使自然持有代表帝王使者的节，这或许是求仙方士之外，仙人持节观念的又一重要来源。不过，综合图像和文献来看，西汉中晚期其地位还较突出，居于整个升仙队伍的最前端，或许正是天帝派来的

① （宋）李昉等撰：《太平御览》卷六七五《道部一七》引，第3册，第3011页。
② （晋）葛洪撰，胡守为校释：《神仙传校释》，第58、69、93、183、269页。
③ 王根林校点：《汉武帝内传》，见《汉魏六朝笔记小说大观》，第141页。
④ （晋）葛洪撰，胡守为校释：《神仙传校释》，第208、333页。
⑤ 王明撰：《抱朴子内篇校释（增订本）》卷四《金丹》，第81页。

引导升仙的使者。而东汉以来，其数量众多，且与幡幢旌旗相组合，更多是作为升仙和神仙出行队伍的扈从仪卫了。

（二）西王母、天门场景

前述洛阳卜千秋墓升仙图像中已经出现了西王母，而离石马茂庄画像石墓的神仙出行图像中有鸡首、牛首神人和平台、神树等，如第一章第三节所述，这些题材在该地区往往与昆仑、西王母、东王公相关。以下集中出现于东汉晚期的四川地区的一类图像则直接以西王母、天门为中心。

宜宾南溪三号石棺[①]侧板画像最左侧为端坐于龙虎座上的西王母，其右有一侍女似在向西王母通报，侍女右侧为另一侍女半开门，门外有一人物向门内跪请。该人物左手持节，右手伸向门内，掌心向上，似索物状。其后为一鹿，再后为各有一人捧物侍奉的二人，或认为即是墓主夫妇，在持节人物的帮助下求仙升仙[②]（见图 2-24）。前述新津出土石棺头挡和足挡上分别为手托日、月的伏羲、女娲和麒麟。一侧板上为山间狩猎，但被猎之兽上刻画出双翼，显然不是一般意义上的狩猎。另一侧板左侧为一长冠广袍的持节人物，其身后有一佩鞍的鹿，显然是作为持节人的坐骑，这也明确了上述南溪二号石棺上持节人身后的鹿的属性。持节人面向中心端坐于龙虎座上的西王母，拱手似作启请状。西王母右侧为一岩洞之门，上立一凤鸟（图 5-9）。另有一些石棺侧板上虽未直接出现西王母，但出现了常见

图 5-9　新津出土画像石棺侧板拓片
（采自高文主编：《中国画像石棺全集》，第 202 页）

① 崔陈：《宜宾地区出土汉代画像石棺》，《考古与文物》1991 年第 1 期。
② 罗二虎：《汉代画像石棺》，第 174 页。

于西王母场景中的仙人六博和神山神树，而其中乘鹿而来的持节仙人与可能代表墓主夫妇的二人皆与上述一致，应该也属同类。只是西王母或被表现于其他棺板或因某些原因而未予表现而已。

前述新都出土的一种较为多见的画像砖上，西王母端坐于龙虎座上，居于画面中心，周围有其属从九尾狐、三足乌和蟾蜍。西王母下方一侧为两人并坐于席上，有些砖上两人还有羽翼。另一侧为一高冠广袍的持节人物，侧跪向西王母，一手持节，一手似持笏板状物前伸（图 5–10）。此类图像也多见于石阙最上部的

1. 新都出土

2. 什邡出土

图 5–10　四川地区出土西王母画像砖拓片

（采自 1. 高文、王锦生编：《中国巴蜀汉代画像砖大全》，澳门：国际港澳出版社，2002 年，第 189 页，图一八七；2.《中国画像砖全集》编辑委员会：《中国画像砖全集·四川汉画像砖》，第 117 页，图一五九）

一层画像中，往往中心为一半开门，开门之人多有羽翼，其外为一持节人物或跪或立面向门内，多伸出一手似作索物状。两侧还有大量羽人、神兽等。除画像石、画像砖外，如摇钱树枝叶等上也有类似图像，只是由于形制限制，往往简略和粗糙。如资阳狮子山崖墓 M2 摇钱树枝叶上，左侧持节人物立于双阙之内，右侧以建鼓为中心，左右两人骑马朝向建鼓，右侧尚有两个人物，最后一人头戴斗笠（或为雨师）。第二章第二节中已经讨论过，摇钱树上的双阙题材，明确的皆为天门的表现。而摇钱树的枝叶上一般以西王母为中心，由于出土散乱，大多难以复原，该图像恐怕还是处于以西王母、天门为中心的整体环境中的。

可见，四川地区东汉晚期流行的此种图像与前述其他地区的仙人持节图像既有广泛的一致性，也有一定的特殊性。其往往以西王母、天门（如第二章第二节所述，四川画像石棺和摇钱树上的双阙、半开门题材为天门）为核心，持节人物多乘鹿而来，面向西王母作启请状或索物状，有些还有或牵手或并坐的两人。从整体图

像来看，笔者同意将此二人作为墓主夫妇的表现，有些材料中，二人还肩生羽翼，说明是成仙的墓主。那么，整个图像即是持节仙人帮助墓主夫妇向西王母启请成仙的表现，而从其动作和西王母的神性来看，其启请的重要内容当是仙药和仙籍（详见第三章第二、三节）。汉乐府《董逃行》中以方士的口吻较为详细地描写了其为皇帝请求仙药的过程：

吾欲上谒从高山，山头危险道路难。遥望五岳端，黄金为阙班璘。但见芝草，叶落纷纷。百鸟集，来如烟。山兽纷纶，麟、辟邪其端，鹍鸡声鸣。但见山兽，援戏相拘攀。小复前行玉堂未（来？），心怀流还。传教出门来，门外人何求所言。欲从圣道，求一得命延。教敕凡吏受言，采取神药若木端，玉兔长跪捣药虾蟆丸。奉上陛下一玉柈，服此药可得神仙。服尔神药，莫不喜欢。陛下长生老寿，四面肃肃稽首。天神拥护左右，陛下长与天相保守[①]。

诗中未提到西王母，而为皇帝求仙的故事最有影响的当属秦皇汉武，虽然该诗应该写作于东汉，但其叙述之事更可能来自西汉，当时西王母信仰在社会上层中尚不突出（详见第三章第一节）。不论如何，诗中登高山、望天门、谒玉堂，隔门与神人对话求仙药的情景，与这些向西王母求仙的图像对读起来，也颇有意思。方士为皇帝求仙具有一定特殊性，汉乐府《长歌行》中便只说“仙人骑白鹿，发短耳何长。……来到主人门，奉药一玉箱”[②]，模糊为一般仙人为“主人”求药了。可见，虽然都是求仙问药，且可能具有渊源关系，但上述图像上的持节仙人恐怕已不能与早期的持节方士同日而语了。一方面，其帮助升仙的对象已经成为一般墓主，而非帝王，也完全不是关于求仙的历史故事了，这从其上表现的墓主夫妇即可看出；另一方面，如前所述这些人物皆是仙人，他们往往乘骑神鹿，与前引《长歌行》“仙人骑白鹿”的想象一致，已经不再是人间的方士了。

需要说明的是，有学者认为四川地区的此种图像是早期道教的直接反映，持节人物即是早期道士。一方面，如前所述，这些持节人物的形象并不能与文献中所谓持九节杖的早期道士直接对应；另一方面，四川地区的此类图像虽然有其特

① （宋）郭茂倩编：《乐府诗集》卷三十四《相和歌辞九》，第2册，第739页。笔者对标点和字句略有调整。

② （宋）郭茂倩编：《乐府诗集》卷三十《相和歌辞五》，第2册，第647页。

别之处，但仍未脱离本书所论的这一更大的图像范畴，如持节仙人、西王母、墓主夫妇的组合在西汉中晚期的洛阳卜千秋墓中即已全部出现，只是西王母的地位尚未特别突出而已；再者，以西王母、天门为中心的升仙信仰也非东汉晚期的四川地区所特有。因此，笔者认为，目前尚不宜将此类图像直接对应于早期道教，而应该是一种更为广泛的社会一般信仰，也是早期道教的重要基础和来源。

（三）其他

以上是目前所见仙人持节图像出现的主要场景，皆具有一定的广泛性，代表一些全社会流行或部分地域特别突出的观念。此外，尚有一些较为特殊的情况，作为个案也有其价值，但不具有较广泛的代表性。

如江苏睢宁九女墩画像石墓后室门额上的持节羽人即半跪于一树状物之前，发掘报告认为是九枝灯，但其处于蓮莆、芝草、麒麟这些瑞兽瑞草的场景中，目前更多学者认为是蓂荚①、华平②一类的瑞草。笔者同意后一种观点。羽人一手持节，一手接近瑞草，手上似乎还枝叶。我们知道，这些瑞草一方面是祥瑞的表现，另一方面也是仙草，这里的持节羽人或与攀折仙草有关，也就与前述求取仙药的持节仙人具有相似属性，不过缺乏上述图像中较完整的叙事内容。

又如四川泸州大驿坝七号石棺侧板上的持节仙人前有一巨鼎③。据《史记·封禅书》记载，汉武帝以公孙卿持节求仙的一个直接背景即是在汾阴掘得宝鼎，所谓“宝鼎出而与神通”，即能效法黄帝封禅而“仙登于天”“能仙登天”④。画像上直接将持节仙人与巨鼎组合在一起，或许就是对这一古代求仙故事及相关观念的表现。不过，其上的持节人物似表现了头光，当然不是一般的方士，而是受佛像影响下的神仙了。有学者进一步认为这里的巨鼎与炼丹有关⑤，可备一说，但尚需更多证据。

---

① ［日］林巳奈夫著，唐利国译：《刻在石头上的世界：画像石述说的古代中国的生活和思想》，北京：商务印书馆，2010年，第225页。

② 顾颖：《汉画像祥瑞图式研究》，苏州大学博士学位论文，2015年，第121页。

③ 中国画像石全集编辑委员会：《中国画像石全集7·四川汉画像石》，第152页。

④ 《史记》卷二十八《封禅书》，第4册，第1392、1393页。

⑤ 罗二虎：《东汉墓“仙人半开门”图像解析》，《考古》2014年第9期。

三、小结

综上所述，汉代神仙场景中的持节人物图像，不论是羽人，还是高冠广袍的人物，其性质皆为仙人。这种题材的来源，一方面与为汉武帝持节求仙的方士公孙卿的故事有关，一方面也与其作为天帝使者的身份有关。

羽人持节的形象出现较早，已见于西汉中晚期的墓葬中，在东汉时期仍有延续。但东汉以来更为流行的是冠袍人物持节的形象，从其高冠高髻、乘骑神鹿、大量出现于升仙和神仙出行的扈从队伍等情况来看，并结合汉晋时期的文献记载，属于仙人无疑。东汉以来，人们对传统观念中赤裸清瘦、身生毛羽这样“失人之本，更受异形”的仙人形象虽继续延续，但已经有所不满，所以其自身的神仙形象和重要的神仙形象，都转向更加世俗化的形象。因此，冠袍人物持节的形象更加突出和流行。

从图像的具体场景来看，有两种情况最为流行。一是出现于升仙和神仙出行场景中。西汉中晚期持节仙人出现于升仙队伍的最前端，具有重要的引导地位。而东汉以来，其更多处于升仙和神仙出行的扈从队伍中，往往不止一名，且与幡幢旌旗等同列，更多具有仪仗护卫的意义。而此点在汉晋时期文献中也有大量表现。此种情况应是受到世俗世界中帝王、贵族、高官出行仪仗的影响，同样提示我们此时升仙和神仙信仰的世俗化，与早期遗世独立而“不食五谷，吸风饮露”的神仙观念早已不可同日而语了。值得注意的是，这种场景往往内容较多，且重在表现行进队伍，但其中太一、昆仑、西王母等也是重要元素。二是以西王母、天门为核心（此时当然已与昆仑密切结合了），持节仙人乘骑神鹿前来帮助墓主夫妇求取仙药和升仙。前者广泛流行于西汉中晚期至东汉时期流行墓葬图像的各大地域，后者更集中出现于东汉晚期的四川地区，不过后者的全部要素早已出现于西汉中晚期洛阳地区的墓葬壁画中。因此，它们表现的都是汉代社会上的一种普遍观念，只是其中的某些内容在东汉晚期的四川地区更为突出和盛行而已。

墓主人或升仙之人即在持节仙人的引导和扈从下，准确并风光地前往昆仑，向西王母索取仙药和仙籍，进入天门，升往太一统领的天界。

此外，虽然早期道教和后来的道教中肯定吸收了这些观念和信仰，但从目前

的材料来看，尚不能将汉代的此类图像比定为早期道教的表现，其上的持节仙人当然也不能比附为早期道士。

第二节
“龙之游，过天门”：神兽出行图像与升仙信仰

《史记·大宛列传》索引引《括地图》云：“昆仑弱水，非乘龙不至。”[①]此《括地图》应即汉代纬书《河图括地象》，今本云：“昆仑之弱水中，非乘龙不得至。有三足神乌，为西王母取食。”[②]我们知道昆仑外有弱水（这里指神话传说中之弱水，在古代地理中也有人将弱水落实）环绕，而弱水之所以为名，就是因为其水力弱，如传为郭璞所作的《玄中记》云：“天下之弱者，有昆仑之弱水焉，鸿毛不能起也。”[③]所以，汉代人的观念中其“非乘龙不至”。当然，也不一定是龙，凡能飞行于空中的神兽皆可以充当飞往昆仑之乘骑，这在汉墓图像中有大量反映。不过，要确认此类图像必须首先确定这里神兽出行的目的地是昆仑，而非一般的神仙遨游天地的图像。而对于出行之人，有些明确是墓主人，直接表达升仙愿望。而有些只能泛称神仙或是某类神人，虽非直接反映墓主升仙的图像，但也可以作为升仙之路的同类表现。

一、进发昆仑的神兽出行图像

此类图像中最早的一例当然要数本书中多次提到的西汉中晚期的洛阳卜千秋墓脊顶壁画，学者们一致认为其表现的是墓主人的升仙，并无二说。壁画两端为伏羲、女娲和日、月，其间即是墓主人的升仙队伍，一持节羽人作为整个队伍的先导，其后有有翼的龙、有翼神兽、有翼独角兽、凤鸟、虎，这些神兽皆能飞行

① 《史记》卷一百二十三《大宛列传》，第10册，第3164页。
② ［日］安居香山、中村璋八辑：《纬书集成》，下册，第1092页。
③ 鲁迅辑录：《古小说钩沉》，见氏著《鲁迅全集》第八卷，北京：人民文学出版社，1973年，第487页。

而勇猛，大概作为墓主人的开道和护卫者。因为，人们观念中升仙路上常有鬼魅危害，如《史记·秦始皇本纪》中载：“卢生说始皇曰：‘臣等求芝奇药仙者常弗遇，类物有害之者。方中，人主时为微行以辟恶鬼，恶鬼辟，真人至’。”[①]《史记·封禅书》亦载：“（武帝）欲与神通，……乃作画云气车，及各以胜日驾车辟恶鬼。”[②]既有恶鬼阻扰，所以要以凶猛的神兽予以开导和护卫。墓主人的图像位于出行队伍最后，一男一女，女性者手抱一鸟，站立在一只三头的凤鸟之上，男性者手持一弓，站立在一蟒蛇状神兽上，随队伍向左而行。墓主人周围有舞蹈的蟾蜍、九尾狐、玉兔、其前有一女性神人，如前所述应为西王母，至少也与西王母有关（见图 3–3、3–15、3–18）。如果笔者第三章第二节所论不谬，西王母与昆仑的结合应该推早到西汉晚期以前，包括该墓的早期西王母图像中已有与昆仑图像结合的明确例证，没有明确的昆仑图像出现者，也多有昆仑的因素。那么，这幅升仙图像很可能也属于昆仑升天的信仰，这里墓主人的队伍首先是要到昆仑、西王母而升天成仙。不过，如前所述，昆仑、西王母并不是升仙的最后目的地，所以该壁画上，队伍的前端已经经过西王母而继续前行了。

山东滕州官桥镇后掌大出土的一方东汉晚期画像石上，刻画着一幅壮观的昆仑升仙画像[③]。画像最左侧，戴胜有翼的西王母端坐于平台形昆仑之上，其左有一只凤鸟立于昆仑上，其下有一羽人；右侧有捣药玉兔和三足乌，其下为一有翼天马朝昆仑飞腾。其右有五（六）龙所拉的云车向昆仑、西王母行进，驾车者似为蟾蜍，车主头上戴冠，细节不清，身份难辨。龙车前上方有一猿猴状神怪一腿站立在一飞龙背上，似为龙车引导。龙车前似有呈上下相对的人首蛇身交尾的神人，我们在南阳地区出土的画像石上也见过如此布局的伏羲、女娲图像（详见第四章第三节），若是，再次证明此类图像与升仙有关（图 5–11，另见图 1–26–1）。值得注意的是，右侧驾车者为蟾蜍，而左侧西王母的属从中有玉兔、三足乌，从常见的西王母属从来看，驾车的蟾蜍很可能本来也是西王母属从，那么右侧的龙车便是西王母所遣了。不论如何，龙车、天马向昆仑、西王母进发的意图是不言自明的，虽然乘车之人身份不明，但总能反映这样的升仙观念。

---

① 《史记》卷六《秦始皇本纪》，第 1 册，第 256 页。

② 《史记》卷二十八《封禅书》，第 4 册，第 1388 页。

③ 中国画像石全集编辑委员会：《中国画像石全集 2·山东汉画像石》，第 168 页，图一七六。

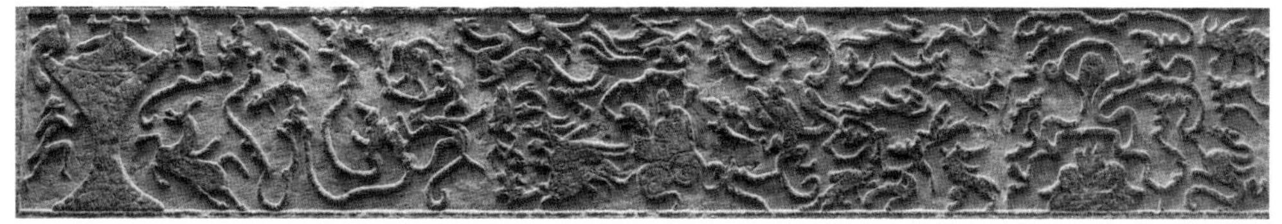

图 5-11 山东滕州官桥镇后掌大出土画像石上昆仑、西王母升仙图像

（采自刘书巨、丛志远主编：《汉人之魂：中国滕州汉画像石》，第 87 页）

陕西绥德刘家沟出土一方东汉中晚期墓门门楣画像石[①]上也有一幅向昆仑、西王母进发的画像。画像两端为日、月，靠近左侧为戴胜的西王母端坐，其旁有两人物和一鸡首人身神人侍奉，右侧为三足乌、玉兔捣药、蟾蜍舞蹈、九尾狐等西王母属从。画像的右部为一人坐在三只鸟所拉的车中，其车无轮，其上有一羽人驾车，鸟车的前方上侧还有一羽人作指引状，指引该鸟车向西王母进发，其前还有一虎形神兽，似为鸟车的护卫者（图 5-12-1）。有意见认为此种画像表现的是东王公见西王母，鸟车上的主人是东王公[②]。仔细观察，笔者并不认同。第一，此

1. 绥德刘家沟出土墓门门楣画像

2. 神木大保当 M16 墓门门楣上层画像

图 5-12 陕北墓门门楣神兽升仙画像拓片

（采自 1. 李林、康兰英、赵力光：《陕北汉代画像石》，第 145 页，图 442；2. 陕西省考古研究所、榆林市文物管理委员会办公室：《神木大保当——汉代城址与墓葬考古报告》，第 60 页，图七七）

① 李林、康兰英、赵力光编著：《陕北汉代画像石》，第 145 页。

② 李林、康兰英、赵力光编著：《陕北汉代画像石》，第 145 页。

种观点目前纯属推测，并没有图像上和文献上的切实根据；第二，在陕北、晋西地区画像上的东王公往往头戴三锋形冠（也有戴进贤冠的），与戴胜的西王母相对应，以显示其地位和神性，而该人物头上所戴之冠，前低后高，可能是武弁大冠，是汉代武职官吏所戴，与东王公形象不合；第三，在该地区的画像中，东王公出现之后，其对应西王母也出现了一些神人、神兽为从属，以表明二者的对应关系，而这一点在鸟车旁完全没有反映；第四，有学者系统梳理了该地区的东王公图像，辨识出一些新的地域形式，但也没有将此类人物辨认为东王公[①]。所以，笔者并不能将鸟车上的主人认定为东王公，只能笼统称为墓主或神仙向昆仑、西王母进发的图像。且绥德田鲂墓后室门楣[②]上也有类似画像，左侧为西王母，右侧坐在四鸟所拉车中的人物为女性，当然不能是东王公。只是该石在西王母与出行之间又加有乐舞百戏的内容，但对比刘家沟出土者，右侧坐在四鸟所拉车中并由羽人骑鹿引导者，应该也是向左侧的西王母进发的（图 5–13）。

图 5–13　绥德田鲂墓后室门楣画像石

（北京大学汉画研究所徐呈瑞先生提供，《汉画总录》编号 SSX–SD–031–06）

类似的画像在陕西神木大保当汉画像石墓 M16 墓门门楣[③]上也有表现。画像分为两层，上层左右两侧为日、月，戴胜的西王母端坐于偏左侧的一芝草状平台上，报告者认为是昆仑悬圃，根据第一章第三节的讨论，确实应该是变形和结合其他观念的昆仑图像。其左有玉兔捣药、青鸟（三足乌）、羽人等属从。画像右部为一列队伍向西王母和昆仑进发，其前为一只凤鸟、凤鸟之后为一人骑龙，龙之后为三只飞鸟所拉之车，车有轮，其上有一驭者和一车主，车后有一羽人骑神兽持幡相随（图 5–12–2）。与上述图像显然为同类。

① 庞政：《秦汉时期蓬莱神仙信仰的考古学综合研究》，第 97 ～ 180 页。

② 榆阳地区文管会、绥德地区博物馆：《陕西绥德县四十里铺画像石调查简报》，《考古与文物》2002 年第 3 期。

③ 陕西省考古研究所、榆林市文物管理委员会办公室：《神木大保当——汉代城址与墓葬考古报告》，第 60 页。

另外，陕北、晋西地区还有许多神兽出行的图像，大多也出现于墓门门楣之上，神兽皆向左行。虽然其上没有昆仑和西王母图像直接表明其性质，但该地区墓门左侧立柱画像上部往往就是西王母坐于平台形昆仑之上，如果承认整个墓门图像是一个系统的话，那么门楣上向左的神兽出行或许也是朝昆仑、西王母进发的，值得注意。

以上就是笔者目前所见能够确认为向昆仑进发的神兽出行图像，从上述材料来看，其数量可以说在丰富的汉代墓葬图像中只是沧海一粟。笔者认为这种现象的原因并不是因为其不够流行，我们知道在汉墓图像中其实有十分丰富的关于神兽出行的图像，这些图像出现于墓葬之中，应该说很多是与当时所盛行的、也是本书所论的以昆仑为中心的升仙信仰有着密切关系。只是这些图像中绝大多数没有描绘和刻画出作为背景的昆仑，其关注的更多是神兽的奇异和场面的奇幻。

二、出行图像中的神兽

如上所述，汉墓中应该还有大量关于昆仑升仙的神兽出行图像，只是我们无法确认而已。但笔者自揣，没有人会怀疑这些大量的神兽出行图像与当时社会上流行的神仙信仰和升仙信仰的关系，而昆仑升仙无疑是当时升仙信仰中最为重要的一部分。因此，笔者不舍将这些图像弃之不顾，欲在此对其作一些简单的梳理，就算无关宏旨，也可以展示出当时人们关于神仙和升仙信仰的丰富想象和精彩表现。不过，既然本书是对汉代升仙信仰的一个系统研究，笔者相信，这样的考察还是有益主旨的。

（一）龙车出行

龙是中国文化中最为重要的神兽，前引汉代文献中就有“昆仑弱水，非乘龙不至”的观念，汉墓图像中有大量龙车出行的表现，多得无法枚举。壁画中值得一提的是陕西靖边杨桥畔壁画墓[①]中的龙车出行图，如前所述，该墓中绘有大量的

---

① 陕西省考古研究院、榆林市文物研究所、靖边县文物管理办公室：《陕西靖边东汉壁画墓》，《文物》2009年第2期。

1. 靖边杨桥畔壁画墓

2. 费县刘家疃画像石墓

3. 彭州出土画像砖

图 5–14 龙车出行图像

（采自 1. 陕西省考古研究院:《壁上丹青——陕西出土壁画集》，第 108 页，图 34；2. 王磊义编绘：《汉代图案选》，北京：文物出版社，1989 年，第 136 页，图 354；3. 高文、王锦生编：《中国巴蜀汉代画像砖大全》，第 75 页，图七三）

神兽拉车出行的图像，龙车出行就是墓室西壁上的一幅。壁画上两条大蛇状的龙，昂首张口，其头上有角，嘴旁有须髯，身体前部有羽翼和前爪，口衔缰绳，拉载着一辆云车左行。云车上坐一红衣人物，无冠，头上有散发飘扬，面露笑容，十分生动（图 5–14–1）。山东费县刘家疃画像石墓中也有生动的龙车出行画像，不过画像上的龙不呈上述杨桥畔壁画墓中的大蛇状，而是东汉时期典型的翼龙形象。三只翼龙昂首挺胸地拉着一辆无盖之车左行，车辕驾在翼龙肩上，而辕的后部又卷曲成车轮，颇具创意。车上有一驭者和一车主，驭者手持缰绳，头戴武弁大冠。车主安坐于车内，头上之冠颇为怪异，略似女性的花冠[①]（图 5–14–2）。但汉代女性出行多乘有帷帐的辎车和軿车，使不外露。如《列女传·齐孝孟姬》中云：“妃后逾阈，必乘安车辎軿。……礼，妇人出必辎軿。”[②]《汉书·张敞传》亦云：“礼，君母出门，则乘辎軿。”[③]画像中的车当为轺车而无盖，应为男子所乘。四川彭州出土的一方画像砖[④]上，也有类似的三只翼龙拉车出行。其上翼龙已经奔腾起来，亦左行，驭者前倾控制缰绳，其头上似结巾带而向后飞扬，车主安坐于车内。车有轓（车轮上障尘部分，在汉代的车舆制度中具有等级意义）有盖，车轮刻画成云气圈绕状，车下还可见一些星辰（图 5–14–3）。

---

① 中国画像石全集编辑委员会：《中国画像石全集 3 · 山东汉画像石》，第 78 页，图九一。
② （清）王照圆著，虞思征点校：《列女传补注》卷四《贞顺传》，第 152、153 页。
③ 《汉书》卷七十六《张敞传》，第 10 册，第 3220 页。
④ 龚廷万、龚玉、戴嘉陵编著：《巴蜀汉代画像集》，图 291。

升天的想象中由龙来拉车必然是相当普遍的，而许多想象去往昆仑的旅程也是乘驾龙车。屈原《离骚》云：“为余驾飞龙兮，杂瑶象以为车。何离心之可同兮？吾将远逝以自疏。邅吾道夫昆仑兮，路修远以周流。”①《九歌·河伯》云：“乘水车兮荷盖，驾两龙兮骖螭。登昆仑兮四望，心飞扬兮浩荡。”②《九章·涉江》亦云：“驾青虬兮骖白螭，吾与重华游兮瑶之圃。登昆仑兮食玉英，与天地兮比寿，与日月兮同光。”③“虬”与“螭”均是龙的一种。王褒《九怀》云：“驰六蛟兮上征，竦余驾兮入冥。”王逸注：“乘龙直驱，升阊阖也。”④本书已多次提及东汉王逸理解的阊阖即为天门，在昆仑之上。又云：“驾八龙兮连蜷，建虹旌兮威夷。观中宇兮浩浩，纷翼翼兮上跻。浮溺水兮舒光，淹低佪兮京沶。”王逸注：“溺，与弱同。”⑤可见，“溺水”即环绕昆仑、“非乘龙不至”的“弱水”。张衡《七辩》亦云：“驾应龙，戴行云。桴弱水，越炎氛。览八极，度天垠。上游紫宫，下栖昆仑。此神仙之丽也。”⑥皆是乘龙升往昆仑、天门，文字表现的想象与图像表现的想象对观，既贴切又生动。

（二）蛇车出行

在古人的观念中，蛇与龙同属一类，常常并称。如《周易·系辞下》云：“龙蛇之蛰，以存身也。”⑦《周礼·夏官·廋人》中云：“马八尺以上为龙。”⑧那么，巨大的蛇更应该被视作龙了。实际上汉代图像中龙的一种主要形式就是大蛇状，只是往往多了角、须髯和指爪。一些神人甚至大神如伏羲、女娲者都作人首蛇身（个别也有人首龙身的），可见大蛇也是具有龙的性质的神兽。前述洛阳卜千秋壁画墓中女性墓主乘驾三首凤鸟，而男性墓主正是乘驾一大蛇（见图 3-3、3-15、3-18）。上述靖边杨桥畔壁画墓中除了有龙车出行外，还有蛇车出行图。墓室东

① （宋）洪兴祖撰，白化文等点校：《楚辞补注》卷一《离骚》，第 42 页。
② （宋）洪兴祖撰，白化文等点校：《楚辞补注》卷二《九歌》，第 77 页。
③ （宋）洪兴祖撰，白化文等点校：《楚辞补注》卷五《涉江》，第 128、129 页。
④ （宋）洪兴祖撰，白化文等点校：《楚辞补注》卷十五《九怀》，第 274 页。
⑤ （宋）洪兴祖撰，白化文等点校：《楚辞补注》卷十五《九怀》，第 278 页。
⑥ 费振刚、胡双宝、宗明华辑校：《全汉赋》，第 491 页。
⑦ 《周易正义》卷八《系辞下》，上海古籍出版社，1990 年，第 171 页。
⑧ 《周礼注疏》卷三十八《夏官司马·廋人》，中册，第 1262 页。

1

2

图 5-15　陕西靖边杨桥畔蛇车出行壁画
（采自陕西省考古研究院：《壁上丹青——陕西出土壁画集》，第 91、106 页，图 11、30）

壁下层前段的一列神兽出行中，有两条大蛇拉载一车，车的形状被描绘为羽翼状，车上坐一红衣之人，面目已模糊难辨（图 5-15-1）。该墓中还有驾乘一条蛇的蛇车（图 5-15-2）。在画像石和画像砖上笔者目前尚未见有蛇车出行的例子，大概生活中常见到的蛇并不能飞行，人们在神仙和升仙信仰中更信赖龙车而非蛇车吧。上述壁画墓中的大蛇，也有可能本身就是龙的一种。如《说文·虫部》云："虬，龙无角者。"又云："螭，若龙而黄，北方谓之地蝼。从虫，离声。或云无角曰螭。"[①]《广雅·释鱼》中说："有鳞曰蛟龙，有翼曰应龙，有角曰虬龙，无角曰螭龙。"[②]但这种对想象神兽的分类是很难定说的，上引文献也存在一些矛盾，而且上述壁画中的大蛇既无角亦无足，在当时人观念中是否还是龙，恐怕无法也无须深究了。

（三）虎车出行

虎是古代中国人所见最凶猛的野兽，一方面是人们惧怕的恶兽，一方面又被人们所神化，成为一种凶猛的神兽。《春秋考异邮》云："三九二十七，七者，阳气成，故虎七月而生。阳立于七，故虎首尾长七尺。般般文者，阴阳相杂也。"[③]长了羽翼的虎更加神奇、凶猛无比。如《后汉书·翟酺传》云："虎翼一奋，卒

① （汉）许慎撰，（清）段玉裁注：《说文解字注》，第 670 页。

② （清）王念孙撰，张靖伟、樊波成、马涛等点校：《广雅疏证》卷十下《释鱼》，第 4 册，第 1784 页。原文中"虬""螭"二字为异写，今从正字，见王念孙疏。

③ ［日］安居香山、中村璋八辑：《纬书集成》，中册，第 785 页。

不可制。”[①]而在天象中青龙与白虎相对，使得人们对于虎的观念中更加具有神奇的成分，在很多时候也是如同龙一样的神兽。上述靖边杨桥畔壁画墓的神兽出行中也有虎车出行的图像，其上两只白虎口衔缰绳朝前奔跑，白虎肩上有羽翼，其后拉一辆云车，车上坐一红衣高冠之人（图 5-16-1）。河南南阳英庄出土的一方东汉画像石上，三只翼虎拉载一车正向左奔腾，中间一虎前望，两侧之虎后顾，

1. 陕西靖边杨桥畔壁画墓

2. 河南南阳宛城区英庄出土画像石

3. 山西离石马茂庄和平元年墓

图 5-16 虎车出行图像

（采自 1. 陕西省考古研究院：《壁上丹青——陕西出土壁画集》，第 90 页，图 9；2. 王磊义编绘：《汉代图案选》，第 136 页，图 355；3. 李林、康兰英编：《陕北汉代画像石》，第 229 页，图 667）

三只翼虎的四肢完全张开，表示速度之快。车下方为云气，但车身仍在，不似那种将整个车形作为云气者。车上有一驭者和一车主，皆戴高冠或梳高髻。车正中有一建鼓，鼓上的旌带向后飞扬[②]（图 5-16-2）。山西离石马茂庄和平元年（公元 150 年）画像石墓中，四只翼虎拉载一车左行，车的下部亦呈云气状而车身及车盖仍在。其上有驭者和车主二人，但细节已漫漶不辨。车下还有二羽人各骑一

① 《后汉书》卷四十九《翟酺传》，第 6 册，第 1063、1064 页。

② 中国画像石全集编辑委员会：《中国画像石全集 6·河南汉画像石》，第 140 页，图一七〇。

神兽作为导引和护卫，其下有蟾蜍和人首蛇身神人[①]（图 5–16–3）。蟾蜍在汉代图像中往往与西王母或女娲、月有关，而其旁正有一位人首蛇身神人，是否为女娲，值得怀疑，则该虎车出行可能亦与本书所论的升仙信仰紧密相关。飞升昆仑的文学想象中也有以神虎来拉车的。如贾谊《惜誓》云："苍龙蚴虬于左骖兮，白虎骋而为右騑。建日月以为盖兮，载玉女于后车。驰骛于杳冥之中兮，休息乎昆仑之墟。"[②]

（四）鹿车出行

汉乐府《长歌行》中云："仙人骑白鹿，发短耳何长。"[③]《王子乔》中云："王子乔，参驾白鹿云中遨。参驾白鹿云中遨，下游来，王子乔。参驾白鹿上至云，戏游遨。"[④] 桓谭《仙赋》云："观仓川而升天门，驰白鹿而从麒麟。"[⑤] 桓帝和平元年（公元 150 年）《张公神碑》云："乘軿轺兮驾蜚（飞）龙，骖白鹿兮从仙僮。"[⑥]《抱朴子·杂应》云："若能乘蹻者，可以周流天下，不拘山河。凡乘蹻道有三法：一曰龙蹻，二曰虎蹻，三曰鹿卢蹻。"[⑦] 可见，乘鹿也如同乘龙和乘虎一样，能飞升成仙。鹿是一种善于攀岩的动物，古代人的观念中仙山神峰往往高峻艰险，所以鹿与神仙和升仙信仰便有了密切的关系。本书第一章第二节所述马王堆漆棺头挡的昆仑图像两侧各有一只白鹿在云气中飞跃（见图 1–6），其他昆仑图像中也见有一对鹿伏于昆仑之下的画像（见图 1–20）。昆仑之山岩相当险峻，如《山海经·海内西经》云："昆仑之虚，方八百里，高万仞……非仁羿莫能上冈之岩。"[⑧] 这里的神鹿显然是帮助墓主攀登昆仑之神兽。

关于鹿车出行，汉墓壁画和画像石中也有不少例子，上述杨桥畔壁画墓神兽

---

① 中国画像石全集编辑委员会：《中国画像石全集 5·陕西、山西汉画像石》，第 210 页，图二八四。

② （宋）洪兴祖撰、白化文等点校：《楚辞补注》卷十一《惜誓》，第 228 页。

③ （宋）郭茂倩编：《乐府诗集》卷三十《相和歌辞五·长歌行》，第 2 册，第 646 页。

④ （宋）郭茂倩编：《乐府诗集》卷二十九《相和歌辞四·王子乔》，第 2 册，第 420 页。

⑤ 费振刚、胡双宝、宗明华辑校：《全汉赋》，第 248 页。

⑥ （宋）洪适撰：《隶释》卷三《张公神碑》，见《隶释·隶续》，第 42 页。

⑦ 王明撰：《抱朴子内篇校释（增订本）》卷十五《杂应》，第 275 页。

⑧ 袁珂校注：《山海经校注》（增补修订本），第 345 页。

出行图像中就有一幅。其上一只大角白鹿拉着一辆云车奔腾，白鹿肩部有羽翼，云车上坐一人，头戴高冠，身着红衣（图 5-17）。河南南阳魏公桥出土东汉时期

图 5-17　靖边杨桥畔壁画墓鹿车出行图像

（采自陕西省考古研究院：《壁上丹青——陕西出土壁画集》，第 104 页，图 26）

画像石[①]上，两只大角之鹿拉一车在云气中奔腾，车的下部为云气，车身仍存，其中有驭者与车主各一人，车后还有一只神鹿和两个仙人，似为出行者的护卫（见图 5-3-1）。江苏徐州铜山汉墓出土的一方画像石[②]，原来可能是祠堂山墙，其中一面刻画神仙出行场景，右侧主体为三只鹿拉载的云车，车主头戴三锋冠，一羽人驾车，车后尚有一羽人骑鹿随从（图 5-18）。山东滕州桑村镇西户口村出土一

图 5-18　徐州铜山汉墓出土画像石

（北京大学汉画研究所徐呈瑞先生提供，《汉画总录》编号 JS-XZ-007-02）

① 中国画像石全集编辑委员会：《中国画像石全集 6 · 河南汉画像石》，第 180 页，图二一九。

② 江苏省文物管理委员会：《江苏徐州汉画象石》，图版肆伍。

方带有东汉延光元年（公元122年）题记的祠堂画像石最上部，刻画有鹿车和骑鹿出行，其上为人面九首虎身的开明兽①（图5-19）。《山海经·海内西经》中说：“昆仑之虚，方八百里，高万仞。……面有九门，门有开明兽守之。……开明兽大类虎而九首，皆人面，东向立昆仑上。”②既然，鹿车出行的上部出现守卫昆仑的开明兽，笔者有理由推测这里出行的意义就是昆仑升天。

图5-19　滕州桑村镇西户口村出土画像石鹿车出行与开明兽拓片

（采自滕州市汉画像石馆：《滕州汉画像石精品集》，济南：齐鲁书社，2011年，第9页）

（五）象车出行

大象所拉载的车或者直接乘象也是汉代升仙和神仙出行图像中颇为常见的，

① 滕州市汉画像石馆：《滕州汉画像石精品集》，济南：齐鲁书社，2011年，第9页。

② 袁珂校注：《山海经校注》（增补修订本），第344～349页。

而且在队伍中地位往往比较重要，在当时的文献中也有大量反映。这一问题还涉及汉代一般观念中关于大象的一些十分有趣的问题，详见第六章第一节，兹不赘述。

（六）其他神兽出行

汉代墓葬出行图像中的神兽还有很多种类，仅靖边杨桥畔壁画墓中所见的就还有鸟车出行、鹤车出行、兔车出行、龟车出行、鱼车出行（本章第四节详论）和人首兽身的神兽出行（图 5-20，另见图 5-4），这里就不烦枚举了。虽然其

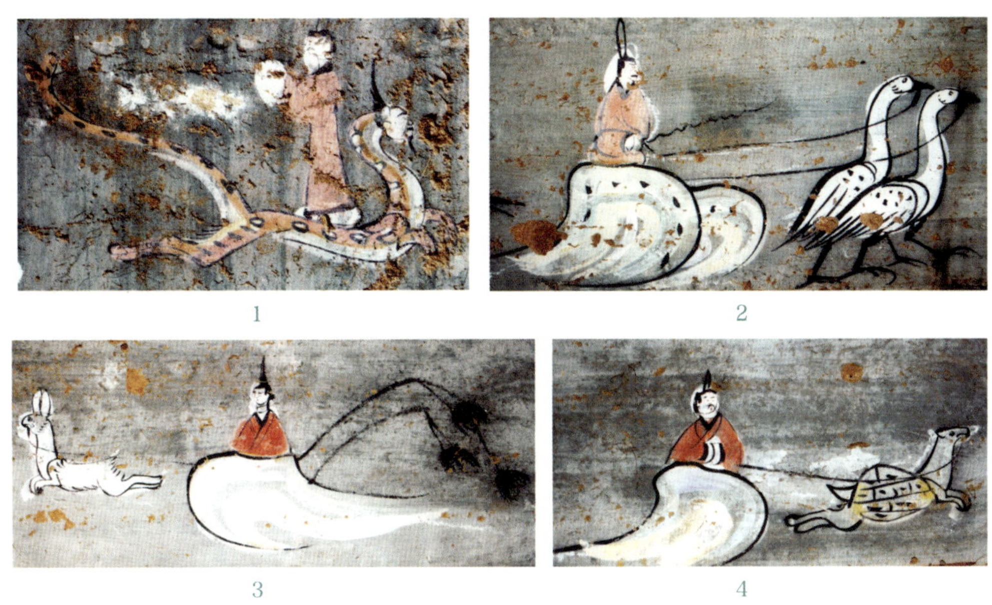

1　2　3　4

图 5-20　陕西靖边杨桥畔壁画墓中各种神兽出行图像

（采自陕西省考古研究院：《壁上丹青——陕西出土壁画集》，第 90、104、109、105 页，图 8、27、36、29）

中不少是现实中的动物，但绘画者多为其加上羽翼，拉车飞奔在云气之中，变成了神兽。可见当时人关于神仙和升仙的信仰，内容是多么丰富，想象是多么充沛。笔者的愿望不仅是要构建起当时以昆仑为中心的一个升仙体系，而且很想一睹这个体系中具体内容的丰富和精彩，力不能至，心向往之。刘向《九叹》云："驾鸾凤以上游兮，从玄鹤与鷦明。孔鸟飞而送迎兮，腾群鹤于瑶光。排

帝宫与罗囿兮，升县圃以眩灭。”① “县圃”即昆仑悬圃。黄香《九宫赋》云：“乘根车而驾神马，驂騩騆而侠穷奇，使织女骖乘，王良为之御。三台执兵而奉引，轩辕乘駏驉而先驱，招摇丰隆骑师子而侠毂，各先后以为云车。”② 其中，“騩騆”“駏驉”类于神马，“穷奇”为神兽，“师子”即狮子，是神化了的西域奇兽（详见第六章第二节）。在升往昆仑和升天旅程中以各种神鸟和神兽驾车也是当时较为普遍的想象。

三、小结

综上所述，汉代一般观念中既形成了一个以昆仑为中心的升仙体系，那么，到达昆仑就是开始这个升仙旅程的必要步骤。汉墓图像中有大量关于神兽出行的题材，其中能明确无疑地确定为向昆仑进发的图像虽然不算多，但也不算少。而且其他图像无疑也是与当时的神仙和升仙信仰有关的，而当时升仙信仰中最为重要的就是昆仑信仰。因此，笔者相信其中还有大量神兽出行图像是与之相关的。虽然，这些出行图像中的神兽，除了龙和组合神兽之外，大多都是现实中存在的动物，但刻绘者往往给它们加上羽翼，使其拉车奔腾于云气之中，它们在这里已经成为升仙之神兽，可以戏称为昆仑旅程中的“空路”。

第三节
“车千乘，敦昆仑”：车马出行图像与升仙信仰

虽然笔者没有经过统计，但车马出行无疑是汉墓中最主要的图像题材之一。面对如此多的图像，我们自然不能用一种解释一网打尽。一方面，汉代人重标榜、重功名，能乘车马和车马出行的排场是令人钦羡的，墓主自然希望把生前的排场和荣耀刻画在墓葬中，甚至没有这种荣耀的也可能希望死后拥有；另一方面，升

① （宋）洪兴祖撰、白化文等点校：《楚辞补注》卷十六《九叹》，第310、311页。
② 费振刚、胡双宝、宗明华辑校：《全汉赋》，第372页。

天成仙也是当时最流行的理想之一，官贵们生前通过辟谷、导引、行气、服食等等方术没有实现的成仙愿望，到最后寄托在墓葬之中，这也包括有条件的平民。所以，墓葬中的车马出行图像有一些应该与标榜有关，而有一些应该与升仙有关，而且完全可以兼而有之。要确定哪一些与升仙有关，尤其是与昆仑升仙有关，除了上述神兽出行图像中的两个条件之外，还必须确定这里的车马出行如同前述神兽出行图像一样，一定要有神仙和升仙元素。而且这些元素不能仅仅是云气这类可以成为普遍装饰的题材，而必须具有明确的意义。即便是这样，我们仍然能在汉墓图像中找到丰富的例证。

一、进发昆仑的车马出行图像

山东滕州东寺院出土的一方东汉晚期画像石①上，画像分为上下两层，下层为满满的一列车马出行，方向向左，最左侧有三人迎接。上层是许多神兽的图像，值得注意的是，最左侧，也就是车马出行前列的上端为一只人面虎身而九首的开明兽（图 5–21）。如前所述，开明兽的性质十分明确，为司守昆仑之神兽，则此列车马出行的方向当是昆仑。嘉祥武氏祠左石室屋顶前坡东段，下层为车马、人物，上层云气中直接刻画了车马向西王母、东王公飞升，马和车均带翼②（图 5–22，另见图 3–30、4–99）。如前所述，该画像石的下层车马和人物旁有未题字的榜框（《金石索》摹刻本上未表现，见图 3–30 拓片），有可能是传说故事的表现。但无论如何，其主题与西王母升仙信仰有关是毫无疑问的。山西离石交口镇吴执墓墓门右立柱上，最下方刻画一对羽人，其上为向上飞升的骑行队伍。若将左门柱一起考察，则骑行的规模宏大，并有持幡引导，骑射开路等。队伍上方为一对平台，上有羽人（图 5–23）。该地区门柱上的此类平台上一般都是西王母、东王公（图 5–24），正如第一章第三节所述，为昆仑的表现，这里虽然只是羽人，但也应与之有密切关系。值得注意的是，队伍之前正好有一对人首蛇身神人引导，与第四章第三节所述伏羲、女娲的意义相合。

汉代画像中许多车马出行的队伍中或队伍之旁刻画有肩生羽翼的天马，天马

① 中国画像石全集编辑委员会：《中国画像石全集 2・山东汉画像石》，第 166、167 页，图一七四、一七五。

② 蒋英矩、吴文祺：《汉代武氏墓群石刻研究（修订本）》，第 156 页。

图 5-21　滕州市东寺院出土画像石拓片
（采自刘书巨、丛志远主编：《汉人之魂：中国滕州汉画像石》，第 57 页）

图 5-22　《金石索》摹刻武氏祠左石室屋顶前坡东段画像
（采自（清）冯云鹏、冯云鹓著：《金石索·石索三》，第 5 册，第 1442 ~ 1443 页）

图 5-23 离石交口镇吴执墓墓门左、右立柱拓片

（采自吕梁汉画像石博物馆：《铁笔丹青：吕梁汉画像石博物馆文物精粹》，第 40、41 页）

图 5-24 离石马茂庄二号汉墓前室南壁左、右立柱

（采自吕梁汉画像石博物馆：《铁笔丹青：吕梁汉画像石博物馆文物精粹》，第 28、29 页）

在现实中是指西域大宛等国所产的体形高大的良马。《汉书·西域传》云:“闻天马、蒲陶(葡萄)则通大宛、安息。”又云“(大)宛别邑七十余城,多善马。马汗血,言其先天马子也”,颜注引孟康曰“言大宛有高山,其上有马不可得,因取五色母马置其下与集,生驹,皆汗血,因号曰天马子云”[①]。可见,关于天马的传说与西域有关,而与西域有关的天马神话自然就被引入当时的昆仑信仰之中。如前所述,汉武帝就曾梦想昆仑之上的太一能赐他天马,让他乘骑“逝昆仑”“游阊阖”“观玉台”[②]。根据一些学者的研究,武帝伐大宛的目的之一就是希望能得到西方的天马,载他飞升昆仑[③]。四川金堂出土的一方画像砖[④]上,有一轺车出行,车后有一羽人乘骑一马,马胸前似有羽翼,其前题记云“元马”(图 5–25–1),一般认为或即“天马”。即便从文字上不能直接指认为“天”,但该场景中的升仙意义是十分突出的。安徽淮北梧桐村出土一方画像石[⑤],其上有一轺车出行,车主冠型不清,车的前上方刻画一有翼天马飞腾(图 5–25–2)。类似的画像在该地还有出

1. 金堂出土画像砖

2. 淮北出土画像石

3. 淮北出土画像石

4. 离石马茂庄和平元年墓左表墓室门侧画像局部

图 5–25　车马出行与天马画像拓片

(采自 1. 龚廷万、龚玉、戴嘉陵编:《巴蜀汉代画像集》,图 144;2、3. 高书林编:《淮北汉画像石》,第 8、6 页;4. 中国画像石全集编辑委员会:《中国画像石全集 5·陕西、山西汉画像石》,第 212 页,图二八六)

---

① 《汉书》卷九十六《西域传》,第 12 册,第 3928、3894、3895 页。

② 见《汉书》卷二十二《礼乐志》,第 4 册,第 1060、1061 页。

③ [美]余英时著,侯旭东译:《东汉生死观》,第 31 页;霍巍:《天马、神龙与昆仑神话》,见霍巍、赵德云著《战国秦汉时期中国西南的对外文化交流》,第 200 页。

④ 龚廷万、龚玉、戴嘉陵编著:《巴蜀汉代画像集》,图 144。

⑤ 高书林编著:《淮北汉画像石》,第 8 页。

土[①]，其上车主戴武弁大冠（图 5-25-3）。山西离石马茂庄和平元年（公元 150 年）画像石墓[②]中，刻画有一辆輂车在几名乘骑的护卫下出行，其下方有一匹有翼天马（图 5-25-4）。上述画像中，车马出行的车主往往都是常人衣冠，队伍之中或之旁有来自西域的天马同行，该车马的目的恐怕还是西方的昆仑。翼马及处于天界、神兽场景中的马的形象在汉墓图像中十分常见，由于未与车马出行直接组合，这里不再铺陈。

说到天马与车马出行，笔者还想起一例非图像的材料，即甘肃武威雷台汉（晋）墓[③]中出土的铜车马模型。该墓前室中共出土铜俑 45 件，铜马 39 匹，铜车 14 辆，其中包括轺车、斧车、輂车等多种车型。根据后来的复原，其为一列朝向墓门的规模壮观的车马出行队伍，墓门位置为一头向前顶刺的独角兽（图 5-26），或可以看作这列队伍的开路先导，队伍的前部即包括那件著名的被命名为“马踏飞燕”

图 5-26　嘉峪关新城魏晋墓出土铜独角兽

（采自王春法主编：《丝路孔道：甘肃文物菁华》，北京时代华文书局，2020 年，第 323 页。由于雷台墓发掘报告刊发较早，其独角兽相对不算精美，图片质量不佳，故用河西地区出土同类器物示意）

---

① 高书林编著：《淮北汉画像石》，第 6 页。

② 中国画像石全集编辑委员会：《中国画像石全集 5·陕西、山西汉画像石》，第 212 页，图二八六。

③ 甘肃省博物馆：《武威雷台汉墓》，《考古学报》1974 年第 2 期。

的铜奔马（图 5–27）。虽然关于该铜奔马有许多有趣的解释，但笔者还是认为应该把它放到墓葬整体独角兽、车马出行的环境来理解。铜马为腾跃姿势，与其他

图 5–27　雷台汉（晋）墓出土铜奔马
（作者摄）

铜马不同，其一足之下踏一飞鸟，说明是在空中奔腾，虽然没有羽翼，也应该被视作天马。这样，这列宏大的车马出行队伍，即是墓主在众多仆从和武士的侍奉和护卫之下，前有独角兽开路和天马引领，正浩浩荡荡地向天界进发（图 5–28）。由于引领者为西极天马，则其途径当然最有可能是通过昆仑而升天。其实，此种

图 5–28　甘肃省博物馆展示的雷台汉（晋）墓车马出行队伍局部
（作者摄）

飞马的造型也并非孤例，在武威其他汉晋墓葬中还有出现，不过为陶质，制作也不如雷台者工巧，需要一个支柱将马固定在鸟背上（图 5–29）。

图 5–29　武威市职业学院出土陶奔马
（现展出于雷台汉墓博物馆，作者摄）

四川、重庆地区东汉晚期的画像石棺，由于可以比较完整地观察其上的画像组合，是本研究中的重要材料，其上也不乏此类车马出行画像。新津城南砖室墓中出土的二号石棺[①]右侧板右部为一辆轺车向左行进，其前有一人骑马引导，骑马之人头戴武弁大冠，车内之人似戴进贤冠，其前方有仙人六博及龟蛇相缠的玄武（图 5–30–1）。如前所述，仙人六博在汉画像石中多与昆仑有关，该石棺的左侧板上刻画龙虎衔璧，如前所论应与天门有关，前挡上为一只凤鸟，后挡上为一匹有翼天马，综观整个石棺画像和轺车前的仙人六博，再结合该地区画像石棺的整体意义，这里车马行进的方向应该也是昆仑、西王母。乐山鞍山崖墓出土石棺[②]右侧板上亦刻画一辇车出行，其后有一人，其后则有一龙和一鱼（图 5–30–2），很显然这里的车马出行与升仙有关（关于鱼、鱼车与昆仑升仙的关系详见本章第四节）。该石棺的左侧板上为一只翼虎，前挡为双阙，后挡为凤鸟。如前所述，该地区画

① 罗二虎：《中国画像石棺》，第 38 页。
② 罗二虎：《中国画像石棺》，第 62 页。

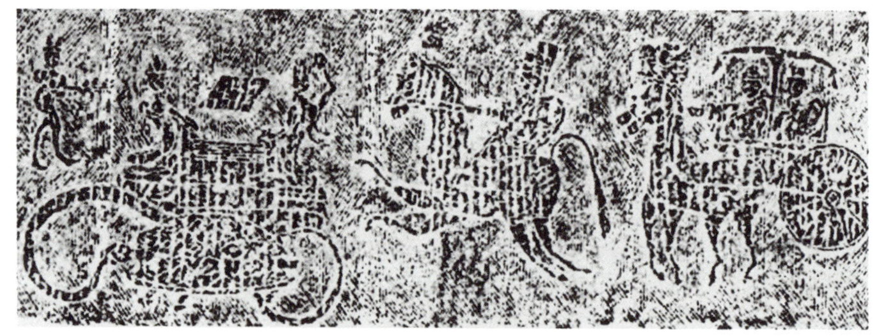

1. 新津城南砖室墓出土石棺右侧板拓片

2. 乐山鞍山崖墓出土石棺右侧板拓片

图 5-30　四川画像石棺上的车马出行与升仙图像

（采自 1. 高文主编：《中国画像石棺全集》，第 158 页，图二九；
2. 龚廷万、龚玉、戴嘉陵编：《巴蜀汉代画像集》，图 292）

像石棺前挡上的双阙图像应该是天门的表现，则该车马仍是向天门行进，仍与昆仑升仙有关。

四川地区出土的画像砖上也有许多车马出行的题材，可惜该地区的画像砖基本上是一砖一画，一系列砖组合起来才形成一幅图像。而这些画像砖绝大多数是零散出土的，只有极少数墓葬中还保存着原来的画像组合[①]。早期的考古报告对此也不甚重视，往往只是分类介绍画像砖题材而已，使得这方面的完整信息大量丧失。成都羊子山一号汉墓[②]中的画像砖呈一横排镶嵌在墓室和甬道的近底部，其上主要为一列车马出行从墓室内向墓门进发，而甬道最前端的一方画像砖上正是一阙，

① 冯汉骥：《四川的画像砖墓及画像砖》，《文物》1961 年第 11 期。

② 于豪亮：《记成都羊子山一号墓》，《文物参考资料》1955 年第 9 期。

阙旁有两人迎接，其上有类似联璧纹的符号（图 5–31），此种符号在第二章第二

图 5–31　成都羊子山一号汉墓甬道左壁画像砖组合（局部）
（采自霍巍、齐广：《四川地区汉代画像砖的排列、组合与意义》，《考古》2022 年第 4 期）

节所述长宁七个洞崖墓天门画像旁也有出现（见图 2–5）。如前所论，这样的阙当为天门的表现，则这里的车马出行亦与昆仑升仙有关。成都曾家包二号墓墓室左壁的车马在鼓吹队伍的护卫下向甬道、墓门方向前进，而甬道处正是一手托日、月，一手持规、矩的伏羲、女娲[①]（图 5–32），与第四章第三节所述伏羲、女娲引导升天的意义正相符合。大邑董场乡蜀汉墓[②]中，画像砖仍为一横排镶嵌在墓室和甬道

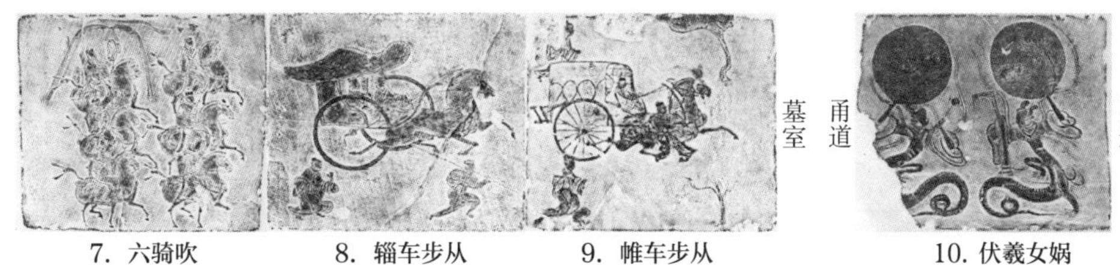

图 5–32　成都曾家包二号墓左壁画像砖组合（局部）
（采自霍巍、齐广：《四川地区汉代画像砖的排列、组合与意义》，《考古》2022 年第 4 期）

壁上。其中一辆轺车出行之前有一导骑，其上还有一人持戟护卫，其下有一条龙，说明这里的车马出行并非现实的表现，而是升仙之旅程，出行方向紧接着的画像砖上正是天门和天仓。该墓画像砖虽存在部分组合混乱的情况，但车马出行与天门、天仓的组合却是固定的，两次出现于其上（见图 2–35、3–35、3–36）。这里的车

① 霍巍、齐广：《四川地区汉代画像砖的排列、组合与意义》，《考古》2022 年第 4 期。

② 大邑县文化局：《大邑县董场乡三国画像砖墓》，见四川省文物考古研究所编《四川考古报告集》，第 395 页。

马出行显然是朝向昆仑、天门的，而其最后的目的地自然是在天门后的天界[①]。

另外，陕北、晋西画像石墓门楣上往往就是车马出行画像，其方向一律向左，少有例外，而如前所述，紧接门楣的左门柱上部的画像正是昆仑和西王母。那么，该地区的墓门门楣上的这些车马出行是否也是墓主向昆仑进发的表现呢？由于还需要考虑该地区画像石墓形制、制作和整体意义等相关问题，笔者只是存此一问[②]。此外，除马车外，牛车虽没有之后的魏晋南北朝那么流行，但也有较多出现，可置不论。一些画像石上还见有羊车，一般来说，羊是不胜驾车之力的，虽然先秦考古材料中有个别出现[③]，文献中也有个别驾羊的记载，但主要是讲后宫奢靡之事[④]，并非实际生活中常见事物。学者多认为汉画像中的驾羊与升仙有关[⑤]，《列仙传》中也有仙人骑羊的故事[⑥]。山东滕州山亭大郭村出土画像石上，下层为牛车、羊车出行，其上为西王母及其附属、侍从[⑦]（图 5–33）。升仙之意，十分明显。

图 5–33　滕州山亭大郭村出土画像石

（采自刘书巨、丛志远主编：《汉人之魂：中国滕州汉画像石》，第 108 页）

---

① 最近霍巍、齐广先生复原了成都及周边地区画像砖墓中画像的组合情况，以一些关键材料证明了其中的双阙为天门的表现（如与伏羲、女娲和西王母的组合），充分说明其中的车马出行与升仙有关。（霍巍、齐广：《四川地区汉代画像砖的排列、组合与意义》，《考古》2022 年第 4 期）

② 按：汉代图像中的车马出行主要为左向，有学者即认为若以坐北朝南的正方向来讨论，向左即是向西，车马向西与以西王母为代表的神仙信仰有关（如李立：《汉墓神画研究——神话与神话艺术精神的考察与分析》，第 247 ~ 281 页）。笔者认为恐怕未可一概而论。图像中车马左向也可能是受到书写左向（书、画应该大体一致）等习惯的潜意识的影响，未必皆有寓意，事实上大多明确表现与升仙无关的车马出行同样也是左向，该问题主要还要根据图像的具体组合关系来讨论。

③ 参见罗小华：《“羊车”补说》，《四川文物》2013 年第 5 期。

④ 如《晋书》卷三十一《胡贵嫔传》，第 4 册，第 962 页；《南史》卷十一《潘淑妃传》，北京：中华书局，1975 年，第 2 册，第 321 页。

⑤ 如朱国炤：《汉代图像中所见牛、鹿、羊车及其反映的社会意识》，见南阳汉代画像石学术讨论会办公室编《汉代画像石研究》，北京：文物出版社，1987 年，第 234、235 页；牛天伟：《试论汉画像石砖中的车》，见中国汉画学会、河南博物院编《中国汉画学会第十三届年会论文集》，第 154 页。

⑥ 王叔岷撰：《列仙传校笺》卷上《葛由》，第 50 页。

⑦ 刘书巨、丛志远主编：《汉人之魂：中国滕州汉画像石》，中国滕州汉画像石馆、美国威廉帕特森大学中国艺术中心，2017 年，第 108 页。

二、“胡人—车马出行”图像与昆仑升仙

除了上述车马出行中具有明确升仙因素，并进一步具有与昆仑升仙相关因素的图像外，笔者认为汉墓中还有一类车马出行的图像与昆仑升仙有密切关系，那就是其前有胡人的车马出行图像。关于汉代的胡人图像和其他胡人题材，是学界讨论很多的一个重要问题。笔者认为，汉代胡人图像在墓葬中的意义到底是现实社会和事件的反映，还是一种死后观念的表现，恐怕不能一概而论。其出现的场景值得注意，出现在不同的场景中可能具有不同的意义。这里笔者只讨论出现在车马出行场景中的胡人图像，可分为两类：一为胡人导引，一为胡汉交战。这两类图像都不只出现于一时一地，而且存在着明显的格套，显然表达着一种较为普遍的观念。

（一）汉代“车马出行—胡人”画像

汉代（尤其是东汉时期）墓葬中的胡人形象往往是一种程式化的表现，头戴尖帽，深目高鼻，有的下巴多有须髯，尤以尖帽为其典型特征[①]。在汉画像中尖帽胡人的形象经常与车马出行紧密联系在一起，并且形成一定格套。因此笔者将此种画像称之为“车马出行—胡人”画像，目前所见材料可以分为“车马出行—胡人导引”和“车马出行—胡汉交战”两类。

1.“车马出行—胡人导引”画像

此类画像在墓地祠堂画像石和墓内画像石上都有表现，尖帽胡人出现于车马出行的队伍中，而且往往属于该队伍的最前部分。由于祠堂画像石与墓内画像石的形制不同，表现形式有所区别。

墓地祠堂画像中位置明确的处于祠堂侧壁，由于画像宽度的限制，前后关系或用上下关系来表现。例如，山东嘉祥出土的一方东汉早期画像石[②]。其上图像分为上下五层，虽有分层，但显然还是一个整体。第一、二层（从上到下）是以西

① 邢义田：《古代中国及欧亚文献、图像与考古资料中的“胡人”外貌》，《美术史研究集刊》第 9 期，台北：台湾大学艺术史研究所，2000 年，第 35 页。

② 中国画像石全集编辑委员会：《中国画像石全集 1 · 山东汉画像石》，第 117 页，图一二五。

王母为中心的图像。其下的两层表现的是一列车马正向西王母行进，车马出行的前面部分（第三层）中人物皆戴有高而直的尖帽。这种高而直的尖帽属于邢义田先生所划分的汉画像胡人尖顶帽的第一型[①]，而戴这种尖帽的形象在本地出土可确认为“胡汉交战”的画像石上正用来代表胡人[②]。因此，虽然其面部特征不明显，但仍可确定为胡人无疑（图 5-34）。类似的画像还见于山东滕州桑村镇西户口村出土东汉晚期画像石[③]。其上分层更多，整体为一列车马向上方的东王公进发（如前所述，该地区此时的东王公图像为西王母的翻版，处于同一个信仰体系中）。车马最前方，即第四层为高鼻戴尖帽的骑马胡人，其下为汉人随从、牛车及汉人

图 5-34　嘉祥出土祠堂西壁画像石拓片

（采自中国画像石全集编辑委员会：《中国画像石全集 2 · 山东汉画像石》，第 117 页，图一二五）

① 邢义田：《古代中国及欧亚文献、图像与考古资料中的“胡人”外貌》，《美术史研究集刊》第 9 期，2000 年，第 63 页。

② 中国画像石全集编辑委员会：《中国画像石全集 2 · 山东汉画像石》，第 95 页，图一〇二。

③ 中国画像石全集编辑委员会：《中国画像石全集 2 · 山东汉画像石》，第 211 页，图二二二。

骑从等，最下方为鹿车出行（图 5-35）。这里出行的主体部分为鹿车，最前部有胡人骑从，最上为东王公，当然不是一般的出行。

墓内画像中一般刻画于长条形的墓门门楣或横额上，横幅的画面有利于直接

图 5-35　滕州桑村镇西户口村出土祠堂侧壁画像石拓片

（采自中国画像石全集编辑委员会：《中国画像石全集 2·山东汉画像石》，第 211 页，图二二二）

表现前后关系。例如，陕西榆林黄麻梁乡段家湾出土的一方东汉中晚期的墓门门楣画像石[①]（图 5-36）。画像上有一队车马向左行进，领头的一人牵一骆驼，手拄杖，头戴高而直的尖帽。拓片上尖帽的中间部分已漫漶，但其顶部和右侧的轮廓还是相当清楚的（图 5-37），为前述邢先生所论胡人尖帽的第一型。胡人与骆驼是汉画像上的常见组合，另外，此画像中右数第二骑显然也是尖帽胡人。陕西神木大保当画像石墓 M3 墓门门楣上也刻画有一列由轺车、骈车和輂车组成的车队，其前有一导骑，其旁也有一戴尖帽的人物牵骆驼前行[②]（图 5-38）。人物头上的尖帽顶部之上似还有些装饰，不能分辨，但与其他侍从的平上帻区别明显，加之与

① 中国画像石全集编辑委员会：《中国画像石全集 5·陕西、山西汉画像石》，第 16、17 页，图二四。

② 陕西省考古研究所、榆林市文物管理委员会办公室：《神木大保当——汉代城址与墓葬考古报告》，第 45 页，图五一。

骆驼的组合，当属尖帽胡人无疑。类似画像在陕西、山西、河南、山东地区的东汉早期到晚期的画像石上都有出现（见附表 5）。

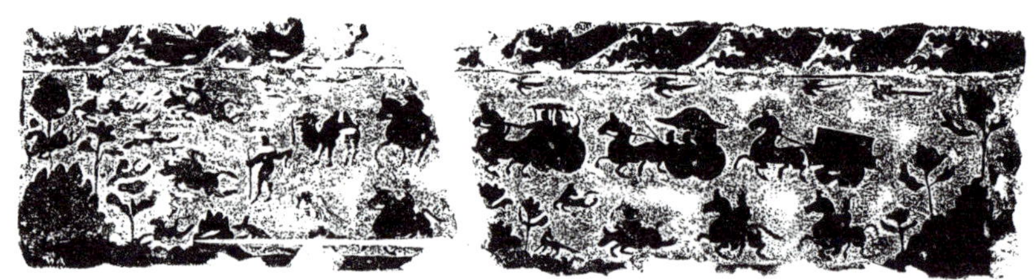

图 5-36　榆林黄麻梁乡段家湾画像石墓门楣拓片

（采自中国画像石全集编辑委员会:《中国画像石全集 5·陕西、山西汉画像石》，第 16、17 页，图二四）

图 5-37　胡人牵骆驼细部

（同上）

图 5-38　神木大保当画像石墓 M3 墓门门楣

（北京大学汉画研究所徐呈瑞先生提供，《汉画总录》编号 SSX-SM-005-01-Y）

另外，四川新都出土一方画像砖[①]，砖上有二骑，骑者手持幡，头戴尖帽，深目高鼻，面颊和下巴上多有须髯，无疑是胡人的表现（图 5-39）。四川画像砖多

图 5-39　新都出土胡人导骑画像砖拓片
（采自龚廷万、龚玉、戴嘉陵编著：《巴蜀汉代画像集》，图 166）

为一砖一画，一组砖组合起来才能表现一个场景。虽然此画像原来的场景已经缺失，但从汉代画像的一般组合来看，这种持幡的骑吏当属于车马出行场景，而且最可能是出行队伍前部的导骑，应当也属于此类。

2.“车马出行—胡汉交战”画像

“胡汉交战”是汉画像上的常见题材，已有不少学者对其进行过相当深入的研究和阐释[②]。这种画像的确认工作已经做得比较充分，出现于车马出行场景中的画像可分为以下四种形式。

（1）山前交战

山东邹城郭里乡高李村出土一方东汉晚期画像石上，最左边露出一部分重叠的山峦，其右画像分为上、下两层，两层为一整体。下层主要为车马出行，方向向左，

① 龚廷万、龚玉、戴嘉陵编著：《巴蜀汉代画像集》，图 166。

② 邢义田：《汉代画像胡汉战争图的构成、类型与意义》，《美术史研究集刊》第 19 期，台北：台湾大学艺术史研究所，2005 年，第 63 ～ 132 页；信立祥：《汉代画像石综合研究》，第 129 ～ 137 页；赵成甫、郝玉建：《胡汉战争画像考》，《中原文物》1993 年第 2 期；李卫星：《论两汉与西域关系在汉画中的反映》，《考古与文物》1995 年第 5 期。

车前两骑已经同山峦中杀出的尖帽高鼻的胡人展开了激战，马前已有二胡人投降。交战场面主要在上层，右侧为汉军，当是下层车马队伍的前部。左侧为胡人，一部分已向汉军投降，一部分正向山峦逃窜[①]（图 5–40）。交战的结果显然倾向于汉军胜利。类似画像在山东滕州、邹城地区尚有不少例证。

图 5–40　邹城高李村出土“车马出行—胡汉交战”画像石
（北京大学汉画研究所徐呈瑞先生提供，《汉画总录》编号 SD–ZC–004–04）

（2）过桥交战

山东苍山向城镇前姚村出土一方东汉晚期画像石[②]上，中间一队汉人装束的车马正左行通过桥梁，桥前有四个尖帽高鼻的胡人阻挡，双方正在交战，前两个胡人已经跪地投降，后两人拉弓欲射。整个场面汉人一方占据优势，马上就要通过桥梁（图 5–41）。类似的画像还见于山东苍山城前村元嘉元年（公元 151 年）墓

图 5–41　苍山出土“车马出行—胡汉交战”画像石拓片
（中国画像石全集编辑委员会：《中国画像石全集 3 · 山东汉画像石》，第 100、101 页，图一〇三）

① 邹城市文物管理处：《山东邹城高李村汉画像石墓》，《文物》1994 年第 6 期。

② 中国画像石全集编辑委员会：《中国画像石全集 2 · 山东汉画像石》，第 100、101 页，图一〇三。

前室西侧室门楣正面[①]（图 5-42），该墓出土了可能是当时制作者对画像的题记，其中明确地将正在射箭的尖帽人像称为“胡”。

图 5-42　山东苍山出土“车马出行—胡汉交战”画像石拓片
（金爱民、王树栋编著：《兰陵汉画像石》，第 104、105 页）

（3）过桥、山前交战

即交战场景中同时包括（1）（2）两种中的山峦和桥梁图像。目前可确认的见于山东沂南北寨村东汉晚期画像石墓门楣正面[②]（图 5-43）。画像右侧为一队车马正欲左行通过桥梁，车马前有步卒开路。左侧尖帽高鼻的胡人自山峦间出现，有骑有步，欲阻挡汉军过桥，展开激烈的战斗。画像上汉军显然占有优势，最前

1. 画像石

2. 线摹

图 5-43　沂南汉墓门楣画像石正面
（采自 1. 北京大学汉画研究所徐呈瑞先生提供，《汉画总录》编号 SD-YN-001-01；2. 山东博物馆：《沂南北寨汉画像石墓》，北京：文物出版社，2015 年，第 2 ~ 4 页，图 1）

① 山东省博物馆、苍山县文化馆：《山东苍山元嘉元年画象石墓》，《考古》1975 年第 2 期。
② 南京博物院、山东省文物管理处：《沂南古画像石墓发掘报告》，第 5 页，图 5。

方的胡人或身首异处，或跪地投降，汉方的步卒差不多已经完全通过桥梁。

（4）平地交战

即交战场景中没有上述山峦和桥梁以及其他障碍物。见于山东肥城栾镇村出土的两方画像石[①]上。其中一方画像石顶部刻画一列出行队伍，其前的汉骑与拉弓的胡人正在交战，已有一胡人倒地。值得注意的是出行队伍中除马车外，还有鱼车和鹿车（图 5-44-1）。汉画像中乘鱼车者一般认为是河伯或与之相关，而其与

图 5-44　肥城栾镇村出土画像石局部线摹

（采自邢义田：《画为心声：画像石、画像砖与壁画》，北京：中华书局，2011 年，第 328、329 页，图 8、9）

昆仑升仙信仰有着密切的关系（见本章第四节），鹿车如前所论也与升仙信仰有关，在前述陕西靖边杨桥畔东汉壁画墓中就同见有鱼车和鹿车升仙。这就明确告诉我们，这里与胡人交战的出行队伍与升仙有关。另一方画像石上“车马出行—胡汉交战”的图像也位于最顶端，与前石基本相同，只是没有鱼车和鹿车。

综上所述，汉画像中有一种将胡人和车马出行联系在一起的画像，而且胡人总在车马出行的前方，可分为“车马出行—胡人导引”和“车马出行—胡汉交战”两类。前者出现于东汉早期到晚期的墓地祠堂和墓内的画像石、画像砖上，分布范围很广，在汉画像的几个重要地区都有出现。后者目前能确定的只出现于山东地区东汉晚期的墓内画像石上。二者都存在一定的格套，尤其是后者，格套化明显。在位置明确的例子中，此类画像皆出于祠堂侧壁、墓门门楣、横额上。与其他胡人、胡汉交战画像不同，此类胡人画像有明确的场景，即处于车马出行的前列（见附表 5）。那么，时人为何要将胡人与车马出行紧密结合在一起并刻画于墓葬及墓

① 王思礼：《山东肥城汉画像石墓调查》，《文物参考资料》1958 年第 4 期。

地之中呢？其实，上述栾镇村出土画像上出行队伍中的鱼车和鹿车已经提示了我们思考的方向了。

（二）汉代“车马出行—胡人”画像的意义

要理解此类画像的意义，首先要弄清这里车马出行的意义。如前所述，车马出行是汉画像中常见的题材，由于其所在位置和出行目的不同，可能蕴含着不同的意义。

上述第一类画像即“车马出行—胡人导引”画像出现于两种环境：祠堂画像和墓内画像。从祠堂画像来看，山东嘉祥所出画像石为祠堂西壁，画像中车马出行的方向十分明确，就是最上面的西王母，而如前所述，东汉时期的西王母信仰显然已经跟昆仑紧密结合在一起了。从墓内画像来看，陕西榆林所出画像石为墓门门楣，其上车马向左行，也就是朝着左门柱的方向。我们知道晋西、陕北画像石墓的左门柱上往往表现的正是昆仑和西王母，可见与祠堂画像的目的地是一致的。其他画像石从其形制和出行方向来看也当与它们类似。

第二类画像即“车马出行—胡汉交战”画像中车马出行的目的地也值得注意。沂南汉墓由于保存较好，画像位置与相互关系明确，是一个很好的例证。该墓为南北向，墓门朝南，此种画像出于墓门门楣，车马向西出行，紧接门楣的西门柱上画像为昆仑、西王母和神兽①（见图 3–23、1–44–1）。可见这里车马出行的目的地与前述“车马出行—胡人导引”画像一致，也是昆仑、西王母。那么，为何在表现向昆仑、西王母进发的队伍前会出现前行胡人或胡汉交战的画像呢？

根据本书所论，汉代一般信仰中已经形成了一个以西方昆仑、天门、西王母为中心的升仙信仰体系。升仙之人需要先到昆仑，拜见西王母，取得仙药和仙籍，进入天门，升往天帝统治的天界。所以，昆仑是整个升天成仙信仰的大背景，而西王母则是升天成仙的关键。

昆仑、西王母在遥远的西方，汉代的西方为广大的西域，所以汉代人将其推到西域之西，并随着对西域认识的不断推进而“西移”，总在人们认识到的最西国家之西。《史记·大宛列传》载：“条枝在安息西数千里，临西海。……安息

① 南京博物院、山东省文物管理处：《沂南古画像石墓发掘报告》，图版 26。

长老传闻条枝有弱水、西王母，而未尝见。”[①]“条枝”在地中海东岸，西汉使者并未到达其地，为当时人所知最西国家之一。而当东汉甘英达到条枝后，西王母又推移至更西的大秦。《后汉书·西域传》载：“大秦国一名犁鞬，以在海西，亦云海西国。……或云其国西有弱水、流沙，近西王母所居处，几于日所入也。”[②]“大秦”即罗马帝国，东汉人也没有到达其地，为时人所知最西之国。这便产生了一个问题，既然西汉中晚期至新莽时期以来西王母与昆仑已经结合在一起，西王母西移，昆仑为何不跟着西移呢？一则毕竟昆仑在传说中还有一些实际内容，如“河出昆仑”，汉武帝将其定为于阗南山就是根据了张骞找到的新“河源”。将河源西推至于阗南山已经比较牵强了，不可能再无限度地往西推移了。二则西域中最雄伟的大山便在青藏高原的边缘，再往西推实在也找不出更大的山来充当昆仑了。但既然西王母已经到了大秦，昆仑虽然不能到大秦，也要在大秦造出一个“小昆仑”来。晋张华《博物志》云：“汉使张骞渡西海，至大秦。西海之滨有小昆仑，高万仞，方八百里。”[③]《山海经·海内西经》云：“昆仑之虚，方八百里，高万仞。”[④]可见这个“高万仞，方八百里”的“小昆仑”实在就是随着西王母的西移而造出来的。更有甚者，不顾正经正史中言之铮铮的“河出昆仑”，直接将昆仑随着西王母西推至大秦之西。如《河图玉版》云：“昆仑以东，得大秦之国。”[⑤]

西王母总在西域之西，去往西王母之地就必然要经过西域。当时将西域诸国称为“西胡”[⑥]，相对匈奴与东胡而言。《说文解字·邑部》曰：“鄯善，西胡国也。”[⑦]《后汉书·西域传》赞曰：“逷矣西胡，天之外区。”[⑧]可见，要去往西王母之地就必须经过西胡居住的地区，《山海经》中说“昆仑山在西胡西”[⑨]，可见昆仑、西王母都在西胡之西了。

一方面，西胡作为当地的居民，谙熟道路，可以作为这段旅程的向导。关于

---

① 《史记》卷一百二十三《大宛列传》，第10册，第3163、3164页。
② 《后汉书》卷八十八《西域传》，第10册，第2919、2920页。
③ （晋）张华撰，范宁校证：《博物志校证》卷一《水》，第11页。
④ 袁珂校注：《山海经校注》（增补修订本），第344页。
⑤ ［日］安居香山、中村璋八辑：《纬书集成》，下册，第1147页。
⑥ 王国维：《西胡考》，见氏著《观堂集林》卷十三，北京：中华书局，1959年，上册，第606页。
⑦ （汉）许慎撰，（清）段玉裁注：《说文解字注》，第284页。
⑧ 《后汉书》卷八十八《西域传》，第10册，第2934页。
⑨ 袁珂校注：《山海经校注》（增补修订本），第381页。

昆仑、西王母的某些传说甚至本身就出于西胡，如上引《史记·大宛列传》中载“安息长老传闻条枝有弱水、西王母”，去往昆仑、西王母之地自然需要这些西胡的引导。另一方面，“非我族类，其心必异”，西胡也可能是这段旅程上的阻碍者，要去往昆仑、西王母之地有时也需要打败阻路的胡人。笔者认为，这里所述汉代“车马出行—胡人”（分为“胡人导引”和“胡汉交战”两类）画像就是这种观念的反映。

画像上的胡人头戴尖帽、深目高鼻而多须髯，正合西域胡人的形象。邢义田先生根据大量材料论证尖顶帽为斯基泰民族及受斯基泰影响的广大中亚地区流行的帽式[①]。而《史记·大宛列传》载：“自大宛以西至安息，国虽颇异言，然大同俗，相知言。其人皆深眼，多须髯。”[②]《汉书·西域传》亦载：“自（大）宛以西至安息国，虽颇异言，然大同，自相晓知也。其人皆深目，多须髯。”[③]繁钦《三胡赋》云：“莎车之胡，黄目深精，员耳狭颐。康居之胡，焦头折頞，高辅陷无，眼无黑眸，颊无余肉。罽宾之胡，面象炙蝟，顶如持囊，隈目赤眦，洞頞印鼻。”[④]皆表现出汉代人观念中西域胡人脸型瘦长、深目高鼻、多须髯的特点，而对于匈奴与东胡则不见有总体上突出的奇特相貌。此类画像中的胡人应该就是西域胡人的表现。

第一类“车马出行—胡人导引”画像正表现了墓主的车马在西胡的引导下顺利地向昆仑、西王母进发。而第二类“车马出行—胡汉交战”画像中，总是汉军一方占据优势，胡人败退，车马继续向前进发，表现的是墓主的军队打败阻路胡人，顺利通往昆仑、西王母的情景。此类画像又可分为四种形式：一种只有山，一种只有桥，一种既有山又有桥，一种则无阻碍物。笔者认为，对于这些元素，无须过于落实[⑤]，西胡、大山、大河都可能成为去往昆仑、西王母之地的阻碍，此类图

---

① 邢义田：《古代中国及欧亚文献、图像与考古资料中的“胡人”外貌》，《美术史研究集刊》第 9 期，第 37 ～ 69 页。

② 《史记》卷一百二十三《大宛列传》，第 10 册，第 3157 页。

③ 《汉书》卷九十六《西域传》，第 12 册，第 3896 页。

④ 费振刚，胡双宝，宗明华编，《全汉赋》，第 642 页。

⑤ 有意见根据苍山元嘉元年墓中“过卫桥”的题记，并结合其他墓葬中表现历史故事中的“渭水桥”，认为此类画像中的桥亦是渭桥，并以此展开讨论。（如［美］巫鸿著，郑岩译：《超越“大限”：苍山石刻与墓葬叙事画像》，见氏著《礼仪中的美术——巫鸿中国古代美术史文编》，第 217 页；李清泉：《上渭桥——汉画中部分车马过桥图像所集中显现的语义关联》，见向群、万毅编《姜伯勤教授八秩华诞颂寿史学论文集》，广州：广东人民出版社，2019 年，第 400 ～ 413 页；等）笔者则认为这样的通假恐难成立，过桥未必皆有特指。（详见王煜、杜京城：《“祭我兮子孙”：沂南汉墓画像的整体配置与图像逻辑》，见中国社会科学院历史研究所文化史研究室编《形象史学》第 17 辑，第 43 ～ 61 页）

像正表现了墓主的队伍克服这些困难险阻，继续向昆仑、西王母进发。

三、小结

本节中笔者对汉代墓葬中车马出行图像及其他相关遗存与昆仑升仙信仰的关系作了一些初步的考察，其中有一部分是专题研究。通过这些考察和研究，确认了许多汉墓中的车马出行题材是与昆仑升仙信仰有着紧密关系的，是墓主向昆仑进发的反映。汉墓中的车马出行题材尤其是画像可以说洋洋大观，由于精力的限制和有关证据的缺乏，其中应该还有更多的材料是与昆仑升仙信仰有关的，只是不能分辨和确定而已。而这些车马出行图像中往往具有西方因素，如骆驼、大象、天马、胡人，这是值得进一步关注的。本节中笔者仅对胡人与车马出行的图像作了一个专题研究，认为在当时人们的观念中昆仑、西王母既在西域，居住于西域的胡人就有可能与去往昆仑、西王母之地的旅程发生联系，一种表现是胡人作为这段旅程的引导，一种可能是胡人作为这段旅程的阻碍，需要克服之而继续前进。如果此说成立，则可以想象，汉墓中自然还有更多的西方文化因素与这种观念有关，在第三章第四节中笔者已经就西王母与西方女神图像的关系做过一番考察，算是一例。但我们如果从这个角度去看汉晋墓葬中的西方文化因素，如有翼神兽、早期佛像、大型石雕等，可能还会有更为丰富和深入的认识和发现（详见第六章）。

本节所论的向昆仑进发的队伍主要是车马，或可以戏称为昆仑旅程中的“陆路”。

第四节
“河出昆仑”：鱼车出行图像与升仙信仰

上面两节分别考察了昆仑升仙旅程中的“空路”和“陆路”，本节再来考察“水路”。这绝非玩笑，汉代的壁画和画像中确实有从水路进发昆仑的图像，那就是鱼车出行图像。汉代壁画和画像中有不少鱼车出行的图像，其具有创意的形

象引起了学者们的关注。学界对此类图像已经形成了一些共识，如认为其在丧葬环境中的意义与升仙信仰有关。就目前的材料来看，这一认识显然是合理的。但对于其性质仍然存在争论，而且，对其在升仙信仰中的具体意义，即为何使用鱼车进行升仙、鱼车升仙的目的地具体在何处等问题，还需要更为细致、深入的考察。

一、鱼车出行图像及其场景

笔者认为，图像当然是当时社会上一些普遍观念的产物，但人们的观念尤其是神话和神仙信仰比较驳杂，对于某类图像的考察应该首先认真分析材料，注意其关键的尤其是共同的图像场景和因素，再将得到的认识放入相关的观念背景中，可能会更加深刻而具体。目前所见，壁画和画像中的鱼车出行绝大多数并不是单一的图像，而是处在一个场景中的，这个场景对我们认识此类图像具有重要作用。具体场景有以下四种：

（一）昆仑、西王母场景

出现于昆仑、西王母场景中的鱼车出行图像，最具代表性的见于本书中多次提到的陕西定边郝滩壁画墓[①]M1墓室西壁南部壁画中。该壁画描绘了一幅丰富生动的昆仑、西王母图像。画面左边戴胜的西王母及其侍从端坐于呈蘑菇状的三平台形昆仑之上，其右有一神船，船中有四人，船上即题为“大一坐（太一座）”的帏帐。神船后有一鱼车向左进发，车身以云气代替，驭者和乘者坐于云气之上。整幅画面上满布奏乐和舞蹈的神兽（见图1–43）。这里画面右上端的鱼车的组合甚至目的地都比较明确，那就是处于画面左上端的昆仑、西王母，甚至进而升往神船上部的太一所在。另外，陕西米脂官庄画像石墓M2后室南壁门楣上，右部为虎车和鱼车出行，车旁及车后尚有羽人随从，左部中间为一端坐的有翼神人，神人后侧为众多羽人持戟护卫，前部为神仙世界的乐舞百戏。该神人戴三锋冠，应

① 陕西省考古研究所、榆林市文物管理委员会：《陕西定边县郝滩发现东汉壁画墓》，《考古与文物》2004第5期。

为东王公[①]（图 5–45–1）。如前所述，该地区此时的东王公图像和信仰更多是西王母的翻版，尚未独立和相对发展，当与西王母具有同样的意义。

1. M2 后室南壁

2. M1 前室南壁

图 5–45　米脂官庄画像石墓门楣鱼车出行

（采自榆林市文物保护研究所、榆林市文物考古勘探工作队：《米脂官庄画像石墓》，北京：文物出版社，2009 年，彩版四九）

有的鱼车出行的场景中虽然没有直接出现昆仑、西王母，但其上的一些图像明显表现出与昆仑、西王母的紧密关系。例如，山东邹城郭里镇黄路屯出土的一方东汉晚期的画像石上，左边一人骑鱼导行，其后有一鱼车，车有轮有盖，表现得比较现实，鱼车后又有二人分别骑一鱼跟随。值得注意的是，鱼车和骑鱼者之旁有人面九首虎身的开明兽，开明兽后还有二玉兔持物和二玉兔捣药[②]（图 5–46）。

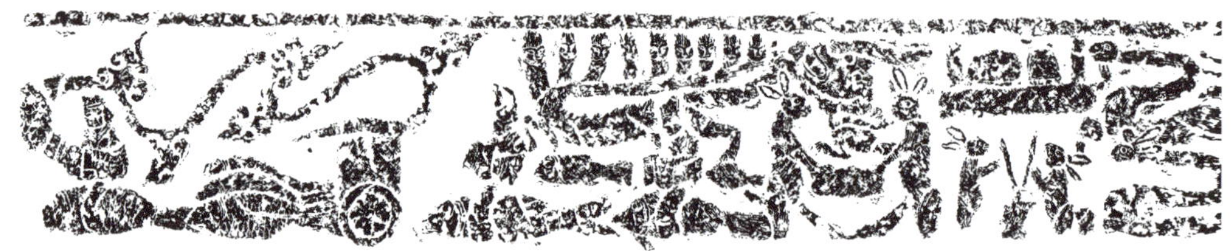

图 5–46　邹城出土鱼车、开明兽、玉兔捣药画像石拓片

（采自胡新立：《邹城汉画像石》，第 175 页，图二一二）

前面一再提到，开明兽为昆仑的守卫，而玉兔捣药在汉画像中最常出现于西王母

① 榆林市文物保护研究所、榆林市文物考古勘探工作队：《米脂官庄画像石墓》，第 86 页。

② 胡新立：《邹城汉画像石》，第 175 页。

的旁边。该画像上的鱼车出行场景中既然出现了专职守卫昆仑的开明兽和西王母从属中的玉兔捣药，可信也属于昆仑、西王母的场景。

山东临沂吴白庄东汉晚期画像石墓前室中过梁东面刻画一列神兽拉车出行，最前（左）者即为鱼车。一有角有翼的虎形神兽驾车，共驾六鱼。一人坐车中，发（冠）式颇为奇怪而突出。车以云气为轮，车厢两侧均有翼（图 5–47–1）。其后尚有三组虎形神兽拉载云车（翼车）出行（图 5–47–2）。西面右侧有残缺，大体也为神兽出行，左侧中心为正面端坐的西王母，其左为玉兔捣药（图 5–47–3），右为人面虎身的开明兽[①]（图 5–47–4，虽然该神兽只有八首，而开明兽为九首，但从人面虎身及与西王母的组合来看，无疑为开明兽）。如果将此过梁画像石的东、西两面看作一个整体，这里的鱼车出行即与西王母、昆仑有着紧密关系。而联系上述邹城出土画像石上鱼车与开明兽、玉兔捣药的组合，笔者认为确实应该这样来理解。

图 5–47　临沂吴白庄画像石墓前室中过梁上的鱼车与西王母、开明兽
（采自临沂市博物馆编：《临沂吴白庄汉画像石墓》，第 161 ~ 163 页，图一九三 ~ 一九九）

（二）天界场景

南阳唐河针织厂汉画像石墓[②]北主室顶部也有一幅鱼车出行画像，刻画得比较简略，三鱼拉载一车，后面尚有四鱼跟随。而北主室顶部的画像组合为日、神兽、联璧纹、鱼车、四象、虹，南主室顶部则刻画有月、星象和由星象演变而成的几

① 临沂市博物馆编：《临沂吴白庄汉画像石墓》，第 160 ~ 163 页，图一九三 ~ 一九九。
② 周到、李京华：《唐河针织厂汉画像石墓的发掘》，《文物》1973 年第 6 期。

何纹（图 5–48、5–49）。毫无疑问，这里的鱼车出行是处于各种对天界事物的表现之中的。

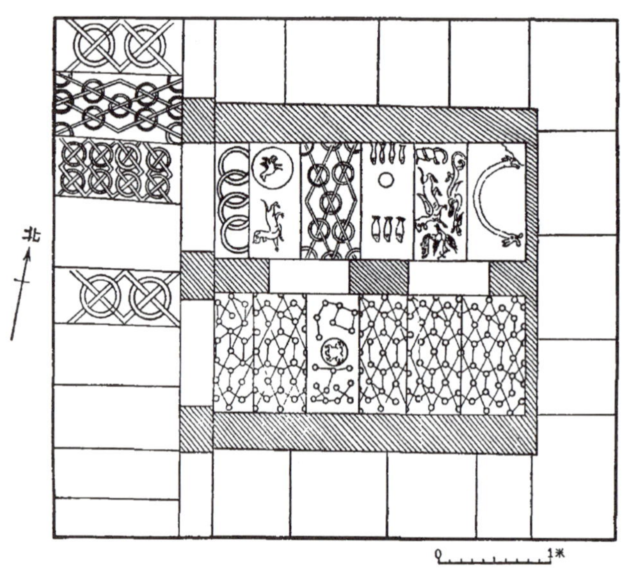

图 5–48　唐河针织厂画像石墓顶部画像组合

（采自周到、李京华：《唐河针织厂汉画像石墓的发掘》，《文物》1973 年第 6 期，图三，3）

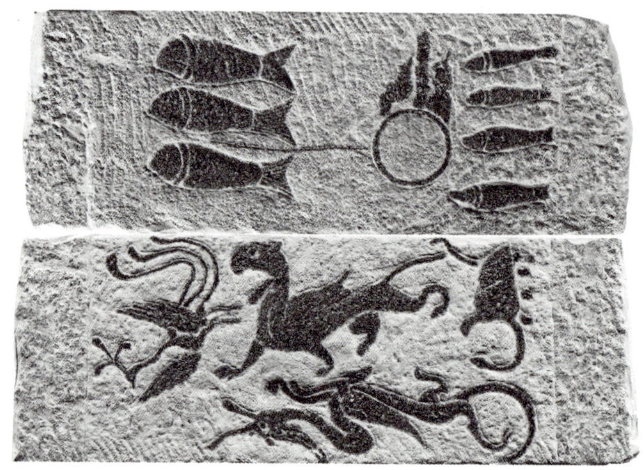

图 5–49　唐河针织厂画像石墓北主室顶部鱼车出行与四象拓片

（北京大学汉画研究所徐呈瑞先生提供，《汉画总录》编号 HN–NY–040–62、HN–NY–040–63）

内蒙古鄂尔多斯乌审旗巴日松古敖包壁画墓 M1 墓顶整绘天象图，以云气为主，中有日（月）、星象和神兽（图 5–50–1）。其中部即绘有一鱼车（图 5–50–2）。

该天象图中尚隐约可见龙车等[①]（图 5-50-3）。此外，与风雨雷电诸神组合的鱼车出行，实际上也都是处于天界出行的大背景中的，见后文详述。

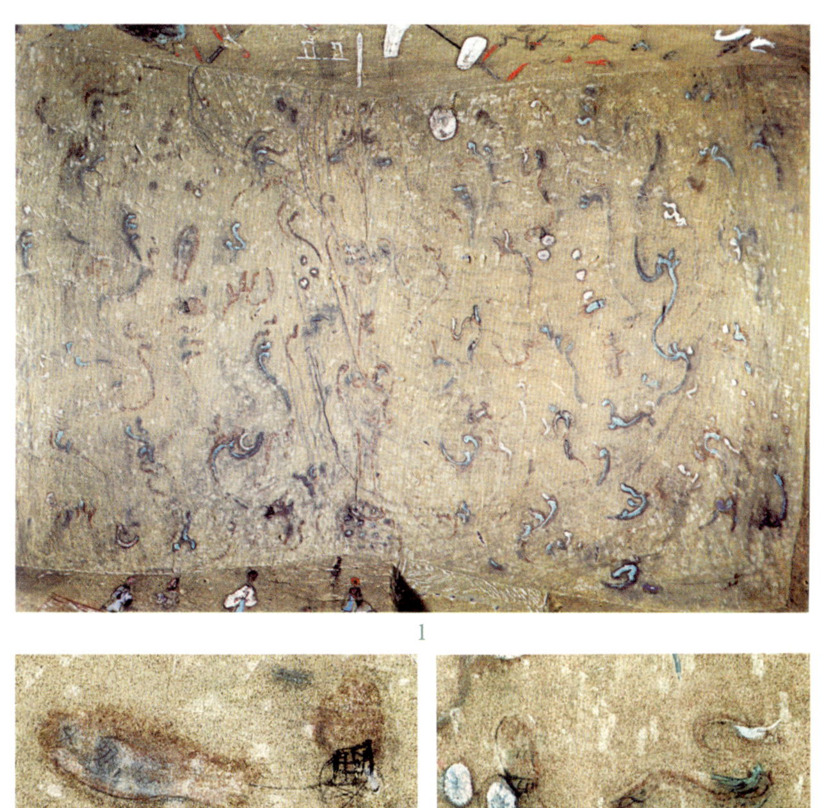

1

2　　3

图 5-50　鄂尔多斯乌审旗巴日松古敖包 M1 墓顶壁画

（采自鄂尔多斯博物馆：《北方草原古代壁画珍品》，西安：三秦出版社，2016 年，第 77 ~ 79 页）

（三）神兽及车马出行场景

目前所见的鱼车出行画像一般都出现于神兽出行的场景中，有龙、翼兽、人鱼等神兽，也有神化了的虎、象、驼、鹿、鹤等禽兽，还有赋予了升仙意义的车马。

① 鄂尔多斯博物馆：《北方草原古代壁画珍品》，西安：三秦出版社，2016 年，第 77 ~ 79 页。

最具代表性的有前述陕西靖边杨桥畔汉墓[①]M1中的鱼车出行图像，该图像位于后室西壁阑额上方的砖砌斗栱之间，三条鱼驾一云车，其上有一人端坐(图5-51)，

图5-51　靖边杨桥畔壁画墓鱼车出行

（采自陕西省考古研究院：《壁上丹青——陕西出土壁画集》，第109页，图35）

其后有一人骑鹤跟随。该鱼车处于一龙车与有翼的兔车之间，而整个墓室中还有大量虎车、象车、鹿车、鹤车及乘骑神兽的图像，这些神兽多有翼（见图5-6、5-7、4-3）。如前所述，该墓中的这些神兽出行皆为朝向前室壁画上太一神船的方向，如此则与上述邻近的定边郝滩壁画墓中的意义一致，也是向昆仑、西王母及其上的太一进发的（见第四章第一节）。不过，此点毕竟属于笔者的讨论，不是最为直接的图像信息，在梳理材料时还是将之归属于神兽出行场景较为稳妥。

山东邹城北宿镇落陵村出土的西汉晚期的画像石椁[②]上已见此类画像，其上三鱼驾一车，车盖由两条鱼构成，车身由一条龙充当。驭者、乘者各一人，其前有一人面鱼身者导行，其后有一人骑一兽，双手各持一宝珠状物随行，所骑之兽似驼（图5-52-1）。值得注意的是，该画像上的驭者、乘者和骑兽者皆头戴尖顶帽，呈侧面者可看出其形象为深目高鼻、下巴尖长，很似汉画像中常见的胡人形象，而胡人骑驼也常见于汉及其后的艺术表现之中（详见第六章第一节）。安徽宿县曹村出土的一方画像石上方，三条鱼拉载一云车左行，一神兽驾车，车上坐一人。鱼车前为有翼神鹿拉载一云车，车上二人均为羽人[③]（图5-52-2）。陕西米脂官

① 陕西省考古研究院、榆林市文物研究所、靖边县文物管理办公室：《陕西靖边东汉壁画墓》，《文物》2009年第2期。

② 胡新立：《邹城汉画像石》，第175页。

③ 高书林编著：《淮北汉画像石》，第20页。

庄东汉中晚期画像石墓门楣或横额上也多有鱼车与龙车、虎车等神兽一同出行的画像[①]（见图 5–45–2）。绥德延家岔画像石墓墓室东壁门楣上，右端刻画一院落，中有二羽人嬉戏，其左为神兽拉载云车出行，从前至后分为鱼车、虎车、鹿（兔）车和龙车[②]（图 5–53）。

1. 邹城出土

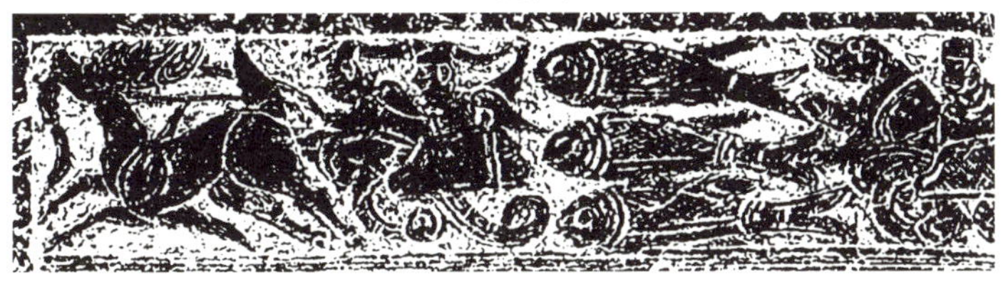

2. 宿县曹村出土

图 5–52　鱼车与神兽出行画像石拓片
（采自 1. 胡新立编：《邹城汉画像石》，第 175 页，图二一二；2. 高书林编著：《淮北汉画像石》，第 20 页）

图 5–53　绥德延家岔画像石墓墓室东壁门楣
（北京大学汉画研究所徐呈瑞先生提供，《汉画总录》编号 SSX–SD–100–20）

① 榆林市文物考古研究所、榆林市文物考古勘探工作队：《米脂官庄画像石墓》，第 33、86、87 页，图三二、九四～九六。

② 戴应新、李仲煊：《陕西绥德县延家岔东汉画像石墓》，《考古》1983 年第 3 期。

另外，前述山东肥城栾镇村出土的一方画像石[①]中，鱼车还出现于车马出行的队伍中，该出行队伍中除马车、鱼车外，还有鹿车，显然这里出行的意义应该是升仙，而出行队伍的前端出现了与胡人交战的场面（见图 5-44-1），这就与上一节中的相关问题联系起来了。山东长清孝堂山祠堂东壁下部左侧也刻画有鱼车出行，其前还有鹿车[②]（图 5-54），说明此部分画像具有神仙和升仙意向。但是否与上部规模庞大的出行队伍为一体，由于中间又插入庖厨、宴饮、百戏和历史故事等内容，还需谨慎。

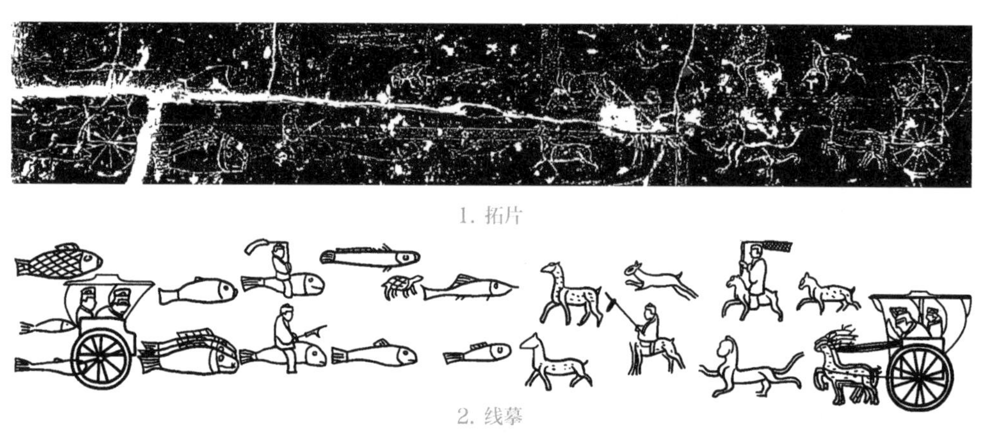

1. 拓片

2. 线摹

图 5-54　长清孝堂山祠堂鱼车、鹿车出行画像

（采自山东省石刻艺术博物馆、山东省文物考古研究所：《孝堂山石祠》，北京：文物出版社，2017 年，第 30、31 页，图 18、19）

（四）风雨雷电诸神出行场景

此种场景中的鱼车出行图像，笔者在第四章第五节中已经提到，典型者见于江苏徐州铜山洪楼村汉墓[③]前发现的一方东汉晚期祠堂顶部的天井石上。该画像上主要表现天上的风雨雷电诸神，其实也可归于上述天界场景，但因其图像因素丰富具体，故单独列出。

① 王思礼：《山东肥城汉画像石墓调查》，《文物参考资料》1958 年第 4 期。

② 山东省石刻艺术博物馆、山东省文物考古研究所：《孝堂山石祠》，第 30、31 页，图 18、19。

③ 王德庆：《江苏铜山东汉墓清理简报》，《考古通讯》1957 年第 4 期。

画像右上部为一鱼车，车轮由漩涡状云气代替，其上有驭者、乘者各一人，驭者身形瘦削、肩生羽翼，当为羽人，乘者头戴一鱼。鱼车下有一龙车，车上有一建鼓和怪神，其左有一人持钩骑象。画像左侧一人持烛而立，其下有一人双手各持一瓶向下倾泻，其右为一人持喇叭状物作吹气状，吹气者之下有一人拖着五个连鼓（见图 4–78）。如前所述，其上的人物为风雨雷电诸神，吹气者为风伯，拖鼓和乘鼓车者为雷公，持瓶倾泻者为雨师，持烛者为电神。这里的鱼车出行即处于风雨雷电诸神行雷降雨的场景中。

类似的情况还见于山东嘉祥武氏祠左石室屋顶后坡东段，其上刻画一幅场面宏大的鱼车出行画像，围绕鱼车的周围还有大量骑鱼的随从[①]。如前所述，该祠堂屋顶整个表现的为向西王母、东王公的升仙和天界神仙出行。前坡东段为云车向西王母、东王公飞升，前坡西段总体为风雨雷电及诸神仙出行（图 5–55，

图 5–55 《金石索》摹刻武氏祠左石室屋顶后坡东段画像

（采自（清）冯云鹏、冯云鹓著：《金石索·石索三》，第 5 册，第 1437 ~ 1439 页）

另见图 4–99）。对比上述材料，鱼车出行当然也在风雨雷电等诸神出行的环境中，而且还将风雨雷电诸神与鱼车出行与向西王母、东王公的升仙紧密联系起来。

河南南阳王庄汉画像石墓[②]墓室顶部刻画有一幅鱼车出行画像，左边有二人持刀盾开路，其后为一辆四鱼所驾之车，车轮以涡旋状云气代替，上坐驭者和乘者，

① 中国画像石全集编辑委员会：《中国画像石全集 1·山东汉画像石》，第 64 页。

② 南阳市博物馆：《南阳市王庄汉画像石墓》，《中原文物》1985 年第 3 期。

车旁有二鱼夹卫，后跟骑鱼的二人（图 5–56）。仔细观察，画像背景上有三颗圆点，

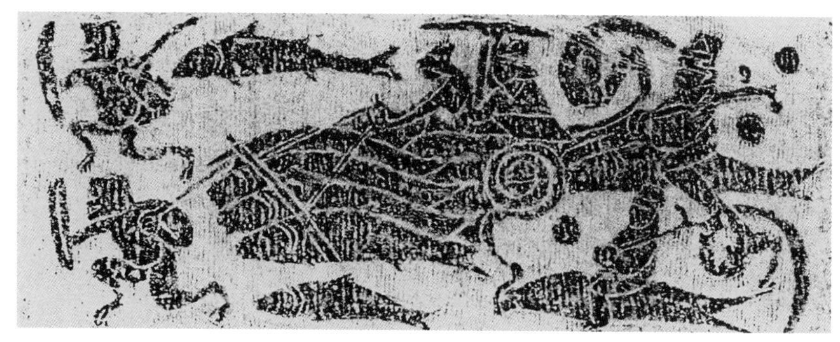

图 5–56 南阳王庄汉墓鱼车出行画像石拓片

（采自闪修山、王儒林、李陈广编著：《南阳汉画像石》，郑州：河南美术出版社，1989 年，第 14 页）

而南阳地区的汉代墓顶画像石上常见此种圆点表示星象[①]。如前所述，该墓墓顶画像石上还有较为突出的风雨雷神出行（见图 4–86）和伏羲、女娲（见图 4–34–2），也有凤鸟、青龙及星象[②]，这里的鱼车出行也是与风雨雷电诸神的天界出行紧密组合在一起的。

此外，山东苍山元嘉元年画像石墓题记中提到“僮（使？）女随后驾鲤鱼，前有青龙白虎车，后即被轮雷公君”[③]，看来也是组合鱼车、龙车、虎车与雷公出行。但由于保存现状或实际刻画等原因，该墓的画像上并未找到与之一致的对应者。

以上笔者主要以其出现的场景将汉代壁画和画像中鱼车出行材料作了初步梳理，现将目前所见的材料列为一表，便于查考（见附表 6）。根据上述材料，总结认识如下：

第一，目前所见，鱼车出行壁画和画像最早见于西汉晚期的墓葬中，到东汉时期除四川地区外，各主要的汉代壁画和画像分布区都有出现，说明其作为汉代丧葬图像中的一种流行题材，应该代表着当时一种较为普遍的观念。其实，四川

---

① 周到：《南阳汉画像石中的几幅天象图》，《考古》1975 年第 1 期。

② 南阳市博物馆：《南阳市王庄汉画像石墓》，《中原文物》1985 年第 3 期。

③ 山东省博物馆、苍山县文化馆：《山东苍山元嘉元年画象石墓》，《考古》1975 年第 2 期；方鹏钧、张勋燎：《山东苍山元嘉元年画像石题记的时代和有关问题的讨论》，《考古》1980 年第 3 期；[美] 巫鸿著，郑岩译：《超越“大限”：苍山石刻与墓葬叙事画像》，见氏著《礼仪中的美术——巫鸿中国古代美术史文编》，上册，第 215 页。

地区虽然没有直接出现鱼车，但在乐山鞍山崖墓出土画像石棺[①]的右侧板上，车马出行之后出现了龙与鱼（见图 5–30–2），鱼出现在出行之中，应该也是类似观念的产物。

第二，鱼车出行的场景中有昆仑和西王母、各种神兽、天界星象及风雨雷电诸神。鱼车与各种神兽一同行进，表现出明显的神仙和升仙意义，而昆仑、西王母、天界星象及风雨雷电诸神的出现使这种意义变得更加明确具体。值得注意的是，一些鱼车出行中还出现了胡人。这些都是以往研究中没有很好加以注意的问题，有了这些认识，笔者便可以对鱼车出行的性质和意义作出进一步的考察了。

二、鱼车出行的性质与意义

（一）性质

关于汉代壁画和画像中鱼车出行的性质，学界尚有不同意见。清代的冯云鹏、冯云鹓认为前述武氏祠左石室屋顶后坡东段画像上表现的是“海神龙鱼出战”[②]，后来的研究者一般认为是河伯出行的表现[③]，这种认识比较普遍，所以许多汉画像著录中就直接将此类图像命名为“河伯出行”。近来有学者根据文献记载中河伯乘坐的是龙车而非鱼车，对此说提出了质疑，认为其并非河伯出行，而是类似琴高乘鱼升仙的表现[④]。

《楚辞·九歌》描述河伯时，确实说其乘驾龙车。其云：“乘水车兮荷盖，驾两龙兮骖螭。”王逸注：“言河伯以水为车，骖驾螭龙，而戏游也。”[⑤]但这显然不能成为否定汉代图像中河伯可乘鱼车的证据。因为，一则时代不同，传说可能演变；二则文学作品与墓葬图像在具体形象上未必需要一丝不差地对应；三则鱼龙同属，乘鱼车也符合河伯的性质和身份。而且《九歌》接下来就说道：“灵何为兮水中，乘白鼋兮逐文鱼。”王逸注：“大鳖为鼋，鱼属也。逐，从也。言

① 罗二虎：《汉代画像石棺》，第 61 页。

② （清）冯云鹏、冯云鹓著：《金石索·石索三》，第 5 册，第 1437 页。

③ 李陈广：《南阳汉画像河伯图试析》，《中原文物》1986 年第 1 期。

④ 宋艳萍：《汉画像石中的“鱼车图”》，《四川文物》2010 年第 6 期。

⑤ （宋）洪兴祖撰，白化文等点校：《楚辞补注》卷二《九歌》，第 77 页。

河伯游戏，远出乘龙，近出乘鼋，又从鲤鱼也。”[①]可见，即便早期传说中河伯也可乘鼋、鱼之属。另据研究者披露，一面东汉晚期的画像镜中也见有鱼车的图像，其旁刻铭为“何伯”，当为“河伯”[②]。不过，文章中未说明该铜镜的出土信息，尚需谨慎使用。更为重要的是，上述徐州铜山出土画像石中，鱼车上坐一头戴鱼形冠之人，其旁风雨雷电诸神正在行雷降雨。根据文献记载，河伯也能降雨[③]，而其身份正与风雨雷电诸神相同，可信这里头戴鱼形冠的人应当是河伯无疑。说明汉代图像中鱼车出行确实可以表现河伯。

不过，徐州铜山画像上的鱼车出行又具有明显的特殊性，与风雨雷电诸神同处的情况也仅是上述鱼车出行场景之一，而戴鱼形冠者也仅此一例，似乎还不能依此将上述所有图像上的鱼车出行立即定为河伯[④]。而且就图像本身而言，上述材料中的鱼车，有些地位比较突出，有些则较一般。桓帝和平元年（公元150年）《张公神碑》中也说：“相驾蜚（飞）鱼，往来倏忽。”[⑤]看来确实也并非只有河伯才可乘坐鱼车。就目前的材料而言，可以得出的结论的是，汉代图像中的鱼车出行可以表现河伯，在一些图像因素明确的例子中正是河伯，类似图像也为河伯的可能性是很大的。而无论其是否是河伯的表现，此类图像都具有强烈的神仙和升仙意义，表达墓主对升仙的渴望。这一点也是所有学者一致认可的。

（二）意义

如前所述，学者们一致认定鱼车出行的意义与升仙有关，这也符合其主要出现于神兽出行场景中的情况。但对于其具体的升仙意义及观念背景，尚嫌深入不足，对上述图像场景的细致观察为我们进一步探讨这一问题提供了线索。

---

① （宋）洪兴祖撰，白化文等点校：《楚辞补注》卷二《九歌》，第77页。

② 李陈广：《南阳汉画像河伯图试析》，《中原文物》1986年第1期。

③ 牛耕：《试析汉画中的〈雷神出行图〉》，《南都学坛》1990年第5期。

④ 按：林巳奈夫先生就根据《搜神记》中“冠似鱼头”的说法，认为其为南海君，沈睿文先生同意此说（详见沈睿文：《唐宋墓葬神煞考源——中国古代墓葬太一出行系列研究之三》，见荣新江主编《唐研究》第18卷，第203页）。不过《搜神记》成书较晚，而“南海君”这一名称尚未在明确的汉代传世和出土文献中见到，再者，“冠似鱼头”也与以鱼为冠不尽相同，并且这则文献的上下文与出现环境也与画像差距甚大，笔者目前还是将之与本节所述画像视为一类，看作河伯。

⑤ （宋）洪适撰：《隶释》卷三《张公神碑》，见《隶释·隶续》，第42页。

目前所见的鱼车出行场景中有对其目的地最为明确具体的表达，就是昆仑和西王母。

《史记·大宛列传》太史公曰引《禹本纪》云："河出昆仑。"[①]《尔雅·释水》云："河出昆仑虚。"[②]《淮南子·地形训》云："河水出昆仑东北陬。"[③]《水经·河水》云："昆仑墟在西北，去嵩高五万里，地之中也。其高万一千里，河水出其东北陬。"[④]《山海经·海内西经》亦云："昆仑之虚，在西北，帝之下都。……河水出东北隅。"[⑤]"河出昆仑"确实是汉代人的一种普遍观念，所以即便明知黄河的源头并不在西域（当时人确知其出积石，在金城郡），也要造出"伏流"的说法，将河源往西推移。《史记·大宛列传》中载："汉使穷河源，河源出于寘，其山多玉石，采来，天子案古图书，名河所出山曰昆仑云。"[⑥]将此"河源"之山定为昆仑，当然是汉武帝的一厢情愿，但确实说明了当时人观念中河源与昆仑的紧密关系。而且，许多学者相信武帝向西域遣使除政治外的一个重要目的就是寻找昆仑、王母和天马[⑦]。既然河出昆仑，循河而上，即可最终到达昆仑。笔者认为，上述鱼车出行与昆仑、西王母的关系即可在此种观念中得到切实的理解。

而且，正因为河源与昆仑的此种密切关系，关于河伯的神话传说也多与昆仑有着紧密的联系。《山海经·海内西经》云："昆仑南渊深三百仞。开明兽身大类虎而九首，皆人面，东向立昆仑上。"《海内北经》又云："昆仑虚南所，有氾林方三百里。从极之渊深三百仞，维冰夷恒都焉。"郭璞注："冰夷，冯夷也。即河伯也。"[⑧]古今学者一致认定此"从极之渊"即"昆仑南渊"，总观上引两条文献，其说可信。可见，河伯的都城就在昆仑之下的深渊中，其上有开明兽，而上述山东邹城和临沂吴白庄出土的画像石上鱼车出行正与开明兽联系在一起，显然不是巧合了。《穆天子传》中载周穆王西征昆仑时，"鹜行至于阳纡之山，河

① 《史记》卷一百二十三《大宛列传》，第10册，第3173页。

② 《尔雅注疏》卷七《释水》，第374页。

③ 何宁撰：《淮南子集释》卷四《墬形训》，上册，第326页。

④ （北魏）郦道元著，陈桥驿校证：《水经注校证》卷一《河水》，第1～3页。

⑤ 袁珂校注：《山海经校注》（增补修订本），第344～348页。

⑥ 《史记》卷一百二十三《大宛列传》，第10册，第3173页。

⑦ ［美］余英时著，侯旭东译：《东汉生死观》，第31页；霍巍：《天马、神龙与昆仑神话》，见霍巍、赵德云著《战国秦汉时期中国西南的对外文化交流》，第200页。

⑧ 袁珂校注：《山海经校注》（增补修订本），第349、369页。

伯无夷之所都居，是惟河宗氏。……河宗又号之：'帝曰：穆满，示女春山之珤，诏女昆仑□舍四平泉七十。乃至于昆仑之丘，以观春山之珤。赐语晦。'"[①]这段文献虽然有些晦涩，但总体意义还是清楚的，即周穆王西征昆仑，先到河宗氏祭祀河伯，也说明了河伯与昆仑的紧密关系。《楚辞·九歌·河伯》云："乘水车兮荷盖，驾两龙兮骖螭。登昆仑兮四望，心飞扬兮浩荡。"王逸注："昆仑山，河源所从出。……言已设与河伯俱游西北，登昆仑万里之山，周望四方，心意飞扬，志欲升天，思念浩荡。"[②]《淮南子·原道训》亦云："昔者冯夷、大丙之御也，乘云车，入云蜺，……经纪山川，蹈腾昆仑，排阊阖，沦天门。"[③]以河伯为游仙、升仙的榜样，而其中都以昆仑为中心。张衡《思玄赋》云："乱弱水之潺湲兮，逗华阴之湍渚。号冯夷俾清津兮，棹龙舟以济予。"[④]也可见到河伯（冯夷）与昆仑、弱水的紧密关系。

除昆仑和西王母外，上述汉代图像中的鱼车出行还有一种与目的地有关的场景，即天界星象。正如本书所论的，昆仑、西王母并不是升仙者的最终目的地，昆仑为升天信仰的中心，其上的西王母是获得仙药和仙籍，进入天门升天成仙的关键，升仙者的最终目的是要通过昆仑、西王母、天门而升入天界。笔者在讨论牵牛、织女时已经引用过《博物志》中的一段记载：

汉武帝令张骞使大夏寻河源，乘槎经月而去。至一处，见城郭如官府，室内有一女织。又见一丈夫牵牛饮河，骞问曰："此是何处？"答曰："可问严君平。"织女取榰机石与骞而还。后至蜀，问君平，君平曰："某年月日，客星犯牛斗。"计年月，正此人到天河时也。[⑤]

这段故事显然出于附会，且有不同版本，但说明汉晋人的观念中，由于河出昆仑，而昆仑又为通天神山，故而循河而上，便可进入天界，驶入星河。可见，鱼车出行以昆仑、王母或天界星象为场景和目的地不但不矛盾，而且还是一个一

① （晋）郭璞注，王贻樑、陈建敏校释：《穆天子传汇校集释》卷一，第38～50页。
② （宋）洪兴祖撰，白化文等点校：《楚辞补注》卷二《九歌·河伯》，第77页。
③ 何宁撰：《淮南子集释》卷一《原道训》，上册，第12～16页。
④ 费振刚、胡双宝、宗明华辑校：《全汉赋》，第394、395页。
⑤ （梁）宗懔撰，（隋）杜公瞻注，姜彦稚辑校：《荆楚岁时记》，第57页。

以贯之的过程。汉代诗歌中有一首想象力极为充沛的《艳歌》，内容就是关于升仙，其云：

今日乐上乐，相从步云衢。天公出美酒，河伯出鲤鱼。青龙前铺席，白虎持榼壶。南斗工鼓瑟，北斗吹笙竽。妲娥垂明珰，织女奉瑛琚。苍霞扬东讴，清风流西歈。垂露成帏幄，奔星扶轮舆。①

想象了升天之后在天上享受乐舞、美食和愉快出行，天界的神祇都为其东道主和侍从。其中的河伯是与天公相对的，也从一个侧面反映了汉代的升天信仰中应有河伯的一席之地。

此外，还有一种明确的场景是与风雨雷电诸神出行相组合，而笔者在第四章第五节中已经详细讨论过，汉墓中的风雨雷电诸神出行图像是与升天信仰具有直接联系的。鱼车出行出现在这里，一方面与同样可以兴云降雨的河伯有关，另一方面也是升天信仰的集中表现。正如前引《淮南子·原道训》中所说：“昔者冯夷、大丙之御也，乘云车，入云霓，游微雾，……经纪山川，蹈腾昆仑，排阊阖，沦天门。……令雨师洒道，使风伯扫尘，电以为鞭策，雷以为车轮；上游于霄雿之野，下出于无垠之门。”② 即将河伯出行与风雨雷电诸神的导从结合起来作为昆仑升天游仙的一个代表，上述结合鱼车出行与风雨雷电诸神出行的画像简直可以说是这种观念的直接图像表现。

三、小结

综上所述，汉代鱼车出行及相关图像在墓葬艺术流行的各大地区都有出现，流行时间自西汉晚期到东汉晚期，应该是一种较为普遍的观念的反映。对其场景的细致观察，有利于进一步理解此类图像在丧葬艺术中的意义。目前所见材料中，鱼车出现于昆仑和西王母、天界星象、神兽出行及风雨雷电诸神的场景中。在明确的例子中，鱼车出行的主人都是河伯。无论是否全为河伯的表现，其主要出现

① 逯钦立辑校：《先秦汉魏晋南北朝诗》，上册，第 289 页。
② 何宁撰：《淮南子集释》卷一《原道训》，上册，第 12 ~ 20 页。

于神兽出行的场景中，说明具有明显的游仙和升仙意义。其中具有目的地意义的场景为昆仑、西王母或天界星空。当时人认为河出昆仑，而昆仑是通天的神山，循河而上，即可最终到达昆仑，并驶入天河，升入天界。关于河伯的神话传说也与昆仑有着紧密的关系。鱼车出行图像即是此种昆仑升仙信仰的一种表现，表现墓主人希望得到河伯的帮助或像河伯一样，驾驶鱼车，循河而上，到达昆仑而升天成仙。

笔者便要把它戏称为昆仑升仙旅程中的“水路”了。

另外，值得注意的是，一些鱼车出行画像中出现了胡人的形象。笔者在上一节中讨论过，汉画像中的胡人形象常出现于车马出行的场景中，这类画像上的车马出行的方向，图像因素明确者都是昆仑、西王母。当时的一种流行观念认为，昆仑、王母在西域外国之中，要去往该地就会与居住于当地的西胡发生关系，故而出现了车马出行队伍前的胡人导引和以汉军胜利为结果的胡汉交战画像。如前所述，鱼车出行的目的地也为昆仑、王母，其中出现胡人就可以理解了，这也为汉画像中胡人意义的理解又增加了一例佐证。

第六章

神奇的西方：汉墓西方文化因素与昆仑升仙信仰

梁武帝时，周舍作《上云乐》云：

西方老胡，厥名文康。遨遨六合，傲诞三皇。西观濛汜，东戏扶桑。南泛大蒙之海，北至无通之乡。昔与若士为友，共弄彭祖扶床。往年暂到昆仑，复值瑶池举觞。周帝迎以上席，王母赠以玉浆。故乃寿如南山，志若金刚。青眼智智，白发长长。蛾眉临鬓，高鼻垂口。非直能俳，又善饮酒。箫管鸣前，门徒从后。济济翼翼，各有分部。凤皇是老胡家鸡，师子是老胡家狗。[1]

描述了一位来自西方的、曾经参加过昆仑山上西王母瑶池宴会的、长生不死的胡人，带着凤凰、狮子前来向天朝皇帝祝寿。唐代李白更发挥其辞为：

金天之西，白日所没。康老胡雏，生彼月窟。巉岩容仪，戌削风骨。碧玉炅炅双目瞳，黄金拳拳两鬓红。华盖垂下睫，嵩岳临上唇。不睹诡谲貌，岂知造化神。大道是文康之严父，元气乃文康之老亲。抚顶弄盘古，推车转天轮。……生死了不尽，谁明此胡是仙真。……老胡感至德，东来进仙倡。五色师子，九苞凤凰。是老胡鸡犬，鸣舞飞帝乡。[2]

其实，这是一种充满神仙意味的杂戏扮演，即《隋书·音乐上》所记梁武帝时“设寺子导安息孔雀、凤凰、文鹿，胡舞登连《上云乐》歌舞伎”[3]。本章我们就可以看到，这种由胡人戏弄西域奇禽异兽的杂戏正来源于汉代，并与关于西方昆仑、西王母的神仙信仰有着密切的关系。正是对于西方神仙世界的想象和向往，这些西方的奇禽异兽、奇人异术等也被人们附会于其中，这也是汉墓中出现较多西方文化因素的一个重要的主观背景。

① （宋）郭茂倩编：《乐府诗集》卷五十一《清商曲辞八·上云乐》，第3册，第1082页。
② （宋）郭茂倩编：《乐府诗集》卷五十一《清商曲辞八·上云乐》，第3册，第1083页。
③ 《隋书》卷十三《音乐上》，北京：中华书局，1973年，第2册，第303页。笔者对标点略有调整。

第一节
西域奇兽（一）：大象与骆驼图像与升仙信仰

汉代是中西交通的第一个高潮时期，正如《汉书·西域传》中所谓武帝时："遭值文、景玄默，养民五世，天下殷富，财力有馀，士马强盛。故能睹犀布、瑇瑁则建珠崖七郡，感枸酱、竹杖则开牂柯、越巂，闻天马、蒲陶则通大宛、安息。自是之后，明珠、文甲、通犀、翠羽之珍盈于后宫，蒲梢、龙文、鱼目、汗血之马充于黄门，钜象、师子、猛犬、大雀之群食于外囿。殊方异物，四面而至。"[①]这些外来文化因素在汉墓图像中多有反映。很显然，它们不可能全部皆与本书所论的关于西方的神仙信仰有关。笔者只能是选择特别重要而又具有较明确内涵的部分，举例论之。上引文献中主要列举来自西域的奇兽，如宝马、大象、狮子。"天马之号，出自西域。"[②]关于西域宝马与天马观念及与昆仑信仰的关系，霍巍先生已做过详细讨论[③]。略可补充一点有趣的是，天马也同西王母一样，似乎有个"西移"的过程。

《汉书·武帝纪》载元鼎四年（公元前 113 年）："秋，马生渥洼水中。作宝鼎、天马之歌。"颜注引李斐云："南阳新野有暴利长，当武帝时遭刑，屯田敦煌界，数于此水旁见群野马中有奇者，与凡马异，来引此水。利长先作土人，持勒靽于水旁。后马玩习，久之代土人持勒靽收得其马，献之。欲神异此马，云从水中出。"[④]可见此"天马"出于敦煌。不过，《礼乐志》又载第一首天马歌为"元狩三年马生渥洼水中作"[⑤]，将此事系在元狩三年（公元前 120 年）。《武帝纪》又载："（太初）四年春，贰师将军李广利斩大宛王首，获汗血马来，作《西极天马之歌》。"[⑥]即《礼乐志》中的第二首天马歌，志云"太初四年诛宛王获宛马作"[⑦]，两条相合，

① 《汉书》卷九十六《西域传》，第 12 册，第 3928 页。

② （汉）刘梁：《七举》，见费振刚、胡双宝、宗明华辑校：《全汉赋》，第 543 页。

③ 霍巍：《天马、神龙与昆仑神话》，见霍巍、赵德云著《战国秦汉时期中国西南的对外文化交流》，第 197 ~ 226 页。

④ 《汉书》卷六《武帝纪》，第 1 册，第 184 页。

⑤ 《汉书》卷二十二《礼乐志》，第 4 册，第 1060 页。

⑥ 《汉书》卷六《武帝纪》，第 1 册，第 202 页。

⑦ 《汉书》卷二十二《礼乐志》，第 4 册，第 1061 页。

事在太初四年（公元前101年）。另外，《汉书·张骞传》载："初，天子发书《易》，曰'神马当从西北来'。得乌孙马好，名曰'天马'。及得宛汗血马，益壮，更名乌孙马曰'西极马'，宛马曰'天马'云。"[①]可见，除敦煌、大宛两个"天马"外，乌孙马也曾被称作"天马"，上述《西极天马歌》应该是合乌孙马（改为"西极马"）和大宛马（"天马"）而言的。汉武帝得乌孙马应在张骞第二次出使西域归来之后的元封年间（公元前110~前106年）。《汉书·西域传》载："乌孙以马千匹聘。汉元封中，遣江都王建女细君为公主，以妻焉。"[②]

综上，武帝将敦煌马认定为天马是在元狩三年（公元前120年，据《礼乐志》）或元鼎四年（公元前113年，据《武帝纪》）。而元鼎四年"六月，得宝鼎后土祠旁"[③]，所作的郊祀歌为《景星》，云"汾脽出鼎，皇祐元始"[④]，第一首天马歌更可能是元狩三年所作（公元前120年）。后来元封年间（公元前110~前106年），又将乌孙马认定为天马。再后来的太初四年（公元前101年），再将天马改认为大宛马。天马在汉武帝的观念中也是一个逐渐"西移"的过程，其动因便是"神马当从西北来"，其核心一方面是中亚本产良马，一方面恐怕还是对西北昆仑、天门、西王母的信仰。不过，西王母是完全不存在的事物，所以可以在两汉时期从河西一直"西移"到大秦（详见第三章第四节）。而天马如同昆仑、河源一样，具有明显的现实根据，不可能推得太远，而且武帝志在必得，这一过程在武帝时期便完成了。天马的问题，前人之述备矣，笔者这里就接着探讨大象和狮子。

汉代墓葬中有许多关于大象和骆驼的图像（个别为雕塑），学界对此也作过较为充分讨论，尤其是大象，由于在此时的中原地区已经绝迹，其突出的形象引起学者们广泛的兴趣[⑤]。其实，汉代大象与骆驼的图像往往是组合出现的，而且还有不少细致的信息需要更进一步的揭示，以便更为深入地理解这些现象后面的文

---

① 《汉书》卷六十一《张骞传》，第9册，第2693、2694页。

② 《汉书》卷九十六《西域传》，第12册，第3903页。

③ 《汉书》卷六《武帝纪》，第1册，第184页。

④ 《汉书》卷二十二《礼乐志》，第4册，第1063、1064页。作"元鼎五年得鼎汾阴作"。按：四年六月得鼎，明年郊祀作歌，是可以理解的。

⑤ 参见郑彤：《再论汉画像石上的象纹》，《华夏考古》2010年第1期；郑红莉：《汉画像石"驯象图"试考》，《考古与文物》2010年第5期；郑红莉：《汉代画像石所见"象图"再考》，见中国汉画学会、河南博物院编《中国汉画学会第十三届年会论文集》，第173～176页；朱浒：《大象有形 垂鼻辚囷——汉代中外交流视野中的大象图像研究》，《故宫博物院院刊》2016年第6期。

化信息。笔者拟在材料的全面梳理和先前研究的基础上，从多个角度去观察，希望能从该类材料上提取到更多的信息。

一、汉代大象与骆驼图像

目前所见，汉代大象与骆驼的形象绝大多数出现于墓葬中的画像石、画像砖、壁画、摇钱树、铜镜、铜器装饰上，也有一些石雕和陶制、铜制模型，材料比较丰富。笔者拟从以下多个角度进行梳理。

（一）大象与骆驼的组合

在汉代的图像材料中，大象和骆驼经常紧密地组合在一起。例如，山东长清孝堂山东汉前期石祠堂[①]东壁上刻画一幅规模宏大的出行画像，其队伍前列并行大象和骆驼各一头，象背上坐有三人，驼背上坐二人（图 6–1）。平邑东汉章和元年（公元 87 年）功曹阙[②]西面上数第二层画像上，刻画有紧接在一起的一象一驼出行的画像，象和驼背上各坐一人。邹城出土的一方画像石[③]上也刻画有紧接在一起的一象一驼，象前有一人持钩引导（图 6–2）。河南登封东汉元光二年（公元 123 年）所建的启母阙[④]，西阙南面底层画像上有一象一驼，象、驼背上均无人。江苏徐州地区出土的画像石[⑤]上也有类似图像。陕西米脂官庄画像石墓 M2 后室北壁上，也将大象与骆驼组合刻画于联璧纹中[⑥]（图 6–3）。将大象和骆驼组合在一起的图像材料还有不少，可参见附表 7，这里不再一一列举。另外，陶制模型中亦见这样的组合。洛阳主干线商业圈东汉墓[⑦]M4904 中出土陶象和骆驼各一件，其上各有一人乘骑，与之组合的还有骑羊俑一件。

① 罗哲文：《孝堂山郭氏墓石祠》，《文物》1961 年 4、5 合期。
② 王相臣、唐仕英：《山东平邑县皇圣卿阙、功曹阙》，《华夏考古》2003 年第 3 期。
③ 胡新立：《邹城汉画像石》，第 99 页，图一一六。
④ 吕品编著：《中岳汉三阙》，北京：文物出版社，1990 年，第 25、30 页。
⑤ 江苏省文物管理委员会：《江苏徐州汉画象石》，图版玖。
⑥ 榆林市文物保护研究所、榆林市文物考古勘探工作队：《米脂官庄画像石墓》，第 88 页。
⑦ 洛阳市文物工作队：《洛阳发掘的四座东汉玉衣墓》，《考古与文物》1999 年第 1 期。

图 6-1　长清孝堂山祠堂大象与骆驼画像

（采自山东省石刻艺术博物馆、山东省文物考古研究所：《孝堂山石祠》，第 125 页，图一四）

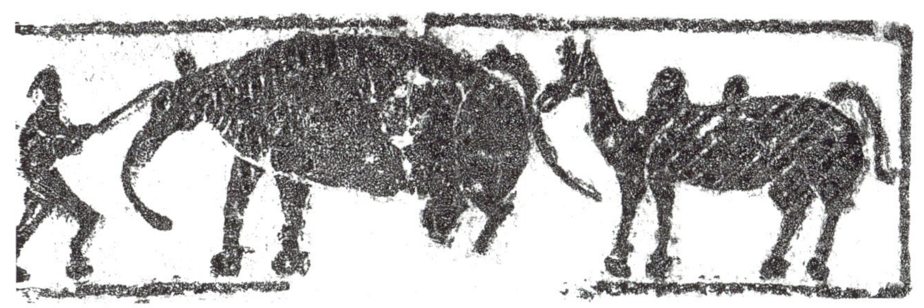

图 6-2　邹城出土大象与骆驼画像石拓片

（采自胡新立：《邹城汉画像石》，第 99 页，图一一六）

图 6-3　米脂官庄画像石墓 M2 大象与骆驼画像

（采自榆林市文物保护研究所、榆林市文物考古勘探工作队：《米脂官庄画像石墓》，彩版五四）

既然将大象和骆驼紧密组合在一起，说明当时人认为它们有密切的相关性，这种相关性可以从来源和意义两个方面予以考虑。从来源上讲，骆驼来自西域，毫无疑问。大象在殷商时期的中原地区是有分布的[①]，当时的南方地区自然也应该有之，如四川盆地的三星堆祭祀坑[②]和金沙祭祀遗址[③]中都发现大量象牙。但到了汉代，在中国大部分地区中，象已经绝迹，只在最南方的滇、越之地尚有分布，而南亚和东南亚一直是象的主要分布之地。象的来源，应该就有中国南方、东南亚和西域（广义的西域也包括南亚，而且南亚与中原的交通主要是通过西域的丝绸之路）两种可能[④]。《汉书·武帝纪》载："元狩二年夏，……南越献驯象。"[⑤]可知象从南方来是不成问题的。同书《西域传》云武帝开西域后，"蒲梢、龙文、鱼目、汗血之马充于黄门，钜象、师子、猛犬、大雀之群食于外囿"，颜注"钜亦大"[⑥]。虽然此篇未引部分所述的珍奇异物并非都由西域来，但此段中与象同列的所有异兽——师子（狮子）、大雀（即安息雀，鸵鸟，详见本章第四节）、猛犬和各种宝马确实都是来自西域，也不能排除象有来自西域的可能。而且，不论其实际的来源情况如何，人们将之与骆驼紧密组合在一起，其意义显然也是将大象作为西域之兽来看待了。这一点从下面的几个角度还可以继续看到。

（二）乘骑者与驯象人的形象

关于骆驼的乘骑者和牵引者，在可以分辨的画像中往往都是深目高鼻、头戴尖帽的形象，无疑是西域胡人的表现。西域胡人与骆驼的组合无须多论，这里要重点考察一下大象的乘骑者和牵引者的形象。

从可以分辨的材料来看，与汉代图像中通常人物不同的乘骑者和驯象人有两

① 徐中舒：《殷人服象及象之南迁》，见氏著《古器物中的古代文化制度》，北京：商务印书馆，2015 年，第 53 ~ 74 页。

② 四川省文物考古研究所编：《三星堆祭祀坑》，北京：文物出版社，1999 年。

③ 成都市文物考古研究所：《成都金沙遗址Ⅰ区"梅苑"地点发掘一期简报》，《文物》2004 年第 4 期。

④ 郑彤：《再论汉画像石上的象纹》，《华夏考古》2010 年第 1 期。

⑤ 《汉书》卷六《武帝纪》，第 1 册，第 176 页。

⑥ 《汉书》卷九十六《西域传》，第 12 册，第 3928、3929 页。

种形象。一种头挽椎结。如河北定县122号西汉墓[①]中出土的一件作为车饰的错金银铜盖柄上刻画有一头大象，象背上乘骑三人，此三人均无冠，头发向上结为圆球状，前一人作箕踞状（图6–4）。《史记·西南夷列传》载："西南夷君长以什

图6–4　定县西汉墓出土铜车饰图像摹本

（采自河北省文物管理处：《河北省三十年来的考古工作（1949–1979）》，见《文物考古工作三十年》，北京：文物出版社，1976年，第46页）

数，夜郎最大；其西靡莫之属以什数，滇最大；自滇以北君长以什数，邛都最大；此皆魋结，耕田，有邑聚。"索引云："魋，《汉书》作'椎'。"[②]可见，"魋结"即"椎结"，为在头上结髻的发式。根据云南晋宁石寨山战国秦汉时期墓地[③]出土的滇人形象的材料来看，滇人女子的发式为绾髻披于脑后，而男子则为结圆髻于头顶，与上述乘象人相同。而《史记·郦生陆贾列传》所载南越人的习俗也为"椎结箕踞"[④]，可信图像上椎结箕踞之乘象人应为滇、越之人。值得注意的是，该铜饰上还刻画有一头骆驼，其上乘骑一人，乘骑者的发式也为椎结。我们知道，乘骑骆驼显然是北方和西北胡人而非南方滇、越之民的习俗。虽然汉代文献中也有关于北方胡人可能存在椎结发式的记载，如《汉书·李广传》中载李陵、卫律投降匈奴后，"两人皆胡服椎结"[⑤]。但从大量的汉代图像来看，在当时人的观念中，

---

① 河北省文物管理处:《河北省三十年来的考古工作(1949—1979)》,见《文物考古工作三十年》,北京：文物出版社，1979年，第46页。

② 《史记》卷一百一十六《西南夷列传》，第9册，第2991页。

③ 云南省博物馆考古发掘工作组:《云南晋宁石寨山古遗址及墓葬》,《考古学报》1956年第1期。

④ 《史记》卷九十七《郦生陆贾列传》，第8册，第2697页。

⑤ 《汉书》卷五十四《李广传》，第8册，第2458页。

北方和西北胡人应该是戴尖帽或披发的，似乎不见椎结的例子[①]。此处人物的形象或许是为了与乘象者相统一，这就进一步说明了象与驼在当时人观念中的关联性。河南唐河新莽天凤五年（公元18年）冯君孺人（一说“孺久”）画像石墓[②]中有一幅乘象图，其上人物的发式似乎也是椎结。《论衡·物势篇》云：“长仞之象，为越僮所钩。”[③]乘骑与驯象者有滇、越之人是没有问题的。

但从目前所见的材料来看，乘骑与驯象者更多的为深目高鼻的胡人形象。山东临沂吴白庄画像石墓墓门门楣[④]右侧刻画有大象和骆驼各一头，骆驼上有一人乘骑，其人深目高鼻、头戴尖顶帽，为汉画像中常见的西域胡人形象[⑤]。而大象之后有一人手持长钩，应为驯象人，其人虽未戴尖顶帽，但深目高鼻的形象十分突出，无疑也为西域胡人（图6–5）。邹城出土的一方画像石[⑥]上也有类似图像，其上有

图6–5　临沂吴白庄画像石墓大象、骆驼与胡人画像拓片
（采自中国画像石全集编辑委员会：《中国画像石全集3·山东汉画像石》，第8页，图一〇）

一驼一象，骆驼上乘骑一人，似披发，大象前有一人持钩牵引，其人深目高鼻、头戴尖顶帽，应为胡人。河南南阳英庄出土画像石上，刻画大象与虎，象后有一人持钩，其人头戴尖帽、高鼻长颌，也当为胡人[⑦]（图6–6）。四川绵阳何家山2

---

① 邢义田：《古代中国及欧亚文献、图像与考古资料中的“胡人”外貌》，《美术史研究集刊》第9期，第37～69页。

② 南阳地区文物队、南阳博物馆：《唐河汉郁平大尹冯君孺人画象石墓》，《考古学报》1980年第2期。

③ 黄晖撰，刘盼遂集解：《论衡校释》卷三《物势篇》，第1册，第155页。

④ 中国画像石全集编辑委员会编：《中国画像石全集3·山东汉画像石》，第8页，图一〇。

⑤ 邢义田：《古代中国及欧亚文献、图像与考古资料中的“胡人”外貌》，《美术史研究集刊》第9期，第37～69页。

⑥ 胡新立：《邹城汉画像石》，第130页，图一五七。

⑦ 南阳汉代画像石编辑委员会：《南阳汉代画像石》，图433。

图 6-6　南阳英庄出土胡人与大象画像石拓片

（北京大学汉画研究所徐呈瑞先生提供，《汉画总录》编号 HN-NY-055）

号东汉崖墓[①]中出土一件摇钱树枝叶，其上为一璧形物，上有大象一头，象后有一人持钩，其人鼻头极高，象前有二人引导，最前方一人鼻头又尖又高，应该也是胡人的表现。大象与西域胡人的组合，加强了从上述大象与骆驼组合中得到的认识，即当时人更多地是把大象当作西域之兽来表现的，其意义应当更多从这里去理解[②]。

另外，内蒙古和林格尔壁画墓中，大象和乘骑者壁画旁有题记为“仙人骑白象”[③]（图 6-7）。可见乘骑者还可以是仙人，这里的大象毫无疑问应与神仙信仰有关。

图 6-7　和林格尔壁画墓仙人骑白象摹本

（采自内蒙古自治区文物考古研究所、日本幼学会、内蒙古博物院：《和林格尔汉墓壁画孝子传图摹写图辑录》，第 82 页）

① 何志国：《四川绵阳何家山 2 号东汉崖墓清理简报》，《文物》1991 年第 3 期。

② 近来朱浒先生将此种现象理解为与早期佛教传入有关，可备一说，笔者目前则不对其来源性质作具体的认识。即便如此，并不影响反而可以加强笔者关于其来自西域的观点。详见朱浒：《汉画像胡人图像研究》，北京：生活·读书·新知三联书店，2017 年，第 306 ~ 330 页；朱浒：《东汉佛教入华的图像学研究》，北京：科学出版社，2020 年，第 43 ~ 67 页。

③ 内蒙古自治区博物馆文物工作队：《和林格尔汉墓壁画》，北京：文物出版社，2007 年。按：报告提供的照片和后来的摹本中“人”前一字皆剥落，但报告中将其补为“仙人”，或另有依据，后来也不见异说。“象”题记中作“豢”。

（三）大象与骆驼的形象

关于大象与骆驼的形象，有些材料表现得十分具象、逼真。其中最具代表性的应属铜质和陶质模型。如江苏盱眙大云山汉墓[①]M1 中出土一件铜象，比例适当、造型准确（图 6–8–1）。类似陶象在洛阳汉墓中也有出土，其上有一人乘骑，上有彩绘[②]（图 6–8–2）。西安汉墓中也曾出土过一件十分逼真的陶质骆驼模型[③]（图 6–8–3）。应当指出的是，大云山汉墓为西汉江都王陵墓，级别很高，铜器制作者

1. 盱眙大云山汉墓 M1 出土

2. 洛阳汉墓出土

3. 西安汉墓出土

图 6–8　汉代大象、骆驼铜、陶质模型

（采自 1. 南京博物院：《长毋相忘：读盱眙大云山江都王陵》，南京：译林出版社，2013 年，第 334 页；2. 洛阳市文物管理局：《洛阳陶俑》，北京图书馆出版社，2005 年，第 20 页；3. 朱伯谦主编：《中国陶瓷全集 3・秦汉》，上海人民美术出版社，2000 年，第 200 页，图二一一）

有可能看到过真实的大象或其准确的图像，所以能做到准确、逼真，洛阳和西安汉墓中出土的上述陶模型可能也有类似的背景。另外，河南孟津象庄和江苏连云港孔望山[④]保存有可能为东汉时期的石雕大象，作为大型石雕，尤其是前者还是比较具象的。孟津象庄的石象不少学者认为是东汉帝陵前石雕[⑤]，其对于大象形象的

① 南京博物院、盱眙县文广新局：《江苏盱眙县大云山汉墓》，《考古》2012 年第 7 期。
② 洛阳市文物管理局：《洛阳陶俑》，北京图书馆出版社，2005 年，第 20 页。
③ 朱伯谦主编：《中国陶瓷全集 3・秦汉》，第 200 页，图二一一。
④ 中国国家博物馆田野考古研究中心等：《连云港孔望山》，北京：文物出版社，2010 年。
⑤ 杨宽：《中国古代陵寝制度史》，上海人民出版社，2008 年，第 205 页。

准确把握应该是很好理解的。

然而，汉代大多数大象与骆驼的图像是严重失真的，这种失真的原因有些可能是制作的简略、粗糙，但很多已经远远超出了粗心、随意的程度了。

山东安丘董家庄画像石墓后室西间西壁画像上有一排神兽，基本为虎形翼兽，但居中的一神兽长鼻有象牙，显然要表现的为大象。但该画像除了长鼻和象牙外，其他部分完全与猪无异，而且象的肩部刻有羽翼[①]（图 6–9–1）。肩上有羽翼的大象画像还见于四川芦山樊敏阙[②]、山东费县刘家疃画像石墓[③]（图 6–9–2）、江苏

1. 安丘董家庄画像石墓

2. 费县刘家疃画像石墓

图 6–9　山东汉画像中的猪形大象和有翼大象

（采自 1. 安丘县文化局、安丘县博物馆：《安丘董家庄汉画像石墓》，第 21 页，图 11；2. 山东博物馆、费县博物馆：《费县刘家疃汉画像石墓发掘报告》，图版一〇）

徐州出土画像石[④]等，类似将大象表现为猪加上长鼻和象牙的形象还见于山东济宁喻屯镇出土的一方画像石上[⑤]。值得注意的是该象背上乘骑六人，后面五人皆正面，似光头，有意见认为是僧侣，笔者持谨慎态度，前面一人为椎结箕踞。象前还有

① 安丘县文化局、安丘县博物馆：《安丘董家庄汉画像石墓》，图版 41。

② 中国画像石全集编辑委员会：《中国画像石全集 7·四川汉画像石》，第 71 页，图九〇。

③ 山东博物馆、费县博物馆：《费县刘家疃汉画像石墓发掘报告》，图版一〇。

④ 江苏省文物管理委员会：《江苏徐州汉画象石》，图版二五。

⑤ 中国画像石全集编辑委员会：《中国画像石全集 2·山东汉画像石》，第 7 页，图一一。

一人作舞蹈状，似为深目高鼻的胡人（图 6-10）。由于与西域较为频繁的交往，骆驼作为重要的交通工具，应该说远比象为汉代人所知，而汉代的骆驼图像大多

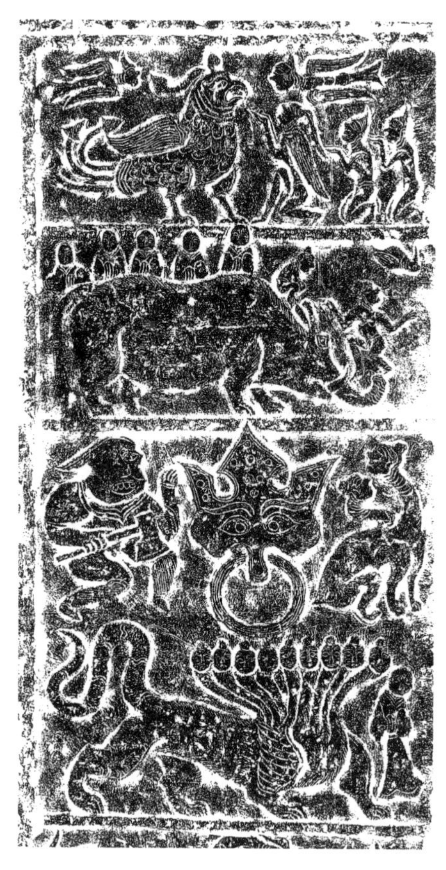

图 6-10　济宁喻屯镇出土大象与开明兽画像拓片
（采自中国画像石全集编辑委员会：《中国画像石全集 2 · 山东汉画像石》，第 7 页，图一一）

数也比较符合原貌。但不少画像中骆驼的双峰被表现得类似马鞍桥一般。山西离石马茂庄出土一方画像石上，一列乘马出行的队伍中有一名戴尖帽的胡人牵引着一头骆驼，该骆驼双峰的位置严重失真，被表现在前肩上[①]（图 6-11-1）。而该画像中马的形象和姿态都刻画得比较细致生动，胡人的尖顶帽及帽后的垂巾都表现得十分清楚，可见这种失真应该不是由粗心、随意而造成的。山东滕州羊庄镇出土画像石上也刻画有大象和骆驼的组合，大象足似牛马，背上有七人乘骑，骆驼

① 李林、康兰英、赵力光编著：《陕北汉代画像石》，第 222 页，图 653。

则长吻肥躯，比较怪异，驼峰似马鞍，背上有一人乘骑[①]（图 6–11–2）。与大象类似，个别骆驼也有神化或与神兽混淆的情况。如安徽萧县圣村画像石墓 M1 西耳室右门柱[②]最下方刻画一头严重失真的大象，但从长鼻和乘骑者手持长钩的特征可以确认。象之上乍看是一头龙，但背上却有两个突出的凸起，联系上述大象与骆驼的组合，笔者推测其原本可能为骆驼，只是完全被刻画成了龙，只有背上的两个驼峰提示出这一信息[③]（图 6–12）。

1. 离石马茂庄出土

2. 滕州羊庄镇出土

图 6–11　汉画像中的异形骆驼形象拓片

（采自 1. 李林、康兰英、赵力光编著：《陕北汉代画像石》，第 222 页，图 653；2. 刘书巨、丛志远主编：《汉人之魂：中国滕州汉画像石》，第 149 页）

图 6–12　萧县圣村画像石墓 M1 西耳室右门柱

（采自周水利、朱青生主编：《汉画总录 41 · 萧县》，第 98 页）

给象画上羽翼自然是将之当作传说中的神兽来理解了，这一点在下文中还会更清楚地看到。而其形象的严重失真，说明绝大多数的制作者根本没有见过大象及其准确图像，仅仅根据传说中的长鼻、长牙，体形硕大的特征并以常见动物如猪和牛、马等来加以构想。山东安丘董家庄墓为一座大型画像石墓，墓主等级应该不低，其上的大象图像尚且如此，更不用说一般的平民百姓了。这种情况在战国时代就已经存在了。《韩非子 · 解老》中云：“人希见生象也，而得死象之骨，

① 刘书巨、丛志远主编：《汉人之魂：中国滕州汉画像石》，第 149 页。

② 周水利：《安徽萧县新出土的汉代画像石》，《文物》2010 年第 6 期。

③ 《汉画总录 41 · 萧县》的编者也认为该兽似为骆驼，见周水利、朱青生主编：《汉画总录 41 · 萧县》，桂林：广西师范大学出版社，2019 年，第 98 页。

案其图以想其生也。故诸人之所以意想者，皆谓之象也。”[①] 在汉代，“死象之骨”恐怕也是不容易见的，便只能根据传说“想象”了。

另外，山东滕州出土的一方东汉画像石[②] 上出现了六牙象的形象，这种图像不太可能是当地自发创造的，更可能与佛教的六牙白象有关[③]（图 6–13）。不过，大

图 6–13　滕州出土六牙象画像石拓片

（傅惜华、陈志农编：《山东汉画像石汇编》，济南：山东画报出版社，2012 年，第 114 页）

多数学者都认为，即便是此时墓葬中的佛像也只能看作对西方神仙的信仰，而不能视为佛教信仰的表现[④]。六牙白象的形象虽然来自佛教，显示出此时佛教开始对中国艺术产生的影响，但在当时人的观念中，与其他的大象一样，也被当作是西方的神兽来理解的。

（四）大象与骆驼图像的分布

笔者对目前所见的汉代壁画和画像中的大象和骆驼图像作了初步汇集（见附表 7），发现这些图像在汉画像流行的几大地域（即鲁南苏北、河南、陕北晋西和四川盆地）都有分布，但有半数出现于鲁南苏北地区。虽然一方面由于画像材料

---

① （清）王先慎撰，钟哲点校：《韩非子集解》卷六《解老》，第 157 页。

② 傅惜华编：《汉代画象全集》（初编），北京：巴黎大学北京汉学研究所，1950 年，第 88 页。

③ 俞伟超：《东汉佛教图像考》，《文物》1980 年第 5 期。

④ 参见王仲殊：《论吴晋时期的佛像夔凤镜——为纪念夏鼐先生考古五十年而作》，《考古》1985 年第 7 期；温玉成：《公元 1 至 3 世纪中国的仙佛模式》，《敦煌研究》1999 年第 1 期；霍巍：《四川何家山崖墓出土神兽镜及相关问题研究》，《考古》2000 年第 5 期；宿白：《四川钱树和长江中下游部分器物上的佛像——中国南方发现的早期佛像札记》，《文物》2004 年第 10 期。

公布和著录情况不一，这样的统计必然会有许多遗漏；另一方面鲁南苏北的画像材料总数本身就十分丰富，这样的比较具有一定局限。但笔者对各地区材料的收集应该说还是比较全面，而公布的鲁南苏北的图像材料也远不能和其他几个地域的总数相比，因此，这个结果还是能够说明一些问题的。我们知道，在这几个地域中，鲁南苏北是距离大象和骆驼产地最远的地区，那里的人们能够接触到这两种动物的机会最小（上述失真最为严重的大象图像也基本出现于这一地区，可为证明），而其图像反而最为丰富。说明这些图像并非现实情况的反映，而是一种观念的表达。以往有研究根据这些大象图像的分布来说明文化交流中的一些实际问题，就显得不太合理了。即便如盱眙大云山汉墓这样高等级墓葬中出土的铜质模型，也不能说明当时的江都王室有象，王室及其制作者也可能通过各种方式从京城皇室那里获得了关于象的准确信息，甚至铜象可能直接来自中央赐予[①]。将这些材料作为当地文化交流的直接物证是不充分的。

从大象和骆驼图像的比例也可以看到这一情况。现实生活中，汉代人对骆驼的了解显然远远多于对大象的了解，这从上述图像的具象程度就可以看到，而根据笔者汇集的材料，大象的图像反而远远多于骆驼的图像。显然这些图像更多地出于一种“猎奇”心理并主要用来表达一种特定的观念。那么，当时的人们将这种他们认为的西方之兽刻画于墓葬中要表达怎样的观念呢？这里有必要再考察一下大象和骆驼图像出现的场景。

二、大象与骆驼的图像场景

根据图像信息比较完整、明确的材料，大象和骆驼的图像主要出现在以下几种场景中：

（一）昆仑、西王母场景

前述山东安丘董家庄画像石墓中的类似于猪而有翼的大象画像，其正上方即

① 南京博物院左骏先生根据与之同出于一盒内的玉圭等器物得出，此点来自他的会议报告，谨此说明。

为一座三峰状的神山，根据第一章第三节所述，该神山应该是昆仑的表现。前述山东济宁喻屯镇出土画像石上另一个类似于猪的大象图像，其上方为仙人凤鸟画像，值得注意的是，这些仙人皆为深目高鼻、头戴尖顶帽的胡人形象。其下方的一个铺首衔环下有一虎身而人面九首的开明兽（见图 6–10）。本书中已多次提到《山海经·海内西经》所云："昆仑之虚，方八百里，高万仞。……面有九门，门有开明兽守之。……开明兽身大类虎而九首，皆人面，东向立昆仑上。"[①] 开明兽为昆仑的守护，性质十分明确，该画像上虽然没有直接出现昆仑，大象也是处于昆仑的场景中的。无独有偶，将大象、骆驼与开明兽直接组合在一起的图像还见于江苏徐州铜山熹平四年（公元 175 年）画像石墓[②]，可证前者并非孤例，也非随意的组合，而为一种特定观念的表达（图 6–14）。山东邹城高庄乡出土的一方画像石上，凭几戴胜的西王母旁有众人参拜，其下有龙、虎、凤鸟等神兽，其中有一肥躯长嘴（鼻）之兽，收录此石的图录中均将其认定为象[③]，参考前述大象图像往往失真和该兽的总体形象，笔者同意此说（图 6–15）。陕西定边郝滩新莽至东汉早期壁画墓[④] 墓室西壁上描绘西王母端坐于三个蘑菇状平台的昆仑之上，其前有一幅众神兽乐舞的场面，其中就有一头白象正在弹琴（见图 1–43，虽然鼻部稍短，但笔者同意发掘者的意见，也应为象）。四川广汉连山出土的一件彩绘摇钱树座[⑤]，整体呈山形，主体部分刻画西王母端坐于双阙之上，如前所述，这里的双

图 6–14 徐州出土大象、骆驼与开明兽画像石拓片

（采自江苏省文物管理委员会：《江苏徐州汉画象石》，图版九，图 6）

① 袁珂校注：《山海经校注》（增补修订本），第 344 ~ 349 页。

② 江苏省文物管理委员会：《江苏徐州汉画象石》，图版九。

③ 中国画像石全集编辑委员会：《中国画像石全集 2·山东汉画像石》，图版说明第 28 页；胡新立：《邹城汉画像石》，图版说明第 40 页。

④ 陕西省考古研究所、榆林市文物管理委员会：《陕西定边县郝滩发现东汉壁画墓》，《考古与文物》2004 年第 5 期。

⑤ 何志国：《汉魏摇钱树初步研究》，第 33 页。

图 6-15　邹城出土西王母、神兽、大象画像石拓片

（采自中国画像石全集编辑委员会：《中国画像石全集 2·山东汉画像石》，第 76 页，图八三）

阙当为天门，整个山形树座即象征昆仑，而西王母和天门之下正有大象一头（见图 1-66）。类似的图像还见于三台永安出土的一件山形摇钱树座[①]上。上述这些材料广泛分布于山东、江苏、陕西和四川地区，可见并非是一种特殊现象，而为一种流行观念的表现。如前所论，西汉晚期以来，昆仑与西王母、天门信仰已经完成合流，共同构成一个关于西方的升仙信仰的主体。作为西方之兽的大象和骆驼出现于此种场景中，为这个关于西方的升仙信仰增加了奇异的内容。

（二）神人、神兽出行场景

江苏徐州铜山出土的一方画像石[②]上，刻画有一幅乘坐鱼车的河伯及风雨雷电诸神出行的图像，其中心部位有一人持钩乘象（见图 4-78）。笔者在第五章第四节中已经讨论过，鱼车出行及河伯图像与昆仑升仙有密切关系，而风雨雷电诸神出行也与升仙信仰有关。上述郝滩壁画墓中，大象出现于昆仑、西王母场景中，而其中正有鱼车出行的图像。鱼车出行与大象和骆驼的组合绝非偶然，在河南南阳出土的一方画像石[③]上也有表现，鱼车之前除大象外，还有虎，画面充满云气（图

① 何志国：《汉魏摇钱树初步研究》，第 36 页。

② 王德庆：《江苏铜山东汉墓清理简报》，《考古通讯》1957 年第 4 期。

③ 中国画像石全集编辑委员会：《中国画像石全集 6·河南汉画像石》，第 174 页，图二一二。

6–16–1）。山东邹城出土的一方画像石[①]上，鱼车之上乘坐两名深目高鼻、头戴尖

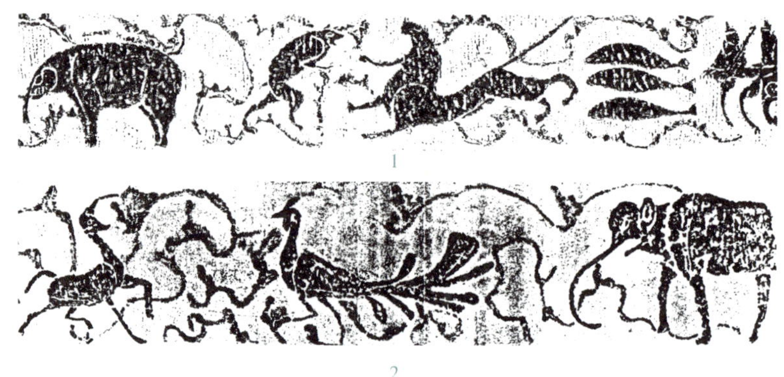

图 6–16 南阳出土大象与神兽画像石拓片

（采自 1. 中国画像石全集编辑委员会:《中国画像石全集 6·河南汉画像石》, 第 174 页, 图二一二; 2. 闪修山、王儒林、李陈广编著:《南阳汉画像石》, 第 124 页）

顶帽的胡人，鱼车后也有一胡人乘骑跟随，该人乘骑的动物也似骆驼（见图 5–52–1）。除鱼车之外，还有各种神兽所拉之车。如陕西靖边杨桥畔壁画墓[②]中，整个墓室描绘出乘坐各种神兽向仙境飞升的众多图像，尤其以前室东壁壁画最为突出。其中除象车外（象头部涂红色，身躯为白色），还有虎车、蛇（龙）车及乘骑各种神兽的图像，象车之上有一带有华盖的神船（见图 4–3–1）。联系时代、地域大致相同的郝滩壁画墓中带有帷帐神船上的“大一坐”题记，笔者认为该神船与太一信仰有关，而汉代太一信仰又与昆仑升仙信仰有密切关系（详见第四章第一节）。这里的象车仍然与昆仑升仙有关。山东微山出土的一方画像石[③]上，骆驼与大象之前有带翼的龙一头（图 6–17）。陕西绥德黄家塔东汉永元二年（公元 90 年）“辽东太守”画像石墓墓室南壁门楣，刻画有麒麟、龙、虎、天马等各种翼兽和神兽，其中就有大象[④]（图 6–18–1）。神木大保当画像石墓[⑤]M24 门楣中间刻画有一人持

① 胡新立：《邹城汉画像石》，第 175 页。
② 陕西省考古研究院等：《陕西靖边东汉壁画墓》，《文物》2009 年第 2 期。
③ 马汉国主编：《微山汉画像石选集》，第 195 页，图 83。
④ 李贵龙、王建勤主编：《绥德汉代画像石》，西安：陕西人民美术出版社，2001 年，第 36 页。
⑤ 陕西省考古研究所、榆林市文物管理委员会办公室：《神木大保当——汉代墓葬与城址考古报告》，第 72 页。

图 6-17　微山西城乡出土画像石拓片

（采自马汉国主编：《微山汉画像石选集》，第 195 页，图 83）

1. 绥德黄家塔"辽东太守"画像石墓墓室南壁门楣

2. 神木大保当画像石墓 M24 门楣

图 6-18　陕北出土大象与神兽画像石

（北京大学汉画研究所徐呈瑞先生提供，《汉画总录》编号 SSX-SD-151-06、SSX-SM-015-01）

钩导引一头大象，其前有有翼天马一匹，两侧为日月，画像上满布云气（图 6-18-2）。与天马、日月相组合的大象图像还见于前述徐州苗山铜山汉墓前室南壁画像石上（见图 4-90）。河南南阳出土的一方画像石也刻满云气，其上有大象、凤鸟及独角兽各一头[①]（图 6-16-2）。前述河北定县汉墓中出土的铜车饰上除了大象和骆驼外，还有有翼天马、龙、凤鸟等神兽，整个图像上充满云气（见图 6-4）。此

① 闪修山、王儒林、李陈广编著：《南阳汉画像石》，第 124 页。

图 6-19　扬州邗江西湖公社出土画像镜
（采自徐忠文、周长源主编：《汉广陵国铜镜》，第 315 页）

图 6-20　山东出土骆驼与神兽画像石拓片
（采自傅惜华、陈志农编：《山东汉画像石汇编》，第 267 页）

种情况也见于铜镜等其他图像上（图 6-19）。大象、骆驼与这些神兽组合在一起，显然具有浓厚的神仙信仰色彩。

另外，如前所述，由于当时人对骆驼的认识相对清楚一些，不少单独出现的骆驼的图像（尤其是陕北地区）现实意味更为浓厚，不过在不少墓葬图像（尤其是远离其产地的山东地区）中也有作为神兽表现的情况。例如，山东出土的一方画像石上，右下角刻画尖帽胡人乘骑于一兽上，该兽长颈有驼峰，再加上为胡人所骑，应为骆驼，其他部分整体为“神仙灵异之属”[①]（图 6-20）。

（三）车马出行场景

大象与骆驼出现在车马出行场景中，最为壮观的应数前述孝堂山祠堂上的画像。其宏大的车马出行队伍中有并列的一象一驼，而且象和驼处于车马出行的最前端，其前的两骑前已为面向出行队伍的迎候者了[②]（图 6-21）。孝堂山祠堂上的车马出行画像不能等闲视之，因为其最下端还有鱼车、鹿车等神兽出行的元素，而作为前端的大象、骆驼这一列队伍之上即是山墙上的西王母、东王公和伏羲、女娲等神仙。笔者推测将西方之兽组合于车马出行的前端，其目的地可能就是西方的神仙场景。虽然与此处大象、骆驼图像直接相连的上部为以东王公为中心的场景，但如前所述，此时的东王公图像更多时候是对应西王

① 傅惜华、陈志农编：《山东汉画像石汇编》，济南：山东画报出版社，2012 年，第 267 页。

② 缪哲先生将孝堂山祠堂上的大象、骆驼图像与埃及、亚述、波斯等文明中的一些图像联系，认为表现的是外邦朝贡的内容（参见缪哲：《从灵光殿到武梁祠：两汉之交帝国艺术的遗影》，第 261 页）。然而，此处的大象、骆驼明显是主体车马出行队伍的前端，是引导主人的车队的，而非来拜见者。

图 6-21　山东长清孝堂山祠堂车马出行画像前部线摹
（采自信立祥：《汉代画像石综合研究》，第 106 页，图五八）

母出现的，其意义显然一以贯之[①]。汉画像中的车马出行前端有些就有胡人牵驼和骑驼的图像，笔者在第五章第三节中已经讨论过，此种画像中车马出行的目的地为西方的昆仑、王母之地。江苏连云港海州区双龙村西汉中晚期墓[②]中出土一枚木尺，木尺两面均有大致对称的漆画。图像主体均为车马出行，其中一面中间为一辆象车，车上载建鼓。象车队伍朝向的一端为一位凭几戴胜的人物，是否是西王母仍然存疑（详见第三章第一节，见图 3-2）。但无论其是否为西王母，该出行图像中满布云气，显然不是现实中出行的表现，而与升仙有关。

可见，从汉代大象与骆驼图像出现的场景来看，其意义往往不是现实生活的反映和夸张，而是充满了神仙色彩。其中能反映其具体意义的往往都与昆仑、西王母信仰有关。大象和骆驼不仅直接出现于昆仑、西王母场景中，而且经常与其组合的开明兽、鱼车出行、神兽出行和胡人等图像都直接或间接地反映出这一意义。

三、大象、骆驼图像的意义及相关问题

综上所述，汉代大象和骆驼的图像往往组合在一起，乘骑者和驯象人往往也是西域胡人，尽管从理论上和文献上来说，当时的象多来自南方，但社会上的一

① 此外，考虑到孝堂山祠堂主体车马队伍中出现“大王车”的题记，大象、骆驼又位于队伍前端，另一方面是否可以考虑为“大王”出行的仪仗？如果这一猜测成立，则高等级仪仗中有西域奇禽异兽的内容应可提前至汉代。如《晋书·舆服志》中就说：“象车，汉卤簿最在前。武帝太康中平吴后，南越献驯象，诏作大车驾之，以载黄门鼓吹数十人。”备忘于此，以待后论。即便如此，如笔者在前言中所述，汉墓中身份表达与升仙不仅不矛盾，而且可以作为一种墓葬文化中较为突出的整合的愿望。

② 连云港市博物馆：《江苏连云港海州西汉墓发掘简报》，《文物》2012 年第 3 期。

般观念中更多是将它们一起作为西域之兽来看待的。其图像虽然在各地墓葬中十分流行，但当时的绝大多数人是没有亲眼见过它们的，尤其是大象，人们一方面凭借传说中的特征来想象和刻画其形象，另一方面将之作为一种来自西方的神兽予以表现。以往的研究中已经注意到这一点，但往往联系官方文献将其作为一种祥瑞来看待。将大象作为祥瑞固然也符合当时人的观念，但为何主要出现于墓室之中，一般人为何要在墓室中刻画如此广泛的祥瑞图像，值得探讨。从大象和骆驼图像出现的场景来看，它们绝大多数都不是出现在表现祥瑞的图像中，而往往与升仙信仰有关，其中最为直接的是与昆仑、西王母信仰有关。汉代已经形成了一个以昆仑、天门、西王母为主体的关于西方的升仙信仰体系。而随着西域的开辟，人们将昆仑、西王母的所在逐渐向西域推移。这样，许多西域的奇闻异事就有可能与这个关于西方的信仰结合起来，西域之兽——骆驼和被当作西域神兽的大象自然也被人们利用起来，作为去往西方昆仑、王母之地的乘骑和导引。如此便很好地解释了它们组合在一起共同出现于墓葬图像中，尤其是具有浓厚的升仙意味的场景中的意义。

贾谊《惜誓》云："飞朱鸟使先驱兮，驾太一之象舆。"王逸注："朱雀神鸟为我先导，遂乘太一神象之辇。"① 由于王逸在这里的语焉不详，对于"太一神象之辇"的理解可能会产生分歧，有意见就将之理解为装饰有太一神像的车子。其实，王逸在同一本书中，就将另一个类似的语句解释为神异的大象（后详）。笔者在第四章第一节中论证过，汉代的太一信仰与昆仑有着密切关系，而象舆就是升往昆仑的象驾之车。《韩非子·十过》云："昔黄帝合鬼神于西泰山之上，驾象车而六蛟龙。"② 崔骃《东巡颂》亦云："驾太一之象车，升九龙之华旗。"③ 这里"象车"的意义可能更与"象舆"接近。《汉书·礼乐志》中载武帝时所作表达升仙愿望的郊祀歌云："象载瑜，白集西，食甘露，饮荣泉。"颜注："象载，象舆也。山出象舆，瑞应车也。"④ 又云："灵褆褆，象舆轙，票然逝，旗逶蛇。"颜注引孟康云："轙，待也。"又引如淳云："轙，仆人严驾待发之意也。"⑤ 可见，

① （宋）洪兴祖撰，白化文等点校：《楚辞补注》卷十一《惜誓》，第228页。
② （清）王先慎撰，钟哲点校：《韩非子集解》卷三《十过》，第69页。
③ （清）严可均辑：《全上古三代秦汉三国六朝文》，第1册，第713页。
④ 《汉书》卷二十二《礼乐志》，第4册，第1069页。
⑤ 《汉书》卷二十二《礼乐志》，第4册，第1069、1070页。

“象载”确实就是“象舆”。司马相如《大人赋》云：“驾应龙象舆之蠖略逶丽兮，骖赤螭青虬之蚴蟉蜿蜒。”[①]既然与赤螭、青虬对偶，应龙、象舆应该也是两种驾车神兽。王褒《九怀》亦云：“天门兮墬（地）户，……乘虬兮登阳，载象兮上行。”王逸注：“遂骑神兽，用登天也。神象白身赤头，有翼能飞也。”[②]既然与“乘虬”相对，那这里的“载象”必定是象载之车了，而且东汉的王逸也将其解释为白身赤头有翼的神象，而上述杨桥畔壁画墓中升向太一座的拉车之象正是描绘为白身赤头，前述有些大象也正好被添上了羽翼。李尤《平乐观赋》中也说：“白象朱首。”[③]因此，汉代文献中同样存在乘坐象车升仙、升天的想象，而且也多与昆仑、天门、太一有关。

另外，敦煌佛爷庙湾魏晋十六国墓葬[④]的照墙上也有不少大象的图像，这些大象与众多神兽排列在一起，以前也往往将它们当作各种祥瑞图像来看待。但有些照墙上出现了十分突出的天门图像[⑤]，恐怕其意义更多地还是延续着上述汉代的升仙信仰。甘肃嘉峪关魏晋壁画墓[⑥]中也出现有不少骆驼的形象，这些骆驼造型准确、刻画生动，具有浓厚的生活气息。甘肃西北部本来就有骆驼分布，又为丝绸之路的重要节点，作为丝路主要运输工具的骆驼自然为人们熟知，应该是现实和理想生活的反映，没有多少神秘气息。汉代北方草原流行的一些铜牌饰上也有骆驼的形象，当然也与升仙信仰无关。不过，前述的骆驼图像尤其是与大象组合在一起者，还是应该作为与西方升仙信仰有关的事物来看待。《山海经·大荒西经》云：“西海之南，流沙之滨，赤水之后，黑水之前，有大山，名曰昆仑之丘。……有人，戴胜，虎齿，有豹尾，穴处，名曰西王母。”[⑦]《后汉书·西域传》云：“或云其国西有弱水、流沙，近西王母所居处。”[⑧]可见，在时人心目中昆仑、西王母处于西域流沙之地，骆驼无疑是穿越流沙到达其地的良好载体。因此，汉

① 费振刚、胡双宝、宗明华辑校：《全汉赋》，第 91 页。

② （宋）洪兴祖撰，白化文等点校：《楚辞补注》卷十五《九怀》，第 270 页。

③ 费振刚、胡双宝、宗明华辑校：《全汉赋》，第 384 页。

④ 甘肃省文物考古研究所：《敦煌佛爷庙湾西晋画像砖墓》，北京：文物出版社，1998 年。

⑤ 郑岩：《魏晋南北朝壁画墓研究》，第 157 页。

⑥ 甘肃省文物队、甘肃省博物馆、嘉峪关市文物管理所：《嘉峪关壁画墓发掘报告》，北京：文物出版社，1985 年。

⑦ 袁珂校注：《山海经校注》（增补修订本），第 466 页。

⑧ 《后汉书》卷八十八《西域传》，第 10 册，第 2920 页。

代墓葬中的骆驼图像除了实际贸易、文化交流的意义外，还应该考虑某些情况下的丧葬信仰意义。

第二节
西域奇兽（二）：狮子、有翼神兽与升仙信仰

狮子是对中国文化影响甚大的外来物种，在战国秦汉时期尤其是汉通西域之后，开始传入中国[①]。狮子本身的输入，皆是作为西方异兽进贡于皇家。相对而言，其艺术形象的传播影响更为深远。已有学者对中国古代及与之相关的西方艺术中的狮子形象作过较为全面的讨论[②]。目前所见材料中，中国确切的狮子形象最早出现于汉代，也是在这一时期形成了一些影响久远的传统，如墓前的石狮，墓内的狮子图像等。这一时期的狮子形象也最受学界关注，不少学者认为汉代墓前出现的有翼石兽就以狮子为原型，甚至就属于狮子艺术。确实，狮子在古代欧亚各大文化区中都有神兽的属性，其形象的神化、夸饰是一种普遍的现象。而其初入中国时，也难免会有一些理解上的偏差和附会。因此，汉代墓前的有翼石兽是否是狮子或哪些是狮子，以及对汉代艺术中狮子形象及内涵的进一步讨论，都需首先辨识和梳理目前所见确切无疑的狮子形象。

一、墓前大型石雕中的狮子

东汉时期，尤其在墓前开始流行大型石雕，主要是作狮虎形的有翼神兽[③]，关于其与狮子的关系问题，学界多有推测，笔者拟在后文讨论。这些大型石雕有的

① 林梅村：《狮子与狻猊》，见氏著《汉唐西域与中国文明》，北京：文物出版社，1998年，第87～95页；石云涛：《汉代外来文明研究》，北京：中国社会科学出版社，2017年，第17～24页。

② 李零：《“国际动物”：中国艺术中的狮虎形象》，《浙江大学艺术与考古研究》第1辑，杭州：浙江大学出版社，2014年，收入氏著《万变：李零考古艺术史文集》，北京：生活·读书·新知三联书店，2016年，第329～388页；潘攀：《汉代神兽图像研究》，北京：文物出版社，2019年，第142～147页。

③ 秦臻：《汉代陵墓石兽研究》，北京：文物出版社，2016年。

造型生动、雕刻精美，对于进一步辨识其形象提供了较好的条件。其中就有一些是较为明确的狮子形象，李零先生已有一定的梳理[①]，笔者拟在此基础上作一些补充和归纳。这里先从既有自身题记，形象又比较明确的石狮开始讨论。

山东临淄早年出土石狮一对，现藏山东博物馆，皆残，具体尺寸不详，其中一只残缺四肢和尾部，另一只则只保留了头颈部分。两只石狮皆昂首挺胸，张口露舌。无翼无角。与常见的虎的形象比较，身子略粗短，头部比例较大，符合狮子的特征。两颊有鬃毛，一直延伸至颌下为长髯。两颊的鬃毛虽显得略短，但无疑是雄狮特征的表现。后颈上有隶书题记："雒阳中东门外刘汉所作师子一双。"[②]（图 6–22）"师子"一词最早见于《汉书·西域传》，在东汉时期已经普遍使用[③]。

图 6–22　山东博物馆藏石狮

（采自吕章申主编：《秦汉文明》，北京时代华文书局，2017 年，第 365 页）

山东嘉祥东汉武氏墓地石阙前有石狮一对。东石狮残损尾部和右后足，其余保存相对完好，残长 1.58、高 1.26 米。西石狮残损尾部、左前足和右后足，残长 1.48、高 1.28 米。二狮皆站立于长方形台座上，昂首挺胸，张口卷舌，身体粗短，

① 李零：《"国际动物"：中国艺术中的狮虎形象》，见氏著《万变：李零考古艺术史文集》，第 353 ～ 357 页。

② 吕章申主编：《秦汉文明》，北京时代华文书局，2017 年，第 365 页。

③ 林梅村：《狮子与狻猊》，见氏著《汉唐西域与中国文明》，第 90、91 页。

头部比例颇大。头颈部有明显的鬃毛，从两颊下垂至胸前。无翼无角。东石狮右前足下按一小兽（图 6–23）。石狮上虽无题记，但石阙题记中提及阙前的“师子”：

图 6–23　山东嘉祥武氏墓地石狮
（作者摄）

“建和元年……造此阙，直钱十五万；孙宗作师子，直四万。”① 可知其与石阙皆建造于东汉桓帝建和元年（公元 147 年）。

此二例为目前所见具有明确题记的东汉石狮，二者的狮形特征都较突出，都有特意表现的头颈部鬃毛，无翼无角，总体形象较为准确，而且制作者能正确地将其称为“师子”。不过二者的鬃毛尤其是两颊的鬃毛都显得略短，武氏墓地石狮的鬃毛和头部还明显具有一些艺术加工的成分。此二例可作为汉代石狮的标准像，以下叙述的石狮则或多或少地存在着一些制作者的理解和变形。

陕西咸阳沈家桥出土一对石兽，高 1.05 米。从对生殖器的表现上可以分辨雌雄。二兽皆作狮虎形，无翼无角。昂首挺胸，张口卷舌，圆耳竖立。雄兽头颈部有向后卷曲的鬃毛，胸前的鬃毛更为茂盛②（图 6–24–2）。头颈和胸前的鬃毛是雄狮的最大特征，虽然刻画得较短且不够准确（前述例子中也有类似现象，只是尚不突出），但还是可以由此判断其应为狮子。雌兽两颊有向后的短鬃毛，颌下有长须，与雌狮形象不同（图 6–24–1）。不过汉代作为异兽输入的狮子主要应为雄狮，形象引

① 蒋英炬、吴文祺：《汉代武氏墓群石刻研究（修订本）》，第 13 页。

② 李零：《“国际动物”：中国艺术中的狮虎形象》，见氏著《万变：李零考古艺术史文集》，第 354 页。

起人们兴趣并产生较大影响的也应为雄狮。这一形象或许是制作者参考雄狮而创造的雌狮形象，或许就是为了配对而制作的一般石兽，从其短鬃和长须的特征来看，

1

2

图 6-24 咸阳沈家桥出土石兽和石狮

（采自李零：《万变：李零考古艺术史文集》，北京：生活·读书·新知三联书店，2016 年，第 356 页）

前者的可能性更大。值得注意的是，这对石兽都是虎形的身躯和尾部，与狮子有所不同，应是参照虎的形象创作狮子，只是根据传闻刻画出自己理解的鬃毛而已。

四川芦山石马坝出土一对石兽，长 2.3、高 1.7 米。基本造型与雅安、芦山一带出土的石雕虎形翼兽较为一致，但无翼无角，昂头挺胸的姿态更为突出[①]。石兽头颈部刻画出后卷的鬃毛，鬃毛形象略同于武氏墓地的石狮，也应为一对石狮（图 6-25、6-26）。任乃强先生早期调查时就已指出："此二兽无角而有颈毛披散……

图 6-25 四川芦山石马坝出土石狮（一）

（采自李松等：《中国古代雕塑》，第 91 页）

图 6-26 四川芦山石马坝出土石狮（二）

（现移入雅安博物馆，作者摄）

① 雅安市文物管理所、四川省文物考古研究院：《雅安汉代石刻精品》，成都：四川人民出版社，2005 年，第 64 页。

盖狮子也。”[①] 与之同出的有带“杨君之铭”的残碑首，可见其应为杨君（或认为即杨统，东汉蜀郡属国都尉）墓前之物[②]。芦山石箱村无名阙前出土一件石兽[③]，其四肢和头部残损较为严重，整体造型与石马坝石狮一致，头颈部也有后卷的鬃毛，也应是墓前石狮（图 6–27）。四川渠县也出土过一件类似的石兽，四肢残损，头部也风化严重，但颈部的鬃毛还是十分突出醒目，应该也是狮子[④]（图 6–28）。

图 6–27　四川芦山石箱村出土石狮

（采自张孜江、高文主编：《中国汉阙全集》，北京：中国建筑工业出版社，2017 年，第 295 页）

图 6–28　四川渠县出土石狮

（作者摄）

① 任乃强：《芦山新出汉石图考》，《康导月刊》1943 年第 5 卷第 1 期。

② 霍巍：《四川东汉大型石兽与南方丝绸之路》，《考古》2008 年第 11 期。

③ 张孜江、高文主编：《中国汉阙全集》，北京：中国建筑工业出版社，2017 年，第 295 页。

④ 秦臻：《汉代陵墓石兽研究》，第 57 页。

另外，四川芦山巴郡太守樊敏碑、阙旁出土石兽一具，长 1.77、高 1.08 米。造型也是昂首挺胸的狮虎形，雕刻较为简略。无翼无角，其头颈后部也刻画有向后卷曲的鬃毛，下披于肩上[①]（图 6–29）。任乃强先生指出其“形制较虎为小。昂

图 6–29　四川芦山出土石狮（樊敏碑阙旁）
（作者摄）

首。项间长毛一列，或是狻猊”[②]，“狻猊”即早期文献中对狮子的称呼。不过任先生囿于当时的认识，认为汉墓中不可能有狮子题材，包括上述杨君墓前的石狮都应该晚于汉代。这一认识已经得到修正，目前学界一致认可杨君墓前的石狮为汉代石雕。只是由于樊敏墓旁的石狮造型较小，形象也与当地常见的汉代石兽有一些差别，所以又有意见将其时代下延至魏晋。实际上，这仅是一种简单的印象，并无具体根据。目前所见雅安、芦山一带的墓前石兽皆是东汉晚期的，并未发现魏晋时期的同类材料。洛阳地区发现过少量西晋石兽，后肢多作蹲坐状，具体形象也与上述石狮有很大差别[③]。该石狮粗短的身体、后卷的鬃毛，总体上与武氏墓地石狮更为接近。因此，笔者认为应该还是汉墓前的石兽，其形象与该地区常见石兽有所不同，或许正是特意表现狮子造型的结果。具体情况如何，尚待今后考古发现进一步确认。

以上即是笔者目前所见的可以确认为狮子的汉代大型石雕材料，或可总结以

① 霍巍：《四川东汉大型石兽与南方丝绸之路》，《考古》2008 年第 11 期。

② 任乃强：《樊敏碑考略》，《说文月刊》1944 年第 4 卷合刊。

③ 陈长安主编：《洛阳古代石刻艺术·陵墓卷》，郑州：中州古籍出版社，2016 年，第 106 ～ 110 页。

下几点认识：

其一，上述出土信息完整的石狮都是墓前石兽，而且多在墓地石阙之前或之旁，作为大门和神道的镇守，其他石狮也应具有相同性质。《水经注·汳水》引《续述征记》云："汳水迳其南，汉熹平中某君所立，死因葬之，其弟刻石树碑，以旌厥德。隧前有狮子、天鹿。"[①]"湍水"条云："彭水迳其西北，汉安邑长尹俭墓东。冢西有石庙，庙前有两石阙，阙东有碑，阙南有二狮子相对……中平四年立。"[②]《水经注》中提到许多东汉墓前石刻，往往称为石兽、石虎、石羊、麒麟、天鹿（天禄）、辟邪等，作者既然特称为狮子，应有一定根据，这也为上述实物材料所印证。这种在墓前立石狮的传统显然形成于东汉，被南朝以降的陵墓继承发展，不过后世陵墓石狮的使用在各个时期有一定制度。而从上述信息较为清楚的石狮及文献记载来看，汉代墓前石狮的使用似乎尚无一定制度。其中既有官至二千石的郡太守（巴郡太守樊敏）、属国都尉（蜀郡属国都尉杨统），也可能有秩三、四百石的县长（安邑长尹俭）。而根据碑文，嘉祥武氏墓地中官阶最高的武荣和武斑分别为执金吾丞和敦煌长史[③]，皆为秩千石以下的中级官吏。还有许多信息不清楚或不记官职的，不排除有地方豪强和富裕平民的可能。看来汉代墓前石狮的使用应该与财力和风习有关，尚看不出与等级地位的关系。

其二，上述石狮的形象总体上比较具象，狮子的特征突出，当然这也是笔者确定其题材的依据。可以推知，制作者在一定程度上见过狮子较为准确的模型或图像，或者有较为可靠的传闻。不过，其中也有不少材料存在较大的变形和加工，其形体更多地取材于虎，鬃毛部分也往往较短而不够准确，应该说更多还是一种制作传统，而非直接摹写。只是这种传统究竟起于何时何地？目前尚不能准确知道。按理来讲，最可能源自宫廷再延及社会，毕竟只有宫廷中有西域进献的狮子，上述最具象的一具就出自洛阳工匠，可见一斑。当然，也不能排除社会上直接受到西域文化和传闻影响而兴起制作的可能。不过对于大型的具象石狮来说，笔者认为前者的可能性更大。

另外，河南淮阳北关一号汉墓出土虎形石座、狮形石座各一件（图 6-30）。虎

---

① （北魏）郦道元著，陈桥驿校证：《水经注校证》卷二十三《汳水》，第 557 页。

② （北魏）郦道元著，陈桥驿校证：《水经注校证》卷三十一《湍水》，第 724 页。

③ （宋）洪适撰：《隶释》卷六《敦煌长史武斑碑》、卷十二《执金吾丞武荣碑》，见《隶释·隶续》，第 73、139 页。

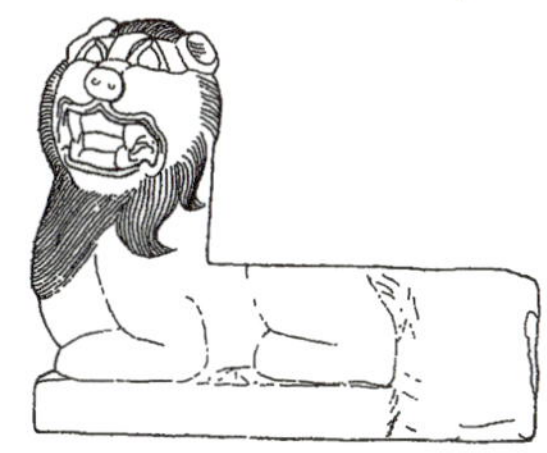

1. 虎形　　2. 狮形

图 6-30　淮阳北关汉墓出土石兽座线摹

（采自周口地区文物工作队、淮阳县博物馆：《河南淮阳北关一号汉墓发掘简报》，《文物》1991 年第 4 期，图七，1、2）

形石座长 33 厘米，通高 26 厘米，造型为一虎伏卧于长方形平台之上，张口怒目，颈后与背上凿成直角形台座。狮形石座长 33 厘米，通高 25 厘米，造型为一狮侧首伏卧于长方形平台之上，双眼圆睁，张口露齿，头颈和颌下刻画出清晰的须髯鬃毛，毫无疑问是狮子的形象，颈后与背上也凿成直角形台座[①]。这里也是明确的东汉石狮，形象也是无翼无角，鬃毛突出，特征明显，与上述大型石兽有一些相似之处。不过其大小、用途与墓前大型石兽差别较大，目前也没有其他同类材料，只能暂时附俪于此。

二、墓葬图像中的狮子

汉代图像尤其是墓葬图像中也有大量神兽和异兽的题材，其中是否有狮子的表现，以往研究中尚少见集中的讨论，或为零星的指认，或为似是而非的感觉。其实，山东嘉祥宋山出土永寿三年（公元 157 年）画像石题记中，已有“交（蛟）龙委蛇，猛虎延视，玄猿登高，师（狮）熊嗥戏，众禽群聚，万狩（兽）云布”的描述[②]。说明相关画像上众多神禽异兽中应有对于狮子的表现。之所以无法分辨，原因恐怕还是在于图像中的异兽夸张、附会、变形的情况更为突出，而且往往刻画随意，难以辨认。单个图像的辨认往往存在主观和不确定性，但正如学者所论，汉代图

① 周口地区文物工作队、淮阳县博物馆：《河南淮阳北关一号汉墓发掘简报》，《文物》1991 年第 4 期。

② 济宁地区文物组、嘉祥县文管所：《山东嘉祥宋山 1980 年出土的汉画像石》，《文物》1982 年第 5 期；赵超：《山东嘉祥出土东汉永寿三年画像石题记补考》，《文物》1990 年第 9 期。

像存在着突出的“格套”[①]，通过“格套”，可以将南阳地区汉代画像石上的一种比较流行的类似“兽斗”的题材确认为与狮子有关的图像，并且可以看到古代中国人对狮子的一种有趣的理解方式。

此种题材在南阳汉代画像石上大量出现，数量颇多，具体细节略有差别，但总体设计和意匠则高度一致，时代上有些可能早到西汉晚期，大多在东汉早中期。图像核心为二兽对立，其中一兽（多数在左侧，也有在右侧的）的形象和特征较为稳定，基本上为虎豹形，俯首隆背，往往前肢趴俯、后肢蹲坐，尾巴前蜷于后肢两腿之间。也就是一只低着脑袋，夹着尾巴，蹲坐匍匐的虎豹。与之对立的另一兽则昂首挺胸，张牙舞爪。总体也为虎豹形，具体形象较为怪异和多样。头顶和后颈上有鬃毛竖立，有的长而上扬，“怒发冲冠”，有的短似马鬃，有的则只有头顶一撮。尾巴大多不同于虎豹，有的在末端变粗，类似茸毛，有的整体如同

1. 南阳熊营画像石墓墓门门楣

2. 南阳

3. 南阳七里园

4. 南阳安居新村

图 6-31　南阳画像石中的狮子伏虎豹（一）

（采自凌皆兵、王清建、牛天伟主编：《中国南阳汉画像石大全》，第二卷第 218 页，第八卷第 135、215、216 页）

1. 南阳陈棚画像石墓后室过梁

2. 南阳

3. 南阳邢营

4. 南阳八一路画像石墓墓门门楣

图 6-32　南阳画像石中的狮子伏虎豹（二）

（采自凌皆兵、王清建、牛天伟编：《中国南阳汉画像石大全》，第一卷第 179 页、第二卷第 99 页、第八卷第 165、177 页）

① 邢义田：《格套、榜题、文献与画像解释——以一个失传的“七女为父报仇”汉画故事为例》，见氏著《画为心声：画像石、画像砖与壁画》，第 92 ~ 137 页。

1. 南阳

2. 南阳石桥

3. 南阳

4. 南阳

图 6-33　南阳画像石中的狮子伏虎豹（三）

（采自 1、3、4. 凌皆兵、王清建、牛天伟主编：《中国南阳汉画像石大全》，第八卷第 25、53、224 页；2. 中国画像石全集编辑委员会：《中国画像石全集 6 · 河南汉画像石》，第 96 页）

马尾，有的介于二者之间（图 6-31 ~ 6-33）。

对于后一兽，一些图录中就将其中鬃毛长扬，尾端蓬大，身形粗短的形态较为突出者称作狮子[①]。的确，汉代一般人对于狮子形象的理解就是通过类比于虎豹等猫科动物，然后在鬃毛和尾巴上予以分别之。例如，《后汉书 · 顺帝纪》记载“疏勒国献师子”，李贤注引《东观记》云“师子似虎，正黄，有髯耏，尾端茸毛大如斗”[②]。与今本《东观汉记》中记载一致，云：“疏勒王盘遣使文时诣阙，献师子、封牛。师子形似虎，正黄，有髯耏，尾端茸毛大如斗。”[③]《尔雅 · 释兽》中说“狻麑如虦猫”，“狻麑（狻猊）”为早期对狮子的一种称呼，郭璞注即云“即师子也，

① 如凌皆兵主编：《色彩的记忆：南阳陈棚汉代彩绘画像石墓》，郑州：大象出版社，2018 年，第 87、120 页；凌皆兵、王清建、牛天伟主编：《中国南阳汉画像石大全》，涉及此类题材的部分数量较多，不再枚举。

② 《后汉书》卷六《顺帝纪》，第 2 册，第 263 页。

③ （汉）刘珍等撰，吴树平校注：《东观汉记校注》卷三《敬宗孝顺皇帝》，北京：中华书局，2008 年，上册，第 112 页。

出西域”[①]，《汉书·西域传》颜注亦云“师子即《尔雅》所谓狻猊也”[②]。何谓“虦猫”？《尔雅·释兽》云“虎窃毛谓之虦猫”，郭璞注“窃，浅也”[③]。《说文·虎部》亦云：“虦，虎窃毛谓之虦苗。……窃，浅也。”[④]大概是浅毛或浅色之虎的意思，不是太明确。总之，汉代人是以虎、猫等动物来类比狮子，所不同者为狮子是正黄色的，有鬃毛，文献中理解为须髯，尾端有斗大的茸毛。但理解往往也比较含糊，并不是特别清楚。因此，将上述在鬃毛和尾巴方面有突出表现的虎豹形猛兽称为狮子是有道理的。

笔者不仅认为那些特征突出者为狮子，而且认为此种题材中那些形象颇有出入、似是而非的猛兽总体上都应该是狮子的表达。不仅要从其自身特征去判断，更要从图像格套，图像上两兽的关系去解读。如上所述，此种题材其实就是一只虎豹在另一只昂首挺胸、张牙舞爪、毛发怪异的猛兽前夹着尾巴、俯首臣服的表现。狮子是西方输入的猛兽，除个别实体输入宫廷以外，更多时候输入和传播的是一种传说，一种比本土的虎豹更为凶猛的西方异兽的传说。《尔雅·释兽》中就说：“狻麑如虦猫，食虎豹。”[⑤]《穆天子传》中云“狻猊□野马走五百里”，郭璞注“狻猊，师子，亦食虎豹”[⑥]。狮子凶猛得可以吃掉老虎，看来是汉晋时期的一种普遍观念。与上述图像最相配合的是一则北魏时期的文献，《洛阳伽蓝记》中说：

狮子者，波斯国胡王所献也，为逆贼万俟丑奴所获，留于寇中。永安末，丑奴破，始达京师。庄帝谓侍中李彧曰：“朕闻虎见狮子必伏，可觅试之。”于是诏近山郡县捕虎以送。巩县、山阳并送二虎一豹，帝在华林园观之，于是虎豹见狮子，悉皆瞑目，不敢仰视。[⑦]

上述图像可以说是“虎见狮子必伏”“虎豹见狮子，悉皆瞑目，不敢仰视”

① 《尔雅注疏》卷十《释兽》，第 572 页。
② 《汉书》卷九十六《西域传》，第 12 册，第 3889 页。
③ 《尔雅注疏》卷十《释兽》，第 566 页。
④ （汉）许慎撰，（清）段玉裁注：《说文解字注》，第 210 页。
⑤ 《尔雅注疏》卷十《释兽》，第 572 页。
⑥ （晋）郭璞注，王贻樑、陈建敏校释：《穆天子传汇校集释》卷一，第 55 页。
⑦ （北魏）杨衒之撰，范祥雍校注：《洛阳伽蓝记校注》卷三《城南》，上海古籍出版社，1978 年，第 161 页。

的生动表现。虽然很多时候参用后世文献有很大风险，但前面已经有汉代自身的文献，只是比较简略，逻辑普通而直接，具体信息也简单、明确而对称，而且这种神化狮子的观念应该随着认识的加深而日益衰弱，或许可以作为参照。

确定了这个"虎豹见狮子"的图像格套之后，我们再来看看此类题材中对于狮子的表现。从其具象程度来看，大概可以分为三个层次：第一个层次的狮子体型略小而短，头颈上鬃毛长而上扬，有的尾部茸毛也有刻意表现，特征最为明显（见图 6–31）；但大多数属于第二个层次，身形与虎豹无异，头顶上模式化地竖立起类似发冠的鬃毛，尾巴或者类似马尾，或者就是虎豹之尾，格套化最为突出（见图 6–32）；第三个层次则千奇百怪，有的头顶隆起，似个大包，有的则略露正面，浑成圆头，有的头颈上全部类似马鬃，有的则进一步倾向于一匹小马，只有在认识到这个格套之后，才能明白原来是不能正确表现狮子的鬃毛而形成的"误会"（见图 6–33）。但即便是第一个层次，距离狮子的准确形象也还有较大距离。看来刻画者并没有见过输入的狮子实物或图像，他们刻画的只是一种传说，一种关于西方猛兽的观念。但这个传说还是有实质的，有狮子在汉代传入中国的实际背景，所以人们还是知道在鬃毛和尾巴两个方面去突出表现狮子，并根据自己的理解和想象创造了这一形象和题材，形成格套，反复制作。制作过程中有的也许根据个人理解进行了一些细节的发挥，或发挥得更像狮子，毕竟是以狮子的传说为基础的，或发挥得更像马，毕竟对动物鬃毛的理解恐怕更多来自于现实所见的马。值得注意的是，此种格套在南阳地区兴起和流行之后，不仅数量丰富，使用范围也比较广泛，还出现于除墓葬画像石外的其他材料之上，如有学者提到的洛阳五女冢新莽时期墓葬出土的一件陶井栏[①]。

三、狮子与有翼神兽的联系与区别

除上述大型石雕和画像石以外，汉代遗存中较为集中的以狮子为造型的可能还有一种琥珀珠，或称之为辟邪形珠[②]。不过，一则此种珠子形小而抽象，一则其可能直接由外部输入，不是严格的汉人作品，暂不纳入讨论。有学者提到汉长安

① 潘攀：《汉代神兽图像研究》，第 146 页。

② 赵德云：《西周至汉晋时期中国外来珠饰研究》，北京：科学出版社，2016 年，第 122 页。

城出土的四神瓦当中，有个别以狮子代替白虎的情况[①]。从提供的图片来看，应该是狮子，不过笔者暂未查阅到详细信息，不能详论。还有将南阳邢营二号墓封门石上的一头略具须髯的虎形兽[②]和河北望都汉墓出土器盖上的兽纽[③]称为狮子者，从形象上看，也有道理，只是要么特征不够突出，要么不甚清晰，又尚未见同类材料，难以进一步考察。

需要讨论的是，本节一开始就提到的汉代墓前的大型石雕翼兽是否是狮子。这些翼兽大多为狮虎形，头上有角（或为独角，或为双角，以双角者为多），肩有双翼，颌下有长须，传统上称之为天禄、辟邪，学界一般认为与西方艺术中有翼神兽的传播有关[④]。一些学者认为就是以狮子为原型而创造出的神兽[⑤]。李零先生将之与古代波斯的头上长角、肩上生翼的狮形神兽比较，认为应该是受到了后者的影响，并据此将前者也称为翼狮，认为也是狮子艺术的一种[⑥]（图 6–34）。从

1. 苏萨宫墙翼狮

2. 洛阳孙旗屯出土翼兽

图 6–34　李零先生比较的波斯翼狮和洛阳翼兽

（采自李零：《万变：李零考古艺术史文集》，第 328 页）

---

① 李零：《“国际动物”：中国艺术中的狮虎形象》，见氏著《万变：李零考古艺术史文集》，第 335 页。

② 凌皆兵、王清建、牛天伟主编：《中国南阳汉画像石大全》第六卷，第 246 页。

③ 潘攀：《汉代神兽图像研究》，第 146 页。

④ 如沈福伟：《中西文化交流史》，上海人民出版社，1985 年，第 67 ～ 74 页；林梅村：《狮子与狻猊》《天禄辟邪与古代中西文化交流》，均见氏著《汉唐西域与中国文明》；李零：《论中国的有翼神兽》《再论中国的有翼神兽》，均见氏著《入山与出塞》，北京：文物出版社，2004 年；霍巍：《四川东汉大型石兽与南方丝绸之路》，《考古》2008 年第 11 期；霍巍：《神兽西来：重庆忠县发现石辟邪及其意义初探》，《长江文明》第 1 辑，重庆出版社，2008 年；霍巍：《胡人俑、有翼神兽、西王母图像的考察》，见霍巍、赵德云著《战国秦汉时期中国西南的对外文化交流》，等等。

⑤ 张松利、张金凤：《许昌汉代大型石雕天禄、辟邪及其特点——兼论天禄、辟邪的命名与起源》，《中原文物》2007 年第 4 期。

⑥ 李零：《“国际动物”：中国艺术中的狮虎形象》，见氏著《万变：李零考古艺术史文集》，第 357 ～ 369 页。

形象上来看，二者确实特别像，这一说法还是颇有道理的。不过其间的地域、时代还较为遥远，波斯大约在公元前 5 世纪，比东汉石兽早了五六百年，其间踪迹难寻，也存在疑问。而且根据本节的梳理来看，汉代艺术中明确的狮子形象都是无翼无角，突出鬏毛，其中也包括一些大型石兽，与有翼有角的天禄、辟邪还是具有明显差别的。也有学者在肯定石狮与有翼有角的天禄、辟邪的差别后进一步认为有些有翼无角的石兽也可以是添上翼的狮子，认为四川雅安高颐墓阙和芦山樊敏墓阙前的石兽只有翼没有角，就是带翼的狮子[①]。其实，四川雅安、芦山一带的石雕翼兽大多还是有角的，高颐墓阙前的一对都有角，向后横贴在头顶，笔者做过仔细观察（图 6-35）。只有后来列置在樊敏墓阙前的一对翼兽没有角，但这

图 6-35　雅安高颐墓阙石兽及头部细节

（作者摄）

对翼兽同时也没有长须，显然是虎头一类，没有任何狮子的特征。实际上，天禄、辟邪更多是一种复合神兽，把各种动物的因素组合在一起，创造出理想的神兽。一般的格套是头上有角，肩上生翼，颌下长须。根据前文的讨论，颌下的长须可能就来自于对狮子鬏毛的一种错误理解和创造。可以说它们吸收了一些狮子艺术的因素，但不一定归属于狮子艺术。四川芦山的石兽类型最为丰富，既有上述无翼无角而带鬏毛的比较具象的狮子，更多的为各种翼兽，翼兽中既有戴角而长须的典型的天禄、辟邪形象，也有上述无角无须的虎头翼兽（图 6-36），还有一具

① 潘攀：《汉代神兽图像研究》，第 147、148 页。

为明显的羊头[①]（图 6–37），其实就是组合出想象的神兽，人们未必都理解为狮子，

图 6–36　芦山樊敏碑阙前陈列的石兽
（作者摄）

图 6–37　芦山出土石雕羊首虎身翼兽
（采自雅安市文物管理所、四川省文物考古研究院：《雅安汉代石刻精品》，第 67 页）

只是人们将这些组合翼兽和狮子都理解为神兽，作为同一类物品进行凿刻和陈设。但是站在现代研究的角度上，要分辨其中的狮子艺术，还是要依据明确的标准。

总之，在汉开西域，西方物种和文化大量涌入的背景之下，狮子也输入汉朝的宫廷。正如前引《汉书·西域传》中所说："遭值文、景玄默，养民五世，天下殷富，财力有余，士马强盛……闻天马、蒲陶则通大宛、安息。自是之后……钜象、师子、猛犬、大雀之群食于外囿。殊方异物，四面而至。"[②]狮子的形象也开始出现于墓葬艺术之中。目前明确的材料主要有两大类，一类为东汉墓前的大型石雕，在流行墓葬石刻的山东、河南、四川等地都有出现。狮子的特征比较明显，无翼无角，有须有髯。有的形象准确，雕刻精美，出自京师，可能源自宫廷。一类为墓葬画像石，出现于西汉晚期，流行于东汉早中期，集中分布于南阳地区，为人们对狮子的传说和观念的表现，表现为一种令虎豹俯首夹尾、闻风丧胆的猛兽。

四、西方神兽与"辟邪—升仙"

虽然笔者并不认为如天禄、辟邪等有翼神兽是直接的狮子艺术，但汉代有翼神兽一定程度上受到西方神兽艺术的影响，已经成为目前学界的普遍观点，笔者

① 雅安市文物管理所、四川省文物考古研究院：《雅安汉代石刻精品》，第 67 页。
② 《汉书》卷九十六《西域传》，第 12 册，第 3928 页。

总体上也同意此点。而不论是墓前的大型石雕，或墓内的石刻画像，二者具有相同的属性和意义则是一目了然的，都是作为西方神兽而被纳入丧葬文化中。笔者曾经讨论过，汉墓画像中正在吞食鬼魅的虎形翼兽，可能即是穷奇食鬼魅的表现。《山海经·海内北经》云："穷奇，状如虎，有翼。"①《神异经·西北荒经》亦云："西北有兽焉，状似虎，有翼能飞……名曰穷奇。"② 西北方的神兽（凶兽）穷奇就是翼虎形态。墓前石兽，正如其中一种的名称——辟邪，显然直接具有辟除邪魅、保护墓主的功能。东汉应劭《风俗通义》云："墓上树柏，路头石虎。《周礼》：'方相氏，葬日入圹，殴魍象。'魍象好食亡者肝脑，人家不能常令方相立于墓侧以禁御之，而魍象畏虎与柏，故墓前立虎与柏。"③ 而根据孙作云先生的研究，汉墓中辟邪与升仙是一体两面，辟邪是手段，升仙是目的④。在当时人的观念中，升仙之路是十分危险的，常有鬼魅侵害。所以秦皇、汉武的求仙活动中尤其注意辟除鬼魅。《史记·秦始皇本纪》中载："卢生说始皇曰：'臣等求芝奇药仙者常弗遇，类物有害之者。方中，人主时为微行以辟恶鬼，恶鬼辟，真人至。'"⑤《史记·封禅书》亦载："（武帝）欲与神通，……乃作画云气车，及各以胜日驾车辟恶鬼。"⑥ 这些西方、西北方的有翼神兽（主要是虎形），一方面具有辟邪之猛，一方面具有飞升之能，能够很好地护卫墓主升仙的旅程⑦。

狮子本来就是西方猛兽，也有神化的一贯传统，将其与西来的有翼神兽一起作为墓前石兽，应当具有相同的意义。而下一节中还要讨论到，南阳画像石墓中的斗兽、戏兽题材上有大量的西方因素，如胡人、杂技、马戏等，可能也与这一关于西方的神仙信仰有关。而上述南阳地区的狮子画像实际上就是处于斗兽题材的环境中的，对这一西方猛兽的突出表现，或许正与此种观念有关。也就是说墓葬中引入这一来自西方的神兽和猛兽，当然是汉代人对西方传说和信仰的一种构建。值得注意

---

① 袁珂校注：《山海经校注》（增补修订本），第 364 页。

② 王根林校点：《神异经》，见《汉魏六朝笔记小说大观》，第 55、56 页。

③ （汉）应劭撰，王利器校注：《风俗通义校注》，下册，第 574 页。

④ 孙作云：《评〈沂南古画像石墓发掘报告〉——兼论汉代人的主要迷信思想》，《考古通讯》1957 年第 6 期。

⑤ 《史记》卷六《秦始皇本纪》，第 1 册，第 256 页。

⑥ 《史记》卷二十八《封禅书》，第 4 册，第 1388 页。

⑦ 王煜：《汉墓"虎食鬼魅"画像试探——兼谈汉代墓前石雕虎形翼兽的起源》，《考古》2010 年第 12 期。

的是，笔者讨论过汉墓中的有翼虎形神兽实际上先于西汉晚期出现于墓葬图像之中，用以驱邪镇墓，噬食鬼魅，在东汉时期大型石雕兴起的背景中出现于墓前，意义则一以贯之[①]。就上述材料来看，狮子在墓葬艺术中的出现和发展情况与之完全一致，应该具有共同的背景，或者就是一个统一的问题。

东汉黄香《九宫赋》云："三台执兵而奉引，轩辕乘駏驉而先驱，招摇丰隆骑师子而侠毂，各先后以为云车。左青龙而右觜觿，前七星而后腾蛇。"[②]"丰隆"为雷神，一说云神；"觜觿"即觜宿，即白虎的头部。可见，这里的"师子"也被当作与青龙、白虎和駏驉（即"蛩蛩距虚"，一种善跑和能飞升的异兽）一样的神兽，承载神人、仙人们飞升、游行于天界。

另外，汉墓图像中的有翼神兽，最为突出的就是本节中提到的虎形翼兽，还有马形翼兽。而根据霍巍先生的研究，马形翼兽正是来源于西域的天马，与昆仑、西王母的信仰密切相关。此点笔者甚为赞同。不过，我们也不能过于扩大化，将汉墓中的翼兽图像一概认为受到西方的影响。因为在表现神仙和升仙场景时，许多动物都被加上了翅膀，或许就是这一神仙背景下的普遍加工形式。笔者注意到，一些汉墓中还有组合多种动物的神兽形象，如上文提到的四川芦山羊首、虎身的翼兽。还有一种是鸟首、龙（虎）身或马身的翼兽，类似西方神兽中的格里芬（鹰首、狮身翼兽，图 6–38）。不过由于材料过少，究竟确实具有联系，抑或仅为巧合？目前无法判断。

1. 拓片

2.《金石索》摹刻本

图 6–38　嘉祥武氏祠前石室屋顶前坡东段上的鸟首马身翼兽

（采自 1. 蒋英炬、吴文祺：《汉代武氏墓群石刻研究（修订本）》，第 142 页；2.（清）冯云鹏、冯云鹓著：《金石索·石索三》，第 5 册，第 1467、1468 页）

① 王煜：《汉墓"虎食鬼魅"画像试探——兼谈汉代墓前石雕虎形翼兽的起源》，《考古》2010 年第 12 期。

② 费振刚、胡双宝、宗明华辑校：《全汉赋》，第 372 页。

第三节
西域奇人：胡人图像与升仙信仰

汉代画像中的胡人呈现一种格套化的表现，大多头戴尖帽、深目高鼻而多须髯。当时观念中的胡人涵盖北方和西方的广大异族，由于东汉前期以前汉匈关系最为突出，所谓“胡”也多指匈奴，其东则统称“东胡”，其西则统称“西胡”[①]。但这种格套化的胡人形象反映的却主要为西域胡人的形象。如《史记·大宛列传》载：“自大宛以西至安息，国虽颇异言，然大同俗，相知言。其人皆深眼，多须髯。”[②]《汉书·西域传》亦载：“自（大）宛以西至安息国，虽颇异言，然大同，自相晓知也。其人皆深目，多须髯。”[③]邢义田先生也指出，尖顶帽应该来自西域的斯基泰民族[④]。不过邢先生与多数学者一样，最后仍将这种格套化的胡人主要当作匈奴的表现。然而汉代文献中对匈奴的记载，并不像上述对西胡的记载一样，强调其相貌的奇特。反而认为其为“夏后氏之苗裔”，也就是与汉人同种同源，只是强调风俗的不同[⑤]。笔者认为，汉画像中这种头戴尖帽、深目高鼻的胡人形象，恐怕还是源于对与该形象一致的西域胡人的表现[⑥]。只是后来已经成为一种对广大外族的格套化表达，当然也可以用来表现匈奴胡人，如某些关于金日磾孝行的画像中，其母（匈奴休屠王阏氏）的形象也被表现为此种格套化的胡人形象[⑦]。

关于胡人的图像十分丰富，种类也很多，当然不能以某种解释一网打尽。但

① 王国维：《西胡考》，见氏著《观堂集林》卷十三，上册，第606页。

② 《史记》卷一百二十三《大宛列传》，第10册，第3157页。

③ 《汉书》卷九十六《西域传》，第12册，第3896页。

④ 邢义田：《古代中国及欧亚文献、图像与考古资料中的“胡人”外貌》，《美术史研究集刊》第9期，第37～69页。

⑤ 《史记》卷一百十《匈奴列传》，第9册，第2879页。

⑥ 该问题近来朱浒先生做过详细讨论。认为尖帽、深目、高鼻等特征确实主要为西胡特征，但匈奴人中仍有不同种族，不能排除，东汉中晚期较为标准的尖帽胡人样式，主要是来自中亚贵霜人的特征。见朱浒：《汉画像胡人图像研究》，第201页。

⑦ 朱浒：《曹操墓画像石之“金日磾”、“贞夫韩朋”、“鲁秋洁妇”故事考》，见华东师范大学艺术研究所编《中国美术研究》第28辑，上海书画出版社，2019年，第55～62页。

其中有不少是作为西域胡人而与以昆仑、西王母为中心的升仙信仰具有紧密联系的。在第五章第三节中，笔者已经讨论过一种胡人与车马出行的画像，认为这些胡人被作为去往昆仑、西王母之地的引导者或被打败的阻碍者。接下来笔者再具体讨论一种具有明显组合信息的胡人图像。

一、胡人戏兽图像

斗兽、驯兽是汉墓图像中的常见题材，学界以往也对其进行过一些关注，取得了不少认识。此种图像中有一类比较突出，其上人物为胡人，根据内容和意义（后详）暂将其统称之为“胡人戏兽”。笔者拟对此类图像进行梳理，并联系相关文献和文物材料对其在墓葬中的意义进行考察。对此类图像的理解，也会对进一步认识汉墓中的胡人及斗兽、驯兽题材产生一些帮助。由于目前所见的胡人戏兽图像上，皆为一人戏兽，兽则有所不同，笔者暂根据兽的种类，大致将之分为以下几类：

（一）胡人戏虎

此种图像或表现一胡人驯服猛虎，或与虎一起做出一些惊险的动作。

河南唐河新莽天凤五年（公元 18 年）汉郁平大尹冯君孺人（久）画像石墓[①]北阁室北壁画像上，一人牵一虎相戏。其人头戴尖帽、鼻梁直挺，应为胡人。虎颈部被拴系，显然已被驯服。右边（以观者为准，下同）尚有一猴对其戏弄，猴下另有一较小的虎形兽（图 6–39）。

河南方城东关画像石墓[②]东门门楣上，刻画一人戏二虎的情景。其人虽面貌不清，但头上的尖顶帽非常清楚，鼻子、下巴也颇尖出，应该为胡人。该胡人处于二虎之间，正掰开右虎之口（图 6–40）。现在的兽戏中也有将猛兽的嘴掰开，而将头放入其中的惊险表演，此画像上的场景或与之类似。即便其不将头放入，手掰猛虎之口，也算惊险的兽戏了。

① 南阳地区文物队、南阳市博物馆：《唐河汉郁平大尹冯君孺人画像石墓》，《考古学报》1980 年第 2 期。

② 南阳市博物馆、方城县文化馆：《河南方城东关汉画像石墓》，《文物》1980 年第 3 期。

图 6-39　唐河冯君孺人墓胡人戏虎画像拓片

（采自中国画像石全集编辑委员会:《中国画像石全集 6·河南汉画像石》，第 28 页，图四一）

图 6-40　方城东关汉墓胡人戏虎画像拓片

（采自中国画像石全集编辑委员会：《中国画像石全集 6·河南汉画像石》，第 36 页，图五一）

（二）胡人戏牛

目前所见的此种图像皆表现为一胡人持刀阉牛的情景，所以往往称之为“阉牛”。但我们注意到，其上的牛都表现为正与虎或熊相斗或相戏，其旁尚有其他动物相戏，显然不是日常生活中的阉牛。考虑整个画像场景和同类画像，应该也是一种兽戏。

上述河南方城东关画像石墓的右门楣上，刻画有一牛正与一熊相斗或相戏，其左还有一龙，似欲与二兽相戏。牛的胯下一人单膝跪地，左手持牛阴囊，右手持刀欲切。其人头戴尖帽，深目高鼻，多须髯，相貌丑陋，毫无疑问应为胡人（图 6-41-1）。结合整个场景来看，这里的阉牛画像显然不是现实中阉牛的表现，而汉代自西域传来的眩术中正有“屠人截马”一类（后详）。虽然画像上的阉牛，奇险程度还算不上“屠人截马”，但也合于百戏的场景，应该与之类似。该画像

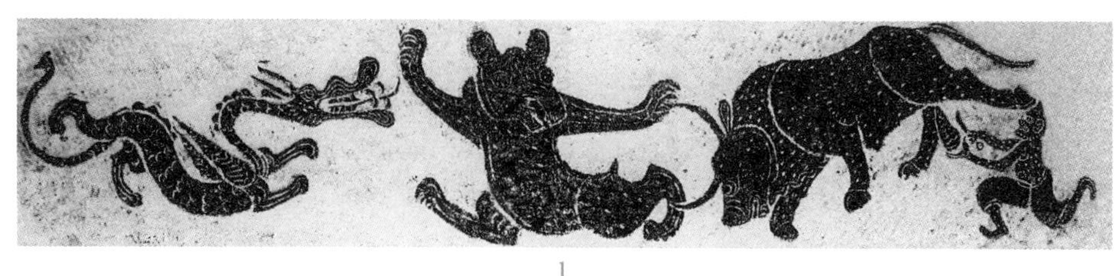

1

2

图 6-41　方城东关汉墓胡人戏牛画像拓片

（采自中国画像石全集编辑委员会：《中国画像石全集 6 · 河南汉画像石》，第 30、35 页，图四四、四九）

上还出现有作为神兽的龙，十分值得注意，其性质和意义后详。类似的画像在该墓西门门楣上另有一幅，只是其上的牛正与虎搏斗，虎后还有一猴相戏，稍有不同。而阉牛者的形象与上述一致，也为胡人无疑（图 6-41-2）。值得注意的是，画像上虎后另有一猴持虎尾相戏，与上文所述唐河胡人戏虎画像完全一致，也可旁证该画像也是兽戏场景的表现。

（三）胡人戏神兽

此种图像皆表现为一胡人戏一个或多个神兽，神兽有龙、凤及其他翼兽。有的图像中神兽可以明显地看出是由人假扮的，有的则无法分辨。

山东沂南北寨画像石墓中室东壁横额上刻画有丰富的百戏内容，其中就有胡人戏凤鸟的画像。画像上胡人头戴尖帽，深目高鼻，下巴尖出，似有须髯，性质十分明确，手持一树状物，导引戏弄凤鸟。凤鸟则为人假扮，其下还露出了着鞋的足部（图 6-42）。画像中的凤鸟虽为人假扮，但要表现的仍然是胡人戏弄神兽的主题，笔者亦将其归入此类。

河南永城酂城东汉墓出土的一方画像石[①]上，刻画有一人戏二神兽的场景。其人面目虽不清楚，但头上的尖顶帽十分突出，应该也是胡人。双手各以绳牵一兽，

图 6-42　沂南汉墓胡人戏凤鸟画像拓片

（采自南京博物院、山东省文物管理处：《沂南古画像石墓发掘报告》，北京：文化部文物管理局出版，1956 年，图版 96）

右侧为一龙形翼兽，口衔环[②]，左侧一兽为鸟首龙虎形翼兽。此二兽外侧还各有一兽，右侧为熊，左侧为翼虎（图 6-43）。神兽无法辨识是否由人装扮，所以无法确认是现实百戏中的胡人戏兽表演，还是虚拟神仙世界中的场景，不过具体到墓葬之中二者应该没有本质的区别（后详）。

图 6-43　永城酂城汉墓出土胡人戏神兽画像拓片

（采自中国画像石全集编辑委员会：《中国画像石全集 6・河南汉画像石》，第 51 页，图七二）

以上是笔者目前所见可确定无疑的胡人戏兽图像材料，虽然数量不多，但已能反映出不少问题。而且斗兽、驯兽的图像在汉墓尤其是南阳地区的画像石墓中还有许多，不少画像的内容和组合与上述材料都基本一致，而且其上人物大都相

① 中国画像石全集编辑委员会：《中国画像石全集 6・河南汉画像石》，第 51 页。

② 庞政先生认为是含利衔璧（未刊稿），笔者赞同。

貌丑陋，不似常人。由于没有尖顶帽等典型特征，还不能准确地判断是否为胡人，目前只能存疑，但相信汉墓中的此类图像应该会比上述为多。根据上述材料，总结认识如下：

第一，目前所见的确定无疑的胡人戏兽图像主要见于河南南阳地区（唐河、方城），在该地区新莽时期的墓葬中已经出现，就目前的材料而言，此种题材应该最早产生于这一地区。

第二，此类图像均以一人与兽的相互关系为主，其人或栓系、驯服、导引猛兽或神兽，或对猛兽做出一些奇险的动作，而整个场面上还往往有猛兽相斗和动物相戏的情景。沂南汉墓中的凤鸟表露出由人扮演的痕迹，而且属于百戏画面的一部分，表明具有表演的性质，表现一种奇幻惊险的场面。

第三，此类图像上戏兽之人皆为头戴尖帽的胡人，面目能看清者皆为深目高鼻而多须髯。兽则有所不同，既有现实中的虎、牛等，也有龙、凤鸟、翼兽等神兽。值得注意的是，即便是在戏弄现实中的兽的场景中也有出现神兽的情况（如上述方城东关汉墓中的阉牛画像），说明此类图像可能与神话场面或神话扮演有关。

对于此种图像的意义，笔者认为在汉代人的一种流行观念中，西王母在西域外国，其地有眩人（幻人、化人），擅长眩术（包括现在所谓的魔术、杂技、马戏），人们将之附会为仙术，与以西王母为中心的升仙信仰联系起来。这种观念在汉墓中还有不少更为突出的表现，详细讨论见下一节。而此类图像上的胡人就其相貌、帽式来看，当为西域胡人，其多与猛兽进行奇幻惊险的表演，其上还多有神兽等与升仙有关的内容，应该就与上述以西王母为中心的西方升仙信仰有关。

汉墓中还存在不少与之类似的斗兽、驯兽画像，由于其上的人物是否为胡人尚不易确定，是否具有上述意义，笔者还不敢妄加推测。南阳樊集吊窑 M28 墓门门楣画像砖①上，刻画有车马进入双阙，其上为戴胜的西王母，王母前有一凤鸟及人物跪拜，其旁有捣药玉兔，而西王母之后正刻画着一人斗牛的图像（见图 2–14）。虽然其上的人物无法确认是否为胡人，但这里的斗兽画像显然是与西王母紧密相关的，符合上述意义。说明汉墓中应该还有不少类似图像具有这一意义，只是缺乏必要的依据，无法予以确认而已。

① 南阳文物管理所：《南阳汉代画像砖》，图 148。

二、胡人与仙人图像

胡人在汉代墓葬图像中不仅常常出现于上述有关西方神仙信仰的环境中，而且有时候就直接被表现为仙人。关于这一点，已有学者注意[①]。笔者以下欲对相关的图像材料作出更为清楚的梳理[②]，并将其放入本书所述的这样一个关于西方的升仙信仰中来理解，或许会使对该问题的认识更加清晰和深刻。目前所见的墓葬图像中，将胡人作为仙人主要通过以下几种方式来实现。

（一）胡人形象的羽人

众所周知，汉代图像中仙人的一种重要表现形式即为肩生羽翼、身生毛羽的羽人。当然从大量材料来看，羽人在汉代尤其是东汉以来神仙信仰中的地位可能并不高，但无疑还是属于仙人的，详见第五章第一节。有趣的是，汉墓图像中有一些羽人，仔细观察却是胡人的形象。

河南南阳宛城区军帐营东汉墓[③]墓门左门楣背面，刻画有一人骑龙，其人肩生毛羽。而该羽人头戴尖顶帽，鼻梁高挺，下巴尖出，为胡人形象。龙之前的云气中还有前述狮子伏虎豹和牛（图 6–44）。南阳出土的一方画像石上，一名羽人正

图 6–44　南阳军帐营画像石墓墓门左门楣背面拓片

（采自中国画像石全集编辑委员会：《中国画像石全集 6 · 河南汉画像石》，第 156 页，图一九二）

① 郑岩：《汉代艺术中的胡人形象》，见中山大学艺术史研究中心编《艺术史研究》第 1 辑，第 133 ~ 150 页。

② 近年来朱浒先生也做过这一问题的梳理。详见朱浒：《汉画像胡人图像研究》，第 255 ~ 275 页。

③ 南阳市博物馆：《河南南阳军帐营汉画像石墓》，《考古与文物》1982 年第 1 期。

驾驶一辆虎车飞驰于云中[①]，该羽人头戴十分突出的尖顶帽，应该也是胡人。南阳出土的一方画像砖[②]上，有仙人六博的画像，其上两个肩生毛羽的仙人正在对博，其下还有一名羽人牵拉一匹有翼天马。仔细观察，居左的羽人虽然面貌不甚清晰，但头戴尖顶帽，而居右的羽人虽无尖帽，但面相深目高鼻，下巴尖出，有须髯，二者应该都是胡人（图 6–45）。南阳地区出土的画像砖和画像石上，还有一些羽

图 6–45　南阳出土画像砖仙人六博拓片
（采自南阳文物管理所：《南阳汉代画像砖》，图版 180）

人骑虎、戏龙、戏凤的图像，其中有些羽人深目高鼻、似有尖顶帽，可能也是胡人[③]。但由于此类画像上羽人形象太小，细节不易辨认。山东临沂吴白庄画像石墓拱楣左侧[④]，刻画有云气、龙及一名羽人，该羽人深目高鼻、有须髯，头戴尖顶帽，无疑为胡人（见图 4–91）。沂南汉墓前室立柱上刻画的许多头戴尖帽的胡人也或多或少具有一些羽人的特征[⑤]。陕西绥德出土的一方墓门门楣画像石上[⑥]，刻画有日、月及天马、云气，中心为一神羊，羊两侧有两名羽人骑鹿相向。此两名羽人

① 闪修山、王儒林、李陈广编著：《南阳汉代画像石》，第 185 页。

② 南阳文物管理所：《南阳汉代画像砖》，图 180。

③ 如南阳文物管理所：《南阳汉代画像砖》，图 182、184；闪修山、王儒林、李陈广编著：《南阳汉代画像石》，第 145、171 页。

④ 临沂市博物馆编：《临沂汉画像石》，济南：山东美术出版社，2002 年，第 26 页，图 37。

⑤ 郑岩：《汉代艺术中的胡人形象》，见中山大学艺术史研究中心编《艺术史研究》第 1 辑，第 136 页。

⑥ 中国画像石全集编辑委员会：《中国画像石全集 5・陕西、山西汉画像石》，第 86 页。

似头戴尖顶帽，或许也是胡人。其实，还有很多类似的材料，但都由于羽人形象过小、细节不清，这里只好存疑了。但笔者相信，汉墓图像中应该还有更多的羽人是被表现为胡人的。

（二）乘骑或驾驭神兽的胡人

汉乐府《长歌行》中云“仙人骑白鹿，发短耳何长”①，乘骑神兽自然是仙人的一个特征。而汉画像中有一些胡人也能乘骑神兽，上述胡人形象的羽人中就有一些是乘骑或驾驭神兽的，还有一些非羽人的胡人也乘骑或驾驭神兽，这些胡人的性质可信也为仙人。

河南南阳市区出土的一方画像石上②，刻画有一人驾驶神鹿所拉的云车飞驰于云气之间的图像，车后乘坐一持节之人。驾车者头戴尖顶帽、深目高鼻，无疑为胡人的表现。车后还有飞腾于神鹿背上的一人，似乎也是头戴尖顶帽的胡人。（见图 5–3–1）山东临沂吴白庄画像石墓的一方立柱上，刻画有一深目高鼻、头戴尖顶帽的胡人乘骑于一类似于羊和鹿的神兽之上。该兽身上似有鳞，其上还有一有翼的龙形神兽③（图 6–46–1）。另一方立柱下部刻画一头顶有肉角的麒麟，其上乘骑一名深目高鼻、头戴尖

图 6–46　临沂出土画像石胡人乘神兽拓片

（采自中国画像石全集编辑委员会：《中国画像石全集 3 · 山东汉画像石》，第 14、17、40 页，图一六、二〇、四八）

① （宋）郭茂倩编：《乐府诗集》卷三十《相和歌辞五 · 长歌行》，第 2 册，第 646 页。

② 中国画像石全集编辑委员会：《中国画像石全集 6 · 河南汉画像石》，第 180 页，图二一九。

③ 中国画像石全集编辑委员会：《中国画像石全集 3 · 山东汉画像石》，第 14 页，图一六。

顶帽的胡人。其上还有凤鸟、有翼神兽及羽人[①]（图 6–46–2）。临沂出土的一方画像石上，头戴尖顶帽、拉弓射鸟的一名胡人乘骑于一兽上，其旁还有两名头戴尖顶帽的胡人。其下刻画有翼的龙和其他神兽，该胡人所乘之兽应该也为神兽[②]（图 6–46–3）。

另外，山东临沂洗砚池街西晋墓[③]M1 中，出土一件青瓷胡人骑狮烛台（具体器用尚有不同意见）。伏卧的狮子背上乘骑一人，其人头戴高帽、深目高鼻、面多须髯，毫无疑问当为胡人（图 6–47–1）。值得注意的是，同墓还出土了一件长耳仙人乘骑一头狮虎形神兽（天禄、辟邪）的铜器（图 6–47–2）。两相对比，该乘骑狮子的胡人亦当为仙人[④]。

1

2

图 6–47　临沂洗砚池西晋墓出土胡人、仙人骑兽烛台

（采自山东省文物考古研究所、临沂市文化局：《山东临沂洗砚池晋墓》，《文物》2005 年第 7 期）

① 中国画像石全集编辑委员会：《中国画像石全集 3 · 山东汉画像石》，第 17 页，图二〇。

② 中国画像石全集编辑委员会：《中国画像石全集 3 · 山东汉画像石》，第 40 页，图四八。

③ 山东省文物考古研究所、临沂市文化局：《山东临沂洗砚池晋墓》，《文物》2005 年第 7 期。

④ 王煜：《晋青瓷胡人骑兽烛台及相关问题》，《东南文化》2015 年第 6 期。

（三）神仙场景中的胡人

汉墓中还有一些胡人图像，既没有明确的仙人的体型特征，也没有直接乘骑于神兽之上，但处于神人、神兽、仙人的场景之中，应该也可以视作仙人。

山东济宁喻屯镇出土的一方画像石上，中部有两名呈对称状的人物似在饲鸟，两人皆深目高鼻、头戴尖顶帽，应为胡人。其上方为人首鸟身、鱼身、蛇身的神兽、神人及一对有翼兽，下方为人首蛇身而交尾的神人一对及三首神兽、有翼神兽[①]。从整个场景来看，这两名胡人应该具有神仙意义。临沂吴白庄画像石墓的立柱上雕刻有不少胡人的形象，而联系整个立柱上多为羽人、神兽的情况来看，这里的胡人也应该与仙人相关[②]。四川富顺城郊汉墓出土的画像石棺左侧板中上部位置，刻画有头戴尖顶帽的人物正面而坐，右部还有一人骑马弯弓而射，该人也头戴尖顶帽，应该皆为胡人。画像中部偏右有一坐于龙虎座上的西王母，左部还有一头翼龙[③]（图 6-48）。这里的胡人尤其是正面端坐的胡人恐怕也具有神仙意味。四川

图 6-48　富顺汉墓出土画像石棺左侧板拓片

（采自中国画像石全集编辑委员会：《中国画像石全集 7・四川汉画像石》，第 151 页，图一八五）

成都青白江跃进村汉墓[④]出土一件陶座（可能为陶灯座）上，雕刻有西王母及其从属青鸟和九尾狐，西王母两侧各有一人，其中一人头戴尖顶帽、另一人面目奇特，

① 中国画像石全集编辑委员会：《中国画像石全集 2・山东汉画像石》，第 2 页，图四。

② 郑岩：《汉代艺术中的胡人形象》，见中山大学艺术史研究中心编《艺术史研究》第 1 辑，第 134 页。

③ 中国画像石全集编辑委员会：《中国画像石全集 7・四川汉画像石》，第 151 页，图一八五。

④ 成都市文物考古工作队、青白江区文物管理所：《成都市青白江区跃进村汉墓发掘简报》，《文物》1999 年第 8 期。

似乎都是胡人（图 6–49）。陕西勉县红庙汉墓[①]出土的摇钱树枝叶上，也有两名头戴尖顶帽、深目高鼻的胡人。该枚枝叶和其他部件上基本都是仙人、神兽的内容，其上胡人也应当与此种神仙场景有关（图 6–50）。另外，四川和陕西地区出土的

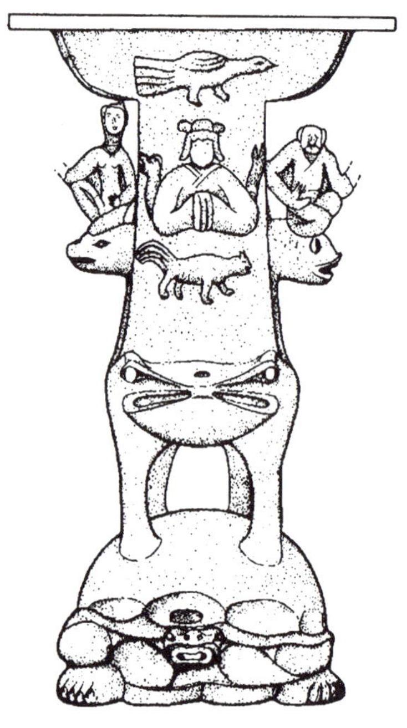

图 6–49　成都青白江跃进村汉墓出土陶座线摹
（采自成都市文物考古工作队、青白江区文物管理所：《成都市青白江区跃进村汉墓发掘简报》，《文物》1999 年第 8 期）

图 6–50　勉县红庙汉墓出土胡人摇钱树枝叶
（作者摄）

不少摇钱树枝叶、树干上刻画有佛像，而佛像两侧往往都有此种深目高鼻、头戴尖顶帽的胡人[②]。将胡人与佛像联系在一起是容易理解的，而学界较为一致地认为此时的佛像多有神仙意味，与其组合在一起的胡人是否也有同样的意义，值得进一步思考。

综上所述，目前所见汉墓中将胡人作为仙人的图像材料广泛分布于河南、山东、陕西、四川诸地，看来绝非一时一地的一种特殊行为，而应为一种比较普遍的观念的反映。郑岩先生认为，山东青州出土一件东汉胡人石雕也应该与神仙信仰有

① 唐金裕、郭清华：《陕西勉县红庙汉墓清理简报》，《考古与文物》1983 年第 4 期。
② 如何志国：《汉魏摇钱树初步研究》，第 196、203、204 页。

关[1]。该石雕高达 3 米多，如果郑先生的推测不误，那么，将胡人表现为仙人不仅是一种普遍的意义，而且还是一种突出的、强烈的意义[2]（图 6–51）。

1. 青州

2. 临淄徐家庄

图 6–51　山东出土东汉大型胡人石雕

（采自中国陵墓雕塑全集编辑委员会：《中国陵墓雕塑全集 3 · 东汉三国》，西安：陕西人民美术出版社，2009 年，图版一〇、一一）

（四）以胡人为仙人的背景及相关问题

根据前文得到的认识，汉墓图像中将胡人表现为仙人的观念背景应该是很好理解的了。既然升仙信仰的核心——昆仑、西王母被认为在西域外国之中，那么，西域胡人便可能与升仙信仰发生密切的关系。这一点前文已经讨论了一些具体的案例，只不过在那些案例中，西域胡人还是被当作常人来表现的，由于其地理原

① 郑岩：《汉代艺术中的胡人形象》，见中山大学艺术史研究中心编《艺术史研究》第 1 辑，第 133 页。

② 近来发表的论著中已涉及相关问题。参见齐广：《宫殿与墓葬传统的交融：东汉地上石人的起源与意义》，见中国社会科学院历史研究所文化史研究室编《形象史学》第 21 辑，北京：中国社会科学出版社，2022 年，第 169 ~ 186 页。

因而与升仙的路途、方法等发生了联系。而更进一步，人们可以认为处于昆仑、王母之地的西域胡人，由于近水楼台的原因，有些本身就是仙人或容易成为仙人。于是将其表现为仙人的形象、乘骑于神兽之上或刻画于神仙的场景中，丰富了关于西方升仙信仰的内容。东汉王延寿《鲁灵光殿赋》中云：

奔虎攫挐以梁倚，仡奋亹而轩鬐。虬龙腾骧以蜿蟺，颔若动而躨跜。朱鸟舒翼以峙衡，腾虵蟉虬而绕榱。白鹿孑蜺于欂栌，蟠螭宛转而承楣。狡兔跧伏于柎侧，猨狖攀椽而相追。玄熊舑舕以龂龂，却负载而蹲跠。齐首目以瞪眄，徒脈脈而狋狋。胡人遥集于上楹，俨雅跽而相对。仡欺怨以雕眈，鹔頞顤而睽睢。状若悲愁于危处，憯嚬蹙而含悴。神仙岳岳于栋间。玉女窥窗而下视。忽瞟眇以响像，若鬼神之髣髴①。

可见，一方面汉代宫室建筑的装饰上也有胡人图像，另一方面，这里的胡人图像也是处于奔虎、虬龙、朱鸟、腾蛇、白鹿、蟠螭、狡兔、猨狖、玄熊这些神兽及神仙、玉女的场景中的，说明了其与神仙信仰的关系。前引梁周舍所作《上云乐》中的西方老胡，“遨游六合，傲诞三皇。西观濛汜，东戏扶桑。南泛大蒙之海，北至无通之乡。昔与若士为友，共弄彭祖之床。往年暂到昆仑，复值瑶池举觞。周帝迎以上宾，王母赠以玉浆”②，显然就是神仙，而且与昆仑、西王母关系密切。虽然该文献时代较晚，但如下一节将要讨论的，此种以西域胡人戏弄孔雀、凤凰的杂技在汉代已经传入中国，则此种以西方老胡为神仙的观念或许也是延续自汉代的。而汉代以西方胡人为仙人显然是以西方升仙信仰为观念背景的。

值得特别注意的是，从上述的图像材料来看，这些作为仙人的胡人往往作为驾车者、引导者、西王母和佛（神仙）的侍奉者、神兽的饲养者，或神仙场景中很不起眼的人物，其身形往往很小。显而易见，除了那类高大的石雕外，人们虽然将一些胡人视作仙人，但并不崇拜和尊敬他们，而更多的是将之作为神仙世界中地位卑微的执事者看待。这可能与汉代中原人对西方胡人在文化心理上的优势和自春秋以来强烈的夷夏观念有关。

① 费振刚、胡双宝、宗明华辑校：《全汉赋》，第528、529页。
② （宋）郭茂倩编：《乐府诗集》卷五十一《清商曲辞八·上云乐》，第3册，第1082页。

另外，本节中涉及羽人，这里多谈一点。《楚辞·远游》云："仍羽人于丹丘兮，留不死之旧乡。"王逸注："《山海经》言有羽人之国，不死之民；或曰人得道，身生毛羽也。"[①]可见，王逸对羽人有两种解释：其一为仙人，如上所述；另一为传说中的"羽人之国"，也即"羽民国"。《山海经·海外南经》云："羽民国在其东南，其为人长头，身生羽。"郭璞注："能飞不能远，卵生，画似仙人也。"[②]可见，羽民也是类似于仙人的。虽然其在郭璞注中并不等于仙人[③]，但在当时大多数人眼中恐怕也与仙人没有太多差别，所以上引王逸的注释中就连称"羽人之国，不死之民"。《博物志·外国》云："羽民国，民有翼，飞不远，多鸾鸟，民食其卵。"[④]这使笔者想起汉画像中有一种出现较多图像，其上有一羽人用手从凤鸟口中接其吐出的丸状物[⑤]（图 6–52），或许就是羽民国传说的反映。画像上将鸾鸟（即凤鸟）之卵，改作凤鸟之丸，或许更能符合神仙观念。这个羽民国在南方。《淮南子·地形训》云："凡海外三十六国。……自西南至东南方，结胸民、羽

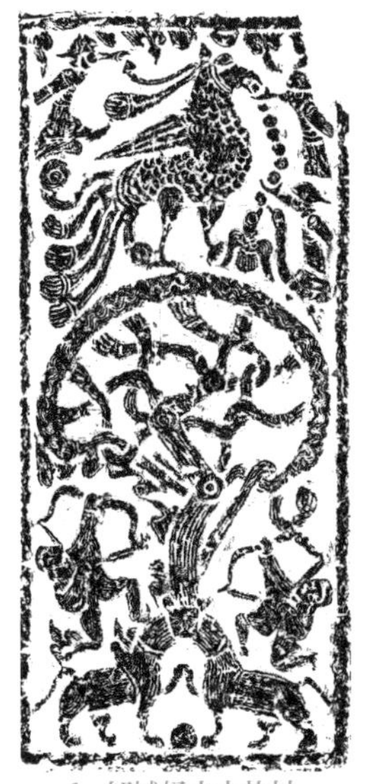
1. 邹城峄山大故村

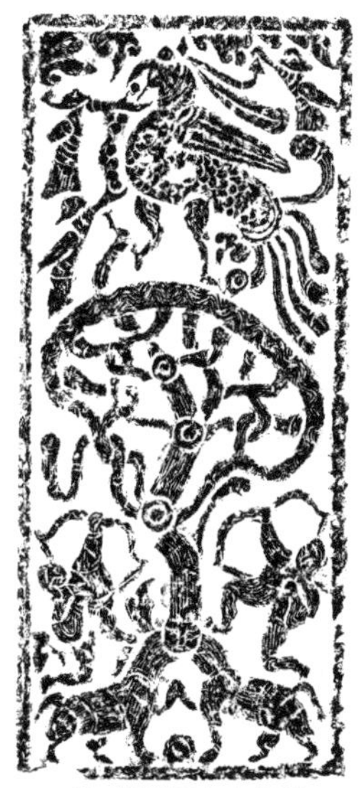
2. 邹城峄山大故村

3. 济宁喻屯镇城南张

图 6–52　山东出土画像石凤鸟吐卵（丸）拓片

（采自 1、2. 胡新立：《邹城汉画像石》，第 151、150 页，图一八六、一八五；3. 采自中国画像石全集编辑委员会：《中国画像石全集 2·山东汉画像石》，第 7 页，图一一）

① （宋）洪兴祖撰，白化文等点校：《楚辞补注》卷五《远游》，第 275 页。

② 袁珂校注：《山海经校注》（增补修订本），第 228 页。

③ 袁珂校注：《山海经校注》（增补修订本），第 229 页。

④ （晋）张华撰，范宁校证：《博物志校证》卷二《外国》，第 22 页。

⑤ 庞政：《汉代"凤鸟献药"图像试探》，见王煜主编《文物、文献与文化——历史考古青年论集》第 1 辑，第 187 ~ 200 页。

民……”① 与本研究中所论的西方升仙信仰没有关系。虽然《山海经·海内西经》云：“昆仑之虚，方八百里，高万仞……洋水、黑水出其西北隅，以东，东行，又东北，南入海，羽民南。”② 不过，笔者还不至于仅凭此点就将其与昆仑联系在一起。应该说，神仙信仰中吸收了许多关于海外异域的神话因素，这些因素也有来自关于东方、南方和北方的传说的，只不过没有一个方位像西方一样，拥有如此完整的系统和丰富的内容。

第四节
西域奇技：“西王母—杂技”图像与升仙信仰

如前所述，汉墓中一些胡人与兽戏的图像具有神仙因素，可能与关于西方的升仙信仰有关。以上是从胡人的角度来讨论的，而有一类图像可以十分明确而清晰地表明某些（并非全部）杂技图像确实与以昆仑、天门、西王母为中心的升仙信仰密切相关。以下就集中讨论此类直接将杂技与西王母紧密组合的图像，最典型的材料流行于四川地区东汉墓葬中出土的一类摇钱树枝叶上。

四川汉墓出土一类摇钱树枝叶，其上将杂技（含魔术）与西王母图像固定地结合在一起，紧密地排列在西王母的两边。笔者认为这种图像并非一般的宴饮杂技场面，也非“歌舞祠西王母”的场景，而是当时文献中反映出的西域中西王母与眩人（幻人）紧密联系的观念的表现。这里的幻术与仙术有关，表达了死后升仙的愿望。而此类枝叶图像的阐明，对理解整个摇钱树的意义也有很大帮助。

一、四川汉墓出土的“西王母—杂技”摇钱树枝叶

摇钱树（或称“钱树”）主要出土于四川、重庆地区的东汉墓中（在贵州、云南、陕西等地区也有少量发现，时代可延至三国时期），由陶质树座（亦有石质）

① 何宁撰：《淮南子集释》卷四《墬形训》，上册，第355、356页。
② 袁珂校注：《山海经校注》（增补修订本），第348页。

和青铜树干及枝叶组合而成。其树座、树干和枝叶上都有许多图像，主要为钱币、神仙、神兽和仙境的内容，本节讨论的“西王母—杂技”枝叶便是其中常见的一种，依笔者目前所见，有以下数例。

（一）成都青白江出土“西王母—杂技”摇钱树枝叶

现藏成都市青白江区文管所，具体出土情况不明。枝叶高 9.5、宽 25 厘米，以叶脉分为上下两层，下层为悬挂之钱币图像，中间杂有两人（猿猴）荡戏于枝下，上层即“西王母—杂技”图像[①]。图像风格显得较为形象（图 6–53）。

图 6–53　成都青白江出土“西王母—杂技”摇钱树枝叶拓片
（采自何志国：《汉魏摇钱树初步研究》，第 22 页）

从拓片来看，西王母居于画像中心，正坐于龙虎座上，肩生双翼，头顶有华盖。西王母之左第一人持一绳状物，何志国先生认为是花，花茎长而蜿蜒[②]。笔者同意此说，不过其出现在杂技、魔术的场面中，应该不是一般的持花，而是西域魔术——植瓜。《汉书·张骞传》载武帝时：“大宛诸国发使随汉使来，观汉广大，以大鸟卵及犛靬眩人献与汉。”颜注：“眩，读与幻同，今吞刀吐火、植瓜种树、屠人截马之术皆是也，本从西域来。”[③]晋干宝《搜神记》云：

① 何志国：《汉魏摇钱树初步研究》，第 22 页。
② 何志国：《汉魏摇钱树初步研究》，第 22 页。
③ 《汉书》卷六十一《张骞传》，第 9 册，第 2696 页。

吴时有徐光，常行幻术于市里。从人乞瓜，其主勿与，便从索瓣，杖地而种之。俄而瓜生蔓延，生花成实，乃取食之，因赐观者。[①]

北魏杨衒之《洛阳伽蓝记·景乐寺》中亦载："植枣种瓜，须臾之间皆得食。士女观者，目乱睛迷。"[②] 可见，所谓"植瓜"便是在瞬间变出瓜的藤蔓、花和果实的魔术表演。这种魔术汉代时由西域传来，三国时汉人已能表演。而上述"西王母—杂技"枝叶上的持花形象正是"瓜生藤蔓，生花成实"的表现。

西王母之左第二人手挥长巾、轻腾舞蹈。汉画像杂技场景中也常有此种挥巾腾跃的舞蹈形象，其足下多踩盘、鼓，称为盘舞（七盘舞、盘鼓舞）[③]。由于其与一般的舞蹈不同，要求舞者具备轻捷的步法和很好的平衡能力，所以往往出现在杂技场面中。但从拓片上看不出人物足下是否有盘、鼓一类道具，是否是盘舞图像的简化，谨慎起见，存此一疑。

西王母之左第三人当为"跳丸"，即手掷伎，以双手掷接多球，球轮转空中，令人眼花缭乱，至今仍是重要的杂技项目。类似跳丸之术中国先秦已有[④]，但汉代及以后，人们多认为跳丸自西域而来。《后汉书·西南夷列传》载永宁元年（公元120年）掸国王雍由调所献幻人"善跳丸，数乃至千。自言我海西人。海西即大秦也"[⑤]，大秦即罗马帝国，其人跳丸能转数千次而不坏[⑥]，可见其技术精湛。《三国志》裴松之注引《魏略》亦载："（大秦国）俗多奇幻，口中出火，自缚自解，跳十二丸巧妙。"[⑦] 跳十二丸或许有些夸张，因为目前世界最高水平不过八九个球[⑧]，再加一个都是极为困难的。可见时人认为西域的跳丸技术十分高超，汉代杂技中的跳丸受到西域影响的可能性是很大的。

---

① （晋）干宝撰，李剑国辑校：《新辑搜神记》卷二《徐光》，上册，第54页。

② （北魏）杨衒之撰，范祥雍校注：《洛阳伽蓝记校注》卷一《城内·景乐寺》，第56页。

③ 王仲殊：《沂南石刻画像中的七盘舞》，《考古通讯》1955年第2期；王仲殊：《略说杯盘舞及其时代》，《考古通讯》1957年第3期；冯汉骥：《论盘舞》，《文物参考资料》1957年第8期。

④ （清）郭庆藩撰，王孝鱼点校：《庄子集释》卷八中《徐无鬼》，下册，第844页。

⑤ 《后汉书》卷八十六《西南夷列传》，第10册，第2851页。

⑥ "千"疑为"十"之误，意思是同时抛十个球，意义更通。不过没有经过校勘研究，仅为怀疑，这里还是按照现用版本理解。

⑦ 《三国志》卷三十《魏书·乌丸鲜卑东夷传》，北京：中华书局，1975年，第3册，第860页。

⑧ 傅起凤、傅腾龙：《中国杂技史》，上海人民出版社，2004年，第61页。

西王母之左第四人当为“叠案”，伎者倒立案上，再不断增加下面案的数量，从汉代图像材料上看，多者可达十案左右。“叠案”又称“五案”“安息五案”。晋陆翽《邺中记》载：“（石）虎正会，殿前作乐，高絙、龙鱼、凤凰、安息五案之属，莫不毕备。”[①]《梁元帝纂要》亦载：“又有百戏，起于秦汉。有鱼龙曼延、高絙、凤皇、安息五案。”[②]“五”当非实指，言其数量多。“安息”即帕提亚（Parthia）波斯王朝[③]，在今伊朗地区。“五案”前冠以“安息”，说明这种杂技或属西域传来，或以西域发达而受其影响。

西王母之左最后一人侧立于一小树旁，应即前引“植瓜种树”中的“种树”魔术，其术当与“植瓜”性质相同而内容相近，参见前述。

西王母之右侧有两人和一凤鸟，凤鸟之后尚有一小人（猿猴）扯其尾羽，笔者认为即是所谓“导弄孔雀、凤凰”的杂技。两人在凤鸟前，一人手持一竿，从同类材料上看，竿头还有花状物或丸状物（见图 6–56），应该是引导凤鸟的诱饵，如今日舞龙戏狮中的彩球。另一人手持一璧状物，上系绶带，也当是引导凤鸟或使其钻越之道具。两人的手势动作皆意在向左引导凤鸟。《隋书·音乐上》中所列南朝会元之日上演的百戏中便有“导安息孔雀、凤凰”[④]，前冠以“安息”表明其出自西域。梁周舍所作《上云乐》中有“老胡文康”一篇，言“梁武帝制《上云乐》，设西方老胡文康，生自上古者，青服、高鼻、白发，导弄孔雀、凤凰、白鹿”[⑤]，可见此术确实出于西域胡人。从摇钱树枝叶上来看，这种“导弄孔雀、凤凰”之术在东汉已经传入中国。在上一节提到的山东沂南汉墓的百戏画像中，有一头戴尖帽的胡人持树状物戏弄一只由人扮演的凤鸟（见图 6–42），可以旁证类似的杂技确实在东汉已由西域胡人传入中国。

叶脉下层悬挂的钱币图像，为摇钱树枝叶所共有，并非与此类枝叶有独特的组合关系，但它与摇钱树及其意义密切相关，笔者拟于后文讨论，此不赘述。

---

① （晋）陆翽撰：《邺中记》，见《丛书集成初编·史地类》，北京：中华书局，1985 年，第 4 页。

② （宋）李昉等撰：《太平御览》卷五六九《乐部七》引，第 3 册，第 2573 页。

③ 余太山：《塞种史研究》，第 174 ～ 178 页。

④ 《隋书》卷十三《音乐上》，第 2 册，第 303 页。

⑤ （唐）李白著，（清）王琦注：《李太白全集》卷三《乐府·上云乐》，北京：中华书局，1977 年，上册，第 204 页。

（二）广汉万福出土“西王母—杂技”摇钱树枝叶

1983 年广汉万福乡狮象村砖室墓出土一株摇钱树，由陶树座、铜树干和枝叶组成，通高 152 厘米。枝叶分为两类，其中一类便是“西王母—杂技”枝叶，高 10.2、宽 29 厘米[①]。图像风格与内容几乎与上述第（一）例完全相同，只是右端凤鸟后面的小人（猿猴）或许后来脱落了。若不是规格较第一例稍大，简直令人怀疑同出一模（图 6–54）。

图 6–54　广汉万福出土“西王母—杂技”摇钱树枝叶拓片
（采自何志国：《汉魏摇钱树初步研究》，第 32 页）

（三）彭山双江出土“西王母—杂技”摇钱树枝叶（1）

现展出于四川省博物院汉代陶石艺术馆，展品简介称其 1957 年出土于彭州双江崖墓中，“彭州”显然系“彭山”之误。沈仲长、李显文先生《记彭山出土的东汉铜摇钱树》一文中所述 1972 年出土于彭山双江崖墓中的一株摇钱树[②]，据笔者观察与此例几乎相同，只是枝叶的插挂顺序有些差异。摇钱树枝叶之复原插挂多今人所为，不知是否为一例？据笔者观察，该枝叶图像与上述两例大同小异，风格也比较相像，内容也大致相同，不同之处有以下三点。

第一，西王母肩上不见羽翼；第二，西王母之侧多出长跪面向西王母的两个

① 何志国：《汉魏摇钱树初步研究》，第 31、32 页。
② 沈仲长、李显文：《记彭山出土的东汉铜摇钱树》，《成都文物》1986 年第 1 期。

侍从，右侧者捣药，左侧者似奉物；第三，“导弄孔雀、凤凰”中的第一个导弄者及“植瓜”“种树”者所用道具的形象与前两例略有差异。但从其动作、位置及主要形象来看，与前述两例表现的内容是完全一致的。

（四）新津宝子山出土“西王母—杂技”摇钱树枝叶

1992年新津宝子山崖墓出土摇钱树枝叶残件[①]，分为两类，其中一类高10、宽21.5厘米，以叶脉分为上下两层，下层为悬挂之钱币图像，上层即“西王母—杂技”图像。该枝叶图像风格与上述三例明显不同，显得十分抽象，构成物象的线条较为简单，如西王母座位两旁的龙虎形象就完全抽象为线条。内容与前两例基本相同，唯一不同的是最左侧之画像前两例为“种树”魔术，此处更换为一较为复杂的杂技图像（图6–55）。

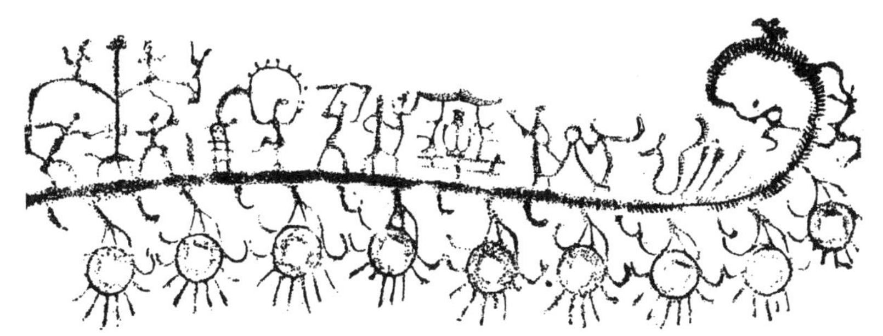

图6–55　新津宝子山出土“西王母—杂技”摇钱树枝叶拓片

（采自何志国：《汉魏摇钱树初步研究》，第30页）

图像上立一高竿，竿支撑于一龟形物背上，两人援竿作戏，竿上又分出两根长绳，两人立于绳上要弄。高竿杂技即东汉张衡《西京赋》中所谓的“都卢寻橦”[②]，西晋傅玄《正都赋》中说“都卢迅足，缘修竿而上下”[③]。“橦”即高竿。“都卢”，《汉书·西域传》颜注引晋灼云“都卢，国名也”，又引李奇云“都卢，体轻善缘者也”[④]，

① 新津文管所：《新津县出土东汉摇钱树》，《成都文物》1993年第2期。

② 费振刚、胡双宝、宗明华辑校：《全汉赋》，第419页。

③ （唐）欧阳询撰，汪绍楹校：《艺文类聚》卷六十一《居处部一》引，上册，第1110页。

④ 《汉书》卷九十六《西域传》，第12册，第3929页。

《文选·西京赋》李善注“《汉书》曰：自合浦南有都卢国”①，《汉书·地理志》载合浦之南有“甘夫都卢”②。可见此“都卢”在南海之中，其人体轻善缘，汉代杂技中的高竿表演“都卢寻幢”就由其传来。竿上又分出长绳，当又加入了“走索”“高絙”的杂技表演成分。

（五）成都金牛区出土“西王母—杂技”摇钱树枝叶

1990 年 9 月成都市金牛区凤凰山砖室墓中出土摇钱树树干和枝叶残件，枝叶亦分为两类，其中一类高 8、宽 27.7 厘米，图像风格与内容同上述第（四）例完全一致（图 6-56）。不过此例枝端略下弯，第（四）例为上卷，且图像细部较此例略为精致。发掘者根据墓葬形制及伴出器物、钱币的特征推断该墓的时代为东汉中晚期③。

图 6-56　成都金牛区出土“西王母—杂技”摇钱树枝叶拓片
（采自何志国：《汉魏摇钱树初步研究》，第 24 页）

（六）成都武侯祠博物馆藏“西王母—杂技”摇钱树枝叶

成都武侯祠博物馆中藏摇钱树一株，出土情况不明，其上亦有此类枝叶。据笔者观察其图像风格、内容与上述第（四）（五）例完全相同，唯有最右侧凤鸟的姿态为胸部高挺、昂首欲飞，略显差异。

① （梁）萧统编，（唐）李善注：《文选》卷二《西京赋》，第 1 册，第 59 页。

② 《汉书》卷二十八《地理志》，第 6 册，第 1671 页。

③ 张善熙、姜易德、屠世荣：《成都凤凰山出土〈太玄经〉摇钱树探讨》，《四川文物》1998 年第 4 期。

（七）彭山双江出土“西王母—杂技”摇钱树枝叶（2）

1972年彭山双江乡（今江口镇）崖墓出土一件摇钱树，由陶树座和铜树干、枝叶组成，通高141厘米，现藏四川省博物院。枝叶有多种，其中“西王母—杂技”枝叶高9.5、宽24厘米[①]。图像风格较前三例抽象，又较（四）（五）两例形象，如西王母座旁之龙、虎基本抽象为线条，但又表现出可以分别的头部（图6–57）。

图6–57　彭山双江出土“西王母—杂技”摇钱树枝叶拓片
（采自何志国：《汉魏摇钱树初步研究》，第27页）

西王母居于图像中心，正坐于龙虎座上，其两侧的杂技图像可以说是前述图像的缩略版。其一侧分别为持巾腾跳（盘舞？）、跳丸（拓片上看不到丸，但从其动作和位置比较前述图像，必为跳丸无疑）、叠案，省去了前述图像中的“植瓜”“种树”或“都卢寻幢”；另一侧为持璧人“导弄孔雀、凤凰”，省去持竿之人。又将西王母两侧省去的人物改为两株植物，或为“植瓜”“种树”的简化表现？

以上是笔者目前所见可确定为“西王母—杂技”摇钱树枝叶的材料，另外三台胡家扁崖墓[②]、绵阳石塘乡崖墓[③]和新都马家山崖墓M1[④]及宁夏固原北塬东汉

① 何志国：《汉魏摇钱树初步研究》，第27页。

② 景竹友：《四川三台出土东汉钱树》，《文物》2002年第1期。

③ 何志国：《汉魏摇钱树初步研究》，第43页。

④ 四川省博物馆、新都县文管所：《新都马家山崖墓发掘简报》，见文物编辑委员会编《文物资料丛刊9》，第93～121页。

墓[①]中都出土有一种杂技摇钱树枝叶，虽然其上没有居中的西王母，但图像的内容和组合都十分像是前述图像的简略化。但由于此类图像中居中的西王母是其关键因素之一，谨慎起见，笔者暂不将它们归为一类。广汉三星堆博物馆藏 1990 年出土于广汉三水镇的摇钱树一件，其第一层枝叶据笔者观察应该与本节所论相同，但过于残破，不便观察，暂不归入。美国普林斯顿大学所藏摇钱树的一种西王母枝叶[②]也与本文所论有相似之处，但又有相当的不同。其上西王母旁虽然也有一些杂技图像，但又杂糅了一些其他类型的枝叶上的图像，与本文所论有异。况其来源不详，笔者亦不归入。上述材料总结如下：

第一，目前所见此类摇钱树枝叶皆分布于四川的中心地区，即成都及周边的彭山、新津、广汉地区。可以确定的虽只有 7 件，但明显可分为三种。第一种包括第（一）（二）（三）三例，图像风格最为形象、细致，内容完整。第二种包括（四）（五）（六）三例，图像风格抽象、粗略，内容完整，内容与第一种略有不同，即改最左侧之“种树”为“都卢寻幢”。第三种为第（七）例，图像风格较第一种抽象，又较第二种形象，内容为前两种的省略。从出土范围来看它们的差别应该不是地域的差别，何志国先生将第（二）例（广汉万福）、第（五）例（成都金牛区）、第（七）例（彭山双江）所在摇钱树的时代都定在东汉中期[③]，包括了所有三种，按摇钱树枝叶图像风格由形象、细致到抽象、粗略变化的趋势[④]来看，这三种或略有早晚，但应该不会超过东汉中晚期的范围。

第二，此类枝叶皆以西王母为中心，两旁紧密地排列各种杂技和魔术图像，与西王母构成一个固定的组合。其中杂技有跳丸、叠案（安息五案）、都卢寻幢（含走索、高絙）、导弄孔雀，魔术有植瓜、种树。另有一持巾腾跃的图像尚不能确定，或许与盘舞同类（近于杂技）。从前面的考定中可以看到，这些已确定的杂技和魔术基本上都是在汉代由西域传来或受到西域的影响，只有“都卢寻幢”来自南海，而内容最完整细致的第一种枝叶上的杂技和魔术则全部与西域有关。

那么，当时的人们为何要把这些来自西域或深受西域影响的杂技、魔术图像

① 宁夏文物考古研究所、固原市原州区文物管理所：《宁夏固原市北塬东汉墓》，《考古》2008 年第 12 期。

② Robert Bagley (eds.), *Ancient Sichuan: treasures from a lost civilization*, Princeton: Princeton University Press, 2001, fig.97, p.273.

③ 何志国：《汉魏摇钱树初步研究》，第 94 页。

④ 何志国：《汉魏摇钱树初步研究》，第 93 ~ 97 页。

与西王母图像紧密地结合在丧葬用品——摇钱树上呢？

二、“西王母—杂技”摇钱树枝叶的意义

如前所述，西王母在汉代人的观念中是西方一位拥有不死之药，掌管仙人户籍，能令人升天成仙的女神。由于长生不死并不曾实现，死后的升仙便被寄予厚望，西汉中晚期以后西王母的图像便在丧葬文化中广为流行。而对于西王母的所在，当时的一种流行观点认为其在西域之中，并不断随着对西方认识的增进而西移。

《史记·大宛列传》中根据张骞等人的报告记载到：

条枝在安息西数千里，临西海。暑湿。耕田，田稻。有大鸟，卵如甕。人众甚多，往往有小君长，而安息役属之，以为外国。国善眩。安息长老传闻条枝有弱水、西王母，而未尝见。[①]

笔者在讨论西王母与西方女神图像关系时已经讨论过这段记载，这里重点要关注的是上引传闻中与西王母同在条枝之国的“善眩”人。《汉书·张骞传》中称为“眩人”，颜注“眩，读与幻同，即今吞刀吐火、植瓜种树、屠人截马之术皆是也，本从西域来”[②]。“吞刀吐火”应该属于杂技，“植瓜种树”如前所述属于魔术，“屠人截马”当然是魔术，可见“善眩”即是擅长表演杂技和魔术，“眩人”即是杂技、魔术师。《史记·大宛列传》中便将西王母和眩人的传闻紧紧联系在一起。

西汉使者皆未能到达条枝，而东汉“和帝永元九年，都护班超遣甘英使大秦，抵条枝”[③]，甘英虽然最终未能渡海至大秦（罗马帝国），但对西方的认识无疑大大增加，于是西王母被推至更西的大秦之国。《后汉书·西域传》载：

大秦国一名犂鞬，以在海西，亦云海西国。……或云其国西有弱水、流沙，

---

① 《史记》卷一百二十三《大宛列传》，第10册，第3163、3164页。

② 《汉书》卷六十一《张骞传》，第9册，第2696页。

③ 《后汉书》卷八十八《西域传》，第10册，第2918页。

近西王母所居处，几于日所入也。[①]

而随着西王母的西移，西王母之地的“眩人”也西移至大秦。《后汉书·西南夷列传》载：

永宁元年，掸国王雍由调复遣使者诣阙朝贺，献乐及幻人，能变化吐火，自支解，易牛马头。又善跳丸，数乃至千。自言我海西人。海西即大秦也。[②]

所谓“变化吐火”“自支解”“易牛马头”“跳丸”都是杂技和魔术，所以这里的“幻人”即是上面所谓的“眩人”，仍然与西王母之地紧紧联系在一起。

可见，汉代人将西域的杂技和魔术视作一类，将表演者称为“眩人”或“幻人”，认为其就在西域中的西王母所在之地。从西汉到东汉，西王母从条枝被西推至大秦，而眩人（幻人）也恰恰经历了这一过程，可见其与西王母之联系何其紧密。笔者认为，前述汉墓中出土的将西王母与西域杂技、魔术图像紧密结合在一起的摇钱树枝叶就是这种观念的表现，而非有学者认为的“歌舞祠西王母”的表现[③]。因此，此类材料更准确的命名应该为“西王母—眩人（幻人）”摇钱树枝叶。

那么，汉代人为何要将西王母和眩人（幻人）紧密地联系在西域中？四川中心地区的人们为何把它们紧密地结合在摇钱树枝叶上呢？

原因即是本章中反复陈述的这一观点：由于西汉中晚期以来，以昆仑、天门、西王母为代表的西方升仙信仰被人们广为接受，又由于张骞“凿空”以来，人们了解到西方尚有广大而神奇的国度，所以西域的许多奇闻异事便有机会与西方升仙理想结合起来，西域传来的杂技和魔术就被时人认为是眩术或幻术，并与仙术密切相关。《列子·周穆王篇》中载“周穆王时，西极之国有化人来”，张湛注“化，幻人也”，而此“化人”能施行升天之幻术，令穆王“目眩不能得视”[④]。今本《列子》多汉晋人假托[⑤]，其中西极之国的“化人”当是西域外国的“眩人（幻

① 《后汉书》卷八十八《西域传》，第 10 册，第 2919、2920 页。

② 《后汉书》卷八十六《西南夷列传》，第 10 册，第 2851 页。

③ 何志国：《汉魏摇钱树初步研究》，第 94 页。

④ 杨伯峻撰：《列子集释》卷三《周穆王篇》，第 94 ~ 97 页。

⑤ 袁珂：《中国神话传说词典》，上海辞书出版社，1985 年，第 153 页。

人）”，其施行的眩术（幻术）便与神仙有密切的关系。《北堂书钞》《艺文类聚》《太平御览》等唐宋类书的引文中“西极之国”就多作“西域之国”和“西胡之国”[①]。

东汉张衡《西京赋》和西晋傅玄《正都赋》中皆有对当时杂技表演的描写，其中就充满了与神仙和升仙有关的内容[②]。《正都赋》所述的杂技表演中便有“西母使三足之灵禽”[③]，将一段精彩的杂技表演与西王母直接联系在一起。这里的西王母并非作为杂技表演的欣赏者出现，当然不会是“歌舞祠西王母”的表现，而是一种对神仙和升仙场面的扮演。虽然只是一种假扮的表演，但其表现升仙的愿望是非常强烈的。

东晋著名道士葛洪甚至试图用杂技、魔术的奇幻来使人相信神仙之可得。《抱朴子·对俗》中说：

若道术不可学得，则变易形貌，吞刀吐火，坐在立亡，兴云起雾，……幻化之事，九百有余，按而行之，无不皆效，何为独不肯信仙之可得乎！[④]

可见即使到了东晋，不少人仍然认为杂技、魔术等幻术即是仙术。葛洪的《神仙传》中就描述了不少能够施行类似眩术的仙人，显然也是把眩术理解为仙术和法术。如沛国刘政“好为变化隐形”，“又能种五果之木，便华实可食”[⑤]，显然是植瓜种树一类。河东孙博“能使身中成炎，口中吐火”，“又能吞刀剑数十枚，乃从壁中出入，如有孔穴也”[⑥]，又是吞刀吐火一类。

此类枝叶上除了那些令人“目眩不能得视”的刺激紧张的杂技、魔术场面，尚有一种较为温和的“导弄孔雀、凤凰”的杂技，又称“导安息孔雀、凤凰”。前引《史记·大宛列传》及《汉书·西域传》皆载，条枝除了有西王母、眩人外，

① 参见杨伯峻撰：《列子集释》卷三《周穆王篇》注文，第 94 页。
② 费振刚、胡双宝、宗明华辑校：《全汉赋》，第 419 页。
③ （唐）欧阳询撰，汪绍楹校：《艺文类聚》卷六十一《居处部一》引，上册，第 1110 页。
④ 王明撰：《抱朴子内篇校释（增订本）》卷三《对俗》，第 46 页。
⑤ （晋）葛洪撰，胡守为校释：《神仙传校释》卷四《刘政》，第 130 页。
⑥ （晋）葛洪撰，胡守为校释：《神仙传校释》卷四《孙博》，第 133 页。

还有“大鸟”“大鸟卵”[①]。《后汉书·西域传》中载和帝永元十三年（公元101年）“安息王满屈复献师子及条枝大鸟，时谓之安息雀”[②]。可见所谓“安息孔雀、凤凰”便是“条枝大鸟”，安息充当了中转站的角色。孔雀多产于南亚，一般认为此处的“安息雀”和“条枝大鸟”应该是鸵鸟。孔雀也罢，鸵鸟也罢，在时人的眼中它们都是“大鸟”“大鸟卵”，并与西王母之地的凤鸟和升仙愿望有关。

《山海经·大荒西经》云：“西有王母之山，……沃之野，凤鸟之卵是食，甘露是饮。……鸾凤自歌，凤鸟自舞，爰有百兽，相群是处，是谓沃之野。”郝懿行疏：“‘西有’当为‘有西’，《太平御览》九百二十八卷引此经作‘西王母山’可证。”[③]《吕氏春秋·孝行览》亦云“流沙之西，丹山之南，有凤之丸，沃民所食”，高诱注“丸，古卵字也”，“食凤卵也”[④]。从当时一般人的角度看，或许此西域中西王母之地的“大鸟”“大鸟卵”，即是“西王母之山”“流沙之西”（《淮南子·地形训》云“西王母在流沙之滨”[⑤]）的“凤鸟”“凤鸟卵”，故多称奇之。东汉和帝时西域都护班超进献大雀，其妹班昭作《大雀赋》就说：“嘉大雀之所集，生昆仑之灵丘。同小名而大异，乃凤皇之匹畴。”[⑥]这个与西王母紧密结合在一起的“导弄孔雀、凤凰”的杂技形象应该就是这种观念的表现。前述梁周舍所作《上云乐》的内容就是以西方老胡文康导引孔雀、凤凰，而其曲辞明显与神仙和升仙思想有关。其云：

西方老胡，厥名文康。遨游六合，傲诞三皇。西观濛汜，东戏扶桑。南泛大蒙之海，北至无通之乡。昔与若士为友，共弄彭祖扶床。往年暂到昆仑，复值瑶池举觞。周帝迎以上宾，王母赠以玉浆。[⑦]

可见，这一“导弄孔雀、凤凰”的杂技确实与神仙和升仙信仰，特别是西方昆仑、

① 《汉书》卷九十六《西域传》，第12册，第3888页。

② 《后汉书》卷八十八《西域传》，第10册，第2918页。

③ （清）郝懿行笺疏，范祥雍补校：《山海经笺疏补校》卷一六《大荒西经》，第361页。

④ 许维遹撰，梁运华整理：《吕氏春秋集释》卷十四《孝行览·本味》，北京：中华书局，2009年，上册，第316页。

⑤ 何宁撰：《淮南子集释》卷四《墬形训》，上册，第361页。

⑥ 费振刚、胡双宝、宗明华辑校：《全汉赋》，第370页。

⑦ （宋）郭茂倩编：《乐府诗集》卷五十一《清商曲辞八·上云乐》，第3册，第1082页。

西王母升仙信仰有关。

三、摇钱树的整体意义

“西王母—杂技（眩人）”摇钱树枝叶是摇钱树上最常见的枝叶种类之一，它的阐明对整个摇钱树含义的理解是有很大帮助的。

学界对摇钱树的意义多有讨论，最有依据的观点主要有“求财”和“升仙”两种，或认为与社树崇拜有关，或采取综合各种观点的态度[①]。以往的研究往往忽视了对内涵最为丰富的枝叶图像的探讨，而这些枝叶图像多呈格套化，应该表达着一种共同的观念，构筑着摇钱树的整体意义。据笔者观察，格套化最明显的枝叶除此种呈长形的外，尚有另一种呈宽形的枝叶和顶枝。

宽形枝叶上图像组合显得杂乱一些，主要是居主体地位的西王母和神兽、仙人、钱币及仙人骑马、骑鹿等仙境场面，西王母正居于一五铢钱之上（图 6–58）。

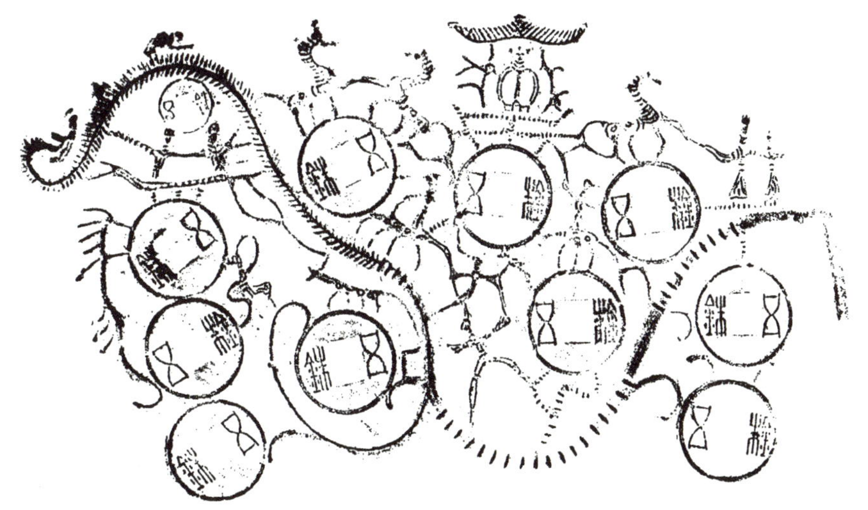

图 6–58　彭山双江出土宽形摇钱树枝叶拓片

（采自何志国：《汉魏摇钱树初步研究》，第 27 页）

摇钱树枝叶上的西王母图像除本节所述外，主要处于璧或五铢钱的上方。如茂汶出土的一件摇钱树枝叶，西王母端坐于龙虎座上，其下有一璧，两旁有一对门阙，

① 何志国：《汉魏摇钱树初步研究》，第 150 ~ 167 页。

两阙及西王母上各有一凤鸟[①]（见图 2–10–1），如第二章第二节所述，对比重庆巫山出土的带有“天门”题记的铜牌饰[②]来看（见图 2–3、2–4），无疑是“西王母—天门”观念的表现。璧圆以象天，璧门即可象征天门，笔者已经做过详细论述。霍巍先生注意到，重庆巫山出土的一件“天门”铜牌饰上，其璧门上正刻有“五铢”二字，将五铢钱与“天门”紧密联系在一起[③]。方孔圆钱的形式正与时人天圆地方的观念相合，或许在时人眼中也可以具有一些神秘的含义（不过其最直接而主要的意义恐怕还是钱币、财富，未必可以深究）。“西王母—天门”是摇钱树图像中的常见题材，不仅见于上述枝叶图像中，在树座图像中也有不少例证[④]。

摇钱树的顶枝主要为凤鸟，有的将“西王母（早期佛像）—天门”与凤鸟组合在一起（见图 2–10–1、2–29、2–30）。如前所述，凤鸟、大鸟与西王母仙境有着密切的关系。而班固《西都赋》亦云“设璧门之凤阙，上觚棱而栖金雀”[⑤]，说明天门（璧门）与凤阙具有密切的关系，这与上述考古材料是完全一致的。

可见，摇钱树枝叶上具有典型意义的主要图像为“西王母—眩人”和“西王母—天门”。而其陶质和石质树座，如前所述其中不少为昆仑的象征[⑥]。确实，山形树座和圆锥三重形树座是最为常见的摇钱树树座，即可为昆仑山和昆仑三重（阆风、樊桐、悬圃）的表现。而这种神山与神树组合，笔者在第一章第五节已经讨论过，可能正是昆仑、天柱、建木的登天信仰组合的表现。当然，枝叶下面悬挂的钱币及一些打钱、挑钱的图像又反映出摇钱树也明确具有追求财富的意义。一些枝叶上可能还有关于历史故事的内容，或许受到其他墓葬图像的影响。但正如学者所论，从树座、树干、枝叶尤其是顶枝的主体内容来看，摇钱树图像已经形成了一个系统的主题表达，而追求财富、子孙繁衍的愿望和个别历史故事是附加在这个主体

① 何志国：《汉魏摇钱树初步研究》，第 57、58 页。

② 丛德新、罗志宏：《重庆巫山县东汉鎏金铜牌饰的发现与研究》，《考古》1998 年第 12 期。

③ 霍巍：《胡人俑、有翼神兽、西王母图像的考察》，见霍巍、赵德云著《战国秦汉时期中国西南的对外文化交流》，第 190 页。

④ 何志国：《汉魏摇钱树初步研究》，第 33、42、49 页。

⑤ 费振刚、胡双宝、宗明华辑校：《全汉赋》，第 314 页。

⑥ 霍巍：《胡人俑、有翼神兽、西王母图像的考察》，见霍巍、赵德云著《战国秦汉时期中国西南的对外文化交流》，第 189 页；王煜、师若予、郭凤武：《雅安芦山汉墓出土摇钱树座初步研究——再谈摇钱树的整体意义》，《中国国家博物馆馆刊》2016 年第 5 期。

意义上的次一级内涵[①]（图 6–59）。

昆仑、天门、西王母构筑起关于西方升仙信仰的主体，而由树座（神山、神兽）、铜树（建木、天柱）、枝叶（西王母—眩人、西王母—天门）、顶枝（凤鸟、西王母—天门）及其他仙人、神兽、神仙意味的佛像组成的摇钱树正是这种信仰的体现。

1. 广汉万福出土

2. 绵阳何家山出土

3. 绵阳石塘乡出土

4. 彭山出土

图 6–59　四川汉墓出土摇钱树

（采自 1. 张跃辉主编：《蜀风雅韵：广汉文物艺术精粹》，第 99 页；2、3. 绵阳市文物局、绵阳博物馆：《涪江遗珠：绵阳可移动文物》，第 44、45 页；4. 四川省博物院师若予先生提供）

虽然也附加了墓葬图像中流行的其他一些内容和愿望，但它的主体内容和基本组合无疑属于这一升仙体系。正由于它是西方升仙体系的表现，所以其上出现了大量的西方因素，如西王母、眩人、佛像、胡人、西域动物、有翼神兽等[②]。

① 焦阳：《钱树枝干图像的整体研究——兼论钱树的主要内涵与功能》，见中山大学艺术史研究中心编《艺术史研究》第 25 辑，第 20 页。

② 参见王煜：《汉墓“虎食鬼魅”画像试探——兼谈汉代墓前石雕虎形翼兽的起源》，《考古》2010 年第 12 期；王煜：《西王母地域之“西移”与相关问题研究》，《西域研究》2011 年第 3 期；王煜：《四川雅安汉墓出土“双兽搏斗”石雕及相关问题》，《中国国家博物馆馆刊》2012 年第 6 期。

四、小结

综上所述，笔者认为四川东汉墓葬中出土的“西王母—杂技”摇钱树枝叶，将西王母与杂技、魔术图像紧密组合在一起。而其上的杂技、魔术基本上都来自西域或深受西域影响，时人称之为“眩人”或“幻人”。西王母是西方升仙信仰的代表，西汉中期以来的流行观点认为其在西域中，其地正有“眩人（幻人）”，“眩术（幻术）”与仙术相关。摇钱树枝叶图像中除此类“西王母—眩人”题材外，主要为“西王母—天门”题材。在西汉中晚期以来已经形成了一个以昆仑、天门、西王母为中心的西方升仙信仰体系，摇钱树整体上便是这一信仰的表现，并将宇宙中心神山——昆仑与中心神树——建木结合起来，以表达升天成仙的愿望。其上出现的众多西方文化因素应该放到这一信仰背景中来理解。

进而，除摇钱树图像之外，除本章中所讨论的这些个案之外，汉墓中应该还有更多的西方文化因素是由这一关于西方的升仙信仰而吸收、附会、改造进来的。只是其他材料如器物类，恐怕没有图像材料这样丰富的组合和场景，难以讨论其更深层次的使用和观念信息。笔者这里仅举出魏晋时潘尼的《琉璃盏赋》，从这样的文学作品中似乎尚能看到一些当时人附加在上面的神仙意味：

> 览方贡之彼珍，玮兹碗之独奇。济流沙之绝险，越葱岭之峻危。其由来也阻远，其所托也幽深。据重峦之亿仞，临洪溪之万寻。接玉树与琼瑶，邻沙棠与碧林。瞻阆风之崔嵬，顾玄圃之萧参。于是游西极，望大蒙，历钟山，窥烛龙，觐王母，访仙童。取琉璃之攸华，诏旷世之良工。纂玄仪之取象，准三辰以定容。[①]

如果认为“沙棠”“碧林”“阆风”“玄圃”（以上皆为昆仑所有）、“西极”“王母”“仙童”这些内容除纯粹文学的铺排外，还是能多少反映当时的观念信息，那么，使用琉璃碗是否同时寄托着某些神仙的愿望呢？我们知道，汉武帝的方士李少君教武帝使用金银器皿饮食，认为久服可以延年，进而成仙[②]。而汉代墓葬中出土的

① （清）严可均辑：《全上古三代秦汉三国六朝文》，第2册，第2000页。
② 《史记》卷二十八《封禅书》，第4册，第1385页。

金银器皿很多具有西方因素，南越王墓出土裂瓣纹银盒中还装有可能与服食有关的药丸[①]，这些西来或具有西方因素的金银器皿是否也附会有某些神仙观念？这里仅仅是一些疑问，提供出来或许可以供有关学者一念。

关于这一信仰中最重要的内容之一——西王母，笔者在第三章第四节已经专门讨论过，虽然从目前的材料看，西王母图像主体上应该来自本土文化，但在这一背景下可能也与西方一些女神像发生了某些关联。学界以往讨论得较多的是关于早期佛像的问题。在汉代，这些早期佛像主要出现于西南地区的摇钱树上，在该地区乃至其他地区的墓葬画像及一些石刻上也有零星发现（图 6-60、6-61）。学者们在讨论其属性时，主流观点也认为它们往往还不具备明确的佛教信仰属性，而是作为一种西方的神祇被吸纳入传统神仙信仰中[②]。近来该问题的研究又有新的

图 6-60　乐山麻浩崖墓墓门上雕刻佛像

（采自李松等：《中国古代雕塑》，第 204 页）

① 广州市文物管理委员会、中国社会科学院考古研究所、广东省博物馆：《西汉南越王墓》，北京：文物出版社，1991 年，上册，第 210、218 页。

② 如俞伟超：《东汉佛教图像考》，《文物》1980 年第 5 期；温玉成：《公元 1 至 3 世纪中国的仙佛模式》，《敦煌研究》1999 年第 1 期；宿白：《四川钱树和长江中下游部分器物上的佛像——中国南方发现的早期佛像札记》，《文物》2004 年第 10 期；［美］巫鸿著，王睿、李清泉译：《早期中国艺术中的佛教因素（2–3 世纪）》，见氏著《礼仪中的美术——巫鸿中国古代美术史文编》，下册，第 289 ~ 345 页；罗二虎：《论中国西南地区早期佛像》，《考古》2005 年第 6 期；霍巍：《中国西南地区钱树佛像的考古发现与考察》，《考古》2007 年第 3 期。

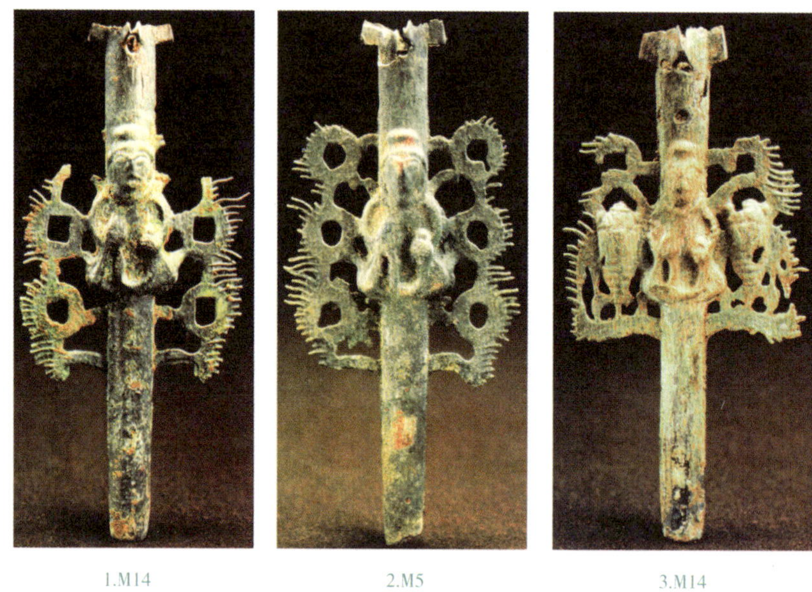

图 6-61　重庆忠县涂井崖墓出土佛像摇钱树枝干
（采自南京博物院等：《佛教初传南方之路文物图录》，图 9、10、12）

成果出版[①]。最近笔者发现，除早期佛像外，西南地区的东汉晚期到蜀汉时期墓葬中可能还出现了早期菩萨像，但它们同样只是具有广泛的神仙意义[②]（图 6-62、6-63）。在以往认识的基础上，笔者进一步认为这些佛教神祇的进入，应该也是在关于西方的神仙和升仙信仰背景中的。对西方昆仑、西王母的追寻，及西域神祇、西域奇闻的附会，显然为早期佛教的进入和初步流行准备了思想基础和一个有力的结合点。

① 朱浒：《东汉佛教入华的图像学研究》。
② 王煜：《重庆丰都东汉至蜀汉墓葬出土陶塑戴冠头像初探》，《江汉考古》2022 年第 3 期。

图 6-62　丰都杜家坝东汉三国墓葬 M1 出土陶塑戴冠头像

（采自重庆市博物馆等：《丰都杜家坝一号墓 2000 年度发掘报告》，见重庆市文物局、重庆市移民局编：《重庆库区考古报告集·2002 卷》，北京：科学出版社，2010 年）

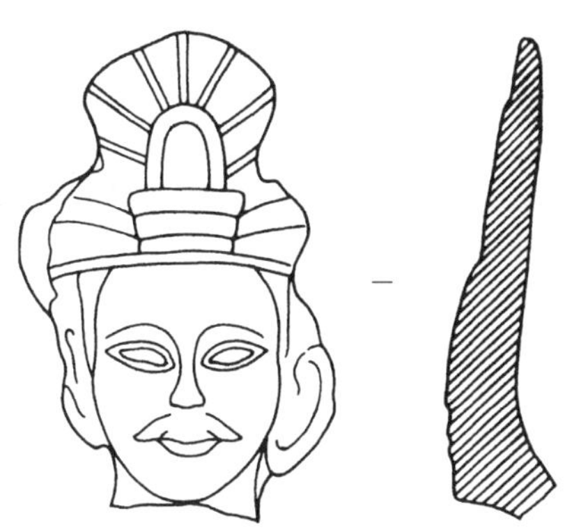

1. 槽房沟 M10 出土（M10 ：5）

2. 杜家坝 M1 出土（FDM1 ：4）

图 6-63　丰都出土陶塑戴冠头像线摹

（采自 1. 重庆市文物考古所等：《丰都槽房沟墓地发掘报告》，见《重庆库区考古报告集·2001 卷》，北京：科学出版社，2007 年，第 1825 页；2. 重庆市博物馆等：《丰都杜家坝一号墓 2000 年度发掘报告》，见《重庆库区考古报告集·2002 卷》，第 1623 页）

结论与余论

通过本书的综合性和各主要问题的专题性研究，笔者认为可以得出以下几点结论，并引起一些相关的思考：

一、社会的一般信仰与汉墓图像的统一性

从全书几乎所有问题的讨论中都可以看到，与昆仑升仙信仰有关的考古材料（主要是图像材料），除西汉前期基本上都出现于楚地，而且全部出于高等级墓葬外，自西汉中期以后，在全国各个流行墓葬艺术的地区，在上至“大王”，下至平民的各个等级的墓葬和墓地祠堂中都有出现。再加上考古材料比起文献材料来，所具有的社会一般性。笔者认为，至迟在西汉中期以后，关于昆仑升仙的信仰已经成为全社会（当然是汉文化覆盖的主要地区）的一种一般信仰。各个地域在这种一般信仰中当然具有一些地域性，主要体现在一些具有地域特色的因素上，但从总体来看，关于昆仑升仙的信仰核心和主体内容并无二致。这与西汉中期以来，政治上形成的一统形势和文化上形成的共同面貌是密不可分的。

周振鹤先生曾经讨论过秦汉时期的风俗地理问题，将其划分为三大风俗区域及其下的若干风俗区[①]。认为自西汉后期以来，各大风俗区的主要差异日益消泯，全国风俗趋于统一，至东汉时期已经形成“九州共贯，六合同风”的面貌[②]。而关于丧葬的习俗和观念是风俗中最为重要的部分之一，而且也是最有展示性的部分之一，似乎比其他风俗的统一趋势更加迅速和明显。在《汉书·地理志》篇末抄录的西汉成帝时朱赣所条列的各地风俗中，人民习性尚多有差异，但言及丧葬大多都是“送死过度”“念死生之虑”“送死奢侈”[③]。如果说这些评语尚过于模糊，还可举一些具体的事例。东汉王符《潜夫论·浮侈》描述当时人们对于棺

① 周振鹤：《秦汉风俗地理区划浅议》，《历史地理》第13辑，上海人民出版社，1978年，第55～67页。

② 周振鹤：《从“九州异俗”到“六合同风”——两汉风俗区划的变迁》，《中国文化研究》第18期，1997年。

③ 《汉书》卷二十八《地理志》，第6册，第1643、1649、1656、1665页。

木的追求："京师贵戚，必欲江南檽梓，豫章楩柟；边远下土，亦竞相仿效。……东至乐浪，西至敦煌，万里之中，相竞用之。"[①]对于棺木的观念竟然已经达到"东至乐浪，西至敦煌"这样广大地域中的统一，可见一斑。同书对于当时的整个丧葬风俗继续说到："今京师贵戚，郡县豪家，生不极养，死乃崇丧。或至刻金镂玉，檽梓楩楠，良田造茔，黄壤致藏，多埋珍宝偶人车马，造起大冢，广种松柏，庐舍祠堂，崇侈上僭。宠臣贵戚，州郡世家，每有丧葬，都官属县，各当遣吏赍奉，车马帷帐，贷假待客之具，竞为华观。"[②]既言"京师贵戚，郡县豪家"、"宠臣贵戚，州郡世家"，当然也是弥漫全社会的风气。其实，非但东汉如此，西汉中期以来即有此趋势。《盐铁论·散不足》中谈到当时的丧葬风气："今富者绣墙题凑，中者梓棺楩椁，贫者画荒衣袍，缯囊缇橐。……今厚资多藏，器用如生人。郡国繇吏，素桑楺偶车橹轮，匹夫无貌领，桐人衣纨绨。……今富者积土成山，列树成林，台榭连阁，集观增楼。中者祠堂屏阁，垣阙罘罳。……今俗因人之丧以求酒肉，幸与小坐而责辨，歌舞俳优，连笑伎戏。"[③]虽然以财力分说阶层，但整个丧葬观念显然是一贯的，而且说的似乎也是全国的情况。本书所论的，墓葬图像中反映出来的社会一般升仙信仰的形成与发展过程，显然是与这一趋势相一致的。

以往对汉代墓葬图像尤其是汉画像的研究中，较为深入的研究往往更强调地域性，各汉画像主要地域的学者们往往更关注本地区的画像材料，而且提出不同的解释取向。如注重山东地区画像研究的学者更倾向于其上的政治和道德教化，注重四川地区的学者则更倾向于其上神仙和升仙的信仰。这些观察无疑都是正确的。鲁南画像石尤其是墓地祠堂画像上历史故事和道德表达的内容确实比其他地区突出得多，而四川地区的画像中神仙内容确实是绝对主体。但笔者要说的是，在这些地域性差异的背后更为突出的是各地域画像中体现出来的一般观念。杨爱国先生也指出："在北起内蒙古包头，东自海滨，西南到贵州、云南，这么广阔的地域内都有人用画像石来为神灵和死去的亲人服务，其共同的文化背景和心态

① （汉）王符撰，（清）汪继培笺，彭铎校正：《潜夫论笺校正》，北京：中华书局，1985年，第134页。

② （汉）王符撰，（清）汪继培笺，彭铎校正：《潜夫论笺校正》，第136页。

③ 王利器校注：《盐铁论校注（定本）》卷六《散不足》，北京：中华书局，1992年，上册，第353、354页。

是主要的，各大分布区之间的不同特点是在共性之下的个性，是居于次要地位的。”[1]本书所论的以昆仑、天门、西王母为中心的升仙信仰就是其中特别突出的一种共性。笔者相信，除此之外，在这些地域差异下应该还有更多的可以深入讨论的一般观念，甚至本书所论的升仙信仰也属于某种更为庞大、系统的社会一般观念的一部分。只要我们超越以往更多见的只窥一斑、不见全豹的研究取向，在一个更为开阔的视野中，将全国各大地域的图像材料进行联系、对比，结合文献材料仔细索隐钩沉，汉代图像中必然还有一片更为宏大、更为丰富、更为精彩的世界。

具体到本书中，我们可以观察到关于昆仑图像的各种形式，除比较特殊的多平台形目前只见于山东临沂地区外，其他形式在汉代各大地域的墓葬图像中都有反映。而且山东地区的多平台形图像也非本地区昆仑图像的主流。关于天门图像，以往更多注意四川、重庆地区。根据本书的研究，其实全国各大地域的墓葬图像中都有大量表现。带有“天门”题记的图像就不是仅见于四川、重庆地区，甚至象征性、符号化的更为特殊的与天门相关的图像也是在各大地域都有出现。西王母的图像虽然各大地域各有特点，但其与昆仑、天门的组合，甚至是九尾狐、三足乌、蟾蜍、玉兔捣药等从属，在各大地域都是主流。以往学界多认为四川地区没有东王公图像，但四川地区所造的三段式神仙镜上，西王母和东王公的搭配也是必不可少的因素[2]。一些学者看到四川地区的摇钱树，便将之与本地区一千多年前的三星堆神树相联系以突显地域文化，殊不知昆仑与神树图像的结合在山东、安徽、陕西、山西各地的画像和铜镜上都有反映，恐怕不宜舍近而求远。各种天神如伏羲、女娲是各地域墓葬图像中最为常见的题材，只是在所持物方面稍微有些不同，但相同的形象也同时存在，而且其图像位置、场景和组合都有强烈的一致性。甚至山东嘉祥武氏祠的北斗司命画像与陕西关中出土的陶瓶上的朱书图像几乎完全一致，只是后者的神像由文字来表示而已。还有本书用专题论述的如牵牛、织女图像，胡人与车马出行图像，鱼车出行图像在各大地域基本上都有例证，也都具有相同的形式和意义表达。更为重要的是，本书所论的以昆仑、天门、西王母为中心的升仙信仰中的结构和程序在山东地区的墓地祠堂和石椁画像，河南地区的墓门空心砖画像和墓室壁画，陕北晋西地区的墓门画像，四川地区的石棺画像、

① 杨爱国：《幽冥两界：纪年汉代画像石研究》，西安：陕西人民美术出版社，2006年，第128页。

② 苏奎：《汉代蜀镜的初步研究》，第132页。

摇钱树和现存较为完整的画像砖墓，以及各地出土的铜镜上都能观察到比较完整的表现，只是由于形制的不同而具有略为不同的表现形式而已。

笔者认为，汉墓图像及其表达的观念，在全国各大流行地域中，统一性是主流，地域性当然存在，主要体现在一些题材的特别流行或不流行，某些共同题材的不同表现形式和一些具体细节上。这些当然也是值得注意的，但不能舍本逐末而强调太过。这种现象的背后应该是西汉中期以来，国家的统一，以往各地域文化的合流，大规模移民带来的人口长距离迁徙及长期融合，官僚体制的形成以及全国性的官吏选拔、升降、迁任，商品经济的发展和更大范围市场的逐步形成，以及主流文化的传播而逐渐形成全国性的社会一般观念。升仙观念即是这个社会一般观念中的一部分，其必然使得全国各大地域的墓葬图像及相关遗存具有统一性。

关于政治、文化统一及移民对丧葬文化的影响，前人之述备矣，这里仅举一个十分具体的关于官员的全国性流动而可能对墓葬文化产生影响的例子。赵明诚《金石录》记汉蜀郡属国都尉王君神道刻石云：

> 右《汉王君神道》，在南阳，云："汉故蜀郡属国都尉王君神道封陌。"案郦道元注《水经》："淯水南道侧有二石楼，制作精妙，题曰：'蜀郡太守姓王字子雅，南阳西鄂人。有三女，无男，而家累千金。父歿当葬，三女各出钱五百万。一女筑墓，二女建楼。'"今此碑后有唐向城令张璿之撰《孝女双石楼记》，所书与《水经注》合，惟《水经》误以"都尉"为"太守"尔。[①]

可见，南阳人王君曾做过蜀郡属国都尉，治所在今四川雅安，而南阳和雅安都是墓前石阙、石兽十分流行的地区。上引文献中所谓的"石楼"即石阙，在南阳，而今天的雅安尚有高颐阙、芦山尚有范敏阙存世。可以看出相距如此遥远的两地之间通过官员的往来，可能在墓葬文化上产生的一些联系。说到蜀郡属国都尉，《后汉书·郑弘传》注引谢承《后汉书》载："其曾祖父本齐国临淄人，官至蜀郡属国都尉。武帝时徙强族大族，不得族居，将三子移居山阴，因遂家焉。长子

① （宋）赵明诚撰，金文明校证：《金石录校证》卷十九《汉蜀郡属国都尉王君神道》，桂林：广西师范大学出版社，2005 年，第 327 页。

吉，云中都尉、西域都护；中子兖州刺史；少子举孝廉，理剧东部候也。”[①] 山阴在今浙江绍兴。云中都尉，分为东、西、中三部，治所均在今内蒙古呼和浩特周边。西域都护，治所在今新疆轮台。兖州刺史，治所在今河南濮阳。东部候（官），治所约在今福建福州[②]。而汉代举孝廉后，往往进入中央为郎官，通过历练后乃放外任[③]。蜀郡属国偏居四川西部，通过上述父子的仕宦经历，竟然可以与北至内蒙古，西北至新疆，东南至浙江、福建乃至中原及京师的全国各地产生直接联系，令人惊讶。此点在汉墓图像自身也有反映。河南荥阳苌村东汉壁画墓中，以车马壁画旁加以题记的方式表达墓主的仕宦经历，有“郎中时车”“供北陵令时车”“长水校尉时车”“巴郡太守时车”“济阴太守时车”“齐相时车”[④]。其中，郎中、长水校尉皆在京师任职，而东汉巴郡治所在今重庆、济阴郡治所在今山东菏泽、齐国治所在今山东临淄，也是从京师到西南，再任东部沿海，最后归葬中原腹心。汉代壁画墓和画像石、砖墓，很多就是这些官员的墓葬，而据上述《潜夫论·浮侈》中所说“宠臣贵戚，州郡世家，每有丧葬，都官属县，各当遣吏赍奉”[⑤]，从史传和碑刻材料也都能看到东汉时期地方官员参与丧葬活动已为日常事务，且推广“良俗”本身就是汉代尤其是东汉地方长官最重要的使命之一，墓葬图像及观念跟随他们在全国传播、交流并促进一体化，应该是可以理解的。

在画像石的研究中，学者们还特别注意到工匠的流动及其带来的画像题材和风格传播的问题[⑥]。如山东高平（在今鲁南地区）的石匠在画像石题记中表现得较为突出，据学者统计，他们至少活动了三十多年，纵横数百公里，而山东地区制作墓葬石刻的工匠甚至在今北京地区也有活动[⑦]。根据新发现的安阳西高穴村东汉晚期墓M2[⑧]中出土的画像石题材和风格，高平工匠应该还深入到了中原腹心地带。

---

① 《后汉书》卷三十三《郑弘传》，第4册，第1155页。

② 王国维：《后汉会稽郡东部候官考》，见《观堂集林》卷十二，上册，第561、562页。

③ 严耕望：《秦汉郎吏制度考》，见氏著《严耕望史学论文选集》，北京：中华书局，2006年，第338～383页。

④ 荥阳市文物保护管理所、郑州市文物考古研究所：《河南荥阳苌村汉代壁画墓调查》，《文物》1996年第3期。

⑤ （汉）王符撰，（清）汪继培笺，彭铎校正：《潜夫论笺校正》，第136页。

⑥ 邢义田：《汉碑、汉画和石工的关系》，见氏著《画为心声：画像石、画像砖与壁画》，第47～68页。

⑦ 杨爱国：《幽冥两界：纪年汉代画像石研究》，第134页。

⑧ 河南省文物考古研究院：《曹操高陵》，北京：中国社会科学出版社，2016年。

这背后既可能有移民或政治等因素（安阳西高穴村 M2 被推定为曹操高陵），主要恐怕还是受到与丧葬有关的商品经济发展的推动，而丧葬经济的推广必然与丧葬观念的一体化互为表里。

二、以昆仑、天门、西王母为中心的升仙信仰体系

战国秦汉时期的一般观念中，对天地关系的看法大体有两种：其中一种起源古老，是一种早期的盖天观念，认为天地是由四正四隅的八柱支撑起来的，这八柱就是八方的大山，后来由于共工的破坏，使得西北方的天柱——不周山被折断，于是天向西北倾斜，地从西北隆起，天上日月星辰西移，地上江河东注，天地的最相接处就在西北方；另一种观念出现于战国时期，其实也是在盖天观念的背景中（虽然浑天说和宣夜说的出现也不晚，但即使到近代也不可能成为社会的一般观念），根据中国东南方距海较近的现象，推断中国处于大地的东南方，而天地的中心在西北方，那里为天形所起，地脉所出。虽然，从严格的逻辑来说，这两种观念是不相容的，既以中国为中心而将西北方作为天地的最相接处，就不能再以西北为中心，将中国作为天地的东南方。但在升天信仰中，既然天地的最相接处在西北，而西北又是天地之中心，“天通西北”便成为牢不可破的观念。

在全世界的上古神话中，大都有一种世界中心为神山或神树的看法，中国也不例外。这个中心神山也即西北方最著名的神山就是昆仑，中心神树就是建木。我们知道，中国的西北方大山绵亘，显然昆仑神山的神话要比建木神树更容易被接受，建木的神话虽然也传承下来，但其重要性远不及昆仑，而且还与昆仑产生了千丝万缕的联系。昆仑是天地的中心，也是天地最接近的地方，其上正对着天之中心——北极，周天星辰都围绕着北极运转，人们便将北极星作为最高天帝，统领着天上的世界。要进入天上的世界，自然需要进入天门，天门不止一个，但由于根深蒂固的“天通西北”的观念，人们最看重西北方的这个天门，而西北的天门必然会与西北的通天神山昆仑结合起来。

在西汉前期楚地的观念中，昆仑之门——阊阖就是“始升天之门”，进入阊阖，逐渐攀登昆仑才开始升天之旅，而要真正进入天帝统治的世界，则要进入昆仑之上的天门，形成了“阊阖—昆仑—天门—天界（天帝）”的升天程序。这在西汉前期楚地的砂子塘漆棺、马王堆漆棺和马王堆帛画上都有完整的表现，由于帛画

图像的连续性，其程序表达得最为清楚。帛画底下是神兽托着大地，其下还有一些地下的神兽，大地之上为对墓主人的祭奠。其上也是整个帛画的中心位置是一个巨璧，双龙穿璧而上，西汉中期的文献中阊阖又叫璧门，璧与升天信仰有着密切的关系，而这里的巨璧正是阊阖（璧门）的象征，双龙穿越而上，暗示着墓主已经通过"始升天之门"的阊阖（璧门），开始了升天之旅。其上墓主正站在一个"T"形平台之上，汉代昆仑图像中正有这种呈独一平台状的形象，象征着昆仑之巅——悬圃。其上有一对阙形物，即是天门，再上便是天界，天界中央呈人首蛇身的主神根据本书研究应该为结合了伏羲、女娲形象的天帝太一。墓主站立的平台之前，尚有人作迎接状，天门旁的神人也作迎接状。显然，昆仑之巅并不是墓主的目的地，而是一个关键点，目的地还是在天门之中的天界。至于说能不能得拜天帝，那就如同墓主生前是否能觐见皇帝一样了。之所以墓主的图像要特别表现于昆仑之巅，就是因为这里是升天的关键，而拜见天帝则不是一定之事。马王堆帛画就是关于西汉前期楚地文献中表现出来的（可能主要是贵族的）"阊阖—昆仑—天门—天界（天帝）"的升天程序的完整表现。

到了西汉中期以后，楚地原本的这个升天信仰发生了几个新的变化。第一，关于昆仑升仙的信仰突破了阶层的限制，在各个等级的墓葬中都能看到其表现。第二，可能由于昆仑信仰的持续升级（汉武帝时期从东海求仙转向西方求仙可能是昆仑信仰得以大为发展的一个原因），昆仑在升天地位中的重要性更加突出，昆仑之门即可以代表天门了，不需再有阊阖与天门之分，东汉时期的文献中已经明确将阊阖与天门等同一体，甚至互相作为注解了。第三，西汉中晚期至新莽时期（从目前确切的材料看最迟至新莽时期），西王母信仰已经同昆仑信仰结合在一起。西王母原本也是早期信仰中西方一位拥有不死之药、能助人升天成仙的女神。但在早期神话中，一则居处不定，二则神性有异，三则为穴居而独处，所以并不被上层官贵们重视。但在民间，西王母信仰的影响却很大，是一位长生不死，拥有不死之药并能为人们降福除凶之神。这种信仰流行于河南洛阳一带，目前发现的最早的明确的独立西王母图像就出现在这一地区。在西汉末期，河南地区西王母的信众们还爆发了一次声势浩大的游行活动，经历十三个郡国，并西至京师、关中。在当时傅太后、丁太后、王太后相继执政的政治背景下，这次民间活动被上层官贵们加上了政治色彩，王莽一派就极力主张这是王太后执政的瑞兆，西王母信仰于是登堂入室，进入了上层的观念中，而且并未随着王莽的失败而退出，成为同昆仑一样的社会一般信仰。既然都是关于西方的传说，其内容都有不死和升仙，那么，西王母信仰势必要与昆仑信仰结合起来，这一结合目前来看最迟完成于新莽时期。西王母自然不能是神仙世界的主神，西王母在昆仑上的性质与天门一样，都是升天成仙的关键而不是目的地，所以二者在墓葬图像中常常结合在一起。随着西王母的加入，这一关于昆仑的升仙信仰体系便告完成：升仙之人首先要到达昆仑，在西王母处取得仙药和仙籍，进入天门，才能永远居住和享乐于天帝统领的天界。

从目前所见的材料看，汉墓中的最高天帝神像，只见于马王堆汉墓出土帛画和南阳麒麟岗画像石墓的天象图中，根据本书的讨论，这两个墓都是较高级别的官贵之墓，最高天帝图像的出现可能与墓主的地位和身份较高有关，这三例（马王堆一、三号墓各出土一幅帛画）中的最高天帝都是太一。在等级较低的陕西定边郝滩壁画墓和靖边杨桥畔壁画墓中，出现了最高天帝太一所坐的帷帐（自题为“太一坐”）和华盖，在东汉晚期至魏晋时期流行于四川和陕西关中地区的三段式神仙镜上，也出现了最高天帝的华盖，但都没有出现神像。汉墓中极少见最高天帝的图像，正如同汉代人们极少有人能真正拜见人间的帝王一样，人们的升仙信仰中最关心的是能否到达昆仑，拜见西王母并获得仙药和仙籍，进入天门而升入天界（用当时的话说叫“上食天仓”），而是否能得拜天帝，是绝大多数人所不关心的。天界之中还有其他一些与升仙信仰有关的天神，如太一的辅佐——北斗司命，不仅掌管人们的生死寿夭，还能帮助死者重生而升天成仙，其在汉晋墓葬中除画像外，还有七星板、玉猪或滑石猪等遗物与之有关。人首蛇身的伏羲、女娲作为阳、阴之精，与日、月有着密切的联系，而日、月运行的黄道也即天上的天衢，伏羲、女娲常常手托日、月出现在升仙的图像中，具有标识和引导的意义。牵牛、织女掌管天关和天梁，也是升天成仙者希望得到其帮助或升天历程中所要经由的神祇，其图像往往与天门结合在一起，表达这一愿望和观念。风雨雷电诸神作为游仙和升仙旅途的引导和守卫，甚至能为神仙所役使。

就目前的材料而言，这样一个关于升仙的信仰体系至迟完成于新莽时期。洛阳西汉中晚期的卜千秋墓脊顶壁画上，已经绘有在伏羲、女娲和日、月所确定的路线中，墓主夫妇向西方升仙的图像，其图像中出现了西王母，而从西王母前行进的持节方士和神兽来看，西王母并不是墓主的目的地，其后还有一段升仙之旅，只是上面没有明确的昆仑图像出现。偃师辛村新莽时期的壁画墓中，西王母与天门紧密结合出现于后室门上的梯形横额上，而从西汉前期起天门就已经与昆仑有关，这里梯形的横额倒是有些昆仑背景的意味。陕西郝滩大约新莽时期的壁画墓中，西王母已经安坐于蘑菇状的三平台形昆仑之上，其右上方有一神船，神船上又有代表太一的帷帐，再右边是驾着鱼车而来的升仙者（即本书第五章第四节所论的昆仑升仙之水路），这一壁画就是一幅较为完整的昆仑升仙体系的表现。与此同时，河南地区的墓门空心砖画像中，往往把双阙与西王母、车马出行组合在一起；山东的画像石椁上也往往把双阙、璧、西王母、神人神兽、车马出行以及与升仙有关的建鼓、宴饮等图像进行组合，仍然表现出一定的系统性。到了东汉以来，山东地区的墓地祠堂将西王母较为固定地刻画于梯形山墙之上，其下为世俗教化意味浓厚的古代故事和人物，其上往往为天界星象和天神。以往虽注意到这三部分的区分，但主要是对其进行静态地观察，如果让其上的车马出行和神兽出行图像行动起来，则这三个部分实际上将被连接成一个动态的系统。在陕北、晋西地区的墓门画像上，这个系统表现得更加明显，两侧门柱上部是昆仑、西王母以及对应出现的东王公，门楣上往往是车马出行和神兽出行，而且这个出行队伍总是朝向西门柱上的昆仑和西王母，门楣的两端最高处为日、月。这样的系统在四川地区的画像石棺上有着更加完整的表现，石棺的前端往往为双阙（天门），其两侧板上则多为西王母、昆仑、仙人六博、车马出行、神兽出行以及与享乐有关的宴饮、乐舞和百戏，后挡则多为手托日、月的伏羲、女娲或凤鸟，而棺盖上则多有象征天和天门的方花（柿蒂）、龙虎衔璧图案，这样登昆仑、拜王母、入天门、经天衢（伏羲、女娲）、过天关天梁（牵牛、织女）而享至乐的体系，被表现在一个石棺的横向四个面和上面的盖板上。这个升仙体系最有立体感的表现无疑为主要出土于四川、重庆地区的摇钱树，陶质和石质的树座主要象征着昆仑及其变体，其上有西王母、天门、天马、大象等昆仑升仙中的重要元素，还直接见有骑着天马飞奔入天门的例子。而插于树座上的铜质枝干和枝叶上也主要为西王母、神兽及与西王母信仰有关的眩人（杂技、魔术）等，顶枝上往往为璧（璧门、天门）和凤鸟，也见有顶枝上为双阙天门、其间西王母坐于璧上、其上为凤鸟的例子，这就更加具体地体现了“昆仑—天门、西王母—天界”这个升仙体系的主要内容和程序。而神树与昆仑的结合，是前述天地中心、通天中心的昆仑神山和建木神树相融合的结果。这个体系平面化的表现也体现在四川和陕西地区出土的三段式神仙镜上，其巨大的镜纽或许象征着昆仑，两旁为西王母和东王公（少数为天禄、辟邪神兽），镜纽之下有一棵连理神树，将与昆仑有关的神树做成这种连理状的例子在重庆巫山出土的铜棺饰上还可以看到，仍然是昆仑神山登天信仰和建木神树登天信仰的融合，但以昆仑为中心。昆仑之上为天界神祇，其中最尊之神天皇大帝太一没有表现出神像而用华盖替代。这样以昆仑为中心，以西王母为关键，以天界为归宿的升仙体系，十分明白地表现在我们面前了。

总之，根据考古材料和文献材料，笔者认为在西汉中晚期以后，尤其是东汉以来，社会上的一般观念中已经形成了一个关于昆仑升仙的信仰体系。这个体系中有升天成仙的“理论基础”，即昆仑在天地最接近之处，又是天地之中心，为登天最重要的中心天柱；有升天成仙的“技术路线”，即先到达昆仑，拜见西王母，取得仙药和仙籍，进入天门而升往天界；又有天界的最高统治者——天皇大帝太一，其下还有司命等一些能助人升仙的天神；升天之旅中有可能还要经过天关、天梁，通过天衢，这些都有专职的天神；最后还有升天成仙的最终愿景，可以“长生不老，与天相保”，可以上食取之不尽的天仓，可以享受优美、奇幻的宴乐，而不是像稍早的文献中所描述的仙人“不食五谷，吸风饮露”那般冷清。为了达到这个愿景，汉代人充分发挥了想象力，想象着墓主乘坐着神兽、车马、鱼车，在仙人的引导和扈从下，从水、陆、空三路向升仙的中心昆仑进发。

另外，以往对汉代图像中昆仑、西王母的研究中，往往静态地认为有一个以昆仑为中心，西王母为主神的“仙界”，那里是升仙者的最终目的地。笔者认为，从目前所见的当时的考古和文献材料中，尚看不出有这一个“仙界”存在，更不敢相信在大一统帝国观念深入人心的西汉中期以后，在佛、道教尚未系统地发挥其影响的东晋以前，社会上的一般信仰中还会存在一个超越天地、不属天帝的所谓“仙界”。当时的人对于死后去向的看法，最好的一种是升天成仙（如本书所论），要么就入地下为鬼（从东汉的一些陶瓶朱书来看，由泰山君管辖），对应少数隐居在世上的高人，少数有可能成为名山大川之中飘忽不定的散仙，但绝不会有一个固定的“仙界”存在。所谓“生人属西长安，死人属东泰山”，要是能升天成仙，则“神仙之录在北极，相连昆仑”，都有所属。除了哲人的放浪不羁的思想和诗赋浪漫夸张的想象之外，不可能真正有逍遥无待、超越天地的自由乐土。

三、关于西方的信仰

不论昆仑、天门还是西王母都是中国人关于西方的神话。在西汉中期以前，即便在知识阶层中，大多数人对西方的知识是十分缺乏的，张骞“凿空”之后，人们开始知道了西方还有广大的地域，众多的国度，中西文化开始了第一次较大规模的交流，这在《汉书·西域传》最后一段中有精彩的总结。在这种中西文化交流的大背景下，不少西域因素尤其是关于西方的奇闻异事，便有可能被人们附会到关于西方的这些信仰中去，更何况汉武帝通西域其中就有求仙的目的，不少汉使的西游也不能完全排除求仙的因素。《史记·大宛列传》载：“自博望侯开外国道以尊贵，其后从吏卒皆争上书言外国奇怪利害，求使。……其吏卒亦辄复盛推外国所有，言大者予节，言小者为副，故妄言无行之徒皆争效之。”[①] 而同书《封禅书》载方士李少君死后“海上燕齐怪迂之方士多相效，更言神事矣”，又载方士栾大“见数月，佩六印，贵震天下，而海上燕齐之闲，莫不搤捥而自言有禁方，能神仙矣”[②]。可见这些使者与方士何其相似，只是使者向西而方士向东而已。

本书考察了汉墓中一些西方因素的传入和附会可能具有的文化、信仰背景。其中一个方面关于西域女神，讨论了汉代西王母图像与西方女神像的关系。认为西王母图像中确实有一些受到西方女神像影响的例子，但不是主流，也不是源流，只是人们将一些一知半解的西域女神因素附会到对西方女神——西王母的信仰之中而已。另一方面关于西方胡人，认为车马出行队伍前端的胡人就与墓主的西方升仙之旅有关，可分为胡人导引和胡汉交战两类，分别表达着跟随西域胡人的引导和打败西域胡人的阻碍，而顺利向西方昆仑、西王母进发。汉墓中除车马出行场景外，还有许多胡人图像，其意义笔者不敢妄言，但相信此种程式化的西域胡人形象，在墓葬中的意义可能还有许多与西方升仙有关。一些胡人甚至被表现为仙人（羽人）的形象，但他们的地位较低，应该也是协助墓主升仙的导引和侍从等。再一方面关于西方异兽，笔者考察了有关狮子、大象、骆驼，也涉及有翼神兽的图像和石雕，认为它们大多并不是直接的文化交流产物（可以是大环境，但非具体背景），而更多是一种关于西方异兽的传闻和想象。在墓葬中的意义也主要与升仙有关，被运用为承载和护卫墓主去往西方昆仑、西王母之地的猛兽和神兽。还有一方面关于西方奇技，重点讨论了西王母与眩人（魔术、杂技）组合的题材，认为当时人们将此种在西域较为发达的眩人、眩术与西王母紧密联系，并与仙术、

① 《史记》卷一百二十三《大宛列传》，第 10 册，第 3171 页。

② 《史记》卷二十八《封禅书》，第 4 册，第 1385、1391 页。

法术密切相关。笔者并不是说有关杂技的全部图像都与神仙信仰有关，当时人不知道它们的表演性，而是专门指出一类与西王母、昆仑紧密联系的材料，一方面理解它们的属性和意义，另一方面也揭示这些内容流行于社会的一个可能背景。而且，如果我们仔细阅读当时关于这些眩术的描写，谁也不会感觉不到其中浓厚的神仙扮演意味。虽然这一部分主要是通过一组个案研究来揭示，但从上述设计的广泛和全面程度而言，笔者相信应该属于社会一般观念层面，而且这种阐释方式或许也可能作为一种类似理论的认识，在一定范围内或许还能对汉墓中的不少西方文化因素进行理解和解释。

另外，众所周知，在汉代求仙的方向上，有本书所论的西域的昆仑、西王母，还有东海的蓬莱诸仙山神岛。而且关于东海的神仙信仰，盛行时代似乎比西方还早。战国时燕、齐诸侯已经先开其风，秦始皇的大规模求仙活动就是向着东海仙岛的，汉武帝的求仙活动一方面也承秦皇之续，另一方面才转向西方。而且东晋南北朝以来，东方仙岛的信仰又在已趋成熟的道教中重新兴起，与西方昆仑分庭抗礼。但笔者认为，综观战国秦汉乃至魏晋时期的东海仙岛信仰中，其内容不过是一些仙人、仙宫、神药，将东王公置于其上也是后来道教之所为，并没有形成像西方昆仑信仰那样，既有理论基础，又有升仙程序，还有天界的最高天帝和各种天神的系统完整、内容丰富的信仰体系。只能称之为一种仙人仙境传说，最多是一种较为松散的神仙信仰，与西方昆仑升仙信仰是无法相提并论的。

汉武帝《悼李夫人赋》云："忽迁化而不反兮，魄放逸以飞扬。何灵魂之纷纷兮，哀裴回以踌躇。势路日以远兮，遂荒忽而辞去。超兮西征，屑兮不见。"[①]后两句的具体语义不甚明晰，但联系前文似将李夫人的逝去视作魂魄"西征"。如果再联系西晋陆机《董逃行》中"日月相追周旋，万里倏忽几年，人皆冉冉西迁"[②]的句子，关于人死为"西征""西迁""西去"的观念似乎源远流长。因此，中国人将人们死后的理想去处放在西方，是否一定要等到佛教的西方净土思想来启蒙？会不会早就由于对西方昆仑、西王母的信仰而存在？这种信仰是否为后来西方净土信仰的流行提供了肥沃的土壤？由于西方净土信仰的兴盛时代稍晚，不好径直接续汉代。但汉代确实是西方佛教初入中土之时，其与本书所谓西方信仰的关系确实需要思考。

① 费振刚、胡双宝、宗明华辑校：《全汉赋》，第 126 页。
② （宋）郭茂倩编：《乐府诗集》卷三十四《相和歌辞九》，第 2 册，第 742 页。

四、与佛教、早期道教的关系

（一）中国早期佛教

这个关于西方的信仰与中国早期佛教的关系倒是比较容易理解，目前学界对于汉晋时期出现的早期佛像，主要意见也是认为还是中国传统神仙观念的表现，只是用之替代或类似于原来的西王母像等神祇[①]。在重庆丰都东汉晚期至蜀汉时期墓葬中，还出土过一些造型特殊的陶塑戴冠头像。笔者根据其面部造型、胡髭特征，尤其是冠的具体形制和细节，认为可能受到中亚犍陀罗地区佛教雕塑尤其是早期菩萨像的影响。而这些陶塑像应该如同早期佛像一样，是被当作丧葬器物上的饰件来使用的[②]。

如果将上述与早期佛教形象有关的考古遗存放入本文所论的这个关于西方的信仰中来看，问题就变得更加清楚了。大概因为长期以来西王母渺不可寻，而随着时人对西方认识的增进和西域佛教的传播，人们开始知道西方的大神原来是佛陀，于是开始用佛像来替换西王母像或与西王母像共存。虽然此时佛像的意义对于一般民众来说，还只是原来西王母信仰的延续，但人们长期以来对西方之神的信仰，无疑为佛教的传入准备了主观条件。而早期佛教在中国的传播，显然也有意利用了中国人原有的这种“西方信仰”。

《水经注》卷一引释氏《西域记》云：“阿耨达大山，其上有大渊水，宫殿楼观甚大焉，即昆仑山也。《穆天子传》云：‘天子升于昆仑，观黄帝之宫，而

① 参见霍巍：《绵阳何家山汉墓出土三段式神兽镜的相关问题》，《考古》2000 年第 5 期；霍巍：《胡人俑、有翼神兽、西王母图像的考察》《钱树佛像与早期佛教的传入》，见霍巍、赵德云著《战国秦汉时期中国西南的对外文化交流》，第 139 ~ 196、227 ~ 252 页；宿白：《四川钱树和长江中下游部分器物上的佛像——中国南方发现的早期佛像札记》，《文物》2004 年第 10 期；［美］巫鸿著，王睿、李清泉译：《早期中国艺术中的佛教因素（2–3 世纪）》，见氏著《礼仪中的美术——巫鸿中国古代美术史文编》，下册，第 289 ~ 345 页。近年在咸阳成任墓地东汉晚期墓中出土两件铜佛像，与以往出土的结合于本地丧葬器物的早期佛像不同，有学者认为是该墓中的物品，时代与墓葬一致（冉万里、李明、赵占锐：《咸阳成任墓地出土东汉金铜佛像研究》，《考古与文物》2022 年第 1 期）。不过，也有学者怀疑为后期混入。且目前为孤例，即便年代不存在问题，与数量较多的丧葬器物上的早期佛像相比，显然不能反映本书所论的一般社会观念。

② 王煜：《重庆丰都东汉至蜀汉墓葬出土陶塑戴冠头像初探》，《江汉考古》2022 年第 3 期。

封丰隆之葬。’丰隆，雷公也。黄帝宫，即阿耨达宫也。”[①]便将佛教的阿耨达山附会为昆仑，并将昆仑上的天帝（在汉武帝立太一为最高天帝之前，北方、中原地区是以中央黄帝为中央昆仑上的最高天帝；多认为《穆天子传》成书于三晋，为战国文献）也附会过去了。《拾遗记》中也说："昆仑山，西方曰须弥山。对七星之下，出碧海之中。"[②]有学者依据这些材料进一步推测昆仑山神话来源于印度的须弥山神话[③]，恐怕是混淆源流了。敦煌文书P.2581《孔子备问书》云："问曰：天有几重？天有卅三重。问曰：天高几许，纵广几里？天有浮云，上盖虚空，上玄下黄，浩浩无有边畔。须弥山处中，四面各方卌八万里。"[④]也是用佛教的观念置换传统观念，将天的九重，置换为三十三重，将中央的昆仑山，置换为须弥山。

学界对这一问题也已有所涉及。如侯旭东先生就具体指出，佛教中的西方净土信仰之所以能够兴盛于中古时期的民众中，原因之一便与传统的关于昆仑、天门的升天信仰有关[⑤]。何志国先生也认为，敦煌北凉石窟中以双阙表现的弥勒菩萨与兜率天宫图像，同汉代以来的西王母与天门图像具有紧密关联，反映出早期佛教艺术本土化及与传统信仰结合的情况[⑥]。

（二）早期道教

与早期道教的关系则比较棘手，因为本文所使用的许多材料和得出的许多结论都在早期道教和后来的道教中有所反映。如关于太一的问题，麒麟岗天象图以太一为中心，围之以四象，两侧则为伏羲、女娲，在外为南、北斗。在天师道的早期文献《赤松子章历·驿马章亦云开度章》中就有皇天上帝、五方天帝、北斗落死籍、南斗上生名的内容[⑦]，与画像可以全面对应，黄巾军也曾自称其道为"中

① （北魏）郦道元著，陈桥驿校证：《水经注校证》卷一《河水》引，第3页。

② （晋）王嘉撰，（梁）萧绮录，齐治平校注：《拾遗记校注》卷十《昆仑山》，第221页。

③ 丁山：《古代神话与民族》，北京：商务印书馆，2006年，第410页。

④ 郑阿财、朱凤玉：《敦煌蒙书研究》，兰州：甘肃教育出版社，2002年，第196～213页。

⑤ 侯旭东：《五六世纪北方民众佛教信仰——以造像记为中心的考察（增订本）》，第218、219页。

⑥ 何志国：《天门·天宫·兜率天宫——敦煌第275窟弥勒天宫图像的来源》，《敦煌研究》2016年第1期。

⑦ 《道藏》，第11册，第204页。

黄太一”[1]。而本文所述的这一升仙系统与后来的道教的升仙信仰系统其实并无二致，道书文献中也有关于西王母掌管仙籍，升天之时入天门、拜西王母的内容，只是后世道教将其上的最高神由天皇大帝太一置换为三清、太上、元始天尊而已。如五代道士杜光庭编撰的《西王母传》云：

西王母者，九灵太妙龟山金母也，一号太灵九光龟台金母，亦号曰金母元君，乃西华之至妙，洞阴之极尊。……所居宫阙，在龟山之春山西那之都，昆仑玄圃阆风之苑。……升天之时，先拜木公，后谒金母，受事既讫，方得升九天，入三清，拜太上，觐奉元始天尊耳。[2]

而早期道教中也似乎有以老子来替代昆仑之上的最高神的情况。如《老子想尔注》云："一散形为气，聚形为太上老君，常治昆仑。"[3]北魏寇谦之所撰《老君音诵诫经》亦云："吾（太上老君）治在昆仑山，山上台观众楼，殿堂宫室，连接相次……穷奇异兽，凤凰众鸟，栖于树上。"[4]

有学者就根据上述某些文献，认为本书讨论的四川、重庆地区出土的西王母与天门结合的图像与早期道教有关[5]。也有学者认为本书使用的重要材料三段式神仙镜和摇钱树都是早期道教的遗物[6]。这些论述都有一些联系较为紧密的依据，也各有一定的道理。更有意见认为汉代墓葬图像中已能反映出一些比较系统的、某些后世道教文献所载的、具有特色的道教信仰内容[7]，对于该问题笔者已有所辩证，兹不赘述[8]。但如果将本书所述的这些问题和材料都归之于早期道教，那么，如前

① 丁培仁：《太一信仰与张角的中黄太一道》，《宗教学研究》1984年第5期。

② （宋）张君房编，李永晟点校：《云笈七签》卷一一四《西王母传》，第5册，第2527～2531页。

③ 饶宗颐校证：《老子想尔注校证》，上海古籍出版社，1991年，第12页。

④ 《道藏》，第18册，第212页。

⑤ 张勋燎：《重庆、甘肃和四川东汉墓出土的几种西王母天门图像材料与道教》，《中国道教考古》，第3册，第789～796页。

⑥ ［美］巫鸿：《地域考古与对"五斗米道"美术传统的重构》《无形之神——中国古代视觉文化中的"位"与对老子的非偶像表现》，见氏著《礼仪中的美术——巫鸿早期古代美术史文编》，下册，第485～522页。

⑦ 参见姜生：《汉帝国的遗产：汉鬼考》。

⑧ 王煜：《新瓶还是旧酒：汉墓中的蝉蜕成仙之道》，《文汇报》2018年11月23日第W14版。

所述，关于昆仑的这一升仙信仰体系至迟在新莽时期就已经完全形成，而没有与西王母结合的升仙程序在西汉前期的楚地也已经形成。岂不是早期道教的开端又要从一般认为的东汉时期向前推移？其地域也一开始就广布于山东、苏北、皖北、陕北、晋西、河南、陕西关中、四川、重庆？其遗存基本包括目前所见的汉代与信仰有关的所有漆棺、壁画、画像石、画像砖、铜镜、摇钱树等？这恐怕是目前大多数道教研究者所不能接受的。

其实，正如前文所述，本文通过这些考古材料构建起来的是一个当时社会上的一般观念、一般信仰，而不是具有特殊性的一类信仰。道教是中国土生土长的宗教，其起源、发展、演化的土壤就是这个社会一般观念和一般信仰。所以，笔者认为，在这一时期除非有明确的证据，如文字题记等外，将与后世道教有关的内容都归入早期道教是具有危险性的。它更有可能是早期道教产生和发展的背景，或者说与早期道教的产生和发展拥有共同的背景，但要将其直接指认为早期道教还需要更具说服力的证据。侯旭东先生也认为："盛行于民间的是不属于儒，虽为道教生长之基础，但并不能算是道教的信仰和观念，姑且名之为民间信仰。"[①]此言得之。不过，正如侯先生已经提及的，"民间信仰"一词似乎也不能涵盖它的流行范围。这种观念和信仰同样可以流行于上层社会，可以被早期佛教援引附会，可以被早期道教整理加工，甚至可以被拔升塑造为国家宗教的一部分，所以本书采用社会一般观念和信仰来表述。但"一般"到什么程度？也是一个问题，不过仍然是"字之曰""强为之名""姑且名之"。

然而，道教也确实是在东汉，隆重地登上了历史舞台。从比较可靠的、当时的文献来看，早期道教在信仰上未必与传统的社会一般信仰有多大差别，主要特色恐怕还是在教团组织方面。考古材料中与早期道教关系最为密切的，当数东汉墓葬中出土的有关符文和解注术的材料，受到不少学者的重视[②]。张勋燎先生特别重视通过与解注术有关的材料，探讨天师道的起源问题，具有重要的意义。而且其材料的使用、联系的建立和逻辑的推进，在使用考古材料来考察早期道教的研

① 侯旭东：《五六世纪北方民众佛教信仰——以造像记为中心的考察（增订本）》，第26页。

② 如王育成：《东汉道符释例》，《考古学报》1991年第1期；张勋燎：《东汉墓葬出土解注器和天师道的起源》，见张勋燎、白彬著《中国道教考古》，第1册；刘昭瑞：《考古发现与早期道教研究》，北京：文物出版社，2007年。

究中，已属最为严谨者之一[①]。然而，即便如此，解注的内容和一些特别的称谓是否必然是早期道教所特有，并非完全没有疑问。而且，解注只涉及“鬼道”方面，重在断绝人鬼，辟邪除病，神仙信仰和求仙实践当然也是早期道教信仰的题中之意。这一方面在考古材料中有什么反映？与本书中讨论的升仙信仰有什么区别？与解注等劾鬼信仰和实践又有什么关系（地域、阶层、死因等）？处于何种系统之中？

笔者认为，道教起源的问题，在文献史学上可以表现为一些重要事件，但在考古材料方面，恐怕难以找到这样意义重大的关键点和泾渭分明的分水岭。需要将包括解注术的墓葬文书材料作更长时段的梳理，分析其重要因素的出现、消长和整合情况，理解其发展演变的过程和可能的阶段性。也要将包括本文所论的与信仰有关的图像和其他材料作类似的梳理，在更高层面上予以整合，以观察中国本土信仰、宗教和早期道教到成熟道教的演化，及与早期佛教的互动。其时代、地域、阶层、人群、形式、内容等的仔细展开、认真总结和深入讨论，可能更为考古研究之所长，可能会更好地避免早期道教研究中循环论证的陷阱，这幅图景可能才会渐次明晰和丰富。

这本书虽然也是关于信仰系统的讨论，但重在形成，而略演变；强调全社会的趋同，而忽视地域、阶层的特点；着力梁柱架构，而搁置基石、瓦顶；所论者仙，所避者鬼，所忽者人。距离上述目标尚有很远路程，本来可以作为一个起点。但人生有限，精彩何多，笔者下一个十年已计划了目前更感兴趣的问题。当然，也有毫无兴趣，但不得不去做的文字。不敢妄议于雪门竹林，只能寄语于棠棣桃李：“按辔安行，谁谓路长！”

---

① 张勋燎：《东汉墓葬出土解注器和天师道的起源》，见张勋燎、白彬著《中国道教考古》，第 1 册。

附表

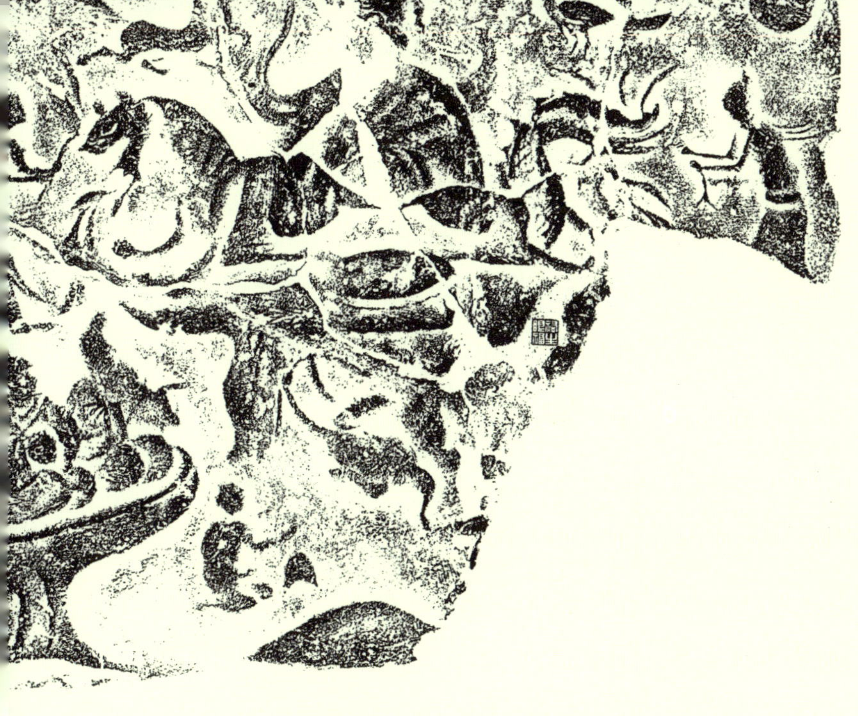

说明：以下各附表在相关部分单独发表时增改过一次，此次未能做统一增改。且有些全面性的资料集成尚未出齐，表中未增入。由此导致成表时间不一，实为遗憾，也深致歉意。另，由于铜镜、铜饰、石雕、陶模型、摇钱树等材料比较零散，表中只包括壁画、画像石、画像砖这些通常统称为“汉画”的材料。

附表1　汉代“西王母与平台”壁画和画像一览表

类	出土地点	时代	质地	位置	画像组合	出处
独一平台	山东苍山城前村画像石墓	东汉元嘉元年	画像石	墓门左立柱正面	西王母、丛山、狐、羽人、兽	《考古》1975年第2期
	山东嘉祥宋山	东汉晚期	同上	墓地祠堂西壁中央	西王母、羽人、穗状物、玉兔捣药、蟾蜍、鸡首人身神人	《中国画像石全集2·山东汉画像石》，第89页
	山东滕州官桥镇后掌大	同上	同上	不详	西王母、凤鸟、羽人、玉兔捣药、有翼天马、乘龙者，龙车出行、墓主？东王公？	同上，第168页
	山东临沂吴白庄	同上	同上	前室西过梁西面	西王母、玉兔捣药、神兽、神兽羽人出行、树木	《临沂吴白庄汉画像石墓》，第182、183页
	江苏徐州铜山	同上	同上	墓地祠堂西壁中央	西王母、丛山、骑龙羽人、玉兔捣药、神兽、车马出行	《中国画像石全集4·江苏、安徽汉画像石》，第72页

续表

类	出土地点	时代	质地	位置	画像组合	出处
	河南洛阳	西汉晚期	彩绘画像砖	不详	西王母	《洛阳两汉彩画》，第 50 页
	河南郑州	西汉晚期至东汉早期	画像空心砖	不详	西王母、车马出行、仙人乘龙、建鼓、斗鹤、搏斗、铺首衔环	《中国画像砖全集·河南画像砖》，第 45 页
	同上	同上	同上	不详	西王母、鹤、九尾狐、斗鹤、斗兽、璧、仙人乘龙、门吏	同上，第 46 页
	河南南阳十里铺	同上	画像石	中室南壁上部南侧	西王母、玉兔、山、独角兽、树木、人物弹琴	《中国南阳汉画像石大全》第一卷，第 217 页
	河南南阳英庄	同上	同上	不详	西王母、羽人、人首蛇身神人	同上，第九卷，第 120 页。
	河南南阳宛城区熊营	东汉	同上	不详	东王公（西王母）？玉兔捣药、凤鸟、羽人骑兽、人物	《中国画像石全集 6·河南汉画像石》，第 133 页
	陕西榆林米脂官庄 M1	东汉中晚期	同上	墓门左立柱正面	西王母、丛山、华盖、凤鸟、神兽、东王公（右门柱）、门吏、云气	《米脂官庄画像石墓》，第 25 页
	同上	同上	同上	前室北壁左立柱	西王母、丛山、华盖、博山炉与璧？东王公（右立柱）、车马出行、云气	同上，第 40 页
	同上 M2	同上	同上	墓门左立柱正面	西王母、丛山、华盖、玉兔捣药、凤鸟、东王公（右立柱）、人物、门吏、云气	同上，第 46 页
	同上	同上	同上	前室东壁左立柱	西王母、羽人、联璧、仙人与鹿、龙、天马、神兽、东王公（右立柱）、牛首、鸡首人身神人、云气	同上，第 64 页
	同上	同上	同上	前室西壁左门柱	大体同上	同上，第 71 页
	同上	同上	画像石	前室北壁左立柱	西王母、华盖、玉兔捣药、天马、凤鸟、博山炉与璧？东王公（右立柱）、云气	同上，第 81 页
	同上 M3	同上	同上	墓门左立柱正面	西王母、华盖、伏羲女娲与日月、凤鸟、鹿、羽人、神兽、东王公（右立柱）、车马出行、门吏、云气	同上，第 95 页

续表

类	出土地点	时代	质地	位置	画像组合	出处
	同上	同上	同上	前室北壁左立柱	西王母、华盖、伏羲女娲？羽人、日月、神兽、车马出行、云气	同上，第 103 页
	陕西榆林米脂官庄征集	同上	同上	左立柱	西王母、丛山、华盖、羽人、神兽、博山炉、凤鸟、东王公（右立柱）、云气	同上，第 150 页
	同上	同上	同上	同上	大体同上，多出玉兔捣药	同上，第 151 页
	陕西榆林米脂官庄M8	同上	同上	前室北壁左立柱	西王母、华盖、羽人、麒麟、神兽、东王公（右立柱）、云气	同上，第 182 页
	同上	同上	同上	墓室壁面右立柱	西王母、丛山、羽人、狐、玉兔捣药、鸡首牛首人身神人、仙人六博（左立柱）、云气	同上，第 187 页
	同上	同上	同上	墓室壁画左立柱	西王母？丛山、鹿、狐、虎首人身神人、蟾蜍舞蹈？门吏、云气	同上，第 190 页
	陕西绥德后思家沟	同上	同上	墓门左立柱	西王母、凤鸟、独角兽、东王公（右立柱）、车马出行、门吏、云气	《陕北汉代画像石》，第 67 页
	陕西绥德延家岔	同上	同上	前室东壁左立柱	西王母、神兽拉车出行、持戟神龙、羽人、云气	同上，第 86 页
	陕西绥德刘家湾	同上	同上	墓门左立柱	西王母、凤鸟、独角兽、东王公（右立柱）、车马出行、门吏、云气	同上，第 90 页
	陕西绥德	同上	同上	同上	变体西王母、丛山，天马、仙人骑鹿、厅堂人物、凤鸟、翼龙、翼虎、门吏、联璧、云气	同上，第 103 页
	陕西绥德黄家塔	同上	同上	同上	西王母、华盖、伏羲女娲？羽人、凤鸟、独角兽、东王公（右立柱）、车马出行、门吏、云气	同上，第 113 页
	同上 M2	同上	同上	左立柱	西王母、龙、日月、东王公（右立柱）、仙人、有翼神兽、车马出行、云气	同上，第 114 页
	同上 M3	同上	同上	同上	西王母、华盖、人物、东王公（右立柱）、云气	同上，第 115 页

续表

类	出土地点	时代	质地	位置	画像组合	出处
	同上 M8	同上	同上	同上	西王母、华盖、玉兔捣药?凤鸟、日月、羽人、东王公(右立柱)、翼龙、虎、车马出行、门吏、云气	同上，第 121 页
	陕西绥德五里店	同上	同上	同上	西王母、羽人、东王公(右立柱)、门吏、云气	同上，第 170 页
	陕西绥德	同上	同上	右立柱	东王公(西王母)? 羽人、凤鸟、麒麟? 门吏、云气	同上，第 185 页
	陕西绥德	同上	同上	左立柱	西王母、山峦、华盖、凤鸟、羽人、有翼神兽、东王公(右立柱)、牛车	同上，第 191 页
	陕西清涧贺家沟	同上	同上	墓门左立柱	西王母、山峦、华盖、凤鸟、独角兽、东王公(右立柱)、车马出行、门吏、云气	同上，第 217 页
	陕西吴堡李家塬	同上	同上	同上	大体同上	同上，第 221 页
	陕西神木大保当 M18	同上	同上	同上	变体西王母、东王公、神兽、日月、凤鸟、鹿、羊、翼龙、翼虎、云气	《神木大保当——汉代城址与墓葬考古报告》，第 67 页
	同上 M24	同上	同上	同上	西王母、山峦、日月、天马、服象、东王公(右立柱，残)、云气	同上，第 72 页
	同上 M17	同上	同上	同上	变体西王母、山峦、鹿、神兽、天马、羽人、凤鸟、翼龙、翼虎、变体东王公(右立柱)、联璧、博山炉、门吏	同上，第 76 页
	同上 M9	同上	同上	同上	西王母、丛山、羽人、神兽、东王公(右立柱)、车马出行、门吏、云气	同上，第 82 页
	同上 M20	同上	同上	同上	变体西王母、天马、仙人骑鹿、厅堂人物、凤鸟、翼龙、翼虎、变体东王公(右立柱)、博山炉、联璧、门吏	同上，第 96 页
	陕西榆林南梁	同上	同上	同上	西王母、麒麟、凤鸟、羽人、玉兔捣药、东王公(右立柱)、博山炉? 云气	《中国画像石全集 5 · 陕西、山西汉画像石》，第 9 页

续表

类	出土地点	时代	质地	位置	画像组合	出处
	陕西榆林古城界	同上	同上	同上	西王母、丛山、东王公（右立柱）、门吏、神兽、云气	同上，第 10 页
	同上	同上	同上	同上	西王母、山峦、羽人、凤鸟、鹿、翼龙、虎、东王公（右立柱）	同上，第 11 页
	陕西榆林郑家沟	同上	同上	同上	西王母、华盖、羽人、东王公（右立柱）、麒麟、凤鸟、门吏、云气	同上，第 19 页
	陕西绥德	同上	同上	墓门左右立柱	西王母、人物、胡人？神兽、龙、凤鸟、独角兽、云气	同上，第 98 页
	陕西清涧贺家沟	同上	同上	墓门右立柱	西王母、山峦、植物？羽人、神兽、鹿、云气	同上，第 153 页
	陕西吴堡	同上	同上	墓门左立柱	西王母？华盖、凤鸟、东王公（右立柱）、门吏、云气	同上，第 156 页
	山西离石马茂庄牛公产墓	东汉熹平四年	同上	同上	西王母、华盖、东王公（右立柱）、门吏	同上，第 201 页
	山西离石马茂庄 M2	东汉晚期	同上	前室南壁左侧	西王母、丛山、东王公、华盖、乘神兽飞升、云气	同上，第 182 页
	同上	同上	同上	同上右侧	大体同上	同上，第 183 页
	同上	同上	同上	前室东壁右侧	西王母（东王公）？丛山、华盖、鸡首人身神人、云气	同上，第 184 页
	同上	同上	同上	同上左侧	西王母、丛山、华盖、牛首人身神人、云气	同上，第 185 页
	山西离石马茂庄 M3	同上	同上	墓门左立柱	西王母、丛山、植物、华盖、青鸟？东王公（右立柱）、门吏	同上，第 192 页
	山西离石马茂庄 M44	同上	同上	前室南壁右侧	西王母、山峦、植物、仙人六博、华盖、骑马出行、云气	同上，第 206 页
	山西离石马茂庄	同上	同上	墓门左右立柱	西王母、山峦、东王公、华盖、羽人、门吏	同上，第 218 页
	同上	同上	同上	墓门右立柱	西王母、山峰、东王公、华盖、植物、羽人、凤鸟？	同上，第 219 页

续表

类	出土地点	时代	质地	位置	画像组合	出处
	山西离石石盘	同上	同上	墓门左立柱	西王母？植物、东王公（右立柱）、门吏	同上，第 224 页
	四川彭山	同上	画像砖	不详	西王母、龙虎座、持戟羽人、持节方士	《中国巴蜀汉代画像砖大全》，第 186 页
二平台	安徽淮北电厂	东汉	画像石	墓门西侧	西王母、群峰、神树、人物、九尾狐、车马出行	《淮北汉画像石》，第 179 页
三平台	山东临沂沂南北寨村	东汉晚期	同上	墓门西立柱	西王母、玉兔捣药、龙、象、神怪	《沂南古画像石墓发掘报告》
	同上	同上	同上	中室八角擎天柱西面	西王母、山峰、有翼神兽、华盖、龟	同上
	山东临沂吴白庄	同上	同上	中室北壁东门楣	西王母、玉兔捣药、九尾狐、羽人、神兽、凤鸟、东王公	《临沂吴白庄汉画像石墓》，第 206、207 页
	安徽淮北市时村塘峡子	东汉	同上	墓门左侧	西王母、群峰、侍者、九尾狐、三足乌？龙、神树、喂马、神怪	《淮北汉画像石》，第 181 页
	陕西定边郝滩汉墓 M1	新莽至东汉早期	壁画	墓室西壁南部	西王母、丛山、华盖、侍女、羽人、神船、旌旗、太一座？鱼车、白象弹琴、斑豹吹箫、蟾蜍舞蹈、巨龙高歌、编钟、编磬	《壁上丹青——陕西出土壁画集》，第 76 页
	陕西绥德杨孟元墓	东汉永元八年	画像石	墓门左立柱	西王母、羽人、狐、鹿、神兽、凤鸟、人物、车马出行、博山炉、门吏、云气	《陕北汉代画像石》，第 109 页
	陕西绥德王得元墓	东汉永元十二年	同上	墓门左右立柱	西王母、羽人、狐、鹿、玉兔捣药、日月、凤鸟、有翼神兽、麒麟、独角兽、玄武、门吏、云气	同上，第 55 页
	陕西榆林	东汉中晚期	同上	墓门左立柱	变体西王母、丛山、日月、九尾狐、三足乌？凤鸟、变体东王公（右立柱）、神兽、车马出行、独角兽、门吏、云气	同上，第 5 页
	陕西榆林古城滩	同上	同上	同上	西王母、玉兔捣药、九尾狐、三足乌？日月、羽人、天马、鹿、玄武、独角兽、凤鸟、车马、门吏、云气	同上，第 6 页

续表

类	出土地点	时代	质地	位置	画像组合	出处
	陕西榆林M1	同上	同上	墓内左右立柱	变体西王母、东王公、日月、龙、凤鸟、射猎、门吏、云气	同上，第 8 页
	同上	同上	同上	同上	西王母、华盖、狐、鹿、神兽、凤鸟、羽人、日月、门吏、云气	同上，第 11 页
	同上 M3	同上	同上	墓门左右立柱	西王母、玉兔捣药、羽人、日月、狐、鹿、神兽、凤鸟、龙虎、门吏、云气、联璧	同上，第 15 页
	同上 M4	同上	同上	左立柱	西王母、仙人六博、鹿、龙、日月、玄武、车马出行、门吏、云气	同上，第 16 页
	同上	同上	同上	右立柱	西王母？羽人、狐、鹿、日月、玄武、门吏、云气	同上
	同上	同上	同上	不详	西王母、仙人六博、鹿、龙、神怪、玉兔捣药、人物、鹿、羊、兽、博山炉	同上，第 21 页
	陕西米脂党家沟	同上	同上	墓门左右立柱	变体西王母、东王公、楼阙、龙、射猎、鹿、楼阁仙人、九尾狐、蟾蜍、龙虎、神兽、博山炉、门吏、云气、方花、植物	同上，第 25 页
	陕西米脂官庄	同上	同上	墓门左右立柱	西王母、羽人、狐、鹿、日月、凤鸟、玄武、车马出行、门吏、云气	同上，第 32 页
	陕西米脂党家沟	同上	同上	墓门右立柱	西王母、狐、鹿、玄武、凤鸟、独角兽、门吏、云气	同上，第 34 页
	陕西米脂官庄	同上	同上	左右立柱	西王母（残）、狐、鹿、神兽、马、门吏、云气	同上，第 45 页
	陕西米脂	同上	同上	左立柱	西王母、羽人、狐、鹿、神兽、玄武、门吏、车马出行、云气	同上，第 47 页
	同上	同上	同上	同上	大体同上，无车马出行	同上
	同上	同上	同上	同上	大体同上	同上，第 48 页
	陕西绥德赵家铺	同上	同上	左右立柱	西王母、羽人、狐、鹿、日月、玄武、车马出行、门吏、云气	同上，第 64 页

续表

类	出土地点	时代	质地	位置	画像组合	出处
	陕西绥德后思家沟	同上	同上	墓门左右立柱	西王母、羽人、狐、鹿、天马、神兽、凤鸟、翼龙、翼虎、羊、博山炉、植物、门吏、云气	同上，第 66 页
	同上	同上	同上	同上	西王母、羽人、狐、鹿、日月、凤鸟、龙虎、玄武、羽人、有翼神兽、双首神兽、玉兔捣药、门吏、云气	同上，第 69 页
	陕西绥德大坬梁	同上	同上	墓门左立柱	西王母、羽人、狐、鹿、日月、凤鸟、杂技、拜谒、玄武、独角兽、门吏、云气	同上，第 70 页
	陕西绥德四十里铺	同上	同上	墓门左右立柱	西王母、羽人、狐、鹿、日月、玉兔捣药、有翼神兽、凤鸟、独角兽、门吏、云气	同上，第 77 页
	陕西绥德延家岔	同上	同上	墓门右立柱	西王母、鹿、龙、有翼神兽、凤鸟、麒麟、龙虎、玄武、羊、日月、门吏、云气	同上，第 92 页
	陕西绥德	同上	同上	前室北壁右立柱	西王母、羽人、狐、鹿、门吏、树、马、联璧、车马出行	同上，第 96 页
	陕西绥德四十里铺	同上	同上	左右立柱	变体西王母、东王公、凤鸟、狐、鹿、日月、马、独角兽、人物、云气	同上，第 106 页
	同上	同上	同上	同上	西王母、羽人、狐、鹿、翼兽、双首神兽、凤鸟、麒麟、日月、玄武、门吏、云气	同上，第 108 页
	同上	同上	同上	前室南壁	西王母、羽人、狐、鹿、日月、车马出行、博山炉、门吏、云气	同上，第 110 页
	陕西绥德黄家塔 M9	同上	同上	墓门左立柱	西王母、羽人、狐、鹿、日月、天马、有翼神兽、麒麟、凤鸟、独角兽、玄武、门吏、云气	同上，第 124 页
	陕西绥德呜咽泉	同上	同上	左右立柱	西王母、羽人、狐、鹿、日月、玉兔捣药、有翼神兽、凤鸟、麒麟、玄武、门吏、云气	同上，第 133 页
	陕西绥德四十里铺	同上	同上	右立柱	西王母、羽人、狐、鹿、日月、车马出行、牛车、门吏、云气	同上，第 138 页

续表

类	出土地点	时代	质地	位置	画像组合	出处
	陕西绥德	同上	同上	墓门左右立柱	西王母、羽人、狐、鹿、天马、凤鸟、独角兽、玄武、门吏、云气	同上，第 140 页
	陕西绥德	同上	同上	同上	变体西王母、东王公、凤鸟、翼龙、翼虎、门吏、云气	同上，第 141 页
	陕西绥德快华岭	同上	同上	左右立柱	西王母、东王公、羽人、狐、鹿、方花、门吏、云气	同上，第 166 页
	同上	同上	同上	同上	西王母、羽人、狐、鹿、博山炉、门吏、云气	同上
	陕西绥德	同上	同上	同上	变体西王母、东王公、狐、兔、鸟、博山炉、门吏、植物、联璧、	同上，第 172 页
	陕西绥德四十里铺	同上	同上	右立柱	西王母、羽人、狐、鹿、玄武、击鼓、门吏、云气	同上，第 174 页
	陕西绥德	同上	同上	左右立柱	变体西王母、东王公、丛山、狐、鸟、树木拴马、玄武、门吏、云气	同上，第 176 页
	同上	同上	同上	同上	西王母、羽人、狐、鹿、玄武、门吏、云气	同上，第 177 页
	同上	同上	同上	左立柱	西王母、羽人、狐、鹿、翼龙、门吏、云气	同上，第 178 页
	同上	同上	同上	同上	西王母、羽人、狐、鹿、玄武、门吏、云气	同上
	同上	同上	同上	同上	西王母、羽人、狐、鹿、树木、养马、神兽、门吏、云气	同上
	同上	同上	同上	同上	西王母、羽人、狐、鹿、博山炉、人物、云气	同上，第 179 页
	同上	同上	同上	同上	变体西王母、狐、鹿、奔马、奔兽、联璧	同上
	同上	同上	同上	同上	变体西王母、狐、鹿、鸟、羽人、麒麟、门吏、云气	同上，第 180 页
	同上	同上	同上	右立柱	西王母？羽人、狐、鹿、神兽、博山炉、门吏、云气	同上，第 182 页
	同上	同上	同上	同上	西王母、羽人、狐、鹿、神兽、牛车、门吏、云气	同上
	同上	同上	同上	同上	西王母？羽人、狐、鹿、玄武、云气	同上

续表

类	出土地点	时代	质地	位置	画像组合	出处
	同上	同上	同上	同上	变体东王公（西王母）？鸟、马、神兽、门吏、云气	同上，第 183 页
	同上	同上	同上	同上	变体西王母？狐、鹿、羽人、神兽、马、门吏、云气	同上
	陕西清涧贺家沟	同上	同上	墓门左右立柱	西王母、丛山、羽人、狐、鹿、日月、有翼神兽、天马、龙虎、凤鸟、博山炉、植物、门吏、云气	同上，第 216 页
	陕西神木大保当 M4	同上	同上	同上	西王母、羽人、狐、鹿、天马、凤鸟、独角兽、人物、马、门吏、云气	《神木大保当——汉代城址与墓葬考古报告》，第 67 页
	同上 M5	同上	同上	墓门左立柱	西王母、羽人、狐、鹿、日月、有翼神兽、凤鸟、独角兽、玄武、人物、门吏	同上，第 54 页
	同上 M16	同上	同上	墓门左右立柱	变体西王母、东王公、狐、鹿、鸟、龙虎、凤鸟、玄武、马、西王母、玉兔捣药、日月、鸟车出行、人物、云气	同上，第 60 页
	陕西榆林陈兴墓	东汉中晚期	同上	墓门右立柱	西王母、羽人、狐、鹿、神兽、牛车、门吏、云气	《中国画像石全集 5 · 陕西、山西汉画像石》，第 8 页
	陕西米脂党家沟	同上	同上	墓门左右立柱	西王母、羽人、狐、鹿、鸟、玄武、门吏、云气	同上，第 39 页
	陕西绥德	同上	同上	墓门右立柱	西王母？狐、鹿、飞鸟、麒麟、兽、独角兽、门吏、云气	同上，第 101 页
	陕西靖边寨山	同上	同上	同上	西王母、玉兔捣药、羽人、九尾狐、鹿？三足乌、兽首蛇身神怪、麒麟、玄武、翼兽、大鸟、舞蹈、耕地	同上，第 178 页
	山西离石马茂庄 M44	东汉晚期	同上	墓门左右立柱	西王母、东王公、门吏	同上，第 205 页
	四川成都	同上	画像砖	不详	西王母、日、月、人物	《中国画像砖全集 · 四川汉画像砖》，第 119 页

续表

类	出土地点	时代	质地	位置	画像组合	出处
多平台	山东临沂吴白庄	东汉晚期	画像石	前室北壁立柱	变体西王母？玉兔捣药、羽人、长发人物、伏羲抱日	《临沂吴白庄汉画像石墓》，第 108 页
	山东临沂普村	同上	画像石	不详	西王母？玉兔捣药、神兽、三足乌、九尾狐	《中国画像石全集3·山东汉画像石》，第 45 页

附表 2　汉代手持规、矩和日、月的伏羲、女娲图像一览表

	出土地点	所在遗存	时代	形象	位置	图像组合	出处
手持规、矩	山东滕州马王村	画像石	西汉晚期	人首蛇身，手持规、矩，未交尾	不详	西王母、玉兔捣药、凤鸟、神人、人物、拜谒	《中国画像石全集 2 · 山东汉画像石》，第 65 页
	山东嘉祥	武梁祠画像石	东汉晚期	人首蛇身，有题记，手持规、矩，伏羲戴通天冠、女娲戴花冠，交尾，其间有一小人，	西壁最右侧	三皇五帝、孝子烈女	《考古学报》1981 年第 2 期
	同上	武氏祠前石室画像石	同上	基本同上，其间无小人	屋顶前坡东段画像第二层	小人首蛇身神人、神兽拉云车出行、羽人骑神兽出行	同上
	同上	武氏祠左石室画像石	同上	基本同上，只是伏羲、女娲背向	后壁小龛西侧下部	小人首蛇身交尾或不交尾神人、荆轲刺秦王等侠义故事	同上
	山东安丘	墓葬画像石	同上	人首蛇身，手持规、矩，交尾	前室封顶石南段	云气、神人、神兽	《中国画像石全集 1 · 山东汉画像石》，第 99 页
	山东微山两城乡	画像石	东汉	基本同上	不详	基本同上	《微山汉画像石选集》，第 163 页

续表

	出土地点	所在遗存	时代	形象	位置	图像组合	出处
手持规、矩	山东费县垛庄	画像石	同上	只见伏羲，人首蛇身有后爪，头戴武弁大冠，持矩，画像旁留有榜题框，有无刻字模糊不清	不详	“戴日抱月”神人？	《中国画像石全集 3 · 山东汉画像石》，第 69 页
	山东章丘黄土崖	墓葬画像石	同上	只见女娲，人首蛇身，持规，头上绾髻	不详	迎接人物	同上，第 162 页
	甘肃嘉峪关毛庄子	棺盖木板画	魏晋	人首蛇身，手持规、矩，伏羲戴三锋形冠、面有髭须，女娲头裹巾帼	棺盖内顶板处	星辰、山峰	《文物》2006 年第 11 期
手持日、月（前期有些是紧邻日月，但仍是一体，一并归入）	河南洛阳	卜千秋墓壁画	西汉中晚期	人首蛇身，紧邻日、月，伏羲戴高冠、女娲绾髻	墓室脊顶壁画左右两端	人物乘骑神兽出行，持节羽人、西王母及其附属、神兽	《文物》1977 年第 6 期
	河南洛阳浅井头	墓葬壁画	西汉晚期	基本同上	基本同上	神兽、凤鸟、云气	《文物》1993 年第 5 期
	河南新安磁涧镇里河村	同上	同上	基本同上	基本同上	基本同上	《考古与文物》2006 年第 5 期
	河南洛阳道北石油站	同上	东汉初期	人首蛇身，双手托举日、月，伏羲头上结髻，女娲散发，伏羲、女娲与日、月的关系似相反	中室穹隆顶东、西部	龙车出行、神兽、云气等	《洛阳汉墓壁画》，第 147、148 页
	河南南阳麒麟岗	墓葬画像石	东汉早中期	人首蛇身有后爪，怀抱日、月，伏羲戴通天冠、女娲绾髻	前室墓顶画像偏两侧处	太一、四象、北斗、南斗、云气	《南阳麒麟岗汉画像石墓》，第 100 页
	同上	同上	同上	基本同上，伏羲戴三锋形冠	大门门楣底面	龙车出行、神兽	同上，第 99 页
	河南南阳	同上	东汉	人首蛇身有后爪，伏羲托月、女娲托日	不详	不详	《南阳汉代画像石》，第 156、157 页

续表

	出土地点	所在遗存	时代	形象	位置	图像组合	出处
	河南唐河湖阳	同上	同上	人首蛇身有后爪，双手托日，伏羲、女娲呈上下对立交尾状	不详	不详	《中国画像石全集6·河南汉画像石》，第21页
	河南南阳王庄	同上	同上	只见伏羲，人首蛇身有后爪，头戴三锋形冠，双手托日	不详	星象	同上，第125页
	山东邹城峄山	画像石	同上	人首龙身，有翼有尾，双手托日、月，面目不清	不详	不详	《邹城汉画像石》，第158、159页
	山东邹城郭里镇高李村	墓葬画像石	同上	只见伏羲，人首蛇身有后爪，双手托日，日中有金乌，头戴三锋形冠	前室南壁正中立柱	不详	同上，第29页
	山东微山两城乡	画像石	东汉中晚期	只见伏羲，人首蛇身，双手托日，头戴进贤冠	不详	不详	《微山汉画像石选集》，第131页
	山东莒县沈刘庄	同上	东汉	人首蛇身有后爪，手托日、月，伏羲戴武弁大冠	墓门西三立柱正面	门吏	《中国画像石全集2·山东汉画像石》，第30页
	江苏睢宁双沟	同上	同上	只见伏羲（女娲），人首蛇身有后爪，双手托举日（月），面目不清	不详	不详	《中国画像石全集4·江苏、安徽汉画像石》，第75页
	陕西神木大保当	墓葬画像石	东汉中晚期	基本呈人形，足为爪状，身后有尾，伏羲戴三锋形冠，女娲绾髻，怀抱日、月，日中有金乌	墓门左右门柱	持戟之龙，龙、虎神兽，楼阁	《神木大保当——汉代城址与墓葬考古报告》，第88页

续表

	出土地点	所在遗存	时代	形象	位置	图像组合	出处
	陕西米脂官庄	同上	同上	人首蛇身有后爪，单手托日、月，面目不清	同上	云气、神兽、羽人、车马、凤鸟、后羿射日、独角兽	《陕北汉代画像石》，第12页
	陕西绥德张家砭	同上	同上	人首蛇身，伏羲戴进贤冠、女娲绾髻，日、月在其上侧	同上	云气、神兽、羽人、天马、凤鸟、青龙、白虎、门吏	同上，第102页
	陕西绥德刘家湾	同上	同上	基本同上	同上	基本同上	同上，第91页
	陕西绥德裴家峁	同上	同上	基本同上，伏羲、女娲皆戴冠	同上	基本同上	同上，第136页
	四川郫县新胜乡	画像石棺	东汉晚期	人首蛇身，手托日、月，伏羲头戴三锋形冠，交尾，作亲密状	石棺后挡	双阙、神怪出行、楼阁、宴饮、杂技	《汉代画像石棺》，第18页
	同上	同上	同上	基本同上，伏羲、女娲有后爪	同上	西王母及其从属、车马临门、门吏、宴饮、杂技	同上，第27页
	四川新津县宝子山	同上	同上	人首蛇身、一手托日、月，另一手持巾状物，伏羲似戴三锋形冠，搭尾	同上	双阙、神山仙境、仙人六博、伯牙弹琴	同上，第39页
	同上	同上	同上	基本同上	同上	双阙、孔子见老子、人物、刺猿	同上，第43页
	四川简阳鬼头山	同上	同上	人首蛇身，有题记，日、月在侧板临近处，但根据众多画像，可认为其与日、月为一体，未交尾	同上	玄武、朱雀、龙、神兽、车马出行、仙人骑鹿、仙人六博、双阙天门、白虎、天仓	同上，第71页
	四川富顺县邓井关	同上	同上	人首蛇身，双手托日、月，未交尾	同上	仙人六博、麒麟、凤鸟、龙虎衔璧	同上，第83页
	四川宜宾市翠屏村	同上	同上	人首蛇身有后爪，一手托日、月，搭尾	同上	双阙、杂技、双鸟衔鱼，人物	同上，第86页

续表

	出土地点	所在遗存	时代	形象	位置	图像组合	出处
	四川长宁县七个洞	同上	同上	人首蛇身，一手托日、月，二者都戴三锋形冠，交尾	同上	龙、凤鸟	同上，第108页
	四川泸州市洞宾亭	同上	同上	人首蛇身，双手托日、月，搭尾，一侧残	同上	双阙、璧、凤鸟、西王母、东王公？青龙、白虎	同上，第114页
	重庆璧山县蛮洞坡	同上	同上	人身，阴部变为蛇尾，一手托日、月，搭尾	同上	双阙、羽人、方花（柿蒂）、联璧	同上，第136页
	四川内江市关升店	同上	同上	人首蛇身，双手托日、月，伏羲戴三锋形冠，未交尾	石棺右侧板左部	双阙、凤鸟、树木拴马、鱼、鸟	同上，第76页
既持规、矩又持日、月	山东费县城北乡潘家疃	墓葬画像石	东汉中晚期	人首蛇身有后爪，一手怀抱日、月，一手持规、矩，伏羲头戴武弁大冠，女娲绾双髻	不详	不详	《中国画像石全集3·山东汉画像石》，第76、77页
	山东临沂白庄	画像石	东汉	基本同上，伏羲头戴三锋形冠，女娲戴花冠	不详	昆仑、西王母、玉兔捣药、仙人、人物、神树	同上，第16、20页
	山东临沂汽车技校	同上	同上	只见伏羲（女娲），人首蛇身，一手持规，一手抱日（月），面目不清	不详	不详	同上，第35页
	四川成都市	画像砖	东汉晚期	人首蛇身有后爪，一手托日、月，一手持规、矩，伏羲头戴三锋形冠，女娲绾双髻，未交尾	不详	不详	《中国巴蜀汉代画像砖大全》，第193页
	四川郫县新胜乡	画像石棺	同上	人首蛇身有后爪，一手托日、月，伏羲一手持规，头戴三锋形冠，女娲未见持矩，交尾	石棺后挡	人首鸟身神、西王母、龙虎衔璧、牛郎织女、双阙、车马出行	《中国画像石棺》，第21页

续表

	出土地点	所在遗存	时代	形象	位置	图像组合	出处
	同上	同上	同上	大致同上，女娲手中持一棍状物，或为残矩	同上	双阙、楼阁、西王母及其从属、龙虎衔璧	同上，第23页
	四川南溪县长顺坡	同上	同上	人首蛇身有后爪，一手托日、月，一手持规、矩，伏羲戴三锋形冠，女娲绾髻，未交尾	同上	阙、胜形图像、凤鸟、方花（柿蒂）	同上，第91页
	四川江安县桂花村	同上	同上	人首蛇身有后爪，一手托日、月，一手持变形规、矩，或似便面	同上	双阙、龙、人物、宴饮、杂技、方花（柿蒂）	同上，第96页。
	四川泸州市大驿坝	同上	同上	人首蛇身有后爪，伏羲一手托日，一手持规或矩，伏羲头戴武弁大冠，画像上无女娲，但留出了其位置，应该为后来磨灭或仓促未刻	同上	双阙、鼎、持节仙人、麒麟、仙人、人物	同上，第117页
	四川泸州市独家街	同上	同上	人首蛇身有后爪，一手托日、月，伏羲一手持规，女娲不持矩，未交尾	同上	双阙、方花（柿蒂）	同上，第122页
	四川合江县张家沟	同上	同上	大致同上，交尾	同上	西王母、羽人、龙虎衔璧	同上，第128页
	四川合江县草山	同上	同上	大致同上	同上	胜纹、双阙、西王母、方花（柿蒂）、凤鸟、人物	同上，第131页
	同上	同上	同上	大致同上，伏羲、女娲各持规、矩	同上	双阙、胜纹、联璧、西王母、人物、楼阁	同上，第133页
	重庆璧山县	同上	同上	人首蛇身、一手托日、月，一手持十字形物、绳状物	石棺右侧板	双阙、凤鸟、人物、方花（柿蒂）	同上，第139页
	同上	同上	同上	人首蛇身，一手托日、月，一手持刀棍状物	石棺左侧板	双阙、凤鸟	同上，第140页

续表

	出土地点	所在遗存	时代	形象	位置	图像组合	出处
	同上	同上	同上	大致同上	同上	双阙、凤鸟、格斗、拜谒	同上，第143页
	同上	同上	同上	人首蛇身，一手托日、月，一手持仙草状物	石棺右侧板	双阙、凤鸟、人物	同上，第142页
	重庆市沙坪坝前中大坟丘	同上	同上	人首蛇身有后爪，一手托日，一手持三角状物，只有伏羲，未见女娲	石棺后挡	双阙、高楼大门、仙人持芝草（或为西王母）、羽人、蟾蜍捣药	同上，第145页
	重庆市一中	同上	同上	人首蛇身有后爪，一手持日、月，一手持拨浪鼓状物、矩形物	同上	双阙、方花（柿蒂）、联璧、楼阁、人物、车马出行	同上，第147页
	贵州金沙县后山乡	同上	同上	人首蛇身有后爪，一手持日、月，一手共持一树枝状物	不详	双阙、拜谒、乐舞	同上，第150页
	云南昭通市白泥井	同上	同上	只知有伏羲、女娲，未见图	石棺后挡	双阙、方花（柿蒂）、凤鸟、青龙、白虎、西王母、持节仙人	同上，第151页

附表3　汉代风雨雷电诸神图像一览表

序号	出土地点及单位	时代	图像内容	位置	图像组合	出处
1	湖南马王堆三号墓	西汉早期	雷、雨	帛画	龙、太一	《马王堆汉墓文物》，第35页
2	山东邹城市卧虎山汉画像石墓	西汉宣帝至元帝	风、雷、雨	南椁板	龙、异兽	《考古》1999年第6期
3	山东微山青山村画像石墓	西汉晚期	风、雨	西壁	西王母、九尾狐、玉兔等	《考古》2006年第2期
4	江苏盱眙东阳汉墓M1	西汉晚期至新莽	风	盖板	星宿、月	《考古》1979年第5期
5	河南洛阳尹屯汉墓	新莽时期	雷、风	墓顶东壁、南壁	星宿	《考古学报》2005年第1期

续表

序号	出土地点及单位	时代	图像内容	位置	图像组合	出处
6	河南偃师新莽墓	新莽时期	风	藻井	白虎、翼虎、鹿	《洛阳古代墓葬壁画（上）》，第180页
7	陕西郝滩东汉墓	新莽至东汉早期	风、雨	墓室拱顶西南部	星宿	《考古与文物》2004年第5期
8	山东孝堂山郭氏墓祠	东汉早期	风、雷、雨	东壁顶部	风伯发屋、伏羲	《文物》1961年第Z1期
9	山东嘉祥五老洼	东汉早期	风、雨	不详	风伯发屋	《文物》1982年第5期
10	山东嘉祥宋山	东汉早期	风、雨	不详	风伯发屋	《文物》1982年第5期
11	山东汶上先农坛	东汉早期	风、雨	不详	风伯发屋	《中国画像石全集2·山东汉画像石》，第10页
12	河南南阳英庄汉画像石墓	东汉早期	雷	前室盖顶	龙、阳乌、星宿、月、人首蛇神像	《中原文物》1983年第3期
13	河南南阳麒麟岗汉墓	东汉早期或中期偏早	雷	二门门楣正面	龙、羽人、异兽	《南阳麒麟岗汉画像石墓》
14	山东嘉祥武氏祠	东汉桓帝	风、雨、雷	左石室屋顶前陂西段	“天取龙”	《中国画像石全集1·山东汉画像石》，第63页
15	山东嘉祥武氏祠	东汉灵帝	雷、雨、电	前石室屋顶前陂西段	“天取龙”	《中国画像石全集1·山东汉画像石》，第49页
16	河南南阳高庙墓	东汉中晚期	雷	中室盖顶石	星宿	《南阳汉画像石大全2》，第148页
17	山东临沂吴白庄汉墓	东汉晚期	雷、雨、风	墓门楣	翼兽	《山东石刻分类全集7》，第194页
18	山东临沂吴白庄汉墓	东汉晚期	风、雨	立柱	女娲、月、蟾蜍、玉兔、鸟、操蛇之人、异兽	《山东石刻分类全集7》，第180、181页
19	山东临沂五里堡	东汉晚期	雷	不详	鱼车、仙人骑龙	《山东石刻分类全集7》，第232页
20	山东安丘董家庄汉墓	东汉晚期	雷	后室东间顶西坡	鸟兽、仙人骑龙、仙人骑虎	《安丘董家庄汉画像石墓》，图版60

续表

序号	出土地点及单位	时代	图像内容	位置	图像组合	出处
21	山东安丘董家庄汉墓	东汉晚期	风、雨、雷、电	前室封顶石	仙人、日轮、金乌	《安丘董家庄汉画像石墓》，图版15
22	江苏徐州铜山洪楼地区	东汉晚期	风、雨、雷、电	不详	鱼车、仙人骑象、子路	《江苏徐州汉画像石》，图52
23	江苏徐州铜山洪楼地区	东汉晚期	风、雨、雷	不详	鱼、龟、仙人骑兽	《江苏徐州汉画像石》，图53
24	江苏徐州铜山苗山汉墓	东汉晚期	风、雨	前室南壁门东、西	日、马、象、月、孔雀、异兽	《考古》1957年第4期
25	江苏徐州大庙晋汉画像石墓	东汉	雷	不详	鱼车、虹龙	《文物》2003年第4期
26	江苏徐州汉画像石艺术馆藏	东汉	雷	不详	龙	《大众考古》2015年第1期
27	河南南阳王庄汉画像石墓	东汉	风、雨、雷	盖顶	星宿	《中原文物》1985年第3期
31	郫县一号石棺	东汉	风、雨	石棺侧面	执伞人物、撑船戏水人物等	《中国画像石棺全集》，第99页
32	富顺一号石棺	东汉	风、雨	石棺侧面	白虎	《中国画像石棺全集》，第149页
33	榆林横山孙家园子汉墓	东汉	风、雷	右立柱、中柱	力士、持蛇人物、女娲、牛头人身人物等	《中国画像石全集5·陕西、山西汉画像石》，第174、175页

附表4　汉代仙人持节图像一览表

类别	出土单位	所在遗存	时代	形象	位置	图像场景与组合	出处
羽人形象	河南洛阳卜千秋墓	壁画	西汉中晚期	肩生双翼、长发后扬，双手持三枚节旄的节竿，目视前方	墓室脊顶	西王母、伏羲、女娲、神兽、太阳、月亮、云纹、朱雀	《洛阳古代墓葬壁画》，第34页

续表

类别	出土单位	所在遗存	时代	形象	位置	图像场景与组合	出处
	洛阳地区西汉墓	同上	同上	持一枚节旄的节竿	右侧三角形砖	建鼓、云纹、神兽	《洛阳古代墓葬壁画》，第88页
	江苏睢宁九女墩汉墓	画像石	东汉晚期	肩生双翼，半跪持节，节竿上有两枚节旄，另一手捧圆形球状物	后室门额	蓂莆、芝草、麒麟	《江苏徐州汉画像石》，图版二四
	陕西绥德黄家塔东汉墓M11	同上	东汉中期	头竖双耳、长发飞扬，肩后有长羽，手持二重旄节站立	门楣	神兽、卷云鸟兽纹、朱鸟、仙鹿	《汉画总录8·绥德》，第24页
	浙江绍兴平水镇	画像砖	东汉	头竖双耳、肩生双翼，持三重旄节	不详	不详	李国新：《浙江省汉晋画像经典图像赏析》，郑州：河南大学出版社，2013年，第85页
	四川渠县蒲家湾无铭阙(一)	石阙	东汉	头竖双耳，骑鹿持三重旄节	主阙楼部正面	下层有玉兔捣药、朱雀、西王母	《四川汉代石阙》，第135页
	四川渠县蒲家湾无铭阙(二)	同上	同上	头竖双耳，骑马持三重旄节，旄状较明显	主阙楼部正面	同上	《中国画像石全集7·四川汉画像石》，第57页
冠袍人物形象	陕西靖边杨桥畔杨一村东汉墓（一）	壁画	同上	神仙四位，或坐或站，皆着玄衣，车上插一枚节旄竿	墓前室东壁下层南段	大象牵引云车、车上立悬鼓一面	《中国出土壁画全集6·陕西上》，第80页
	陕西靖边杨桥畔杨一村东汉墓（二）	同上	同上	整个神仙出行图	墓前室东壁下层南段	云车升仙、蓐收升仙、虎车升仙、响彻升仙、龙车神仙、仙人乘鹤	《中国出土壁画全集6·陕西上》，第76页
	陕西靖边杨桥畔杨一村东汉墓（三）	同上	同上	云车升仙，车上插一节	墓后室东壁上层	各种神兽升仙图	《中国出土壁画全集6·陕西上》，第91页

续表

类别	出土单位	所在遗存	时代	形象	位置	图像场景与组合	出处
	陕西靖边杨桥畔杨一村东汉墓（四）	同上	同上	神仙乘鹤，鹤上插一节	墓后室东壁上层	同上	《中国出土壁画全集6·陕西上》，第96页
	陕西靖边杨桥畔杨一村东汉墓（五）	同上	同上	仙人头戴黑色“圭”形冠，身穿深红色右衽博袖袍服，车上插节	墓后室西壁上层	雁车牵引云车飞行	《中国出土壁画全集6·陕西上》，第99页
	陕西靖边杨桥畔杨一村东汉墓（六）	同上	同上	头戴黑色高冠，着红色右衽袍服，车上插三旄节	墓后室西壁上层	白兔肩生双翼，牵引云车	《中国出土壁画全集6·陕西上》，第102页
	陕西靖边杨桥畔渠树壕墓	同上	同上	着高冠玄衣，双手交握，乘羽人所驾之龙车，云气车座上插有单旄节	墓前室顶部	天界、星宿、神仙、羽人、龙车、	《中国出土壁画全集6·陕西上》第47页
	浙江海宁长安镇东汉墓	画像石	东汉晚期至三国	人物一手持节，一手向前探去	前室东壁第一栏	神兽、云纹	《文物》1984年第3期
	四川乐山麻浩一号崖墓	同上	东汉晚期至蜀汉时期	着异形高冠、长袍、左手持节，右手持一袋状物站立	前室东壁	六博、捣药玉兔、捧盒灵蟾、朱雀	《考古》1990年第2期
	山西离石马茂庄汉墓M3（一）	同上	东汉晚期	由五缰绳飞龙驾符节云车	墓前室西壁右侧	驾云仙人、执禾仙人、平台上仙人六博、云气、神禽异兽、	《中国画像石全集5·陕西、山西汉画像石》，第197页
	山西离石马茂庄东汉墓M3（二）	同上	东汉	2人骑马持节、2乘雁持节拥符的仙人	前室东壁右边框石	牛首人、云气、持笏牛首人	《中国画像石全集5·陕西、山西汉画像石》，第194页
	山西离石马茂庄东汉墓M3（三）	同上	同上	2人骑马持节	前室东壁左边框石	云气、神禽异兽、羽人御龙、羽人戏龙、鸡首人持戟	《中国画像石全集5·陕西、山西汉画像石》，第195、196页

续表

类别	出土单位	所在遗存	时代	形象	位置	图像场景与组合	出处
	山西离石马茂庄汉墓M3（四）	同上	东汉晚期	骑马执节的3名从骑	墓前室东壁横额	神兽车出行	《中国画像石全集5·陕西、山西汉画像石》，第190页
	山西离石马茂庄汉墓M19	同上	同上	持符节导骑	墓门门楣	骑吏出行、轺车	《中国画像石全集5·陕西、山西汉画像石》，第202页
	河南南阳魏公桥征集	同上	不详	头顶高髻、袍服人物持节竿于车后，节上有两枚节旄	不详	鹿车、仙人、云纹	《中国画像石全集6·河南汉画像石》，第180页
	河南南阳收藏	同上	不详	二人骑兽飞驰，手中持二重旄节	不详	骑吏出行、玉兔捣药、蟾蜍、双阙、神兽、龙车	郑先兴编：《汉画研究：中国汉画学会第十届年会论文集》，武汉：湖北人民出版社，2006年，第361页
	四川新都区三河镇HM3	画像石棺	东汉	着高冠，左手持节，节上三重旄，右手举向西王母	石棺一侧	西王母、鱼、朱雀、玄武	《考古》2007年第9期
	四川宜宾南溪三号石棺	同上	同上	人物跪坐于天门前，一手持节	石棺一侧	西王母、天门半启、神鹿	《中国汉画像石全集7·四川汉画像石》，第106页
	四川长宁县缪家林东汉崖墓群M5	同上	同上	着高冠长袍，左手持三重旄节，右手伸起	一号石棺左侧	神兽、胜纹、穿璧纹、仙草	《四川文物》2015年第5期
	四川长宁古河乡二号石棺墓	同上	同上	基本同上	二号石棺一侧	迎谒、平台上仙人六博、木连理、穿璧纹	《中国汉画像石全集7·四川汉画像石》，第85页
	四川泸州大驿坝七号石棺墓	同上	同上	右手持三重旄节，头后似有背光	七号石棺一侧	巨鼎	《中国汉画像石全集7·四川汉画像石》，第152页

续表

类别	出土单位	所在遗存	时代	形象	位置	图像场景与组合	出处
	四川新津五号石棺墓	同上	同上	着高冠长袍，腰配长剑，一手持单重旄节，另一手伸起	石棺一侧	平台上仙人六博、神兽	《中国画像石棺全集》，第166页
	四川新津二十二号石棺墓	同上	同上	着高冠长袍，腰间佩剑，身体微向前倾，双手持节拜谒	石棺一侧	西王母、凤鸟、神鹿	《中国画像石棺全集》，第202页
	四川江口梅花村普查品	画像砖	汉代	着高冠长袍，站立持节	画像砖	西王母、羽人持戟	《考古与文物》1989年第3期
	四川崇州市出土	同上	同上	着高冠长袍，持三重旄节，立于双阙前	不详	双重檐子母阙	《中国巴蜀汉代画像砖大全》，第182页
	四川成都东郊东汉墓出土	同上	东汉	着高冠长袍、持节立于阙前	不详	双阙、双树	《中国巴蜀汉代画像砖大全》，第179页
	四川新都区出土（一）	同上	同上	着高冠长袍，跪坐一手持节，一手伸起	画像砖	西王母、蟾蜍、三足乌、九尾狐	《中国画像砖全集1·四川汉画像砖》，第117页
	四川新都区出土（二）	同上	同上	基本同上	画像砖	基本同上	《中国巴蜀汉代画像砖大全》，第189页
	四川什邡搜集	同上	同上	基本同上	画像砖	基本同上	《中国画像砖全集1·四川汉画像砖》，第117页
	四川彭州红岩乡出土	同上	同上	基本同上	画像砖	基本同上	《中国巴蜀汉代画像砖大全》，第190页
	四川绵阳杨氏阙	石阙	同上	头梳高髻（高冠）、着广袍的人一手持三重旄节，一手举起	主阙楼顶左前角	狮子、兔子	《四川汉代石阙》，第76页
	四川渠县赵家村无铭阙	同上	同上	着高冠，左手持三重节，右手伸手探物	主阙楼背面	下层有异兽、行猎	《四川汉代石阙》，第140页

续表

类别	出土单位	所在遗存	时代	形象	位置	图像场景与组合	出处
	四川雅安高颐阙	同上	东汉建安十四年	持节人物跪坐，一手执三重旄节，一手高举，另一持节人物站立回望	阙楼正面第四层	半启门、神龙、捧物	《四川汉代石阙》，第103页
	四川渠县王家坪无铭阙	同上	东汉	一手持节，节上可看到三重旄，一手似在推门	主阙楼部正面	半启门、人物执杖、捧仙草	《四川汉代石阙》，第149页

附表5　汉代“车马出行—胡人”画像一览表

类	次类	出土地点	时代	质地	位置	出处
车马出行—胡人导引		山东嘉祥县嘉祥村	东汉早期	石	祠堂西壁	《中国画像石全集1·山东汉画像石》，第117页
		山东滕州市桑村镇西户口村	东汉晚期	石	不详	同上，第211页
		山东邹城石墙镇	东汉中期	石	不详	《中国画像石全集2·山东汉画像石》，第56页
		陕西榆林黄麻梁乡段家湾	东汉	石	墓门门楣	《中国画像石全集5·陕西、山西汉画像石》，第16页
		山西离石马茂庄	东汉和平元年	石	左表墓室横额	同上，第214页
		陕西神木大保当	东汉早中期	石	墓门门楣	《神木大保当——汉代城址与墓葬发掘报告》，第45页
		河南南阳宛城区七孔桥	东汉	石	不详	《中国画像石全集6·河南汉画像石》，第138页
		四川新都	东汉	砖	不详	《巴蜀汉代画像集》，第166页
车马出行—胡汉交战	山前交战	山东邹城郭里乡高李村	东汉晚期	石	不详	《文物》1994年第6期
		山东邹城郭里乡黄路屯村	同上	石	不详	《中国画像石全集2·山东汉画像石》，第81页
		山东滕州市桑村镇西户口村	同上	石	不详	同上，第174页
		山东滕州市冯卯乡万庄村	同上	石	不详	同上，第208页

续表

类	次类	出土地点	时代	质地	位置	出处
	过桥交战	山东苍山县向城镇前姚村	同上	石	不详	同上，第 100 页
		山东苍山县城前村	东汉元嘉元年	石	前室西侧室门楣	《考古》1975 年第 2 期
	山前、过桥交战	山东沂南县北寨村	东汉晚期	石	墓门门楣	《沂南古画像石墓发掘报告》，第 12 页
	平地交战	山东肥城栾镇村	东汉	石	不详	《文物参考资料》1958 年第 4 期
		同上	同上	石	不详	同上

附表 6　汉代壁画和画像中的鱼车出行一览表

序号	出土地点及单位	时代	位置	图像场景与组合	出处
1	陕西定边郝滩壁画墓 M1	新莽至东汉早期	墓室西壁南部	昆仑、西王母、神船、鱼车、龙、奏乐及舞蹈神兽	《考古与文物》2004 年第 5 期
2	陕西靖边杨桥畔壁画墓 M1	东汉	后室西壁斗栱间	龙车、鱼车、兔车、骑鹤	《文物》2009 年第 2 期
3	山西离石马茂庄汉墓	东汉和平元年	左表墓室门侧	鱼车、骑鱼	《中国画像石全集 5·陕西、山西汉画像石》，第 213 页
4	山东邹城北宿镇落陵村出土画像石	西汉晚期	画像石椁侧面	鱼车、人鱼、龙、骆驼？胡人	《邹城汉画像石》，第 175 页
5	山东邹城郭里镇黄路屯出土画像石	东汉晚期	不详	骑鱼、鱼车、开明兽、玉兔持物、玉兔捣药	同上，第 71 页
6	山东邹城峄山镇野店村出土画像石	东汉晚期	不详	龙车、鱼车	同上，第 156 页
7	山东肥城栾镇村出土画像石	东汉章帝建初八年	墓祠墙壁	胡汉交战、车马、鱼车、鹿车	《文物参考资料》1958 年第 4 期
8	山东嘉祥武氏祠左石室	东汉晚期	屋顶后坡东段	鱼车、骑鱼	《中国画像石全集 1·山东汉画像石》，第 64 页
9	山东泰安出土画像石	东汉	不详	鱼、鱼车	《中国画像石全集 3·山东汉画像石》，第 196 页

续表

序号	出土地点及单位	时代	位置	图像场景与组合	出处
10	山东出土画像石	东汉	不详	鱼车、骑鱼、骑神兽、神人、羊车	《“中研院”历史语言研究所藏汉代石刻画象拓本精选集》，第128页
11	江苏徐州铜山县洪楼村出画像石	东汉晚期	墓祠天井	风雨雷电诸神、骑象、鱼车、龙车	《考古通讯》1957年第4期
12	安徽宿县褚兰汉画像石墓	东汉熹平三年	墓祠后壁	骑鹿、鱼车、龙	《考古学报》1993年第4期
13	安徽淮北出土画像石	东汉	不详	鹿车、鱼车	《淮北汉画像石》，第20页
14	河南南阳唐河针织厂汉墓M1	西汉晚期到东汉早期	北主室顶部	鱼车、鱼	《文物》1973年第6期
15	河南南阳王庄汉画像石墓	东汉	墓室盖顶	导从、鱼、鱼车、骑鱼、星象	《中原文物》1985年第3期
16	河南南阳出土画像石	东汉	不详	象、兽、虎、鱼车	《中国画像石全集5·陕西、山西汉画像石》，第174页

附表7 汉代大象、骆驼图像一览表

类	出土地点	属性	时代	位置	图像组合	出处
大象与骆驼组合	山东长清孝堂山	画像石	东汉初期	祠堂东壁	车马出行、胡人	《文物》1961年第4、5合期
	山东平邑	画像石	东汉章和元年	功曹阙阙西面	人物、建鼓	《华夏考古》2003年第3期
	山东临沂白庄	画像石	东汉	不详	胡人、驯象者、奔马、羽人	《中国画像石全集3·山东汉画像石》，第8页
	山东微山两城镇	画像石	东汉	不详	龙、车马出行	《微山汉画像石选集》，第195页
	山东邹城	画像石	东汉	不详	胡人、车马出行、斗牛、人物	《邹城汉画像石》，第130页
	山东邹城	画像石	东汉	不详	驯象者、狩猎、出行	同上，第99页
	山东微山	画像石	东汉	不详	熊形神兽	《微山汉画像石选集》，第243页

续表

类	出土地点	属性	时代	位置	图像组合	出处
	山东	画像石	东汉	不详	神兽、兽	《“中研院”历史语言研究所藏汉代石刻画象拓本精选集》，第127页
	江苏徐州铜山	画像石	东汉熹平四年	不详	开明兽、凤鸟、天马、神兽、羽人	《徐州汉画像石》，图版九
	河南登封	画像石	东汉延光二年	启母阙西阙南面	人物、车马、联璧	《中岳汉三阙》，第25页
	河南登封	画像石	东汉元初五年至延光二年	少室阙东阙北面	车马出行、人物、神兽、凤鸟	同上，第53页
	安徽萧县圣泉乡圣村	画像石	东汉	M1门柱正面下部	鱼、凤鸟	《文物》2010年第6期
	陕西米脂官庄	画像石	东汉晚期	M2后室北壁	云气、神兽、联璧	《米脂官庄画像石墓》，第88页
大象	河南唐河	画像石	新莽天凤五年	北阁室北壁	胡人戏虎、建鼓	《考古学报》1980年第2期
	河南南阳麒麟岗	画像石	东汉早中期	主室北壁立柱	麒麟、凤鸟、鹿、神兽、人首蛇身神人	《南阳麒麟岗汉画像石墓》，第186页
	陕西定边郝滩	壁画	新莽至东汉早期	墓室西壁南部	昆仑、西王母、“太一”神船、神兽乐舞、鱼车	《考古与文物》2004年第5期
	陕西靖边杨桥畔	壁画	同上	前室东壁	“太一”神船、神兽、神人出行	《文物》2009年第2期
	山东安丘董家庄	画像石	东汉晚期	后室西间西壁	有翼神兽、羽人、昆仑	《安丘董家庄汉画像石墓》，图版41
	山东济宁喻屯镇	画像石	东汉	不详	开明兽、凤鸟、胡人、铺首衔环、龙、门吏	《中国画像石全集2·山东汉画像石》，第7页
	山东邹城高庄乡	画像石	东汉	不详	西王母、龙、虎、凤鸟	同上，第76页
	山东滕州龙阳店	画像石	东汉	不详	神兽、云气	同上，第153页
	山东滕县	画像石	东汉	不详	神兽出行	《汉代画像全集初编》，第88页
	山东费县垛庄	画像石	东汉	不详	麒麟、凤鸟、人物故事	《中国画像石全集3·山东汉画像石》，第72页

续表

类	出土地点	属性	时代	位置	图像组合	出处
	山东平阴孟庄	画像石	东汉	立柱	胡人、人物、斗兽	同上，第 184 页
	山东邹城	画像石	东汉	不详	武器、人物	《邹城汉画像石》，第 70 页
	山东邹城	画像石	东汉	不详	神兽、云气	同上，第 155 页
	江苏徐州铜山	画像石	东汉	墓室天井	风雨雷电诸神、鱼车、龙车	《考古通讯》1957 年第 4 期
	江苏徐州	画像石	东汉	不详	天马、月、神兽	《徐州汉画像石》，图版二五
	江苏徐州	画像石	东汉	不详	长颈兽、神兽、云气	《文物》2007 年第 2 期
	江苏徐州	画像石	东汉	不详	神兽、云气	《文物》2007 年第 2 期
	江苏淮北	画像石	东汉	不详	龙、人面虎身神兽	《淮北汉画像石》，第 89 页
	河南登封	画像石	东汉元初五年	太室阙东阙南面	凤鸟、人物、牛头、联璧	《中岳汉三阙》，第 11 页
	河南登封	画像石	东汉元光二年	启母阙东阙南面	出行、神兽、交龙(蛇)、联璧	同上，第 30 页
	河南登封	画像石	东汉元光二年	启母阙东阙南面	出行、神兽、交龙(蛇)、联璧	同上
	河南南阳	画像石	东汉	不详	蟾蜍、虎、鱼车	《中国画像石全集 6 · 河南汉画像石》第 175 页
	河南南阳	画像石	东汉	不详	独角兽、凤鸟、云气	《南阳汉代画像石》，第 124 页
	河南南阳	画像石	东汉	不详	胡人、虎、云气	《南阳汉画像石》，图 91
	河南密县打虎亭	画像石	东汉晚期	M1 中室石门西扇背面	铺首衔环、云气、神兽	《密县打虎亭汉墓》，第 69 页
	河南密县打虎亭	画像石	同上	M1 北耳室石门东扇正面	铺首衔环、云气、神兽	同上，第 148 页
	河南襄城茨沟	画像石	东汉永建七年	墓门门楣背面	龙、虎、鹿、羽人	《考古学报》1964 年第 1 期

续表

类	出土地点	属性	时代	位置	图像组合	出处
	陕西神木大保当	画像石	东汉晚期	墓门门楣	日、月、天马、射猎、云气、西王母	《神木大保当——汉代城址与墓葬考古报告》，第72页
	陕西绥德黄家塔	画像石	东汉永元二年	M7后室横额	龙、天马、麒麟、凤鸟、神兽	《考古与文物》2010年第5期
	四川芦山	画像石阙	东汉晚期	樊敏阙阙身	刺猿、树木人物	《中国画像石全集7·四川汉画像石》，第71页
	四川合江机械厂工地	画像石棺	东汉晚期	石棺左侧板	楼阁、人物、双阙、西王母、联璧	《中国画像石棺艺术》，第67页
	内蒙古和林格尔	壁画	东汉晚期	前室南壁顶部	仙人、凤鸟、云气	《和林格尔汉墓壁画》
骆驼	山东邹城石墙镇	画像石	东汉中期	不详	胡人、龙、车马出行	《中国画像石全集2·山东汉画像石》，第57页
	山东微山	画像石	东汉	不详	胡人	《微山汉画像石选集》，第235页
	河南南阳新野樊集	画像空心砖	东汉早期	墓门立柱	西王母、车马出行、树木射鸟、虎扑兽	《南阳汉代画像砖》，图版57
	陕西绥德延家岔	画像石	东汉晚期	墓室前室西壁横额	车马出行、射猎、神鹿、云气	《陕北汉代画像石》，第80页
	陕西神木大保当	画像石	东汉晚期	墓门门楣	胡人、车马出行	《神木大保当——汉代城址与墓葬考古报告》，第45页
	山西离石马茂庄	画像石	东汉和平元年	左表墓室横额	胡人、车马出行	同上，第222页
	陕西榆林黄麻梁乡段家湾	画像石	东汉	墓门门楣	胡人、车马出行	《中国画像石全集5·陕西、山西汉画像石》，第16页
	四川新都马家乡	画像砖	东汉晚期	不详	舞人、建鼓	《巴蜀汉代画像集》，图94

参考
文献

一、古代文献

（汉）郑玄笺，（唐）孔颖达疏，朱杰人、李慧玲整理：《毛诗注疏》，上海古籍出版社，2013 年。

（汉）孔安国传，（唐）孔颖达正义，黄怀信整理：《尚书正义》，上海古籍出版社，2007 年。

（汉）郑玄注，（唐）贾公彦疏，彭林整理：《周礼注疏》，上海古籍出版社，2010 年。

（汉）郑玄注，（唐）贾公彦疏，王辉整理：《仪礼注疏》，上海古籍出版社，2008 年。

（汉）郑玄注，（唐）孔颖达正义，吕友仁整理：《礼记正义》，上海古籍出版社，2008 年。

（清）孔广森撰，王丰先点校：《大戴礼记补注》，北京：中华书局，2013 年。

（魏）王弼、魏康伯注，（唐）孔颖达等正义：《周易正义》，上海古籍出版社，1990 年。

（汉）何休解诂，（唐）徐彦疏，刁小龙整理：《春秋公羊传注疏》，上海古籍出版社，2014 年。

（晋）郭璞注，（宋）邢昺疏，王世伟整理：《尔雅注疏》，上海古籍出版社，2010 年。

（清）王念孙撰，张靖伟、樊波成、马涛等点校：《广雅疏证》，上海古籍出版社，2016 年。

（汉）许慎撰，（清）段玉裁注：《说文解字注》，上海古籍出版社，1981 年。

（汉）刘熙撰，（清）毕沅疏证，（清）王先谦补：《释名疏证补》，北京：中华书局，2008 年。

（梁）顾野王撰：《玉篇》，北京：中国书店，1983 年。

周祖谟校：《广韵校本》，北京：中华书局，2011 年。

［日］安居香山、中村璋八辑：《纬书集成》，石家庄：河北人民出版社，1994 年。

程贞一、闻人军译注：《周髀算经译注》，上海古籍出版社，2012 年。

（汉）司马迁撰，（南朝宋）裴骃集解，（唐）司马贞索引，（唐）张守节正义：《史记》，北京：中华书局，1959 年。

（汉）班固撰，（唐）颜师古注：《汉书》，北京：中华书局，1962 年。

（南朝宋）范晔撰，（唐）李贤等注：《后汉书》，北京：中华书局，1965 年。

（晋）司马彪撰，（梁）刘昭注：《续汉书·志》，见《后汉书》，北京：中华书局，1965 年。

（晋）陈寿撰：《三国志》，北京：中华书局，1975 年。

（唐）房玄龄等撰：《晋书》，北京：中华书局，1974 年。

（唐）李延寿撰：《南史》，北京：中华书局，1975 年。

（唐）魏徵等撰：《隋书》，北京：中华书局，1973 年。

（汉）刘珍等撰，吴树平校注：《东观汉记校注》，北京：中华书局，2008 年。

（汉）应劭撰，（元）陶宗仪辑：《汉官仪》，见（清）孙星衍等辑，周天游点校：《汉官六种》，北京：中华书局，1990 年。

方诗铭、王修龄辑录：《古本竹书纪年辑证》，上海古籍出版社，1981 年。

黄怀信著：《逸周书校补注译》，西安：西北大学出版社，1996 年。

上海师范大学古籍整理组校点：《国语》，上海古籍出版社，1978 年。

徐元诰撰，王树民、沈长云点校：《国语集解》，北京：中华书局，2002 年。

高亨：《老子正诂》，北京：中国书店，1988 年。

（清）郭庆藩撰，王孝鱼点校：《庄子集释》，北京：中华书局，2012 年。

（清）焦循撰，沈文倬点校：《孟子正义》，北京：中华书局，1987 年。

（清）王先谦撰，沈啸寰、王星贤点校：《荀子集解》，北京：中华书局，2013 年。

（清）王先慎撰，钟哲点校：《韩非子集解》，中华书局，1998 年。

许维遹撰，梁运华整理：《吕氏春秋集释》，北京：中华书局，2009 年。

黄怀信撰：《鹖冠子校注》，北京：中华书局，2014 年。

杨伯峻撰：《列子集释》，北京：中华书局，2013 年。

何宁撰：《淮南子集释》，北京：中华书局，1998 年。

（清）苏舆撰，钟哲点校：《春秋繁露义证》，北京：中华书局，1992 年。

王利器校注：《盐铁论校注（定本）》，北京：中华书局，1992 年。

（清）陈立撰，吴则虞点校：《白虎通疏证》，北京：中华书局，1994 年。

（汉）桓谭撰，朱谦之校辑：《新辑本桓谭新论》，北京：中华书局，2009 年。

黄晖撰，刘盼遂集解：《论衡校释》，北京：中华书局，1990年。

（汉）王符撰，（清）汪继培笺，彭铎校正：《潜夫论笺校正》，北京：中华书局，1985年。

（汉）应劭撰，王利器校注：《风俗通义校注》，北京：中华书局，1981年。

（汉）仲长统撰，孙启治校注：《昌言校注》，北京：中华书局，2012年。

王明：《抱朴子内篇校释（增订本）》，北京：中华书局，1980年。

（南朝梁）刘勰著，（清）黄叔琳注，（清）李详补注，杨明照补注拾遗：《文心雕龙》，北京：中华书局，2021年。

（北齐）颜之推撰，王利器集解：《颜氏家训集解（增补本）》，北京：中华书局，2013年。

袁珂校注：《山海经校注》（增补修订本），成都：巴蜀书社，1993年。

（清）郝懿行笺疏，范祥雍补校：《山海经笺疏补校》，上海古籍出版社，2013年。

（晋）郭璞注，王贻樑、陈建敏校释：《穆天子传汇校集释》，北京：中华书局，2019年。

何清谷撰：《三辅黄图校释》，北京：中华书局，2005年。

（梁）宗懔撰，（隋）杜公瞻注，姜彦稚辑校：《荆楚岁时记》，北京：中华书局，2018年。

（晋）陆翙撰：《邺中记》，见《丛书集成初编·史地类》，北京：中华书局，1985年。

（北魏）郦道元著，陈桥驿校证：《水经注校证》，北京：中华书局，2007年。

（北魏）杨衒之撰，范祥雍校注：《洛阳伽蓝记校注》，上海古籍出版社，1978年。

（清）魏源：《海国图志》，长沙：岳麓书社，1998年。

（汉）焦延寿撰，徐芹庭注：《焦氏易林新注》，北京：中国书店，2010年。

（宋）朱熹等注：《周易参同契集释》，北京：中央编译出版社，2015年。

（唐）瞿昙悉达：《开元占经》，北京：九州出版社，2012年。

（清）王照圆著，虞思征点校：《列女传补注》，上海：华东师范大学出版社，2012年。

王叔岷撰：《列仙传校笺》，北京：中华书局，2007年。

王根林校点：《汉武故事》，见《汉魏六朝笔记小说大观》，上海古籍出版社，1999年。

王根林校点：《海内十洲记》，见《汉魏六朝笔记小说大观》，上海古籍出版社，1999 年。

王根林校点：《神异经》，见《汉魏六朝笔记小说大观》，上海古籍出版社，1999 年。

（晋）干宝撰，李剑国辑校：《新辑搜神记》，北京：中华书局，2007 年。

（晋）王嘉撰，（梁）萧绮录，齐治平校注：《拾遗记校注》，北京：中华书局，1981 年。

（晋）张华撰，范宁校证：《博物志校证》，北京：中华书局，2014 年。

（梁）殷芸撰，魏代富补证：《殷芸小说补证》，济南：山东人民出版社，2018 年。

（唐）郑处海撰，丁如明校点：《明皇杂录》，见《唐五代笔记小说大观》，上海古籍出版社，2000 年。

鲁迅辑录：《古小说钩沉》，见氏著《鲁迅全集》第八卷，北京：人民文学出版社，1973 年。

（宋）洪兴祖撰，白化文等点校：《楚辞补注》，北京：中华书局，1983 年。

（梁）萧统编，（唐）李善注：《文选》，上海古籍出版社，2019 年。

（清）严可均辑：《全上古三代秦汉三国六朝文》，北京：中华书局，1958 年。

（宋）郭茂倩编：《乐府诗集》，北京：中华书局，2017 年。

逯钦立辑校：《先秦汉魏晋南北朝诗》，北京：中华书局，1983 年。

费振刚、胡双宝、宗明华辑校：《全汉赋》，北京大学出版社，1993 年。

（汉）蔡邕：《蔡中郎外集》，见《四部备要·集部》，上海：中华书局，1936 年，第 67 册。

（汉）曹操：《曹操集》，北京：中华书局，2018 年。

（三国魏）曹植著，赵幼文校注：《曹植集校注》，北京：中华书局，2016 年。

（三国魏）嵇康著，戴明扬校注：《嵇康集校注》，北京：中华书局，2014 年。

孔凡礼点校：《苏轼文集》，北京：中华书局，1986 年。

（清）王文诰辑注，孔凡礼点校：《苏轼诗集》，北京：中华书局，1982 年。

（宋）黄庭坚撰，刘琳、李勇先、王蓉贵点校：《黄庭坚全集》，北京：中华书局，2021 年。

（唐）徐坚等：《初学记》，北京：中华书局，2004 年。

（唐）欧阳询撰，汪绍楹校：《艺文类聚》，上海古籍出版社，1999 年。

（宋）李昉等撰：《太平御览》，北京：中华书局，1960年。

（宋）李昉等：《太平广记》，北京：中华书局，1961年。

袁珂：《中国神话传说词典》，上海辞书出版社，1985年。

（唐）张彦远：《历代名画记》，杭州：浙江人民出版社，2014年。

（宋）赵明诚撰，金文明校证：《金石录校证》，桂林：广西师范大学出版社，2005年。

（宋）洪适撰：《隶释·隶续》，北京：中华书局，1986年。

（清）冯云鹏、冯云鹓：《金石索》，杭州：浙江人民出版社，2018年。

（清）瞿中溶著：《汉武梁祠画像考》，杭州：浙江人民美术出版社，2019年。

［日］永田英正：《汉代石刻集成》，京都：同朋社，1994年。

毛远明编著：《汉魏六朝碑刻校注（二）》，北京：线装书局，2008年。

王明编：《太平经合校》，北京：中华书局，1960年。

饶宗颐校证：《老子想尔注校证》，上海古籍出版社，1991年。

王卡点校：《老子道德经河上公章句》，北京：中华书局，1993年。

（梁）陶弘景撰，王家葵辑校：《登真隐诀辑校》，北京：中华书局，2011年。

（梁）陶弘景撰，赵益点校：《真诰》，北京：中华书局，2011年。

（宋）张君房编，李永晟点校：《云笈七签》，北京：中华书局，2003年。

《道藏》，北京：文物出版社，上海书店，天津古籍出版社，1988年。

（清）纪昀、陆锡熊、孙士毅等：《钦定四库全书总目（整理本）》，北京：中华书局，1997年。

二、考古和文物资料

（一）报告、图录

安丘县文化局、安丘县博物馆：《安丘董家庄汉画像石墓》，济南出版社，1992年。

北京历史博物馆、河北省文物管理委员会：《望都汉墓壁画》，北京：中国古典艺术出版社，1955年。

陈长安主编：《洛阳古代石刻艺术·陵墓卷》，郑州：中州古籍出版社，2016年。

成都文物考古研究院、泸州市博物馆：《四川泸州汉代画像石棺研究》，北京：文物出版社，2019 年。

重庆市文化局、重庆市博物馆：《四川汉代石阙》，北京：文物出版社，1992 年。

重庆市文化遗产研究院：《重庆汉代画像考古报告集》，北京：科学出版社，2019 年。

鄂尔多斯博物馆：《北方草原古代壁画珍品》，西安：三秦出版社，2016 年。

傅举有、陈松长编著：《马王堆汉墓文物》，长沙：湖南出版社，1992 年。

傅惜华编：《汉代画象全集》（初编），北京：巴黎大学北京汉学研究所，1950 年。

傅惜华、陈志农编：《山东汉画像石汇编》，济南：山东画报出版社，2012 年。

高书林编著：《淮北汉画像石》，天津人民美术出版社，2002 年。

高文主编：《中国巴蜀新发现汉代画像砖》，成都：四川美术出版社，2016 年。

高文主编：《中国画像石棺全集》，太原：三晋出版社，2011 年。

高文、高成刚编著：《中国画像石棺艺术》，太原：山西人民出版社，1996 年。

高文、王锦生编：《中国巴蜀汉代画像砖大全》，澳门：国际港澳出版社，2002 年。

甘肃省文物队、甘肃省博物馆、嘉峪关市文物管理所：《嘉峪关壁画墓发掘报告》，北京：文物出版社，1985 年。

甘肃省文物考古研究所：《敦煌佛爷庙湾西晋画像砖墓》，北京：文物出版社，1998 年。

甘肃省文物考古研究所：《酒泉十六国壁画墓》，北京：文物出版社，1989 年。

甘肃省文物考古研究所：《天水放马滩秦简》，北京：中华书局，2009 年。

龚廷万、龚玉、戴嘉陵编著：《巴蜀汉代画像集》，北京：文物出版社，1998 年。

广州市文物管理委员会、中国社会科学院考古研究所、广东省博物馆：《西汉南越王墓》，北京：文物出版社，1991 年。

河北省文化局文物工作队编：《望都二号汉墓》，北京：文物出版社，1959 年。

河北省文物局：《定州文物藏珍》，广州：岭南美术出版社，2003 年。

河南省文物研究所：《密县打虎亭汉墓》，北京：文物出版社，1993 年。

河南省文物考古研究院：《曹操高陵》，北京：中国社会科学出版社，2016 年。

湖北省荆沙铁路考古队：《包山楚简》，北京：文物出版社，1991 年。

湖南省博物馆、湖南省文物考古研究所：《长沙马王堆二、三号汉墓》，北京：

文物出版社，2004年。

湖南省博物馆、中国科学院考古研究所：《长沙马王堆一号汉墓》，北京：文物出版社，1973年。

湖南省博物馆、中国科学院考古研究所、文物编辑委员会：《长沙马王堆一号汉墓发掘简报》，北京：文物出版社，1972年。

胡新立编：《邹城汉画像石》北京：文物出版社，2008年。

黄冈市博物馆、湖北省文物考古研究所、湖北省京九铁路考古队：《罗州城与汉墓》，北京：科学出版社，2000年。

黄留春编著：《许昌汉砖石画像》，郑州：河南美术出版社，1994年。

黄明兰编：《洛阳西汉画象空心砖》，北京：人民美术出版社，1982年。

黄明兰、郭引强编著：《洛阳汉墓壁画》，北京：文物出版社，1996年。

黄雅峰、陈长山：《南阳麒麟岗汉画像石墓》，西安：三秦出版社，2008年。

江苏省文物管理委员会：《江苏徐州汉画象石》，北京：科学出版社，1959年。

金爱民、王树栋编著：《兰陵汉画像石》，济南：山东美术出版社，2017年。

康兰英、朱青生主编：《汉画总录1·米脂》，桂林：广西师范大学出版社，2012年。

康兰英、朱青生主编：《汉画总录8·绥德》，桂林：广西师范大学出版社，2012年。

孔祥星、刘一曼：《中国铜镜图典》，北京：文物出版社，1994年。

李贵龙、王建勤主编：《绥德汉代画像石》，西安：陕西人民美术出版社，2001年。

李国新：《浙江省汉晋画像经典图像赏析》，郑州：河南大学出版社，2013年。

李林、康兰英、赵力光编著：《陕北汉代画像石》，西安：陕西人民出版社，1995年。

李松等：《中国古代雕塑》，北京：外文出版社，2006年。

临沂市博物馆：《临沂汉画像石》，济南：山东美术出版社，2002年。

临沂市博物馆：《临沂吴白庄汉画像石墓》，济南：齐鲁书社，2018年。

凌皆兵、王清建、牛天伟主编：《中国南阳汉画像石大全》，郑州：大象出版社，2015年。

凌皆兵主编：《色彩的记忆：南阳陈棚汉代彩绘画像石墓》，郑州：大象出版社，

2018 年。

刘冠军、朱青生主编：《汉画总录 42 · 安丘》，桂林：广西师范大学出版社，2020 年。

刘书巨、丛志远主编：《汉人之魂：中国滕州汉画像石》，中国滕州汉画像石馆、美国威廉帕特森大学中国艺术中心，2017 年。

刘兴珍、郑经文主编：《中国古代雕塑图典》，北京：文物出版社，2006 年。

洛阳市文物管理局：《洛阳陶俑》，北京图书馆出版社，2005 年。

洛阳市文物管理局、洛阳古代艺术博物馆：《洛阳古代墓葬壁画》，郑州：中州古籍出版社，2010 年。

吕梁汉画像石博物馆：《铁笔丹青：吕梁汉画像石博物馆文物精粹》，太原：山西人民出版社，2011 年。

吕品编著：《中岳汉三阙》，北京：文物出版社，1990 年。

吕章申主编：《秦汉文明》，北京时代华文书局，2017 年。

马汉国主编：《微山汉画像石选集》，北京：文物出版社，2003 年。

绵阳市文物局、绵阳博物馆：《涪江遗珠：绵阳可移动文物》，北京：科学出版社，2015 年。

南京博物院：《长毋相忘：读盱眙大云山江都王陵》，南京：译林出版社，2013 年。

南京博物院：《四川彭山汉代崖墓》，北京：文物出版社，1991 年。

南京博物院等：《佛教初传南方之路文物图录》，北京：文物出版社，1993 年。

南京博物院、山东省文物管理处：《沂南古画像石墓发掘报告》，北京：文化部文物管理局出版，1956 年。

南阳汉代画像石编辑委员会:《南阳汉代画像石》，北京：文物出版社，1985 年。

南阳文物研究所：《南阳汉代画像砖》，北京：文物出版社，1990 年。

内蒙古自治区文物考古研究所：《和林格尔汉墓壁画》，北京：文物出版社，2007 年。

中国内蒙古自治区文物考古研究所、日本幼学会、中国内蒙古博物院：《和林格尔汉墓壁画孝子传图摹写图辑录》，北京：文物出版社，2015 年。

潘鼐编著：《中国古天文图录》，上海科学教育出版社，2009 年。

山东博物馆：《沂南北寨汉墓画像》，北京：文物出版社，2015 年。

山东博物馆、费县博物馆：《费县刘家疃汉画像石墓发掘报告》，北京：文物出版社，2019 年。

山东省博物馆、山东省文物考古研究所:《山东汉画像石选集》,济南: 齐鲁书社，1981 年。

山东省石刻艺术博物馆、山东省文物考古研究所：《孝堂山石祠》，北京：文物出版社，2017 年。

山东石刻分类全集编辑委员会:《山东石刻分类全集》，青岛出版社，2013 年。

山西博物院、新疆维吾尔自治区博物馆、吐鲁番博物馆：《天山往事：古代新疆丝路文物精华》，太原：山西人民出版社，2012 年。

陕西省考古研究所、榆林市文物管理委员会办公室：《神木大保当——汉代城址与墓葬考古报告》，北京：科学出版社，2001 年。

陕西省考古研究院：《壁上丹青——陕西出土壁画集》，北京：科学出版社，2009 年。

闪修山、王儒林、李陈广编著：《南阳汉画像石》，郑州：河南美术出版社，1989 年。

四川博物院：《四川博物院文物精品集》，北京：文物出版社，2009 年。

四川省文物考古研究所编：《三星堆祭祀坑》，北京：文物出版社，1999 年。

四川省文物考古研究院：《天府皕宝图——四川省文物考古研究院 60 年出土文物选粹》，北京：文物出版社，2013 年。

滕州市汉画像石馆：《滕州汉画像石精品集》，济南：齐鲁书社，2011 年。

王春法主编：《丝路孔道：甘肃文物菁华》，北京时代华文书局，2020 年。

王磊义编绘：《汉代图案选》，北京：文物出版社，1989 年。

王士伦编著，王牧修订：《浙江出土铜镜》，北京：文物出版社，2006 年。

王绣、霍宏伟：《洛阳两汉彩画》，北京：文物出版社，2015 年。

魏坚编著:《内蒙古中南部汉代墓葬》,北京: 中国大百科全书出版社，1998 年。

新疆维吾尔自治区文物事业管理局等：《新疆历史文明集粹》，乌鲁木齐：新疆美术摄影出版社，1989 年。

徐光冀主编：《中国出土壁画全集》，北京：科学出版社，2011 年。

徐忠文、周长源主编：《汉广陵国铜镜》，北京：文物出版社，2013 年。

徐州博物馆：《徐州汉画像石》，南京：江苏美术出版社，1985 年。

薛文灿、刘松根编：《河南新郑汉代画像砖》，上海书画出版社，1993 年。

雅安市博物馆、四川省文物考古研究院：《清风雅雨间——雅安文物精萃》，北京：文物出版社，2010 年。

雅安市文物管理所、四川省文物考古研究院：《雅安汉代石刻精品》，成都：四川人民出版社，2005 年。

榆林市文物保护研究所、榆林市文物考古勘探工作队：《米脂官庄画像石墓》，北京：文物出版社，2009 年。

张跃辉主编：《蜀风雒韵：广汉文物艺术精粹》，成都：巴蜀书社，2013 年。

张孜江、高文主编：《中国汉阙全集》，北京：中国建筑工业出版社，2017 年。

中国出土玉器全集编委会：《中国出土玉器全集》，北京：科学出版社，2005 年。

中国古代书画鉴定组：《中国绘画全集》，北京：文物出版社，1997 年。

中国国家博物馆田野考古研究中心等：《连云港孔望山》，北京：文物出版社，2010 年。

中国画像石全集编辑委员会：《中国画像石全集》，郑州：河南美术出版社，济南：山东美术出版社，2000 年。

《中国画像砖全集》编辑委员会：《中国画像砖全集》，成都：四川美术出版社，2006 年。

中国陵墓雕塑全集编辑委员会：《中国陵墓雕塑全集》，西安：陕西人民美术出版社，2009 年。

中国墓室壁画全集编委会：《中国墓室壁画全集》，石家庄：河北教育出版社，2011 年。

中国青铜器全集编委会编：《中国青铜器全集》，北京：文物出版社，1998 年。

中国社会科学院考古研究所、河北省文物管理处：《满城汉墓发掘报告》，北京：文物出版社，1980 年。

中国文物交流中心：《汉风：中国汉代文物展》，北京：科学出版社，2014 年。

“中央”研究院历史语言研究所文物图像研究室汉代拓本整理小组：《“中央”研究院历史语言研究所藏汉代石刻画象拓本精选集》，台北：“中央”研究院历史语言研究所，2004 年。

周水利、朱青生主编：《汉画总录 41 · 萧县》，桂林：广西师范大学出版社，

2019 年。

朱伯谦主编：《中国陶瓷全集》，上海人民美术出版社，2000 年。

（二）简报

成都市文物考古工作队、青白江区文物管理所：《成都市青白江区跃进村汉墓发掘简报》，《文物》1999 年第 8 期。

成都市文物考古研究所：《成都金沙遗址Ⅰ区“梅苑”地点发掘一期简报》，《文物》2004 年第 4 期。

成都文物考古研究所、金堂县文物保护管理所：《金堂赵镇李家梁子唐宋墓发掘简报》，见成都文物考古研究所编《成都考古发现（2007）》，北京：科学出版社，2009 年。

重庆市博物馆等：《丰都杜家坝一号墓 2000 年度发掘报告》，见重庆市文物局、重庆市移民局编：《重庆库区考古报告集·2002 卷》，北京：科学出版社，2010 年。

重庆市文化遗产研究院、丰都县文物管理所：《重庆丰都县火地湾、林口墓地发掘简报》，《江汉考古》2013 年第 3 期。

重庆市文化遗产研究院、中国人民大学历史学院：《重庆市巫山县汉晋墓群的发掘》，《考古》2016 年第 2 期。

重庆市文物考古所等：《丰都槽房沟墓地发掘报告》，见重庆市文物局、重庆市移民局编：《重庆库区考古报告集·2001 卷》，北京：科学出版社，2007 年。

重庆市文物考古研究所、武汉市文物考古研究所：《重庆巫山县神女路秦汉墓葬发掘简报》，《江汉考古》2008 年第 2 期。

重庆巫山县文物管理所、中国社会科学院考古研究所三峡工作队：《重庆巫山县东汉鎏金铜牌饰的发现与研究》，《考古》1998 年第 12 期。

崔陈：《宜宾地区出土汉代画像石棺》，《考古与文物》1991 年第 1 期。

大邑县文化局：《大邑县董场乡三国画像砖墓》，见四川省文物考古研究所编《四川考古报告集》，北京：文物出版社，1998 年。

戴应新、李仲煊：《陕西绥德县延家岔东汉画像石墓》，《考古》1983 年第 3 期。

定县博物馆：《河北定县 43 号汉墓发掘简报》，《文物》1973 年第 11 期。

甘肃省博物馆：《武威雷台汉墓》，《考古学报》1974 年第 2 期。

甘肃省文物考古研究所：《甘肃酒泉市肃州区孙家石滩家族墓地发掘简报》，

《考古与文物》2017 年第 3 期。

关天相、冀刚：《梁山汉墓》，《文物参考资料》1955 年第 5 期。

郝利荣：《徐州新发现的汉代石祠堂画像和墓室画像》，《四川文物》2008 年第 2 期。

河北省文物管理处：《河北省三十年来的考古工作（1949—1979）》，见《文物考古工作三十年》，北京：文物出版社，1979 年。

河南省南阳地区文物研究所：《新野樊集汉画像砖墓》，《考古学报》1990 年第 4 期。

河南省商丘市文物管理委员会、河南省文物考古研究所、河南省永城市文物管理委员会：《芒砀山西汉梁王墓地》，北京：文物出版社，2001 年。

河南省文化局文物工作队：《洛阳西汉壁画墓发掘报告》，《考古学报》1964 年第 2 期。

河南偃师县文物管理委员会：《偃师县南蔡庄乡汉肥致墓发掘报告》，《文物》1992 年第 9 期。

何志国：《四川绵阳河边东汉崖墓》，《考古》1988 年第 3 期。

何志国：《四川绵阳何家山 1 号东汉崖墓发掘简报》，《文物》1991 年第 3 期。

何志国：《四川绵阳何家山 2 号东汉崖墓清理简报》，《文物》1991 年第 3 期。

湖南省博物馆：《长沙砂子塘西汉墓发掘简报》，《文物》1963 年第 2 期。

湖南省博物馆、中国科学院考古研究所：《长沙马王堆二、三号汉墓发掘简报》，《文物》1974 年第 7 期。

湖南省文物考古研究所、永州市芝山区文物管理所：《湖南永州市鹞子岭二号西汉墓》，《考古》2001 年第 4 期。

吉林省文物工作队：《吉林集安五盔坟四号墓》，《考古学报》1984 年第 1 期。

济宁地区文物组、嘉祥县文管所：《山东嘉祥宋山 1980 年出土的汉画像石》，《文物》1982 年第 5 期。

景竹友：《三台新德乡东汉崖墓清理简报》，《四川文物》1993 年第 5 期。

景竹友：《四川三台出土东汉钱树》，《文物》2002 年第 1 期。

雷建金：《简阳县鬼头山发现榜题画像石棺》，《四川文物》1988 年第 6 期。

李鉴昭：《江苏睢宁九女墩汉墓清理简报》，《考古通讯》1955 年第 2 期。

李林：《陕西绥德县黄家塔汉代画像石墓群》，见考古杂志社编《考古学集刊》

第 14 辑，北京：文物出版社，2004 年。

李晓鸥：《四川荥经发现东汉石棺画像》，《考古与文物》1988 年第 2 期。

连云港市博物馆：《江苏连云港海州西汉墓发掘简报》，《文物》2012 年第 3 期。

梁白泉：《高邮天山一号汉墓发掘侧记》，《文博通讯》1980 年第 32 期。

临沂金雀山汉墓发掘组：《临沂金雀山九号汉墓发掘简报》，《文物》1977 年第 11 期。

刘家骥、刘炳森：《金雀山西汉帛画临摹后感》，《文物》1977 年第 11 期。

刘卫鹏、李朝阳：《咸阳窑店出土的东汉朱书陶瓶》，《文物》2004 年第 2 期。

刘志远：《成都昭觉寺汉画像砖墓》，《考古》1984 年第 1 期。

洛阳博物馆：《洛阳博物馆新获几幅汉墓壁画》，《考古与文物》2006 年第 5 期。

洛阳博物馆：《洛阳金谷园新莽时期壁画墓》，见文物编辑委员会编《文物资料丛刊 9》，北京：文物出版社，1985 年。

洛阳博物馆：《洛阳西汉卜千秋壁画墓发掘简报》，《文物》1977 年第 6 期。

洛阳市第二文物工作队：《洛阳浅井头西汉壁画墓发掘简报》，《文物》1993 年第 5 期。

洛阳市第二文物工作队：《洛阳偃师县新莽壁画墓清理简报》，《文物》1992 年第 12 期。

洛阳市第二文物工作队：《洛阳尹屯新莽壁画墓》，《考古学报》2005 年第 1 期。

洛阳市文物工作队：《洛阳发掘的四座东汉玉衣墓》，《考古与文物》1999 年第 1 期。

南京博物院：《昌梨水库汉墓群发掘简报》，《文物参考资料》1957 年第 12 期。

南京博物院：《江苏盱眙东阳汉墓》，《考古》1979 年第 5 期。

南京博物院：《江苏仪征烟袋山汉墓》，《考古学报》1987 年第 4 期。

南京博物院、盱眙县文广新局：《江苏盱眙县大云山汉墓》，《考古》2012 年第 7 期。

南阳地区文物队、南阳博物馆：《唐河汉郁平大尹冯君孺人画象石墓》，《考古学报》1980 年第 2 期。

南阳市博物馆：《河南南阳军帐营汉画像石墓》，《考古与文物》1982 年第 1 期。

南阳市博物馆：《南阳发现东汉许阿瞿墓志画像石》，《文物》1974 年第 8 期。

南阳市博物馆：《南阳市王庄汉画像石墓》，《中原文物》1985 年第 3 期。

南阳市博物馆、方城县文化馆：《河南方城东关汉画像石墓》，《文物》1980 年第 3 期。

内江市文管所、简阳县文化馆：《四川简阳鬼头山东汉崖墓》，《文物》1991 年第 3 期。

宁夏文物考古研究所、固原市原州区文物管理所：《宁夏固原市北塬东汉墓》，《考古》2008 年第 12 期。

青岛市文物保护考古研究所、黄岛区博物馆：《山东青岛土山屯墓群四号封土与墓葬的发掘》，《考古学报》2019 年第 3 期。

山东省博物馆、苍山县文化馆：《山东苍山元嘉元年画象石墓》，《考古》1975 年第 2 期。

山东省文物考古研究所、临沂市文化局：《山东临沂洗砚池晋墓》，《文物》2005 年第 7 期。

山西省考古研究所、吕梁地区文物工作室、离石县文物管理所：《山西离石马茂庄东汉画像石墓》，《文物》1992 年第 4 期。

陕西省考古研究所：《西安北郊翁家庄汉墓发掘简报》，《考古与文物》2004 年增刊《汉唐考古专辑》。

陕西省考古研究所、西安交通大学：《西安交通大学西汉壁画墓》，西安：西安交通大学出版社，1991 年。

陕西省考古研究所、榆林市文物管理委员会：《陕西定边县郝滩发现东汉壁画墓》，《考古与文物》2004 年第 5 期。

陕西省考古研究院：《2009 年陕西省考古研究院考古调查发掘新收获》，《考古与文物》2010 年第 2 期。

陕西省考古研究院、靖边县文物管理办：《陕西靖边县杨桥畔渠树壕东汉壁画墓发掘简报》，《考古与文物》2017 年第 1 期。

陕西省考古研究院、榆林市文物研究所、靖边县文物管理办公室：《陕西靖边东汉壁画墓》，《文物》2009 年第 2 期。

沈仲长、李显文：《记彭山出土的东汉铜摇钱树》，《成都文物》1986 年第 1 期。

狮子山楚王陵考古发掘队：《徐州狮子山西汉楚王陵发掘简报》，《文物》1998 年第 8 期。

四川大学考古专业七八级实习队、长宁县文化馆：《四川长宁“七个洞”东汉纪年画像崖墓》，《考古与文物》1985 年第 5 期。

四川凉山彝族自治州博物馆：《四川西昌市杨家山一号东汉墓》，《考古》2007 年第 5 期。

四川省博物馆、郫县文化馆：《四川郫县东汉砖墓的石棺画像》，《考古》1979 年第 6 期。

四川省博物馆、新都县文管所：《新都马家山崖墓发掘简报》，见文物编辑委员会编《文物资料丛刊 9》，北京：文物出版社，1985 年。

四川省文物考古研究院、资阳市雁江区文物管理所：《资阳市雁江区狮子山崖墓 M2 清理简报》，《四川文物》2011 年第 4 期。

唐金裕、郭清华：《陕西勉县红庙汉墓清理简报》，《考古与文物》1983 年第 4 期。

吐鲁番地区文管所：《1986 年新疆吐鲁番古墓群发掘简报》，《考古》1992 年第 2 期。

王德庆：《江苏铜山东汉墓清理简报》，《考古通讯》1957 年第 4 期。

王思礼：《山东肥城汉画像石墓调查》，《文物参考资料》1958 年第 4 期。

王相臣、唐仕英：《山东平邑县皇圣卿阙、功曹阙》，《华夏考古》2003 年第 3 期。

王毓彤：《荆门出土一件铜戈》，《文物》1963 年第 1 期。

微山县文物管理所：《山东微山县近年出土的汉画像石》，《文物》2006 年第 2 期。

吴震：《吐鲁番阿斯塔纳唐墓中有重要发现》，《考古》1959 年第 12 期。

武汉市文物考古研究所、巫山县文物管理所、武汉市盘龙城遗址博物馆：《巫山上西坪古墓地 2002–2003 年度发掘简报》，见重庆市文物局、重庆市水利局编《重庆库区考古报告集 · 2003 卷》第 3 册，北京：科学出版社，2019 年。

武汉市文物考古研究所、巫山县文物管理所：《重庆巫山土城坡墓地Ⅲ区东汉墓葬发掘报告》，《江汉考古》2008 年第 1 期。

西安市文物保护考古所：《西安理工大学西汉壁画墓发掘简报》，《文物》2006 年第 5 期。

西安市文物管理委员会：《西安市发现一批汉代铜器和铜羽人》，《文物》1966 年第 4 期。

咸阳市文物考古研究所：《陕西咸阳二〇二所西汉墓葬发掘简报》，《考古与文物》2006年第1期。

咸阳市文物考古研究所：《陕西咸阳市北郊杜家堡新莽墓发掘简报》，《考古与文物》2004年第3期。

新津文管所：《新津县出土东汉摇钱树》，《成都文物》1993年第2期。

新疆维吾尔自治区博物馆：《新疆民丰县北大沙漠中古遗址墓葬区东汉合葬墓清理简报》，《文物》1960年第6期。

荥阳市文物保护管理所、郑州市文物考古研究所：《河南荥阳苌村汉代壁画墓调查》，《文物》1996年第3期。

徐州市博物馆、沛县文化馆：《江苏沛县栖山汉画象石墓清理简报》，见《考古》编辑部编《考古学集刊》第2辑，北京：中国社会科学出版社，1982年。

于豪亮：《记成都羊子山一号墓》，《文物参考资料》1955年第9期。

榆阳地区文管会、绥德地区博物馆：《陕西绥德县四十里铺画像石调查简报》，《考古与文物》2002年第3期。

云南省博物馆考古发掘工作组：《云南晋宁石寨山古遗址及墓葬》，《考古学报》1956年第1期。

云南省文物工作队：《云南昭通桂家院子东汉墓发掘》，《考古》1962年第8期。

枣庄市文物管理委员会、枣庄市博物馆：《山东枣庄市临山汉墓发掘简报》，《考古》2003年第11期。

郑州市博物馆：《郑州新通桥汉代画像空心砖墓》，《文物》1972年第10期。

周到、李京华：《唐河针织厂汉画像石墓的发掘》，《文物》1973年第6期。

周口地区文物工作队、淮阳县博物馆：《河南淮阳北关一号汉墓发掘简报》，《文物》1991年第4期。

周水利：《安徽萧县新出土的汉代画像石》，《文物》2010年第6期。

邹城市文物管理处：《山东邹城高李村汉画像石墓》，《文物》1994年第6期。

邹城市文物管理局：《山东邹城市卧虎山汉画像石墓》，《考古》1999年第6期。

三、近现代学者论著

（一）专著

陈长虹：《汉魏六朝列女图像研究》，北京：科学出版社，2016 年。

陈梦家：《殷虚卜辞综述》，北京：中华书局，1988 年。

陈遵妫：《中国天文学史》，上海人民出版社，2006 年。

丁山：《古代神话与民族》，北京：商务印书馆，2006 年。

冯时：《天文学史话》，北京：社会科学文献出版社，2011 年。

冯时：《中国天文考古学》，北京：中国社会科学出版社，2007 年。

冯其庸、刘辉：《汉画解读》，北京：文化艺术出版社，2006 年。

傅起凤、傅腾龙：《中国杂技史》，上海人民出版社，2004 年。

葛兆光：《中国思想史·导论：思想史的写法》，上海：复旦大学出版社，2005 年。

顾实：《穆天子传西征讲疏》，见《民国丛书》第三编第 63 册，上海人民出版社，1989 年。

何志国：《汉魏摇钱树初步研究》，北京：科学出版社，2007 年。

贺西林、李清泉：《永生之维：中国墓室壁画史》，北京：高等教育出版社，2009 年。

侯旭东：《五六世纪北方民众佛教信仰——以造像记为中心的考察（增订本）》，北京：社会科学文献出版社，2015 年。

霍巍、赵德云：《战国秦汉时期中国西南的对外文化交流》，成都：巴蜀书社，2007 年。

姜生：《汉帝国的遗产：汉鬼考》，北京：科学出版社，2016 年。

蒋英矩、吴文祺：《汉代武氏墓群石刻研究（修订本）》，北京：人民美术出版社，2014 年。

李发林：《山东汉画像石研究》，济南：齐鲁书社，1982 年。

李丰楙：《仙境与游历：神仙世界的想象》，北京：中华书局，2010 年。

李立：《文化嬗变与汉代自然神话演变》，汕头出版社，2000 年。

李立：《汉墓神画研究——神话与神话艺术精神的考察与分析》，上海古籍出版社，2004年。

李零：《楚帛书研究（十一种）》，上海：中西书局，2013年。

李凇：《中国道教美术史》，长沙：湖南美术出版社，2012年。

李凇：《论汉代艺术中的西王母图像》，长沙：湖南教育出版社，2000年。

练春海：《器物图像与汉代信仰》，北京：生活·读书·新知三联书店，2014年。

林梅村：《松漠之间——考古发现所见的中外文化交流》，北京：生活·读书·新知三联书店，2007年。

刘屹：《敬天与崇道——中古经教道教形成的思想史背景》，北京：中华书局，2005年。

刘昭瑞：《考古发现与早期道教研究》，北京：文物出版社，2007年。

罗二虎：《汉代画像石棺》，成都：巴蜀书社，2002年。

蒙文通：《古史甄微》，成都：巴蜀书社，1999年。

缪哲：《从灵光殿到武梁祠：两汉之交帝国艺术的遗影》，北京：生活·读书·新知三联书店，2021年。

潘攀：《汉代神兽图像研究》，北京：文物出版社，2019年。

蒲慕州：《追寻一己之福——中国古代的信仰世界》，上海古籍出版社，2007年。

秦臻：《汉代陵墓石兽研究》，北京：文物出版社，2016年。

唐长寿：《乐山崖墓与彭山崖墓》，成都：电子科技大学出版社，1994年。

沈福伟：《中西文化交流史》，上海人民出版社，1985年。

石云涛：《汉代外来文明研究》，北京：中国社会科学出版社，2017年。

苏雪林：《昆仑之谜》，台北："中央"文物供应社，1956年。

孙机：《汉代物质文化资料图说（增订本）》，上海古籍出版社，2008年。

孙作云：《孙作云文集·美术考古与民俗研究》，郑州：河南大学出版社，2003年。

谭正璧编：《中国小说发达史》，上海古籍出版社，2012年。

汪小洋：《汉墓绘画宗教思想研究》，上海大学出版社，2010年。

王力：《古代汉语》，北京：中华书局，1999年。

闻一多：《伏羲考》，上海古籍出版社，2006年。

信立祥：《汉代画像石综合研究》，北京：文物出版社，2000年。

邢义田：《画外之意——汉代孔子见老子画像研究》，台北：三民书局，2018年。

杨爱国：《幽冥两界：纪年汉代画像石研究》，西安：陕西人民美术出版社，

2006年。

杨宽：《中国古代陵寝制度史》，上海人民出版社，2008年。

余嘉锡：《四库提要辨证》，北京：中华书局，2007年。

余太山：《塞种史研究》，北京：中国社会科学出版社，1992年。

袁珂：《中国神话传说词典》，上海辞书出版社，1985年。

袁行霈主编：《中国文学史》，北京：高等教育出版社，2014年。

张道一：《汉画故事》，重庆大学出版社，2006年。

张星烺：《中西交通史料汇篇》，北京：中华书局，2003年。

赵德云：《西周至汉晋时期中国外来珠饰研究》，北京：科学出版社，2016年。

赵声良：《敦煌石窟艺术简史》，北京：中国青年出版社，2015年。

郑阿财、朱凤玉：《敦煌蒙书研究》，兰州：甘肃教育出版社，2002年。

郑岩：《魏晋南北朝壁画墓研究》，北京：文物出版社，2002年。

周克林：《东汉六朝钱树研究》，成都：巴蜀书社，2012年。

朱浒：《汉画像胡人图像研究》，北京：生活·读书·新知三联书店，2017年。

朱浒：《东汉佛教入华的图像学研究》，北京：科学出版社，2020年。

（二）论文

艾延丁：《南阳市王庄汉画像石墓墓顶画像考释》，《中原文物》1986年第1期。

安志敏：《长沙新发现的西汉帛画试探》，《考古》1973年第1期。

曹胜高：《“太一”考》，《洛阳大学学报》2002年第3期。

岑仲勉：《〈穆天子传〉西征地理概测》，见氏著《中外史地考证》，北京：中华书局，2004年。

常任侠：《重庆沙坪坝出土之石棺画像研究》，见氏著《常任侠艺术考古论文选集》，北京：文物出版社，1984年。

陈东辉、彭双喜：《〈周礼注疏〉引〈尔雅〉郑玄注辨析》，《中国典籍与文化》2008年第3期。

陈江风：《汉画像中的玉璧及丧葬观念》，《中原文物》1994年第4期。

陈路：《汉画榜题“上人马食太仓”考》，《南都学坛》2005年第3期。

陈梦家：《古文字中之商周祭祀》，见氏著《陈梦家学术论文集》，北京：中华书局，2016年。

陈梦家:《商代的神话与巫术》,见氏著《陈梦家学术论文集》,北京:中华书局,2016年。

陈明达:《汉代的石阙》,《文物》1961年第12期。

陈松长:《连云港海州双龙汉墓出土汉代漆尺彩绘图像解读》,见中国汉画学会、四川博物院编《中国汉画学会第十二届年会论文集》,澳门:中国国际文化出版社,2010年。

陈直:《望都汉墓壁画题字通释》,《考古》1962年第3期。

丛德新、罗志宏:《重庆巫山县东汉鎏金铜牌饰的发现与研究》,《考古》1998年第12期。

崔华、牛耕:《从汉画中的水旱神画像看我国汉代的祈雨风俗》,《中原文物》1996年第3期。

邓宽宇:《马王堆两幅T形帛画比较研究》,见华东师范大学艺术研究所编《中国美术研究》第34辑,上海书画出版社,2020年。

丁培仁:《太一信仰与张角的中黄太一道》,《宗教学研究》1984年第5期。

丁山:《论炎帝大岳与昆仑山》,《说文月刊》1944年第4卷合刊本。

丁祖春:《四川汉晋石阙》,《考古与文物》1987年第6期。

杜而未:《昆仑文化与不死观念》,见《宗教丛书6》,台北学生书局,1978年。

段毅、武家璧:《靖边渠树壕东汉壁画墓天文图考释》,《考古与文物》2017年第1期。

凡国栋:《释连云港海州西汉墓名谒中的"西平侯"》,《中国国家博物馆馆刊》2015年第9期。

方尔加:《〈焦氏易林〉之管见》,《周易研究》2004年第2期。

方鹏钧、张勋燎:《山东苍山元嘉元年画象石题记的时代和有关问题的讨论》,《考古》1980年第3期。

冯汉骥:《论盘舞》,《文物参考资料》1957年第8期。

冯汉骥:《四川的画像砖墓及画像砖》,《文物》1961年第11期。

冯时:《洛阳尹屯西汉壁画墓星象图研究》,《考古》2005年第1期。

冯时:《上古宇宙观的考古学研究——安徽蚌埠双墩春秋钟离君柏墓解读》,《"中央"研究院历史语言研究所集刊》第二十八本第三分,2011年。

葛兆光:《众妙之门——北极与太一、道、太极》,《中国文化》第3期,

1990 年。

顾颉刚：《昆仑传说与羌戎文化》，见氏著《顾颉刚古史论文集》卷六，北京：中华书局，2011 年。

顾颉刚：《秦汉的方士与儒生》，见氏著《顾颉刚古史论文集》卷二，北京：中华书局，2011 年。

顾颉刚：《〈山海经〉中的昆仑区》，《中国社会科学》1982 年第 1 期。

顾颉刚、杨向奎：《三皇考》，见顾颉刚著《顾颉刚古史论文集》卷二，北京：中华书局，2011 年。

顾铁符：《西安附近所见的西汉石雕艺术》，《文物参考资料》1955 年第 11 期。

郭沫若：《洛阳汉墓壁画试探》，《考古学报》1962 年第 2 期。

韩连武：《南阳汉画像石星图研究》，《南都学坛》1982 年第 3 期。

韩玉祥、牛天伟：《麒麟岗汉画像石墓前室墓顶画像考释》，见韩玉祥主编《南阳汉代天文画像石研究》，北京：民族出版社，1995 年。

何志国：《天门・天宫・兜率天宫——敦煌第 275 窟弥勒天宫图像的来源》，《敦煌研究》2016 年第 1 期。

贺世哲：《莫高窟第 285 窟窟顶天象图考论》，《敦煌研究》1987 年第 2 期。

贺西林：《从长沙楚墓帛画到马王堆一号汉墓漆棺与帛画——早期中国墓葬绘画的图像理路》，见中山大学艺术史研究中心编《艺术史研究》第 5 辑，广州：中山大学出版社，2003 年。

贺西林：《东汉钱树的图像及意义——兼论秦汉神仙思想的发展、流变》，《故宫博物院院刊》1998 年第 3 期。

贺西林：《汉代艺术中的羽人及其象征意义》，《文物》2010 年第 7 期。

贺西林：《汉画阴阳主神考》，见巫鸿、郑岩主编《古代墓葬美术研究》第 1 辑，北京：文物出版社，2011 年。

胡常春：《考古发现的东汉时期"天帝使者"与"持节使者"》，《考古与文物》2011 年第 5 期。

霍巍：《阙分幽冥：再论汉代画像中的门阙与"天门"》，见巫鸿、朱青生、郑岩主编《古代墓葬美术研究》第 4 辑，长沙：湖南美术出版社，2017 年。

霍巍：《神兽西来：重庆忠县发现石辟邪及其意义初探》，《长江文明》第 1 辑，重庆出版社，2008 年。

霍巍：《四川东汉大型石兽与南方丝绸之路》，《考古》2008年第11期。

霍巍：《四川汉代神话图像中的象征意义——浅析陶摇钱树座与陶灯台》，《华夏考古》2005年第2期。

霍巍：《四川何家山崖墓出土神兽镜及相关问题研究》，《考古》2000年第5期。

霍巍：《中国西南地区钱树佛像的考古发现与考察》，《考古》2007年第3期。

霍巍、齐广：《四川地区汉代画像砖的排列、组合与意义》，《考古》2022年第4期。

贾坤：《天水出土东汉鎏金铜棺饰》，《文物鉴定与鉴赏》2018年第3期。

姜生：《马王堆帛画与汉初“道者”信仰》，《中国社会科学》2014年第12期。

姜伊：《魏晋南北朝隋唐时期的伏羲、女娲图像研究》，见考古杂志社编《考古学集刊》待刊。

蒋英炬：《孝堂山石祠管见》，见南阳汉代画像石学术讨论会办公室编《汉代画像石研究》，北京：文物出版社，1987年。

蒋英炬、吴文祺：《武氏祠画像石建筑配置考》，《考古学报》1981年第2期。

江玉祥：《关于考古出土的“摇钱树”研究中的几个问题》，《四川文物》2000年第4期。

焦阳：《钱树枝干图像的整体研究——兼论钱树的主要内涵与功能》，见中山大学艺术史研究中心编《艺术史研究》第25辑，广州：中山大学出版社，2021年。

焦阳：《再论汉代的漆木“面罩”》，《考古》2020年第5期。

景安宁：《铜镜与早期道教》，见李凇主编《道教美术新论》，济南：山东美术出版社，2008年。

孔令杰：《达州博物馆藏“汉洪荒摇钱树座”含义商榷》，《中国民族美术》2020年第2期。

孔令忠、侯晋刚：《记新发现的嘉峪关毛庄子魏晋墓木版画》，《文物》2006年第11期。

李陈广：《南阳汉画像河伯图试析》，《中原文物》1986年第1期。

李复华、郭子游：《郫县出土东汉画象石棺图像略说》，《文物》1975年第8期。

李锦山：《考古资料反映的农业气象及雷雨诸神崇拜——兼论古代的祈雨巫术》，《农业考古》1995年第3期。

李零：《“方华蔓长，此名曰昌”——为“柿蒂纹”正名》，《中国国家博物馆馆刊》2012 年第 7 期。

李零：《“国际动物”：中国艺术中的狮虎形象》，见氏著《万变：李零考古艺术史文集》，北京：生活·读书·新知三联书店，2016 年。

李零：《湖北荆门“兵避太岁”戈》，《文物天地》1992 年第 3 期。

李零：《论中国的有翼神兽》，见氏著《入山与出塞》，北京：文物出版社，2004 年。

李零:《式与中国古代的宇宙模式》，见氏著《中国方术考》，北京:东方出版社，2001 年。

李零：《“太一”崇拜的考古学研究》，见氏著《中国方术续考》，北京：东方出版社，2001 年。

李零：《再论中国的有翼神兽》，见氏著《入山与出塞》，北京：文物出版社，2004 年。

李清泉：《上渭桥——汉画中部分车马过桥图像所集中显现的语义关联》，见向群、万毅编《姜伯勤教授八秩华诞颂寿史学论文集》，广州：广东人民出版社，2019 年。

李清泉：《“天门”寻踪》，见巫鸿、朱青生、郑岩主编《古代墓葬美术研究》第 3 辑，长沙：湖南美术出版社，2015 年。

李卫星:《论两汉与西域关系在汉画中的反映》，《考古与文物》1995 年第 5 期。

李学勤：《放马滩简中的志怪故事》，《文物》1990 年第 4 期。

李银德：《汉代的玉棺与镶玉漆棺》，见徐州博物馆编《徐州文物考古文集（一）》，北京：科学出版社，2011 年。

林梅村:《狮子与狻猊》，见氏著《汉唐西域与中国文明》，北京：文物出版社，1998 年。

林梅村：《天禄辟邪与古代中西文化交流》，见氏著《汉唐西域与中国文明》，北京：文物出版社，1998 年。

凌纯声：《昆仑丘与西王母》，《民族学研究所集刊》第 22 期，1966 年。

刘文锁：《伏羲女娲图考》，见中山大学艺术史研究中心编《艺术史研究》第 8 辑，广州：中山大学出版社，2006 年。

刘屹：《象泰一之威神——汉代太一信仰的文本与图像表现》，见氏著《神格与地域——汉唐间道教信仰世界研究》，上海人民出版社，2011 年。

刘增贵：《汉代画像阙的象征意义》，《中国史学》第10卷，2000年。

刘子亮、杨军、徐长青：《汉代东王公传说与图像新探——以西汉海昏侯刘贺墓出土“孔子衣镜”为线索》，《文物》2018年第11期。

刘宗迪：《西王母神话地域渊源考》，《民俗研究》2005年第2期。

罗二虎：《长宁七个洞崖墓群汉画像研究》，《考古学报》2005年第3期。

罗二虎：《东汉墓“仙人半开门”图像解析》，《考古》2014年第9期。

罗二虎：《论中国西南地区早期佛像》，《考古》2005年第6期。

罗世平：《关于汉画中的太一图像》，《美术》1998年第4期。

罗小华：《“羊车”补说》，《四川文物》2013年第5期。

罗哲文：《孝堂山郭氏墓石祠》，《文物》1961年第4、5合期。

雒启坤：《西安交通大学西汉墓葬壁画二十八宿星图考释》，《自然科学史研究》第10卷第3期1991年。

马雍：《论长沙马王堆一号汉墓出土帛画的名称和作用》，《考古》1973年第2期。

马振林：《连云港双龙汉墓汉尺考》，《苏州文博论丛》第一辑，北京：文物出版社，2010年。

蒙文通：《略论〈山海经〉的写作时代及其产生地域》，见氏著《蒙文通文集第一卷·古学甄微》，成都：巴蜀书社，1987年。

蒙文通：《晚周仙道分三派考》，见氏著《蒙文通文集第一卷·古学甄微》，成都：巴蜀书社，1987年。

孟凡人：《吐鲁番出土的伏羲女娲图》，见氏著《新疆考古与史地论集》，北京：科学出版社，2000年。

孟庆利：《汉墓砖画“伏羲、女娲像”考》，《考古》2000年第4期。

牛耕：《试析汉画中的〈雷神出行图〉》，《南都学坛》1990年第5期。

牛天伟：《汉画风伯形象及其功能探析》，《古代文明》2008年第7期。

牛天伟：《试论汉画像石砖中的车》，见中国汉画学会、河南博物院编《中国汉画学会第十三届年会论文集》，郑州：中州古籍出版社，2011年。

庞政：《从海昏侯墓衣镜看西王母、东王公图像的出现及相关问题》，《江汉考古》2020年第5期。

庞政：《汉代“凤鸟献药”图像试探》，见王煜主编《文物、文献与文化——

历史考古青年论集》第 1 辑，上海古籍出版社，2017 年。

庞政：《汉代太一手拥伏羲、女娲图像及相关问题》，《南方文物》2020 年第 1 期。

庞政：《试论陕北汉画像中的“仙人六博”式东王公及相关问题》，《考古与文物》2021 年第 3 期。

庞政：《试论早期祠堂画像中西王母与羿（后羿）的组合》，见华东师范大学艺术研究所编《中国美术研究》第 31 辑，上海书画出版社，2019 年。

彭景元：《马王堆一号汉墓帛画新释》，《江汉考古》1987 年第 1 期。

齐广：《宫殿与墓葬传统的交融：东汉地上石人的起源与意义》，见中国社会科学院历史研究所文化史研究室编《形象史学》第 21 辑，北京：中国社会科学出版社，2022 年。

钱宝琮：《太一考》，《燕京学报》1932 年第 12 期，见氏著《钱宝琮科学论文选集》，北京，科学出版社，1983 年。

邱登成：《汉代摇钱树与汉墓仙化主题》，《四川文物》1994 年第 5 期。

冉万里、李明、赵占锐：《咸阳成任墓地出土东汉金铜佛像研究》，《考古与文物》2022 年第 1 期。

饶宗颐：《论释氏之昆仑说》，见氏著《梵学集》，上海古籍出版社，1993 年。

饶宗颐：《图诗与辞赋——马王堆新出〈大一出行图〉研究》，《新美术》1997 年第 2 期。

任乃强：《樊敏碑考略》，《说文月刊》1944 年第 4 卷合刊。

任乃强：《芦山新出汉石图考》，《康导月刊》1943 年第 5 卷第 1 期。

商志<U+9A55>：《马王堆一号汉墓“非衣”试释》，《文物》1972 年第 9 期。

沈睿文：《唐宋墓葬神煞考源——中国古代墓葬太一出行系列研究之三》，见荣新江主编《唐研究》第 18 卷，北京大学出版社，2012 年。

石峰：《略析连云港双龙汉墓出土的彩绘木尺》，《长江文化论丛》第八辑，南京：东南大学出版社，2012 年。

宋艳萍：《从“阙”到“天门”——汉阙的神秘化历程》，《四川文物》2016 年第 5 期。

宋艳萍：《汉画像石中的“鱼车图”》，《四川文物》2010 年第 6 期。

宋艳萍：《汉画像所见“牵牛织女”星象图试析——从河南南阳白滩“牵

牛织女”图引发》，见中国汉画学会、河南博物院编《中国汉画学会第十三届年会论文集》，郑州：中州古籍出版社，2011 年。

苏奎：《东汉鎏金银璧形铜棺饰的图像与信仰》，《四川文物》2021 年第 5 期。

苏奎：《汉代陶钱树座与陶灯座》，《华夏考古》2015 年第 1 期。

宿白：《参观敦煌第 285 窟札记》，《文物参考资料》1956 年第 2 期。

宿白：《四川钱树和长江中下游部分器物上的佛像——中国南方发现的早期佛像札记》，《文物》2004 年第 10 期。

孙机：《仙凡幽冥之间——汉画像石与“大象其生”》，《中国国家博物馆馆刊》2013 年第 9 期。

孙作云：《长沙马王堆一号汉墓出土画幡考释》，《考古》1973 年第 1 期。

孙作云：《敦煌壁画中的神怪画》，《考古》1960 年第 6 期。

孙作云：《洛阳西汉卜千秋壁画墓考释》，《文物》1977 年第 6 期。

孙作云：《评〈沂南古画像石墓发掘报告〉——兼论汉代人的主要迷信思想》，《考古通讯》1957 年第 6 期。

唐长寿：《汉代墓葬门阙考辨》，《中原文物》1991 年第 3 期。

唐兰：《马王堆出土〈老子〉乙本卷前古佚书的研究》，《考古学报》1975 年第 1 期。

童恩正：《中国古代的巫、巫术、巫术崇拜及其相关问题》，见氏著《童恩正文集·人类与文化》，重庆出版社，1998 年。

童书业：《三皇考》，见顾颉刚著《顾颉刚古史论文集》卷二，北京：中华书局，2011 年。

汪悦进：《入地如何再升天？——马王堆美术时空论》，《文艺研究》2015 年第 12 期。

王国维：《后汉会稽郡东部候官考》，见氏著《观堂集林》卷十二，北京：中华书局，1959 年，上册。

王国维：《西胡考》，见氏著《观堂集林》卷十三，北京：中华书局，1959 年，上册。

王纲怀：《东汉神兽镜太一出行图与铭刍议》，《中国收藏》2015 年第 4 期。

王明丽、牛天伟：《从汉画看古代雷神形象的演变》，《中原文物》2002 年第 4 期。

王寿芝：《城固出土的汉代桃都》，《文博》1987 年第 6 期。

王意乐、徐长青、杨军、管理：《海昏侯刘贺墓出土孔子衣镜》，《南方文物》2016 年第 3 期。

王煜：《重庆丰都东汉至蜀汉墓葬出土陶塑戴冠头像初探》，《江汉考古》2022 年第 3 期。

王煜：《汉代镶玉漆棺及相关问题讨论》，《考古》2017 年第 11 期。

王煜：《汉墓“虎食鬼魅”画像试探——兼谈汉代墓前石雕虎形翼兽的起源》，《考古》2010 年第 12 期。

王煜：《晋青瓷胡人骑兽烛台及相关问题》，《东南文化》2015 年第 6 期。

王煜：《南京江宁上坊谢家山出土“天乙”滑石猪与司命信仰——也谈玉石猪手握的丧葬意义》，《东南文化》2017 年第 6 期。

王煜：《陕西米脂官庄汉墓射鸟画像试探——也论汉代的射鸟画像》，《文博》2015 年第 6 期。

王煜：《四川雅安汉墓出土“双兽搏斗”石雕及相关问题》，《中国国家博物馆馆刊》2012 年第 6 期。

王煜：《西王母地域之“西移”与相关问题研究》，《西域研究》2011 年第 3 期。

王煜:《象天法地: 先秦至汉晋铜镜图像寓意概说》,《南方文物》2017 年第 1 期。

王煜：《新瓶还是旧酒：汉墓中的蝉蜕成仙之道》，《文汇报》2018 年 11 月 23 日第 W14 版。

王煜：《知识、传说与制作：陕西靖边渠树壕东汉壁画墓星象图的几个问题》，《美术研究》2020 年第 5 期。

王煜、杜京城：《“祭我兮子孙”：沂南汉墓画像的整体配置与图像逻辑》，见中国社会科学院历史研究所文化史研究室编《形象史学》第 17 辑，北京：中国社会科学出版社，2021 年。

王煜、康轶琼：《抽象宇宙：汉代式盘类图像的图式观察》，见赵俊杰主编《春山可望——历史考古青年论集》第 3 辑，上海古籍出版社，2021 年。

王煜、李帅：《礼俗之变：汉唐时期猪形玉石手握研究》，《南方文物》2021 年第 4 期。

王煜、庞政：《得象忘意与得意忘象：汉代故事画像中的“错误”》，《美术研究》2021 年第 4 期。

王煜、彭慧：《由圣入俗：汉代连理树图像研究》，见华东师范大学艺术研究所编《中国美术研究》第 34 辑，上海书画出版社，2020 年。

王煜、皮艾琳：《“祭祀是居，神明是处”：临沂吴白庄汉画像石墓图像配置与叙事》，见中山大学艺术史研究中心编《艺术史研究》第 24 辑，广州：中山大学出版社，2021 年。

王煜、师若予、郭凤武：《雅安芦山汉墓出土摇钱树座初步研究——再谈摇钱树的整体意义》，《中国国家博物馆馆刊》2016 年第 5 期。

王育成：《东汉道符释例》，《考古学报》1991 年第 1 期。

王育成：《东汉天帝使者类道人与道教起源》，《道家文化研究》第 16 辑，北京：生活·读书·新知三联书店，1999 年。

王育成：《南李王陶瓶朱书及相关宗教文化问题研究》，《考古与文物》1996 年第 2 期。

王仲殊：《建安纪年铭神兽镜综论》，《考古》1988 年第 4 期。

王仲殊：《论吴晋时期的佛像夔凤镜——为纪念夏鼐先生考古五十年而作》，《考古》1985 年第 7 期。

王仲殊：《略说杯盘舞及其时代》，《考古通讯》1957 年第 3 期。

王仲殊：《沂南石刻画像中的七盘舞》，《考古通讯》1955 年第 2 期。

王子今：《汉代“蚩尤”崇拜》，《南都学坛》2006 年第 4 期。

韦兵：《道教与北斗生杀观念》，《宗教学研究》2005 年第 2 期。

卫聚贤：《昆仑与陆浑》，《说文月刊》1939 年第 1 卷第 9 期。

温玉成：《公元 1 至 3 世纪中国的仙佛模式》，《敦煌研究》1999 年第 1 期。

［美］巫鸿：《国外百年汉画像研究之回顾》，《中原文物》1994 年第 1 期。

［美］巫鸿：《马王堆一号汉墓中的龙、璧图像》，《文物》2015 年第 1 期。

［美］巫鸿：《引魂灵璧》，见［美］巫鸿、郑岩主编《古代墓葬美术研究》第 1 辑，北京：文物出版社，2011 年。

吴增德、周到：《南阳汉画像石中的神话与天文》，见韩玉祥主编《南阳汉代天文画像石研究》，北京：民族出版社，1995 年。

武家璧、段毅、田勇：《陕西靖边渠树壕壁画天文图中的黄道、日月及其重要意义》，《考古与文物》2019 年第 1 期。

武利华：《汉画像石中的“天神”》，《大众考古》2015 年第 1 期。

夏鼐：《洛阳西汉壁画墓中的星象图》，《考古》1965年第2期。

谢明良：《鬼子母在中国——从考古资料探索其图像的起源与变迁》，《美术史研究集刊》第27期，台北：台湾大学艺术史研究所，2009年。

邢义田：《格套、榜题、文献与画像解释——以一个失传的“七女为父报仇”汉画故事为例》，见氏著《画为心声：画像石、画像砖与壁画》，北京：中华书局，2011年。

邢义田：《古代中国及欧亚文献、图像与考古资料中的“胡人”外貌》，《美术史研究集刊》第9期，台北：台湾大学艺术史研究所，2000年。

邢义田：《汉碑、汉画和石工的关系》，见氏著《画为心声：画像石、画像砖与壁画》，北京：中华书局，2011年。

邢义田：《汉代画像胡汉战争图的构成、类型与意义》，《美术史研究集刊》第19期，台北：台湾大学艺术史研究所，2005年。

邢义田：《汉代画像中的“射爵射侯图”》，见氏著《画为心声：画像石、画像砖与壁画》，见氏著《画为心声：画像石、画像砖与壁画》，北京：中华书局，2011年。

邢义田：《秦汉皇帝与“圣人”》，见氏著《天下一家：皇帝、官僚与社会》，北京：中华书局，2011年。

邢义田：《陕西旬邑百子村壁画墓的墓主、时代与“天门”问题》，见氏著《画为心声：画像石、画像砖与壁画》，北京：中华书局，2011年。

邢义田：《“太一生水”、“太一出行”与“太一坐”：读郭店简、马王堆帛画和定边、靖边汉墓壁画的联想》，《美术史研究集刊》第30期，台北：台湾大学艺术史研究所，2011年。

徐中舒：《殷人服象及象之南迁》，见氏著《古器物中的古代文化制度》，北京：商务印书馆，2015年。

严耕望：《秦汉郎吏制度考》，见氏著《严耕望史学论文选集》，北京：中华书局，2006年。

杨爱国：《“此上人马皆食太仓”解》，中国社会科学院考古研究所等编《汉长安城考古与汉文化》，北京：科学出版社，2008年。

杨宽：《〈穆天子传〉真实来历的探讨》，《中华文史论丛》第55辑，上海古籍出版社，1996年。

杨善群：《〈穆天子传〉的真伪及其史料价值》，《中华文史论丛》第54辑，上海古籍出版社，1995年

叶康宁：《王莽与博局》，《古代文明》2009年第1期。

袁珂：《〈山海经〉写作的时地及篇目考》，见氏著《神话论文集》，上海古籍出版社，1982年。

于豪亮：《“钱树”、“钱树座”和鱼龙漫延之戏》，《文物》1961年第11期。

俞伟超：《东汉佛教图像考》，《文物》1980年第5期。

俞伟超：《马王堆汉墓笔谈——关于帛画》，《文物》1972年9期。

张善熙、姜易德、涂世荣：《成都凤凰山出土〈太玄经〉摇钱树探讨》，《四川文物》1998年第4期。

张松利、张金凤：《许昌汉代大型石雕天禄、辟邪及其特点——兼论天禄、辟邪的命名与起源》，《中原文物》2007年第4期。

张馨月：《成县石碑村砖室墓鎏金棺饰铜牌探究》，《陇右文博》2011年第2期。

张勋燎：《重庆、甘肃和四川东汉墓出土的几种西王母天门图像材料与道教》，见张勋燎、白彬著《中国道教考古》第2册，北京：线装书局，2006年。

张勋燎：《东汉墓葬出土解注器和天师道的起源》，见张勋燎、白彬著《中国道教考古》第1册，北京：线装书局，2006年。

赵超：《山东嘉祥出土东汉永寿三年画像石题记补考》，《文物》1990年第9期。

赵成甫、郝玉建：《胡汉战争画像考》，《中原文物》1993年第2期。

赵殿增、袁曙光：《天门考——兼论四川汉画像砖（石）的组合与主题》，《四川文物》1990年第6期。

赵殿增、袁曙光：《“天门”是汉画神仙思想的集中体现》，见中国汉画学会、四川博物院编《中国汉画学会第十二届年会论文集》，澳门：中国国际文化出版社，2010年。

赵殿增、袁曙光：《“天门”续考》，见中国汉画学会、北京大学汉画研究所编《中国汉画研究》第一卷，桂林：广西师范大学出版社，2004年。

郑红莉：《汉代画像石所见“象图”再考》，见中国汉画学会、河南博物院编《中国汉画学会第十三届年会论文集》，郑州：中州古籍出版社，2011年。

郑红莉：《汉画像石“驯象图”试考》，《考古与文物》2010年第5期。

郑彤：《再论汉画像石上的象纹》，《华夏考古》2010年第1期。

郑岩:《汉代艺术中的胡人图像》,见中山大学艺术史研究中心编《艺术史研究》第 1 辑,广州:中山大学出版社,1999 年。

郑岩:《关于墓葬壁画起源问题的思考——以河南永城柿园汉墓为中心》,《故宫博物院院刊》2005 年第 3 期。

钟敬文:《中国民俗史与民俗学史》,见钟敬文、萧放主编,郭必恒等著《中国民俗史(汉魏卷)》,北京:人民出版社,2008 年。

周保平:《徐州洪楼两块汉画像石考释》,《中原文物》1993 年第 2 期。

周到:《南阳汉画像石中的几幅天象图》,《考古》1975 年第 1 期。

周静:《汉晋时期西南地区有关西王母神话考古资料的类型及其特点》,见四川大学历史文化学院考古学系编《四川大学考古专业创建四十周年暨冯汉骥教授百年诞辰纪念文集》,成都:四川大学出版社,2001 年。

周世荣:《马王堆汉墓的"神祇图"帛画》,《考古》1990 年第 10 期。

周振鹤:《从"九州异俗"到"六合同风"——两汉风俗区划的变迁》,《中国文化研究》第 18 期,1997 年。

周振鹤:《秦汉风俗地理区划浅议》,《历史地理》第 13 辑,上海人民出版社,1978 年。

朱国炤:《汉代图像中所见牛、鹿、羊车及其反映的社会意识》,见南阳汉代画像石学术讨论会办公室编《汉代画像石研究》,北京:文物出版社,1987 年。

朱浒:《大象有形 垂鼻辚囷——汉代中外交流视野中的大象图像研究》,《故宫博物院院刊》2016 年第 6 期。

朱浒:《曹操墓画像石之"金日磾"、"贞夫韩朋"、"鲁秋洁妇"故事考》,见华东师范大学艺术研究所编《中国美术研究》第 28 辑,上海书画出版社,2019 年。

朱磊:《马王堆帛画中双龙构成的"壶形空间"考》,见陈晓露主编《芳林新叶——历史考古青年论集》第 2 辑,上海古籍出版社,2019 年。

朱磊:《谈汉代解注瓶上的北斗与鬼宿》,《文物》2011 年第 4 期。

朱磊、张耘、燕燕燕:《山东滕州出土北斗星象画像石》,《文物》2012 年第 4 期。

[日]佐竹靖彦:《汉代坟墓祭祀画像中的亭门、亭阙和车马行列》,见中国汉画学会、北京大学汉画研究所编《中国汉画研究》第一卷,桂林:广西师范大学出版社,2004 年。

四、译著

［意］阿纳尔多·莫米利亚诺著，王晨译：《历史学研究》，北京大学出版社，2020 年。

［德］保罗·赫尔曼著，张诗敏、许嫚红译：《北欧神话：世界开端与尽头的想象》，上海人民出版社，2020 年。

［法］索安著，赵宏勃译：《从墓葬的葬仪文书看汉代的宗教轨迹》，《法国汉学》第 7 辑，北京：中华书局，2002 年。

［荷］高延著，林艾岑译，马小鹤审校：《中国的宗教系统及其古代形式、变迁、历史及现状》，广州：花城出版社，2018 年。

［美］艾素珊著，何志国译：《东汉时期的钱树（下）》，《民族艺术》2006 年第 3 期。

［美］米尔恰·伊利亚德著，段满福译：《萨满教：古老的入迷术》，北京：社会科学文献出版社，2018 年。

［美］米尔恰·伊利亚德著，晏可佳、姚蓓琴译：《神圣的存在：比较宗教的范型》，桂林：广西师范大学出版社，2008 年。

［美］巫鸿著，柳扬、岑河译：《武梁祠——中国古代画像艺术的思想性》，北京：生活·读书·新知三联书店，2006 年。

［美］巫鸿著，施杰译：《黄泉下的美术：宏观中国古代墓葬》，北京：生活·读书·新知三联书店，2010 年。

［美］巫鸿著，陈星灿译：《礼仪中的美术：马王堆再思》，见氏著《礼仪中的美术——巫鸿中国古代美术史文编》上册，北京：生活·读书·新知三联书店，2005 年。

［美］巫鸿著，李清泉译：《地域考古与对“五斗米道”美术传统的重构》，见氏著《礼仪中的美术——巫鸿中国古代美术史文编》下册，北京：生活·读书·新知三联书店，2005 年。

［美］巫鸿著，李清泉译：《无形之神：中国古代视觉文化中的“位”与对老子的非偶像表现》，见氏著《礼仪中的美术——巫鸿中国古代美术史文编》下册，北京：生活·读书·新知三联书店，2005 年。

［美］巫鸿著，李凇译：《论西王母图像及其与印度艺术的关系》，《南京艺术学院学报》1997 年第 3 期。

［美］巫鸿著，梅枚译：《玉骨冰心：中国艺术中的仙山概念和形象》，见氏著《时空中的美术》，北京：生活·读书·新知三联书店，2009 年。

［美］巫鸿著，王睿、李清泉译：《早期中国艺术中的佛教因素（2–3 世纪）》，见氏著《礼仪中的美术——巫鸿中国古代美术史文编》下册，北京：生活·读书·新知三联书店，2005 年。

［美］巫鸿著，郑岩译：《超越“大限”：苍山石刻与墓葬叙事画像》，见氏著《礼仪中的美术——巫鸿中国古代美术史文编》上册，北京：生活·读书·新知三联书店，2005 年。

［美］余英时著，侯旭东译：《东汉生死观》，上海古籍出版社，2005 年。

［日］林巳奈夫著，唐利国译：《刻在石头上的世界：画像石述说的古代中国的生活和思想》，北京：商务印书馆，2010 年。

［日］小南一郎著，孙昌武译：《西王母与七夕文化传承》，见氏著《中国的神话传说与古小说》，北京：中华书局，1993 年。

［英］J. G. 弗雷泽著，王培基、徐育新、张泽石译：《金枝——巫术与宗教之研究》，北京：商务印书馆，2015 年。

［英］杰西卡·罗森著，陈谊译：《中国的博山炉——由来、影响及其含义》，见氏著《祖先与永恒：杰西卡·罗森中国考古艺术文集》，北京：生活·读书·新知三联书店，2011 年。

五、学位论文

顾颖：《汉画像祥瑞图式研究》，苏州大学博士学位论文，2015 年。

庞政：《秦汉时期蓬莱神仙信仰的考古学综合研究》，四川大学博士学位论文，2020 年。

苏奎：《汉代蜀镜的初步研究》，四川大学博士学位论文，2011 年。

仝涛：《长江下游地区汉晋五联罐和魂瓶的考古学综合研究》，四川大学博士学位论文，2006 年。

王晓玲：《吐鲁番阿斯塔纳古墓人首蛇神交尾图像研究》，陕西师范大学博士学位论文，2017 年。

朱磊:《中国古代北斗信仰的考古学研究》，山东大学博士学位论文，2011 年。

六、外文文献

（一）西文文献

Branko F. van Oppen de Ruiter, “Monsters of Military Might： Elephants in Hellenistic History and Art”, *Arts*, Vol. 8. No. 4, MDPI Publishing, 2019.

Dramer, Kim Irene Nedra. *Between the living and the dead*: *Han dynasty stone carved tomb doors (China)*,PhDdiss, Columbia University. Ann Arbor, ML： University Microfilms International, 2002.

Elfriede R. Knauer, The Queen Mother of the West： A Study of the Influence of Western Prototypes on the Iconography of the Taoist Deity, Mair 2006： V. H. Mair, *Contact and Exchange in the Ancient World*, University of Hawaii Press, Honolulu, 2006.

Elizabeth Johnston Milleker, ed. *The year one: art of the ancient world east and west*, New York： Metropolitan Museum of Art, 2000.

Enrico Acquaro, The Phoenicians： History and Treasures of an Ancient Civilization, White Star Publishers, 2010.

Fredrik Hiebert, Pierre Cambon, *Afghanistan: Hidden Treasures from the National Museum*, *Kabul*, National Geographic Society, 2008.

Greg Woolf, *Rome: an empire's story*, Oxford University Press, 2021.

H. H. Dubs, *An Ancient Chinese Mystery Cult*, Harvard Theological Review, 35, 1942.

Jean James, Interpreting Han Funerary Art： the Importance of Context, *Oriental Art*, 1985.

Jean M. James, An Iconographic Study of Xiwangmu During the Han Dynasty, *Artibus Asiae*, Vollv, 1/2, 1995.

Julia Shear, Serving Athena： The Festival of the Panathenaia and the Construction of Athenian Identities, Cambridge University Press, 2021.

Lexion Iconographicum Mythologiae Classicae

Lillian Lan-ying Tseng, *Picturing Heaven in Early China*, Harvard University Press, 2011.

Marina Prusac, "Personifications of Eudaimonia, Felicitas and Fortuna in Greek and Roman Art." *Symbolae Osloenses* 85.1, 2011.

Mario Bussagli, *L'art du Gandhāra*, LGF-Livre de Poche, 1996.

Martin J. Powers, An Archaic bas-relief and the Chinese Moral Cosmos in the First Century A. D. *Ars Orientalis*, 1981.

Michael Loewe, *Ways to Paradise: The Chinese Quest for Immortality*, George Allen & Unwin, London, 1979.

Mircea Eliade, *Patterns in Comparative Religion*, Cleveland： Word Publishing Meridian, 1963.

Mircea Eliade, *The Myth of the Eternal Return Mircea Eliade*, Princeton University Press, 1954.

P. Cambon, *Afghanistan les trésors retrouvés*, collections du musée national de Kaboul, RMN, Paris, 2007.

Piotrovskiĭ, Galanina, L. K., & Grach, N. L., *Scythian art : the legacy of the Scythian world, mid-7th to 3rd century B.C.*, Aurora, 1986.

Robert Bagley (eds.), *Ancient Sichuan: treasures from a lost civilization*, Princeton： Princeton University Press, 2001.

Robert Wenning, Megan A. Perry, "Cybele, Atargatis, or Allāt? A Surprising Tomb Artifact from Petra's North Ridge." *Bulletin of the American Schools of Oriental Research* 386.1, 2021.

Roel Sterckx, *The Animal and Daemon in Early China*, State University of New York Press, 2002.

V. H. Mair, *Contact and Exchange in the Ancient World*, University of Hawaii Press, Honolulu, 2006.

Victor H. Mair, ed. *Contact and exchange in the ancient world*, Honolulu： University of Hawai'i Press, 2006.

（二）日文文献

長谷川道隆:《呉・晋(西晋)墓出土の神亭壺——系譜および類型を中心に》,《考古学雑誌》1986年第3期。

東京帝国大学文学部編：《楽浪》，東京：刀江書院，1930年。

林巳奈夫：《漢代鬼神の世界》，《漢代の神神》，京都：臨川書店，1989年。

林巳奈夫：《漢鏡の図柄二，三について》，《東方学報》第44册，1973年。

森雅子:《西王母の原像——中国古代神話における地母神の研究》，《史學》第56卷第3号，1986年。

石川三佐男：《太一信仰の考古学的検討から見た『楚辞』の篇名問題－「東皇太一」》，郭店楚簡研究会編《楚地出土資料と中國古代文化》，東京：汲古書院，2002年。

田辺勝美：《ガンダーラ佛教美術 ： 平山コレクション》，東京：講談社，2007年。

小南一郎：《壺型の宇宙》，《東方学報》第61册，1989年。

楢山満照：《後漢時代四川地域における「聖人」図像の表現 -- 三段式神仙鏡の図像解釈をめぐって》，《美術史》第163册，2007年。

曽布川寛：《漢代画像石における昇仙図の系譜》，《東方学報》第65册，1993年。

曽布川寛：《崑崙山と昇仙図》，《東方学報》第51册，1979年。

后记

趁着国庆假期，将二校样读过一遍，许多回忆、遗憾和感慨涌上心来。于是我想，这篇后记的主题有了：就是将这些回忆、遗憾和感慨认真梳理并记录下来。“古之学者为己，今之学者为人。”这样的记录纵然可以使读者更加了解本书的来龙去脉及笔者目前对之持有的态度，却难免冗长乏味，反而成为累赘。但博士论文既然是人生中一个时代的完结和标志，对自己而言，似乎又是一个必须去做的交代和总结，越详细越有价值，愈往后愈有意义。

一

我自 2004 年 9 月进入四川大学历史文化学院考古专业学习，当时的学院老师不多，课程也很少，对于刚经历过两次高考的我，很庆幸真正感受到了大学宽松自由的氛围。大一的时候我阅读最多的是自己一直喜爱的中国古典文学（直到现在我仍然坚持认为自己在这方面的天分最高），也读过一些中外美术史的书，但课程总是听不进去，想必是没遇到适合的老师。大二时选修《中国哲学史》，讲先秦部分的老师很吸引我，于是阅读了许多中外哲学史的书，写了几篇札记，甚至一度准备学习先秦哲学。同时我对正在学习的夏商周考古也很感兴趣，而且当时比较集中地阅读民国时期一批先生的经典著作，大多也是针对先秦的。那时我想，对先秦哲学、文学和历史的学习在先秦考古中迟早也用得上。就在这样的憧憬中，大三上学期我参加了在重庆酉阳清源遗址的考古实习。乌江之畔，青山之中，景色优美，但极为偏僻，闲暇之时，不爱扎堆的我只能在借来的小学教室那昏暗的灯光下看点闲书。由于发掘对象的缘故，我临行时从学校图书馆借来一些西南考古的书，一边阅读，一边又对这一方向产生了兴趣。回到学校后，在扩大阅读的基础上写了一点东西，还同天健文史社的朋友们一起做了一些相关的访谈。这个时候写的一些习作后来还发表在学术期刊上，一篇是历史学的（《巴地氏族制在秦汉及其以后时期的遗存》，《重庆社会科学》2008 年第 10 期），一篇是考古学的（《早期乌江通道的确认与开发》，《重庆社会科学》2009 年第 1 期，与贝蕾女士合作），一篇是文学的（《“圣”照耀下的“史”——杜甫几首咏怀古蜀史迹诗读后》，《杜甫研究学刊》2009 年第 3 期）。就在我认为将来的方向完全确定了之时，霍巍老师看到了我做的访谈稿，让我去他的办公室见见面。

那次见面后，我确定了以后研究生阶段的导师，但在方向问题上，师生并未完全取得一致。霍老师认为历史时期考古能更好地发挥我的优势，然而之前的小小成绩显然给了我很大的惯性。于是各退一步，选择了一个战国秦汉时期西南考古的问题作为我的本科论文（昆明羊甫头滇文化墓地）。文章写得很长，考古材料和文献材料都分开进行了梳理再来整合。现在看来，作为“本科毕业论文”还是不错的，受到很大的训练，但作为“论文”，并不太成功。

霍老师一向是任由学生自主探索，但会适时给予点拨。上研究生后他让我先读两本书，一本是巫鸿先生的《礼仪中的美术》，一本是李零先生的《入山与出塞》，再加上我当时正在帮他整理《西南考古与中华文明》集子，这三本书可以说给我打开了一片新的天地，也是后来博士论文的萌芽点，这本书的后记真正应该从这里开始。

这三本书的共同点都是主要通过考古所见的所谓美术材料，结合文献记载，去探讨背后的历史文化问题，主要集中在思想、信仰和文化交流方面。巫鸿先生更多结合美术史的视角，从墓葬整体环境、图像结构乃至程序来讨论背后的信仰问题。李零先生更多是在广阔的视野中考察中外文化交流问题，对思想和数术的研究也对我深有影响。霍老师在关注文化交流的同时，着力揭示考古材料背后思想的体系性。在考察汉代天马和摇钱树时就提出存在一个以昆仑、天门、天帝为主要内容的神话系统，这无疑是我后来继续探索和构建的基础。

“举一隅不以三隅反，则不复也。”我还算一个善于学习的学生。在这三本书的基础上继续扩大阅读，读了巫鸿先生的《武梁祠》后，学习这种图像结构的讨论视角，2008 年秋天写了《山东长清孝堂山祠堂山墙画像整体考释》一文，是在这个领域的第一篇习作（后来发表于《2012 北京大学美术学博士生国际学术论坛论文集》，陕西师范大学出版社，2013 年）。读了霍老师和李零先生关于有翼神兽的研究后，觉得除了文化交流的视角外，还要考虑本土文化内涵的方面，也是在 2008 年秋天写了《汉墓“虎食鬼魅”画像试探——兼谈汉代墓前石雕虎形翼兽的起源》一文（发表于《考古》2010 年第 12 期，部分内容见本书第六章第二节）。这篇文章的写作使我思考到这些西方文化因素进入汉代墓葬的思想背景，可能就与对西方昆仑、西王母的信仰有关。于是我开始重点关注西王母（相对昆仑，西王母的直接考古材料特别丰富），由于李凇先生已对其图像进行过梳理，于是我发挥了我的一大优势——爬梳文献。带着之前储备的文化交流的视角，其实底子里还有大二时阅读到的顾颉刚先生梳理文献的方法，注意到战国秦汉之间，文献越晚，传闻中的西王母就越往“西移”的现象，于是在2009年夏天写了《西王母地域之“西移”及相关问题讨论》（发表于《西域研究》2011年第3期，部分内容见本书第三章第四节）。该文的写作更加确定了上述思路，西王母信仰的根源在本土，对象在西域，汉墓中更多的西方文化因素应该整合本土信仰的发展和西域的开辟这两个背景去阐释。2009年暑假读了何志国先生《汉魏摇钱树初步研究》一书，其中一类将西王母与西域杂技、魔术结合在一起的摇钱树枝叶引起了我的注意。因为在之前对文献的梳理中，我已经注意到西域传闻中西王母与眩人（杂技、魔术师）的紧密关系，而这些内容出现在神仙信仰浓厚的丧葬用品上，上述思考得到了一个有力的支撑。于是我在2010年春写成了《四川汉墓出土“西王母与杂技”摇钱树枝叶试探——兼谈摇钱树的整体意义》一文（发表于《考古》2013年第11期，本书第六章第四节），一方面是这类枝叶上体现出的昆仑、西王母信仰与西域奇闻的关系，另一方面从摇钱树树座、树干、树枝尤其是顶枝看昆仑、西王母、天门的信仰体系。霍老师对这个探索十分满意，用他的话说就是在这块地里打出了油，下一步就能找到油田了，而我对博士论文的构思也就从这个时候起开始形成。

接下来的探索主要就集中在上述两个方面：其一，是从考古材料主要是图像材料构建昆仑升仙体系。2011年秋天写了《汉晋天门图像研究》一文，梳理了当时认为的形象类和象征类天门图像，并讨论了天门与昆仑、西王母的关系。但对所谓象征类天门图像联系得比较宽泛，一直不是太放心，后来大量删去疑虑的部分，修改为《汉墓天门图像及相关问题》一文（发表于《考古》2019年第6期，见本书第二章第二、三节）。2012年春夏完成的两篇文章《也论马王堆汉墓帛画——以阊阖（璧门）、天门、昆仑为中心》（发表于《江汉考古》2015年第3期，见本书第一章第二节）、《昆仑与阊阖、天门：长沙汉初漆棺图像整体考察》（发表于《江汉考古》2021年第3期，见本书第一章第二节），讨论了西王母加入之前的昆仑升仙体系。霍老师的前序研究中已经提及，这一体系中应该还有天帝，文献中也一再提到昆仑之上还有帝、太帝。这恰是以往讨论昆仑信仰时关注较少的问题，于是我特别予以了注意。麒麟岗画像石墓墓顶有一幅十分系统的天象图，中心出现了端坐人像，是讨论这一问题特别重要的材料。于是在2011年秋天写作了《南阳麒麟岗汉画像石墓天象图及相关问题讨论》（发表于《考古》2014年第10期，见本书第四章第一、二节），关注到太一图像及与昆仑信仰的关系等问题。2012年夏写作的《也论汉代壁画和画像中的鱼车出行》（发表于《考古与文物》2013年第3期，本书第五章第四节），则是对昆仑升仙途径的一种探索。其二，是继续丰富昆仑、西王母信仰与西方因素的关系。2010年夏和2012年春写作的两篇《“车马出行—胡人”画像试探——兼谈汉代丧葬艺术中胡人的意义》（发表于《考古与文物》2012年第1期，见本书第五章第三节）、《汉墓胡人戏兽画像与西王母信仰》（发表于《中原文化研究》2014年第5期，见本书第六章第三节），皆着眼于胡人与西方信仰的关系。

可以说从2010年春天开始形成想法以来，在这一体系所涉及的两个方面及各个重要的点上都在逐步推进，思考也渐趋成熟，于是在2012年4月进行了博士论文的开题报告。由于这一设计完全是以问题为中心，通过一个个对不同材料进行的个案考察来构建体系的综合研究，并非以往习惯的一定时代、地域范围内的某类遗存研究的考古学博士论文的经典模式，我已经做好了承受一定质疑和压力的准备。但会上批评、质问的激烈程度仍然远远超过了我的预期，也让我手足失措。在会上霍老师力排众议，通过了我的开题报告。会后又将我拉到一边，称赞我的设计不错，支持我放手去做。当日半夜，我正在床上翻来覆去、坐卧不安的时候，突然接到霍老师的电话，再次鼓励我要坚持自己的想法，不要为打击所动摇。根据我妻子的记忆，第二天早上又接到过霍老师的一通电话。

然而，正如霍老师所担心的那样，我的内心还是动摇了。在很长的一段时间内，总是很难正面去推进这一问题，一直拖延，博士论文主干部分的写作停滞不前。这段时间我主要处理了在该体系中较为边缘的除天帝外的其他天神的问题，他们与昆仑神仙信仰或多或少具有一些联系，虽不涉及主干，甚至可以缺失，但也可丰富这一研究。当时设定了游仙文学中出现频率很高，在汉墓图像中又有较多表现的牵牛、织女、伏羲、女娲和风雨雷电诸神。2012年夏写作了《汉代牵牛、织女图像研究》（发表于《考古》2016年第5期，本书第四章第四节），接着又写了《汉代伏羲、女娲图像研究》（发表于《考古》2018年第3期，本书第四章第三节）。比较意外的发现是，看似普遍的伏羲、女娲图像与升仙信仰的关系比预想的要紧密和具体得多，而且显示出与天衢、天关、天梁的密切联系，与升仙信仰体系的关系就不是可有可无了。风雨雷电诸神与升仙信仰的关系很直接，相关文献也比较多，但是由于时间和精力的限制，当时没有完成。昆仑、西王母信仰与西方文化因素方面也在推进，其中最重要也最模糊的仍然是西王母图像是否受到西方女神形象影响的问题。我之前也一直在思考如何在诸如李凇先生的研究上继续推进，通过之前的文献梳理，背景是更清晰了，然而材料却未有太多推进。于是我把想法与当时正在巴黎索邦大学学习中亚美术的唐熙阳先生进行交流，拜托他帮忙收集材料，并合作完成《汉代西王母图像与西方女神像之关系及其背景》一文（发表于《考古与文物》2015 年第 5 期，本书第三章第四节）。另外，在参观雅安市博物馆时发现有一例重要的出土材料，尚未引起学界的重视，于是在 12 年底同相关单位的先生合作，写作了《雅安芦山汉墓出土摇钱树座初步研究——再谈摇钱树的整体意义》（发表于《中国国家博物馆馆刊》2016 年第 5 期，与师若予、郭凤武先生合作，见本书第一章第四节），对我认为目前所见表现昆仑神山最为具体、丰满的材料进行了讨论。

外围虽有所进展，但中心停滞不前，想着第二年春天就要完稿，越近年底越是焦虑不安、严重失眠。到了已经无法再逃避之时，我只能强迫自己开始主干的写作。白天写作，晚上跑步和打游戏释放压力、转移注意力，这样终于在 2013 年 3 月赶成了初稿。也就是说这本论文的构思和准备时间是比较充分的，但主干部分的写作和全文的统合只有 3 个月时间，其仓促、粗疏之甚是可想而知的，许多部分文字的粗陋甚至连我自己都难以忍受。霍老师大概也知道这个情况，表现出了极大的宽容，在修改过一稿后，又得益于外审专家的宽容，终于在 5 月份完成了答辩。

主干部分虽然仓促，但并非没有价值。于是我将自己认为比较重要的部分抽取出来，进行打磨后发表。其中，天帝太一的部分于 2013 年秋天改出，后经编辑修改为《汉代太一信仰的图像考古》一名（发表于《中国社会科学》2014 年第 3 期，本书第四章第一节）。昆仑图像部分修改出《汉代“西王母与平台”图像试探——兼谈汉代的昆仑信仰及相关问题》（发表于《文物、文献与文化——历史考古青年论集》第一辑，上海古籍出版社，2017 年，见本书第一章第三节）、《象天法地：先秦至汉晋铜镜图像寓意概说》（发表于《南方文物》2017 年第 1 期），西王母图像部分修改出《位置、组合与意义：汉代西王母神性的图像观察》（发表于《芳林新叶——历史考古青年论集》第二辑，上海古籍出版社，2019 年，本书第三章第三节）、《上下互补：汉代西王母图像的出现与发展》（发表于《丝绸之路与秦汉文明：丝绸之路与秦汉文明国际学术研讨会论文集》，北京：文物出版社，

2020 年，本书第三章第一节）这几篇长文。整个体系的核心观点则缩写成《昆仑、天门、西王母与天帝——试论汉代的“西方信仰”》一文（发表于《文史哲》2020 年第 4 期），予以介绍。

此外，由于任务的完成，心里的大石头终于落了地，之前有些计划中的题目得以从容展开，也补充了一些新的论题。在讨论升天观念时，自然要涉及有关天仓的材料，而天仓的图像竟然与天门是密切结合的，于是在 2014 年春天写作了《也论汉墓中的“天仓”——兼谈汉代人有无升天观念》（发表于《四川文物》2019 年第 4 期，本书第二章第四节）。2017 年夏写作的《成都博物馆藏东汉陶仙山插座初探》（发表于《四川文物》2020 年第 2 期，与张倩影女士合作，见本书第一章第四节），对昆仑的相关材料有比较重要的拓展。天神与升仙信仰方面，2018 年春完成了《试析汉代图像中的风雨雷电四神》一文（发表于《中国美术研究》2018 年第 4 期，与焦阳女士合作，本书第四章第五节），这是博士论文中原本就设计过的内容。后来又补写了《引导与威仪：汉代仙人持节图像研究》（发表于《中国美术研究》2022 年第 2 期，与康轶琼女士合作，本书第五章第一节），以丰富对昆仑升仙之路的认识。昆仑、西王母信仰与西方文化因素方面，2014 年夏写作了《汉代大象与骆驼画像研究》（发表于《考古》2020 年第 3 期，本书第六章第一节），2019 年春又写成《制造猛兽：也论汉代墓葬艺术中的狮子》（发表于《古代墓葬美术研究》第五辑，湖南美术出版社，2022 年，见本书第六章第二节），虽然仍然延续着一开始接触这个方向时的想法，但无疑又有了较大的发展。然而光阴不觉已换十年，寄居处不觉已更七处了。

二

这个时候我开始考虑博士论文的出版了。一方面虽然该论文实际上构建了一种解释体系，也就还有很大的延展性，但于我个人总要有个总结，我也应该把更多的精力投入其他问题中了。另一方面，所谓十年磨一剑，也到了自己预设的出版时间了。于是我在 2020 年 5 月同文物出版社签订了出版协议，一直拖延到 2022 年春才下决心抽出较完整的时间进行相对集中的修改。此次修改的主要方法和内容如下：

第一，博士论文完成之前单独发表过，但已经整合入博士论文的部分，以博士论文为底稿进行修改；博士论文完成之后，抽出修改而单独发表的部分，则以新发表论文为底稿进行修订，再重新整合入书稿；博士论文完成后新写出的内容则直接修改后整合入书稿。

第二，一方面，自博士论文答辩之后，我给自己打印一本，一直置于案头，日常读书和思考中有新见新思的则随时抄写在相关位置；另一方面，我较早就养成了做卡片的习惯，早期的纸质卡片在数次搬家中遗失殆尽，后来改为电子的，比较方便实用，多年来又积累了不少相关材料。此次修改则尽可能地将这些日常积累使用起来，竟然发现多了一笔意想不到的财富。

第三，除了之前未见到或未使用到的重要材料和研究分散地补充到相关部分外，此次比较集中地增补了第一章第四节中对成都周边出土的一类山形摇钱树座的认识（最近的考察中见到峡江地区也有几乎一致的材料出土），第二章第四节关于天仓及其与天门关系的研究，第四章第五节风雨雷电诸神的内容，第五章第一节仙人引导升仙图像的讨论，然后是整个第六章关于西方文化因素与昆仑升仙信仰的探索（这一部分原在博士论文的最初设计中，也写出了部分内容，但后来由于时间仓促而放弃，博士论文完成后新写了关于大象、骆驼和狮子图像的部分）。

第四，此次新增了很多部分，同时也删去了不少内容，主要是以现在的眼光，认为之前讨论中不太可靠的材料和认识。分散在各个部分，以第二章第二节中所谓象征类天门图像的部分最为集中。其实，第一章第三节中所谓山峰形昆仑图像和第四节中除了摇钱树座以外的所谓昆仑模型，大多也不能令我满意。但由于能确认的材料太少，作为一种可能性予以保留，此次未忍直接删去。这一不忍心，恐怕要为本书减分不少了。原博士论文第一章第四节“汉晋铜镜与昆仑”整节删去，因为其讨论的是汉晋铜镜反映的宇宙观问题，与昆仑的联系一方面只是一个猜想，不甚可靠，另一方面只是其中的一个问题，整体上不太相关。这一部分我准备大加修改后，将来放入关于考古材料所见汉代天文和宇宙观的著作中去。

第五，由于本次采用彩色印刷，使图片有了更好的表现条件，也提出了更高的要求，此次增补、更换和改制了大量图片。

三

以上关于本书的形成过程，虽是简述，已嫌冗长。但客观回忆之后，总会有些主观情绪需要表达，我尽量简略。

首先是遗憾。由于上述原因，原作主干部分的写作实际上相当仓促，且不说设计上和研究上的问题，快速的码字状态，导致文字机械生硬、拖沓冗复。此次修改也仅是在其基础上略加删削顺通而已，未能下决心另起炉灶、改头换面。此为一憾。上述第一章第三、四节中"山峰形昆仑"和"昆仑模型"中有较多不太可靠的推测，其实应该整体删减、一笔带过。但去年修改时一方面不太舍得这些材料，更重要的是自己的懒惰，想到相关部分恐怕要重新布局，终嫌麻烦。现在读过校稿，颇为后悔。此为二憾。本书是以一个个专题研究来构建认识体系，好处在可分可合，能深入又有统领，缺点在难免叠床架屋，反复敷陈。虽说这是采取此种方式所不能完全避免的，但若花费更多时间和精力，深入构思和打磨，是可能得到很大改观的。这也是一个遗憾。此外，虽是 2013 年旧稿，但毕竟又是 2023 年新著。十来年间，相关材料和研究都在大量增加。虽然我已尽可能将后来看到的相关内容补入书中，就在第一版校稿中仍在注释中增加了对一些新见论著中相关问题的讨论。但毕竟只能是随见随补，不能像写作博士论文时那样集中梳理，必然不能反映近年来相关成果的面貌。另一方面，随时增补的内容与原来的结构和行文逻辑必然多有弥合不密之处，此次也没能得到充分处理。这些遗憾希望将来若有机会修订时予以减轻，但这似乎是在为现在开脱，给将来挖坑了。

然后是感谢。这本书的形成超过 10 年时间，中间要感谢的太多，博士论文后记中的部分不再重复，这里仅列出对此次修改出版直接提供了较大帮助的师友。霍巍教授对本研究一如既往地提供了支持，此次他和贺西林教授还在百忙之中审读了这份儿比砖头还厚的文稿，并分别为之作序，这里要首先感谢。虽然二位先生在序中对拙著多有鼓励，然而正如东坡所言"世间唯名实不可欺。文章如金玉，各有定价，先后进相汲引，因其言以信于世，则有之矣。至其品目高下，盖付之众口，决非一夫所能抑扬"（《答毛泽民七首》，《苏轼文集》卷五三），人文学术的评价最终将付之众口众心。北京大学汉画研究所的徐呈瑞先生提供了许多画像石的清晰图片，对此次图片质量的提升给予了很大帮助。四川大学考古文博学院姜伊女士帮我处理了不少难度较大的图片，李孟雅女士增补并重新制作了插图目录和参考文献，焦阳、姜伊女士帮助核对了部分外文文献。这些年我多次带领同学们去往各地考察，大家拍摄的一些照片也为本书增色。文物出版社的马晨旭先生是本书的责编，这本正文、注释和图片都较为冗长繁杂的书稿需要耗费的心血是可想而知的，而且我还反复地提出修改内容给他增添了许多麻烦。做过一段时间编辑工作的李孟雅女士还协助我处理了许多相关事务和联络工作。学校和学院的“双一流”经费为本书的出版提供了保障。这里一并致以由衷的感谢。此外，本书许多部分作为专题论文单独发表时，审稿专家和编辑先生提供了不少宝贵意见，对于本书现状的形成有很大帮助，这里也要专门致以谢意。最后，仍要对本研究开展以来在生活、工作和研究上，尤其是在危难之中给予过我各种支持和帮助的家人、师友、同学们致以感谢，虽然这里不能一一具名，但这份恩情，铭记于心。

最后，这份回忆也触发了我的一点感慨。很显然，我开始走上学术研究的这条道路完全是自发的兴趣使然。我从本科开始就已经尝试写作和发表学术论文，但那时的大学相对还很闲散，也很清贫，除自身外少有其他的力量驱使或诱使，对于学生更是如此。一路走来，随着自身的侵染和环境的变化，少不了掺入许多其他的东西，但我自认为总体上仍然初心未改，求名逐利也知满足，只有“学而不厌，诲人不倦”一直念兹在兹。这条道上也给我带来了许多喜悦，感受到山阴之美；也遭遇过重大危机，见识过冰渊之险；更多的是对未来的忧虑和寄望。能与人言无二三，这里就以前几年中秋时填的一阙《水调歌头》来收束吧：

居士本闲静，把卷好长言。古来琴上弹断，多少梦如烟。又遣新盟鸥鹭，归告旧游麋鹿，吾意在青山。故舍应无恙，桂子满门前。

丈夫志，予之易，夺之难。忧心风雨，辜负今夜已无眠。岂有此生长乐，莫道诸行皆苦，人世几甜酸。天气不须问，云外月清圆。

王煜

2023 年 10 月 8 日